역사적
사유

중국학
총서
12

歷史地思-馬克思哲學新詮　　何中華 著

Copyright © 2019 by Shandong people's publishing house CO., ltd.
Korean copyright © 2024 by Minsokwon
Korean edition is published by arrangement with Shandong people's publishing house CO., ltd.
ALL RIGHTS RESERVED
B&R Book Program

이 책의 한국어판 출판권은 산동인민출판사(山東人民出版社)와의 독점 계약으로 한국 민속원에 있습니다.
저작권법에 의해 한국 내에서 보호를 받는 저작물이므로 민속원과 협의없이 무단전재와 무단복제를 금합니다.

마르크스 철학에 대한
새로운 해석

역사적 사유

허중화何中華 지음
최계련崔桂蓮·신진호申振浩 옮김

민 속 원

서문

이 저서는 여러 편의 논문으로 구성되어 있다. 처음에는 저서로서 작성되지 않았으나 대체로 기본적 경향, 즉 마르크스 철학의 실질이 무엇인가라는 주제를 중심으로 하는 방향성을 가지게 되었다. 이로 인하여 이 저서는 흩어져 보이지만 실제로 일이관지의 논리로 연결된다.

필자의 연구 방법은 거의 변하지 않고 마르크스 철학의 실질을 해석·파악하기 위해 마르크스와 엥겔스를 비교하려고 하였던 것이다. 그러나 연구의 넓이와 깊이가 이전보다 발전했다고 판단했다. 이는 바로 이 저서를 출판하는 하나의 이유가 되었다. 필자는 마르크스 철학과 현상학을 연결·해석하는 데 더더욱 자발적이고 새로운 소감도 있다. 특히 거시적 서사의 차원에서 마르크스 현상학의 취지가 지닌 깊은 함의와 철학적 재구축에서 나타난 혁명적 의의를 훨씬 뚜렷하게 보였다. 필자가 지적한 바와 같이 엥겔스의 사상을 이해하지 못하면 마르크스의 사상을 진정하게 이해하지 못할 것이다. 이와 같은 지적은 양자 사상의 이질성을 강조·직시하는 의미에서 올바르다고 할 수 있다. 따라서 마르크스를 더 확실히 이해하기 위해 우리는 엥겔스 철학을 직시해야 한다. 이에 대하여 필자는 새로운 생각을 하고 새로운 것도 깨달았다. 즉, 사물의 기원을 이해하는 것이 그 본질도 이해함을 의미한다는 것이다. 마르크스 철학의 연구도 마찬가지다. 그러므로 마르크스 철학의 사상적 기원을 더 광범위하게 이해한다는 것이 마르크스 철학의 연구를 심화시키는 필수적 절차라고 할 수 있다. 필자는 이에 대한 초보적 사고를 하였다. 즉, 마르크스 사상을 긍정적으로 해석하였을 뿐만 아니라 타인과의 논쟁을 통하여 모호한 인식도 해명하였다는 것이다.

많은 친구들은 필자가 논쟁하기를 좋아한다고 여겼으나 사실 그렇지 않다. 맹자孟子는 "내가 어찌 논쟁하기를 좋아하겠는가? 어쩔 수 없는 것이다"라고 언급한 바 있다. 친히 체험하지 않은 자들은 맹자의 이러한 부득이한 소감을 이해하지 못하였다. 논쟁이므로 날카로운 적의가 가득 찼다는 것은 사실이며, 이는 필자가 교양이 부족함을 설명하기도 하였다. 또한 감성적인 것이 학술적 발전과 진리의 탐구에 모두 장애가 되기 때문에 앞으로 이것도 피해야 할 것이다. 이상의 것은 이 저서에서 모두 나타났기 때문에 독자 여러분은 그것들의 옳고 그름을 스스로 판단하면 된다.

이 저서를 출판하기 전에 체계적으로 수정하고 보완할 필요가 있었으나 시간적 여유가 없어서 그렇게 하지 못했다. 이것에 대하여 독자들의 양해를 부탁드린다. 결국 형식적 수요에 따라 일부 내용(예컨대, 어떤 장·절의 제목, 내용 및 각주 등)의 조정, 양식의 통일, 잘못의 수정 및 개별 내용의 보완·복원을 하였으나 저작권 때문에 논쟁적 문장을 수정하지 않았다. 또한 양식의 통일을 위해 형식적 조정을 하였거나 출판 전의 원고를 사용하였다. 다행히 이는 기본적 입장과 관점에 영향을 미치지 않고 더더욱 명확히 설명하고자 하였던 것이다. 이것도 독자 여러분께 설명해 드릴 필요가 있다.

여기서는 오랫동안 지지해 주신 모든 학술지의 편집자들께 감사의 말씀을 드리고자 한다. 그분들의 이타적 지원과 도움 덕분에 이 졸작은 출판되고 보급되었다. 그리고 비평과 질의를 해 주셨던 토론자들께도 감사의 말씀을 드리고자 한다. 그 비평과 질의는 연구의 깊이를 더해 주었을 뿐만 아니라 연구의 논리를 위한 시사점도 제공하였다. 여기서는 편집자들의 이름과 학술지들의 명칭을 열거하지 않고 늘 명심하겠다.

연구의 진전에 따라 현상학적 차원에서 마르크스 철학의 풍부한 함의를 해석하는 다른 저서, 즉 『'인간 존재의 현상학' 연구: 마르크스 철학에 대한 재해석』은 출판될 수도 있다. 기존의 연구 성과들은 현상학적 차원에서 마르크스 철학을 언급하고 논술한 바 있으나 깊이 연구하는 데 역시 부족하다. 이로 인하여 앞으로 필자는 이 분야에서 노력해 볼 필요가 있다.

물질을 숭배하는 이 시대에는 자금이 없으면 아무것도 하지 못할 것이다. 다행히 이 졸작은 중국의 '국가 출판 기금 사업'의 지원을 받았으며, 중국 산둥인민출판사의 적극적 신청하에 순조롭게 진행되었다. 여기서는 출판을 위해 도와 주신 편집부의 모든 분들께 진심으로 감사의 마음을 전한다.

2013년 4월 26일
중국 산둥대학교
허중화

차례

서문 _ 004

01	오늘날 우리는 마르크스를 어떻게 취급할까?	010
02	마르크스 존재론의 재구축 및 그 의의	028
03	마르크스 철학으로서의 물질 존재론에 대한 잘못된 해석	058
04	'변증법적 유물론적 입각점'과 '후부터의 사고'	084
05	실천 존재론은 반증되었는가?	102
06	실천 존재론의 몇 가지 문제를 다시 탐구	124
07	마르크스 철학은 인간의 현장성에만 근거할 수 있다	146
08	존재 범주로서의 실천과 시간성의 도래	168
09	'유물과 유심' 간의 논쟁은 초월될 수 있는가?	194
10	엥겔스는 어떤 의미에서 '철학의 기본적 문제'를 제기하였을까?	228
11	잘못된 견해인가, 진실인가?	248
12	'마르크스와 엥겔스 간의 문제'는 어떻게 취급하여야 할 것인가?	276
13	마르크스 철학 사상사적 전제의 넓은 의미의 이해	304
14	『형태』 '포이어바흐'장의 해석에 관한 논의	340
15	실천적 존재론 맥락에서의 역사 부활	372
16	역사와 도덕의 이율배반과 초월	386
17	마르크스 사상이 지닌 거대한 '역사성'	438
18	역사적 차원에서 철학적 범주로서의 가치를 살펴보니	470
19	'평등' 문제의 역사적 규정 및 그 초월	494
20	마르크스 문맥에서의 '자주 활동'	518
21	시민 사회의 구조 및 그 현대성	540
22	'미'에 대한 마르크스의 역사적 이해	556

01

오늘날 우리는 마르크스를 어떻게 취급할까?

21세기의 오늘날 우리는 마르크스주의 철학이 다양한 도전에 직면하고 있음을 부정할 수 없다. 마르크스주의 철학은 이러한 도전에 직면해야 되며, 또한 회피하면 안 될 것이다. 적극적으로 보면 이는 바로 스스로 청산·발전·초월하는 역사적 전환점에 직면해 있음을 알 수 있다. 그러나 우리는 이러한 도전이 마르크스주의 철학으로 인한 것인지 아니면 잘못된 취급 방식으로 인한 것인지를 자세히 구별해야 한다. 후자에 대하여 필자는 마르크스주의 철학이 변론 방식, 취급 방식, 응당한 태도 및 연구 규범 등에서 반성의 필요가 있다고 생각한다.

변론 방식

19세기 전반기에 등장한 마르크스주의 철학은 21세기에 들어서면서 그 이전의 가치를 계승하고 있는지 아니면 구시대의 유물로 뒤처지고 있는지를 묻지 않을 수 없다. 사실 마르크스주의 철학은 뒤떨어지지 않았다. 그는 자기의 사명을 "철학적 실현", 즉 "세계의 철학화"와 "철학의 세계화"로 자리매김하였다. 현대성은 역사적으로 초월되지 않고 현실적으로 해석되지도 않았으며, 마르크스가 주장하였던 '자유 왕국'이 아직도 나타나지 않았다면 마르크스주의 철학은 시대에 뒤떨어지지 않았을 것이다. 또한 마르크스주의 철학은 이 시대에 가장 깊은 비판의 척도와 가장 강력한 비판의 힘이 될 것이다. 마르크스주의 철학은 비판의 기준, 차원 및 입장을 제시하였기 때문이다. 그뿐만 아니라 이로 인하여 확정된 사고방식은 "사람들로 하여금 현존하는 사물을 긍정적이면서도 부정적으로 이해하게 하기도 하였다. 즉, 현존하는 사물의 필연적 멸망에 대한 이해"가 논점의 핵심이다. 이러한 철저한 비판 정신은 일시성의 차원에서 현존하는 모든 것을 취급해야 한다고 내적으로 요구한다. 마르크스의 주장에 의하면 "철학적 실현은 바로 철학적 상실"을 뜻한다. '철학'이 '세계화'되어야 쓸모없어지게 되기 때문이다. 따라서 철학이 '시대에 뒤처진다는 것'은 '실현'을 추구해야 한다는 것을 의미한다. 또한 '실현'도 바로 '완성'을 뜻한다. 그러므로 이러한 의미에서 마르크스주의는 그것의 '완성'을 위해 이상을 끊임없이 추구해야 한다고 할 수 있다.

사실 마르크스주의 철학은 등장할 때부터 수많은 사상들의 비판과 도전에 시달렸다. 시대의 발전에 따라, 특히 사회주의의 역사적 실천이 위기에 봉착한 후 이러한 비판과 도전은 많아지고 치열해졌다. 그럼에도 불구하고 마르크스주의 철학은 이러한 비판의 씨앗에서 잉태하였기 때문에 비판을 두려워하지 않았다. 문제는 바로 우리가 도대체 어떤 변론 방식을 취하여야 적절해지고 유효해질 것이며, 마르크스 사상이 지닌 '진리의 빛'을 인식하는 데 실질적인 도움이 되는가라는 것이다. 그러므로 우리는 "마르크스를 확실히 수호"하면서 예전의 구태의연한 변론 방식을 바꾸고 버려야 한다. 어설픈 변론 방식은 마르크스주의 철학을 살리기는커녕 위험에 빠지게 될 우려가 크다. 그 이전의 다양한 변론 방식들이 존재하였던 주요 원인은 다음과 같다. 첫째, 개별적 결론의 재천명으로 인하여 모든 결론들이 가능하게 된 논리적 전제에 대한 규명과 추궁이 결여되었다. 현재 마르크스주의와 해당 철학에 대한 비판자들의 논쟁은 개별적 결론이나 구체적 관점뿐만 아니라 모든 개별적 결론이나 구체적 관점도 성립될 수 있는 근본적 논리의 가설 자체라는 것이다. 분명히 보인 전제도 자명하지 않았다. 이렇게 하여 아무리 그 전제를 거듭 천명한다고 하더라도 아무 소용도 없게 되고 모든 변론도 무력화될 것이다. 둘째, 다양한 비마르크스주의나 반마르크스주의의 사상 등이라는 '잘못'을 제대로 '증명'하지 않고 단순히 '선포'에 그쳤기 때문에 충분히 설득하지 못하였으며, 논리적으로도 설득하지 못하였다. 마침 엥겔스가 헤겔Hegel철학에 대한 포이어바흐Ludwig Feuerbach의 비판을 언급하였듯이 "철학을 간단히 선포한 것이 잘못되었을 뿐만 아니라 이러한 철학을 제압하기도 어렵다".[1] 이로 인하여 마르크스주의 철학에 있어서 우리가 절실히 필요한 것은 바로 심도 있는 변론이다. 여기서 심도 있는 변론이란 논리적 가설의 차원에서 합법적 논증을 해야 한다는 것이다. 그러므로 우리는 변론의 등급과 수준을 향상시켜야만 비로소 효과를 나타낼 수 있다. 그렇지 않으면 아무런 도움도 되지 않고 잘못된 짓을 한다는 혐의를 받을 수도 있다. 또한 이론적으로 철저한 요구도 우리가 '원'이라는 차원에서 마르크스를 위해 변론하여야 한다는 것을 결정하였다. 이론적 치밀성에 대하여 청년 마르크스는 "이론이 대중에게 지배된다면 물질적 힘으로 변하게 될 수도 있다"고 언급한 바 있다. 그렇다면 "어떻게 하면 대중을 지배할 수 있을까?" 그는 "이론이 사람을 설득할 수 있다면 대중을 지배할 수도 있다"고 주장하였다. 또한 "이론이 완벽하다면 사람을 설득할 수도 있다"고 하였다.[2] 이론적 치밀성이 마르크스주의 철학에 내포된 역사적 사명의 실현과 밀접한 관계가 있다는 것은 분명하다. 만약 이론이 자발적·비판적인 청산을 통해 합법적인 논리적 전제를 스스로 갖추지 못한다면 결코 '치밀하고 완벽한' 이론으로 될 수 없다. 특히 다양한 비판에 대응하려면 더 철저한 준비를 해야 한다. 그러나 이론적 치밀성을 이루려면 마르크스주의의 존재론적 기초를 고찰해야 한다. 마르크스주의 철학은 존재론에 근거하였으나 고전적 존재론이 아닌 현대적 존재론에 근거하였다는 것이다. 따라서 마르크스주의 철학에 대해서는 일반적 존재론이 아닌 존재론의 혁명적 변혁의 차원에서 논증을 실질적으로 전개해야 한다. 그렇지 않다면 마르크스주의 철학의 본질과 공헌을 실질적으로 파악할 수 없을 것이다. 만약 우리가 융통성 없이 고

---

1 『마르크스 엥겔스 선집』, 제4권, 중국 인민출판사, 1995, 223쪽.
2 『마르크스 엥겔스 선집』, 제1권, 중국 인민출판사, 1995, 9쪽.

전적 존재론적 형태만 '각주구검'식으로 이해한다면 마르크스주의 철학의 존재론적 의미를 영원히 밝혀낼 수 없을 것이다. 그렇다면 현대적 존재론인 마르크스주의 철학이 현대 철학을 내포하고 있는 기타 철학과 비교되는 비교우위는 무엇일까? 이 점을 밝혀내지 않는다면 우리는 철학적 의미에서 마르크스를 위한 유효한 변론을 할 수 없을 것이다.

주지하는 바와 같이 실천은 마르크스가 자기의 철학이라는 건물을 구축하는 원초적 기초로서 인정된 것이다. '제1원칙'으로서의 실천이 정립된 후 철학은 인간의 존재로 돌아가는 데 가장 든든한 보장의 지표가 되었다. 하지만 이러한 새로운 특징은 우리가 서술하였던 마르크스주의의 원리에서 거의 무시를 당한 것이다. 어떤 의미에서 볼 때 마르크스주의 철학에 대한 반항적 심리가 나타났던 이유의 하나는 바로 우리의 편협한 해석이 마르크스주의 철학의 명예를 훼손하였던 것이라고 할 수 있다. 재미있는 현상은 많은 사람들이 마르크스주의와 관련된 교과서를 읽고 나서 무미건조하게 느꼈다는 것이다. 철학은 원래 '지혜를 사랑하는 것'이다. 만약 철학 도서를 읽을수록 어리석어진다면 누가 이러한 철학에 흥미를 가지게 될까? 만약 대중들이 마르크스의주의 철학의 원본을 다시 정독한다면 마르크스주의 철학의 새로운 가치를 문득 발견할 뿐만 아니라 위대한 사상가로서의 마르크스의 통찰력도 깨닫게 되고 사상적 힘에도 탄복하게 될 것이다. 이 사례는 마르크스주의 철학이 시대에 뒤떨어지기는커녕 과거의 잘못된 해석으로 인하여 마르크스 사상의 매력을 제대로 평가하지 못하였음을 의미한다. 물론 현대의 마르크스주의 철학의 '위기'는 '시대에 뒤떨어졌는가'라는 문제가 아니며 마르크스 시대에도 역사에 어긋난 진실한 문제들이 존재하고 마르크스주의 철학의 실증적 기초도 비판받았다. 예컨대, 마르틴 하이데거Martin Heidegger를 비롯한 자유주의와 시장 근본주의에 기울어지는 역사가와 경제학자들이 제기하였던 비판 등이 그것이다. 이에 따라 우리는 마르크스를 위해 제대로 변론해야 하며, 마르크스 사상이 오늘에도 효과가 있다는 것을 증명해야 할 뿐만 아니라 선결 조건으로서의 마르크스 사상이 그 당시에도 튼튼한 역사적 기초와 실증적 근거를 갖추었음을 증명해야 한다.

취급 방식

마르크스주의 철학을 재해석할 때 우리는 마르크스가 도대체 철학을 어떻게 구축하였는지를 이해해야 한다. 마르크스 사상에 대하여 로댕 Rodin이 말하였던 것과 같이 생활에는 '미'가 없는 것이 아니고 발견이 부족한 것이다. 또한 우리와 같은 독자들이 '철학'을 밝혀낼 능력이 부족한 것이지, '철학'이 결여된 것은 아니다. 마르크스의 저서를 읽으면서 독자들은 마르크스가 철학을 여태껏 정의하지 않았음을 느끼게 된다. 이것도 대중들이 마르크스가 '철학'을 이미 '종결'하였다고 말하던 중요한 원인 중의 하나이다. 사실 마르크스는 '철학'이 없는 것이 아닌 반면에 우리는 마르크스 사상을 취급하는 방식으로 그의 '철학'을 밝혀낼 수 없었다. 마르크스가 주장하였듯이 '철학'은 동사이지 명사가 아니고, 실질적 구상이지 담론의 대상이 아니며, 살아 있고 숨쉬는 과정이지 죽어가고 완성된 사물이 아니다. 하이데거가 언급한 바와 같이 우리는 '이미 갖추어져 있으면서도 수중에 있는 상태'가 아닌 '바로 시작하는 상태'로 마르크스의 철학 사상을 이해해야 한다. 이렇게 하여야만 비로소 마르크스 사상의 철학적 의미를 해독할 수 있다.

마르크스의 철학은 매우 뚜렷한 두 가지의 특징을 나타냈다. 즉, 그 특징은 바로 '내재성'과 '실천성'이다. 우선 내재성은 대중들은 마르크스의 사상을 외재성으로 파악하고 수수방관하는 방식으로 논의하는 대상이 아니며, 대상 속으로 들어가 참여하는 방식으로 사물을 이해한다는 것이다. 이는 하이데거가 지적한 바와 같이 '철학 내에 머물러야 하며', '철학 밖'이나 '철학 위'에 서 있으면 안 된다는 것이다. 마르크스의 철학이 이러한 특징을 지닌 이유는 결과적으로 그것의 독특한 철학적 사고, 즉 철학에 대한 이해에 달려 있다는 것이다. 사실 마르크스는 자기의 실질적 구상으로 철학을 '표현하였을 뿐이지', 철학 밖에서 철학을 이미 완성되고 경직된 대상으로 삼아 '논의'하지 않았다. 이것도 마르크스가 기존 철학자들과 다른 점이다. 마르크스가 사변 철학에 마음에 들지 않았다는 매우 중요한 이유의 하나는 바로 사변 철학자들이 항상 철학을 역사적 환경과 상관없는 지식들로 삼아 구상하였던 것이다. 사변 철학자들은 철학을 아주 정교하게 만들 수 있으나 시대, 그들의 생명과 상관없기 때문에 존재성을 잊어버리고 감추게 되었다. 이에 대하여 마르크스는 "이러한 철학자들은 독일의 철학과 현황 간의 연관성 및 그들의 비판과 물질적 환경 간의 연관성을 모두 제시하지 않았다"고 비판하였다.[3] 이러한 철학은 서재 안의 사변 놀이로 전락할 가능성만 있다. 또한 그것은 철학자들의 교만한 허영심과 자아도취에 빠진 나르시시즘을 대변하는 것 외에 아무런 가치도 없다는 것이다. 그 다음으로 실천성의 정의는 아래와 같다. 첫째, 그것은 마르크스주의 철학이 실천을 자기 자신을 충실하게 하는 '제1원칙'으로 강조한다는 것이다. 또한 그것의 역사적 사명은 바로 '세계를 바꾼다'는 것이다. 즉, 현존하는 모든 것을 실질적으로 반대한다는 것이다. 둘째, 실천성은 마르크스 언어 환경 속의 철학 자체가 바로 실질적 구상 과정이라는 것이다.

근본적으로 보면 철학은 하나의 구상 방식이며, 지식이 아닌 능력으로 나타났음을 알 수 있다. 우리는 많은 사람들이 마르크스주의 철학의 시험에서 100점을 받을 수 있으나 마르크스처럼 철학적 사고를 할 수 없다는

---

3 『마르크스 엥겔스 선집』, 제1권, 중국 인민출판사, 1995, 66쪽.

현상을 쉽게 밝혀낼 수 있다. 그 이유는 무엇일까? 매우 중요한 이유의 하나는 바로 마르크스주의 철학을 취급하는 태도가 치명적 편차가 나타났다는 것이다. 어떤 의미에서는 철학 공부가 수영을 연습하는 것과 같다고 할 수 있다. 그 능력은 교과서를 '암기'하여 '획득'할 수 없고 실제로 '하는' 과정에서 '습득'할 수 있을 뿐이다. 이론만 능숙하고 실무가 없다면 아무런 의미도 없을 것이다. 만약 수영에 관한 지식들이 담긴 교과서를 줄줄 외울 수 있는 사람이 있다고 가정해 보자. 우리는 그가 물에 빠진다면 살아서 돌아올 것인가 아니면 그대로 익사할 것인가라는 답을 알고 있다. 마찬가지로 마르크스를 책이나 지식으로만 받아들인다면 결코 마르크스를 만나지 못할 뿐만 아니라 그를 이해하지도 못할 것이다.

그렇다면 마르크스의 구상 방식을 어떻게 '습득'해야 그것을 자기 자신의 것으로 내재시키고 그 능력을 극대화시킬 수 있을까? 필자는 마르크스와 같은 사고방식을 습득해야 이러한 실질적 구상에서 마르크스주의 철학의 경지에 도달함으로써 그것의 참뜻을 실감적으로 인식하고 마르크스주의 철학의 정수를 무의식적으로 체득할 수 있다고 본다. 이러한 과정을 겪은 결과는 겉모습뿐만 아니라 내재적인 모습도 닮을 것이다. 그렇다면 어떻게 하면 마르크스와 함께 사고할 수 있을까? 이에 대하여 마르크스주의 철학의 원전을 정독하는 것 외에는 방법이 없다. 그러므로 기념비적인 경전 원작을 읽는 것은 매우 중요한 전제이며, 이는 기타 방식이 대체할 수 없는 가장 빠르고 완벽한 방법이다. 일반 대중들이 원본이 아닌 제2차나 제3차 자료들로 마르크스를 해석하거나 이해하려고 하는 것은 잘못된 방식이다. 이러한 과정은 잘못된 결과를 낳을 것이다. 그것은 '겉껍데기'일 뿐이며, 심지어 왜곡된 겉껍데기가 될 것이다.

응당한 태도

마르크스주의 철학은 결코 '사상'에 머무르는 허상이 아니다. 그것은 실체가 있는 현실적 구상이다. 오늘날 우리는 모두 그것에 대한 태도를 분명히 표명해야 한다. 이 문제에 대하여 세 가지의 가능한 응당한 태도가 있다. 첫째는 "마르크스와 작별한다는 것"이고, 둘째는 "마르크스로 되돌아간다는 것"이며, 셋째는 "마르크스를 혁신적으로 해석한다는 것"이다. 그렇다면 어떤 태도가 적절한 것일까? 또 그 이유는 무엇일까? 필자는 상술한 세 가지의 태도가 정식화된 '정·반·합'이라는 3단계의 변증법을 구성하였다고 본다. 그러므로 검증된 논리적 명제로 볼 때 '테제'인 "마르크스와 작별한다는 것"과 '안티테제'인 "마르크스로 되돌아간다는 것"은 모두 단편적·편집증적·독단적이며 반성적 태도가 결여된 불완전한 상태이라고 할 수 있다. 또한 이를 완성하는 '신테제'인 "마르크스를 혁신적으로 해석한다는 것"은 비로소 가장 완벽하고 적절한 태도이자 선택할 만한 것이라고 할 수 있다.

"마르크스와 작별한다는 것"은 마르크스주의 철학이 시대에 뒤떨어진 것을 전제하므로 허무주의적 태도로 마르크스를 취급하였다. 사실 마르크스주의나 해당 철학에 대하여 비방이나 미신은 모두 무지와 편견을 바탕으로 한 것이다. 어떤 사람들은 마르크스주의에 대하여 경멸하고 하찮게 취급하였으나 그들 중에서 마르크스의 저서와 사상을 실제로 이해하는 사람들은 거의 없었다. 그들이 마르크스주의에 대하여 취하였던 거절의 태도는 스스로 사고하여 판단한 것이 아니고 "숭어가 뛰니까 망둥이도 뛰는 것"에 불과하다는 것이다. 그러므로 이러한 태도는 진실하지도 올바르지도 않다. 이와 대립된 태도는 "마르크스로 되돌아가는 것"이며, 이는 마르크스를 보수주의적으로 취급한다는 것이다.

이러한 태도는 실재성을 지닌 객관적 마르크스를 선행적으로 가설하였으나 해석학적 공헌을 간과하였다. 사실 오늘날 "마르크스를 재해석한다"는 것의 대부분은 해석학에 속하게 된다. 현대인은 현대의 사고방식으로 마르크스를 상상할 수 있으나 실질적 현상을 이해하는 것은 다른 문제이다. 물론 마르크스를 환원주의식으로 재현하려고 할 의도는 불가능하고 성공한 적도 없다. 이러한 현상을 빗대어 마르크스는 "나는 내가 마르크스주의자가 아니라고만 알고 있다"고 비꼰 적이 있다. 이 말은 매우 깊은 의미를 내포하고 있으므로 다양하게 해석될 수 있으나 적어도 하나의 교훈을 나타냈다. 즉, 마르크스주의자인 마르크스는 절대적·객관적 환원주의를 통하여 실현될 수 없다는 것이다. 재미있는 사실은 1980년대 초에 중국에서 나타났던 소외와 인도주의 간의 논쟁이 많은 시사점을 제공하였다는 것이다. 즉, 변론자 쌍방은 허무주의와 인도주의 간의 격론에서 마르크스의 말 한 단락을 인용하여 필사적으로 다투었다가 결국 두 명의 '마르크스'가 '다투'게 되는 결과를 낳았다. 이는 매우 풍자적인 것이다. 도대체 누가 진짜이고 누가 가짜란 말인가? 아무도 이러한 판단의 자격과 특권을 갖춘 심판관으로서 결정할 수도 없었다. 이러한 의미에서 마르크스의 후계자들은 마르크스를 해석하는 데 모두 평등한 권리를 누린다고 할 수 있다.

따라서 우리는 "마르크스와 작별한다는 것"과 "마르크스로 되돌아간다는 것"이라는 두 가지의 명제에 대한 소모적 대립을 버리고 "마르크스를 혁신적으로 해석한다는 것"이라는 세 번째의 명제를 풀어나가는 데 힘을 모아야 한다. 첫째, 이는 우리가 근본적인 개혁을 통해 그 이전의 마르크스에 대한 사람들의 오독 내용을 제거해야 한다고 요구한다. 따라서 "마르크스를 재해석한다는 것"이라는 표현 자체는 마르크스에 대한 오독이 이미 존재하였음을 의미한다. 그렇다면 '오독'은 주로 어떤 분야에서 나타났던 것인가? 필자는 마르크스 사상의 가장 큰 문제가 마르크스의 '엥겔스화'라고 본다. 즉, 마르크스와 엥겔스의 사상적 이질성을 직시하지 않고 엥겔스로 마르크스를 해석한다는 것이다. 이러한 문제가 나타났던 이유는 역사적·개인적인 측면이 강하기 때문이다. 마르크스와 엥겔스의 저서나 개인적 왕래, 그들의 대화를 미루어 볼 때 일반 대중들은 그들의 사상적 견해가 전혀 없는 듯한 착각을 일으켰다. 둘째, 해독하는 자의 개인적 품위와 선호도 매우 중요한 역할을 하였다. 셋째, 마르크스 저서의 정리와 출판의 정체로 인하여 오독된 측면도 있다. 넷째, 사회주의의 역사적 실천이 담당한 이중적 사명, 즉 계몽적 현대성과 포스트모더니즘이 뒤엉킨 특정한 역사적 배경도 중요한 원인 중의 하나이다. 이러한 원인으로 인하여 마르크스 사상의 특징은 거의 덮이게 되었다. 마르크스의 '엥겔스화'의 대표적 표현 중의 하나는 바로 존재론을 바탕으로 하여 인간의 비존재인 '물질'을 원초적 범주로 확립함으로써 '실천'의 존재론적 위치를 부인한 것이다. 이로 인하여 마르크스 사상의 성질은 근본적으로 바뀌고 일련의 소극적인 이론적·실천적 결과도 초래되었다. 결국 오늘날의 시대적 배경하에 마르크스주의 철학의 실천 존재론적 특징을 깊이 재해석하는 것은 우리가 "마르크스를 혁신적으로 해석하는 데" 직면하게 되는 매우 중요한 임무이다.

"마르크스를 혁신적으로 해석한다는 것"은 견지와 발전, 계승과 혁신의 통일을 유기적으로 표현하는 말이다. 마르크스를 해석하는 과정에서 우리의 창의성이 아무리 좋다고 해도 결과적으로 다른 사상가가 아닌 마르크스는 해석해야 할 것이다. 해석학은 '합법적 편견'을 직시하고 허용하였으나 『홍루몽』을 『삼국지연의』로 해석해서는 안 된다는 것이다. 그러므로 아무리 해석자가 존재성에 대한 선견을 많이 불어넣어도 저서 자체로 인한 해석에 대한 견제에서 절대적으로 벗어날 수 없다. 이에 따라 '혁신적인 해석'은 여전히 견지와 계승의 특징을 나타내야 한다고 할 수 있다. 그럼에도 불구하고 우리가 현대라는 시대적 차원에서 마르크스를 해석하였기 때문에 '혁신적인 해석'도 오늘날의 시대적 정신을 내재적으로 축적하고 규정을 내포하는 것은 필연적인 결과이다. 이것은 바로 '혁신적인 해석'

의 역사적 기초와 존재론적 근거이다. 이러한 의미에서 볼 때 해석은 원초적 성질을 지닌 것으로서 필연적 존재라고 할 수 있다. 바로 이 점은 오늘날의 새로운 해석을 규정하고 마르크스주의 철학의 개방성과 생성성이라는 특징을 구현하였다.

연구 규범

최근 필자는 진우룬金吾倫의 논문[4]을 읽은 후 졸작[5]에 대한 논의, 즉 주로 필자가 '규범'을 사용하는 데 신중치 않았다는 점을 밝혀냈다. 진 교수의 논문에 의하면 필자가 언급하였던 '학문적 해석', '문헌적 고증' 및 '현실적 인도'는 리하르트 쿤Richard Kuhn의 표준형이 아닌 다른 연구 방법인 것으로 알려진다. 이 문제는 용어뿐만 아니라 마르크스주의 철학에 대한 연구를 다루는 것과도 밀접한 관계가 있으므로 지적할 필요가 있다.

필자는 리하르트 쿤의 정의를 부분적으로 차용하였다고 인정한다. 만약 리하르트 쿤의 '표준형'의 개념에 지나치게 얽매인다면 철학적 논의에 관한 문제가 나타날 것이다. 이 이론은 자연 과학에서 주로 사용된 논리이므로 철학에 부합하지 않았다. 또한 리하르트 쿤이 사용하였던 '공약 불가능성'은 수학적 술어를 차용한 적도 있고 이러한 차용도 '순수한' 의미에서 이루어진 것이 아니었다.

사실 필자는 이 논문에서 이미 상세히 설명한 바 있다. 즉, 다양한 기

---

4 진우룬, 「규범의 정의 및 마르크스주의 철학에서의 그 응용」, 『중국의 독특한 사회주의 연구』, 제6호, 2009. 이하는 모두 '진 교수의 논문'으로 약칭된다.
5 허중화, 「마르크스 철학의 연구 규범: 이분법인가 아니면 상보·통합인가」, 『산둥 사회 과학』, 제11호, 2008.

준, 차원 및 연구 규범에 따라 여러 가지 귀납과 분류는 이루어질 수 있다. 중국 내의 마르크스주의 철학에 관한 연구 현황을 보면 연구 방법은 크게 3가지로 구분될 수 있음을 알 수 있다. 즉, '학리적 해석', '문헌적 고증' 및 '현실적 인도'로 구분될 수 있다. 필자는 비교적 넓은 의미에서 '규범'이라는 단어를 사용하였다. 필자는 '규범'이 '이론적 측면'뿐만 아니라 '방법적 측면'에서도 성립될 수 있고 본다. 예컨대, 중국의 전통적인 학문은 바로 '한학'과 '송학'으로 분류될 수 있으며, 그중의 하나는 "아주육경我注六經(독자가 육경을 해석한 것)"이고 또 다른 하나는 "육경주아六經注我(육경으로 독자의 주장을 증명한 것이며, 물론 이것도 전반적 특징에 비한 것)"이다. 물론 이러한 '규범'의 사용은 리하르트 쿤이 언급하였던 '표준형'의 '본래' 의미와 상당한 거리가 있다. 하지만 실제로 발생한 '손익'은 합법적인가 아니면 비합법적인가, 또는 어떤 '손익'이 발생할 것인가라는 것은 미리 성명될 수 있고 구체적 사용에서도 실제로 나타날 수 있다.

진 교수의 논문에 의하면 "물론 저자는 리하르트 쿤의 표준형에 얽매이지 않을 수 있으나 규범에 대한 스스로의 정의를 해야 하며, 그렇지 않다면 심도 있는 분석의 기초가 결여될 것"으로 알려진다. 이는 리하르트 쿤의 표준형을 수정하는 것에 관대한 것처럼 보였으나 실제로 규범에 대한 정의를 내린 것을 요구하였다. 이는 지나치지 않은 듯하다. 필자는 개념에 대한 처리 방법이 여러 가지가 있으며, 적어도 예정설과 생성설로 구분될 수 있다고 생각한다. 예정설의 처리 방법은 개념의 사용자가 개념을 사용하기 전에 미리 명확한 정의를 내리고 어떤 의미에서 사용할 것인지를 설명한다는 것이다. 이 정의는 사전에 유효해야 한다. 즉, "명분을 분명히 해야 한다"고 하며, 이른바 "대의명분이 옳게 서지 않으면 말에도 이치가 맞지 않는다"는 점이다. 따라서 진 교수의 관점은 바로 이러한 기법을 말하는 것이며, 이러한 기대로 남의 글을 요구한 것이다. 예를 들면, 진 교수의 논문에 의하면 "토론되었던 논문들은 규범의 개념 및 마르크스주의 철학 연구에서의 그 응용을 논술하였던 것"이다. 사실 이는 정확하지 않은 것이다. 적어도 필자는 졸작에서 '규범'의 개념을 논술의 대상으로 삼지 않고 마르크스주의 철학 연구에서의 그 응용 자체를 논의한 바도 없다. 진 교수도 필자가 "규범의 정의를 내리지 않았다"고 인정하였다. 필자는 단지 '규범'이라는 단어를 도구로 하여 마르크스주의 철학에 관한 연구의 현황을 논의하였을 뿐이다. 하지만 이는 필자가 '규범'을 이해하지 않았음을 의미하지 않는다. 필자는 그것을 미리 성명하지 않았으나 '사용'하면서 함의를 밝혀냈다. 이는 필자의 논술 방식이다. 필자가 지적한 바와 같이 개념을 사용하기 전에 그것의 함의를 미리 확인하였다는 것은 칸트Kant가 대중들이 인식하기 전에 인식의 능력을 미리 비판적으로 고찰한다고 요구하였던 헤겔의 비판처럼 사람들이 물에 뛰어들기 전에 미리 수영을 배워야 한다고 요구한 것과 같은 이치이다. 어쨌든 필자는 개념의 생성설이라는 처리 방법을 선택하였으며, 개념의 함의가 사용되는 과정에서 진정한 '정체'를 나타낼 것이라고 본다.

만약 '규범'의 함의를 반드시 논의해야 한다면 필자는 규범이란 바로 학술 공동체에서 인정받은 일반적 규칙을 말한다고 본다. 그것은 항상 어떤 특정한 형이상학적 가설을 내포하고 공동체의 구성원들을 선별하는 기능도 가진다. 필자는 "연구 규범은 바로 연구자들이 모두 자발적으로 인정한 가장 기본적인 방법론적 원칙이며, 식별적·범주적·통합적·평가적·자아비판적인 역할을 하였다"고 지적한 바 있다.[6] '규범'의 역할은 주로 아래와 같다. 어떤 연구자가 한 규범을 자발적으로 받아들였다는 것은 이 규범을 핵심으로 구축한 특정한 학술 공동체에 소속되었음을 의미한다. 이러한 규범에 대한 인정과 공유는 학술 공동체의 내부나 외부 사람

---

6 허중화, 「마르크스주의 철학 및 그 현시대」, 『중국 산둥대학교 학보(철학·사회 과학판)』, 제5호, 2004.

들이 그 연구자의 학술적 소속을 쉽게 구분할 수 있다. 학술 연구의 초보자에게는 규범의 존재가 시범과 방향이라는 역할을 한다. 규범의 요구에 맞는 연구자들은 긍정적 평가와 격려를 받겠으나 어긋나는 연구자들은 배척을 당할 것이다. 규범은 학술 공동체의 동질감을 강화시켜 결속력과 통합력을 향상시키는 역할도 한다. 또한 규범은 학술 공동체의 구성원들이 업무를 끊임없이 스스로 반성하는 척도로 삼아 이탈할 가능성을 방지한다는 역할을 하기도 한다. 필자는 상술한 기능이 갖추어져 있다면 '규범'이라고 할 자격이 있다고 본다. 물론 그것은 다른 어휘를 선택할 수 있으나 '규범'이라는 단어는 더 현저한 비교우위를 갖추었다.

진 교수는 "한 개념은 다른 정의와 이해가 있어야 한다"고 지적하였다. 이러한 견해는 학술적 상식인 것 같으나 조건적이고 상대적인 것이다. 이로 인하여 우리는 이러한 견해에 일률적으로 동의하면 안 될 것이다. 같은 부호 체계의 내부에 대하여 의미적 동일성을 확실히 유지해야 한다는 것이 형식 논리학의 동일률이 요구한 것이다.[7] 이러한 범주를 뛰어넘는다면 다양한 부호 체계에서 같은 단어를 사용한다고 가정해도 그 의미는 매우 달라질 것이다. 이는 바로 그것의 체계적 성질을 뜻한다. 언어학적 차원에서 볼 때 개념은 바로 단어라고 할 수 있다. 이는 기의와 기표로 해석되었으나 기의의 동일성은 기표의 동일성을 보장할 수 없다. 이는 모호성이 초래된 원인이자 의미가 생성된 가능성의 공간이다. 바로 이러한 비동일성으로 인하여 의미의 탄력성과 개방성은 이루어졌으나 의미의 모호성과 불확실성도 불가피하게 초래되어 이해의 난이도도 높아지게 되었다. 이와 같은 모호성과 불확실성은 의미가 혁신하는 데 불가피한 대가이다.

•
7   여기서는 형식 논리 자체의 한계성은 당분간 언급하지 않고 변증법적 논리의 개념으로 인하여 이러한 의미 있는 개념의 동일성은 타파하여야 한다. 비록 현대 논리에 의하면 '변증법적 논리'는 완전히 상상조차 할 수 없고 터무니없다는 것이다.

사실 인류 사상의 변천은 항상 기의의 변화로 인한 것이다. 주의해야 할 것은 이러한 변화가 미리 선험적으로 확정된 것이 아니고 주로 개념의 실질적 사용에서 나타났던 것이다. 만약 기의의 변화가 없다면 철학 연구에서 존재한 개념적 판별이 불가피하고 필연적인 이유는 무엇일까?

    진 교수의 논문에 의하면 규범은 "리하르트 쿤이 주장하였듯이 매우 명확한 규정성을 갖추고 있으며, 즉 매우 명확한 함의가 있는 것"으로 보인다. 사실 이러한 견해는 올바르지 않다. 진 교수의 논문에 의하면 '규범'이라는 단어가 리하르트 쿤의 저서에서 그 의미가 그렇게 분명하지도 않고 그 진술은 결코 유일한 것도 아닌 것으로 보인다. 우리가 리하르트 쿤이 언급하였던 개념을 제대로 이해하려면 그의 사용을 재분석해야 한다. 이는 매우 풍자적인 것이다. 진 교수의 논문에 의하면 리하르트 쿤은 먼저 『과학 혁명의 구조』라는 책의 '서문'에서 '규범'에 관한 주장들을 열거한 후 두 가지의 '기본적 특징'으로 귀납한 것으로 보인다. 그 문제는 리하르트 쿤이 '규범'에 대하여 다른 주장도 있다는 것이다. 진 교수의 논문에 의하면 리하르트 쿤이 언급하였던 '규범'의 다양한 용법에 대한 마가렛 매스터만Margaret Masterman의 연구를 제시하였으며,『과학 혁명의 구조』라는 소책자도 '규범'에 대한 리하르트 쿤의 21가지 이상의 주장들을 포함한 것으로 알려진다. 마가렛 매스터만도 "수준이 낮은 독자들이 리하르트 쿤의 규범을 이해하려면 쉽지 않다"고 인정하였다.[8] 이어서 진 교수는 리하르트 쿤이 일본어판『과학 혁명의 구조』의 '후기'에서 사람들의 비판에 대응하기 위한 규범의 3가지 새로운 개요도 인용하였으며, 마지막으로 리하르트 쿤의 사상을 소개한 저서 중의 3가지 개요도 거듭 설명하였다. 그 외에도 진 교수는 "물론 규범이 더 많은 구체적 규정성을 갖추었으나 우리는 더

---

8 I. 라카토스 외 지음, 저우지중 옮김,『비판과 지식의 증가』 중국 화하출판사, 1987, 77쪽.

이상 논의하지 않겠다"고 하였다. 이로 인하여 "첨지재전瞻之在前, 홀언재후忽焉在後(즉, 관찰의 차원에 따라 체감도 다르다는 것)"이라는 느낌이 들게 되었다. 물론 이렇게 다양한 표현은 각종 차이점이 있다는 것이 분명하다. 이러한 차이점은 해석과 소속이라는 특징을 갖추었으나 모순된 것도 있다. 그 중에서 우리는 도대체 어떤 표현을 따라야 적절해질 것일까? 진 교수는 "규범과 관련된다면 이러한 개념과 그것의 함의를 이해하는 것이 틀림없이 필연적이고 필요할 것"이라고 주장하였다. 그럼에도 불구하고 '규범'이라는 단어를 사용할 때 이러한 함의를 '이해'하는 것이 함의를 포함해야 한다는 의미가 아닌 것으로 지적되어야 한다.

마르크스주의 철학에 관한 연구들에서 나타났던 '학문적 해석', '문헌적 고증' 및 '현실적 인도' 등이라는 다양한 경로와 방법을 '규범'으로 묘사한다는 것은 리하르트 쿤이 이론적 차원에서만 '규범'의 개념을 사용한 것과 확실히 다르다는 것을 부인할 수 없다. 그 이유는 전자가 교체와 교환의 관계가 아니고 보완과 조화의 관계이기 때문이다. 마르크스주의 철학에 관한 연구는 바로 다양한 '규범' 간의 상호 경쟁으로 인한 자극성 구조로 마르크스 사상의 본질에 근접한 것이다. 이는 바로 방법적 차원에서 사용된 '규범' 개념과 리하르트 쿤의 '규범' 간의 가장 큰 차이이다. 그러나 이 차이는 엄격하지 않다는 의미에서 우리가 리하르트 쿤의 개념을 차용하는 데 방해가 되지 않을 것이다.

02

마르크스 존재론의
재구축 및 그 의의

마르크스 철학을 이해하려면 고전적 존재론이 아닌 존재론의 혁명적 개혁 차원에서 이해해야 한다. 그렇지 않다면 마르크스 철학의 혁명적 의의는 나타나지도 못하고 마르크스 철학의 본질도 실제로 이해되지 못할 것이다. 그렇다면 마르크스 철학은 서양 존재론의 역사적 변천에서 어떤 지위를 차지하였을까? 마르크스는 존재론적 재구축에서 어떤 독특한 기여를 하였을까? 지금까지 다양한 주장들이 존재해 왔다. 이러한 문제들의 해결은 우리가 존재론의 역사적 맥락과 발전 현황을 파악하고 본원에서 마르크스 철학을 이해하는 데 도움이 될 것이다.

고전적 존재론에서 현대적 존재론으로의 전환

서양 사상의 변천사에 착안하면 존재론은 고대 그리스부터 "본질이 존재보다 먼저 나타났다"는 예정설에서 "존재가 본질보다 먼저 나타났다"는 생성설로의 역사적 전환을 거쳐 왔다는 것을 쉽게 밝혀낼 수 있다. 이와 같은 전환은 시간적 도입으로 인한 것으로서 결과적으로 인간의 존재성 차원의 확립에 달려 있다.

콜링우드R.G.Collingwood는 역사 철학의 차원에서 "그리스 사상의 반역사적 경향"을 언급하였을 때 "전체적으로 보면 고대 그리스의 사상은 매우 현저한 유행 경향을 띠고 역사 사상의 발전에 전혀 맞지 않았을 뿐만 아니라 실제로 강력한 반역사적 형이상학을 바탕으로 한 것이라고 할 수도 있다"고 지적하였다.[1]

윌리엄 바레트William F. Barrett도 "그리스 철학은 플라톤Platon을 통해

---

1   R. G. 콜링우드 지음, 허자오우 · 장원제 옮김, 『역사적 관념』, 중국 사회과학출판사, 1986, 22쪽.

이러한 왕국을 만듦으로써 사상적 차원에서 시간의 악을 벗어나려고 한다"고 주장하였다.[2] 이러한 판단은 사상사의 사실에 부합하는 것이라고 할 수 있다. 사실 고대 그리스 철학은 시간성을 배제하였다는 것이다. 이는 시간성에 대한 불신임을 의미한다. 이러한 경향으로 비추어 볼 때 그 당시의 철학이 추구하였던 '존재Being'는 본질적 차원에서 이해된 것이며, '실존'과 아무 상관도 없었다고 할 수 있다. 고대 그리스 철학자들은 시간적·경험적·동태적 현실 세계를 믿을 가치가 없고 시간적 속박에서 벗어난 항구불변한 규정이야말로 진리의 믿음직한 기초라고 주장하였다.

'진리의 길'과 '의견의 길'에 대한 파르메니데스Parmenides의 구분은 이미 이러한 이해의 원칙을 함축하고 있다. 이는 실제로 '존재'를 본질주의적으로 이해하는 시작을 의미한다. 예슈산葉秀山은 "파르메니데스의 존재는 본질적 의의를 나타냈으나 파르메니데스는 이러한 개념을 제시하지도 않았다"고 지적하였다.[3] "'본질'이라는 단어가 로마자인 'esse'에서 나온 것이고 'essence'로 변화되었으며, 'esse'는 그리스 문자인 ειναι(to be와 해당됨)으로 표시되었기 때문이다. 이는 바로 파르메니데스가 자주 사용하였던 것이다. 우리는 일반적으로 그것을 '존재'나 '있음'으로 번역한다. 따라서 우리는 essence가 고대에 바로 '존재'나 '있음'이라는 것을 기억해야 한다. 파르메니데스가 '진리의 길'에서 되풀이하였던 것은 바로 우리가 사고하고 이야기를 할 수 있는 '존재'이다. '무無'가 아니다.[4] 불변하고 초시간적인 'essence'야말로 '존재'를 이해할 수 있는 유일하게 유효한 차원이다." 이렇듯 이러한 존재론적 구축은 시간성을 제거하는 것을 기본적 특징으로

---

2 윌리엄 바레트 지음, 돤더즈 옮김, 『비이성적 인간: 존재론 철학 연구』, 중국 상하이역문출판사, 1992, 79쪽.
3 예슈산, 『소크라테스 이전의 철학 연구』, 중국 생활·독서·신지 삼련서점, 1982, 145쪽.
4 예슈산, 「파르메니데스의 '존재'와 제논의 역설에 관한 연구」, 『철학적 평론』, 제1호, 중국 사회과학문헌출판사, 1993, 114쪽.

한다. 이러한 언어 환경 속에서 시간성은 '존재'에 대한 개방과 양명이 아닌 은폐와 방해가 되었다.

패스모어J.A.Passomore가 언급하였듯이 "플라톤은 '존재existence'가 사소하고 제2류의 존재 방식이며, 존재의 실체가 '형식'이나 '본질'을 나타내야 진실하고 믿을 만한 것이라고 주장하였다."[5] 플라톤은 "철학이 불확정자에게 확정을 해 주는 것"이라고 주장하였을 때 변화 중의 불변이라는 규정을 강조하였다. 이러한 규정은 시간성과 관계가 없다는 것이 분명하다. 아리스토텔레스Aristoteles는 『형이상학』에서 "그 사물들에 대한 설명이 정의로 되어야만 '존재'는 나타날 수 있다"고 지적하였다.[6] 또한 그는 "'존재'의 공식이 바로 정의이며",[7] 반면에 "정의가 존재의 공식"이라고 주장하였다.[8] 여기서는 본질과 정의가 내재적이고 분리할 수 없는 불가분의 관계를 가졌다. "존재란 무엇인가"를 밝혀내는 방식은 기대를 이미 선행적으로 내포하였다. 즉, '존재'의 '본질'을 얻는 규정이다. 그것은 본질주의적 존재론의 소구를 암시하였다. 사실 '존재'에 관한 정의 자체는 이미 본질주의적인 것이다. 이러한 정의적 소구는 '실존적' 차원에서 나타난 가능성을 거부하는 반면 그것에 대한 은폐를 전제로 한 것이다. 그렇다면 "존재는 무엇일까?" 이렇게 질문할 때 우리는 분명히 '존재'의 '정의'를 얻을 수 있다고 기대하였다. 즉, '존재적' '본질'을 밝힐 수 있다는 것이다. 고대 그리스 철학의 이러한 질문 방식은 본질주의적인 선호를 내재적으로 나타냈으며, 본질주의적 길도 내포하였다.

•

5   존 아서 패스모 지음, 홍한딩 외 옮김, 『철학 백년・신출 철학자』, 중국 상무인서관, 1996, 524쪽.
6   아리스토텔레스 지음, 우서우평 옮김, 『형이상학』, 중국 상무인서관, 1959, 130쪽.
7   위의 책, 95쪽.
8   위의 책, 133~160쪽.

존재론적 자각은 한 구분에서 비롯되었다. 이 구분은 바로 그 이후에 하이데거가 제시하였던 존재론적 구분, 즉 '존재'와 '존재자'의 구분이다. 고전적 존재론의 언어 환경 속에서 이 구분은 '본질'과 '실존'의 분열을 의미한다. '존재'는 '본질'의 규정으로서 모든 가능한 '존재자들'이 '존재'하는 내재적 이유로 이해된다. 이러한 의미에서 '실존'에 대한 '본질'의 초월성은 바로 '존재자'에 대한 '존재'의 초월성이라고 할 수 있다. 따라서 '본질'에 비하여 '실존'은 우선적인 본질이라는 고전적 존재론이 구축되었던 발생학적 기초이자 존재론적 '원죄'가 되었다. 매우 기괴한 것은 이러한 초월성이 '존재' 자체를 감추고 '존재자'로 숙명적으로 전락하였다는 점이다. 왜 이렇게 되었을까? 그것의 필연성은 어디에 있었을까? 고전적 존재론에 의하면 '존재자' 중의 '존재'는 명사이자 이미 존재한 사물이며, 추궁되고 구상될 대상인 것으로 알려진다. 이는 '존재자'의 '존재'가 '존재자화'라는 운명을 가지게 된다는 것을 초래하였던 원인이다. 현대적 존재론에 의하면 '존재자'의 '존재'는 동사이며, 즉 '존재자'가 어떻게 존재하는 것인가라는 것에 착안한 것으로 밝혀진다. 하이데거는 "명사 'wesen'가 동사 'wesen'에서 파생된 것이며, 'Wesen'이 동사로 해석될 때 '지속 währen'과 같기 때문이다. 양자는 함의뿐만 아니라 음성의 단어 구성에서도 일치한다"고 지적하였다.[9] 동사적 의미에서 이해할 때 '본질'은 '생성'과 내재적으로 관련되어 있다고 할 수 있다. 재미있는 것은 이에 대응하여 "존재 'das sein'가 동사 'sein'에서 변형된 명사라는 것이다. 그러므로 대중들은 '존재'라는 단어가 동명사"라고 하였다.[10]

이는 존재가 추궁되고 이해될 대상이 되지 못하고 그 자체의 자기 구현에서 나타날 수밖에 없으며, 이로 인하여 시간성의 차원이 필연적으로

---

9 하이데거, 『강연과 논문집』, 쑨저우싱 옮김, 중국 생활·독서·신지 삼련서점, 2005, 31쪽.
10 쑨저우싱, 『하이데거 선집』, 상권, 중국 생활·독서·신지 삼련서점, 1996, 494쪽.

파생된 것을 의미한다. 그러므로 존재론의 본질주의적 구축 방식은 존재의 진실성을 나타내지 않고 가리는 방식이다. 이러한 예정설에서 본질은 가리게 되고 추상적인 운명에 빠져 버렸다. 그 이유는 '구현'을 떠나면 본질이 스스로 구축될 수 없기 때문이다. 매우 기괴한 것은 본질주의적 원칙이 바로 존재론으로 하여금 존재의 본질을 이해하려는 초지를 멀리한다는 점이다. 헤겔의 '반성'과 마르크스의 '후부터의 사고'는 모두 시간성의 차원에서만 본질을 이해할 수 있다고 제시하였다. 이는 존재론이 근본적으로 재구축되어야 할 내재적 이유이다.

　서양 철학의 변천사는 존재론이 역사적이고 혁명적인 변천, 즉 본질주의적 방식에서 실존주의적 방식으로의 전환을 거친 것으로 보인다. 사상사적 차원에서 볼 때 실존주의는 주로 본질주의적 반정립으로서 나타났다고 할 수 있다. 사실 본질주의나 실존주의는 모두 존재론적으로 가능한 해결 방안의 하나에 불과하다. 만약 고전적 존재론의 언어 환경 속에서 '존재'라는 '보편'이 '분유'됨으로써 모든 가능한 존재자들은 자체의 '존재성'을 얻어 존재자로 될 수 있다. 현대적 존재론의 언어 환경 속에서 이러한 이해 방식은 초월되었다. 철학에 관한 문제들이 새로운 것과 낡은 것 간의 구별이 없으나 얻은 답은 완성과 미완성의 차이가 있다. 고전적 존재론은 '본질'을 우선으로 한 것으로서 이해된 그 '존재'가 본질주의적 '보편'에 불과하다. 이와 달리 현대적 존재론은 '실존'을 우선으로 하며, 인간의 현존을 전제로 한 것이다. 고전적 존재론에 의하면 '존재자'는 '보편'적으로 존재하여 존재자로 되었으며, 이는 보편과 특수 간의 관계를 나타낸 것으로 밝혀진다. 하지만 현대적 존재론에 의하면 이는 구현과 생성 간의 관계로 변형되었으며, 초월자는 비초월자의 동사적 존재의 구현에 포함되고 본질은 구현되고 실존에서 완성된 것으로 알려진다. 결과적으로 고전적 존재론과 현대적 존재론 간의 형태적 차이는 바로 이것이다.

　사실 이러한 역사적 변천은 마르크스 존재론의 재구축을 통해 실제로 완성된 것이다. 그 상징은 바로 마르크스가 철학의 원초적 기초를 다졌을 때 인간의 현존이라는 존재론적 입장을 도입하였다는 것이다. 주의해야 할 것은 패스모어Passmore의 주장에 의하면 "존재론이 독일의 낭만주의에 뿌리내린 것이며, 후자가 개별성이라는 명의로 18세기의 계몽 운동에서 제기되었던 '이성'에 대한 항의인 것으로 밝혀진다는 것이다".[11] 사실 마르크스는 실존주의자보다 낭만주의에서 본질주의를 초월한 영감을 얻었다. 헤겔은 『정신 현상학』에서 "모든 문제들의 핵심이 진실한 물건이나 진리를 실체와 주체로 동시에 이해하고 설명하는 데 있다"고 지적하였다.[12] 헤겔이 주장하였던 '실체'의 '주체'화는 '현상'의 동사적 이해를 위해 논리적 기초를 제공하였다. 인간의 비존재로 인하여 헤겔의 '주체'는 인간의 존재와 관계없는 규정이므로 현실적 역사 개시자를 찾아낼 수 없었다. 이는 헤겔 현상학이 '정신 현상학'에 불과하다는 논리적 원인이다. 그 이후 청년 헤겔학파인 파우엘Bauer이 주장하였던 주체는 '자아 의식'으로 전락하는 규정도 이해될 수 있다. 이는 바로 마르크스가 존재론을 구축하였을 때 헤겔과 청년 헤겔학파를 숙청해야 하였던 이유이다.

마르크스 철학의 존재론적인 혁명적 재구축

마르크스 철학이 존재론의 역사적 변천이라는 기나긴 세월에 자리매김해야 그것의 진정한 의의와 역사적 공헌은 선명하게 나타날 수 있다. 마르크스 존재론의 재구축은 스스로의 실질적 구상을 통해 이루어진 것이

---

11 존 패스모어 지음, 홍한딩 외 옮김, 『철학 백년·신출 철학자』, 중국 상무인서관, 1996, 524~525쪽.
12 헤겔 지음, 허린·왕주싱 옮김, 『정신 현상학』, 상권, 중국 상무인서관, 1979, 10쪽.

다. 재구축에 대하여 마르크스는 존재론적 문제를 직접적으로 '논의'하지 않고 존재론적 방식으로 철학적 문제를 해결하였다. 그러므로 우리는 마르크스 존재론의 재구축을 총괄할 때 확실한 인식 방식으로 사상의 구현을 이해해야 하며, 그 중에서도 마르크스가 존재론을 어떻게 재구축해야 하는지를 밝혀내야 한다.

마르크스의 구상 방식에 의하여 존재론은 '왜'가 아닌 '어떻게'를 규명하는 것이다. 마르크스는 이러한 원초적 기초를 찾아냈다. 그것은 바로 존재적 범주로서의 실천이다. 마르크스는 철학에서 실천의 궁극적이고 원초적인 지위를 차지하였다. 그의 언어 환경 속에서 실천은 타자 활동의 칭호가 아닌 '나'의 존재적 방식으로 이해된다. 여기서 주의해야 할 것은 '이기성異己性'이다. 마르크스가 지적하였던 이른바 "주관적 차원에서 이해한다"는 것은 바로 실천의 이러한 '이기성'을 드러내고 '현존재'라는 특징을 강조한다는 것이다. 그러므로 주의해야 할 것은 여기서 말하였던 '나'나 '자기'는 이미 '타자'에 비한 그 '주체'가 아닌 절대적 주관성이다. 이로 인하여 마르크스의 실천 존재론은 '현존재'이며, 그 결과는 모든 가능한 존재자들이 '정체'로 되었다. 칼 야스퍼스Karl Jaspers의 주장은 이 점을 이해하는 데 도움이 될 것이다. 그의 주장에 의하면 철학은 바로 인간의 '내재적 활동'을 일으키는 것이며, 이른바 '내재적 활동'은 "인간을 사상의 각종 가능성에서 이끌어냄으로써 실질적 경험의 존재에서 존재의 존재를 이해한다는 것"으로 밝혀진다.[13]

본질주의적 반발인 실존주의는 시간성에 대한 신뢰를 회복시키며, 실존을 우선적으로 둠으로써 인간의 실천으로 회귀하기 위한 계기를 만들었다. 하지만 '실천'은 '실존'과 똑같지 않다. 실천은 본질과 실존 간의 이원적

---

13 헨리 카우프만 지음, 천구잉 외 옮김, 『존재론』, 중국 상무인서관, 1987, 189쪽.

분열의 원초적 기초이며, 이러한 분열 자체의 내재적 근거이자 이러한 분열을 초월하는 역사적 조건이기도 한다. 진정하게 성숙한 존재론적 입장은 본질주의와 실존주의 간의 외재적 대립을 지양함으로써 진정한 본연지성과 시원적 특성이라는 최초 상태에 이르러야 한다는 것이다. 이는 마르크스 실천 존재론이 실존주의보다 뛰어난 것이다.

겉으로 볼 때 본질과 실존 간의 차이는 인간의 사변적 능력에 달려 있으나 사실은 그렇지 않다. 결과적으로 이러한 차이는 바로 인간의 존재, 즉 실천이 내재적으로 내포한 이중적 성격의 분열에 관한 반영과 구현이기 때문이다. 즉, 보편성과 직접적 현실성의 반영과 구현(전자는 본질을 가져오고 후자는 실존을 가져왔음)이다. 이에 대하여 마르크스야말로 비로소 본질과 실존이 분열된 비밀을 실질적으로 밝혀낼 수 있다. 실천을 통하여 존재자는 "정체성의 존재(본질적 요구와 구현)"뿐만 아니라 "물질보다 먼저 존재한 존재일(실존적 요구와 구현)이기도 한다."

마르크스 철학의 언어 환경 속에서 모든 범주와 원리는 실천 존재론적인 것이고 철학의 전체 맥락의 내재적 일환이다. 이렇게 하여야 마르크스 철학의 범주와 원리의 진정한 의미를 깊이 이해할 수 있다. 예컨대, '소외'라는 개념이 바로 이렇다는 것이다. 마르크스는 소외가 인간의 존재라는 존재론적 역설을 드러내는 역사적 형식이라고 주장하였다. 또한 그는 소외가 "사물 자체가 모두 다른 것으로 나타난다"고 하였다. 즉, 이른바 '이분화'이다.[14] 인간의 존재에 대하여 소외는 바로 '본질'과 '생존' 간의 분열이라고 할 수 있다.

마르크스가 인간의 현존이라는 존재론적 재구축을 완성하였던 매우 중요한 계기는 종교적 비판에서 나타났던 포이어바흐의 인류주의적 입장

---

14 마르크스, 『1844년 경제학과 철학의 친필 원고』, 중국 인민출판사, 2000, 130쪽.

이 마르크스에게 제공해 준 시사점이라는 것이다. 포이어바흐는 종교관의 차원에서 코페르니쿠스Nicolaus Copernicus식의 혁명을 이루게 되었다. 이는 '인간'이 '신'에게 복종한다는 것을 '신'이 '인간'에게 복종한다는 것으로 전환시킴으로써 종교적 환상을 밝혔다. 문제의 핵심은 '신'에서 '인간'으로 전환된다는 것이 근본적인 변위로 이루어졌다. 이는 코페르니쿠스의 '지동설'이 프톨레마이오스Claudios Ptolemaeos의 '천동설'을 대체하였다는 것과 비슷하다. 이는 마르크스가 노동자와 노동 상품 간의 소외 관계를 밝히는 데 시사점을 제공하였다. 이와 마찬가지로 사변 철학의 "본말이 전도된다"는 것에 대한 마르크스의 비판도 종교에 대한 포이어바흐의 기본적 논리 구조와 이치를 내포하였다. 그러므로 종교를 비판하는 포이어바흐의 사상은 마르크스가 존재론에서 헤겔의 정신 현상학을 전도하는 데 시사점을 제시하였다. 즉, 이는 마르크스가 절대정신의 현상학에서 인간의 존재라는 현상학으로 질적으로 전환하는 데 중요한 역할을 하였다. 마르크스는 "종교적 비판을 반대하는 근거는 인간이 종교를 창조하였던 것이지, 종교가 인간을 창조하였다는 것이 아니"라고 주장하였다.[15] 이가 밝혀졌다는 것은 포이어바흐의 공헌이다. 또한 마르크스는 "인간의 자기 소외라는 거룩한 이미지가 밝혀진 후 거룩하지 않은 이미지를 지닌 자기 소외를 밝혀내는 것은 역사에 봉사하는 철학의 절박한 임무가 되어 버렸다"고 지적하였다.[16] "인간의 자기 소외라는 거룩한 이미지"가 밝혀졌다는 것은 포이어바흐가 완성하였던 것이며, "거룩하지 않은 이미지를 지닌 자기 소외를 밝혀내는 임무는 마르크스가 직면하였던 철학적 사명이다. 따라서 마르크스의 사상은 포이어바흐를 이어서 이루어진 것이라고 할 수 있다.

마르크스는 『1844년 경제학과 철학의 친필 원고』(이하는 모두 『친필 원

---

15 『마르크스 엥겔스 선집』, 제1권, 중국 인민출판사, 1995, 1쪽.
16 위의 책, 2쪽.

고』로 약칭됨)에서 노동 소외로 인한 변위를 밝혀냈다. 또한 그는 그 이후의 『자본론』에서 "인간이 종교에서 그의 대뇌의 산물의 지배를 받은 것처럼 인간은 자본주의 생산에서 그의 양손의 산물의 지배를 받기도 하였다"고 지적하였다.[17] 엥겔스는 다음과 같이 지적한 바 있다. 즉, "하지만 그때부터 정치 경제학은 모두 본말이 전도되었으며, 즉 기본적인 물건과 가격의 원천인 가치는 오히려 그것의 산물인 가격에 종속되었다. 아는 바와 같이 바로 이러한 본말의 전도는 추상적 본질을 구성하였다. 이에 관해서는 포이어바흐의 저서를 참고하기를 바란다."[18] 포이어바흐는 "사변 철학의 본질은 다른 것이 아니고 이성적·실재적·현실적 신의 본질"이라고 밝혀냈다.[19] 종교에 대한 포이어바흐의 비판은 마르크스 철학이 추상적 천국에서 현실적 세속으로 돌아가는 데 시사점을 제공하였으며, 마르크스가 종교적 비판에서 사변 철학의 비판으로 전환하는 데 사상적 자원도 제공하였다. 포이어바흐는 신과 인간 간의 관계에서 신이라는 중심을 인간이라는 중심으로 바꾸었으나 마르크스는 사변과 세속, 노동 상품과 노동 간의 관계에서 사변과 노동 상품이라는 중심을 세속과 노동 자체라는 중심으로 옮겼다. 양자는 현저한 동질성을 지니고 있다. 마르크스는 "노동, 즉 생산 활동이 자체의 조건과 자체의 상품 간의 관계에서 나타난 극단적 소외 형상"은 "왜곡되고 본말이 전도되는 형식"이라고 확인하였다.[20]

포이어바흐가 인간의 존재에 입각하려고 하였으나 실천적이지 않고 직관적 태도는 이러한 회귀의 실현에 장애가 되었다. 그는 여전히 인간

---

17 『마르크스 엥겔스 전집』, 제1권, 중국 인민출판사, 1972, 681쪽.
18 위의 책, 1956, 606쪽.
19 룡전화 외 옮김, 『포이어바흐 철학 저서 선집』, 상권, 중국 생활·독서·신지 삼련서점, 1959, 123쪽.
20 『마르크스 엥겔스 전집』, 제46권 상권, 중국 인민출판사, 1979, 520쪽.

이 구체적이지 않고 추상적인 것이라고 주장하였다. 하지만 직관적 의미에서 볼 때 그가 이해한 인간은 가장 구체적이라고 할 수 있다. 마르크스가 비판하였듯이 포이어바흐는 "현실적으로 존재하고 활동하고 있는 인간이 여태껏 보이지 않고 추상적 '인간'에 그쳤으며, 또한 감정적으로만 '현실적·개별적·육체적인 인간'으로 인정하였다".[21] 왜 이렇게 되었을까? 포이어바흐는 감성과 직관에서 매우 구체적인 '인간', 즉 육체적 존재물로서의 인간을 밝혀냈다. 이러한 의미에서 볼 때 인간은 매우 추상적이라고 할 수 있다. 이는 포이어바흐의 취급 방식이 추상적인 직관이기 때문이다. 즉, 마르크스가 지적하였듯이 "그는 인간을 '감성적 활동'이 아닌 '감성적 대상'으로만 보였다".[22]

마르크스는 『신성 가족』에서 "포이어바흐는 형이상학적 절대정신을 '자연을 바탕으로 한 현실적인 인간'으로 귀결하여 종교에 대한 비판을 완성하였다"고 지적하였다.[23] 포이어바흐는 "인간이 자연계에서 태어났던 것은 자연계를 조금이라도 아는 인간에게 매우 명확하고 직접적이고 확실한 것"이라고 주장하였다.[24] 하지만 마르크스는 이러한 '인간'을 실천을 바탕으로 한 현실적 인간으로 귀결하였다. 마르크스는 자연을 바탕으로 한 인간이 여전히 '현실적 인간'이 아니라고 주장하였기 때문이다. 진정한 현실적인 인간에 대한 '발견'도 인간의 사회 관계를 보였거나 강조하였는가에 달려 있지 않으며(개미의 세계에서도 엄밀한 '사회적' 조직 형식이 존재함), 결과적으로 감성적 활동의 차원에서 인간과 인간의 존재라는 성질을 취급한 여

---

21 『마르크스 엥겔스 선집』, 제1권, 중국 인민출판사, 1995, 78쪽.
22 위의 책, 77~78쪽.
23 『마르크스 엥겔스 전집』, 제2권, 중국 인민출판사, 1957, 177쪽.
24 룡전화 외 옮김, 『포이어바흐 철학 저서 선집』, 상권, 중국 생활·독서·신지 삼련서점, 1959, 355쪽.

부에 달려 있다. 이는 가장 핵심적인 것이다. 마르크스는 『친필 원고』에서 "포이어바흐도 '인간과 인간' 간의 사회 관계를 이론의 기본적 원칙으로 삼았다"고 인정하였다.[25] 또한 마르크스의 이러한 판단도 포이어바흐의 실질적 사상에 부합한 것이다. 포이어바흐는 인간의 본질을 인간의 자연적 성질로 모두 귀결하지 않았으며, 인간의 사회 관계와 역사적 존재도 언급하였기 때문이다. 예컨대, 그는 "사회적 인간이야말로 인간"이라고 주장하였다.[26] 또한 그는 "인간의 본질이 단체, 인간과 인간 간의 통일에만 포함되었기 때문에[27] 인간의 실체를 사회에만 놓아야 한다"고 하였다.[28] 심지어 그는 "인간이 인간의 작품이자 문화적·역사적 산물"이라고 지적하기도 하였다. 그 이유는 "자연계에서 직접적으로 태어난 인간이 순수한 자연의 본질에 불과하나 인간이 아니"라는 것이다.[29] 문구만 볼 때 이러한 주장은 인간에 관한 마르크스의 논술과 매우 유사하다고 할 수 있다.

포이어바흐는 인간과 인간 간의 사회 관계를 강조하였으나 여전히 "현실적 인간의 수준"에 도달하지 못하였다. 그 이유는 무엇일까? 이는 그가 인간의 사회성과 역사성을 추상적으로 '선포'하는 데 그쳤으며, 성공적으로 '입증'하지 않았기 때문이다. 더 중요한 이유는 결과적으로 그가 인간을 취급한 방식은 치명적인 결함, 즉 '감성적 활동'이 아닌 '감성적 대상'에 국한되었다는 것이다. 마르크스는 『독일의 이데올로기』에서 이에 대한 대답을 하였다. 즉, "인간과 인간 간의 관계에 대한 포이어바흐의 추론은 인간이 서로 필요하며 과거에도 서로 필요하였던 것을 모두 증명하고자 한 것

---

25 마르크스, 『1844년 경제학과 철학의 친필 원고』, 중국 인민출판사, 2000, 96쪽.
26 룡전화 외 옮김, 『포이어바흐 철학 저서 선집』, 상권, 중국 생활·독서·신지 삼련서점, 1959, 571쪽.
27 위의 책, 185쪽.
28 위의 책, 435쪽.
29 위의 책, 247쪽.

이다. 그는 이러한 사실에 대한 이해를 확립하기를 바랐다. 즉, 기타 이론가들과 같이 존재한 사실에 대한 정확한 이해를 확립하기를 바랐다는 것이다. 하지만 진정한 공산주의자의 임무는 이렇게 존재하는 것을 뒤집어야 한다는 것이다."[30] 그가 인간의 사회 관계라는 속성을 "정확하게 이해한다"는 사실만 목표로 증명하려던 것은 결국 "세계를 바꾼다"는 태도가 아닌 "세계를 해석한다"는 태도에 불과하다고 할 수 있다. "세계를 바꾼다"는 태도야말로 '감성적 활동'에 입각할 수 있는 차원이다. 그러므로 마르크스는 '공산주의자', 즉 '실천적 유물론자'가 지켰던 철학적 입장과 포이어바흐가 고수하였던 감성적·직관적인 과학적 인지 태도를 엄격히 구별하게 되었다.

마르크스가 실존주의자보다 뛰어난 것은 그가 철학을 인간의 실존에 입각시켰을 뿐만 아니라 실존과 본질이 분열된 역사적·논리적인 근거도 밝혀냈다는 것이다. 마르크스는 실천이 본질, 실존 및 양자의 분열보다 더 원시적 특성과 본연지성이라는 원초적 기초를 확인하였다. 인간의 차원에서 볼 때 실천이 내포된 직접적 현실성과 보편성이라는 이중적 성질은 각각 인간의 실존과 본질의 제작자·표현자를 구성하였다고 할 수 있다. 사실 '본질'이나 '실존'은 모두 실천적 구축의 하나에 불과하다고 할 수 있다. 실천을 떠난다면 우리는 본질과 실존 및 양자의 관계를 이해할 수 없을 것이다. 실천의 관념적 구축으로서의 본질은 초월적인 규정이 되었으며, 실천의 감성적 구축으로서의 실존은 경험적 존재가 되었다. 이로 인하여 심각하고 기본적인 분열은 초래되었다. 즉, 본질은 관념적 자족성을 지닌 것 같으나 실존은 결함이 있는 기성의 물건으로 과소평가되었다. 이러한 분열 자체는 인간의 잘못으로 인한 것이 아니고 실천의 필연적 결과이다.

---

30 『마르크스 엥겔스 선집』 제1권, 중국 인민출판사, 1995, 96~97쪽.

청년 마르크스는 이미 아래와 같이 지적한 바 있다. 즉, "인간은 가장 직접적인 현실과 시민 사회에서 세속적으로 존재한다는 것이다. 여기에는 즉, 인간이 자기와 타인에게 모두 실재적 개인의 것이며, 인간이 진실성이 없는 현상이라고 할 수 있다. 하지만 나라에서는 즉, 인간이 유적 존재인 것이며, 인간이 상상하는 주권의 가상적인 분자이다. 그는 여기서 실재적 개인 생활을 상실하여 실재적이지 않은 보편성을 가득 채웠다."[31] 또한 그는 "이기주의적인 개인이야말로 현실적인 인간이며, 추상적인 citoyen(공민)이야말로 진정한 인간"이라고 지적하였다.[32] 마르크스는 여기서 실존과 본질이 분열된 역사적 형식을 밝혀냈다. 이리하여 이러한 분열은 더 이상 사변 철학의 추상적 모순의 구현이 아니고 역사 자체의 구현 문제로 되어 버렸다. 이른바 "가장 직접적인 현실"은 '본질'과 분리된 '실존'의 규정이며, 이른바 "실재적이지 않은 보편성"은 '실존'과 분리된 '본질'의 규정이다. 여기의 이치는 아래와 같다. 즉, 실천이 창조한 '인간'은 영혼과 육체의 분열을 감당해야 한다는 것이다. 또한 이 분열은 인간의 개체와 유의 분리로 구현되었으며, 이는 본질과 실존 간의 대립을 내재적으로 담고 실천의 이중적 성질, 즉 보편성과 직접적 현실성 간의 장력을 나타냈다. 그 현실적 형태는 정치 국가와 시민 사회 및 양자 간의 상호 외재적 관계로 나타내고 유물론과 유심론 및 양자 간의 충돌은 긴장된 이데올로기적 수사뿐이다. 실천을 바탕으로 한 원초적 철학의 차원에서 벗어난다면 유물론과 유심론 및 양자 간의 대립을 깊이 이해할 수 없으며, 또한 그것들을 극복하는 유효한 방법도 찾아낼 수 없을 것이다. 이는 바로 마르크스의 존재론이 기존의 존재론적 학설보다 더 심오한 점이라고 할 수 있다.

---

31 『마르크스 엥겔스 전집』, 제1권, 중국 인민출판사, 1956, 428쪽.
32 위의 책, 1995, 443쪽.

마르크스의 실천 존재론의 현상학적 취지

존재론의 혁명적 재구축에서는 마르크스가 아래와 같은 두 가지의 중요한 기여를 하였다. 첫째, 마르크스는 '존재자'가 '존재'하는 방법을 연구하였다. 즉, 그는 '존재'가 명사적이지 않고 동사적인 것은 '존재'가 잊혀진 것을 피하였으며, 그것과 인간의 존재, 즉 인간의 실천을 내재적으로 연결시켜 고려할 수 있다고 지적하였다. 둘째, 마르크스는 본질과 실존의 구분 자체가 바로 예정이 아닌 생성이라는 특성을 지닌 것이며, 이는 그것들의 모순과 해결을 역사 자체의 환경 속에서 이해하고 파악해야 함으로써 역사적 규정으로 변형된 것을 의미한다. 양자는 마침 현상학적 차원에 접어드는 계기로 이루어졌다.

슝웨이熊偉의 주장과 같이 "현상학이 해야 할 일은 기성의 현상을 인식하는 것이 아니며, 모든 인식 대상들이 눈 앞에 나타나고 우리의 감성적 눈이나 지혜로운 눈의 대상이 된다는 것을 연구해야 한다는 것"이다.[33] 현존성을 거부하는 것은 현상학의 근본적인 취지이다. "현상학은 현상이 나타났다는 것을 이해하려면 천지만물이 존재하는 '존재자'라는 것을 우선적으로 이해해야 하기 때문이다".[34] '존재'의 동사적 형태는 '실존'적 의의에서만 가능해질 것이다. '본질'적 의의에서 그것은 예정된 규정이지, 생성된 것이 아니다. 하이데거는 『형이상학적 기초로의 길』에서 "'시간'으로 인하여 '존재자'가 나타났으므로 '시간'은 '비은폐성'을 나타냈으며, 즉 '존재자'의 진리를 나타냈다"고 지적하였다.[35] 또한 '시간'은 무엇을 의미하는가? 하이데거는 "명사로 표시되면 바로 '시간'이라는 것은 나타나는 과정에서 부

---

33 슝웨이, 『자유의 진리: 슝웨이 선집』, 중국 중앙편역출판사, 1998, 166쪽.
34 위의 책, 167쪽.
35 헨리 카우프만 지음, 천구잉 외 옮김, 『존재주의』, 중국 상무인서관, 1987, 224~225쪽.

지중과 은밀하게 운행되어 있다"고 지적하였다.[36] 존재의 본질은 생성하는 과정(시간으로 나타낸 것)에서 존재하는 것이다. 실존에 대한 본질의 종속성에 대하여 하이데거는 다음과 같이 명확히 언급하였다. 즉, "우리는 '본질'에 대하여 무엇을 생각할 수 있을까? 본질은 일반적으로 진실한 만물이 공동 지닌 특징으로 보인다. 본질은 유적 개념과 보편적 개념에서 나타났으며, 유적 개념과 보편적 개념은 '다'에 대한 똑같이 유효한 '일'로 표현되었다. 하지만 이와 같은 유효한 본질은 비본질적 본질에 불과하다. 그렇다면 본질적인 본질은 어디에 있었을까? 아마 그것은 진리의 존재자의 정체에 존재하였을 뿐이다. 또한 진정한 본질은 그것의 진실한 존재로 결정되고 모든 존재자들의 진리로 결정되었다."[37] 물론 하이데거는 본질과 진리를 연결시켜 고려함으로써 시간적 차원을 내재적으로 도입하였다는 것이 사실이다. '진리'의 형성은 시간성의 과정으로 필연적으로 나타냈기 때문이다. 하이데거는 "진리는 진실한 본질을 가리킨다"고 하였다.[38] 이른바 '진실한 본질'은 '본질적 본질'이며, 그것은 시간성의 실존에서 구상될 수 있다. 그러므로 그것은 명사적이지 않고 동사적인 것뿐이다.

현상학적 방법이 존재론적 문제를 적절히 해결하는 데 필수적이고 필연적인 이유는 무엇일까? '현 → 상'은 내재적으로 '실존'과 '본질' 간의 모순을 화해하고 해결하는 요구를 구현하였기 때문이다. 헤겔은 "현실적 전체는 결과뿐만 아니라 결과가 생성 과정과 연결되는 것이며, 그 목적 자체가 경직된 공상"이라고 하였다.[39] 마르크스는 '공산주의'를 추상적 '목표'가 아닌 '현실적 운동'으로 이해하였다. 이는 헤겔의 현상학적 논리의 방법론

---

36 앞의 책, 224쪽.
37 쑨저우싱, 『헤겔 선집』, 상권, 중국 생활·독서·신지 삼련서점, 1996, 271쪽.
38 위의 책, 271쪽.
39 헤겔 지음, 허린·왕주싱 옮김, 『정신 현상학』, 상권, 중국 상무인서관, 1979, 2쪽.

적 요구와 매우 유사하다고 할 수 있다. 여기서는 마르크스와 헤겔의 논리가 어떤 공통점을 지니고 있음을 보여 주었다. 사실 헤겔은 이미 "현존성"을 해석하기 시작하였다. 예컨대, 그는 진리의 개념의 비예정성을 강조하였다. 헤겔은 "진리는 쉽게 가져오고 이용할 수 있는 동전이 아니"라는 유명한 말이 있다.[40] 또한 그는 "진리가 정태적이고 영원히 거기서 존재하는 것이 아니며, 스스로 운동하고 생동감이 있는 것"이며, "관념을 스스로 발전하는 과정으로 보이고 운동으로 이해해야 하기 때문"이라고 지적하였다.[41] 그러므로 "나의 방법은 개념 자체에서 발전해 온 필연적 과정에 불과하며, 그 외에 더 좋은 이유와 함의를 찾아내는 것은 모두 헛수고"라고 하였다.[42] 이는 헤겔의 언어 환경 속에서 진리가 결코 쉽게 내리는 규정이 아니라는 것이다. 예정성이 현상학적 강적이므로 헤겔은 "지시와 철학 연구에서 나타났던 교조주의적 사상 방법은 다른 것이 아니고 바로 이러한 견해만, 즉 진리가 어떤 확정된 결과나 바로 인식할 수 있는 어떤 명제에서 존재한다는 것"이라고 하였다.[43]

어떤 의미에서 볼 때 카를 뢰비트Karl Lowith의 주장은 올바른 것이라고 할 수 있다. 그는 "헤겔의 원칙, 즉 이성과 현실의 통일 및 본질로서의 자체와 실존의 통일이라는 현실도 마르크스의 원칙"이라고 하였다.[44] 하지만 마르크스는 이러한 통일을 추구하였을 때 입각하였던 기초가 헤겔과 이미 많이 달라지게 되었다. 헤겔은 "개념이 '존재'와 '본질'의 통일이며, 이 두 가지의 범주에 소속된 모든 풍부한 내용은 자체 내에 포함되었다"고

---

40 앞의 책, 25쪽.
41 먀오리텐, 『헤겔의 통신 백 통』, 중국 상하이인민출판사, 1981, 241쪽.
42 위의 책, 242쪽.
43 위의 책, 26쪽.
44 카를 뢰비트 지음, 리추링 옮김, 『헤겔부터 니체까지』, 중국 생활·독서·신지 삼련서점, 2006, 125쪽.

하였다.[45] 헤겔이 주장하였던 '실존'과 '본질'의 통일은 바로 논리의 사변적 통일이며, 이는 '개념' 자체의 연역과 완성을 의미한다. 이는 그것이 마르크스 철학과 매우 다른 것이다. 그러므로 헤겔 철학의 한계성은 기성적이지 않은 확실한 기초를 찾아내지 못하였다는 것이며, 이 기초는 사실 인간의 존재 자체의 특수한 성질이다.

'현 → 상(실존)'에서 본질을 생성하여 완성한다는 것은 본질의 생성성과 실존이 내재적으로 연관되어 있음을 의미한다. 이러한 경우에는 본질에 비하여 실존은 피안의 것이 아니고 바로 본질을 성취하는 기초와 전제이자 본질을 완성하는 과정(현 → 상으로 구현됨) 자체이다. 바로 이러한 실존의 '현 → 상'에서 본질은 생성되고 완성되었다. 현상학적 차원에서 볼 때 실존은 본질에 비하여 더 이상 순수한 피안의 규정이 아니며, 이와 같이 본질도 실존에 비하여 수순한 피안의 규정이 아니라고 할 수 있다. 그것들의 관계는 서로 얽매여 중개가 되는 내재적 관계가 되었다. 이러한 관계는 인간의 실천에서만 구축되고 인간의 실천에서도 이해될 수 있다.

마르크스는 1844년 11월에 작성하였던 『헤겔 현상학의 구조』에서 헤겔의 정신 현상학을 비판한 바 있다. 그 저서의 내용은 네 부분으로 구성되어 있다. 그 중에서 특별히 주의해야 할 것은 제4 부분이다. 그 내용에 의하면 "상상하는 대상과 의식 대상으로서의 대상을 버린다면 진정한 대상을 버리는 것이나 다름없으며, 사유와 차이가 있는 감성적 행동, 실천 및 현실적 행동과 같다."[46] 마르크스는 여기서 헤겔의 정신 현상학에서 나타났던 본말이 전도된 구조를 비판하였으며, 사변의 정신 현상학을 인간의 현실적 존재, 즉 '감성적 행동', '실천' 및 '현실적 행동'을 바탕으로 구축된 현상학으로 개조하여 자기의 철학적 사명으로 삼았다. 이는 이미 마

---

45 헤겔 지음, 허린 옮김, 『소논리』, 중국 상무인서관, 1979, 2쪽.
46 『마르크스 엥겔스 전집』, 제42권, 중국 인민출판사, 1979, 237쪽.

르크스가 일생에 노력하였던 기본적 방향을 명확히 예고하였다. 또한 마르크스는 그 부분에서 "헤겔이 사변적 범주에서 사물의 본질을 실제로 파악하는 차이를 제공하였다"고 작성하였다.[47] 마르크스는 『신성 가족』에서 "헤겔은 항상 사변적 서술에서 사물 자체인 진실한 서술을 파악하는 서술을 하였다"고 지적하였다. 마르크스는 헤겔의 철학의 사변성에만 마음에 들지 않았다. "사물의 본질적 차이를 진정하게 파악하였다는 것"이나 "사물 자체인 진실한 서술을 파악하였다는 것"은 그가 마음에 들지 않았던 것이 아니다. 매우 중요한 것은 마르크스가 이러한 이해의 합법성의 확실한 기초, 즉 비사변적이고 진정한 현상학의 원초적 규정을 찾아내야 한다는 것이다.

　변증법을 구조주의적 순수한 구조로 이해한다면 헤겔의 "본말이 전도된다"는 변증법에 대한 마르크스의 변위는 사실 현상학적 기초의 재구축에 불과하다. 이는 절대정신의 현상학에서 인간의 존재의 현상학으로 전환된다는 것을 의미한다. 이리하여 마르크스가 하였던 일을 현상학적 차원에서 이해하지 않았다면 우리는 그와 헤겔의 변증법적 진정한 이질성을 파악할 수 없었을 것이다. 지적할 만한 것은 허린賀麟이 1940년대 변증법이 전도될 가능성을 이미 부정한 바 있다. 그는 마르크스와 헤겔의 변증법적 차별은 전자가 후자의 방법을 뒤바꾼 것이 아니고 응용 분야가 달라졌을 뿐이므로 두 가지의 변증법을 의미하지 않았다고 지적하였다. 또한 허린은 다음과 같이 언급하였다. 즉, "변증법은 뒤바뀌면 안 된다는 이유는 변증법이 전체적 것이고 그 자체가 일정한 것이기 때문이다. 마르크스는 이로 물질을 연구하고 헤겔은 이로 영혼을 연구하였다는 이유는 각자 경제 생활과 정신 생활을 중요시하였기 때문이다. 두 사람은 응용에서

47　앞의 책, 237쪽.

만 차이성이 나타났다. 헤겔은 변증법 자체에 기여를 크게 하였으므로 철학사에서 높은 평가를 받았다. 마르크스는 변증적 방법으로만 역사, 정치, 경제 등 과학을 연구하였으며, 특히 이로 혁명하였다. 또한 그는 헤겔에게서 철학을 어느 정도 배웠다고 인정하였다. 변증법을 칼로 비유하면 헤겔은 변증법으로 내장을 해부하고 마르크스는 변증법으로 외과 수술을 하였다고 할 수 있다. 그러므로 마르크스는 헤겔의 변증법을 뒤바꾸지 않았다."[48] 물론 허린은 그 이후 이러한 생각을 또다시 바꾸게 되었다. 그가 이와 같은 주장을 인정하였던 이유는 "그 당시 마르크스의 유물 변증법과 헤겔의 유심 변증법 간의 근본적 대립을 몰랐기 때문"이다.[49] 사실 근본적 문제는 허린이 변증법을 개념 도구설의 규정으로만 삼아 현상학이 전개되는 내재적 구조 자체로 이해하지 못하였다는 것이다. 만약 후자의 이해에 의하면 다양한 현상학적 기초 간에 간과할 수 없는 차별이 있다는 것은 인정될 수밖에 없다. 이리하여 "본말이 전도된다"는 가능성도 인정되어야 할 것이다.

현상학의 발생학적 방법은 자연 과학과 다르다. H. P. 릭크만Rickman은 빌헬름 딜타이Wilhelm Dilthey가 "역사적 차원에서 자기의 주제를 연구하였으며, 그 이유는 논제들의 대부분이 이러한 방식으로 밝혀질 수 있을 것으로 확신하였기 때문"이라고 주장하였다.[50] 그 문제점은 역사적 방법에 따른 발생학적 차원과 자연 과학의 인과해석 모델로 구현되어 있는 발생학적 차원의 원칙적 차이가 무엇인가라는 것이다. 자연 과학의 발생학은 여전히 직관성을 지니고 있으며, 이는 항상 인간의 비존재에 대한 객관적

---

48 허린, 『50여 년의 중국 철학』, 중국 상무인서관, 2002, 70쪽.
49 위의 책, 126쪽.
50 릭크만 지음, 인샤오훙·우샤오밍 옮김, 『빌헬름 딜타이』, 중국 사회과학출판사, 1989, 65쪽.

차원과 파악할 가능성으로 가설되기 때문이다. 하지만 정신과학의 발생학은 인간의 현존성에 대한 자발적 직시를 전제로 한 것이다. 이렇듯 적어도 이와 같은 중요한 원인으로 인하여 루카치György Lukács는 자연 과학을 실천의 방식으로 취급하지 않았다.[51] 또한 포이어바흐식의 감성적 직관은 현상학의 발생학적 방법의 수준에 도달하지 못하였다.

현상학은 역사와 분리될 수 없으나 역사학도 역사 편찬학과 다르다. 이로 인하여 마르크스는 역사학을 이용하였을 뿐이지, 그대로 모방하지 않았다. 이 점은 마르크스의 역사적 방법과 경제학 중의 독일 역사학파 간의 원칙적 차이에서 보일 수 있다. 19세기의 전기에 독일에서 등장하였던 경제학 중의 역사학파는 경제학의 추상적 연역법을 반박하는 학파로서 경제학 연구에서 역사적 정신을 도입하려고 하였다. 그 대표적 인물인 빌헬름 로셔W.G.F.Ro'scher는 다음과 같이 지적하였다. "철학적 방법과 달리 역사학자는 되도록 현실을 진실하게 묘사하고 인류의 발전과 그 관계에 대한 서술을 찾아내고자 한다. 모든 사건들이 인류 간에 발생하였다고 인정하였으며, 또한 이러한 인류를 서술하였던 것은 해명된 셈이다."[52] 겉으로 볼 때 이러한 방법은 마르크스가 주장하였던 역사적 방법과 원칙적 차이가 없는 것 같다고 할 수 있다. 이에 대하여 빌헬름 로셔는 "역사학자의 일은 생물학 연구자와 비슷하며, 이러한 역사적 방법은 완전히 잘못되지 않았다면 아무때나 객관적 진리성을 지녔을 것"이라고 지적하였다. "역사적 방법은 인류가 거둔 정치적 성과를 과학적 형식으로 후손들에게 남

---

51 루카치는 과학 실험은 직관에서 벗어나지 못하고 자연 과학의 인지 방식은 여전히 마르크스의 이른바 '직관'의 범주에 속하게 되었으며, "실험이 바로 가장 순수한 직관"이라고 하기 때문이다(루카치 지음, 두쟝즈 외 옮김, 『역사와 계급의 의식: 마르크스주의 변증법에 관한 연구』, 중국 상무인서관, 1992, 206쪽).

52 빌헬름 로셔 지음, 저우사오웬 옮김, 『역사적 방향에 의한 국가 경제학에 관한 강의 요강』, 중국 상무인서관, 2002, 11쪽.

기는 데 최고의 목적이 있기 때문이다".⁵³ 역사적 방법과 자연 과학 방법을 비교하는 것은 그것들 간에 통약성이 있다는 것을 의미한다. 여기서는 드디어 '약점'을 드러냈다. 빌헬름 로셔에 대하여 마르크스는 "빌헬름 로셔 교수가 바로 이러한 대가이다. 그는 자기가 정치 경제학의 투키디데스Thucydides라고 겸손하게 선언하였다. 그가 자기를 투키디데스로 비유하였던 이유는 아마 그는 투키디데스가 자주 원인과 결과를 헛갈리게 한다고 생각하였기 때문"이라고 풍자적으로 비판하였다.⁵⁴ 마르크스의 주장에 의하면 빌헬름 로셔의 경제학 방법은 "역사적 차원'에서 연구하고 현명한 중용 태도로 여기저기 '가장 좋은 것'을 수집하였던 것"이다. 내리는 결과는 모순이라면 중요하지 않은 반면에 '완비'는 더더욱 중요하다. 이는 바로 모든 체계들을 제거하고 그것들의 모서리를 모두 후린 후 발췌문에서 평화공존하게 한다는 것이다.⁵⁵

엥겔스는 "1840년대 마르크스는 정치 경제학을 비판하는 일을 마치지 않고 1950년대 말에 이르러 겨우 마무리하였던 것"이라고 지적하였다.⁵⁶ 이때『요강』뿐만 아니라 가장 중요한 사소한 부분도 완성되었다.『정치 경제학 비판』과『자본론』의 출판은 그의 경제학과 철학의 완성을 상징하였다. 그러므로『공산당 선언』의 결론은 최후의 표현이 필요하다. 마르크스는 "정치 경제학에 대한 비판을 자기의 일생의 사업으로 취급하였다".⁵⁷ 또한 마르크스의 일생에 가장 중요한 저서인『자본론』은 바로 "정치 경제학 비판"이다. 그렇다면 여기의 이른바 '비판'은 도대체 무엇일까? 레닌은

●

53 앞의 책, 12쪽.
54 『마르크스 엥겔스 전집』, 제26권, 제3권, 중국 인민출판사, 1974, 558쪽.
55 『마르크스 엥겔스 선집』, 제1권, 중국 인민출판사, 1995, 321쪽.
56 『마르크스 엥겔스 전집』, 제24권, 중국 인민출판사, 1995, 11쪽.
57 『마르크스 엥겔스 전집』, 제16권, 중국 인민출판사, 1964, 408쪽.

마르크스의 저서 2부, 즉 『정치 경제학 비판』과 『자본론』이 정치 경제학을 '혁명화'시켰다고 주장하였다.[58] '혁명화'는 이러한 의미에서 이해되어야 한다. 즉, 마르크스는 정치 경제학 분야에서 "세계를 해석한다"는 것을 "세계를 바꾼다"는 것으로 실제로 전환하였다. 이러한 전환에서 마르크스의 경제학은 어떤 역할을 하였을까? 전통적 경제학(고전적 경제학과 저속한 경제학도 포함)은 마르크스가 싫어한 '직관성'을 지녔다. 이 성질은 그것의 경험론의 철학적 기초(실증 과학을 위해 합법성을 제공할 것)에 달려 있으며, 인식론적 태도로 인한 것이다. 엥겔스는 정치 경제학이 "본질적으로 역사적 과학"이라고 하였다.[59] 그 이유는 무엇일까? 그것은 자연 과학적 인식이 아닌 깊은 이해이기 때문이다. 이리하여 전통적 경제학이 지닌 인식론적인 성질은 바뀌게 되었다. 마르크스는 정치 경제학을 비판하는 데 혁명성이 있으며, 그 혁명성은 주로 다음과 같은 두 가지의 분야에서 나타났다. 첫째는 전통적 경제학이 날조한 "항구불변하는 필연성"을 "일시적 필연성"으로 변화시켰다는 것이다. 전통적 경제학은 "사회적 특정한 역사 단계의 물질적 법칙을 모든 사회 형식을 지배하는 추상적 법칙으로 삼았으나"[60] 마르크스는 일시적 차원에 착안하여 현존하는 사물을 취급하였다. 둘째는 인식론적 학문으로서의 경제학을 현상학적 학문으로서의 경제학으로 변화시켜 철학, 즉 인간의 존재라는 현상학의 일부로 만들게 하였다는 것이다. 마르크스는 경제학이 더 이상 "세계를 해석한다"는 것이라는 인식론적 구축이 아니고 "세계를 바꾼다"는 현상학적 구축이라고 주장하였다. 사실 전통적 경제학의 보수성은 연구자의 계급 속성이 지닌 한계성 외에 결과적으로 인식론적 취급 방식에서 비롯된 것이다.

---

58 『레닌 전집』, 제21권, 중국 인민출판사, 1999, 31쪽.
59 『마르크스 엥겔스 선집』, 제1권, 중국 인민출판사, 1995, 160~161쪽.
60 『마르크스 엥겔스 전집』, 제26권, 제1권, 중국 인민출판사, 1972, 15쪽.

사실 인식론에 대한 마르크스의 불만은 그의 박사 논문에서 나타난 바 있다. 예컨대, 그는 실증적 지식을 선호하였던 데모크리토스Democritos의 집착을 비판하였다. 마르크스는 인식론적 '해석' 태도를 가졌다면 기껏해야 "존재한 사실에 대한 정확한 이해를 확립하기를 바랄 뿐이었으나 진정한 공산주의자의 임무는 이렇게 존재한 것을 뒤엎어 버린다는 것"이라고 지적하였다.[61] 또한 그의 주장에 의하면 정치 경제학의 인식론적인 성질을 극복하는 것은 마르크스 연구와 그 결론으로 하여금 비판적 힘으로 하게 될 것이 필연적이며, 그것은 '세계적 철학화와 철학적 세계화'를 요구하고 실질적 변혁에서 '철학적 실현'이라는 궁극적 목적을 이루는 데 근본적 취지를 둔 것으로 알려진다.

전술한 바와 같이 실천의 내재적 모순은 본질과 실존 간의 장력 관계로 나타났다. 마르크스가 실천 존재론을 구축하였던 것은 실천을 원초적 기초로 '예정(본질)'과 '생성(실존)' 간의 대립을 지양하였다기보다는 차라리 실천을 통해 '예정'과 '생성' 간의 대립을 전개하였다는 것이 더욱 적절하다고 할 수 있다. '본질'은 '현 → 상'에서 생성되었으며, 본질에 대한 실존의 성취는 바로 현상의 과정 자체이다. 실천의 전개 과정에서 실존과 본질의 이원론 및 그것을 바탕으로 한 유물론과 유심론 간의 대립은 필요한 과도나 중개의 일환일 뿐이다. 또한 그것은 실천 자체가 역사적으로 생성되고 역사적으로 지양되었던 절차뿐이다.

마르크스는 실천의 '생산적' 변증법을 밝혀냄으로써 인간의 존재의 역사적 전개를 위해 내재적 동기와 원동력을 제공하였으며, 인간의 존재의 현상학적 자기완성을 위해 내재적 가능성을 창조하였다. 마르크스는 '노동 생산성'을 찾아냈다.[62] 그러나 이러한 노동 생산성은 자기 부정의 역사적

---

61 『마르크스 엥겔스 선집』, 제1권, 중국 인민출판사, 1995, 96~97쪽.
62 『마르크스 엥겔스 전집』, 제47권, 중국 인민출판사, 1979, 181쪽.

전개 형식을 이루어야 한다는 데 변증법이 있다. 마르크스는 자본주의적 개인 소유제하에 "노동자의 노동 생산성이 반대파의 권리로 되었다"고 지적하였다.[63] 노동자의 노동 생산성은 창조적 힘으로서 자본의 권리로 되었다. "그의 노동의 창조력은 자본의 힘이자 반대파의 권리로서 그와 대립되었기 때문이다."[64] 이러한 발견은 마르크스 철학의 독특한 공헌이라고 할 수 있다.

마르크스는 '실존'과 '본질' 및 양자의 모순에 관한 헤겔의 사상을 비판적으로 계승하였다. 헤겔은 "부자유는 견고한 대립을 극복하지 못하였기 때문이며, 즉 이러한 일과 실제로 일어난 일은 이래야 할 일과 해야 할 일과 모순된 것으로 여겨진다"고 하였다.[65] '부자유'는 바로 그렇고 타율적인 상태이며, 즉 반대파가 규정한 외재적 제약이나 제한에 처해 있는 배타화나 소외이다. 이는 실존(실제 상황)과 본질(희망 사항) 간의 분열에서 비롯된 것이다. 이는 바로 청년 마르크스 사상의 출처 하나이다. 이에 대하여 마르크스는 "이어서 해석한 것"이 확실하다. 청년 마르크스는 부친에게 보냈던 편지 한 통(1837년 11월 10~11일)에서 자기 마음의 역정을 반성하였을 때 "현존한 것"과 "응당해야 할 것" 간의 대립이나[66] "현실적 것"과 "응당해야 할 것" 간의 대립을 언급한 바 있다. 그는 "이러한 대립은 유심론이 고유한 것이며, 또한 이는 졸렬하고 잘못된 구분의 근원으로 되기도 하였다"고 지적하였다.[67] 이러한 대립을 이해하고 극복하는 소구는 마르크스의 이론적 미래 성향과 원초적 동기가 되었다. 물론 이러한 대립의 근원을 더 깊

63　앞의 책, 181쪽.
64　위의 책, 180쪽.
65　헤겔 지음, 허린 옮김, 『소논리』, 중국 상무인서관, 1980, 308쪽.
66　『마르크스 엥겔스 전집』 제40권, 중국 인민출판사, 1982, 10쪽을 참조하였다.
67　위의 책, 10쪽.

이 밝혀내려면 마르크스가 이미 제기하였던 '육체적 원칙'과 '정신적 원칙' 간의 충돌[68]이나 '육체적 본성'과 '정신적 본성' 간의 분열[69]로 돌아갈 필요가 있다. 이러한 충돌의 가장 직접적 문화 상징은 마르크스가 중학교 때의 글쓰기에서 언급하였던 '자연'과 '동물', '신'과 '인간' 간의 배반이나 장력의 관계에 있다. 헤겔이 제시하였던 실제 상황과 희망 사항 간의 장력의 해소는 절대정신 자체가 스스로 전개된 과정에서 가능한 것이다. 헤겔은 "존재와 응당한 것의 일치가 융통성이 없고 발전 과정도 없는 것이 아니"라고 지적하였다.[70] 여기서는 헤겔의 현상학적 방법의 요구와 특징을 현저히 나타냈다. 예를 들면, 마르크스가 상술에서 언급하였던 그 편지에서 다음과 같이 명확히 지적하였다. "생생한 사상 세계의 구체적 표현, 예컨대 법, 나라, 자연계, 전체 철학 등 분야에서 우리는 대상의 발전부터 대상 자체를 곰곰이 연구해야 하고 그들을 함부로 분리하면 안 된다. 또한 사물 자체의 이성은 여기서 모순된 것으로서 전개되어야 하며, 자기의 통일을 추구해야 한다."[71]

청년 마르크스는 "철학이 완성되면서도 상실되었다"고 언급한 바 있다.[72] 이 말은 마르크스가 '본질적' 차원에 집착하거나 구속되고 '철학'을 이해하는 방식을 거부하였으며, 역사적 구현에서 '실존적' 철학을 자기완성으로 바꾸는 데 속뜻이 있다. 간단히 말하면 마르크스는 철학으로 하여금 사변의 논리적 구축에서 인간의 존재를 원초적 기초로 한 역사적 구현 문제로 바꾸게 되었다. 마르크스의 이러한 '철학적 종말관'은 본질주의를

---

68 앞의 책, 5쪽.
69 위의 책, 15쪽.
70 헤겔 지음, 허린 옮김, 『소논리』, 중국 상무인서관, 1980, 421쪽.
71 『마르크스 엥겔스 전집』 제40권, 중국 인민출판사, 1982, 10~11쪽.
72 위의 책, 258쪽.

반대하는 존재론적 논리를 나타냈다. 사실 마르크스는 사변 철학의 '원죄'가 존재론이 추궁하였던 '존재자'의 '존재'를 본질주의적 문제로 오해하여 추궁하였다는 것이라고 주장하였다.

마르크스는 『독일의 이데올로기』의 '포이어바흐' 장에서 프롤레타리아의 처지는 "그들의 '존재'가 '본질'과 완전히 다른 것으로 인한 것"[73]이라고 지적하였다. 또한 그는 "수많은 프롤레타리아들이나 공산주의자들"은 "시기적절할 때 실천에서 혁명으로 자기의 '존재'와 '본질'을 일치하게 한다"고 지적하였다.[74] 여기의 사상은 마르크스가 『친필 원고』에서 언급하였던 공산주의가 본질과 존재 간의 모순을 진정하게 해결하는 사상과 일맥상통한다. 그 핵심은 노동으로 인하여 인간의 존재와 본질이 분열되었다는 것이 마르크스의 주장이라는 것이다. 어떤 의미에서 볼 때 노동(실천)의 범주는 마르크스의 존재론적이나 현상학적 모든 비밀을 숨겼다고 할 수 있다. 마르크스는 『친필 원고』에서 "우리가 분석을 통해 소외되고 외재화된 노동의 개념에서 사유 재산이라는 개념을 받은 것처럼 이 두 가지의 요소로 국민 경제학의 모든 범주를 해석할 수 있으며, 또한 모든 범주, 예컨대 매매, 경쟁, 자본, 화폐 등이 이 두 가지 기본적 요소의 특정하고 전개된 표현에 불과하다고 다시 밝혀낼 것"이라고 지적하였다.[75] 논리의 우선적 의미에서 소외된 노동은 사유 재산보다 우선적이라고 할 수 있다. 노동 자체가 고유한 내재적 모순은 노동의 소외를 초래하였다는 것은 바로 마르크스가 『친필 원고』에서 밝혀냈던 논리이다. 그렇다면 사유 재산은 무엇을 의미하는가? 마르크스의 해석에 따르면 "사유 재산은 아래와 같은 상황의 감성적 표현에 불과하다. 즉, 인간은 자기에게 대상적이면서 확실히

---

73 『마르크스 엥겔스 선집』, 제1권, 중국 인민출판사, 1995, 97쪽.
74 위의 책, 97쪽.
75 마르크스, 『1844년 경제학과 철학의 친필 원고』, 중국 인민출판사, 2000, 63쪽.

배타적이고 비인간적인 대상으로 변하게 되었다. 또한 그의 생명적 표현은 바로 그의 생명적 외재화이며, 그의 현실화는 바로 그의 비현실화이자 배타적인 현실이다."[76] "그의 현실화가 바로 그의 비현실화"라는 것은 인간의 본질과 존재 간의 분열을 의미한다. 후자는 '배타적 현실'을 의미한다. 즉, 인간의 본성의 규정과 다른 실존의 상태이다. 마르크스는 이는 바로 인간이 더 이상 전반적 방식으로 자기를 소유하지 않았다는 전반적인 본질적 상태이며, 자기 본성의 규정에서 벗어난 존재로 전락하고 말았다고 주장하였다. 어떤 의미에서 마르크스가 이후에 하였던 모든 경제학 연구는 이 차원에서 현상학적 구현의 완성을 위한 준비일 뿐이라고 할 수 있다.

---

76 앞의 책, 84~85쪽.

03

**마르크스 철학으로서의
물질 존재론에 대한 잘못된 해석**

마르크스 철학에 대한 해석은 옛날부터 다양하게 진행해 왔다. 1980년대부터 지금까지 실천 존재론과 물질 존재론에 대한 두 가지 해석 간의 논쟁은 중국 내의 학술계에서 여전히 떠들썩하다. 이를 통하여 그 문제의 복잡성을 엿볼 수 있다. 이 논쟁은 마르크스 철학의 실질을 어떻게 확인하는가에 직접적으로 관계하며, 전제적 특성도 지녔기 때문에 회피할 수 없다. 필자는 마르크스 철학이 실천 존재론적인 것이며, 마르크스 철학을 물질 존재론으로 해석한 관점이 마르크스 사상의 실질에 부합하지 않고 마르크스가 철학사에서 이루었던 위대한 개혁이 지닌 깊은 의미를 가렸다고 주장한다. 그렇다면 구체적으로 볼 때 마르크스 철학으로서의 물질 존재론에 대한 해석은 왜 성립되었을까? 최근 몇 년 동안 필자는 논문과 저서에서 이미 논술하였으므로 여기서 간단히 설명하고 학계에게 가르침을 계속 청하고자 한다.

물질 존재론이 마르크스 존재론의 재구축의 혁명적 의미를 가렸음

철학사 변천의 차원에서 볼 때 물질 존재론이 직면한 가장 큰 문제는 마르크스 철학과 마르크스 이전의 구철학 간의 본질적 차이를 구체적이고 적절하게 해석하지 못하였다는 것이라고 할 수 있다. 또한 그것은 마르크스가 인류 사상사에서 위대한 개혁을 이룩하였다고 추상적으로 주장하였을 뿐이며, 마르크스 철학의 내용을 구체적으로 해석할 때도 마르크스를 그 이전에 나타났던 철학자로 꾸미고 마르크스 철학을 구유물론이 받을 수 있는 것으로 해석하였다고 할 수 있다. 이로 인하여 '추상적 긍정과 구체적 부정'이라는 곤란한 처지에 빠질 수밖에 없게 되었다. 이러한 상황은 정통적인 마르크스주의 철학 교과서에서 가장 뚜렷하게 나타난 것으로 인정되어야 한다. 심지어 '물질', '정신', '운동', '시간', '공간' 등 범주에 대한 우리의 철학 교과서의 정의와 해석은 18세기의 프랑스 유물론자의 수준을 초월하지 못하였다. 인식론에 대하여 우리는 실천의 위상과 역할, 인간의 주관적 능동성, 인식의 역효과 등을 강조함으로써 구유물론적 인식론과 충분한 거리를 유지하려고 시도하였다. 하지만 실천에 대한 이러한 강조가 늘 좁은 인식론적 범주에 얽매였기 때문에 존재론적 차원에서 필요한 기초를 다지지 않았다. 이로 인하여 아무리 인식론적 의미에서 주체성을 부각시켜도 여전히 확실한 존재론적 보장이 부족하다고 할 수 있다.

인간은 '인간'으로서 존재하지 않은 경우 외에 '형이상학적 동물'로서 철학적 속박에서 벗어날 수 없다. 그러므로 철학은 인간적 숙명이라고 하며, 이미 인간의 존재의 전제에 우선적으로 뿌리박음으로써 인간이 피하고 선택할 수 없는 '원죄'가 되었다. 다시 말하면 철학적 뿌리는 인간의 본성에 깊이 묻히게 되었으며, 가려질 수 있으나 영원히 버려질 수 없다. 철학적 고집은 인간이 자기를 가장 원색적 충동으로 표출하였다는 것이다. 그렇다면 철학으로서의 철학의 평가 기준이 무엇일까? 필자는 이러한 평가의 기준이 결국 존재론적 구축에 있다고 생각한다. 칼 포퍼Karl Popper가 과학과 비과학 간의 차이를 규명하기 위해 반증의 가능성을 찾아냈듯이 철학과 비철학 간의 차이는 존재론에서 밝혀져야 될 것이다. 이러한 의미에서 존재론은 철학으로서의 철학의 최고이자 최후의 평가 기준이라고 할 수 있다. 존재론적 구축으로서 나타나지 않았던 '철학'들은 모두 가짜이다. 그러므로 하이데거는 이른바 '포스트모더니즘'의 철학자로 취급되었으나 '인간'의 '현존재'는 존재론적 존재라고 인정되어야 한다.[1] 그 문제

---

[1] 기존의 경험에 의하면 여기서는 하이데거를 인용한 것이 아마 어떤 학자의 불만을 초래할 것이다. 그 이유는 하이데거의 논의가 옳은가, 옳지 않은가가 아니고 하이데거에게 그것이 인용된 것에 불과하다고 할 수 있기 때문이다. 필자는 이러한 태도가 암시한 마

는 인간이 지켰던 존재론적 신념이 적절한 것인가라는 것이다.

철학의 역사적 변천의 차원에서 존재론은 두 가지의 형태, 즉 고전적 존재론과 현대적 존재론으로 구분될 수 있다. 고전적 존재론은 근본적으로 본질주의적인 것이다. 그것은 시간성에 대한 고대 그리스 철학의 불신임에서 비롯되어 결과적으로 본질주의적 구상 방식으로 구축되었다. 또한 그것은 항상 인간의 존재에서 벗어나 원초적 기초를 추상적으로 가설하였기 때문이다. '진리의 길'과 '의견의 길'에 관한 파르메니데스의 구분은 이미 시간성을 초월하였다는 것에 대한 선호를 우선적으로 확립하였다. "변화 중의 불변"이라는 기본적 동향을 찾아내는 것으로 인하여 현상, 경험, 시간 등이라는 항상 변화하는 규정들은 모두 신뢰되지 않았다. 플라톤은 '철학'이 바로 "불확정자에게 확정을 준다는 것"이라고 명확히 주장하였다. '이념', '로고스'라는 규정이야말로 이러한 임무를 감당할 수 있다. 물론 철학은 "논리적 우선성"이라는 의미에서만 자체의 문제 틀을 구축할 수 있으나 '존재'로서의 '존재'와 '본질'을 연결시키고 '실존'과 완전히 분리시킨다면 초월이 경험과 '화해'할 가능한 경로를 찾아낼 수 없다. 그 결과는 불교가 비판하였던 이른바 '완공頑空'이나 '단멸공'에만 빠져 버렸다. 이것도 바로 마르크스가 사변 철학에 만족하지 않았던 점이다. 헤겔도 사유와 경험 간의 화해 문제를 제기하였으나 그의 철학적 성품은 이러한 목표를 이룩하는 데 부족할 것으로 판단된다. 추상적 절대정신은 변증법으로만 현상학을 진정하게 효과적으로 서술할 수 없기 때문이다. 정신 현상학의 의미에

- 르크스 철학에 대한 어떤 감정은 마르크스를 지킨다고 하기보다는 오히려 모욕한다는 것이라고 지적해야 한다. 그 이유는 매우 간단하다. 즉, 마르크스 학설은 결코 어떤 종파의 이데올로기적 수사가 아니며, 학술적 협애성과 배타성이 전혀 없기 때문이다. 호교식에 가까운 편집스러운 태도로 마르크스를 위해 변증한다는 것 자체는 이미 진실한 마르크스를 멀리 떠났다는 것을 설명하였다.

서 볼 때 "자연계는 자기 소외의 정신에 불과하다"고 할 수 있다.[2] 헤겔이 변증법으로 절대정신을 위한 자기 표현의 논리적 가능성을 제공하였다면 '실존'적 현실성을 얻을 수 없었을 것이다. 이로 인하여 엥겔스는 헤겔 철학이 '거대한 역사성'을 지니고 헤겔도 논리적인 것과 역사적인 것의 통일을 강조하였으나 헤겔 철학은 여전히 본질주의적 학설이라고 지적하였다.

어떤 의미에서 볼 때 마르크스의 실천 존재론적 확립은 고전적 존재에서 현대적 존재론으로의 역사적 전환과 완성을 상징하였다고 할 수 있다. 이는 바로 마르크스 철학의 진정한 획기적 의미이자 마르크스가 완성하였던 사상적 '인간주의적 전환'이 지닌 깊은 학문적 함의이다. 사실 존재론은 결코 '존재자'와 마주치지도 왕래하지도 말자라는 것이 아니며, 어떤 방식으로 마주치거나 왕래하면 적절한 것인지를 따지는 것이다. 그러므로 마르크스가 구축하였던 실천 존재론은 단순히 본질주의적 경로에 따라 철학적 문제를 해결한다는 것이 아니며, 인간의 존재, 즉 실천이라는 궁극적인 원초적 기초에 입각하였던 것이다. 이는 모든 '존재자'들의 '존재'를 위해 이중적 가능성을 제공하였다. 한편으로는 존재론적 초기 범주로서의 실천은 모든 파생된 규정들의 출현을 위해 논리적 이유를 제시하였다. 다른 한편으로는 인간의 현존성의 범주로서의 실천은 모든 존재자들의 '현상'을 위해 '실존적'인 내재적 근거를 마련하였다. 필자는 마르크스가 본질과 실존의 통일, 논리와 역사의 통일을 위해 정초한 일이 바로 그의 대단한 철학적 공헌이라고 생각한다. 이 일의 결과로서의 실천 존재론 덕분에 "세계를 바꾼다는 것"은 논리적 필연성뿐만 아니라 현실적 가능성도 가지게 되었다.

마르크스 철학의 진정한 공헌이 존재론을 역사 자체의 구현과 완성 문

---

2 헤겔 지음, 량즈쉐 외 옮김, 『자연 철학』, 중국 상무인서관, 1980, 21쪽.

제로 변화시키고 그것을 역사화시켰다는 것이다. 학문적 계기나 조건으로서의 이러한 역사화는 바로 존재론적 범주에서 인간의 실천적 존재를 도입하고 궁극적인 원초적 규정으로 삼았다는 것이다. 그러므로 이러한 역사적 구현은 주체가 없는 과정이 아니고[3] '실체, 즉 주체'라는 헤겔식의 존재론적 구축이 새로운 원초적 기초에서 나타났던 것이다. 바로 이러한 의미에서 실천 존재론도 인간의 존재의 현상학이라고 할 수 있다. 실천 존재론은 인간의 존재의 현상학으로서만 가능하다. 물질 존재론은 인간의 실천적 존재에서 벗어나 무인 세계의 객관적 실존을 구상하였으며, 그것을 철학적 구축의 원초적 기초로 삼았다. 이로 인하여 마르크스가 비판하였던 추상적 · 초역사적 · 감성적 활동으로서의 '물질'을 존재적 범주로 삼아 원시적 특성과 본연지성에서 실제로 나타낼 내재적 가능성을 제거해야 할 것이다.

인간의 실천적 존재야말로 모든 구체성의 원천이 될 수 있다. 구체적 사물들은 모두 인간의 실천적 시작과 구축에 유일하게 의존하기 때문이다. 따라서 인간의 존재에서 벗어난 모든 상상들은 추상적이라고 할 수 있다. 이는 바로 마르크스가 헤겔의 절대정신과 포이어바흐의 감성적 · 직관적 입장에 만족하지 않았던 근본적 원인이다. 물질 존재론적 '존재'는 주체성이라는 규정[4]으로 되지 못하며, 이러한 주체성이라는 규정이야말로 자기 표현의 내재적 가능성을 제공할 수 있다. 또한 '존재'는 현존성이라는 규정으로 될 가능성도 없으며, 이러한 현존성이라는 규정을 통해 존재적 범주는 '실존적' 차원과 내재적으로 관련될 수 있다. 그러므로 물질 존재

---

3   물론, 여기서 이른바 '주체'가 협의한 것이 아니고 절대적 주체성이라는 의미에서 성립된 것이다.
4   주의해야 할 것은 여기서 이른바 '주체성'이 인식론(또는 지식론)이 아닌 존재론을 의미한다.

론으로 마르크스 철학을 요약하고 해석한다면 마르크스가 존재론적 분야에서 하였던 원초적 노동을 부정하여 고전적 존재론에서 현대적 존재론으로 전환할 혁명적 의미도 가리게 될 것이다. 또한 순수한 학술적 이론에서의 이러한 해석도 존재론적 발전 방향을 거스를 치명적인 후퇴라고 할 수 있다.

상술한 바에 의하면 마르크스 철학을 전반적으로 이해하지 못하고 철학사의 언어 환경 속에서 이해한다면 그것의 실천 존재론적 함의를 진정하게 파악할 수 없을 것이다. 상식적으로 쉽게 받아들이는 차원에서 마르크스 철학의 실질을 이해한다는 것은 매우 편리하고 빠르며, 사상이 게으른 사람들의 비위를 맞기도 쉽지만 마르크스 철학의 진리를 얻을 수 없다. 이러한 상식에 대한 굴복과 양보 자체는 철학을 존중하지 않은 것이다. 사람들이 마르크스 철학을 물질 존재론으로 해석하였던 이유는 복잡하고 많지만 여기서는 일일이 분석할 수 없다. 단언할 수 있는 한 가지는 바로 상식에 굴복하는 것이 틀림없이 그 중의 매우 중요한 심리적 습관 차원의 원인이라고 할 수 있다는 점이다. 어떤 의미에서 철학은 인간의 구상 습관을 변화시킨다는 것이라고 할 수 있다. 우리는 항상 이러한 변화 과정에서 두 가지의 가능성에 직면한다. 즉, 우리가 바뀌게 되거나 철학이 오해된다는 것은 양자 중의 하나라는 것이다. 필자는 마르크스 철학에 대한 물질 존재론적 해석이 아마 후자라고 생각한다. 우리는 물질 존재론자가 진정한 존재론, 즉 형이상학에 대하여 이중적 흥미를 가지지 않았다는 것을 부정할 수 없다. 즉, 한편으로 그들은 "논리적 우선성"이라는 원칙을 여태껏 이해하고 싶어하지 않고 시간적인 우선적 규정을 존재론적 구상으로 하여 상식적 범위 내에 머무르기를 원한다는 것이다. 그들은 항상 '사변적 원죄'와 '논리적 우선성'이라는 원칙을 혼동시켰다. 그 중에서 많은 사람들이 물질 존재론을 지켰던 이유는 그러한 원인 외에 사상이 게을렀기 때문이다. 다른 한편으로 물질 존재론자들은 존재론의 역사적 변천, 특히 '본질적' 차원에서 '실천적' 차원으로의 전환으로 인한 존재론적 혁명을 직시하지 않았기 때문에 실천의 궁극적 원초성을 공감하게 이해하지 못하고 마르크스가 존재론적 분야에서 이루었던 변혁의 혁명적 의미를 인식하지도 이해하지도 못한다는 것을 쉽게 이해할 수 있다는 것이다.

물질 존재론이 마르크스와 엥겔스 간의 사상적 이질성을 혼동시켰음

물질 존재론으로 마르크스 철학을 해석하였다는 것은 분명히 잘못된 것이다. 이로 인한 심각한 오독은 사람들로 하여금 마르크스와 엥겔스 간의 사상적 이질성을 직시할 수 없게 되었다. 비교를 통하여 우리는 물질 존재론이 엥겔스 철학의 특징일 뿐이며, 실천 존재론이야말로 마르크스 철학의 특징이라는 것을 쉽게 알아낼 수 있다. 마르크스 철학의 '실천적 유물론'이라는 특징을 잊는다면 문헌학적 근거가 결여될 뿐만 아니라 엥겔스가 아닌 마르크스의 사상 및 그 실질과 어렵게 조화할 것이다.

우리는 마르크스와 엥겔스 간의 사상적 이질성을 이미 많이 언급하였기 때문에 여기서 하였던 말을 더 이상 되풀이하지 않으려고 한다. 하지만 한 가지, 즉 실천 존재론과 물질 존재론 간의 차별이 철학의 원초적 기초에서 마르크스와 엥겔스 간의 사상적 거리를 나타냈다는 것을 강조하고자 한다. 엥겔스는 물질 존재론자이라는 것이 확실하다. 예컨대, 그는 『반듀링론』에서 "세계의 진정한 통일성"을 '물질성'으로 귀결하고 환원하였으며, 『루트비히 포이어바흐와 독일 고전 철학의 종말』(이하는 『종말』로 약칭됨)에서 "존재와 사유의 관계"를 "물질과 정신의 관계"로 취급하였거나 귀결하였다는 것 등이다. 이와 같은 것은 마르크스가 실천의 궁극적 원초성을 바탕으로 구축하였던 인간의 존재의 현상학과 매우 다르다.

마르크스와 엥겔스는 헤겔 변증법을 개조하는 데 "본말이 전도된다"는 변증법을 다시 뒤바꾸기 위해 노력하였다. 그러나 그 문제는 도대체 전도된 변증법이 어떤 기초에 놓여야 적절한 것인가라는 것이다. 마르크스와 엥겔스의 대답은 어떤 차이점을 나타냈다. 즉, 마르크스는 실천적 변증법으로 나아갔으나 엥겔스는 자연변증법으로 나아갔다는 것이다. 노만 레바인Norman Levine의 주장에 의하면 "프롤레타리아트들은 변증법을 물질화시켜야 하며, 엥겔스의 물질화 형식은 자연 철학을 초래하였다고 할 수 있다."[5] "마르크스도 변증법을 물질화시켰으나 자연 철학과 많이 다른 방식을 사용하였다. 헤겔의 구조는 논리적 구조이고 마르크스의 구조는 사회적 구조이다."[6] 노만 레바인은 마르크스의 실증주의적 입장을 강조하였으며, 다음과 같이 지적하였다. 즉, "엥겔스가 당하였던 오류로 인하여 그는 실증주의로 나아갈 것으로 예정된다. 엥겔스가 실증주의라고 한 이유는 그가 철학을 자연 과학에 도입하려고 한다는 것이다."[7] 자연 과학의 합법성은 결과적으로 모두 실증성에서 나온 것이며, 실증주의적 입장에서 보인 존재론적 기초는 항상 물질 존재론적인 것이기 때문이다. 엥겔스의 주장에 의하면 철학은 자연 과학의 유치한 상태에 불과하며, 자연 과학의 점진적인 성숙에 따라 철학은 쓸데없어지게 되어 결국 과학으로 대체될 것이다. 이것도 바로 엥겔스가 주장하였던 '철학 종말론'적 입장의 기본적 신념이다. 이 점에서 엥겔스는 오귀스트 콩트Auguste Comte와 매우 유사하다. 노만 레바인이 언급하였듯이 "엥겔스는 과학이 철학을 소화할 수 있다

---

5 노만 레바인 지음, 장이싱 외 옮김, 『변증법의 내부 대화』, 중국 윈난인민출판사, 1997, 136쪽.
6 위의 책, 136~137쪽.
7 위의 책, 137쪽.

는 것을 믿었다는 것이 오귀스트 콩트가 믿었던 과학의 승리와 똑같다."⁸ 물론 노만 레바인이 언급하였던 '실증주의'는 특별히 가리킨 것이 있다. 그는 '실증주의'를 두 가지의 뜻으로 구분하였다. 즉, "엥겔스를 실증주의자로 편입시키려면 두 가지 형식의 실증주의, 즉 논리 실증주의와 과학 실증주의를 구분해야 한다." 그는 "엥겔스가 논리 실증주의와 관계없으며, 사상을 언어적 진리에 대한 연구에 집중시키지 않았기 때문"이라고 주장하였다.⁹ 사실 형이상학에 대한 거절에 있어서는 엥겔스의 입장과 논리 실증주의가 동공이곡同工異曲이라고 할 수 있다.

엥겔스와 다른 것은 마르크스가 오귀스트 콩트와 그의 실증주의를 비판하는 태도에서 보일 수 있다. 1866년 7월 7일 마르크스는 엥겔스에게 편지 한 통을 보냈다. 즉, "나는 연구한 김에 오귀스트 콩트를 연구하고 있다. 영국과 프랑스의 사람들은 이 녀석을 많이 숭배하였다. 그들이 현혹되었던 것이 삼라만상이라는 백과사전과 같은 그의 저서이다. 그럼에도 불구하고 그는 헤겔에 비하여 매우 불쌍해 보였다(오귀스트 콩트는 전문적 수학가와 물리학자로서 헤겔보다 세부적인 부분에서 우월하다고 할 수 있으나 전반적으로 헤겔은 이 분야에서 그보다 몇 배나 위대한지를 모른다).¹⁰ 또한 이러한 썩은 실증주의는 1832년에 나타났다." 이리하여 사변과 실증 간의 마르크스의 호오는 쉽게 보였다고 할 수 있다. 재미있는 것은 엥겔스가 그 답장에서 마르크스의 이러한 평론에 대하여 아무 반응도 하지 않았다는 것이다. 이러한 침묵은 무엇을 의미하는가?

청년 마르크스는 그의 박사 논문에서 고대 그리스 철학자인 데모크리토스와 에피쿠로스Epicouros를 비교하였을 때 에피쿠로스에 대한 관심

---

8   앞의 책, 152쪽.
9   위의 책, 153쪽.
10 『마르크스 엥겔스 전집』, 제31권, 중국 인민출판사, 1972, 153쪽.

을 기울였으며, 또한 그가 실증주의적 인식론에 취미를 갖지 않았다고 지적하였다. 데모크리토스와 달리 에피쿠로스의 철학적 태도는 외부 세계로 향한 것이 아닌 성찰성이 확실하다. 마르크스는 "그(에피쿠로스)의 해석 방법은 자연적 지식 자체가 아닌 자기 의식의 편안을 추구하는 데 목적이 있다"고 지적하였다.[11] 마르크스는 "데모크리토스는 철학에 만족하지 않고 경험적 지식을 연구하였으나 에피쿠로스는 실증 과학을 소홀히 하였다"고 지적하였다.[12] 심지어 후자는 '과학의 적'으로 불린 바 있다.[13] 이는 데모크리토스가 명언을 말한 적이 있기 때문이다. 즉, "나는 새로운 인과 관계를 밝혀낸다는 것이 페르시아 국가의 왕위를 받는 것보다 더 기쁜 것이다." 모든 자연적 지식의 구축은 결과적으로 인과적 해석뿐이기 때문이다. 이리하여 자연적 지식을 소홀히 한 에피쿠로스는 인과적 필연성에 관심을 기울이지 않았다는 것이 매우 자연스로운 일이다. A.월든Worden은 노년 엥겔스와의 교제 관계를 회상하였을 때 다음과 같이 지적하였다. "그가 나에게 에피쿠로스의 인과 관계에 주의하라고 한다는 것은 실제로 신자들에게 "사물의 원인을 알아내지 말자"고 주장한 것으로 해석된다. 사실 에피쿠로스의 관점에 의하면 원시적 표현이 매우 유치하고 우둔하였으나 그는 그것들이 기본적 원리와 충돌되지 않으면 다양한 분야에서 인과 관계를 연구하라고 호소한 것으로 여전히 보일 수 있다."[14] 여기서 우리는 에피쿠로스의 철학적 취지에 대한 마르크스와 엥겔스의 취급 방식이 나타났던 미묘한 차별을 쉽게 이해할 수 있다. 만약 마르크스가 지식론을 초월하였던 에피쿠로스의 연구 경향을 중요시한다면 엥겔스는 인과 관계에 대

---

11 『마르크스 엥겔스 전집』, 제40권, 중국 인민출판사, 1982, 207쪽.
12 위의 책, 202쪽.
13 위의 책, 202쪽.
14 중국 중공중앙편역국, 『엥겔스에 대한 회상』, 중국 인민출판사, 2005, 123쪽.

한 에피쿠로스의 경시를 사람들의 오해로 해석하고 싶어할 것이라고 할 수 있다. 여기의 미묘한 차별은 의미심장할 것이다.

마크르스는 어떤 차원에서 '유물론'이라는 단어가 사물 자체로 돌아간다는 것을 주장하였다. 그러나 마르크스가 주장하였던 '사물 자체'는 인간의 존재에서 벗어난 사물 자체를 구성하지 않고 인간의 적극적 존재로 인하여 시작되고 구축된다는 것을 의미한다. 마르크스는 『자본론』의 제1권에서 다음과 같이 지적하였다. 즉, "긍정적으로 서술하였다(다른 형용사는 '진실하다'는 것)은 것은 과학을 직접적으로 풍부해지게 만들었다. 실질적인 경제 관계는 완전히 새로운 방식, 즉 유물론적 방법으로 고찰되었던 것이기 때문이다. 예컨대, (1) 화폐의 발전 (2) 협업, 분업, 기계 제도 및 그것에 적합한 사회적 연관성과 사회 관계가 어떻게 저절로 발전해 나갔는가"라는 것이다.[15] 이리하여 마르크스의 이른바 '유물론적 방법'은 사물 자체로 돌아갔으며, 그 사물이 스스로 표현되고 피어나고 성취되었다는 것이라고 할 수 있다. 하지만 이 과정은 결코 자유롭고 자발적인 것이 아니며, 인간의 실천이라는 원초적 기초를 바탕으로 이루어지고 완성된다는 것이다. 그러므로 그것은 인간의 활동을 창조적으로 구축하였던 결과이다. 이러한 구상 방식은 바로 마르크스가 제시하였던 인간의 존재의 현상학적 방법이 지닌 선명한 특징이다. 만약 "자기가 자기를 이룬다"는 원칙 때문에 헤겔의 정신 현상학이 이루어졌다면 "저절로" 발전해 나간다는 것으로 인하여 마르크스가 주장하였던 인간의 존재의 현상학은 이루어지게 되었을 것이라고 할 수 있다.

엥겔스는 한 편지에서 다음과 같이 언급한 바 있다. 즉, "당신은 '과학자'라면 이상이 없기 때문에 과학적 결론을 내리기 위해 연구해야 하며,

---

15 『마르크스 엥겔스 전집』, 제36권, 중국 인민출판사, 1975, 198쪽.

신념이 있는 사람이라면 이러한 과학적 결론을 내리기 위해 분투해야 한다. 하지만 만약 이상이 있다면 과학자가 될 수 없을 것이다." 이에 대하여 필자는 다음과 같이 제시하였다. 즉, "엥겔스는 '과학' 외의 가능성, 예컨대 '이상'과 같은 초월적 규정을 명확히 거부하였다. '과학'과 '이상'이 서로 배척되고 대립된다는 엥겔스의 주장에 의하면 엥겔스가 실증주의적 경향을 드러낸 것으로 쉽게 보인다."[16] 그의 실증주의적 입장은 전통적 마르크스주의 철학 교과서에 관한 서술적 근거로서 마르크스주의 철학의 실증적 전통의 기원이 되었다. 오랫동안 전통적 교과서가 취하였던 기본적인 서술 모델은 '원리＋사례'라는 공식이다. 그것은 철학적 서술에서 유일하게 합법적으로 존재하는 '사례'가 기능을 '증명'하지 않고 '설명'한다는 것을 구분하지 못하였으나 수많은 실례들을 이용하여 자기의 결론을 '증명'하였다는 것이다. 그 이외에 전통적 교과서는 늘 실증 과학에 맹목적으로 뒤따라 새로운 과학적 결론의 도출을 "기다렸기 때문에" 끝없는 보완으로 인하여 철학 자체의 자주성을 상실하고 말았다. 가장 심각한 위기는 "세계를 바꾸고자"는 마르크스주의 철학을 "세계를 해석한다"는 인식론적 구축으로 전환시킴으로써 마르크스 철학의 참뜻과 상반된다는 것이다. 이는 퇴화한 것이 사실이다. 사실 마르크스가 철학이 자연 과학이나 실증 과학의 발전으로 인하여 현저히 변화되지 않았다고 주장하였다는 것은 의심할 바가 없는 사상사적 사실이다.

엥겔스는 『종말』에서 "심지어 자연 과학의 모든 획기적 발견에 따라 유물론도 자체의 형식도 필연적으로 바꿔야 한다"고 지적하였다.[17] 엥겔스가 이렇게 주장하였던 것은 아마 철학사적 어떤 근거에 의한 것이다.

---

16 허중화, 『마르크스에 대한 재인식: 철학관에 대한 현대적 해석』, 중국 산둥인민출판사, 2009, 546쪽.
17 『마르크스 엥겔스 전집』, 제4권, 중국 인민출판사, 1995, 228쪽.

그의 서술에 따라 자연 과학 이전 단계의 자연 과학은 소박유물론과 대응되고 근대 이후에 나타났던 종류별로 자료를 수집하는 단계의 자연 과학은 기계적 유물론과 대응되었으며, 이른바 '현실적 관계'를 특징으로 한 현대 자연 과학이 나타난 후 변증법적 유물론도 따라서 생겨났기 때문이다. 그 문제는 '유물론'을 물질 존재론으로 이해하는 관점은 마침 자연 과학의 합법성을 위해 철학적 가설을 제공하였다는 것이다. 자연 과학자로서의 아인슈타인Albert Einstein은 이에 대하여 "의식 주체에서 벗어나고 독립적으로 존재한 외재적 세계가 모든 자연 과학의 기초라고 믿는다"고 투철하게 논술하였다.[18] 그러므로 '유물론'과 '자연 과학' 사이에는 어떤 자연적 친화성을 지녔다고 할 수 있다. 하지만 '실천적 유물론'을 실천 존재론이 아닌 물질 존재론으로 해석하였다는 전통은 철학을 실증적이거나 실증적 기초에 의존한 인식론적 구축으로 변화시켰으므로 철학의 존재론적 초월의 실질과 배치되고 마르크스 철학의 근본적 취지도 위반하였다.

물질 존재론이 직면하는 각종 논리적 문제

형이상학적인 동물로서의 인간은 '인간'으로 존재하지 않는다는 것 외에 영원히 존재론과의 관계에서 벗어날 수 없다. 이러한 의미에서 존재론은 인류가 직면해야 할 숙명이라고 할 수 있다. 하이데거가 『존재와 시간』에서 지적한 바와 같이 '현존재'는 '존재론적인 존재'이다. 이는 "존재에 대한 이해 자체가 바로 '존재론적' '존재'의 규정이라는 것을 의미한다." 이러한 '존재론적 존재'는 "존재자 상태'의 '존재'가 아니고 '존재'에 대한 이해의

---

18 쉬량잉 외 옮김, 『아인슈타인 문집』, 제1권, 중국 상무인서관, 1976, 292쪽.

방식으로 한 '존재'라고 할 수 있다."[19] 이로 인하여 "우리가 존재하기만 하면 이미 형이상학적인 것이다." 따라서 "형이상학은 마음에 존재하는 기본적 현상이라고 할 수 있다. 또한 형이상학은 존재론 자체이다." 다시 말하면 "형이상학은 '인간의 본성'에 속한다는 것이다."[20] 하지만 이것들이 마르크스와 관련이 있을까? 답은 긍정적이다. 필자는 하이데거에 비해 마르크스가 존재론적 전향 문제를 더 우선적이고 실질적으로 언급하였다고 생각한다. 어떤 의미에서 형이상학에 대한 하이데거의 논의는 마르크스 존재론의 변혁에 대한 반향일 뿐이라고 할 수 있다. 재미있는 것은 물질 존재론이나 실천 존재론이 모두 마르크스 철학을 존재론으로 인정하였다는 것이다. 이는 아마 양자의 협의가 이루어진 유일한 것이다. 이 점을 인정한 이상 존재론의 기본적 논리 요구를 존중해야 한다. 마르크스 철학을 물질 존재론으로 해석한다는 것이 잘못되었다는 가장 중요한 이유는 바로 논리적인 것이다.

첫째, 물질 존재론은 가짜 일원론이나 은폐된 이원론으로서 형식적으로 완비되지 않다. 존재론의 가장 본질적 특징은 무엇일까? 필자는 대체될 수 없는 가장 큰 특징이 바로 궁극적 원초성의 규정에 대한 추구와 구축이라고 생각한다. 이러한 궁극성은 존재적 범주의 절대성을 결정하였다. 궁극적 원초성은 '논리적 우선성'이라는 의미에서 가능하기 때문이다. 원초성은 시간적 특징이라고 할 수 있으나 궁극성을 얻는다면 시간성을 초월해야 하고 논리적 의미에서 성립될 수밖에 없다. 시간적 차원에서 볼 때 원초성은 항상 상대적이라고 할 수 있다. 이는 우리가 끝없이 거슬러 올라가 그지없이 퇴보한 곤경에서 벗어날 수 없기 때문이다. 이로 인하여 절대적이고 원상을 회복할 수 없는 원초적 기초를 찾아낼 가능성이 없다.

---

19 슝웨이, 『서양 현대 부르주아지의 철학 논저 선집』, 중국 상무인서관, 1964, 361쪽.
20 위의 책, 359쪽.

존재적 절대성은 그것의 유일성을 결정하였다. 존재론의 가장 원초적 취지는 바로 대문자인 '일'을 밝혀내는 데 있다. 존재론은 옛날부터 인간이 '일'에 대한 해석을 찾아내는 충동(심리적 측면)과 노력(품성적 측면)에서 기원한 것이다. 논리적 일관성의 요구 자체를 보면 존재적 범주의 절대성도 이원론적 구조를 내재적으로 허용할 수 없음을 알 수 있다. 이원론 자체는 절대성이 아닌 상대성을 의미하기 때문이다. 이원론의 원초적 기초의 분열은 절대성에 대한 은폐이다. 그러므로 존재론의 이원론적 성질은 존재론의 내재적 기초, 즉 존재적 범주의 특징으로 인한 것이자 존재론적 체계가 본디부터 갖고 있는 논리적 일관성으로 인한 것이다. 이러한 의미에서 존재론은 이원론일 뿐이라고 할 수 있다. 하지만 물질 존재론은 절대적 언어 환경 속의 추궁 형식이 아닌 반면에 추궁하기 전에 이미 상대적 관계의 언어 환경에 무의식적이고 선행적으로 빠져 버렸다. 이러한 상대적 가설은 이후 얻을 가능한 답들을 원죄처럼 규정하였으며, 치명적인 태생적 한계, 즉 이원론적 함정을 나타냈다. 이는 바로 물질 존재론이 여태껏 직시하지도 깊이 반성하지도 않았던 것이다. 만약 그것이 존재론에 대한 일원론의 본질적 의미를 인정한다면 이와 같은 문제를 회피할 수 없을 것이다. 물질 존재론은 일원론적 형식을 취하였던 것 같지만 실제로 심心과 물物 간의 이원적 분열이라는 틀의 우선적 유효성에 의존하였다. 우리는 분열의 전제가 마르크스가 초월하고자 하였던 실존과 본질, 능동과 수동, 대상화와 자기 확증, 자유와 필연, 개체와 유 등 일련의 대립을 논리적이고 역사적으로 버렸는지를 도저히 예상할 수 없다.

둘째, 물질 존재론의 기본적 가설, 즉 물질적 파생 정신은 현상학적 차원에서 성찰한 결과이며, '시간적 우선성'이라는 것이다. 그러므로 존재론이 고유한 '논리적 우선성'의 내재적 요구를 이해하지 못하였다. 엥겔스는 『반뒤링론』에서 다음과 같이 명확히 지적하였다. "사유와 의식이 도대체 무엇인지와 어디서 왔는지를 질문한다면 그것들이 모두 인간의 대뇌의 산물이라고 할 수 있다. 또한 인간 자체는 자연계의 산물이고 자기의 환경 속에서 환경과 함께 발전해 온 것이다. 여기서 그것들은 결과적으로 자연계 산물인 인간의 대뇌의 산물이자 자연계의 기타 관계와 모순되지 않고 서로 적응된 것을 두말없이 할 수 있다."[21] 엥겔스는 『자연변증법』의 서문에서 "인간의 정신이 유기물의 최고급 산물"이라고 똑같이 주장하였다.[22] 엥겔스가 제시하였던 경로에 따르면 철학 교과서는 우주 발생사, 무기계에서 유기계로의 전환사, 인류 발생사 등 발생학적 방법으로 물질이 정신을 결정한다는 것, 물질은 제1이고 정신은 제2라는 것 등이라는 물질 존재론적 입장을 대동소이하게 논증하였다. 엥겔스의 이와 같은 입장에서 생겨났던 발생학적 관점은 존재론적 구축에 부합하지 않는 반면에 실증 과학에 부합하는 탐구이다. 과학은 일정한 의미에서 인과적 해석이라는 모델이며, 인과 관계의 뚜렷한 특징의 하나는 바로 시간적 순서라는 것이다. 원인에서 결과로 전개하는 것은 시간적 과정을 나타냈다. 그러므로 발생학적 방법은 과학 연구의 수단으로서 존재론적 구축에서 응용되면 안 된다는 것이다. 엥겔스가 이렇게 한 것은 존재론이 내재적으로 요구한 "논리적 우선성"이라는 원칙을 틀림없이 위반하였다.

셋째, 물질 존재론에 대한 자기 논증과 변호는 환원법, 즉 이중적 환원(발생학적 환원과 구조와 기능 관계의 환원)이라는 방법으로 이루어진 것이다. 환원법도 철학적 방법이 아닌 전형적인 과학 방법이다. 그것의 치명적 약점은 전제와 이유의 차이를 혼동시켰다는 것이다. 환원법의 가설에 의하면 사물의 원천을 밝혀낸다는 것이 그것의 본질을 파악한다는 것과 같다. 사실 본질은 내재적 이유로 인한 것이고 원천이 나타내는 것은 사물의 전제를 초래하는 것일 뿐이므로 양자를 똑같이 취급할 수 없다. 하지만 물

---

21 『마르크스 엥겔스 선집』, 제3권, 중국 인민출판사, 1995, 374-375쪽.
22 『마르크스 엥겔스 선집』, 제4권, 중국 인민출판사, 1995, 263쪽.

질 존재론은 물질적 전제성을 이유로 운용시켜 전제와 이유 간의 차이를 완전히 무시하였다. 따라서 물질 존재론적 구상 방식에 따르면 그것도 '전제'를 거슬러 올라갈 수밖에 없고 '이유'를 제시할 수 없다. 이러한 결함으로 인하여 물질 존재론은 유심론을 제대로 반박하지 못하여 유심론적 도전에도 효과적으로 대응할 수 없다. 마르크스가 물질 존재론을 비롯한 구 유물론에 철저히 실망하였던 가장 직접적 이유는 바로 그것이 유심론에 대한 질의에 제대로 대응할 수 없기 때문이다. 『포이어바흐에 관한 요강』(이하는 『요강』으로 약칭됨)의 제1조에서는 마르크스가 유심론뿐만 아니라 유물론도 비판하였다. 따라서 우리는 마르크스가 유물론을 전혀 편들지 않고 유물론과 유심론의 각자의 일방적 특성도 함께 밝혀냈으며, 또한 그것들의 일방적 특성이 모두 같은 근원, 즉 실천적이지 않은 태도에서 나타났음을 쉽게 알아낼 수 있다. 이를 바탕으로 하여 마르크스는 양자와 양자 간의 대립 자체를 전제적으로 초월하고자 하였으며, 이러한 초월을 위한 철학의 원초적 기초를 찾아내고 다지게 되었다. 필자는 편견에 빠지지 않은 모든 인간들이 그 중에서 그러한 뜻을 쉽게 알아낼 수 있다고 생각한다. '부친'이 '아들'의 이유라고 할 때 우리는 진리를 확실히 밝혀낼 수 있으나 '아들'이 없다면 '부친'도 '부친'이 되지 못할 것이라고 할 때 우리는 '아들'이 바로 '부친'의 이유라는 것이 더 깊은 진리를 밝혀냈다고 할 수 있다. 필자는 어떤 사람이 바로 마르크스가 헤겔과 그 후학을 비판하였을 때 지적하였던 "아들이 부친을 낳았다"는 잘못을 지적하였다. 하지만 주의해야 할 것은 마르크스가 어떤 의미에서 비판하였다는 것이다. 이는 마르크스가 사변 철학의 '사변적 원죄'를 비판하였을 때 했던 말이다. 이 말은 인간이 존재하는 그 세계의 시작에 대한 인간의 현실적 존재(실천)이 나타냈던 논리적 우선성과 완전히 동등화할 수 없기 때문이다.

물질 존재론이 마르크스 철학의
역사적 사명을 담당할 수 없음

　마르크스 철학이 자발적으로 담당한 역사적 사명을 볼 때 마르크스가 일생에 하였던 일은 이데올로기적 은폐를 이론적으로 밝히고 실천에서 현실적으로 제거함으로써 인간의 본질로 하여금 역사에서 나타나게 한 원초적 기초를 다졌다는 것이라고 할 수 있다. 이것은 마르크스가 자기를 위해 확립하였던 철학적 임무이다. 마르크스 철학의 이러한 사명은 물질 존재론으로 이루어지지 않았던 것이 사실이다. 물질 존재론은 그 사명을 위해 합법성과 가능성을 제공할 수 없기 때문이다. 추상적 물질에 대한 물질 존재론적 확인은 정태적 태도, 즉 감성적이고 직관적인 태도를 나타냈으며, 이는 "세계를 바꾼다"는 것이 아닌 "세계를 해석한다"는 것을 의미한다. 이러한 태도로 인하여 인간은 현존한 모든 것을 일시적 차원에서 취급하지 못하고 혁명적이고 비판적인 태도를 확립할 수도 없다. 물질 존재론적 언어 환경 속에서 비판성은 내재적 원인이 결여된다는 것이다. 그것은 결국 "세계를 바꾼다"는 것이 아닌 "세계를 해석한다"는 것이다.

　마르크스가 『요강』에서 했던 말은 이후에도 마르크스 묘지명과 같은 명언이 되었다. 즉, "철학자들은 다양한 방식으로 세계를 해석하였을 뿐이지, 그 문제는 세계를 바꾼다는 것이다."[23] 이 말은 짧지만 잠언과 같은 문장이므로 매우 풍부한 함의를 지녔다. 이는 마르크스가 이루어 냈던 철학적 혁명의 본질은 인간의 존재 방식을 바꾸는 데 있음을 의미한다. 그렇다면 "세계를 바꾼다"는 것은 무엇일까? 이는 "세계를 해석한다"는 태도와 어떤 근본적 차이가 있을까? 이러한 차이의 의미는 무엇일까? 그 중의 깊

23　『마르크스 엥겔스 선집』, 제1권, 중국 인민출판사, 1995, 61쪽.

은 함의는 또한 무엇일까? 사실 물질 존재론은 내포된 이러한 의미를 충분히 해석하지 못하는 반면에 이렇게 풍부한 함의를 은폐하고 박탈한다는 것을 쉽게 초래할 것이다. 마르크스가 생성설의 궁극적인 원초적 기초를 찾아냈다는 목적은 결코 "세계를 해석한다"는 것이 아닌('해석한다'는 태도는 여전히 실천 자체로 본연히 돌아갈 수 없기 때문임) "세계를 바꾼다"는 것을 위한 것이다('바꾼다'는 것이 실천의 비대상적인 이해 방식, 즉 실제로 참여하거나 더욱 정확하게 말하면 실제로 입증한다는 것이기 때문이다).

마르크스 철학이 선명한 비판 태도를 지녔음을 의심할 나위는 없다. 하지만 엄격히 말하면 비판 자체는 마르크스 철학의 특색이 아니다. 마르크스의 진정한 공헌은 진정하고 효과적인 비판 방식을 제시하였다는 것이다. 어떤 의미에서 기존의 비판은 모두 결과에 대한 것이며, 마르크스의 비판이야말로 원인 자체에 대한 것이라고 할 수 있다. 이는 바로 마르크스의 철학적 비판의 철저성이다. 헤겔의 사변적 비판과 포이어바흐의 도덕적 비판은 모두 비판을 당한 대상의 근원적 구조의 해석 문제를 언급하지 않았으며, 겨우 관념적 범위 내에서 비판하였다. 결국 그것은 한 관념으로 다른 관념을 대체하였을 뿐이다. 유물론과 유심론은 특정한 이데올로기적 수사로서 본질적으로 유심론이라고 한다. 이데올로기가 유심론과의 원죄같은 관련은 이 점을 결정하였다. 마르크스의 이데올로기적 비판은 근본적인 전복과 해석이며, 이는 비판의 심각성을 결정하였다.

일정한 의미에서 마르크스가 종사하였던 모든 철학적 구축은 이데올로기에 대한 비판이라고 할 수 있다. 즉, 한편으로는 이론적 측면에서 이데올로기적 비밀을 밝히며, 다른 한편으로는 실천적 측면에서 이데올로기가 나타냈던 사회적 근원과 현실적 기초를 해소한다는 것이다. 전자는 "세계를 해석한다"는 것이 아니고 후자의 합법성이라는 문제를 해결하기 위한 필요한 준비, 즉 이론적으로 "세계를 바꾼다"는 것을 왜 해결해야 할 것인가라는 문제이다. 그러므로 마르크스는 '철학자'와 '혁명가'라는 이중적 신분을 갖추었다. 물질 존재론은 인간으로 하여금 현실적 활동으로 이끌어가지 못하여 마르크스 철학이 맡았던 이데올로기적 비판 임무를 완수할 수 없었다. 마르크스는 잠재적이지 않고 현재적 실천자이며, 맹목적이지 않고 자각적 혁명가이다. 잠재적인 것에서 현재적인 것으로, 자발에서 자각으로 전환하는 조건은 바로 실천 존재론의 철학적 구축이다. 결국 마르크스의 모든 철학적 주장은 '말하기'에서 '하기'로 돌아가야 하는 합법성과 필요성이라는 원인을 밝혀냈다는 것이다.

실천 존재론으로 인한 현재성과 달리 물질 존재론은 잠재성만 가져올 수 있다. 즉, 그것으로 이루어진 것은 현존한 것에 대한 긍정적 판단에 불과하기 때문에 보수적 입장을 필연적으로 취하였다. 마르크스는 "실증적인 것"도 바로 "비판적이지 않은 것"이라고 언급한 바 있다.[24] 엥겔스는 '객관 변증법'에서 비판의 합법성을 파생시키고자 하였다. 하지만 직면한 가장 큰 문제는 비판에 관련된 척도와 원동력이 결여되었다는 것이다. 우리는 엥겔스가 언급하였던 유물론, 즉 물질 존재론이 실재론과 내재적 친화성을 지녔음을 알 수 있다. 레닌은 '물질'이 우리의 주관적 세계에 외재적으로 있고 우리의 주관적 세계에 의존하지 않으며, 독립적으로 존재하는 객관적 실재라고 정의하였다. 엥겔스는 '물질'을 명확히 정의하지 않았으나 레닌은 엥겔스 물질관의 기본적 입장을 확실히 표현하였다. 이른바 실재론은 일반적으로 "여러 가지 대상과 속성의 객관적 존재를 인정하였던 각종 이론"이라고 일컫는다. 이러한 대상과 속성은 외재적 세계, 수학 대상, 공상, 이론적 실체, 인과 관계, 도덕과 미학의 속성, 타인의 마음 등을 포함한다. "실재론의 중심적 사상은 우리가 사물의 존재를 알든지 믿든지 간에 어떤 사물이나 모든 사물들이 존재하고 우리의 심령과 독립된다"

---

24 『마르크스 엥겔스 선집』, 제1권, 중국 인민출판사, 1956, 99쪽.

는 것이다.²⁵ 실재론은 유물론이 아니지만 유물론적 해석을 할 수 있으므로 유물론적 형식이 될 수 있다. 우리가 물질의 외부 세계를 객관적 실재로 해석할 때 실재론은 유물론적 형태를 구성하였다는 것이라고 할 수 있다. '물질'에 대한 레닌의 정의는 실재론에 속한다는 것이 분명하다. 그러므로 레닌은 '실재론'이 "유물론으로 해석되어야 한다"고 주장하는 이유가 있다.²⁶ 물질 존재론은 유물론의 실재론적 이해로서 "세계를 해석한다"는 '과학'이 실재적 '세계'를 객관적으로 이해하기 위해 전제를 제공하였다. 따라서 물질 존재론으로 인한 것이 인식론적 구축일 뿐이며, 이는 마르크스가 비판하였던 "존재한 사실에 대한 정확한 이해"에 이르렀음에 불과하다. 하지만 마르크스의 주장에 의하면 "진정한 공산주의자(즉, 마르크스의 '실천적 유물론 자')의 임무는 이렇게 존재하는 것을 뒤집는 것"이다.²⁷ 이른바 "존재하는 것을 뒤집는 것"도 바로 마르크스가 지적하였던 "세계를 바꾼다"는 것이다. 마르크스 철학에 의하면 "세계를 바꾼다"는 실질은 '실천적 비판', 즉 "실제로 현존한 것을 반대하고 바꾼다는 것"(즉, "현존한 세계를 혁명화시킨다는 것")²⁸의 궁극적인 원초성의 입장을 논리적이고 역사적으로 확립하였다. 이는 현존하는 사물을 '해석'하자고 하는 인식론적 구축과 완전히 다르다는 것이 분명하다. 이것도 마르크스가 자기의 철학을 구축하였을 때 실증적 '객관적 연구'를 표방하는 '정치 경제학'을 우선적으로 비판하였던 심각한 원인이다. 인식론적 구축의 가설로서의 물질 존재론이 확립하였던 추상적 물질의 범주는 결코 인간으로 하여금 실질적 변혁 활동으로 이끌어가지 못하였다. 이는 실천 존재론적인 기본적 입장·취지와 분명히 상

●
25 Nicholas Bunnin·위지위안,『서양 철학 영한 대조 사전』, 중국 인민출판사, 2001, 857쪽.
26 레닌,『철학 필기』, 중국 인민출판사, 1974, 361쪽.
27 『마르크스 엥겔스 선집』, 제1권, 중국 인민출판사, 1995, 96-97쪽.
28 위의 책, 75쪽.

반되는 것이다.

　물질 존재론적 입장은 현실적 비판으로 가는 내재적 요인이 이론적으로 결여될 뿐만 아니라 인식론적 성찰 방식도 잠재한다는 점을 지적할 필요가 있다. 이러한 성찰 방식은 지적 사유를 기본적 특징으로 한다. 그것은 엥겔스 철학의 자기 취급에 깊은 영향을 미치게 되었다. 이는 적어도 다른 한편으로 물질 존재론이 지적 사유 함정의 속박에서 철저히 벗어날 수 없음을 보여 주었다. 엥겔스의 주장에 의하면 이러한 함정은 주로 아래와 같이 나타났음을 알 수 있다. 첫째, 엥겔스는 '유물론과 유심론' 간의 대립을 특별히 강조하여 이러한 대립에 대한 지양과 초월에 힘쓰지 않았다. 그는 물질 존재론이 지적 사유에 빠진 한계성으로 인하여 유심론적 함정을 걱정하였으나 유물론(구유물론)에 집착한다는 것이 바로 유심론적 속박에서 벗어나지 못하였던 원인을 잘 몰랐다. 이는 매우 기괴하고 풍자적 의미를 지녔다고 할 수 있다. 이러한 곤경 자체는 엥겔스가 자각적 차원에서 지적 사유의 속박에서 진정하게 벗어나지 못하였음을 의미한다. 둘째, 엥겔스는 마르크스주의를 해석할 때 '판식' 구조의 방법을 취하였으며, 또한 마르크스와 함께 창립하였던 유기적 사상 체계를 철학, 정치 경제학, 과학적 사회주의 등 분야에 따라 구분하여 사전이나 사후에도 이렇게 하는 한계성과 위기를 모두 밝히지 않았다. 이는 뒤링Karl Eugen Dühring의 저서 3부를 비판하였을 때 어쩔 수 없이 취하였던 방법이나 마르크스주의 체계의 유기적 통일체라는 원칙에 부합하지 않았다. 이러한 기계적 분할도 지적 사유의 전형적 특징을 표현하였다. 셋째, '무한'에 대한 엥겔스의 이해는 "무한하게 발전하는" 시간과 공간을 통하여 상상하였던 것이다. 이러한 지적 시공간이 지닌 '악무한'이라는 특징은 엥겔스가 무한의 문제에서 헤겔이 지적하였던 진정한 무한성에 대하여 깊은 이해를 하지 못하였다는 것을 보여 주었다. 이러한 오해로 인하여 엥겔스는 헤겔 철학의 체계와 방법 간의 모순을 지적하였다.

공정히 지적해야 할 것은 엥겔스가 지적 지식과 합리성의 한도에 대하여 분명한 자각을 갖추었던 것이다. 예컨대, 그는 『자연변증법』의 친필 원고에서 "지성과 이성에 대한 헤겔의 구분은 일정한 의미가 있다. 그 중에서도 변증적 사유만 이성적인 것"이라고 명확히 지적한 바 있다.[29] 엥겔스의 주장에 의하면 "모든 지적 활동, 즉 귀납, 연역 및 추상은 미지의 대상에 대한 분석, 종합 및 양자의 융합적인 실험으로서 일반적 논리가 성질에서 인정된 모든 과학적 연구들의 수단에 속하였음을 알 수 있다."[30] 엥겔스는 지성과 이성 간의 차이가 변증적 논리와 형식적 논리 간의 차이를 결정한다고 주장하였으나 과학적 연구 범위 내에만 인지성과 논리적 합법성을 인정하였다. 자각적 차원에서 엥겔스는 이미 지적 사유의 한계성을 분명히 인식하였으나 실질적 사고에서 특히 유물과 유심 간의 대립 관계를 취급하였을 때 사실 양극적 대립의 국면에 국한되어 지양의 태도로 이러한 대립을 제대로 취급하지 않았다. 또한 이러한 지양이 이루어지는 논리적 관건을 찾아내지도 못하였다. 이는 노년의 엥겔스가 '유물과 유심' 간의 대립을 유난히 강조했던 입장에서 똑똑히 볼 수 있다. 분명한 것은 엥겔스는 철학적 문제를 처리하였을 때 자기도 모르게 지적 논리의 궁지에 빠졌다는 것이다. 그가 실질적 사고에서 지적 사유에 물들기를 거부하는 데 방해가 되었다는 것은 도대체 무엇일까? 따라서 엥겔스가 주장하였던 물질 존재론적 입장과 이로 인한 "세계를 해석한다"는 인식론적 선호는 규명되어야 한다. 어쨌든 지적 논리와 이를 통해 보장되었던 "세계를 해석한다"는 인식론적 태도는 사실적 판단의 잠재성의 범주에 한정되므로 마르크스 철학이 현존하는 모든 것을 실질적으로 반대하는 것, 즉 이데올로기적 비판의 역사적 사명을 다할 수 없다.

---

29 『마르크스 엥겔스 선집』, 제4권, 중국 인민출판사, 1995, 331쪽.
30 위의 책, 331쪽.

04

'변증법적 유물론적 입각점'과 '후부터의 사고'

마르크스는 『요강』의 제10조에서 "구유물론의 입각점은 시민 사회이고 변증법적 유물론의 입각점은 인류 사회나 사회적 인류"라고 지적한 바 있다.[1] 여기서 마르크스는 '입각점'의 의미에서 변증법적 유물론과 구유물론의 본질적 차이를 밝혔다. 그러므로 이 말은 실천적 유물론을 이해하는 관건이라고 할 수 있다. 이 논술을 적절히 해석하는 것은 마르크스 철학의 함의를 깊이 이해하고 파악하는 데 매우 중요한 시사적 의의가 있다.

'인류 사회나 사회적 인류'는 도대체 무엇일까?

문제의 관건은 마르크스가 지적하였던 '인류 사회나 사회적 인류'가 어떻게 이해하는가 하는 점이다. '인류 사회'의 원문은 'die menschliche Gesellshaft'이다. 이와 같은 번역은 그것의 특정한 역사적 함의를 특별히 표시하지 못한 것 같다. 중국어의 언어 환경 속에서 인간은 동물계에서 벗어났을 때부터 '인류 사회'에 들어갔다고 할 수 있다. 하지만 마르크스는 여기서 이러한 '인류 사회'를 일반적으로 묘사하지 않고 인성화된 사회를 특별히 지칭하였다는 것이다. 그러므로 주광첸朱光潛은 그것을 '인류적 사회'로 번역하였다고 주장하였다.[2] 또한 지위샹紀玉祥도 다음과 같이 지적하였다. 즉, "menschliche는 『친필 원고』에서 두 가지의 기본적 함의를 나타냈다. 하나는 종속 관계를 표시하고 '인간적'이나 '인간에 속한 것'으로 번역될 수 있으며, 다른 하나는 특정한 의미에서 사용된 것으로서 gesellschaftlich(사회적)을 가리켜 이러한 경우에 '인성적'이나 '인도

---

1 『마르크스 엥겔스 선집』, 제1권, 중국 인민출판사, 1995, 57쪽.
2 주광첸, 『미학습수집』, 중국 백화문예출판사, 1980, 72쪽.

적'인 것으로 번역되어야 한다."³ 현존하는 번역법(즉 '인류 사회'로 번역됨)은 실제로 첫 번째의 번역에 불과하며, 마르크스의 언어 환경에 따르면 'menschliche'는 사실 두 번째의 의미에서 사용된 것이다. 이로 인하여 'die menschliche Gesellshaft'는 '인성화된 사회'로 번역되면 더더욱 적절하고 올바른 것 같다.

마르크스가 주장하였던 '사회적 인류'는 독일어로 표시되면 'die menschliche Gesellshaft'이다. 엥겔스는 『요강』을 『종말』의 부록으로 발표하였을 때 그것을 'die vergesellschaftete Menschheit'로 수정하였다. 그 문제는 엥겔스의 수정이 마르크스의 기존 해석과 같은 뜻인가라는 것이다. 지위샹은 양자가 소홀히 안 될 차이가 존재한다고 주장하였으며, 또한 다음과 같이 지적하였다. "엥겔스는 원고에서 나타났던 '사회적 인류'를 '사회화된 인류'로 수정하였다는 것이 겉으로 아무런 차이도 없는 것 같지만 실제로 의미가 아주 다르다고 할 수 있다. Vergesellschaftete는 동사 'vergesellschaften'이 변형된 것이며, '사회화', '국유화', '공동 소유' 등이라는 함의가 있으므로 생산 수단 공유제 문제와 관련된다." 또한 "'사회적 인류'와 '사회화된 인류'는 다르다. 전자는 생산 수단의 소유제 문제와 관련되었으나 주로 마르크스 조기의 소외 학설과 관계가 있으며, 후자는 『공산당 선언』 이후의 저서에서 나타났던 생산 수단의 공유제 문제와 관련되었다. 전자는 소외의 해소를 중점적으로 강조하였으나 후자는 사유제의 해소를 중점적으로 강조하였다." 결국 그는 "엥겔스의 수정이 『공산당 선언』 이후의 마르크스의 관점에 반응하였다"는 결론을 내리게 되었다.⁴ 다시 말하면 엥겔스의 이러한 수정은 이후 더 성숙한 마르크스의 사

---

3 지위샹, 「『1844년의 경제학과 철학의 친필 원고』의 일부 번역문에 관한 논의」, 『역사적 유물론 연구』, 중국 사회과학문헌출판사, 1987, 242쪽.
4 지위샹, 「포이어바흐의 테제에 관한 엥겔스의 수정」, 『철학 연구』, 제10호, 1982, 36쪽.

상에 따라 한 것이라고 할 수 있다. 사실 마르크스는 『요강』 이전인 『친필 원고』에서 "사유 재산에 대한 적극적 지양"이라는 기본적 관점을 이미 제기하였다.[5] 여기서 이른바 '적극적 지양'은 마르크스가 비판하였던 '초라한 공산주의'가 '문화적·문명적 세계'를 '추상적이지 않고' 역사적으로 부정하려고 하였던 것과 상대적인 것이다. 이러한 추상적 부정이 이전의 사유 재산에 의한 것이므로 마르크스는 "사유 재산의 지양은 결코 진정한 소유가 아니"라고 하였다.[6] 이러한 '지양'은 소극적 지양일 뿐이지, 역사 자체의 성숙을 통하여 이루어진 사유 재산에 대한 '적극적 지양'이 아니다. 마르크스는 『친필 원고』에서 "사유 재산과 소외를 내재적으로 연결하였으며, 공산주의는 사유 재산, 즉 인간의 자기 소외의 적극적 지양"이라고 지적하였다.[7] 그러므로 우리는 마르크스가 『친필 원고』에서 인간의 소외를 논의하였을 때 본질적 의미에서 사유제와 초월 문제를 언급하지 않았다고 할 수 없다. 『요강』보다 늦게 나타났던 『공산당 선언』이 제기하였던 'Aufhebung des Privat-Eigenthums(소유제의 멸망)'은 '사유 재산의 지양'이라고 번역될 수 있다. 이는 『친필 원고』에서 나타났던 "사유 재산에 대한 적극적 지양"과 모두 일치하며, 유일한 차별은 『친필 원고』에서 나타난 '지양'이 상대적으로 추상적 명제라는 것이다. 마르크스 연구의 점진적 심화에 따라 그것은 『공산당 선언』에서 이미 더 구체적 함의를 받게 되었다. 그러므로 엥겔스의 이와 같은 수정은 마르크스의 원래 뜻, 즉 이상적인 사회적 인간을 가리키는 것을 더욱 명확히 전해 주었다고 할 수 있다. 이는 『자본론』의 제3권에서 마르크스 마음속의 이상적 사회, 즉 '자유 왕국'을 묘사하였을 때 부각하였던 '인간'의 성질과 역사적 함의에서 어떤 증거를 얻을 수 있

---

5 마르크스, 『1844년 경제학과 철학의 친필 원고』, 중국 인민출판사, 2000, 85쪽.
6 위의 책, 79~80쪽.
7 위의 책, 81쪽.

다. 마르크스는 "사회화된 인간, 즉 연합된 생산자는 그들과 자연 간의 물질적 변환을 합리적으로 조절하여 그들의 공동 지배하에 놓았으며, 그것이 맹목적 힘으로서 자기를 지배하지 않도록 하였다"고 하였다.[8] '사회화된 인간'은 원문에서 'vergesellschaftete Mensch'로 표시되었으며, 이러한 어휘는 마침 엥겔스의 수정과 일치한다. 이상의 고찰을 토대로 "사회적 인류는 바로 인성에 부합하는 인간"을 의미한 것으로 여겨진다.[9]

그 이외에 우리는 '사회적 인류' 중의 '사회적' 함의를 분석할 수 있다. 마르크스는 『친필 원고』에서 "사회는 인간과 자연계가 완성된 본질적 통일이며, 자연계의 진정한 부활이자 인간이 실현한 자연주의와 자연계가 완성된 인도주의"라고 작성하였다.[10] 이는 그것이 인간의 자연화와 자연의 인간화의 진정한 실현과 완성을 의미한다. 인간의 자연화는 소외된 지양을 가리킨다. 소외는 인간의 자연적이지 않은 것이고 자아는 자연적인 것이며, 소외는 외연적인 것이기 때문이다. 즉, 자아가 아닌 타자로 외재적 규정인 상태이다. 인간의 자연화는 바로 인간의 자연스러운 것이다. 따라서 마르크스가 지적하였던 '사회'는 공산주의뿐이라고 할 수 있다.[11] 마르크스가 지적하였던 '공산주의'는 "완성된 자연주의로서 인도주의와 같고 완성된 인도주의로서 자연주의와 같으며, 그것은 인간과 자연계 간, 인간과 인간 간의 모순에 대한 진정한 해결이자 존재와 본질, 대상화와 자기확정, 자유와 필연, 개체와 유 간의 투쟁에 대한 진정한 해결이기 때문이

---

8 『마르크스 엥겔스 전집』, 제25권, 중국 인민출판사, 1974, 926~927쪽.
9 마르크스, 『1844년 경제학과 철학의 친필 원고』, 중국 인민출판사, 2000, 81쪽.
10 위의 책, 83쪽.
11 마르크스가 "여기서 언급하였던 '사회'"는 "오늘날의 우리의 '사회'와 다르고" "실제로 마르크스가 그 당시 구상하였던 공산주의 사회이다"(지위샹, 『『1844년 경제학과 철학의 친필 원고』의 일부 번역문에 관한 논의』, 『역사적 유물론 연구』, 중국 사회과학문헌출판사, 1987, 239쪽). 이러한 해석은 올바른 것이다.

다."¹² 이러한 '사회'는 미래의 목표로서 존재하는 이상적 규정뿐이라고 할 수 있다.

'시민 사회'와 '인류 사회나 사회적 인류'는 각각 변증법적 유물론과 구 유물적 '입각점'으로서 공간적 범주가 아닌 시간적 차원의 차이성을 가졌 다. '시민 사회'는 현재 진행형이나 '인류 사회나 사회적 인류'는 장래형인 것이다. '시민 사회'는 마르크스 시대에 이미 존재한 사실이나 '인류 사회 나 사회적 인류'는 존재해야 하나 사실 아직도 도래하지 않는 당연한 규 정이다. 마르크스의 '자유 왕국'은 바로 미래형인 것이다. 만약 '자본주의' 를 이러한 준거에 놓지 않았다면 그것의 본질을 이해할 수 없었을 것이 다. 이 점에 대하여 우리는 『요강』의 제6조, 즉 인간의 본질에 관한 논술 에서도 더 깊은 인식을 얻을 수 있다. 마르크스는 "인간의 본질은 현실성 에서 모든 사회 관계의 총체"라고 하였다.¹³ 이와 같은 이른바 '현실성'은 현존한 것이 지닌 성질이 아닌 당연한 규정을 가리킨다. 그러므로 마르크 스가 언급하였던 인간의 본질은 변증법적 유물론적 입각점에서 밝혀지게 되었다. 마르크스는 『헤겔 법철학 비판·서설』에서 "인간의 본질이 진정 한 현실성을 지니지 않기 때문에 종교는 인간의 본질의 환상적 실현"이라 고 하였다.¹⁴ 주의해야 할 것은 여기의 '현실성'이 독일어로 번역되면 바로 'Wirklichkeit'이라는 것이다. 마르크스는 인간의 본질이 종교의 소외 관계 에서 '현실성'을 지니지 않았다고 분명히 지적한 바 있다. 그것이 현실성 을 받는 조건은 인간의 본질과 실존의 통일, 즉 인간의 소외에 대한 적극 적 지양이다. 마르크스가 처했던 시대적 차원에 대하여 이는 당연한 미래 의 가능성일 뿐이다. 그러므로 마르크스의 이른바 '현실성'은 헤겔의 이해

●
12 마르크스, 『1844년 경제학과 철학의 친필 원고』, 중국 인민출판사, 2000, 81쪽.
13 『마르크스 엥겔스 선집』, 제1권, 중국 인민출판사, 1995, 56쪽.
14 위의 책, 1~2쪽.

와 같다. 헤겔은 『법철학의 원리』의 '서문'에서 "이성에 부합하는 모든 것은 현실적이며, 현실적인 것들은 모두 이성에 부합하는 것"이라고 지적하였다.[15] 주의해야 할 것은 헤겔이 이른바 '현실적'을 'wirklich'라는 독일어 단어로 번역하였다는 것이다. 그는 또한 "이념 외의 모든 것은 비현실적이므로 가장 중요한 것은 시간성이 순간적으로 사라진다는 가설에서 내재적 실체와 현존한 사물에서 존재하는 영구한 것을 인식한다는 것이다. 사실 이성적인 것이 그것의 현실에서 외부적 실존에 달성된 것이므로 무한하고 풍부한 형식, 현상 및 형태를 나타냈다"고 해석하였다.[16] 헤겔은 피안성을 거부하였으며, "철학은 이성적인 것을 탐구한 것이므로 어떤 피안적인 것을 제공하지 않고 현재의 것과 현실적인 것을 이해하는 것이며, 신이야말로 피안적인 것이 어디에 있는지를 알 수 있다, 즉 이러한 피안적인 것은 바로 일방적이고 공허한 추론이라는 잘못에 있다고 할 수 있다"고 주장하였다.[17] 하지만 마르크스가 제시하였던 '피안'으로서의 규정적 '자유 왕국'은 헤겔이 여기서 말하였던 '피안적인 것'과 다르다. 전자는 종교적 '천국'이 아니기 때문이다. 마르크스는 '천국'은 '진정한 현실성'이 아닌 '환상적 현실성'일 뿐이라고 주장하였다.[18] 『자본론』에서 밝혀졌던 '자유 왕국'은 비로소 인간들이 "자기의 진정한 현실성을 찾아내는 곳이라고 할 수 있다."

『요강』의 제6조에서는 마르크스가 포이어바흐의 '인간의 본질'을 '인간이 고유한 추상물'로 귀결하였다고 비판하였다. 이러한 '추상물'은 "모든 사회 관계의 총체라는 구체적 규정과 상대적인 것이다." 마르크스는 "구체

---

15 헤겔 지음, 판양·쫭치타이 옮김, 『법철학의 원리』, 중국 상무인서관, 1961, 11쪽.
16 위의 책, 11쪽.
17 위의 책, 10쪽. 헤겔의 『정신 현상학·서언』에서 유사한 견해도 나타난 바 있다.
18 『마르크스 엥겔스 선집』, 제1권, 중국 인민출판사, 1995, 1쪽.

의 구체적 이유는 그것이 여러 규정의 종합이기 때문이며, 따라서 다양성의 통일이라고 할 수 있다"고 하였다. "여러 규정과 관계를 지닌 풍부한 총체로서"의[19] '인간의 본질'은 역사적 결과가 되어야 가능해질 것이다. 인간은 자기의 전면적 발전에서만 자기의 본질이 소외 때문에 상실된 모든 풍부한 특성을 재획득할 수 있다. 이러한 '인간'은 비로소 『친필 원고』에서 나타났던 이른바 "인간의 본질이라는 이러한 모든 풍부한 특성을 지닌 인간이라고 할 수 있다."[20] 마르크스는 인간의 원시적 풍부한 특성은 역사 자체의 추상이 초래된 빈궁을 거쳐야 역사적 복귀를 실현할 수 있다고 지적하였다. 이는 바로 '인간의 본질'이 '현실성'을 얻는 과정이다. 포이어바흐가 '인간의 본질'을 "인간이 본디 지니고 있는 추상물"로 이해한 이유는 구유물론적 '입각점'으로 결정되었기 때문이다. '시민 사회'에 입각하기 때문에 포이어바흐는 "인간의 이러한 현상의 본질을 비판하지 않고" 인간에 대한 추상적 이해를 초래하였다. 마르크스는 『요강』의 제7조에서 "그가 분석하였던 추상적 개인은 일정한 사회적 현상을 갖춘 것이라고 밝혀냈다." 즉, '구유물론적' 입각점으로서의 '시민 사회'에 소속된다는 것이다. 이와 완전히 달리 마르크스의 변증법적 유물론은 '인류 사회나 사회적 인류'에 입각하였기 때문에 '인간의 본질'을 '모든 사회 관계의 총체'로 이해할 수 있다. 구유물론과 시민 사회의 관련성은 유물론의 세속적 기초와 이데올로기적 성질을 똑똑히 보여 주었다. 그것이 초래한 일련의 이론적 결과는 (1) 감성적 직관성으로, 예컨대 포이어바흐의 경험적 차원과 정관적 입장이다. (2) 인간의 자연성으로, 예컨대 육체적 감수성에 대한 엘베시우스C. A. Helvétius, 디트릭흐P. H. Dietrich 등의 숭배이다. (3) 인간의 추상성으로, 예컨대 인간의 본질에 대한 포이어바흐의 명시는 인간의 자연적 본성

---

19 『마르크스 엥겔스 선집』, 제2권, 중국 인민출판사, 1995, 18쪽.
20 마르크스, 『1844년 경제학과 철학의 친필 원고』, 중국 인민출판사, 2000, 88쪽.

만 중요시하는 것이다. (4) 비판적이지 않은 특성으로, 즉 "세계를 바꾼다"는 것이 아닌 "세계를 해석한다"는 것에 만족하고 사물에 대한 '정확한 이해'에 제한된다는 것이다. 또한 지적해야 할 것은 포이어바흐가 제시하였던 인간의 본질에 관한 주장은 적용 범위 내에 적절하고 유효한 것을 의심할 바 없으나 그 범위를 넘는다면 한계성을 낱낱이 드러낼 것이라는 사실이다. 어떤 의미에서 볼 때 마르크스와 포이어바흐가 주장하였던 인간의 본질에 관한 두 가지 관점은 옳고 그름의 문제가 아니며, 다양한 역사적 차원의 인간성을 묘사하는 데 나타났던 차이성이라고 할 수 있다.

'후부터의 사고'는 '변증법적 유물론적 입각점'을 결정함

마르크스의 '변증법적 유물론'이 '인류 사회나 사회적 인류'에 입각해야 하는 이유는 결국 마르크스의 특유한 '후부터의 사고'라는 구상 방식으로 결정된 것이다. 마르크스는 『자본론』의 제1권에서 "인류 생활 형식에 대한 사고와 그것에 대한 과학적 분석은 언제나 실제와 반대되는 방법을 취하였으며, 이러한 사고는 사후부터 시작되고, 즉 발전 과정이 완성된 결과부터 시작되었다"고 작성하였다.[21] 마르크스는 『정치 경제학 비판·서언』에서 "인체의 해부는 원숭이의 해부에 대한 열쇠라고 할 수 있는 반면에 하등 생물에서 나타난 고등 동물의 특징은 고등 동물 자체가 인식된 후에야 이해될 수 있다"고 이미 지적하였다.[22] 이는 '후부터의 사고'의 상징이나 비유적 표현에 불과하다고 할 수 있다. 마르크스는 "기독교는 그것의 자기 비판이 일정한 정도, 즉 가능한 범위 내에 이루어질 때 조기의 신화

●
21 『마르크스 엥겔스 전집』, 제23권, 중국 인민출판사, 1972, 92쪽.
22 『마르크스 엥겔스 선집』, 제2권, 중국 인민출판사, 1995, 23쪽.

에 대한 객관적 이해에 도움이 될 것이며, 이처럼 부르주아지의 경제학은 부르주아지 사회의 자아 비판이 이미 시작될 때 봉건적·고대적·동양적인 경제를 이해할 수 있다"고 하였다.[23] 또한 그는 "자본을 모르면 토지세도 모르지만 토지세를 모르면 자본을 이해할 수 있다"고 지적하였다. 만약 '토지세'가 "토지 소유제가 지배적 지위에 있는 모든 사회 형식"들의 상징이라면 "자본은 부르주아 사회에서 모든 것을 지배하는 경제적 권리이며, 자본이 지배적 지위에 있는 사회 형식을 상징한다."[24]

사실 후부터의 사고는 청년과 노년의 마르크스 사상을 관철하는 기본적 방법이다. 청년 마르크스는 실질적 구상 과정에서 이러한 방법을 이미 철저히 실행하였으나 이렇게 명확히 표현하지 않았을 뿐이다. 예컨대, 그는 "민주제는 군주제의 진리이나 군주제는 민주제의 진리가 아니며, 군주제 자체에서 군주제를 이해할 수 없으나 민주제 자체에서 민주제를 이해할 수 있다"고 지적하였다.[25] 노년 마르크스는 러시아 학자인 다니엘슨에게 보낸 편지(1878년 4월 10일)에서 다음과 같이 언급한 바 있다. 즉, "현재 나는 우선 당신에게 알리려 한다(이는 절대 비밀이다). 독일에서 받은 소식에 따르면 거기의 현행 제도가 여전히 지금처럼 엄격하다면 제2권(『자본론』)은 출판될 수 없을 것이다." 또한 "현재 영국의 공업 위기가 정상에 이르지 않기 전에 제2권을 절대로 출판하지 못할 것이다. 이번의 현상은 매우 특수하며, 여러 분야에서 기존의 현상과 다르기 때문이다. 그러므로 나는 사건의 진전에 주목해야 하며, 그것들이 성숙해질 때까지 그것들을 '생산'으로 '소비'할 수 있다. 나의 뜻은 '이론적인 것이다.'"[26] 마르크스가 『자본론』

---

23 앞의 책, 24쪽.
24 위의 책, 25쪽.
25 위의 책, 280쪽.
26 『마르크스 엥겔스 전집』, 제34권, 중국 인민출판사, 1972, 345~346쪽.

의 제2권을 출판한 것은 창작의 완성 여부에 모두 달려 있지 않고 근본적으로 볼 때 역사 자체의 성숙에 달려 있다는 것이 분명하다고 할 수 있다. 이와 대조적으로 공상적 사회주의는 왜 '공상'에 빠졌을까? 객관적으로 말하면 역사적 미성숙이나 역사가 그것을 위해 '후부터의 사고'라는 조건과 기회를 제공하지 않았기 때문이라고 할 수 있다. 이러한 의미에서 우리는 공상적 성질을 공상적 사회주의 사상가들의 주관적 잘못에 돌릴 수 없다고 할 수 있다. 엥겔스가 지적한 바와 같이 공상적 사회주의자가 주장하였던 "미성숙한 이론은 미성숙한 자본주의의 생산 상황과 미성숙한 계급 상황에 적응된 것이다."[27] 마르크스의 역사적 서술은 왜 자본주의 경제에 착수하고 자본주의가 가장 발달하고 성숙한 영국부터 시작하였을까? 겉으로 보면 이는 현대 사회에 대한 비판의 수요이나 실제로 더 깊은 방법론적 원인이 있음을 알 수 있다. 즉, 그것은 '후부터의 사고'의 요구이다. "이미 발육된 신체가 신체의 세포보다 더 쉽게 연구될 수 있기 때문이다."[28] 또한 현대 사회는 바로 그러한 '이미 발육된 신체'이다.

'인류 사회나 사회적 인류'에 입각하고 '후부터의 사고'라는 실천적 유물론적 구상 방식은 마르크스의 사상적 구축에서 다양하게 표현되었다. 첫째, 마르크스는 철학의 언어 환경 속에서 인간의 개체와 부류 간의 모순을 철저히 해결하는 데에 한결같이 주력하였으며, 지적 대립에서 개인이나 유를 살리지 않았다. 개인적 지위가 결여되었다는 마르크스 사상에 대한 지적은 성립될 수 없다. 이러한 지적 자체는 지적자가 부르주아지의 협소한 상상에 국한된 한계성을 표현하였기 때문이다. 또한 인간의 개체와 유 간의 모순의 최종적 해결은 미래형이다. 둘째, 마르크스의 가설에 따르면 공산주의적 조건하에 "노동은 이미 생계의 수단뿐만 아니라 생활

---

27 『마르크스 엥겔스 선집』, 제3권, 중국 인민출판사, 1995, 724쪽.
28 『마르크스 엥겔스 전집』, 제23권, 중국 인민출판사, 1972, 8쪽.

의 제1 수요도 되었다."²⁹ 또는 엥겔스가 주장하였듯이 "생산 노동은 부담에서 쾌락으로 변하게 되었다."³⁰ 마르크스주의의 창시자는 자기의 학설을 한마디의 말, 즉 "사유제를 없애 버린다는 것"으로 귀결하였다. 하지만 부르주아 학자는 "사유제가 제거된다면 모든 활동은 중지되고 게으른 풍조도 일어날 것"이라고 반박하였다.³¹ 그들의 빈약한 상상력은 도저히 부르주아 사회의 유한한 범주를 초월할 수 없었다. 그들은 공산주의적 조건 하에 보편적 나태 문제가 의존하는 전제는 이미 존재하지 않고 인간의 노동 적극성과 원동력은 더 이상 이익의 자극과 유효에 의존하지 않을 것이라고 상상할 수 없기 때문이다. 그러므로 사유제의 소멸은 보편적 나태와 근본적으로 관계없다고 할 수 있다. 공산주의에서 벗어나야 부르주아지의 협소한 상상력의 속박을 타파할 수 있다. 셋째, 『고타 강령 비판』에서 '부르주아지의 권리'를 없애고 '평등' 자체의 역사적 초월에 관한 마르크스의 사상은 그 중에서 관철되는 '후부터의 사고'라는 방법의 사고 성향을 똑같이 나타냈다. 마르크스는 공산주의를 준거틀로 하여 평등 요구와 역사적 일시성을 취급하였기 때문이다.³²

'후부터의 사고' 중인 '후'는 도대체 실재적인 '후'일까? 아니면 당위적인 '후'일까? 답은 양자가 모두 있다는 것이다. 과거형에서 볼 때 '후부터의 사고'는 미네르바의 부엉이에 불과하다고 할 수 있다. 장래형에서 볼 때 '후부터의 사고'는 마르크스가 『헤겔 법철학 비판·서언』에서 언급하였던 "크게 울리는 갈리아 수탉"이라고 할 수 있다.³³ 미네르바의 부엉이는 실재

---

29 앞의 책, 305쪽.
30 위의 책, 644쪽.
31 『마르크스 엥겔스 선집』 제1권, 중국 인민출판사, 1995, 288쪽.
32 이는 이 책의 제19장에서 나타났던 해당 논술을 참고할 수 있다.
33 『마르크스 엥겔스 선집』 제1권, 중국 인민출판사, 1995, 16쪽.

적 '후'를 상징하였으나 "크게 울리는 갈리아 수탉"은 당위적인 '후'를 상징하였다. 직접적 의미에서 볼 때 마르크스의 '후부터의 사고' 방법은 철학 자체의 반성적 성질로 결정되고 이러한 반성적 성질의 요구와 표현이라고 할 수 있다. 더 근본적 의미에서 볼 때 그것은 인간의 특유한 존재 방식과 특징에 달려 있다고 할 수 있다. 그렇다면 인간의 독특한 존재 방식이 파생된 연구 방법은 도대체 실증적이고 경험적(귀납)일까? 아니면 사변적이고 선험적(반성)일까? 이러한 가설, 즉 '과거'가 '미래'를 충분히 규정할 수 있다는 것을 바탕으로 하여야 '미래'는 '과거'에서 추측될 수 있으며, 경험적 귀납도 성립되고 유효해질 것이다. 그럼에도 불구하고 이 가설은 인간의 존재의 역사적 생성이라는 성질을 완전히 무시하고 박탈하였다. 인간의 존재는 예정되지 않고 생성된 것이다. 이러한 생성을 통해 인간의 존재는 내재적으로 개방성을 지니게 되며, 미래를 향하여 열려 있는 가능성을 나타냈다. 바로 이렇듯 인간은 비로소 우주에서 유일하게 '실수할 수 있는' 존재물이 되었다. 여기서 '실수'는 적극적 의미에서 이해되어야 하며, '실수한다'는 것은 인간의 능력이고 인간이 자기의 감성적 활동을 이용하여 자연계가 부여한 한계성을 초월하는 창조성을 지녔음을 의미한다. 이러한 창조성은 인간으로 하여금 사전에 자기의 활동적 결과와 효과를 충분히 예기하지 못하게 한다. 이는 바로 인간이 '실수한다'는 존재론적 원인이다. 마르크스가 주장하였던 그러한 '후부터의 사고' 방식은 바로 인간의 존재라는 생성설로 결정된 것이다. 인간의 역사 자체는 인간이 실제로 존재하고 현실적으로 생성한 과정이다. 결국 이는 이미 그렇게 된 '결과'와 그렇게 될 '결과'를 통하여야 인간의 존재 자체의 생성사를 반성적 방식으로 재구축하고 재현할 수 있다는 것을 결정하였다.

하지만 이러한 '후부터의 사고'가 취하였던 반성적 자태는 마르크스가 한결같이 주장하였던 현실적 역사와 역사적 현실에서 출발한다는 것과 같지 않을까? 또한 마르크스의 언어 환경 속에서 '반성적' 조건은 무엇일까?

가능한 반성은 모두 선행적이고 유효한 사변적 가설에서 출발하였으나 마르크스는 이러한 가설을 역사적 완성 상태로 이해하였다. 또한 마르크스는 『독일의 이데올로기』 중의 '포이어바흐' 장에서 독일의 이데올로기자들이 인성을 밝히는 잘못을 비판하고 '인간'이 관념적 차원에서 추상화된 원인을 밝혀냈으며, "그들은 항상 이전 단계의 개인에게 이후 단계의 보편적인 개인을 강압하고 이전의 개인에게 이후의 의식을 강압하였다"고 지적하였다.[34] 그 문제는 이러한 이데올로기자들은 바로 "후부터 사고하였다"는 것이다. 왜 마르크스가 그들이 하였던 것을 받아들이지 않았을까? 이러한 방법은 마르크스의 사고 성향과 도대체 어떤 본질적 차이가 있을까? 마르크스는 그들의 방법은 '본말이 전도된 것'이라고 주장하였다. 이로 인하여 역사적 결과는 역사의 선험적 척도로 삼게 되어 이데올로기적 전도에 불가피하게 빠져 버렸다. 그것의 치명적 한계성은 두 가지가 있다. 하나는 형식적 선험성을 진실한 선험성으로 오인하였다는 것이며, 다른 하나는 그것의 인식론적 가설을 인성의 역사적 생성에 대한 연구라는 기초에서 구축하지 않았던 것이다. 이와 달리 마르크스의 서술 방법은 연구 방법을 절대적 전제로 한 것이다. 마르크스의 준거틀은 역사적 초월성을 지녔으나 그것 자체는 역사를 바탕으로 해야 성립되고 표현될 수 있다. 이는 매우 이상해 보이기는 하지만 역사적 변증법이라고 할 수 있다.

마르크스는 『정치 경제학 비판·서언』에서 경제학의 변천사를 회고한 후 경제학의 두 가지의 발전 방법, 즉 구체에서 추상으로의 방법과 추상에서 구체로의 방법을 명시하였다. 그 이후인 1873년에 작성하였던 『자본론』 제1권 '제2판의 발문'에서 더욱 깊이 논술하였으며, 다음과 같이 지적하였다. 즉, "서술 방법은 형식에서 연구 방법과 달라져야 한다. 연구할

---

[34] 『마르크스 엥겔스 선집』, 제1권, 중국 인민출판사, 1995, 130쪽.

때 충분한 자료를 수집하고 그것의 여러 발전 형식을 분석함으로써 이러한 형식들의 내재적 관계를 찾아내야 한다. 이러한 일이 완성되어야 현실적 운동은 적당히 서술될 수 있다. 이 점이 실현된다면, 즉 자료의 생명이 관념적으로 반응된다면 우리 앞에서 나타날 것은 선험적 구조와 같은 것이다."[35] 자료의 생명을 관념적으로 재현한다는 것은 "선험적 구조와 같은 것으로 보였을 뿐이다." 하지만 이러한 '선험적 구조'는 헤겔이 지적하였던 선험성과 다르고 사변 철학의 진정한 선험적 규정이 아닌 "규정인 것 같을 뿐이며." 또한 그것은 헤겔이 "실재를 자기 종합, 자기 심화 및 자기 운동의 사유적 결과로 이해하였다는 것과 같지 않다."[36] 마르크스의 이러한 방법은 "사유만 구체를 이해하고 그것을 정신적 구체로 삼아 재현하였던 방식뿐이나 결코 구체의 자체적 발생 과정이 아니다."[37] 헤겔은 이러한 정신적 '재현'을 구체의 자체적 '발생' 과정으로 잘못 취급하였다. "구체의 자체적 발생 과정"은 시간이 우선적인 것인 반면에 "그것을 정신적 구체의 재현 방식으로 취급하였던 것"은 논리가 우선적인 것이다. 그러므로 "선험적 구조"와 같은 것으로 보였기 때문이다. 엥겔스는 "역사는 그것의 발전 속도가 있으며, 역사의 진전이 아무리 변증법적이라고 할 수 있더라도 변증법 역시 역사를 오랫동안 기다려야 한다"고 언급한 바 있다.[38] 반성적인 형식으로서의 변증법이 역사적 진전의 논리를 본질적으로 파악한다고 하더라도 이러한 당위적인 '후부터의 사고'라는 결과도 역사의 도래를 '기다려야' 하였을 것이다. 이러한 '기다린다'는 것은 역사 자체에 대한 '변증법'의 반성적인 파악이 어떤 선험적 의미를 지니고 '변증법'이 역사에 결과적

---

35 『마르크스 엥겔스 전집』, 제23권, 중국 인민출판사, 1972, 23~24쪽.
36 『마르크스 엥겔스 선집』, 제2권, 중국 인민출판사, 1995, 18~19쪽.
37 위의 책, 19쪽.
38 『마르크스 엥겔스 전집』, 제20권, 중국 인민출판사, 1971, 450쪽.

으로 종속하였음을 의미한다. 이는 바로 마르크스의 실천적 변증법과 헤겔의 사변적 변증법 간의 본질적 차이이다.

그러므로 마르크스가 『요강』에서 내렸던 "인간의 본질은 현실성에서 모든 사회 관계의 총체로 보인다"는 판단은 '후부터의 사고'라는 의미에서 이해되어야 한다. 추궁할 만한 것은 왜 포이어바흐는 '인간'에 대해 '후부터의 사고'가 아닌 현존한 상태에서 사고하여 비판적이지 않은 결론을 내렸으나 마르크스는 포이어바흐의 한계성을 초월하여 "후부터 사고하고 혁명적·비판적 결론을 내렸는가"라는 것이다. 이러한 본질적 차이는 도대체 무엇에 달려 있는가? 우리는 철학의 원초적 기초의 분열에서만 적절한 해석을 받을 수 있다. 포이어바흐는 혁명적이고 실천을 비판하는 활동의 의미를 이해하지 못하였기 때문에 감성과 직관에 착안하여 추상적 인간과 정태적 현존물 자체만 관찰하고 명시하였다. 포이어바흐와 같은 사례는 마르크스의 판단을 다시 검증하였다. 즉, "구유물론적 입각점은 시민 사회이다." 사실 모든 인간들은 원래 이미 역사에 선행적으로 처해 있었으나 이데올로기적 은폐와 사기로 인하여 역사를 주관적으로 소외하였을 뿐만 아니라 역사를 객관적으로 멀리하기도 하였다. 이러한 소외는 인간들이 역사를 초월할 수 있음을 의미하지 않고 비판적이지 않은 방식으로 역사에 개입하여 자조적이고 자각적 모습으로 역사를 창조하고 역사적 방관자로 전락하지 않았을 뿐이라고 할 수 있다. 포이어바흐는 바로 그러한 사례이다. 마르크스는 철학의 원초적 기초에서 감성적 활동의 우선적 지위를 확립함으로써 이데올로기적 함정을 해석하고 역사 자체의 원래의 모습으로 돌아갈 수 있다. 이러한 진정한 역사성에 대한 발견은 '후부터의 사고'의 방법에 대한 마르크스의 선택으로 정해졌다. 또한 이것 역시 그의 역사적 서사가 직관적이지 않고 반성적인 차원을 내포한 것을 결정하였다. 원초적 범주로서의 '실천'의 정초는 마르크스 철학에 '역사적 사유'라는 역사적 심도가 있는 구상 방식을 부여하였다. 마르크스가 구축하였던 '인간의 존재의 현상학'은 역사성을 철학의 언어 환경 속에서 진정하게 부활시킴으로써 '후부터의 사고'의 방법과 내재적으로 연관되었다.

05

실천 존재론은 반증되었는가?

최근 필자는 쑨량孫亮(이하는 모두 쑨 선생이라고 함)과 함께 검토하였던 논문, 즉「마르크스의 실천 존재론: 재반증을 중심으로」를 다행히도 재독한 후 그의 솔직한 비판과 대화의 태도를 받아들였으며, 그의 관점에 대한 의문도 많이 제기하였다. 현재 필자는 그것에 대한 회답을 초보적으로 하여 쑨 선생과 독자들에게 가르침을 청하고자 한다.

쑨 선생의 글은 '반증'이라고 하였으나 도대체 무엇으로 "반증하였을까"? 필자는 물질 존재론의 전통적 관점을 재천명하였을 뿐이라고 생각한다. 만약 물질 존재론 자체의 가설을 합법적인 것으로 '증명'하지 않고 물질 존재론이 정당한 것으로 '재선포하는 데'에 국한된다면 그것은 '증거'의 역할과 가치를 갖추지 못할 것이다. 이리하여 이른바 '반증'은 언급할 필요도 없을 것이다. 이렇게 문제를 처리하여 직면할 위험은 시비에 관한 토론이 다양한 철학적 선호에 대한 상호 부정으로 전락할 것이다. 결국 이는 견해가 완전히 다른 상대주의적 문제가 될 것이다.

'존재론'을 어원학적으로 밝히는 것은 도움이 되지 않을 것

쑨 선생은 "'실천 존재론'이 잘못된 것과 '물질 존재론'이 합리적인 것을 확실히 구분하려면 존재론이라는 이러한 기본적 이론을 뚜렷하게 파악해야 하며, 이리하여 쌍방의 논쟁에서 '독단'이라는 것을 피할 수 있다"고 지적하였다. 이로 인하여 쑨 선생은 '존재론'이라는 단어에 대해 어원학적으로 밝혔다. 그러나 필자는 이른바 '원초적 존재론'에 대한 고증이 물질 존재론에 도움되지 않을 것이라고 생각한다. 사실 존재론의 본의를 밝힌다는 것은 물질 존재론적인 치명적 결함과 실천 존재론의 우월성을 증명하였다. 그 결과는 실천 존재론이 아닌 물질 존재론을 '반증'하였다는 것이다. 그 이유는 무엇일까?

존재는 절대적이고 조건이 없는 것일 뿐이므로 '제1 원인'을 구성할 수 있다. 절대적이고 조건도 없는 것이라면 반드시 유일할 것이다. 그러므로 체계적 구축의 차원에서 존재론은 이원론적 체계로서만 논리적으로 완비될 것이라고 할 수 있다. 만약 두세 개라면 절대적이지 않고 상대적일 것이다. 이러한 의미에서 이원론과 다원론은 불철저한 것이며, 논리에서도 서로 모순되는 것이라고 할 수 있다.

겉으로 볼 때 구유물론과 변증법적 유물론은 모두 이원론이라고 할 수 있으나 실제로 그렇지 않다. 물질과 정신에 대하여 제1과 제2라는 문제를 추궁하였을 때 그것들은 실제로 이미 심心과 물物 간의 이원적 분열을 선행적으로 설정하였다. 이러한 가설을 전제로 하여야 무엇이 제1이고 무엇이 제2인가라는 문제는 존재할 수 있다. 만약 "신체와 심령을 분리한다면 철학자들이 대대로 연구해 나갈 문제들은 나타나게 될 것이다."[1] 따라서 구유물론과 변증법적 유물론은 모두 같은 전제를 바탕으로 하여 확립되었던 것이라고 할 수 있다. 이러한 의미에서 그것들은 은폐되는 이원론에 불과하므로 논리적으로 치밀하지도 완비되지도 않고 치명적 결함도 있다고 할 수 있다. 두 가지의 실재(가장 추상적 실재는 심과 물임)을 선행적으로 가설한 후 양자 간의 통일을 찾아내고 하나를 다른 하나로 귀결·환원시킨다는 것은 바로 구유물론과 유심론의 근본적 결함이다. 그것은 둘 중의 하나라는 답만 받게 될 것이다. 이는 엥겔스가 『종말』의 제2장에서 서술하였던 것과 같다. 이러한 추궁과 대답의 방식은 모두 사유(정신)와 존재(자연계) 간의 이원적 분열을 가설로 한다는 것이다. 바로 이것이야말로 문제는 가능하게 나타날 것이다. 헤겔은 "자기가 자기를 구성하였다"는 방식으로 논리학적 체계를 구축하였으나 '정신'의 협소성에서 본질적으로 벗어

---

1   리처드 테일러 지음, 샤오산 옮김, 『형이상학』, 중국 상하이역문출판사, 1984, 17쪽.

나지 못하고 전통적 존재론의 이원론적 함정에서 실제로 빠져 나올 수 없었다. 마르크스가 이룩하였던 철학적 변혁은 철학적 관념 차원의 혁명이며, 원래의 틀에서 기존 철학의 개별적 결론이나 구체적 관점에 대한 치환이나 변화가 아니다. 구유물론과 유심론 간의 한계성과 결함은 바로 그것들의 근본적인 논리적 전제에 있다. 그것들이 고수하고 보위하였던 틀에서 각자의 한계성(마르크스가 밝혀낸 구유물론적 직관성과 정신에 대한 유심론적인 추상적 발전)은 반드시 파생될 것이다. 그러므로 마르크스는 구유물론과 유심론 간의 외재적 대립을 초월하려고 하였으며, 사실 이미 초월하였다. 『요강』의 제1조에서 그는 구유물론과 유심론에 대한 이중적 불만을 명확히 표현하였다. 구유물론은 인간의 존재와 인간의 활동에서 벗어나 물질 존재론적 지위를 확인한다면 그것을 반드시 인간의 존재 자체와 상관없는 추상적 물질, 즉 그러한 물질적인 물로 만들게 될 것이다. 만약 구유물론이 물질을 추상적으로 발전시켰다면 유심론은 정신을 추상적으로 발전시켰을 것이라고 할 수 있다. 논리적으로 볼 때 실천은 심, 물 및 양자 간의 이원적 분열보다 더 원초적 범주라고 할 수 있다. 실천을 존재론적 전제라는 지위에 놔두었다면 심과 물 간의 분열과 대립을 해소함으로써 그것들의 이원적 특성을 초월하고 존재론적 범주의 절대성에 도달하였을 것이다. 마르크스는 자기의 철학을 명명하였을 때 여전히 '변증법적 유물론'이나 '실천적 유물론'을 사용하였으며, 그 중에서도 '유물론'이라는 수사를 보존하였다. 그 문제는 마르크스가 주장하였던 이른바 '물'은 호칭된 그러한 인간의 존재와 상관없는 추상적 물질이 아니며, 인간의 실천적 활동 자체의 객관성을 가리킨다는 것이다. 그러므로 마르크스는 '유물론'이라는 수사를 여전히 사용하였으나 이원론적 틀이 아닌 존재론적 기초에서 사용하였다. 이는 실천 존재론의 논리적이고 필연적 요구라고 할 수 있다.

지적해야 할 것은 물질 존재론이 유심론적 도전에 대응할 때 극복하기 어려울 위기에 봉착한 근본적 원인의 하나는 그것의 기본적 명제, 즉 "물질이 정신을 결정한다"는 것이 이미 물질과 정신 간의 이원적 분열을 함축하였다는 것이다. 발생학적 관계를 통하여 정신을 역방향으로 물질로 환원시킨다는 것에서 치명적 문제가 나타났다. 즉, 정신은 인간으로 하여금 물건을 만들었다는 것이 자연물 이후의 '잉여 규정'으로 귀결되었다는 불가능한 특징을 지녔다는 것이다. 이로 인하여 유심론은 이러한 문제로 유물론에 치명적 힐난을 제기하였다. 또한 실천 존재론은 구유물론이 실효되는 길에 따라 자기의 대답을 하지 않고 심과 물 간의 이원적 분열보다 더 원시적·원초적 기초를 찾아냄으로써 이러한 문제 자체를 해결하였다.

쑨 선생이 존재론을 어원학적으로 밝힘으로써 실천 존재론을 반박하였다는 것은 실제로 전통적 존재론의 모형으로 현대적 존재론을 재단하였을 뿐이다. 그 결과는 후퇴와 은폐만 초래하였을 뿐이다. 그것은 현대적 존재론이 밝혔던 문제로 하여금 다시 무시를 당하는 경지에 빠지게 하였기 때문이다.

존재론적 문제는 모든 가능한 '존재자'들이 '존재하는' 최종적 근거나 이유와 관련된다. 즉, 논리적 '제1 원인'을 찾아낸다는 것이다. 존재론적 보편성은 그것이 모든 가능한 '존재자'들로 하여금 '존재'를 나눠 갖게 함으로써 '존재자'들이 '존재하는' 가능성을 받게 되었다. 겉으로 볼 때 이는 인간의 존재와 관련되지 않았으나 실제로 그렇지 않다고 할 수 있다. 역사적으로 볼 때 존재론적 문제가 옆길로 잘못 빠졌다는 이유는 바로 인간들의 '존재'(또한 '있음')에 대한 추궁 방식이 치명적 편차, 즉 인간의 존재와 동떨어져 있으므로 원래 내재적인 인식론적 문제를 인간의 존재와 소외된 순수한 객관적 문제로 교환하였다는 것이 나타났기 때문이다. 이리하여 '존재'의 '존재자'화, 즉 하이데거가 주장하였던 이른바 '존재적 유망'은 불가피해질 것이다. 그러므로 인간들은 존재론을 구축할 때 재귀라는 관계를 자각적으로 깨달았는가라는 것이 현대적 존재론과 전통적 존재론 간의 중요한 차이이다. 이러한 관계에 대한 현대적 존재론의 자각적 확인은 바로 인간의 존재론적 입장이 기초를 다졌다는 전제이다.

전통적 존재론보다 현대적 존재론의 우월성은 아래와 같다. 첫째, 본질주의적 추궁 방식을 초월하여 예정설(시간성을 제거하는 것을 상징으로)에 따라 모든 가능한 존재자들이 존재하는 내재적 이유를 제기하지 않고 생성설에 따라 이러한 이유를 제기하여 시간성과 '화해'를 이룰 것이다. 둘째, 주체와 객체 간의 이원적 대상성이라는 가설을 초월하여 과학적 지식이라는 존재론적 추궁 방식을 피했다는 것이다. 어떤 차원에서 실천 존재론적 의미는 그것이 절대적 주관성 차원을 확립하였다고 할 수 있다. 즉, 마르크스가 『요강』에서 지적하였던 "주관적 차원에서 이해한다"는 것이다. 이러한 '주관적 차원'은 존재론적 질문자의 체험적 이해 자태를 대표하였다. 마르크스가 유심론적 위험을 지적하였으나 이러한 위험에 빠졌던 이유는 "현실적이고 감성적인 활동 자체"에만 있다.[2] 만약 "현실적이고 감성적 활동 자체"에 입각한다면 즉, 실천적인 궁극적·원초적 지위를 확립한다면 이러한 위험을 논리적으로 배제할 수 있을 것이다. '주관'은 객관에 비하는 주관적 규정뿐만 아니라 절대적 주관성도 가리킬 수 있다. 후자의 의미에서 볼 때 그것은 헤겔이 주장하였던 이른바 '주체', 즉 '실체적' 주관성과 유사하다고 할 수 있다. 존재론적인 차원으로서의 실천의 주관성은 이러한 의미에서만 성립될 수 있다. 많은 사람들은 '주관성'을 듣자마자 신경질을 부렸기 때문에 '절대적인 것'을 더 이상 말할 필요도 없다. 사실 여기서는 유물론적 혐의를 걱정할 필요가 없다. 셋째, 실천 존재론은 심과 물 간의 이원적 틀보다 더 원시적 기초로 돌아가 유물론과 유심론 및 양자 간의 대립을 시키는 전제 자체를 해소하였으므로 문제를 해결하지 않고 취소하였다는 것이다. 이는 바로 그것의 철저성이다. 따라서 마르크스

---

2 『마르크스 엥겔스 선집』, 제1권, 중국 인민출판사, 1995, 54쪽.

는 자기의 저서에서 '논리곱'이라는 구상 방식을 사용하였으며, 낡은 철학적 틀과 그러한 기초에서 어떤 가능한 답을 찾아내는 전통적 경로를 고수하지 않았다. 마르크스와 엥겔스의 차이는 이 점에서 명확하다고 할 수 있다.

    질문자에게는 존재론적 추궁이 왜 이러한 재귀라는 모습을 취하였는가라는 것이다. 결과적으로 이는 존재론이 옆길에 잘못 빠지지 않도록 하기 위한 것이다. 모든 가능한 '존재자'들의 '존재' 자체가 가능하게 된다는 것이 바로 실천이라는 특수한 '존재자'들의 '존재' 방식이다. 실천이 내재적으로 고유한 생성이라는 특성, 창조성 및 계몽성은 존재론적 범주로서의 그것의 원초적 지위와 자격을 결정하였다. 하이데거가 '존재적 유망'을 비판하였던 이유는 '존재'를 '존재자'로 잘못 추궁하였으나 더 근본적 이유는 그것이 인간의 존재에서 벗어나 추궁하였다는 것이다. 이는 전통적 존재론의 치명적 결함이자 근본적으로 잘못된 인식이다. 실천이 나타냈던 대상성이 아닌 내재적 차원을 바탕으로 하여야 '존재자'의 '존재'를 표현하고 '존재'의 '존재자화'라는 운명을 피할 수 있다. 이것도 하이데거가 '현존재'에 입각하였던 원인이다. 전통적 존재론은 그 추궁 방식이 인간의 현존에서 벗어났기 때문에 과학적 인지의 방식으로 전락하기 마련이다. 그것은 철학을 가장 큰 '과학'으로 만들었을 뿐이다. '존재'의 '존재자화'에 대한 잘못된 인식에 빠졌다는 이유는 설문 자체가 인간의 존재에서 벗어나 인간의 비존재라는 외재적 추궁을 가설하려고 하였다. 이는 인간과 인간의 존재를 초월하는 탐구 자태를 분명히 확립하려던 것이다. 이러한 '무아'의 방식은 모든 것을 대상화시키는 과학적 인지 방식을 초래하였다. 이러한 방식으로 존재론적 '존재'를 이해한다면 대상을 과학적으로 인지하는 것과 같이 '존재' 자체를 취급하는 결과를 불가피하게 초래할 것이다. 이러한 '객관적' 질문은 인간의 존재와 관계없는 존재론적 가상을 초래하였다. 마르크스의 실천 존재론은 전통적 존재론의 상술한 결함을 극복하였으며,

인간의 현실적 존재에 입각하여 세계를 이해하고 이러한 원초적 근원에서 모든 가능한 '존재자들'의 '존재'가 나타났던 내재적 이유를 제시하였다. 이는 인간의 존재에서 벗어난 그러한 낡은 존재론적 가설 방식을 잘못 인식하였던 것을 피하였다.

아마 어떤 사람은 이러한 '아我'에 입각한 실천을 존재론적 범주로 하여 주관적인 유심론적 혐의가 있는지를 걱정할 것이다. 사실 이렇게 걱정할 필요도 없다. 실천의 궁극적 원초성은 그것이 구유물론과 유심론 및 양자 간의 대립보다 더 원초적 기초를 갖추었음을 결정하였기 때문이다. 이러한 의미에서 확립된 실천의 존재론적 지위는 유심론인 허위 존재론적 형식에 대한 부정을 의미하였으며, 그 결과는 후자의 실효가 이어질 것이다. 이는 유심론적 편차를 초래하지 않았다. 오히려 물질 존재론은 전제적이지 않고 결론적 의미에서만 유심론을 부정할 수 있었으며, 이러한 부정의 불철저성은 지적 부정에 빠졌기 때문에 유심론을 결과적으로 이겨낼 수 없었다. 이것은 유물론이 당했던 운명이자 역사적 유물론에 대한 마르크스의 불만이 많다는 점이다. 아마 어떤 사람은 실천 존재론이 인류 중심론으로 나갈 위험이 존재하고 있을까 걱정할 것이다. 인간의 존재라는 내재적 차원에 착안하면 인류 중심론에 빠지지 않을 것이다. 인류 중심론은 대상의 규정으로서의 외부 세계에 대한 선호를 인류의 협소성으로 추측한 것으로 나타났기 때문이다. 존재론적인 차원으로서의 인간의 실천은 '대아'이며, 대상과 서로 대치하는 관계에서 존재하지 않았으나 모든 대상성이라는 관계와 구조의 형성보다 더 원초적 전제이다. 어쨌든 실천의 원초적 지위를 선행적으로 확립할 때 인류의 중심주의가 성립되고 표현되는 모든 기초가 존재하지도 않았기 때문에 인류 중심주의를 언급할 수 없다.

모든 가능한 존재자들의 존재가 가능하게 되는 것에 대하여 존재는 모든 것을 확실히 포용한다고 할 수 있다. '물질'이라는 범주는 이러한 역할을 맡을 수 있을까? 엥겔스는 세계의 통일성을 물질성으로 귀결하였다는 것이 정신이 물질로 결정된다는 충분한 이유를 해석하지 못하였다. '결정'의 함의는 주로 두 가지의 측면에서 나타났다. 하나는 시간이 우선적이라는 발생학적 관계이며 다른 하나는 논리가 우선적이라는 근거의 관계이다. 엥겔스는 전자를 밝혔으나 후자의 문제를 해결하지 못하였다. 이는 유심론에 틈탈 기회를 제공하였다. 마르크스는 다른 측면에서 이러한 문제를 해결하려고 하였다. 즉, 심과 물 간의 이원적 대립보다 더 원초적 기초를 찾아냄으로써 문제 자체를 해소하려고 한다는 것이다. 이는 바로 마르크스 철학이 지닌 철저성이라고 할 수 있다.

존재론에 대해 어원학적으로 밝히는 것은 존재론에 대한 잘못된 인식을 규명하지 못하고 하이데거가 표시하였던 이른바 '존재적 유망'이라는 잘못된 길도 바로잡지 못하였다. 존재론적 반정에 대하여 'Being'의 정확한 번역은 이미 부차적인 문제이며, 실제로 중요한 것은 질문할 기회와 입각점을 적절하게 파악한다는 것이다. 결과적으로 이는 번역 문제가 아니며, 취급하는 입각점이 적절한 것인가라는 문제라고 할 수 있다.

존재론적 범주의 궁극적 원초성 확립은 반드시 논리가 우선적이라고 결정하였으며, 그렇지 않으면 그러한 '제1 원인'을 찾아낼 수 없을 것이다. 하지만 존재론의 범주 자체는 시간성의 가능성을 내재적으로 고수해야 한다. 진정한 시간성은 통시성이 아닌 역사성이어야 한다. 이는 인간의 존재와 모든 비인간적 존재 간의 이질적 격차에서만 발견될 수 있다. 그러므로 존재론의 원초적 범주의 확립은 인간의 존재 자체로 되돌아갈 때만 가능하다. 이것 역시 존재론과 인본학이 융합되었던 근본적인 원인이라고 할 수 있다. 전통적 존재론의 치명적 결함은 그것이 인간의 존재 차원에서 벗어나 시간성을 제거하는 동시에 존재론적 범주의 내재적 시간성을 감추는 데 있다. 하이데거가 '존재적 유망'을 비판하였던 이유는 '존재자'의 '존재'가 표현하는 가능성이 벗겨졌기 때문이다. '존재' 자체가 비시간적인 추상적 환경 속에서 당했던 운명은 유폐되었거나 유실되었을 뿐이다. 모든 가능한 '존재자'들은 시간성으로 나타나는 과정에서만 진실성의 방식으로 '존재'할 수 있으며, '존재'를 표현하는 기연은 인간의 존재 자체가 유일하게 제공하였던 것이다.

필자는 하이데거의 사상에서 일정한 영향을 받았다고 인정하였으나 철학자의 이름을 상표와 선험적인 선택 기준으로 삼으면 안 된다고 생각한다. 즉, 어떤 철학자의 이름을 듣자마자 본능적 평가가 바로 생겨나고 나서 그 사상에 대한 태도를 결정한다는 것이다. 어떤 의미에서 한 철학자의 역사가 바로 그의 사상의 역사라고 할 수 있듯이 철학사도 철학자의 역사가 아니며, 그의 사상 자체의 역사일 뿐이라고 할 수 있다. 그러므로 필자는 철학자의 이름이 중요하지 않고 사상 자체가 더 중요하다고 생각한다. 즉, 우리는 사상은 누구의 입에서 나왔는가라는 것이 아니고 이치에 맞는가라는 것을 보아야 한다. 그렇지 않으면 한 사람이 어떤 철학자를 선호하거나 싫어하거나 모두 독단적인 위험에 빠질 것이다.

그러므로 쑨 선생은 마르크스 철학에 대한 실천 존재론과 물질 존재론 간의 해석 대립을 다시 밝혀냈을 뿐이다. 하지만 이러한 대립을 지적하였다는 것은 실천 존재론을 '반증'하지 못하였으며, 또한 현재 이러한 대립 자체에 대한 사람들의 견해가 일치한다는 상황에서 진정한 창의성도 결여하고 있다.

'존재'로서의 실천의 원초성은 무조건적인 것

실천 존재론의 의미를 유물 사관의 범주 안에 제약시킨 것의 곤경은 어디에 있을까? 하나는 존재론적 함의, 즉 궁극적 원초성, 귀결 불가능성 및 환원 불가능성을 왜곡하여 유일성을 지니게 된다는 것이다. 다른 하나는 존재론의 확립이 존재론 이외의 차원에도 의존하였으며, 이는 존재론적 차원을 유한화시켰거나 상대화시켰다는 것이다. 이는 존재론의 절대성에 분명히 위반되었다.

쑨 선생은 "물질 존재론'은 실제로 실천이 인류 사회가 생성하고 발전하는 기초이자 사회 구조의 생성과 사회 역사 발전의 원동력이라는 점에서 여태껏 '실천 존재론'과 일치한다"고 지적하였다. 쑨 선생의 글에 의하면 "실천은 유물 사관의 기초나 존재이며," 물질은 온 세계의 존재라는 것을 알 수 있다. 이러한 해석에 따라 물질 존재론과 실천 존재론은 서로 모순이 되지 않을 것이라고 할 수 있다. 쑨 선생이 제기하였던 질문은 "실천이 어떤 분야에서 '존재'로 될 수 있는가"라는 것이다. 필자는 쑨 선생의 글에서 나타났던 이러한 절충적이고 타협하는 방법이 존재론적 논리에 위반되었다고 생각한다. 만약 실천이 유한한 분야에서 기초적 역할을 하였다면 존재론의 범주와 아무런 관계도 없었을 것이다.

존재론 범주의 궁극적 원초성은 그것의 유일성을 결정하였다. 물질 존재론이 실천 존재론과 서로 모순되지 않을 수 있다는 것(후자가 역사 분야에서만 유효하다는 것)은 존재의 유일성에 대한 부정이다. 이는 존재의 원초적 의미(쑨 선생은 '존재'를 언급하였을 때 이러한 의미를 부인하지 않았음)에도 전혀 부합하지 않았다. 쑨 선생이 이러한 실천 존재론의 의미를 한계지음으로써 그것을 물질 존재론적 특례에 대한 해석으로 삼았다는 것은 존재론의 범주를 이용하는 데 논리적 혼란이 있다.

쑨 선생은 엥겔스의 저서 3부, 즉 『반듀링론』, 『자연변증법』 및 『종말』에서 나타났던 관점을 근거로 하여 마르크스 철학을 물질 존재론으로 해석·증명하려고 하였다. 그 문제는 이는 마르크스 철학이 아닌 엥겔스 철학만 물질 존재론이라고 할 수 있다는 것이다. 쑨 선생은 논증하기 전에 복선을 깔아두는 것이라는 전제적 일을 먼저 해야 하며, 그렇지 않으면 충분한 설득력이 부족할 것이라고 지적하였다. 즉, 엥겔스가 철학에서 도대체 마르크스를 '보완하였는가', 아니면 마르크스와 '이질적인가'라는 것을 증명해야 한다. 이에 대한 대답은 마르크스와 엥겔스의 철학적 관계를 어떻게 취급하였는가와 마르크스 철학을 물질 존재론으로 취급하면 적절한 것인가에 달려 있다. 바로 이러한 문제에 관하여 쑨 선생은 설득력 있는 대답을 하지 못하였다.

쑨 선생은 "물질 존재론자가 실천의 역할을 부인하였을까?"라고 질문하였다. 사실 물질 존재론의 문제점은 실천을 언급하였는가가 아닌 도대체 어떤 의미에서 실천을 언급하였는가에 있다. 전통적 마르크스주의 철학 교과서의 체계를 사례로 할 때 그것은 실천의 지위와 역할을 실컷 이야기할 수 있으나 존재론적 의미에서 논의할 수 없고 인식론적 범주 안에 국한될 수밖에 없다. 물질 존재론은 존재론적 측면에서 실천의 지위와 역할을 강력히 거절하였다는 것이 사실이다. 그렇지 않았다면 필자와 쑨 선생 간의 논쟁도 나타나지 않았을 것이다.

쑨 선생은 실천은 마르크스주의 철학의 변혁에서 지닌 '중요한 의미'가 "마르크스주의 철학의 존재론적 융통성이 없는 근거로 이루지 못한다"고 주장하였다. 만약 정말로 이렇다면 적어도 마르크스가 이룩하였던 철학적 변혁은 존재론적 혁명의 의미가 없으며, 기껏해야 존재론적 공동의 기초에서 전통적 철학을 개량하였던 것뿐이라고 할 수 있다. 쑨 선생은 심지어 필자가 "실천이 마르크스주의 철학의 변혁에서 지녔던 분명한 의미(철학적 차원과 입장)를 다시 한번 서술하였다"고 원망하였다. 그러나 쑨 선생이 마르크스주의 철학의 혁명적 변혁을 이해하였던 것을 보면 그것이 여전히 뚜렷하지 않기 때문에 이 점을 재천명할 필요가 있음을 알 수 있다. 만약 실천은 존재론적 범주로서 조건이 있다면 확립될 자격이 없을 것이다. 이는 존재론의 성질과 범주의 논리적 요구로 결정된 것이다.

쑨 선생은 실천 존재론에 대한 제한을 한 후 '물질 존재론'과 '실천 존재론'이 '일치한다'고 선포하였다. 그러나 '실천' 존재론의 지위를 역사 분야에 한정하고 '세계'를 외재적이고 널널하게 사고할 때 실천은 존재론의 범주의 의미를 지닐 수 있을까? 쑨 선생은 "'물질'로 '실천'을 규정한다는 것에 대해 우리에게 '물질'은 '실천'에서 더 깊고 보편적 본질이고 '실천'은 '물질'의 특수한 표현 형식인 것"으로 알려준다. 실제로 이는 실천 존재론을 물질 존재론의 한 특례로 삼았다. 이와 같은 사실은 실천 존재론의 지위를 근본적으로 취소하였음을 의미한다. 존재론적 의미에서 실천과 물질의 원초성은 결코 공존하지 못할 것이라고 할 수 있다. 존재론적 범주의 원초성은 궁극적 원초성이며, 이는 존재론적 범주로서의 실천의 원초적 지위가 무조건적인 것을 결정하였다. 만약 그것보다 더 원초적 규정(즉, '물질')이 그것을 결정한다면 그것의 원초성은 실제로 해소될 것이다. 이는 존재론적 범주의 논리적 성질에 확실히 위반되었다.

'인간'의 비존재라는 존재론적 상상은 마르크스 철학과 관계없음

실천적 차원이 자재적 물질을 감추기 어렵다는 것은 실제로 실천 이외의 방관자가 이해하는 방식을 의미한다. 설마 마르크스의 언어 환경 속에서 "감성적 세계를 실천 활동 이외의 것으로" 취급하는 방식의 합법성도 존재하고 있을까? 실천을 취급하는 방식에서 벗어난다면 마르크스가 재삼 비판하였던 직관적으로 취급하는 모습에 불가피하게 빠질 것이다. 바로 이러한 모습 때문에 세계를 '천연적 자연계(자재적 세계)'와 '감성적 세계(자각적 세계)'로 구분하는 분류가 나타났다.

사실 '세계'가 '천연적 자연계'와 '감성적 세계'로 구성되어 있다고 구상하였을 때 구상자는 이미 시각과 입각점으로서의 실천을 완전히 버리고 원래 역사 속에 있는 자기로 하여금 기어이 역사 밖(위)에서 서서 인간의 비존재라는 상태하의 분류와 국면을 상상하라고 하였다(여기서 특별히 주의

해야 할 것은 마르크스가 비판하였던 그러한 "유물론과 역사가 서로 완전히 벗어나는[3] 철학의 치명적 결함이다"). 이러한 관찰 방법은 바로 마르크스가 재삼 비판하였던 그러한 직관적 태도이다. 이렇게 한 것은 실제로 한 사람이 머리카락을 잡고 자기를 들어올리는 것처럼 터무니없다. 이는 바로 '일방적 환상'이다. 쑨 선생은 "마르크스주의 철학은 '일반적 세계관'으로서 물질과 정신 간의 관계에 대답해야 하며, 이는 바로 '온 세계'를 연구 대상으로 입각하였다"는 것이라고 강조하였다. 여기의 '온 세계'는 실천 존재론이라는 기초가 없었다면 마르크스가 버렸던 그러한 '감성적 활동'이 아닌 '감성적 대상'으로의 규정으로 전락하고 말았을 것이다.

실천 존재론의 지위를 내재적 차원에서 확립하지 않는다면 쑨 선생의 글에서 나타났던 '객관적인 취급'이라는 문제를 불가피하게 나타낼 것이다. 이는 바로 구유물론이 실천 존재론을 이해하기 어려운 애로사항이다. 이러한 취급 방식은 쑨 선생이 주장하였던 그러한 문제, 즉 실천 이외에도 천연적 자연계도 존재한다는 사실을 필연적으로 초래하였다. 마르크스의 구상 방식에 따르면 이러한 문제를 제기하지도 않고 제기하면 안 될 것이다. 실천적 차원과 원초적 범주라는 취급 방식에 의하면 이러한 문제는 허위 문제이기 때문이다. 실천의 궁극적 원초성은 이미 이러한 문제가 문제로 되는 그러한 전제를 취소하였다. 마르크스의 존재론적 변혁의 합법성은 전통적 존재론이 존재하는 인간의 비존재로 인한 치명적 결함부터 나왔던 것이다. 그렇지 않다면 이른바 마르크스 철학의 변혁이라는 의미는 많이 떨어질 것이다.

쑨 선생은 "실천으로 개척하는 이러한 세계에만 한정된다면 어디서부터 개척할 것일까? 이러한 '실천적 세계'에서만 어떻게 확장할 것일까? 인

---

3 『마르크스 엥겔스 선집』, 제1권, 중국 인민출판사, 1995, 78쪽.

류는 발전해 나갈 수 있을 것일까?"라고 질문하였다. 필자는 마침 이것으로 쑨 선생의 글에 반격할 수 있다고 생각한다. 즉, 실천이 함축한 계몽성과 실천이 고유한 미래를 향하고 활짝 여는 가능성에서 벗어나면 어떻게 "확장할 것인가?" 인류는 어떻게 "발전해 나갈 수 있을 것인가?" 또한 쑨 선생이 주장하였던 이른바 '천연적 자연계'는 이러한 '발전'을 어떻게 추진할 것인가라는 것이다. 이로 인하여 우리는 마르크스가 『독일 이데올로기』에서 실천에서 벗어나는 포이어바흐의 그러한 직관적 입장을 비판하였을 때 언급하였던 말을 기억하게 되었다. 즉, "그는 주변의 감성적 세계가 결코 우주가 나타난 후부터 존재해 온 한결같은 것이 아니며, 공업과 사회 발전의 산물이자 역사적 산물이자 대대로 활동하는 결과라는 것을 보이지 않았다."[4] 마르크스가 여기서 지적하였던 것은 매우 명확하다고 할 수 있다.

쑨 선생은 "감성적 세계 이외의 천연적 자연계는 인간에게 아무런 의미도 없을까?"라고 반문하였다. 이 질문은 실제로 일반적 대답을 할 수 없다. 만약 이러한 질문에 대답하려면 도대체 어떤 의미에서 추궁할 것인지를 선행적으로 밝혀내야 한다. 즉, 그 관건은 '천연적 자연계'가 도대체 어떤 의미에서 "의미있는가"라는 것이다. 필자는 여태껏 '전제적' 의미에서 '천연적 자연계'를 부인한 바 없다. 필자는 바로 쑨 선생의 글에서 나타났던 검토 대상으로서의 그 졸작[5]에서 마르크스가 『친필 원고』에서 지적하였던 매우 유명한 그러한 말(즉, 추상적으로 이해되고 자조적이고 확정되었던 인간과 분리되는 자연계는 인간에게도 무無라고 할 수 있음)[6]의 특정한 언어 환경과 함의를 전문적으로 규명한 바 있다. 또한 필자는 그것과 마르크스가 『독일 이데올로기』의 '포이어바흐' 장에서 포이어바흐를 비판하였던 논술

---

4 『마르크스 엥겔스 선집』, 제1권, 중국 인민출판사, 1995, 76쪽.
5 허중화, 「마르크스의 실천 존재론: 재변호」, 『철학과 탐색』, 제2호, 2007.
6 마르크스, 『1844년 경제학과 철학의 친필 원고』, 중국 인민출판사, 2000, 116쪽.

과 비교하여 양자 간의 차이(비판의 대상에 있어서 하나는 헤겔에 대한 것이고 다른 하나는 포이어바흐에 대한 것임)과 내재적 일치성을 지적한 바도 있다. 그러나 쑨 선생은 이와 같은 정리, 분석 및 식별에 대하여 방치하고 무시하는 태도를 취하였다. 또한 그는 마르크스가 『친필 원고』에서 논술하였던 것은 "지금까지 여전히 '실천 존재론자'에게 왜곡되었다고 지적하였으며, '비인간적 자연계'를 인간에 대한 의미가 없는 것으로 삼고 심지어 '비인간적 자연계'의 객관적 존재도 부인하였다. 이는 '왜곡자'는 과학적 연구 태도가 결여되었음을 의미한다." 필자는 쑨 선생이 재삼 비판하였던 "실천 존재론자"에 속한 셈이지만 쑨 선생의 이러한 토론이 진지하고 정중한 것인지를 잘 몰랐다.

쑨 선생도 아래와 같이 지적하였다. 즉, "마르크스와 엥겔스는 인류의 해방을 취지로 하였으므로 온 세계를 철학 연구의 대상으로 하여 세계, 사회 및 인간의 보편적 법칙을 연구해야 하며, 이는 그들이 맡은 역사적 책임과 임무로 결정된 것이다. 프롤레타리아트의 역사적 책임과 사명은 구세계를 개조하고 신세계를 창조하며, 온 인류를 해방하고 세계에서 공산주의를 최종적으로 실현한다는 것이다." 일반적으로 이렇게 주장하면 아무런 문제도 없을 것 같으나 "인류의 해방을 취지로 한다는 것"에서 반드시 "온 세계를 철학 연구의 대상으로 한다"라는 결론을 도출할 수 없다. 또한 필자는 "공산주의를 실현한다"는 숭고한 목표가 실천 존재론적 입장과 전혀 모순되지 않는 반면에 그것들 간에 내재적이고 필연적 관계가 있다고 생각한다. 마르크스는 "모든 문제들이 실천적 유물론자, 즉 공산주의자에게 현존한 세계를 혁명화시켜 현존한 사물을 실제로 반대하고 바꾸는 데 있다"고 매우 뚜렷하게 지적하였다.[7] 공산주의가 실천 존재론과 내재

---

7 『마르크스 엥겔스 선집』, 제1권, 중국 인민출판사, 1995, 75쪽.

적으로 일치하는 이유가 무엇일까? 이는 결국 실천 존재론이 확립한 취급 방식이 그러한 과학적 지식의 직관적 태도를 초월하였기 때문이다. 또한 후자가 많아도 "존재하는 사실에 대한 정확한 이해를 확립하기만 바라기 때문이다."[8] 이와 같은 "세계를 해석한다"는 태도는 실연적 세계에 대한 부정을 반드시 초래할 것이므로 보수적이고 변호하는 것이며, "세계를 바꾼다"는 '혁명'을 초래할 수 없을 것이다. '공산주의'는 결코 이러한 기초에서 역사적으로 생성되지 못할 것이다. 이 또한 마르크스가 "세계를 바꾼다"는 것을 특별히 강조하였던 이유이다.

또한 쑨 선생은 아래와 같이 언급하였다. 즉, "우리는 「변호」라는 글에서 마르크스의 수많은 조기 저서들을 인용하여 마르크스의 존재론적 문제를 이해하였다고 밝혔다. 또한 주지하는 바와 같이 마르크스 철학의 논리적 방향은 '철학적 시기'와 '철학을 부인하는 시기'로 구분될 수 있다. 만약 그의 '철학적 시기'로만 제한하고 전통적 철학을 전반적으로 부인하는 시기를 동시에 살펴보지 못한다면 반드시 '실천 존재론'이라는 철학적 존재론적 체계를 구축할 것이다. 그 원인은 조기가 마르크스 사상이 자주 변화하였던 시기이며, 그가 전통적 철학에서 벗어났던 중요한 표지는 바로 실천이기 때문이다. 이 점에 관하여 우리는 허중화가 논문에서 실천의 중요한 의미를 분석하였던 것은 사실이라고 생각한다. 그러나 성숙기의 마르크스는 '실천 존재론'으로 제한하지 않고 마르크스주의 철학의 연구 대상을 실천과 관련된 '감성적 세계'뿐만 아니라는 것도 인식하였다."

마르크스가 타고난 마르크스주의자가 아닌 것은 사실이다. 마르크스는 일생에 비마르크스주의자부터 마르크스주의자로 전환하였다. 그 문제는 이러한 전환의 표지와 시간이 무엇인가라는 것이다. 쑨 선생도 "그(마르

---

8   앞의 책, 96쪽.

크스)가 전통적 철학에서 벗어났던 중요한 표지는 바로 실천"이라고 인정하였다. 기왕 이렇게 된 이상 실천적 기초를 다졌던 마르크스 철학은 '마르크스주의'가 아니겠는가? 그렇다면 마르크스주의자라는 의미인 마르크스는 무엇일까? 설마『독일 이데올로기』가 성숙한 저작이 아니란 말인가? 쑨 선생의 해석에 따르면 이른바 '철학을 부인하는 시기'의 마르크스는 차원의 변화, 즉 '철학적 시기'에 실천을 원초적 기초로 한 차원에서 "온 세계(즉, '감성적 세계'뿐만 아니라 실천적 범주 외의 이른바 '천연적 자연계'로 구성된 자재한 세계)"로 확장하였다는 것을 나타냈다. 이러한 관점은 마르크스 철학의 일관되는 입장에 부합하지 않았다. 필자는 마르크스 사상의 변화가 이른바 '철학적 시기'와 '철학을 부인하는 시기'라는 구분이 없다고 생각한다. 문장을 지나치게 중시하였던 고증자들은 항상 이러한 것으로 자기의 주장을 증명하였다. 그러나 만약 마르크스 사상의 실제적 내용을 중시한다면 마르크스 사상이 유기적 통일체로서 내재적 연관성을 지녔음을 쉽게 밝혀낼 수 있다. 철학적 구축은 단절되는 관계가 아닌 점차 성숙해지고 완비되는 관계이다. 이른바 '철학적 시기'의 마르크스는 그의 철학으로 기본적인 입장과 원칙을 다졌을 뿐이다. 즉, 실천적 범주의 궁극적 원초성을 확립하였다. 이른바 '철학을 부인하는 시기'의 마르크스는 사상적 단절을 하지 않았으며, '철학'을 부인하지 않고 그가 확인하였던 철학적 입장과 원칙을 관철·활용하고 실질적으로 구현하였다. 우리가 한 관점을 발표한 것은 해석학적으로 "내가 생각한다"는 것뿐이나 발표할 때마다 이러한 알림을 반복할 필요가 없듯이 마르크스의 이후 연구(노년의 사상도 포함)는 그가 조기에 확립하였던 철학적 입장과 원칙은 실체적 구상에서 나타난 것에 불과하다. 그것은 결코 부정하지 않고 가장 진실한 방식으로 이전의 입장과 원칙을 긍정적으로 평가하였다. 그러므로 마르크스 철학은 이미 '말하기'에서 '하기'로의 회귀로 이루어졌다. 사람들은 마르크스 후기의 글에서 아마 철학에 관한 문장을 많이 찾아내지 못하겠으나 여기저기 생생한 사상을 가득 채웠다고 밝혀낼 수 있다. 마르크스 사상은 '철학적 시기'와 '포스트 철학적 시기'로 구분된다는 것이 표면화되는 판단을 바탕으로 한 천박한 논단뿐이다. 필자는 이에 대하여 검토한 바 있다.[9] 마르크스 이후의 사상은 조기에 다졌던 실천의 원초적 지위가 그 이후의 사상에서 전개되고 완성된다는 것이다. 그는 철학을 직접적으로 언급하지 않고 철학적 사조도 사용하지 않았으나 이미 철학을 실질적 구상과 인간 존재의 역사라는 현상학적 파악으로 융합시켰다. 노년의 마르크스는 이미 자기의 철학적 서술에서 인간의 존재라는 현상학을 구축하였다. 이는 구상에서 하는 철학이다. 그가 조기에 철학을 "논의하였다고 한다면" 말기 때 철학을 '만든다'는 것에 착안하였다고 할 수 있다. 그러나 이는 결코 철학적 변화가 아니고 철학적 성숙과 완비이다. 그러므로 이는 조기에 다졌던 철학적 기초에 대한 마르크스의 배신이 아닌 실천이라고 할 수 있다. 그 이후의 마르크스는 결코 '철학'을 종결하지 않고 실제로 인정하였으며, 또한 그것을 생명력이 있고 '살아 있는' 구상 방식으로 만들게 되었다. 만약 인식론적 철학 기준에만 얽매이고 그것으로 이른바 성숙기의 마르크스 사상을 판단한다면 아무런 '철학적' 흔적도 발견하지 못할 것이다. 그러나 이는 바로 잘못되는 철학관으로 인한 은폐이지, 마르크스가 '철학'을 멀리하였다는 것은 아니다. 그러므로 그 사상은 마르크스주의자로서의 마르크스에게 '철학'이 아닌 '발견'을 결여하였다고 할 수 있다.

우리는 과거에 마르크스 철학에 대하여 당연하다고 취급하는 방식을 취하였다. 즉, 조기의 '미성숙한' 저서를 놔두고 어떤 '성숙한' 저서에서 마르크스 사상에 대한 충분한 해석을 찾아내기를 원한다는 것이다. 이는 완전히 비역사적이고 기계적이고 부적절한 취급 방식이라고 할 수 있다. 우

---

9   허중화, 「엥겔스 사상의 모순에 관하여: 이른바 '철학 종말론'에 대한 평가」, 『산동 사회과학』, 제3호, 2006.

리가 마르크스 사상이 성숙한 저서에서만 존재한다고 인정하였다는 것은 마르크스 사상의 변천적 논리에 부합하지 않았다. 마르크스는 어떤 저서(성숙한 저서나 고전적 저작)에서 자기의 철학적 서술을 완성하지 않았으나 일생에 사상의 실질적 발생과 전개를 통하여 자기의 사상적 맥락을 표현하였다. 이는 다른 의미에서 논리적인 것이 역사적인 것과 통일되었던 구현이라고 할 수 있다. 마르크스는 자기의 사상적 결론을 저서로 집중적으로 서술하고 나머지는 중요하지 않은 준비 작업이라고 연구하지 않았다. 오히려 그의 다양한 시기의 저서는 사상적 구현의 일환으로 이루어지게 되었다. 이것도 마르크스 사상이 실질적 구상 및 전개 과정으로 취급되어야 실질적으로 나타날 수 있는 중요한 원인이다.

 필자는 쑨 선생이 정통적 물질 존재론적 입장에 착안하여 그것과 실천 존재론 간의 대립을 반복하였으나 물질 존재론적 정당성을 증명하지 않았다고 생각한다. 이로 인하여 쑨 선생은 확립하였던 실천 존재론을 반증하려는 소원을 성취하지 못하였다는 것은 필연적이다. 마지막으로 필자는 졸작에 대한 쑨 선생의 질의에 대하여 감사의 뜻을 표하고자 한다. 그것이 없었다면 필자는 해당 문제에 대하여 더더욱 깊이 생각하지 않았으며, 이 글의 작성도 없었을 것이다.

06

실천 존재론의 몇 가지 문제를
다시 탐구

장리다張立達 선생의 「마르크스주의 철학은 어떤 '존재'를 필요로 하는가-마르크스주의 철학 존재론에 관한 허중화와 쑨랑의 논쟁」은 『화중과학기술대학 학보』(사회 과학판) 2009년 제3호에 실렸으며, 이하 '장 선생의 글'이라 약칭하고, 인용된 모든 글은 더 이상 상세한 주석을 달지 않는다. 이 글에서는 물질적 실체론과 실천적 실체론의 논쟁에 대해 논평한 후, 이러한 대립을 넘어서기 위해 '실천'을 실체 범주로서 '객체화'로 대체하자고 주장한다. 삼가 읽고 나서, 존재로서의 물질이 왜 성립할 수 없는가에 대해 내린 결론이 일리가 있다고 느끼면서 몇 가지 점에서 받아들일 수 있다고 생각했다. 예를 들어 "자연주의와 과학주의의 방식으로 자연 존재론을 논증하는 것은 존재론의 본래 의미에 부합하지도 않고, 과학과 구별되는 철학의 본성에도 부합하지 않는다거나 물질 존재론보다 실천 존재론이 우월하다"라는 등의 주장 등이 바로 그것이다. 하지만 실천적 존재론에 대한 장 선생 글의 비판과 마르크스주의 철학의 본질적 범주로 '대상화'를 사용하는 관점은 논란의 여지가 있다. 관련 논의를 심화시키기 위해 현재 몇 가지 다른 견해를 제시하여 학계 동료들에게 가르침을 받고자 한다.

실천은 대상화에 종속되는가, 아니면 그 반대인가?

장 선생의 글에서는 '실천적 존재론이 물질적 존재론보다 우월하다'고 주장하지만 전자는 여전히 철저하지 못하여 그것을 뛰어넘을 필요가 있다. 장 선생의 글이 보기에 실천은 여전히 존재의 범주에 들 자격이 없기 때문이다.

장 선생의 글에서는 실천보다 시원적인 기초를 찾아야 한다고 주장했는데, 그것이 바로 대상화였다. 그것은 실천보다 더 근본적인 개념, 즉 대상화를 찾아 마르크스주의 철학의 존재론의 토대를 마련하려고 노력하는데, 이는 실천의 내적 모순, 인간 존재의 근본 모순을 더 잘 나타내므로 현실의 모든 구체적인 모순 운동을 철학에 대한 반성에 사용할 수 있고 마르크스주의 철학의 구체적인 현실에 대한 배려를 현실로 구현할 수 있기 때문이다. 장 선생의 글에서는 '대상화'를 '마르크스주의 철학의 존재론'의 초석으로 삼았는데, '실천의 내적 모순, 인간 존재의 근본 모순'을 더 잘 드러내기 때문에 성립하기 어렵다고 본다. '대상화' 자체가 이미 이러한 '내적 갈등'이나 '근본적 갈등'이 전개된 형태이기 때문에 이러한 모순이 성립하는 근거나 이유가 될 수 없으며, 이로 인해 존재의 범주로서의 자격이 없다는 것이다. 설령 장 선생의 글이 '대상화'는 '보여주기' 실천의 모순일 뿐이고, '보여주기'란 일종의 표징에 지나지 않는다는 것을 인정하지 않을 수 없다(즉, '현→상')고 해도, 그것은 물론 현상학일 수 있지만, 그 자체가 실체론적 의미에서 인간의 존재에 대한 현상학의 토대를 마련할 수는 없다. '대상화'는 실천의 내재적 모순을 드러내는 형태일 뿐 실천보다 시원적인 내재적 기초가 결코 아님을 알 수 있다. 따라서 존재론의 원초적 선택에 있어 실천을 객체화로 대체할 충분한 이유가 없다. 논리적으로 대상화는 실천에 종속된 2차 개념일 뿐 그 반대일 수는 없다.

  장 선생의 글에서는 "실천은 대상화의 현실화・객관화의 형태이며, 함축적으로 대상화는 실천의 내적 구조와 내적 본질이고, 더 크고 기초적인 범주로서 실천의 의미 공간을 결정한다"고 하였다. 이는 실천의 직관적 의미에서 실천을 체득한 결과에 불과한 것이라고 봐야 한다. 이렇게 실천을 이해할 때, 실천은 이미 진일보한 해석의 대상으로 설정되어 있기 때문이다. 사실 궁극적인 원초적 범주로서 실천은 논리의 '제1 원인'을 구성하여 더 이상 분해성과 환원성을 갖지 않는다. 실천이 일반적인 경험적 사실로 간주될 때만 분해 가능하고 환원될 수 있다. 그러나 이렇게 처리하면 그 원래 범주의 위상과 성격을 즉시 배반하고 파괴하게 된다. 아리스토텔레스는 이렇게 생각했다. "유有 그 자체와 유有가 자신의 본성을 빌려 가진 속성들을 연구하는 과학이 있다. 이 과학은 다른 소위 특수 과학과는 다르다. 다른 과학에서는 어느 것도 일반적으로 '유(有)' 그 자체를 논하지 않기 때문이다. 그들은 '유'에서 일부를 잘라내고 이 부분의 속성을 연구한다. 예를 들어 수학이 그렇다. 지금 우리가 여러 가지 최초의 근원과 최고의 원인을 찾고 있는 이상, 분명 자신의 본성을 빌려 이러한 근원과 원인을 가지고 있는 무언가가 있어야 한다."[1] 아리스토텔레스 입장에서 이런 '과학'은 '제1철학', 즉 존재론이다. 분명히 아리스토텔레스는 존재로서의 '있는' 자인적 특성을 강조하며, 이 특성은 존재 범주의 유일성과 궁극성을 결정한다. 또한 그의 글이 실천에 대한 직관적인 이해를 했기 때문에 장 선생의 글을 실천이 과학적 파악의 내용이고 대상화야말로 철학적 성찰의 내용이라고 생각하는 이유를 이해하는 것은 어렵지 않다. 장 선생의 글에서는 이렇게 만한다. "실천이 어떻게 가능한가? 우선 이것은 철학적 문제가 아니라 경험적 과학의 문제이다." 내가 보기에 이 견해는 성립될 수 없다. 원초적 범주로서 실천 자체가 '따질 수 없는' 것이며, 이를 질문의 대상으로 삼는 것은 적절하지 않다. 설령 질문을 하더라도 '어떻게 가능한가'라는 문구는 그것이 경험적 설명에 의존하는 발생학적 문제가 아니라 논리적 가능성 문제, 즉 선험적으로 효과적인 문제일 수 있음을 시사한다. 장 선생의 글에서는 또 말한다. "실천은 과학적으로 연구될 수 있고 대상화는 철학적 성찰의 초점이 되어야 한다." '실천은 대상화의 현실화 · 객관화 형태'라고 말하는 것은 사실상 직관적으로 실천을 체득한 것이다. 경험적 사실로서 실천은 물론 과학적 연구를 수행할 수 있지만, 이는 존재론의 실천과 아무런 관련도 없다. 경험적 사실의 실천과 존재론 범주의 실천의 분

---

[1] 중국 베이징대학교 철학과 서양철학사 교연실 편, 『고대 그리스 로마철학』, 중국 생활 · 독서 · 신지 삼련서점, 1957, 234쪽.

야로서 필자는 이미 허중화와 논의한 바 있다.[2] 여기에서는 장황하게 말하지 않겠다.

과연 '대상화'를 어떻게 이해할 수 있을까? 장 선생의 관점에 따르면 다음과 같다. 인간의 실천은 근본적으로 어떤 구체적인 생존과 발전의 필요를 충족시키기 위한 것이 아니라, 자신이 자유의 존재물임을 확증하기 위한 것이며, 만약 이러한 확증을 위해서가 아니라면 사람은 동물처럼 살 수 있다. 사람이 실천을 통해 이러한 확증을 실현할 수 있는 것은 또한 그의 생명이 분화되어 있기 때문이며, 사람은 자신과 다른 사물을 자신의 대상으로 삼을 수 있고, 자신과 대상이 분화·통일되어 있는 동시에 아닌 활동관계에서 이러한 확증을 실현할 수 있다. 이런 대상적 관계를 활동적인 과정으로 삼는 것이 대상화라는 것이다. 이 말은 세 가지 문제를 더 고려해야 한다.

첫째, 인간의 생명에 분화가 일어난다고 말하는 구성원들이 실천을 통해 자신이 자유의 존재물라는 것을 확증하는 이유인데, 이는 실제로 이들 사이의 인과관계를 뒤바꾸는 것이다. 실천 활동의 선행적인 설정을 벗어나면 '인간'으로서 인간의 어떤 분화도 적절하게 설명될 수 없는데, 바로 실천이 이러한 의미의 분화를 가능하게 하기 때문이다. 논리적으로 '하나'는 '많은 것'보다 우선할 수 있고 선험적으로 유효할 뿐 그 반대일 수는 없다. '분화' 자체는 '하나'가 아니라 '많은 것'을 의미한다. 이 원초적인 '일'을 '실천'으로 미리 설정하는 것 외에 우리는 인간의 존재의 의미에 있어서 보다 시원적인 기초를 찾을 수 없다. 장 선생의 글처럼 "정확히 대상화된 생존구조로 인간의 존재의 근본적인 모순을 드러낸다"는 것이다. 그러나 대상화는 어디까지나 모순을 '보여주는' 것일 뿐 모순이 성립하는 내적 이

---

2 「마르크스 실천 존재론: 하나의 재변호」, 『학습과 탐구』, 2007년 제2호와 「마르크스 실천 존재론의 새로운 해석」, 『학술월간』, 2008년 제8호에 실림.

유를 제시하지는 못한다. 즉, '인간 존재의 근본적 모순'은 '대상화'가 아닌 '대상화'를 통해 가능해지는 것인데, 대상화 자체가 이미 모순의 표현이기 때문이다. 따라서 대상화는 결코 원초적인 규정이 아니라 현상학적 의미로 전개된 규정에 불과하다. 이와 관련하여 원래 생태가 아닌 하위 생태이므로 물리적 특성을 갖지 않는다. 객체화는 여전히 하위 수준의 규정에 속하며 자체 범주를 구성할 자격이 없음을 알 수 있다. 장 선생의 글에서는 '대상화'를 가장 원초의 범주로서 확인하고, '실천' 범주의 궁극적인 원초성을 부정하며, 실제로 존재론이 무엇을 의미하는지 오해하고 있다. 대상화 자체는 이미 내재적으로 상대적인 관계를 내포하고 있으며, 이는 존재론의 전제에 내재된 절대성 자체와 논리적으로 맞지 않는다. 장 선생이 글이 존재론의 합법성을 인정하고 철학에 대한 존재론의 본질적 의미를 강조한 이상 존재론의 논리적 요구를 무시할 수 없다.

둘째, '대상화'에 대한 이러한 설명은 마르크스의 역사적 관점을 구현하지 못했다. 추상적 대상화(객체화를 존재론의 범주로 삼으면 필연적으로 추상화에 빠지게 된다)는 마르크스 철학의 헤겔 사변 철학의 초월을 드러내지 못한다. 대상화를 실천보다 원초적인 범주로는 헤겔 철학의 치명적인 결함을 교정할 수 없다. 마르크스는 사유제 조건하에서 '대상화 표현은 대상의 상실과 피대상종속, 점유는 소외·외화로 표현된다.[3] 이때 실천은 인간의 자기 확증이 아니라 인간의 자기 박탈과 자기 상실을 가져온다. 그래서 마르크스는 공산주의를 대상화와 자기 확증 사이의 투쟁의 진정한 해결로 이해했다.[4] 장 선생의 글은 일반적으로 '대상화'를 두 가지 측면, 즉 '외적 측면'인 실천 활동과 '내적 측면'인 사람의 자기 확증으로 해석하여 역사 감각이 결여되어 있다. 마르크스는 '대상화'와 '자기 확증'을 모순의 대상으

---

3   마르크스, 『1844년 경제학 철학 원고』, 중국 인민출판사, 2000, 52쪽.
4   위의 책, 81쪽.

로 삼을 때 전자에 외적 의미를 부여하고 후자에 내적 의미를 부여하지만, 이러한 부여는 사변적 희법이 아니라 역사 자체가 실천에 의해 내재적으로 초래되는 결과에 대한 마르크스적 파악이다. 대상화와 자기 확증의 '투쟁'은 인간의 본질과 실존의 분열을 반영하는 것으로 마르크스가 말하는 인간 소외의 본질이다. 이런 '투쟁'의 역사 생성도, 그 역사 해소도 실천의 결과로밖에 볼 수 없다. 실천의 궁극적인 원초성에 대한 확인에서 벗어나면 이 문제는 불가피하게 '수원지 없는 물'과 '뿌리 없는 나무'의 가짜 문제로 전락할 수밖에 없다.

셋째, "이런 상대적 관계를 활동의 과정으로 보는 것이 바로 대상화"라고 말하는 것도 문제가 되는데, '대상화'는 '활동으로서의 과정'만이 가능하다고 생각하는 이상, 그것은 실천의 한 속성에 불과하다는 것을 의미하며, 어떻게 실천보다 본질적인 규정이 될 수 있는가? 대상화가 대상적 관계의 외적 표현(즉, '활동으로서의 과정')에 불과한 이상, 대상화를 대상적 관계보다 더 전제가 되는 규정으로 이해하는 것은 무엇인가? 대상화는 물론 대상적 관계 자체도 역사와 논리의 이중적 의미에서 전개된 규정을 실천하는 데 불과하다. 장 선생 글의 발상으로는 '대상적 관계'를 상상해도 철저하지 않는데, 주체와 객체라는 실체의 선행 설정을 벗어나면 '대상적 관계'가 어떻게 거기에 덧붙일 담지체를 찾을 수 있겠는가? 소박하고 직관적인 관점에서 볼 때 항상 '실체'가 있어야 '관계'를 형성하고 '활동(실천)'을 생성할 수 있다. 그러나 논리가 앞선 순서대로 보면 '활동(실천)'을 먼저 설정해야 '관계'를 이해하고 '실체'를 터득할 수 있다. 바로 이런 의미에서 마르크스는 객체뿐만 아니라 주체 측면에서도 모두 생산에서 생산된 것이라고 말한 바 있다.[5] 즉, "생산은 주체의 생산 대상일 뿐만 아니라 대상의 생산

---

5 『마르크스 엥겔스 선집』, 제2권, 중국 인민출판사, 1995, 10쪽.

주체이기도 하다." 실제 생산은 대상화 과정으로 특징지어지지만 이 과정은 전제가 아닌 생산(실천)의 결과로 설정해야 한다. 이것은 일종의 논리적 우선성이다. 여기서 차별의 본질은 서로 다른 두 시야의 분열을 보여주는 데 있다. 존재론의 구성에는 논리가 앞선 시각만이 적절하다. 존재론에 관한 한 인간의 대상성의 논리 자체는 실천이라는 원초적 기초 위에서만 전제를 찾을 수 있으며, 대상성이나 대상화는 실천 자체에 내재적으로 연역되는 규정에 불과하다. 마르크스주의 철학을 존재론의 일종으로 인정하는 이상, 어떤 범주를 존재론으로 하는 것이 적절할 것인가 하는 공감대 아래 문제를 논의하는 이상, 존재론의 논리적인 의미에서의 '하나'를 규정하는 정당성을 인정하지 않을 수 없다. 따라서 대상화와 그 내재적 대상성과 같은 상대적인 관계를 포함하는 규정을 존재론의 범주로 삼는 것은 적절하지 않다. 상대성은 '하나'가 아니라 '많은 것'만을 의미할 수 있으며, 이는 적어도 존재론 및 초기 범주의 논리적 본성과 모순된다.

장 선생의 글에서는 마르크스가 『1844년 경제학 철학 원고』에서 했던 말을 인용하고 있다. "동물은 자신의 생명 활동과 직접적으로 같다. 인간은 자신의 생명 활동 자체를 자신의 의지와 의식의 대상으로 만든다.… 바로 이 점 때문에 인간은 유존재물이다."[6] 무엇이 사람을 자신의 생명 활동 자체를 자신의 의지와 의식의 대상으로 만드는가? 의지와 의식의 관계보다 관계의 논리를 실천하는 것이 아닐까? 관계를 실천하는 것이 후자를 가능하게 하는 것 아닌가. 구유물론과 유심론은 바로 실천 관계의 지상적 지위를 무시했기 때문에 넘어진 것이 아닌가? 마르크스는 아 바그너의 정치 경제학 교과서를 비판하면서 한 학술 교수(헤겔 인용자주)가 보기에 자연에 대한 인간의 관계는 우선 실천적 즉 활동에 기초한 관계가 아니라 이

---

[6] 마르크스, 『1844년 경제학 철학 원고』, 중국 인민출판사, 2000, 57쪽.

론적인 관계라고 지적했다.[7] 하지만 사람들이 먼저 "이런 외계인과의 이론적 관계"에 있는 것은 아니다. 동물과 마찬가지로 그들은 먼저 먹고 마시는 등, 즉 특정 관계에 있지 않고 적극적으로 활동하며 활동을 통해 특정 외부 물질을 획득하여 자신의 요구를 충족시킨다. 마르크스는 여기서 분명히 의식과 의지의 관계보다 실천을 우선시하고 그 우선성을 강조한다. 실제로 실천과 대상화는 시간적으로 우선순위가 없지만 실천은 반드시 대상화보다 논리적으로 우선시되는데 후자는 실천으로 전개되는 형태만이 가능하기 때문이다. 주희가 이기理氣의 변론에 대해 말했듯이 시간적으로는 무기의 이치無氣이자 무리의 이치無理라고 할 수 있지만 논리적으로는 도리가 먼저일 수밖에 없다. 존재론의 관점에서 볼 때, '제1의 원인'으로서의 원초적 범주를 확립할 때, 우리는 논리가 먼저라는 의미에서만 우선성을 논할 수 있고, 시간이 먼저라는 의미에서는 우선성을 논할 수 없다. 그렇지 않으면 존재론의 문맥을 가리고 떠나 경험적 사실의 묘사, 설명 또는 발생학적 해석의 문제로 전락하여 원래의 범주를 철학적 문제로 논의하지 않고 철학적 시야에서 벗어나게 된다. 따라서 실체론적 의미에서 대상화는 실천에 종속된다.

장 선생의 글이 실천과 대상화의 관계를 뒤바꾸고 있음을 알 수 있다. 실천은 대상화보다 원래 의미가 더 크며, 대상화는 실천에 종속되며 상반되는 것이 아니다.

---

7   『마르크스 엥겔스 전집』, 제19권, 중국 인민출판사, 1963, 405쪽.

실천 존재론이 철학의 자기 폐쇄를 초래하는가?

장 선생의 글은 실천을 존재론 범주로 확립하는 것은 철학을 폐쇄적으로 몰고 갈 위험이 있다고 보았다. "만약 '실천'이 영원한 정체성을 확립한다면, 그것은 스스로를 폐쇄하고 준과학적인 논법으로 변모하지 않을까?" 내가 보기에 정반대로 실천의 궁극적인 원초적 범주의 확립은 구철학의 '사변적 원죄'를 잘라냄으로써 학리적으로 현실에 대한 관심을 확실하게 보장한다.

장 선생의 글에서는 다음과 같이 질문을 던진다. "마르크스주의 철학은 감성적이고 구체적인 인간의 현실을 배려하는데 추상적인 실천적 실체론만으로 가능할까?" 물론 마르크스주의 철학은 감성적이고 구체적인 인간의 현실을 배려한다는 말이 틀리지 않다. 그러나 이런 배려의 내적 이유가 무엇인지 따져봐야 한다. 마르크스주의 철학이 이러한 이유를 제시할 수 없다면 이러한 '배려'는 합법적이지 않다. 바로 그런 의미에서 존재론을 실천하는 것이 가장 근본적인 이유를 제공한다. 마찬가지로 마르크스주의 철학의 이런 '배려'는 어떻게 가능했을까? 추상적인 실천 존재론을 떠나서 어떻게 이 목표를 달성할 것인가? 실천 존재론은 그 사변적 방식으로 마르크스의 철학적 '배려' 즉 인간으로 돌아가는 감성적 활동이 정착될 수 있도록 보장한다. 마르크스는 '실천 존재론'의 구성을 통해 '감성적이고 구체적인 인간 현실'에 대한 '배려'를 실현했고, 다시 말해 마르크스 특유의 철학적 방식으로 '배려'하고 '감성적이고 구체적인 인간 현실'을 구현한 것이다. 마르크스는 '독일 이데올로기'를 비판하면서 "이 철학자들 중 누구도 독일 철학과 독일 현실 사이의 연관성, 그들이 하는 비판과 그들 자신의 물질적 환경 사이의 연관성 문제를 제기할 생각을 하지 못했다"[8]고 하였다. 관건은 '이 철학자들' 중 누구도 '이 질문'을 할 생각을 하지 못한 이유가 무엇인지 더 따져봐야 한다는 점이다! 그 이유는 그들이 철학자가 아니라 그들의 철학이 실천을 제1원칙으로 확인하지 못했기 때문이다. 어떤 의미에서 마르크스는 바로 이 추궁에 나타난 이치를 따라 자신의 새로운 철학을 건설하였다. 즉 마르크스는 철학과 현실 사이의 연결고리를 철학적 방식으로 해결하는 것을 스스로 이론적 과제로 삼았다. 이것은 바로 마르크스 철학 구상의 합법성의 기초를 구성한다. 마르크스는 실천의 궁극적인 원초적 지위를 철학적으로 자각했기 때문에 이 이론의 숙원이 진정으로 실현되었다. 따라서 실천의 원초성을 존재론의 관점에서 긍정하는 것은 철학과 현실의 연결고리가 아닐 뿐만 아니라 오히려 그러한 연결고리를 확립하고 유지하는 보증이다.

장 선생의 글에서는 다음과 같이 말한다. "실천으로 주객 대립의 마르크스를 넘어 자본주의의 사회적 실천 방식을 비판하는 이유는 무엇인가? 실천에 내재적 모순이 없다면 이런 비판도 필요 없지만 실천의 내재적 모순을 실천의 원초성·생성성·개방성만으로 드러낼 수 있을까?" 여러 가지 오해가 있다고 생각한다. 우선 마르크스가 실천으로 주객대립을 넘어섰다는 것은 무슨 뜻인가? 마르크스가 실천의 범주에 입각해 주객대립보다 원초적인 전제를 찾은 것으로 이해되며, 이에 따르면 실천의 전개는 '자본주의의 사회적 실천 방식'의 내재적 모순과 그 역사적 한계를 드러냄으로써 비판의 합법성의 원천을 제공한다. 마르크스가 실천을 통해 주객대립의 단계를 넘어 완전한 의미의 완성에 이르렀다는 의미로도 이해될 수 있다. 이에 따르면 '자본주의를 비판하는 사회적 실천 방식'은 바로 이

---

8 『마르크스 엥겔스 선집』, 제1권, 중국 인민출판사, 1995, 66쪽.

'초월'을 실현하기 위해 필요한 준비나 단계를 구성한다. 그래서 아무리 이해해도 실천을 인정하는 원초적 지위는 '자본주의를 비판하는 사회적 실천 방식'과 다르지 않다. 또한 '실천의 내적 모순'은 '실천의 원초성·생성성·개방성'만으로 밝힐 수는 없지만 궁극적인 원초성의 의미에서 실천의 위상을 확인하는 것은 의심할 여지 없이 '실천의 내적 모순'을 밝힐 수 있는 토대를 마련한다. 이 '모순'의 완전한 '공개'는 물론 인간의 존재에 대한 현상학의 전체 서사에 의해 완성되어야 한다.

장 선생의 글에서는 "마르크스주의 철학은 인간의 감성적 현실 생존을 배려해야 하며, 실체론에서는 실천의 내적 모순을 보여야 하고, 일반적인 실천만을 강조해서는 안 된다"고 주장했다. 그렇게 말해도 별 문제가 없을 것 같지만 그것이 실천의 궁극적인 원초적 지위를 부정하는 이유가 될 수는 없다. 이 모든 것은 정반대가 아니라 실천의 존재를 인정하는 전제 위에서만 제기될 수 있기 때문이다. 여기서 필요한 '구체성'(추상성, 즉 장 선생 글의 소위 '일반성'에 비해)은 감각적이고 직관적인 의미의 구체성이 아니라 마르크스적 의미의 구체성이다. 추상의 초기 범주(추상성은 존재론의 범주로서 요구되는 기본적 특징)를 떠나서 담길 수도, 보여줄 수도 없다. 마르크스는 서술 방법의 특징에 대해 "형식적으로 서술 방법은 연구 방법과 달라야 한다. 연구는 재료를 충분히 점유하고 다양한 개발 형태를 분석하며 이러한 형태의 내부 연결을 탐구해야 한다. 이 일이 완성된 후에야 비로소 현실적인 운동이 적절하게 서술될 수 있다. 이것이 실현되면, 재료의 생명이 관념적으로 반영되면, 우리 앞에는 마치 선험적인 구조인 양 드러나게 된다"고 하였다.[9] 분명히 마르크스의 관점에 따르면, 존재론은 반성의 형태로서 "개념적으로" "현실적인 운동을 반영해야 한다." 이러한 파악 방식은

---

9 『마르크스 엥겔스 전집』 제23권, 중국 인민출판사, 1972, 23-24쪽.

"우리 앞에 나타난다" "선험적인 구조인 것 같다". 이러한 '선험성'은 존재론의 규정으로서의 성질 자체가 감성적 직관적 의미에서 현실을 긍정하지 않는다는 것을 결정한다. 마르크스가 그것을 말한 것은 실제로 층이 존재한다는 의미에서 성립된 것이 아니라 단지 논리가 사전적인 의미에서 성립되었기 때문이다. 따라서 철학은 형식적으로 반드시 완성되어야 하며, 그렇지 않으면 불완전한 것이어야 하지만, 이것이 반드시 전개 가능성을 방해하는 것은 아니다. 헤겔의 진정한 무한의 관점에 따르면 형식의 유한성과 내면의 무한성의 통일이야말로 진정한 무한성이며, 철학 체계의 구축에 있어서도 마찬가지이기 때문이다.

장 선생의 견해에 따르면 철학의 미완성성의 가장 중요한 것은 존재론 문제를 한 번에 해결할 수 없다는 점에서 반영되어야 하며, 이는 철학의 단점이 아니라 오히려 그 장점이다. 철학이 과학보다 우월한 것은 바로 그 자신의 개방성 자체로 세계의 개방성을 표상하는 것이 아니라 완성된 형태로 무한한 가능성과 끝없는 진전에 있다고 생각한다. 그것이 바로 철학의 우위이자 합법성이다. 철학은 어떤 의미에서 사상적으로 미리 절대적인 상태로 들어가는 것이다. 헤겔은 "절대성에 관하여 우리는 그것이 본질적으로 결과라고 말할 수 있다. 그것은 단지 종점에 도달해야만 진정으로 그것이 되는 이유가 된다"고 말했다.[10] 절대 결과로서만 가능하다. 그러나 반성의 형태로 철학에 의해 파악된 절대성은 먼저 결과의 형태로 논리적으로 나타나야 한다. 이는 두 가지 의미가 있는데, 하나는 존재론의 시작인 존재론 범주의 확립은 추상적인 결과(공허한 절대적 규정으로 특징지어짐)로서 선행적으로 확립된 것이며, 아직 전개되고 완성될 필요가 있다는 것이다. 전체 존재론의 구성, 즉 절대적으로 추상화에서 구체적인 과정으

---

10 헤겔 지음, 허린·왕지우싱 옮김, 『정신 현상학』, 상권, 중국 상무인서관, 1979, 12쪽.

로 나아가는 것이다. 둘째, 철학은 실제 인류 역사에 비해 추상적인 절대성을 가지고 있지만, 역사로서 완성된 그 절대성을 성찰적으로 먼저 파악한다. 철학은 사람들을 '절대적'으로 이끌기 위한 노력이라고 할 수 있다. 따라서 철학은 역사의 해결이 아니라 논리적 해결일 뿐이다. 그런 점에서 철학이 도달한 절대성은 '가상'의 성격을 띠고 있다. 철학은 반드시 완성이 있어야 하지만, 그 완성은 시간이 아니라 논리적인 것이며, 이것이 바로 철학이 논리를 선구적으로 추구하지 않을 수 없는 근본적인 이유이다. 철학의 논리적 완성에 관한 한, 진정으로 헤겔이 말한 바와 같이, "무릇 진실한 것은 사상 속에만 들어 있는 것이며, 그것은 단지 오늘이나 내일이 아니라, 모든 시간을 초월하는 것이다. 즉, 그것이 시간 안에 있는 한, 그것은 영원히 참이고, 때때로 참이 아니다.… 정말, 필연적인 생각… 변화는 있을 수 없다."[11] 그래서 엥겔스가 말했듯이, "역사에는 그 자체의 발걸음이 있고, 그 과정이 얼마나 변증법적으로 귀결되든, 변증법은 항상 역사를 오래 기다려야 한다"는 것이다.[12] 그런 의미에서 철학은 언제나 기다림의 상태에 있다.

마르크스가 '공산주의'를 '정립해야 할 상황'이 아니라 '현존하는 상황을 소멸시키는 현실의 운동'이라고 했을 때 공산주의는 종착점이 없는 역사의 생성 활동으로 현상 세계의 실제적 구현 과정으로 상징되며, 그 형식은 헤겔이 '악의 무한함'이라고 불렀을 때, 마르크스가 '공산주의……존재와 본질, 대상화와 자기 확증, 자유와 필연, 개체와 클래스 사이의 투쟁의 진정한 해결'이라고 말할 때 '공산주의'는 "실천적 유물주의"로서 "우리가 이미 사상 속에서 인식하고 있는 그것은 자기 지양 운동을 하고 있다"

---

11 헤겔 지음, 허린·왕타이칭 옮김, 『철학사 강연록』, 제1권, 중국 상무인서관, 1959, 10~11쪽.
12 『마르크스 엥겔스 전집』, 제20권, 중국 인민출판사, 1971, 450쪽.

는 것을 의미한다.[13] 즉 공산주의에 대해 '사고하는 의식'에 대해 말하자면 "또 이해되고 인식된 생성 운동'이다.[14] 그것은 일종의 철학적 해결로서 헤겔의 '진정한 무한성'을 구현하고 있다. 역사의 한계 때문에 옛 마르크스 시대의 철학자들은 그들의 철학을 진정으로 완성할 수 없었다. 마르크스만이 더 이상 철학을 단순한 논리적 구성으로 여기지 않고, 동시에 철학을 인간 존재의 역사적 표현과 완성 문제로 여기며, 후자를 전자의 내재된 논리적 요구로 이해한다. 이 역사적 사명은 '실천적 유물론자, 즉 공산주의자'만이 책임지고 실천할 수 있는 것이다.

장 선생의 글에서는 "일원론도 철저하지만 독단론에 빠지기 쉽다. 또 이원론은 철저하지는 않지만 철학의 자기 부정과 발전을 위한 공간을 마련하는 데 철저를 기할 수 있다"고 주장했다. 철학적 체계의 논리적 완비성은 헤겔의 의미에서의 참된 무한함을 의미하고, 경험적 불가능성은 헤겔의 의미에서의 악의 무한함을 의미한다. 철학의 진정한 의미는 바로 여기에 있다. 장 선생은 칸트 철학이 이원론으로도 유명하지만 철학적 의미는 절대다수의 일원론 철학보다 훨씬 크다고 말했다. 칸트 역시 현상계와 존재계, 자연률과 도덕률, 필연과 자유, 지식과 덕성의 경계에 그치지 않고 『순수이성비판』과 『실천이성비판』에 이어 『판단력비판』이라는 책을 펴내 분열을 해결하려 했다. 칸트의 노력이 성공했는지는 별개지만 그런 노력의 방향은 존재론의 일원성에 부합한다. 논리를 추구하는 자기 흡착성도 칸트 철학의 속셈임을 뜻한다. 칸트 철학의 계시적 가치는 이원론 자체에 있는 것이 아니라 그것이 건드린 문제를 해결하지 못했기 때문에 후대에 더 설명할 여지를 남겼다. 그러나 철학의 미완성은 장점이 아니라 단점이다. 칸트 철학의 한계를 장점으로만 봐서는 안 된다. 장 선생의 글

---

13 마르크스, 『1844년 경제학 철학 원고』, 중국 인민출판사, 2000, 128쪽.
14 마르크스, 『1844년 경제학 철학 원고』, 중국 인민출판사, 2000, 81쪽.

에서는 '의심 정신'을 언급했지만, 칸트 자신이 철학적 체계를 구축하기 위한 자명성의 전제를 독단적으로 강조하는 데 빼놓을 수 없는 의미였다. 칸트는 『순수이성비판』 제2판 머리말에서 "이성이 과학으로서의 순수지식에 독단을 쓰는 것을 비판하는 것은 반대하지 않는다(이런 지식은 언제나 독단적이기 때문에, 즉 선천적으로 믿을 수 있는 원칙에 따라 엄격하게 증명될 수 있기 때문이다). 그러나 독단주의는 반대한다."[15] 칸트가 거부한 것은 독단론이지 독단 자체가 아니다. 존재론의 약속으로서 철학적 전제의 궁극적인 원초적 범주의 자명성, 즉 논리적 의미의 '제1 원인'의 명확성은 반드시 독단적일 것이다. 그것을 의심하는 것은 의심에 대한 남용이며 회의론으로 이어질 뿐이다. 회의론을 불가능하게 만드는 것은 독단적인 존재다. 이런 점에서 독단과 의심은 회의론과 독단론 각각의 '해독제'를 구성한다. 철학은 어떤 의미에서 독단적 신조를 찾으려는 노력이나 다름없다. 즉, 궁극적인 원초 범주의 자명성을 드러내는 것은 분명 독단적일 것이다. 비트겐슈타인은 회의론은 반박할 수 없는 것이 아니지만 질문할 수 없는 곳에서 의혹을 제기하는 것은 분명히 무의미한 것이라고 했다.[16] 철학은 추궁에서 시작하여 추궁에서 끝난다. 철학에 있어서 추궁은 그 자체가 목적이 아니라 추궁의 종식을 위해 필요한 준비이다. 철학의 목적은 더 이상 추궁할 수 없는 자명성에 도달하는 것이다. 그러므로 회의론은 철학적 맥락에서 적절하지 않다. 모든 확실성을 해소하려 했고, 그 결과 자신의 전제를 뒤엎어 내면의 초월할 수 없는 역설에 빠졌기 때문이다. 의심을 배우지 않으면 상식과 지식의 은폐를 풀 수 없고, 존재에 도달할 수 없으며, 의심을 초월하지 않으면 최종적으로 존재의 범주를 확립할 수 없다. 장 선생이

---

15 장피즈, 루신 주편, 『칸트 헤겔 연구』, 제2집, 중국 상하이인민출판사, 1986, 425쪽.
16 투지량 주편, 천치웨이 옮김, 『비트겐슈타인 전집』, 제1권, 중국 허베이교육출판사, 2003, 263쪽.

보기에 철학 체계가 논리에 도달한 것처럼 보이는 것은 철학이 마땅히 추구해야 하는 것일 뿐 실제 상태가 아니다. 사실, 만약 이러한 논리의 완성이 기존 철학에서 실현될 수 없다면, 철학적 구성 자체가 경험 세계에 대한 우월성을 상실하고, 따라서 자신의 합법성을 갖지 못하게 될 것이다.

　장 선생의 생각이다. "'대상화'를 핵심 범주로 하는 실천인 생존 존재론은 순수한 이원론도, 순수한 일원론도 아닌 양자의 통일이며, 이는 또한 어떤 이론의 철저성을 견지하면서도 모순의 전개에 용이하여 철학이 현실에 통달하고 철학의 자기반성과 자아비판을 저해하지 않게 한다." 일원론과 이원론 사이에 통일과 조화의 가능성은 없다. 굳이 이들을 '통일'하려 한다면 '네모난 원'을 찾는 것만큼이나 불가사의하고, 그 결과는 절충주의일 수밖에 없다. 동일한 시스템이 일원론과 이원론일 수 없기 때문에 서로 부정하고 배척하는 관계는 이율배반을 구성한다. 일원론의 존재는 바로 이원론의 논리적 합법성을 해체하고, 그 반대도 마찬가지이다.

　장 선생은 다음과 같이 주장한다. "그(장 선생 글에서 비판한 허중화를 지칭)는 실천적 모순의 표출과 해결을 역사적 문제로 간주하고, 사회 과학 철학이나 경험 과학이 다루는 문제로 본다. 갈등에 대한 형이상학적 이해만으로는 부족하고, 그런 중요한 문제에 대해서는 존재론적 차원에서 접근해야 한다고 본다." 사실 존재론은 역사성과 모순되지 않는다. 왜냐하면 내가 보기에 실천 존재론은 곧 인간의 존재 현상학이고, 이 의미의 존재론은 현상학과 내재적으로 관련이 있기 때문이다. 현상학적 서사는 역사의 서사가 아닐 수 없다. 따라서 마르크스 철학은 존재론적 측면에서 역사성을 회복하는 것이 마르크스 신존재론의 장점이다. 실천으로 회귀했기 때문에 마르크스에 가서야 비로소 역사성은 존재론적 맥락에서 진정한 부활을 얻을 수 있었다. 그런 점에서 '실천적 갈등의 표출과 해결을 역사적 문제로 보는 것'은 적절하다. 경험 과학이 다루는 문제는 아니지만 경험 과학의 연구 성과에 의존해야 가능하다. 마르크스는 자신의 철학적 사고에서 경제학, 사회학, 인류학 등의 학문적 지식을 대량으로 이용하였고, 동시에 그것들은 그의 현상학적 서사의 존재론적 맥락에 통합되었다. 분명히 이것은 결코 '모순에 대한 이해'가 아니다. 왜냐하면 인간 존재의 현상학적 맥락에서 더 이상 형이상학과 형이하학 사이의 분열과 긴장 관계가 존재하지 않기 때문이다. '현→상'의 전개에서 이 모순은 실제로 극복되어 '모순에 대한 이해'라고 할 수 없다. 존재론은 인간으로서의 존재 현상학만이 진정으로 가능하고, 마르크스가 거듭 비판했던 '사변思辨의 원죄'에서도 벗어날 수 있다.

장 선생의 글은 다음과 같이 끝맺고 있다. "지금에 와서 시대의 문제는 이미 실천하느냐, 개혁하느냐의 문제가 아니다. …그렇다면…일반적으로 실천을 강조할 것이 아니라, 사람의 실천과 생존의 내적 모순에 깊이 파고들어 반성해야 한다…." 이는 분명히 철학의 논리구성과 철학의 기능을 혼동한 것이다. 마르크스 철학의 존재론 구축에 관한 한 실천의 궁극적인 원초성을 확인하는 것은 결코 전략적 수단이 아니라 전제 조건이다. 따라서 개혁 실천의 초점이 옮겨지고 변한다고 해서 마르크스 실천 존재론의 체계 자체가 시대착오적이어서 반드시 변경되고 조정되어야 하는 것은 아니다.

나머지 몇 가지 문제에 대한 논의

첫째, 실천 존재론이 인간 중심론에 빠질까?

장 선생의 글에서는 "실천의 내재적 모순이 존재론적 차원에서 드러나지 않으면 실천이 순수한 일원론 존재로 스스로 팽창하게 되고, 직접적으로 초래되는 사상적 결과가 바로 인간중심주의"라고 우려했다. 실제 존재론에 대한 오해로 인해 이러한 우려는 실제로 필요하지 않다. 장 선생의 글은 물질적 실체론을 비판하면서 "인간의 주관성은 인간이 결코 벗어날 수 없는 시야이며, 이에 근거하여 실천은 바로 반성적 논리의 우선성을 갖는다"고 인정하지 않을 수 없었다. 안타깝게도 장 선생의 글은 이에 대해 "물론 세계와 사람이 서로 사고事故를 위해 일체화된 조건에서만 가능한 일"이라는 조건을 달았다. 관건은 이런 주관성이 절대적인지, 상대적인지 여부다. 절대적이면 실체론적 시야를 구성할 자격이 있고 절대성에서 인간 중심론의 함정을 피할 수 있다. '세계와 사람이 서로 대상'이라는 상대적인 관계가 형성되면 인간의 주관성은 인간 중심론적 편집의 위험성을 진정으로 갖게 되는데, 이는 논리적으로 중심과 비중심적 기본 틀을 갖추고 있기 때문이다. 실천적 입장이라는 의미에서의 주관성은 심령 세계의 주관성이 아니며, 즉 물질과 정신이 분화된 후의 주관성이 아니다. 물론 인간의 존재로 특징지어지지만, 이러한 의미의 인간의 존재는 논리적으로 어떤 의미의 분열보다 우선하며, 그 중 가장 본질적인 의미의 분열인 '세계와 사람이 서로 대상'을 포함하므로 인간중심론을 상정하는 특정한 맥락과 필요조건을 갖지 않는다. 자아와 비아로 갈라지지 않고 절대적인 주관성 속에 있기 때문이다. 그래서 절대적인 것을 깨닫지 못하면 인간중심론이 절대적인 의미에서 불가능한 것인지 이해할 수 없다.

장 선생의 글에서는 "사람의 '대아大我'로 사람과 세계의 관계를 확인하는 것은 바로 사람의 주체성에 대한 지나친 과시이며, 세상의 객관성·이기성에 대한 무시"라고 주장했다. 우선 '사람'의 '대아'를 확립하는 것은 '사람과 세계의 관계 확인'을 위한 것이 아니라 '사람과 세계의 관계'보다 먼저 유효한, 보다 시원하고 본연적인 전제를 찾기 위한 것임을 지적해야 한다. 인간중심론의 편집은 인간의 '대아'의 절대성 자체에서 비롯된 것이 아니라 주-객 이분관계에서의 절대성의 오용에서 비롯된 것이라고 말하는 편이 낫다. 잘못된 결과지만 대아의 확립 자체가 아니라 대아의 불법 운용이 책임질 수밖에 없다. 따라서 인간중심론을 배제하기 위해 '대아' 자체를 부정하는 것은 정당한 이유가 부족하다.

장 선생의 글에서는 다음과 같이 주장한다. "인간중심주의의 현실적 표현은 물론 구체적인 대상적 관계에서 나타나야 하지만 그것이 외적인 대상을 독립된 의미가 없는 것으로 간주하는 것은 바로 철학적 전제에서 외적인 대상을 '없는 것'으로 간주하고 '대아'에 의해 삼켜질 수 있기 때문이다." 사실 인간중심론은 단순히 '현실적 표현'이 아니라 그 표현을 성립시키는 선험적 틀에서 '대상적 관계'를 필요로 한다. 대상화 자체는 서로를 대하는 관계의 규정이다. 바로 대상화의 관계에서 인간중심론이 가능해진 것이다. 어떤 의미에서 대상화는 이분자화이기 때문에 이러한 이분자화는 절대적인 주관성을 주객 이분법적 틀에서 상대적인 주관성으로 해체한다. 후자야말로 유아론이나 유심론의 존재 요건이다. 절대적인 출발인 존재의 범주에서 벗어나면 이분자화는 전제가 부족하여 확립될 수 없다.

둘째, 물질 존재론과 실천 존재론은 테제와 안티테제의 관계인가?

장 선생의 글에서는 다음과 같이 총결하였다. "필자가 생각한 결과 쑨孫 선생의 '정正(인간과 객관 세계의 외재적 관계)'과 허何 선생의 '반反 (인간과 객관 세계의 실천에서의 완전한 통일)'을 거쳐 신테제(인간과 객관 세계, 인간과 대상은 통일되고 분열됨)로 볼 수 있을 것 같다." 장 선생의 글에서는 나와 쑨량의 관점이 테제와 안티테제의 관계를 형성할 수 있다고 보고 신테제를 구하려 했다. 나와 쑨량의 이견의 성격에 대한 장 선생 글의 판단이 정확하지 않다고 봐야 한다. 사실 물질 존재론과 실천 존재론은 테제와 안티테제의 관계를 구성하지 못한다. 후자는 마르크스가 물질 존재론(이른바 옛 유물론)과 정신 존재론(이른바 유심론)의 대립을 지양하고 초월하기 위해 구축한 것이기 때문에 물질 존재론이 테제라면 정신 존재론은 안티테제다. 물질 존재론과 실천 존재론 사이에는 제3의 길이 존재하지 않으며, 이것과 저것의 관계일 수밖에 없다고 생각한다. 그래서 장 선생의 글의 논법은 논리적으로 성립될 수 없었고, 그의 글이 '계속 이어서 말하려 했던 통로를 막고 말았다.

셋째, 미숙하고 미비하다는 것이 존재론의 실천을 거부하는 이유가 될 수 있는가?

장 선생의 글에서는 "안타깝게도 허 선생이 이런 내적 장력구조(실천이 담고 있는 모순-인용자)에 대해 제대로 이야기하지 않았다"고 말했다. 이 말이 상당 부분 옳다는 점은 인정해야 한다. 왜냐하면 나는 아직 실천적 존재론에 대한 설명이 불충분하고, 그 구상도 완벽하지 않기 때문에 마르크스의 철학을 재해석하는 기본 입장과 원칙을 확립하고, 실천적 존재론의 원초적 전제와 대략적인 틀을 확립했을 뿐이지만, 아직 그 내용을 구체적으로 전개하지는 못했다. 그런 의미에서 장 선생의 비판은 일리가 있다고 본다. 그렇다고 실천적 존재론의 구상 자체가 잘못된 것은 아니므로 마르크스의 철학을 실천적 존재론으로 해석하는 것을 부정하는 이유가 될 수는 없다. 왜냐하면 이러한 불완전성은 내가 선택한 초기 범주의 내재적 전개 가능성 부족으로 인한 것이 아니라 이 작업이 완료되지 않았기 때문이다. 미성숙한 부분은 완벽해질 필요가 있지만 그렇다고 해서 부정적인 결론을 내려서는 안 된다. 따라서 미비하다는 이유로 실천적 존재론을 부정하는 것도 설득력이 떨어진다.

07

마르크스 철학은
인간의 현장성에만 근거할 수 있다

자오칭위안趙慶元, 쉬완푸許婉璞 두 학자가 공저한 「마르크스는 인간과 분리된 자연계의 존재를 인정하지 않는가?—허중화 선생과의 토론」이 『진양학간晉陽學刊』 2011년 제5호에 게재되어 있는데, 이후로는 「토론」이라고 하고, 인용된 모든 기사는 더 이상 출처에 대해 자세히 언급하지 않도록 하겠다. 이 글은 졸저인 『마르크스 다시 읽기-철학관의 현대 해석』의 일부 견해에 대해 비판하는 글인데, 필자는 이러한 태도를 환영하지만 그들이 제기한 견해에는 동의하지 않는다. 마르크스 철학의 본질에 대한 연구를 촉진하기 위해 필자는 두 명의 토론자와 학계 동료에게 조언을 구하기를 원한다.

「토론」은 '인간과 분리된 자연계의 존재 문제에 대한 마르크스의 진정한 입장을 풀겠다'는 데에 뜻을 두었다. 그런 의도 자체가 잘못된 것은 아니지만 결론은 의심스럽다. 내가 보기에 「토론」의 비판은 이러한 '진실한 입장'에 접근하지 못했을 뿐만 아니라 멀리 떨어져 있음을 보여 준다.

'인간과 분리된 자연계'는 철학적으로 의미가 없음

「토론」에서는 "마르크스는 인간과 분리된 자연계의 존재를 인정하지 않는가?"를 정면으로 내걸었다. 또한 전편에 걸쳐 이를 핵심으로 전개되고 있다. 따라서 먼저 이 문제 자체의 문제점을 명확히 할 필요가 있다. "마르크스는 인간과 분리된 자연계의 존재를 인정하지 않는가?"를 추상적으로 제기하고 토론하는 것은 타당하지 않다고 나는 생각한다. 왜냐하면 이런 방식은 그 문제를 가짜 문제로 전락시킬 수밖에 없기 때문이다. 내가 보기에 이 문제를 의미 있게 만들고 진짜 문제가 되게 하려면 마르크스가 과연 어떤 의미에서 '인간과 분리된 자연계'의 '존재'를 인정하고, 또 어떤 의미에서 '인간과 분리된 자연계'의 '존재'를 부인하는지를 꼼꼼히 따져봐야 할 것 같다. 유감스럽게도 「토론」은 이 차이를 명확히 하지 않고 이 문제를 두루뭉술하게 추궁하여 가짜 문제의 함정에 빠지지 않을 수 없도록 했다. 어떤 의미에서는 질문의 답변 방식이 미리 정해져 있다. 질문 방식은 전제적인 의미가 있고, 잘못된 질문 방식은 필연적으로 치명적인 결함을 갖는다.

실천 존재론 반대론자들이 취하는 일반적인 관행은 '전체 현존하는 감성 세계'를 제한한 다음, '전체 현존하는 감성 세계'를 넘어선 자아세계를 추구함으로써 실천이 모든 것을 결정짓지 못한다는 것을 증명하는 것이다. 「토론」도 예외는 아니다. 「토론」에는 다음과 같이 씌어 있다. "실천 존재론의 시야 안에 있는 '세계'는 자유로운 자연과 인간화된 자연을 포함한 무한한 세계가 아니라 그 속에 사람이 살고 있는 현실 세계 또는 속해 있는 사람들의 세계를 의미한다." 이에 "전통 마르크스주의 철학과 포이어바흐의 직관적 유물론이 보는 '세계'와 마르크스의 실천적 유물론이 보는 '세계' 사이에 아직 인간의 인식과 실천의 시야에 들어오지 못한, 인간과 분리된 자연계의 '차이'가 생겼다." 이른바 이 '차이'란 마르크스의 유물론 실천의 절대성을 떠난 뒤의 잘못된 상상의 결과일 뿐이다. 실천적 유물론의 시야를 뛰어넘는 '바깥쪽'을, 혹은 역설적으로 외적인 무한한 세계에 포함되는 '안쪽'을 구상했기 때문이다. 이러한 내외의 구별이 이루는 상대성은 바로 실천적 존재론적 시야의 절대성에 대한 부정과 박탈이며, 따라서 철학적 존재론 고유의 논리적 요구에서 벗어난다.

마르크스가 『1844년 경제학 철학 원고』에서 동물과 인간의 분야를 언급하면서 "동물은 자신만을 생산하고 사람은 자연 전체를 재생산한다"고 지적했다. 실천 존재론 비평가의 입장에서 보면 마르크스의 이 견해는 분명히 받아들일 수 없는 것이다. 마르크스가 말하는 인간의 활동이 "자연 전체를 재생산한다"는 것은 그들의 그런 상대적인 시각에서 이해하기 어렵기 때문이다. 인간은 자연의 일부, 즉 소위 인간화된 자연계만을 '생산'

할 수 있는데, 어떻게 아무도 발을 들여놓지 않는 자연계를 제쳐놓고 이런 주도면밀한 개념을 사용할 수 있느냐고 항변할 것이기 때문이다. 그들이 이해하지 못하는 것은 인간화된 자연계와 인간이 존재하지 않는 자연계의 이분법적 세계를 항상 먼저 설정했기 때문이다. 이 구분은 실로 실천적 실체론이 선행적으로 넘어서려 하는 원초적 기초가 될 수 없는 그 거짓 일원론의 함정이다.

나아가 「토론」에서는 "이 두 '세계'의 '차이'에서 사람과 분리된 자연계의 존재 문제가 발생한 것"이라고 여긴다. 분명히 「토론」에서 제기한 핵심 문제는 부적절한 전제에 근거해 성립된다. 전제의 허황성은 문제 자체의 허위성을 결정한다. 실천 존재론 반대론자들은 거의 공통적인 특징을 가지고 있는데, 실천 밖에 서서 실천을 보고, 항상 실천의 한계를 찾으며, 실천의 조건이나 심지어 이유를 찾으려 하는 것이지, 실천 안에 서서 실천 자체를 보는 것이 아니다. 그렇게 되면 실천의 자인적自因的 성격이 부정되어 규정되는 것으로 전락할 수밖에 없고, 나아가 논리적인 제1의 원인으로서의 자격을 상실하게 된다. 실천을 존재론의 원초적 범주로 두고 철학적으로 가장 우월한 해석 작용을 그들은 이해하지 못한다. 존재론은 결국 객관적인 진리의 문제가 아니라 사전 설정의 문제이다. 서로 다른 존재론이 더 나은지를 판단하는 것은 그것이 객관적인 진리인지 아닌지가 아니라, 그것이 더 큰 해석력을 가지고 있는지, 논리적으로 잘 조화되어 있는지 여부이다. 실천에 대한 이런 외적인 시각은 실천 존재론에 대한 비난이 항상 요령부득임을 결정짓는다. 그 자세 자체가 더 이상 존재론의 자세가 아니기 때문에 존재론의 자세가 무슨 존재론의 자세인가? 실천적 존재론 반대자들은 마르크스가 『1844년 경제학 철학 원고』에서 왜 인간의 존재와 무관한 고립되고 추상적인 '자연계'를 '무無'로 떨어뜨렸는지에 대해 가장 깊이 생각할 만한 질문을 간과하고 있다.

「토론」에서는 다음과 같이 주장한다. "자연 과학을 통해 밝혀진 자연계가 인류 역사보다 먼저 존재했다는 사실과 마르크스가『독일 이데올로기』에서 인간과 분리된 자연계의 우선성에 대해 한 군데가 아닌 논술에 대해 단순히 인간과 분리된 자연계의 존재 문제를 하나의 거짓 문제로 선언하는 것도 옳지 않다." 주의를 부탁하고 싶은 것은 이 문제가 '가짜 문제'가 되는 조건이다. 나는 자연 과학의 관점에서 그것이 의심할 여지 없이 먼저 확인되어야 하는 전제라는 것을 완전히 인정하기 때문에 일반적인 의미에서 이 문제의 정당성을 부인한 적이 없다. 그 외에 나는 더 많은 것을 부정하지 않았다. 인간보다 먼저 존재하는 자연계를 추상적으로 부정하는 것은 분명 부적절하지만, 존재론의 범위 내에서, 특히 마르크스가 인간으로 회귀하는 존재론적 시야에서 '인간과 분리된 자연계의 존재성 문제'를 제기하고 토론하는 것은 터무니없다. 바로 이 점에서 나와 「토론」 저자의 의견 차이가 있는 것이다.

「토론」에서는 "인간과 분리된 자연계의 존재적 문제에 대한 해석도 결국 시간이 먼저라는 의미로 정착됐다"고 비판했다. 이 문제에 있어서 나는 헤겔의 관점에 전적으로 동의한다. 헤겔은『자연 철학』에서 시간적인 의미에서 자연계의 선재성을 분명히 인정했고, 마르크스도 이를 부인하지 않았다. 중요한 문제는 마르크스가『독일 이데올로기』'포이어바흐' 장에서 "자연계의 우선적 지위는 여전히 유지되고 있다"고 말한 '우선적 지위'가 시간적인 의미인지 논리적인 의미인지 여부다. 나는 마르크스의 문맥에서 그것은 논리적 의미가 아니라 시간적 의미일 수밖에 없다고 생각한다. 이는 마르크스가『1844년 경제학 철학 원고』에서 인간과 동떨어진 자연계도 인간에게는 무無라고 언급한 것과 일치한다.

「토론」에서는 "실천의 원초적 선행성은 결코 논리적인 것만이 아니라 시간적인 의미도 함께 갖고 있다. 실천은 논리적으로 절대적인 의미를 가질 뿐만 아니라, 더 중요한 것은 시간적으로 절대적인 의미를 가지기 때문에, 인간과 분리된 자연계의 존재는 정말로 형이상학적 '가짜 문제'가 된다"고 하였다. 사실 여기에서는 두 가지 의미의 시간성을 구분해야 하는데, 하나는 물리적 의미이고 다른 하나는 인본학적인 의미이다. 전자는 시간성에 불과할 뿐 인간의 존재에 의한 연생緣生의 창조와는 무관하므로 진정한 의미의 생성성을 갖지 못한다. 이러한 시간성에 관한 한 실천은 의심할 여지 없이 선행적이지 않다. 후자야말로 인간의 존재 자체에 내재된 성질이며, 그것은 결국 실천의 본성에 의해 결정된다. 이 의미에서의 시간성은 역사성으로 특징지어진다. 이와 관련하여 실천은 선행성이 있는데, 이 시간성은 실천에서 파생된 속성이기 때문이다.

「토론」에서는 다음과 같이 언급하고 있다. "허중화 선생은 설령 『독일 이데올로기』에서 마르크스가 실천이 현존하는 감성 세계 전체의 근간임을 인정하면서도 '외부 자연계의 우선적 지위는 유지되고 있다'고 지적했지만, 이어지는 논술은 시간적인 자연계의 '우선적 지위'의 의미를 매우 명확하고 단호하게 부인하며, 사람과 분리된 자연계는 포이어바흐가 살고 있는 자연계가 아니기 때문에 포이어바흐에게는 존재하지 않는 자연계이다." 먼저 밝혀둘 필요가 있는데, 나는 자연이 시간적으로 우선한다는 것을 부인한 적이 없다. 둘째, 비철학적인 의미에서 자연계의 우선성을 인정한다고 해서 마르크스가 소위 말하는 '우리 주변의 감성 세계'를 구성한다고 인정하는 것은 아니다. 그래서 나는 그것이 포이어바흐가 살고 있는 자연계라는 것을 부인한다(물론 감성적 직관에 입각한 포이어바흐에게는 존재한다). 그러나 이 관점은 나의 발명이 아니라 마르크스의 공헌이다. 바로 마르크스가 이런 활동, 이런 끊임없는 감성 노동과 창조, 이런 생산이 바로 현존하는 감성 세계의 토대라고 명기했기 때문이다.[1] 마르크스가 말하는 우선적 지위를 가진 그 '자연계'는 마르크스가 『1844년 경제학 철학 원고』

---

1 마르크스, 엥겔스, 『독일 이데올로기(발췌본)』, 중국 인민출판사, 2003, 21쪽.

에서 말하는 '인간과 분리된 자연계'이다. 나는 단지 그것이 "포이어바흐에게도 존재하지 않는다"(이것은 사실 나의 '발명'이 아니라 내가 인용한 마르크스의 표현에 불과하다)고 말했을 뿐이지만, 그것은 결코 그 고립되고 인간이 그 자리에 없는, 인간보다 앞서 있는 자연이 비철학적 의미에서 존재한다는 것을 부정하는 것은 아니다.

「토론」에서는 또 베이컨, 흄, 로크, 바클레이 등 역사상의 경험주의 사상가들을 거론하며 내가 주장하는 실천은 우리 주변의 감성 세계가 열리는 것과 경험주의라는 세계가 경험에서 비롯된다는 인식에 방법은 다르나 동일한 효과를 내는 묘미를 갖고 있다고 주장했다. 이렇게 되면 「토론」은 경험주의의 오류를 이용하여 나의 견해의 정당성을 부정할 수 있다. 사실 「토론」은 세계가 '경험'에 의해서와 세계가 '실천'에 의해 세워진다는 점이 완전히 다른 것이라는 사실을 간과하고 있다. 전자는 감성적이고 직관적인 입장으로 받아들일 수 있고, 후자는 감성적인 활동의 입장으로 받아들일 수 있는 유일한 것이다. 여기에 담긴 미묘하고 본질적인 차이는 살펴보지 않을 수 없는 것이다.

「토론」에서의 생각이다. "호주에 새로 생긴 일부 산호섬을 제외하고"라는 이 삽입어는 인간과 분리된 자연계의 현실적 존재에 대한 마르크스의 인정을 극명하게 내포하고 있다. 그러나 나는 마르크스의 이 대목에서 「토론」에서 말한 그 뜻을 읽어낼 수 없다. 여기에 마르크스는 왜 호주에 새로 생긴 산호섬을 제외한다는 제한을 두었을까? 여기서 '새로운 출현'이란 무엇과 대비되는 것일까? 내가 보기에 그것은 인간의 탄생으로 상징되는 것임에 틀림없다. 즉, 시간적으로 인간이 탄생한 후에 '오늘날'까지 이어지지만, 인간의 감성적 활동에 의해 구축된 존재물은 아니다. 마르크스의 이 말은 인류가 탄생한 그 자연계를 시기적으로 앞서 설명한 것이기 때문에 '새롭게 생긴 산호섬들'은 제외해야 하지만, 그렇다고 해서 마르크스가 이 산호섬을 포이어바흐가 말한 '현존하는 전체 감성 세계'와 같이

'존재'하다고 생각했다는 것을 의미하지는 않는다. 시간적으로 인간보다 먼저 존재하는 '우선순위'는 없지만 '포이어바흐에게도 존재하지 않는다'는 것이다. 그러나 포이어바흐 철학 자체의 이치, 즉 감각적 직관적 입장(마르크스의 감성적 활동과 본질적으로 다른 입장)에 비추어 볼 때, 이 의미의 자연은 포이어바흐에게도 존재했다. 마르크스와 포이어바흐의 시야에서 근본적인 분열이 있었던 것이다. 분명히, 이 제한을 골라서 과장하는 것은 「토론」이 변호하려는 자신의 주장을 입증하는 데 조금도 도움이 되지 않는다.

이밖에도 「토론」에서 말하는 "호주에 새로 생긴 일부 산호섬을 포함해 인류 역사보다 먼저 존재하는 자연계" 운운도 정확하지 않다. 호주에 새로 생긴 일부 산호섬은 인류 역사 밖에 존재했지 인류 역사보다 앞서 존재한 것은 아니다. 시간적인 의미에서 이런 '산호섬'은 인류 역사보다 먼저 존재하는 것이 아니기 때문이다. 그렇지 않으면 마르크스는 인류 역사보다 먼저 존재하는 자연계를 언급할 때 배제하지 않을 것이다.

「토론」에서는 다음과 같이 주장한다. "포이어바흐와 마르크스 시대를 말할 것도 없이, 오늘날 우리들의 시대에도 호주에서 새로 출현한 몇몇 산호섬 및 18세기 영국인에 상대적인 프랑스와 독일의 상황들도 여전히 존재하고 있다." 우선 마르크스가 이 문제를 제기하면서 역사 분석이 아닌 철학적 분석을 했다는 점을 지적해야 한다. 그는 어떤 역사적 형식이 실천적 존재론에 의해 해석될 수 있는지를 역사적 발생학적 관점에서 판단하기보다는 철학적 시야의 확립 문제를 학리적으로 해결하는 데 초점을 맞췄다. 하나의 논리적 문제를 하나의 역사적 문제로 환원하는 것은 분명히 이질적인 문제를 혼동한다. 중국 동진東晉시대 현학자 장잠張湛이 『열자주列子注』에서 말했듯이 "이 일은 비록 검증되지 않았지만, 이 이치는 이미 그렇다"는 것이다. 역사적 구체적 사실들은 다 파헤칠 수는 없지만 그 논리적 필연성은 미리 파악할 수 있다.

감성적이고 직관적인 입장은
무비판적인 자세를 초래할 수밖에 없다

「토론」에서는 이렇게 주장하고 있다. "그렇다면 포이어바흐와 마르크스가 살고 있는 '현존하는 감성의 세계 전체'에 비해 실천이 얼마나 주체로서의 기본적 위치를 보여줄 수 있겠는가? 자연이 자연이 되는 것은 결코 그것이 인간의 활동으로 얼마나 각인되어 있느냐에 달려 있는 것이 아니라 자연에 내재된 자연의 필연성에 대한 사람들의 인식에 달려 있다." 첫째, 실천 존재론은 '자연이 자연이 되는' 이유를 찾으려는 것이 아니다. 그것은 자연 과학의 임무이지 철학의 임무가 아니다. 여기서 「토론」은 '철학'과 '과학'의 차이를 혼동한다. 둘째, 자연의 구성에서, 혹은 마르크스가 말한 바처럼 소위 '자연에서 인간으로의 생성'에서, "인간의 활동에 얼마나 각인되어 있는가에만 있는 것이 아니라, 자연에 내재된 자연의 필연성에 대한 인간의 인식에 있다"고 말하는 것은 특히 부적절하다. 인간과 자연의 관계를 이론(인식)의 관계로 먼저 이해하려는 입장에 마르크스가 완강히 반대했기 때문이다. 마르크스는 헤겔을 비판하면서 "한 학술 교수가 보기에 인간의 자연에 대한 관계는 우선 실천적인 즉 활동에 기초한 관계가 아니라 이론적인 관계다." 그러나 사실 사람들이 먼저 '외부 세계와의 이론적 관계'에 있는 것은 결코 아니다. 어떤 동물과 마찬가지로 그들은 먼저 먹고 마시는 등, 즉 특정 '관계'에 있지 않고 적극적으로 활동하며 활동을 통해 특정 외부 물질을 획득하여 자신의 요구를 충족시킨다. (따라서 그들은 생산에서 시작된다)[2] '이론적 관계'란 물론 헤겔의 절대정신이 자연계에 미치는 논리적 구성을 의미하지만, "자연은 자연이다"라는 '자연의 필연성'

---

2 『마르크스 엥겔스 전집』, 19권, 중국 인민출판사, 1963, 405쪽.

을 파악하는 의식의 활동으로 해석될 수 있다. 마르크스에게 있어 논리의 선구적 규정은 사람이 없는 자연계도, '이론적 관계'도 아닌, 사람의 '활동' 그 자체일 수밖에 없다는 것은 분명하다. 자연계에 자유로워지는 이유, 즉 '자연에 내재된 자연의 필연성에 대한 인간의 이해'를 밝혀내고, 실제로는 '이론적인 관계'이며, 이는 '과학'으로 특징지어진다. "과학은 인간이 세계에 대해 갖는 이론의 가장 높은 형태이며, 그것의 목적은 이것이 무엇인지에 대한 완전한 인식을 얻는 것이다."[3] 그 본질은 '인식'과 '자연적 필연성'에 있다. 그러나 마르크스는 이러한 '이론적인 관계'를 '적극적인 활동'보다 우선하는 것을 분명히 거부했다. 마르크스가 보기에 실천 관계는 이론 관계보다 논리적으로 우선시되기 때문에 "공업과 상업이 없다면 자연 과학이 어디 있겠는가?"[4] 「토론」에서 자연적 필연성을 인식하는 전제성을 강조하는 것은 실제로 존재하는 문제를 인식의 문제로 바꾸고 우선순위에 있는 실천적 관계를 이론적 관계로 대체하는 것을 의미한다. 이는 마르크스 철학의 근본 취지에 완전히 위배되는 것이다.

"포이어바흐가 유물론자였을 때 역사는 그의 시야 밖에 있었다"[5]라고 마르크스가 왜 말했는지 우리는 자세하게 이해할 필요가 있다. 감성적이고 직관적인 입장에 바탕을 둔 포이어바흐가 할 수 있는 일은 존재의 사실에 대한 올바른 이해 확립에 불과했다.[6] '옳다'는 게 '진실'은 아니다. 이런 직관적인 태도는 인간의 역사적 존재를 완전히 배제한다. 이러한 역사적 존재는 마르크스의 감성적 활동을 원초적 기반으로 하는 철학적 시야

---

3 허 사이들, 「인간과 현실의 실천 관계와 이론 관계 - 마르크스 엥겔스의 『독일 이데올로기』 제1권 제1장에 관한 재발표」, 『마르크스-레닌주의 연구자료』, 제6집, 중국 인민출판사, 1986, 66쪽에 실림.
4 마르크스, 엥겔스, 『독일 이데올로기(발췌본)』, 중국 인민출판사, 2003, 21쪽.
5 위의 책, 22쪽.
6 위의 책, 41쪽.

에서 직시될 수 있다. 포이어바흐의 감성적 직관을 시야로 하는 철학에서 역사는 인간의 부재로 인해 빠져 있다. 마르크스가 『자본론』 1권에서 역사 과정을 배제한 추상적인 자연 과학의 유물론을 비판한 이유를 알 수 있다. 이 유물론은 당시의 실생활 관계에서 그것의 천국 형식을 이끌어낼 수 없기 때문이다.[7] 「토론」에서 주장하는 자연의 필연성에 대한 인식을 인간의 감성적 활동, 즉 실천보다 우선하는 관점은 자연 과학의 유물론적 전철을 밟을 위험이 있다.

「토론」에서는 다음과 같이 논의를 전개한다. "실천 유물론이나 '실천 존재론'에서 인간과 분리된 자연계란 시간 차원에서 '인류의 역사보다 먼저 존재하는 자연계'만을 의미하는 것이 아니고, 또 공간 차원에서 '아직 인간의 지배하에 놓이지 않은 자연계'를 의미하는 것만이 아니라 포이어바흐의 눈에 직관적인 형태로 존재하는 자연계도 포함한다. 사실, 이 세 가지 소위 '사람과 분리된 자연계'의 의미는 근본적으로 동일하다." 그것은 바로 그것들이 공유하는 자재성自在性 혹은 인간의 비현장성이다. 「토론」은 포이어바흐의 직관적인 공감적 활동을 하는 결여 사이의 내적 연관성을 밝혀내지 못했다. 「토론」에서 말하는 '내용'이 무엇이든 실천의 부재가 근본적인 특징이다. 그런 의미에서 이런 내포의 구분은 아무런 의미가 없다.

'인간과 분리된 자연계의 존재의미'를 논증하기 위해서 「토론」에서는 세 가지 이유를 제기한다. '인간과 분리된 자연계는 인간의 노동이 전개될 수 있는 기본 전제', '인간과 분리된 자연계는 인류 역사가 전개될 수 있는 기본 전제', '인간과 분리된 자연계는 인간의 의식 형성의 기본 전제' 등 세 가지 이유를 제시했다. 이에 따르면 마르크스는 인간의 무기적 신체로서

---

[7] 『마르크스 엥겔스 전집』, 23권, 중국 인민출판사, 1972, 410쪽.

인간의 노동과 인류 역사가 전개될 수 있다는 기본 전제나 인간의 정신으로서의 무기적 자연계가 인간의 의식을 형성한다는 기본 전제 모두 인간과 분리된 자연계의 존재와 의미를 부정하지 않았다고 결론지었다. 사실 이 세 가지 이유 중 어느 것도 '전제'의 성격을 벗어나지 않으며, 「토론」에서도 '기본 전제'에 불과하다는 것을 인정해야 한다. 문제는 마르크스도 이런 "사람과 분리된 자연계의 존재와 그 의미"를 '이유'가 아닌 '전제'의 의미로만 인정했다는 점이다. 이것의 차이를 어찌 슬그머니 말살하거나 외면할 수 있겠는가? 내가 한 중요한 구분, 즉 '전제'와 '이유'의 구분은 실천적 존재론 반대자들의 충분한 중시나 직시를 불러일으키지 못했고, 고의적으로 회피한 것인지 아니면 대수롭지 않다고 여겼는지, 「토론」에서 '……' '전제'와 '이유'의 번거로운 구분도 분명 사람과 분리된 자연계의 시간적 선행성이 갖는 '존재'의 의미를 완전히 풀지 못한다"라는 한 구절로 가볍게 날려보냈다. '존재' 범주는 시간이 아닌 논리가 먼저라는 의미에서 성립될 수밖에 없다. 그렇다면 인간과 분리된 자연계가 시간적 선행성이 갖는 '존재'의 의미는 무엇일까? 여기에는 명백한 혼란이 존재한다.

「토론」에서는 마지못해 인정하고 있다. "마르크스가 유물론을 실천해 이해한 것처럼 인간과 분리된 자연계의 존재와 그 의미를 부인하지는 않았지만, 『1844년 경제학 철학 원고』든 『독일 이데올로기』든 인간 사회의 생성 활동에서 생성된 자연계만이 인간의 현실적 자연계라는 점을 강조한 마르크스는 이를 근거로 인간과 분리된 자연계에 집착하는 포이어바흐를 격렬하게 비판한 것은 사실이다." 「토론」에서 보기에 사람들을 곤혹스러움을 일으킬 정도의 의문이 일어났다. 왜 인간과 분리된 자연계의 존재를 부정하지 않는 마르크스는 인간과 분리된 자연계에 집착하는 포이어바흐를 격렬하게 반대했을까? 이러한 '당혹스러움이 나타난 이유'는 사실 「토론」 오해로 인해 발생했다. 이것은 오히려 「토론」이 직면한 난제이다. 포이어바흐의 감성적 직관적 입장을 넘어 감성적 활동의 입장을 주장한 마르크스를 포이어바흐식 철학으로도 받아들일 수 있는 사상가로 해석했기 때문이다.

「토론」의 3절에서 저자는 분명히 마르크스 철학의 맥락에서 분석의 동기와 분석의 논리를 혼동하였다. 마르크스의 이론적 동기는 의심할 여지 없이 자본주의의 역사적 합법성을 해체하는 데 있으며, 이는 분명히 현재 지향점을 가지고 있지만, 마르크스의 분석 논리는 먼저 현재의 질곡을 벗어나고 초월해야 하며, 먼저 존재론적 의미의 원초적 기초를 다져야 한다. 감성적 직관에 집착하는 것은 바로 포이어바흐가 겪었던 철학적 교훈이다. 마르크스가 보기에 감성적 직관에 입각한 포이어바흐가 달성할 수 있는 것은 현존하는 사물에 대한 정확한 이해일 뿐, 이를 뒤집는 결론을 내릴 수는 없다. 이 치명적인 결함은 무비판적이고 보수적인 입장으로 이어질 수밖에 없다. 마르크스가 현존하는 사물을 반대하는 동기는 어떻게 실행되고 실현될 수 있는가? 철학의 원초적 토대를 다시 세우는 일을 그가 먼저 해낸 덕분이다. 만약 마르크스가 철학의 근간에서 자유로운 자연계라는 '밝은 꼬리'를 그대로 유지했다면, 그는 철학의 철저성, 즉 포이어바흐 철학의 이러한 마르크스가 보기에 도저히 용납할 수 없는 치명적인 한계를 철학의 근간에서 진정으로 뛰어넘어 극복할 수 없었을 것이다.

실천 존재론의 해석은 마르크스에 대한 오해인가?

「토론」에서의 지적이다. "마르크스의 정치 경제학 연구의 논리적 경로를 따라 여기까지 왔을 때, 우리는 유물론 실천이 실제로 마르크스의 유물론 실천 사상을 이해할 수 있는 깊은 의도가 없다는 것을 깨달았다." 누가 마르크스의 유물론 실천에 대한 깊은 뜻을 제대로 이해하지 못했는가? '심각한 의도'란 「토론」에서 무엇을 말하는가? 「토론」의 관점에서 볼 때 일반적인 의미의 실천은 소외의 역사적 현상을 설명할 수 없으므로 혁명과 비판의 결론을 도출할 수 없다. 그러나 일반적인 의미의 실천에서 소외 현상의 논리적 가능성을 드러내는 것은 마르크스가 실천적 유물론자로서 발견한 '비밀'이다. 여기에 '일반적인 실천'이 '공업과 상업'과 다르지 않은가? 마르크스의 의도를 제대로 이해하지 못한 것은 다름 아닌 「토론」의 저자 자신이었다. 마르크스가 주장한 혁명의 필요성과 가능성은 결국 실천에 의해 주어졌기 때문에 그는 실천적 유물론자와 공산주의자를 동의어로 받아들였다. 존재론적 차원에서 실천을 긍정하는 원초적 지위는 '먼저 혁명가로서' 마르크스가 필연적으로 요구하는 이론적 입장이다. 이제 와서 누가 '마르크스의 유물론 실천을 진정으로 이해할 만한 깊은 의도가 없었는지' 이미 밝혀졌으니 더 이상 논할 필요가 없다고 생각한다.

「토론」에서는 "실천 존재론을 주장하는 사람들이 실천이 현존하는 감성 세계 전체의 기초라는 논리를 확고히 잡고 있지만 마르크스의 진의를 파악하지 못하고 있다"고 말한다. 이런 논법은 사람들을 '이해'시키는 것이 아니라 반대로 사람들을 모호하게 만든다. 마르크스의 비판은 바로 '현존하는 감성의 세계 전체'를 가능케 한 그 '실천'에 호소하는 것이었다. 어떻게 "실천이 '현존하는 감성 세계 전체'의 토대를 꽉 잡았다"며 오히려 마르크스의 속내를 이해할 수 없게 됐을까? 내가 보기에 바로 이 기초를 벗어나 '인간과 동떨어진 자연계'의 '존재성'을 찾으려는 「토론」은 실로 현존하는 세계에 대한 정확한 해석에 국한된 보수적 입장에 직면해 포이어바흐 철학의 전철을 밟을 위험에 처해 있다.

「토론」에서는 다음과 같이 언급했다. "마르크스의 새로운 세계관으로서의 실천적 유물론이 보는 세계는 자유로운 자연과 인간화된 자연을 포함한 무한한 세계가 아니라 사람이 살고 있는 현실 세계나 속해 있는 사람들의 세계를 의미한다." 이 표현의 요점은 우리가 이렇게 가정할 때, 철학적 시야의 절대성이 사실상 선행적으로 해체되었다는 것이다. 왜냐하면 그것은 철학적 시야와 공존하는 이질적인 시야를 미리 설정했기 때문이다. 이 시야에서 우리가 발견할 수 있는 것은 소위 '무한 세계'의 일부를 구성하고, 또한 '인간화된 자연'에 있는 '자유로운 자연'이다. 이러한 시야는 분명히 철학적 의미가 아니며, 그것으로 철학적 시야를 거부하는 이유로 삼을 수는 없다. 나는 거의 모든 실천적 존재론적 반대자들이 철학적 시야가 성립하는 조건을 무시하고 소박한 상식적 사고를 갖는 공통적인 선호를 가지고 있다는 것을 발견했다.

마르크스가 궁극적인 원초적 범주를 구축해야 하는 이상 발생학적 시야를 넘어서지 않을 수 없었다. 이러한 시야의 특징은 시간적 소급과 환원을 통해 사물의 전제를 드러내는 것이다. 발생학적 의미에서 우리는 '제1 원인'을 결코 찾을 수 없기 때문에, 이는 첫 번째 원인이 시간이 아니라 논리적일 수밖에 없다는 것을 의미한다. 철학이 논리 이전 의미의 원초적 토대를 구축할 수밖에 없는 근본적인 이유다. 그러나 전통적인 존재론은 이러한 논리의 선구적 의미를 의식하면서도 존재론의 범주로서의 원초적 기초에서 실제적으로 생성된 이유와 기초를 내재하지 않고 사변적으로 전개되는 기로에 편입되어 현실과 동떨어진 자족적 이데올로기 왕국으로 변모했다. 그래서 마르크스는 "이 철학자들 중 누구도 독일 철학과 독일 현실 사이의 연관성, 그들이 하는 비판과 그들 자신의 물질적 환경 사이의 연관성에 대해 질문할 생각을 하지 못했다"고 말했다. 이러한 '연결'의 단절은 철학자들의 현실 비판적 충동 부족에서 비롯된 것이 아니라, 그들의 철학이 그 유전자적 차원에서 내재된 인간으로부터의 이탈이라는 내재적 결함에서 비롯된 것이다. 사변 철학이 멈춘 곳은 바로 마르크스의 '이어가는 이야기'의 시작점이었다.

마르크스 철학을 물질적 실체론으로 해석하지 못하는 이유를 이해하기 어렵지 않다. 물론 마르크스 사상의 본질에 맞지 않기 때문이다. 학리적인 측면에서는 발생학적 시야로서 과학적인 추궁 방식에 불과하여 과학적인 발생학적 시야에서 철학적인 논리학적 시야로의 전환을 실현할 수 없고, '반영'에서 '반성'으로의 전환을 실현할 수 없기 때문에 존재론 구축의 내적 요구인 궁극적인 원초적 기초를 밝힐 수 없고, 다른 하나는 존재론 이론의 본질과 실존의 통일을 달성하지 못하여 존재론 이론의 고전적 형태에서 현대적 형태로의 전환을 완료할 수 없다. 따라서 마르크스가 완성한 존재론 재건의 철학적 혁명을 구현할 수 없다.

지금까지 나의 제한된 이해에 따르면, 실천적 존재론에 대한 비판은 외적인 비판을 넘어선 적이 없다. 이러한 외부성은 이러한 비판이 충분히 설득력이 없다는 것을 확인시켜 준다. 예를 들어 비판자들은 항상 '신의 눈(God's eye)'과 유사한 인간 존재로부터 독립할 수 있는 홀로그램적 시야를 먼저 구상하는 것을 선호한다. 이렇게 되면 존재론의 절대성을 완전히 벗어나게 된다. 이런 절대성은 '내외 합치'를 요구하기 마련인데, 내외의 차이를 상상하면 상대관계의 함정에 빠질 수밖에 없기 때문이다. 그러나 실천적 존재론에 대한 비판은 항상 존재론의 시야 외에 하나의 시야가 있다고 가정하며, 존재론의 시야와 병행하여 존재한다. 이러한 사고방식에 따르면, 비평가들은 인간의 실천의 '외부'에 도대체 무엇이 존재하는지 상상하는 것을 선호한다. 그들은 마르크스가 『포이어바흐에 관한 개요』에서 '주관적으로 이해할 수 없다'고 한 말의 요체를 제대로 이해하지 못했다. 사실 마르크스의 이 표현은 특별히 유물론을 겨냥한 것이 아니라, 동시에 관념론을 겨냥한 것이다. 이 '주관'이 가리키는 것은 객관성과 상대적으로 좁은 주관성이 아닌 절대 주관성을 의미한다. 물론 그렇게 이해한다면 물질적 실체론의 변호인들은 '유심론의 소지가 큰 것 아니냐?'고 힐난할 가능성이 크다. 주관성은 아직 이뤄지지 않았는데, 또 어떤 절대적인 주관성이냐는 것이다. 사실 그렇게 걱정할 필요는 없다. 실천의 원초적 지위를 확립할 때 실천은 마음과 물질의 분열보다 먼저 성립하기 때문이다. 논리적으로 유물론과 유심론의 분열의 토대가 존재하지 않는 이상 유심론이라고 할 수 없다. 따라서 이런 우려는 불필요한 것이다.

「토론」에는 다음과 같이 씌어 있다. "마르크스 엥겔스는 『독일 이데올로기』에서도 실천 문제를 비교적 많이 언급했지만, 현존하는 감성 세계와의 관계 문제를 다룰 때는 유물론처럼 실천을 자주 하기보다는 산업과 상업의 활동으로 더 많이 논술했다." 내가 보기엔 이는 너무 형식적으로 보는 것 같다. '실천'과 '공업과 상업' 사이에는 서로 다른 관계가 있는 것일까? '공업과 상업'은 '실천'의 특정 역사적 형태가 아닌가? 마르크스는 『독일 이데올로기』〈포이어바흐〉 장에서 '공업과 상업'을 통해 포이어바흐의 '주변의 감성 세계' 구축을 설명했지만, '공업과 상업'이라는 인간의 실천이 그 특정 시대의 '여기 있다'는 형태로만 문제를 한정하지는 않았다. 마르크스가 과연 어떻게 표현했는지 보자. "그(포이어바흐-인용자) 주변의 감성 세계는 결코 어떤 천지개벽 이래 직접적으로 존재해 온, 한결같은 것이 아니라 공업과 사회 상황의 산물이며 역사의 산물이며, 대대로의 활동의 결과물이며…"[8] 마르크스가 말한 이 특정한 '감성 세계'는, 인류의 과거 실천 활동이 축적된 결과로서, 현재의 '공업과 사회 상황' 뿐만 아니라, 과거의 '역사'와 '대세적 활동'도 내포하고 있다. '감성의 세계'를 지금의 '산업과 상업 활동'으로만 몰아붙이지는 않았다. 이 신문은 마르크스 엥겔스가 말한 현존하는 감성의 세계 전체의 근간이 되는 연속적인 감성의 노동과 창조도 일반적인 의미의 실천이 아니라고 주장했다. 물론 일반적인 본질은 특별한 표현과 동일하지 않지만 이러한 차이는 그들 사이의 내부 연결을 배제하지 않는다. 우리는 어느 특정 시대에 「토론」처럼 '일반적인 의미에서의 실천'을 찾을 수 있을까? 역사상 이런 추상적인 의미의 실천이 없었던 것이 '실천'이 존재론의 원초적 기초라는 결론을 내리는 데 방해가 됐을까?

---

8   마르크스, 엥겔스, 『독일 이데올로기(발췌본)』, 중국 인민출판사, 2003, 20쪽.

「토론」에서는 "'실천'과 공업·상업 활동 사이에서…자신의 주관적인 의지대로 마음대로 바꾸었다"고 지적하였다. 그런 지적은 성립될 수 없다. 실천의 역사적 형태로서 '산업과 상업 활동'은 마르크스가 있던 시대의 이 존재적 실천을 구성하며, 둘을 분리하려는 시도는 '논쟁'의 논증 비중을 조금도 증가시키지 못한다. 실천은 구체적인 역사를 가리키지만, 그것의 가리킬 수 있는 것은 추상적인 것으로, 특정 역사 형식의 한계를 넘어서는 것이며, 내가 지적했듯이, 실천은 '가리킬 수 있는 것'의 의미에서는 추상적이고 논리적인 규정이며, '가리키는 바'의 의미에서는 구체적이지만, 경험적 사실이다.[9] 실천 지상성을 주장하는 마르크스가 사람들이 자신의 구체적인 행동에 호소하는 것을 거부하고, 사고 속에서 추상적인 실천 부호를 쫓는 것일까? 굳이 '실천'과 '공업과 상업 활동' 사이의 '임의 전환'이 있다고 한다면 개척자는 마르크스 자신일 수밖에 없다. 마르크스는『독일 이데올로기』〈포이어바흐〉 장에서 '실천'을 사용했고, 또 '감성 활동'도 사용했다. 게다가 '공업과 상업 활동'이라는 서로 다른 표현을 사용했는데, 모두 마르크스가 인간의 현실 활동을 우리 주변의 감성 세계를 열고, 생성하고, 구성한다고 묘사했다. 마르크스가 보기에 포이어바흐 철학의 치명적 결함은 '그는 결코 감성 세계를 이 세계를 구성하는 개인의 살아 있는 모든 감성 활동으로 이해한 적이 없다'는 데에 있다. (마르크스, 엥겔스,『독일 이데올로기(발췌본)』, 중국 인민출판사, 2003, 22쪽). 여기서도 충분히 티가 나지 않는가? '감성 활동'이 바로 '실천'이 아닐까? 마르크스 자신이 '산업 및 상업 활동'과 '일반적인 의미의 실천' 및 '임의 전환'을 하고 있음을 알 수 있다. '공업과 상업 활동' 때문에 '이런 활동, 이런 연속된 감성 노동과 창조, 이런 생산'이라는 별명이 붙었다. '활동' '감성 노동과 창조' '생산'이란 '실천'

---

9 허중화,『마르크스 다시 읽기-철학관의 현대 해석』, 중국 산동인민출판사, 2009, 208~209쪽.

의 다른 말이 아닌가?

「토론」에서는 심지어 "마르크스 엥겔스가 말한 '모든 현존하는 감성 세계'의 기초가 되는 연속적인 감성 노동과 창조도 일반적인 의미의 실천이 아니다"라고까지 주장했다. '감성 노동과 창조'는 '일반적인 의미의 실천'과 동일하지는 않지만, '일반적인 의미의 실천'의 구체적인 형태이며, 이들 사이의 비등가적 관계는 본질적인 연관성이 없다는 것을 의미하지는 않는다. 우리는 어느 특정 시대에나 「토론」과 같은 소위 '일반적인 의미에서의 실천'을 찾을 수 있을까? 상상할 수 있는 어떤 실천도 인간의 구체적인 역사적 활동으로 특징지어질 수 있다는 것은 의심의 여지가 없지만, 우리는 전체 철학의 원초적 기초가 되는 범주를 확립할 때 '일반적인 의미의 실천'을 확인하지 않을 수 없으며, 따라서 우리는 구체적인 실천 활동의 한계를 넘어 가능한 모든 실천을 포괄할 수 있다.

「토론」에서는 다음과 같이 주장하고 있다. "공업과 상업 활동이 소외의 형태로 존재하기 때문에, 이러한 공업과 상업 활동이 깊은 기초가 되는 '전체 현존하는 감성 세계'는 소외적이고 전도된 세계일 수밖에 없다." 하지만 "실천적 유물주의는 공업과 상업이라는 특정한 형식과 일반적인 실천의 임의적 전환 속에서 공업과 상업 활동이 담고 있는 특유의 소외의 함의를 버리는 것이다." 이 의혹 역시 성립되지 않는다. '일반적 실천'에 대한 강조는 소외 현상의 역사적 존재를 배척하지 않을 뿐 아니라, 바로 그 가능성을 뒷받침하는 역사적 토대를 제공하기 때문이다. 소외의 본질인 인간의 실존과 본질의 분열은 바로 실천에 내재된 내적 모순이 전개된 결과다. 따라서 실천은 역사적으로 전개되는 과정에서 필연적으로 인간의 소외의 역사적 생성과 역사적 소화로 특징지어진다. 그런 점에서 실천은 바로 인간 역사의 모든 가능성을 열어주는 내재적 이유를 제공한다. 인간의 본질과 실존 분열의 근거, 동력 및 실현의 조건은 모두 '실천'이라는 근거 자체가 주는 것이다. 그렇다면 실천을 원초적 범주로서 전개하는 데 "공업과 상업이 지닌 특유의 소외적 함의를 잃어버렸다"는 문제가 있을 수 있겠는가?

'공업과 상업 활동'으로 인한 인간의 소외된 세계는 바로 실천이 감성의 세계를 열고 건설하는 것에 대한 일종의 당장의 확인이자 역사적 표징이 아닐까? 실천의 존재론이 실천의 개방성을 인정하는 것과 무엇이 다를까? 곡해에서 비롯된 것이 아니라면 「토론」에서 지적한 것과 같은 이른바 "소외의 형태로 존재하는 공업과 상업 활동을 실천이라는 추상적인 개념으로 대체한다"는 문제는 전혀 존재하지 않는다. 사실 소외 자체가 실천의 내재적 잉태의 결과이며, 실천 밖에서 소외의 근원에 대한 합리적인 설명을 찾는 것은 불가능하다. 소외의 역사 생성도, 그 역사적 해소도 실천의 내적 가능성의 역사 표현에 불과하기 때문이다. 그렇다면 소외든 소외가 아니든 초실용적 해석을 구하는 것은 불가능하거나 바람직하지 않다. 따라서 현재의 감성 세계의 구성을 산업과 상업으로 설명하는 것은 실천의 원초성을 인정하는 실천적 존재론의 사전 설정과 모순되지 않을 뿐만 아니라 이러한 설명이 실천적 존재론의 내재적 요구이다. 여기에 또 무슨 모순되는 점이 있는가?

08

존재 범주로서의 실천과 시간성의 도래

졸저 『마르크스 다시 읽기』가 출판된 후, 약간의 토론이 벌어졌다. 자오칭위안 교수 등이 쓴 질의에 대해 답변하기 위해 나는 자오칭위안, 쉬완푸의 〈마르크스는 인간과 분리된 자연계의 존재를 인정하지 않았나?〉(『진양학간』 2011년 제5기에 실림)과 본서 제7장의 내용을 참고하였다. 그는 최근 〈마르크스 철학은 '시간을 뛰어넘는 실천'에 입각해서는 안 된다-허중화 선생과 다시 토론함〉(『중국 허베이사범대학교 학보』(철학사회 과학판)을 발표하여 나의 답변에 대해 추가 반론을 제기했지만 나는 여전히 그 견해와 논증에 동의할 수 없다. 마르크스 철학의 본질에 대한 이해를 심화시키기 위해서 나는 다시 한번 답변을 하고 싶다.

참다운 시간성은 실천이 사람의 미래에 대한 가능성의 열림

〈재토론〉의 본질은 논리가 먼저 실천하는 원래의 위치를 긍정하는 것을 거부하고 마르크스 철학이 '시간을 초월한 실천'에 입각해서는 안 된다고 주장하는 것이다. 나는 이것이 마르크스의 철학적 특성을 가리고 그것의 내적 정신과 독특한 공헌에 대한 적절한 이해를 방해한다고 생각한다. 이른바 '시간을 초과하는 실천'은 진정한 시간적 존재적 근거를 구성한다. 논리를 앞세운 현안을 떠나 실천적 존재론이나 실천적 유물론의 의미와 위상을 의식적으로 확인할 수 없고 진정한 시간성은 신뢰할 수 있는 보장을 잃게 된다. '거대한 역사 감각'이 마르크스에게 충분한 의미를 부여한 이유다. '역사성'은 '통시성'이 아니다. 진정한 시간성은 통시성이 아니라 역사성으로 표징될 뿐이다. 왜냐하면 "역사는 그 논리적 구조를 검증하는 도구일 뿐"[1]이기 때문이다. 그래서 헤겔 철학의 기초는 여전히 역사 그

---

1 『마르크스 엥겔스 전집』 제1권, 중국 인민출판사, 1956, 650쪽.

자체가 아니라 비역사적 논리로 남아 있는데, 그 이유는 그 기초가 실천과는 무관한 절대정신이기 때문이다. 진정으로 역사 그 자체로 돌아가려면 실천을 존재론의 원초적 토대로 삼지 않을 수 없다. 그래야 역사의 부활이 존재론의 보장을 받을 수 있다. 역사는 실천 구축의 결과일 뿐 실천의 시작 그 자체라고 할 수는 없다.

진정한 시간성은 실천이 인간의 미래에 대한 가능성을 열어주는 것이며, 그 자체가 역사의 탄생 활동이다. 실천의 범주를 벗어난 선행先行은 뿌리를 잃게 된다. 이러한 선행 확립은 논리가 선행될 수밖에 없는 이른바 '시간을 넘어서는 것'이다. 바로 초시간성이 진정한 시간성을 만들어 낸 것이다. 기괴해 보이지만 진실한 통일이다.

'재토론'에서는 다음과 같이 제기한다. "마르크스의 원생태 사상은 오늘날 일반적으로 실천적 유물론이나 역사적 유물론 같은 철학이 아니라 정치 경제학이라는 진정한 실증 과학이라고 제시했다." 이것은 '재토론' 전문 입론의 전제로서 몇 가지 생각해 볼 만한 점이 있다. 첫째, 실천 유물론과 마르크스의 '정치 경제학'을 이것 아니면 저것의 관계로 볼 수 없다는 점이다. 마르크스의 경제학 연구는 그의 실천 유물론의 중요한 함의에 불과하기 때문이다. 마르크스의 맥락에서 실천적 유물론과 정치 경제학적 비판은 결코 분리되지 않고 연구되어 '원생태'와 '차생태'의 구분이 없다. 마르쿠세의 말처럼 마르크스의 정치 경제학 전반과 그 비판은 철학의 기초와 철학의 논쟁 속에서 직접 발전된 것이다.[2] 둘째, 마르크스도 '정치 경제학'을 긍정하지 않고 비판의 대상으로 삼았고, 그가 평생 해온 일이 어떤 의미에서 '정치 경제학 비판'이라는 것도 그의 평생 대표작인 『자본론』의 부제를 구성했다. 다시 한 번 마르크스가 말하는 '진정한 실증 과학positive

---

2 『프랑크푸르트 학파 논저선집』, 상권, 중국 상무인서관, 1998, 300쪽.

Wissenschaft'은 영어의 '사이언스science'도 아니고, 사회사에 대한 자연 과학적인 연구도 아닌 '사람들의 실천 활동과 실제 발전 과정을 묘사한 '진정한 지식'[3]이다. 즉 실천적 유물론의 구축 그 자체이다. 자연 과학의 의미에서의 실증 과학은 당연히 인간의 부재를 가정한 자연계의 존재가 필요하지만 '진정한 실증 과학'은 이와 무관하다. 후자가 제공하는 것은 무엇일까? 마르크스는 공산주의는 역사의 수수께끼의 해답이며 자신이 바로 그런 해답이라는 것을 알고 있다고 말했다. "생각하는 의식에 있어서" "이해되고 인식되는 생성 운동"이기 때문이다. 그는 '공산주의'를 '인간의 자기 자신, 사회로의 인간적 복귀'로서 '자각적인'[4] 것이라고 강조하였다. '진정한 실증 과학'은 공산주의의 자각적 반성적 성격의 파악, 즉 '이해되고 인식된 생성 운동'의 자각적 형식에 불과하다. 마르크스에게 공산주의는 반성의 차원을 내재하고 있지만 사변 철학이 아니라 역사 자체에 호소하고 있다. 이런 면역력을 갖게 된 것도 실천이라는 원초적 토대가 마련된 덕분이다.

문제의 핵심은 철학과 과학의 시야를 혼동하는 데 있음

〈재토론〉에서는 "마르크스가 인간과 분리된 자연계를 인정하느냐"는 추상적인 논의를 하는 것을 인정하지 않고, '진정한 착상'은 "마르크스가 인간과 분리된 자연계의 존재를 인정하느냐는 추상적인 의미에서 논하는 것을 피하고, 마르크스 사상의 진정한 이론적 맥락에 두려고 노력한다"고 주장한다. 설령 〈재토론〉이 그런 '의도'가 있다고 해도 실제 토론은 이미

---

3 『마르크스 엥겔스 선집』, 제1권, 중국 인민출판사, 1995, 73쪽.
4 마르크스, 『1844년 경제학 철학 원고』, 중국 인민출판사, 2000, 81쪽.

무산된 지 오래다. 인간과 분리된 자연계가 존재하는지 여부에 대한 유일한 정답만 있을 뿐이라는 논의의 한계를 넘어선 적이 없기 때문이다. 이는 이 문제가 서로 다른 맥락에서 완전히 다른 대답을 할 수 있고 모두 성립될 가능성을 배제한다. 이것이 문제를 추상화하는 것이 아니면 무엇이란 말인가?

청년 마르크스가 물질적 이익의 영역으로 자신의 연구의 촉각을 돌리기 시작한 것은 순수철학적 사변에서 사회적 현실에 대한 관심과 속세에 대한 비판으로 노동 소외 문제에 직면할 정도로 변화한 것이 사실이다. 〈재토론〉은 이러한 사상사적 사실을 지겹지 않게 반복하는데, 도대체 무엇을 설명하려는 것인가? 그것들을 열거하는 것은 증명될 수 없을 뿐만 아니라 위조 증명에 대한 〈재토론〉의 입론이다. 마르크스 사상의 이러한 전향은 마르크스 철학의 원초적 기초에 대한 재건과 함께 이루어졌기 때문에, 이러한 재건은 실천적 존재론의 확립이다. 이 진로와 달리 포이어바흐는 "그들의 시대가 이미 모든 이론적 형태로 둘러싸여 있는 경제 문제를 이론적 사고의 중심으로 삼기는커녕 오히려 과학적 감성적 직관에 젖어 있다"고 했다. 경제 문제에 관심을 기울이지 않고 과학적인 감성적 직관에 몰입한 이유가 무엇인지 묻고 싶다. 바로 이 중요한 대목에서 '재토론'은 여기서 그치고 깊이 연구하지 않았는데, 이러한 심층 연구는 분명히 마지못해 받아들인다는 결론을 내릴 것이기 때문이다. 사실 마르크스는 "포이어바흐가 대상, 현실, 감성을 객체나 직관적인 형태로만 이해한다고 답한 지 오래이고, 주체적으로 이해하는 게 아니다"라고 말했다. 그래서 그는 "'혁명의' '비판을 실천하는' 활동의 의미를 모른다"[5]는 편견을 갖지 않는 사람이라면 누구나 포이어바흐가 직관적이고 시대착오적인 실천에 빠진 것

---

5 『마르크스 엥겔스 선집』, 제1권, 중국 인민출판사, 1995, 58쪽.

은 마르크스와 같은 실천적 유물론적 입장이 부족했기 때문이라는 학리를 부인할 수 없다. '직관적 유물주의'를 넘어 감성을 실천 활동으로 이해하는 유물론[6]을 세우고 나서야 마르크스는 포이어바흐의 한계를 벗어나 독일 철학과 독일 현실 사이의 연관성에 대한 질문을 던질 생각을 하지 못했다는 그의 비판을 극복하고[7] 시민 사회로 돌아와 경제학 연구를 했다. 시민 사회 해부는 정치 경제학에서 찾아야 했기 때문이었다.[8]

〈재토론〉 입장에서 볼 때, 마르크스가 포이어바흐의 인간과 분리된 자연계를 비판한 것은 포이어바흐의 철학이 현실과 동떨어져 있기 때문이다. 포이어바흐가 현실에 대한 관심으로 돌아가 '인간과 분리된 자연계'의 존재를 인정하는 한 용인할 수 있고 정확하다. 이것은 문제를 완전히 헷갈리게 한다. 〈재토론〉의 인과관계를 무시하기 때문이다. 포이어바흐가 현실과 동떨어진 것은 바로 '인간과 분리된 자연계', 즉 직관적인 자연계의 존재를 철학적으로 견지했기 때문이다. 이러한 직관성에서 벗어나지 않고는 철학적 사전적 의미에서 현실로 복귀할 내적 이유를 얻을 수 없다. 이런 직관성을 벗어나려면 인간의 부재에 대한 자연계의 잘못된 상상을 철학적 시각에서 제거해야 한다. 이것을 포기하는 것은 철학이 내적으로 현실 생활을 중시하는 필연적인 요구를 갖게 하는 것을 불가능하게 한다.

'재토론'은 마르크스가 포이어바흐의 이른바 인간과 분리된 자연계에 대해 비판한 것은 단지 그가 자연을 너무 많이 강조하고 정치를 너무 적게 강조하는 것에 만족하지 않는다는 것을 의미한다고 주장함으로써 마르크스가 자연을 너무 강조하는 것에 반대하지 않고 단지 지나치게 강조하는 것에 반대할 뿐이며, 여기에 정치에 대한 강조를 덧붙이면 이러한 편

---

6 『마르크스 엥겔스 선집』, 제1권, 중국 인민출판사, 1995, 60쪽.
7 위의 책, 66쪽.
8 『마르크스 엥겔스 선집』, 제2권, 중국 인민출판사, 1995, 32쪽.

향을 교정할 수 있다는 것을 시사했다. 마르크스의 철학적 변혁의 본질적 의미를 완전히 무시한 채 '자연 강조'와 '정치 강조'를 일종의 '플러스섬' 관계로 받아들인 것이다. 엥겔스가 현대 유물론을 구 유물론의 영구적 기초에 변증법을 더한 것으로 이해한 것과 비슷하다. 이러한 엥겔스에 대한 이해와 그 한계, 마르크스와 유물론과 관념론 사이의 논쟁을 넘어선 이질성의 차이에 대한 자세한 정리 및 설명은 이 책 9장의 관련 논의를 참조하기 바란다. 1843년 3월 루거에게 보낸 편지에서 마르크스는 포이어바흐 철학의 경향성과 한계를 초보적으로 언급했을 뿐, 철학적 기초에 대한 철저한 청산을 다루지도 못할 것이므로, 관련 설이 반드시 정확하고 적절하다고는 할 수 없다. 마르크스 철학의 기본적 입장에 대한 판단은 과연 이 편지에 근거한 것인가, 아니면 훗날의 『헤겔 법철학 비판』 그 '서론' 『신성가족神聖家族』 『1844년 경제학 철학 원고』 『포이어바흐에 관한 요강』 『독일 이데올로기』의 '포이어바흐' 장 등에 근거한 것인가? 답은 말하지 않아도 자명하다.

'재토론'은 마르크스가 『1844년 경제학 철학 원고』와 『독일 이데올로기』에서 '인간과 분리된 자연계의 존재와 그 의미'를 '매우 상세하게 논술'한 것을 다시 언급했다. 그러나 문제의 핵심은 마르크스가 어떤 의미에서 이 문제를 언급했는가 하는 점이다. 이런 변별이 급소다. 이러한 변별 분석을 떠나 우리는 심지어 마르크스의 추상적 어구로부터 정반대의 결론을 이끌어낼 수 있으며, 마르크스가 자연계에 자유롭다는 문헌학적 사실을 만 번 더 반복해도 소용이 없다. '재토론'은 "왜 허중화 선생이 말한 '이유'만이 인간과 분리된 자연계의 존재의 의미이고, '전제'는 의미라고 할 수 없는가?" 우리가 철학에 대해 이야기하고 있기 때문이란 특정한 맥락이 '이유'의 의미에서만 '사람과 분리된 자연계'의 '존재'를 인정할 수 있는지를 따지기 때문이라고 말할 수 있다. 철학의 원초적 기초는 '전제'의 의미로 확립될 수 없고, '이유'의 의미로 세워질 수밖에 없다. 따라서 존재론의 구성에는 시간이 아니라 논리가 선행될 수밖에 없다. 이유만이 논리학이기 때문에 시간성을 초월하여 제1의 원인을 찾을 수 있고, 전제라는 것은 발생학적으로 시간적 순서에 얽매여 무한히 후퇴할 수밖에 없다.

〈재토론〉은 "마르크스가 『독일 이데올로기』에서 여러 가지 의미를 '전제'로 지칭한 적이 한두 번이 아니다. 마르크스는 물론 여러 차례 전제라는 표현을 썼지만, 본질론적 사전적 의미에서는 쓰지 않았다."고 설명하였다. 마르크스가 '이유'라는 단어를 직접 쓰지 않은 것은 사실이다. 다만, '이유'의 의미에서 철학의 원초적 기초를 주지 않았다는 의미는 아니다. 〈재토론〉에서 인용한 마르크스의 한 구절을 보면 적어도 〈재토론〉에서는 "모든 인간이 생존하기 위한 첫 번째 전제, 즉 모든 역사의 첫 번째 전제, 이 전제는 사람들이 '역사'를 창조하기 위해서는 살 수 있어야 한다는 것이다. 하지만 살기 위해서는 먼저 먹고 마시고 입고 다른 것들이 필요하다. 따라서 첫 번째 역사적 활동은 이러한 요구를 충족시키는 자료, 즉 물질적 삶 자체를 생산하는 것이다."[9] 여기에서 '삶'은 '모든 인간 생존의 첫 번째 전제, 즉 모든 역사의 첫 번째 전제'라고 말하는 것이지, '재토론'에서 설명한 것처럼 '물질적 삶의 생산을 인류 생존의 첫 번째 전제, 또한 모든 역사의 첫 번째 전제'라고 보는 것은 아니다. 이것은 문자 그대로만 봐도 일목요연하다. 제1의 전제(생활)와 제1의 역사 활동(물질 생활의 생산)을 혼동할 수 있겠는가? '재토론'은 분명히 물질적 삶 자체가 물질적 삶과 생산을 혼동하고 있다. 물질적 삶 자체의 생산, 이른바 제1의 역사적 활동이야말로 이유로서 확인된 규정이며, 이러한 생산은 인간의 가장 본연의 실천 활동이다. 마르크스는 비록 '이유'라는 단어를 쓰지 않았지만, 그의 논술에 담긴 함축은 우리가 '이유'의 의미로부터 '실천'의 원래 위치를 터득해야 한다

---

9 『마르크스 엥겔스 선집』, 제1권, 중국 인민출판사, 1995, 78~79쪽.

는 것을 결정짓는다. 그런 까닭에 마르크스는 사회 생활은 본질적으로 실천적임을 강조하였다.[10] 여기에서는 또 마르크스의 텍스트를 어떻게 해석해야 하는가 하는 적절한 방법론적 문제가 언급되고 있다. 마르크스 텍스트의 해석은 완전히 문구에 얽매여 형식주의의 늪에 빠져서는 안 되며 문구 이면의 정신적 본질을 깊이 파악해야 한다. 그렇지 않으면 모든 연구와 해석이 무의미해지고 불필요해지며 우리는 많은 텍스트 더미 앞에서 수수방관하고 침묵하는 것 외에는 아무것도 할 수 없게 된다.

잘 알려진 대로 마르크스는 『1844년 경제학 철학 원고』에서 인간의 부재인 자연계도 인간에게는 없는 말이라고 했다. 당시의 특정 문맥은 헤겔에 대한 것이었지만, 이 사실을 지적하는 것 외에, 마르크스의 헤겔 철학에 대한 청산과 비판은 더 이상 낡은 유물론 입장에서 출발한 것이 아니며, 포이어바흐적 유물론을 일종의 '안티테제'의 의미로 부정하는 것이 아니라는 사실을 지적해야 한다. 이론의 대립 그 자체의 해결은 실천적 방식을 통해서만 가능하고, 인간의 실천적 힘에 의해서만 가능하기 때문이라는 사실과 함께 그렇기 때문에 이런 대립의 해결은 결코 인식의 임무만이 아니라 실생활의 임무[11]라는 사실을 깨달았기 때문이다. 이론의 대립이란 유물론과 유심론의 대립을 말한다. 마르크스의 '신테제'를 찾는 취향이 이미 뚜렷하다. 이미 1843년 마르크스는 "비판적인 무기는 당연히 무기비판을 대체할 수 없으며 물질적 힘은 물질적 힘으로만 파괴될 수 있다"고 말했다.[12] 마르크스 철학의 실천적 전향이라는 분명한 신호다. 이때 이미 그는 "어떤 극단도 그 자신의 다른 극단이다. 추상적 유물론은 추상적 유물론이고, 추상적 유물론은 물질적 추상적 유물론이다. 그러면서 유령

●
10 『마르크스 엥겔스 선집』, 제1권, 중국 인민출판사, 1995, 60쪽.
11 마르크스, 『1844년 경제학 철학 원고』, 중국 인민출판사, 2000, 88쪽.
12 『마르크스 엥겔스 선집』, 제1권, 중국 인민출판사, 1995, 9쪽.

론唯靈論은 그와 대립하는 유물론과 함께 사라진다.[13] 마르크스는 정치 국가와 시민 사회 사이의 대립에 기초한 지양으로, 유령론과 유물론은 각각 정치 국가와 시민 사회의 이데올로기적 수사에 불과하다고 생각했기 때문이다. 분명히 마르크스는 유령론과 유물론 대립의 초월 문제를 더욱 깊이 건드렸다. '신성 가족'에서 마르크스는 "사상은 아무것도 이룰 수 없다. 생각을 실현하기 위해서는 실천력을 사용하는 사람이 있어야 한다."[14]그는 실천적 시각에서 유심론의 '술에 취한 사변'을 비판하면서도 구유물론의 "사람을 적대시하게 되었다"는 일방성을 비판했다. 마르크스는 유물론을 편드는 대신 유물론과 유심론을 동시에 비판해 '테제'와 '안티테제'의 관계로 봤다. 유물론이 '사람을 적대시한다'는 것뿐만 아니라, 관념론도 '피 없는 정신'을 추앙하기 때문에 '사람을 적대시한다'는 것이다. 이때 마르크스는 추상적 정신이든 추상적 물질이든(이런 추상성은 정신이나 물질이 인간의 존재성에서 벗어나고, 그로 인해 먼저 상호 외재화와 이원론적 분열에 빠지는 데 있다) '사람을 적대시하는 것'이라는 것을 이미 알고 있었다. 그래서 그는 인간의 부재에 대한 자연계의 상상을 철학적으로 제거하기 시작했는데, 이는 유심론의 함정을 피하거나 유물론의 한계를 극복하는 데 효과적인 해독제임에 틀림없다.

〈재토론〉에서는 "일반적인 의미에서도 소외는 사람들의 실천 활동과 연결된다고 할 수 있지만…소외가 낳은 '가능성의 근거와 역사적 근거'를 제공하는 것은 바로 실천이다. 그러나 실제로 소외는 인간의 모든 실천 활동과 관련이 없고 자본주의 사회의 생산 수단의 사유제를 기반으로 한 '산업과 상업 활동'과만 관련이 있다"고 말했다. 문제는 '일반적인 의미의 실천'과 '공업과 상업 활동'을 구분하는 것이 아니라, 그 구분이 어떤 의

---

13 『마르크스 엥겔스 전집』 제1권, 중국 인민출판사, 1956, 255, 300쪽.
14 『마르크스 엥겔스 전집』 제2권, 중국 인민출판사, 1957, 152쪽.

미에서 적절한가 하는 점이다. 인간 소외의 논리적 이유를 제시하려면 일반적인 의미의 실천 범주에 호소하지 않을 수 없다. 왜냐하면 소외의 본질은 인간의 본질과 실존의 분열에 있고, 이러한 분열은 실천과 그 전개에서만 설명될 수 있기 때문이다. 발생학적 의미에서 인간의 소외의 역사적 생성을 부각시키려면 '공업과 상업 활동'에 깊이 파고들지 않고 그 구체적인 메커니즘에 대해 반성적으로 파악하지 않을 수 없다. 이는 전형적으로 마르크스의 『자본론』에 의한 그러한 고찰 작업이다. '재토론' 소위 '소외 현상'과 자본주의 사회의 '공업과 상업 활동'의 특정 형태 사이의 연결은 사실 소외 현상의 역사가 일시적으로 갖는 깊은 의미를 내포하고 있다는 것에 대해서는 추궁할 필요가 있다. 이러한 '소외 현상의 역사가 일시적으로 갖는 깊은 의미'는 도대체 왜 발생했는지, 또 어떻게 명시되었는가? 논리적으로 먼저 실천의 존재론적 원초적 지위를 확립하지 않고, 이른바 '자본주의 사회' '공업과 상업 활동'의 '특정 형식'에서 '소외 현상'의 근원을 찾는 것은 무엇인가? 왜 이전의 철학자들은 이 진로를 따라 인간의 소외의 수수께끼를 풀지 못하고 마르크스에 가서야 비로소 이러한 공개를 가능케 했을까? 그 이유는 마르크스가 유물론을 실천하는 철학적 입장을 확립했기 때문이 아닐까? 그리고 자본주의 사회에서 공업과 상업 활동의 특정 형식이란 도대체 누구의 특정 형식인가? 실천 자체의 특정 역사 형식이 아닌가? 실천의 존재론적 예정을 벗어나면 사람들은 '공업과 상업 활동'이라는 관점에서 인간의 소외의 역사적 생성 문제를 고찰할 수 없다. 설령 그렇게 한다고 해도 그것은 공교로운 일에 불과하고, 철학상의 필연적인 요구는 아니다. 마르크스가 하려는 일은 바로 이런 역사로 돌아가는 구상 방식 자체가 그렇게 될 수밖에 없는 필연성을 철학적으로 보장하는 것이다. 이러한 철학의 무장을 통해서만 프롤레타리아는 자칭 계급으로 변모할 수 있었고, 자각적인 실천 유물론자, 즉 공산주의자가 될 수 있었다.

'재토론'에서 내가 '소외 현상'을 '공업과 상업 활동'의 특정 형태와 연관짓는 것이 아니라 '일반적인 의미의 실천'이자 모든 형태의 실천 활동과 연관짓는 것"이라고 말하는 것은 사실과 맞지 않고 견강부회하는 것이다. 나는 단지 철학적으로 원초적 기초를 먼저 다져야만 소외의 근원을 구체적으로 고찰할 수 있는 합법성을 얻을 수 있다고 말했다. 이런 순서가 영원히 추상적인 토대 위에서 구체적이지 않게 전개되는 것을 의미하는 것은 아니다. 마르크스의 일생 동안의 심리 과정으로 볼 때, 먼저 철학의 원초적 기초를 정리한 다음, 철학적 입장에서 내재적으로 요구되는 경제학적 고찰에 깊이 들어가게 된다. 그것이 바로 『1844년 경제학 철학 원고』에서 『자본론』의 전개에 이르는 내면의 이치다. 철학적으로 먼저 실천의 방향을 확립하는 것은 마르크스가 추구하는 '이론의 철저성'의 필연적인 요구이다. 왜냐하면 우리가 소외를 시니피에의 실천으로 내적內的으로 연결시킨 다음, 그 실천인 이른바 '공업과 상업 활동'에서 소외의 역사적 발생과 역사적 소화를 고찰하는 것이 순리이기 때문이다.

'전체 자연계' 이외의 세계 존재를 상상하는 것은 왜 허망한가?

〈재토론〉에서는 마르크스가 '동물은 자신만을 생산하고 사람은 자연 전체를 생산한다'고 말했기 때문에 '자연 전체' 이외의 세계의 존재는 더 이상 상상할 수 없다'고 말했다. 첫째, 마르크스가 인간으로서의 '생산'의 결과라고 부르는 '전체 자연계'는 "인류의 역사 속에서, 즉 인류 사회의 형성 과정에서 생성된 자연계이며, 인간의 현실적 자연계이다. 따라서 공업을 통해 - 비록 소외의 형태로 - 형성된 자연계는 진정한, 인본학人本學의 자연계이다." 철학적 범위에서는 이런 '인본학의 자연계'를 상정할 수밖에 없다. '사람과 분리된 자연계'는 '추상적으로 이해되고, 스스로 이루어지며, 사람과 분리된 자연계'이다. 이 비인본학, 즉 사람이 없는 자연계, '사람에게도 없는'[15] 이 '없음'은 마르크스 원작에서 독일어 'nichts'인데, 'nichts'의 본래 의미는 '아무것도 없다'이지만 철학이라는 특정 문맥에서 '사람과 분리된 자연계'가 인간에게 아무런 의미가 없다는 뜻이다. 다시 말해 철학은 '무無'해야 한다는 의미의 '자연계'를 뜻한다. 마르크스가 여기서 이 단어를 썼다고 해서 자연계도 실재하지 않는다는 뜻은 아니다. 영문판은 보통 'nothing'으로 번역된다. 마르크스 철학은 실천의 원초적 지위를 확립함으로써 인간의 존재 차원을 고유하게 하고 있기 때문에 그 시야에서 '인간과 분리된 자연계'는 인간에게 아무런 의미가 없다. 물론 과학적인 시각에서는 달리, 이러한 '자연계'는 '무無'가 아니라 '있다'이며, 존재뿐만 아니라 그 전제적인 의미도 있다. 그 존재가 먼저 확인돼야 과학적 시야가 성립하고 합법성을 가질 수 있기 때문이다. '사람과 분리된 자연계'의 존재 여부에 대해 특정 문맥을 떠나 포괄적으로 토론하거나 대답할 수 없음을 알 수 있다. 둘째, 철학적 시야의 절대성은 철학자가 철학적 의미에 있어서 내외적으로 구별되는 이분 세계의 존재를 상상할 수 없으며 그렇지 않으면 존재론의 절대성과 상충된다. 〈재토론〉에서는 귀납법의 불완전성을 이용하여 이를 반대하는 것으로, 사실 잘못 이해한 것이고, 잘못 판단한 것이다. 귀납법은 경험적 세계의 문제만을 다루고 존재론의 사전 설정은 경험적 사실과 무관하기 때문에 경험적 사실에 의존하지 않고 초월적 규정이기 때문에 연역적 성격을 띤다. 귀납법의 틀과 그 한계를 사용하여 존재론 시야의 문제를 설명하는 것은 서로 어울리지 않는 것이다.

〈재토론〉은 내가 "세계의 이분화에 대한 이해와 실천적 유물론적 시야 밖에 있는 자아를 '잘못된 상상의 결과'"라고 몰아붙이는 것을 거부하면서도 "인류사보다 앞선 자연계의 존재를 의외로 인정했다"는 '자기 모순'

---

15 마르크스, 『1844년 경제학 철학 원고』, 중국 인민출판사, 2000, 89, 116쪽.

에 빠진 것을 발견했다. 사실 모순은 아니다. 실체론의 테두리 안에서 이분법적 틀을 먼저 구상하는 것은 물론 '잘못된 상상'이며, 과학적 시야 내, 즉 비철학적 의미에서 '인류사보다 앞선 자연계의 존재'를 인정하는 것은 전적으로 정당하다. 과학은 인과적 해석의 한 모델로서 시간순으로 자연을 파악하는데, 이는 장점이자 약점이기 때문이다. 왜냐하면 자연에 대한 지식적인 설명은 얻을 수 없지만, 가능한 모든 존재자가 어떻게 존재할 수 있는지에 대한 궁극적인 이유를 결코 제시할 수 없기 때문이다. 이 궁극적인 이유를 파악하려면 시간이 먼저 논리적으로 바뀌어야 절대적인 원초성을 얻을 수 있다. 그러나 이것이 과학의 임무가 아니라 철학의 임무가 되었는데, 이것이 바로 철학의 강점이다. 사실 시간이 먼저라는 의미에서 헤겔 역시 자연계의 시간 우선성을 부인하지는 않았다. 그는 『자연 철학』에서 "자연은 시간적으로 가장 먼저다"라고 명확하게 말한 바가 있다.[16] 철학과 과학의 시야 경계 때문에, 자연계의 시간적 우선성을 인정하는 것과 실천의 논리적 우선성을 인정하는 것은 전혀 어긋나지 않는다.

〈재토론〉의 입장을 당혹스럽게 하는 것은 일단 실천을 '진정한 시간성의 근원'으로 삼으면 이전의 실천적 의미에 대한 시간적 소급 가능성을 거절하는 것을 의미하며 어떻게 여전히 '자연 과학의 시야 내에서' 자연이 인류보다 먼저 출현했음을 인정할 수 있는가 하는 점이다. 내가 말하는 '진정한 시간성'은 물리학이나 우주학의 개념이 아니라 인본학의 개념이며, 그것은 단지 인간의 존재와 관련이 있다. 과학적 의미에서의 시간은 시간성에 불과하지만 마르크스의 철학적인 의미에서의 시간은 역사성이다. 이 둘을 구별하기 위해 역사성을 '진정한 시간성'이라고 부르는 것이다. 시간적 의미에서 자연계의 우선순위를 추적할 수 있는 것은 물론이며, 이러한

---

16 량즈쉬에 등 옮김, 『자연 철학』, 중국 상무인서관, 1980, 28쪽.

우선순위는 의심할 여지 없이 시간 차원에서 사전 실천 단계에 있으며 과학이 탐구하는 방향과 영역을 구성한다. 실천이 여는 시간성은 그런 의미에서 성립되는 것이 아니라 인간의 존재 그 자체의 성격적 의미에서 성립되는 것이다. 마르크스는 "노동은 살아 있고 이미지를 형성하는 불이다. 사물의 가소성, 사물의 일시성이며, 이러한 가소성과 일시성은 이러한 사물이 살아 있는 시간을 통해 형식적으로 부여되는 것으로 나타난다"고 말했다.[17] 따라서 "세계 역사란 인간이 인간의 노동을 통해 탄생하는 과정'[18]이고, 노동은 살아 있으며 이미지 메이킹의 불이라고 말하는 이유는 노동은 긍정적이고 창조적인 활동[19]에 있다"고 하였다. '노동'이라는 원초적 토대 위에서 '세계 역사'는 '살아 있는 시간'과 내적으로 연결돼 있다. '살아 있는 시간'이란 실천이 여는 '진정한 시간성'이다. 그러나 실천을 진정한 시간성의 근원으로 인정하는 것은 자연 과학의 의미에서 인간의 부재를 추적하는 자연의 선구성을 방해하지 않는다. 그래서 '재논의'가 제시한 '난제' 즉, '사람과 분리된 자연계'에 대해 '자연 과학의 시야 안에서' 존재를 인정해야 할까, 아니면 철학적 실체론적인 의미에서 그 존재를 부인해야 할까?" 하는 문제는 허망한 것이다. 사실 이 둘은 서로가 아닌 전혀 어색하지 않고, 완전히 동시에 진실일 수 있다. 따라서 이 난제는 허구의 딜레마에 불과하다.

〈재토론〉에서는 질문을 던진다. "인류 역사보다 앞선 자연계의 존재를 인정한다면 자연계는 시간적 원초적 선행성 때문에 존재론의 기초 범주로서의 자격을 갖게 되는 것 아닌가?" 문제는 반대로 논리가 먼저 부여한 '자격'이고, 시간적 원초성은 바로 그 '자격'을 박탈하는 것이다. 〈재토론〉에

---

17 『마르크스 엥겔스 전집』, 제46권, 상권, 중국 인민출판사, 1979, 331쪽.
18 마르크스, 『1844년 경제학 철학 원고』, 중국 인민출판사, 2000, 92쪽.
19 『마르크스 엥겔스 전집』, 제46권, 하권, 중국 인민출판사, 1980, 116쪽.

서 이 문제가 제기된 것은 다시 두 가지의 혼동에 빠졌기 때문이다. 〈재토론〉에서는 또 내가 '시간이 먼저이기 때문에 존재론의 기초 범주로서의 자연계의 자격을 단연코 부정한다'고 주장하지만, '존재론의 기초 범주로서의 자격을 논증하면서 시간 우선성과 논리가 먼저인 통일성을 논증한다'고 주장해 모순된다. 이런 오해로 인한 갈등은 상황만 구분하면 사라질 수 있다. 존재론의 원초적 기초를 확립할 때 논리가 먼저라는 원칙을 견지해야 하며, 이러한 의미에서는 시간이 지남에 따라 서로 배척하고 혼동을 일으키지 않아야 한다. 그러나 일단 실천의 본질적 범주의 지위가 확립되면, 그것의 진정한 시간적 요구는 역사의 도래를 보장한다. 존재의 범주 전개에서 '논리가 먼저이다'와 '시간이 먼저이다'는 또 통일된 관계가 된다. 따라서 '자연물질의 존재론의 자격을 거부할 때 지니는 논리가 선행하는 1차원적 원칙에 어긋난다'고 말할 수 없고, 오히려 존재론의 토대와 전개라는 두 가지 측면에서 서로 다른 요구를 드러낸다. 이 두 연결과 요구 사항의 차이를 혼동하면 소위 〈재토론〉이라는 '이중 기준'에 대한 의문이 생긴다. 분명하게도 '배반'과 '이중 기준' 운운하는 것은 토론자가 허구적으로 만들어 내게 강요한 어려움에 불과하다.

'시간이 먼저이다'의 거짓 존재론이 일련의 난제를 가져오다

〈재토론〉에서는 다음과 같은 질문을 던진다. "존재론은 검증 이전의 선입견 문제에 불과한데 왜 존재론을 실천할 때 존재론의 기본 범주로 자연 물질이 아닌 실천을 선택해야 하나?" 검증 이전의 선입견인 만큼 마음 내키는 대로 할 수 있다는 것인데, 이는 큰 오해다. 서로 다른 존재론의 검증 이전의 선입견은 좋은 것과 나쁜 것의 장단점이 없는 것이 아니라 경쟁 관계가 있다. 따라서 서로 다른 설정을 평등하고 상대적인 관계로 볼 수 없다. 좋고 나쁨의 판단은 존재론 시스템의 해석력에 달려 있다. 존재론을 약속하는 사람은 누구나 자신의 주장이 해석력 면에서 우월하다고 믿지만 주관적인 판단으로는 객관적인 기준을 말살할 수 없다. '사람과 분리된 자연계'의 존재를 인정하는 것에 바탕을 둔 물질적 존재론의 가장 치명적인 결함은 논리적으로, 즉 하나의 시간을 앞선 것으로 두는 것이 존재론의 원초적 기초이며, 이로 인해 형성된 체계는 일종의 유사 존재론일 뿐이며, 그 밖의 한계는 모두 이로 인해 발생한 것으로, 비교적 집중적인 논술은 본서 제3장의 내용을 참조할 수 있다.

이 책 〈재토론〉에서는 실천 존재론의 관점이 합리적으로 보이는 이유가 있는데, 그것은 바로 이는 실천이 그 기본적 의미에 마르크스 사상의 비판성과 혁명성을 담고 있는 것'이라고 생각한다. 그러나 그 또한 '합리적으로 보이는' 것일 뿐이다. 왜냐하면 존재론 공약 실천에 뿌리내린 비판적 혁명성을 근본적으로 의심하기 때문이다. 〈재토론〉에서는 "실천적 존재론의 선한 소망은 의심할 여지 없이 아름답지만, 우선적 문제는 실천 범주가 과연 마르크스 사상의 비판적이고 혁명적인 중책을 감당할 수 있느냐고 질문한다. 마르크스가 평생을 바친 진정한 공헌은 결국 실천적 비판 방식을 확립하고, 또 철학적으로 '실천적 비판'이라는 내적 이유를 제시한 데 있다. 그러나 〈재토론〉은 그렇게 보지 않고 마르크스 철학의 비판성과 혁명성은 원래 지위를 실천하는 데서 오는 것이 아니라 필연성을 드러내는 데서 오는 것이라고 생각한다. "마르크스 사상의 비판성과 혁명성을 담는 기초 범주로 실천이 아닌 역사적 필연성을 삼는 것은 실천적 존재론보다 '진정한 마르크스주의 학설'에 부합해야 한다"는 것이다. 〈재토론〉은 '실천'의 원래 위치를 '필연성'으로 반박하려 했고, 『포이어바흐에 관한 개요』의 말을 인용하며 "이 세속적 기초 자체에 대해 먼저 모순으로부터 이해한 다음 모순을 배제하는 방법으로 실천을 혁명화해야 한다"고 주장했다. 그런데 왜 마르크스는 종교의 세속적 기반인 모순에서 종교의 근원을 '이해'할 수 있었을까? 적절한 철학적 검증 이전의 선입견에서 벗어날 수 있는 것일까? 포이어바흐는 왜 인간의 자아 소외를 파헤치는 신성한 이미지에 그치고 비신성적 이미지의 자아 소외를 파헤치는 것으로 더 나아가지 못한 것일까?[20] 그 자체? 그 한계는 과연 무엇인가? 마르크스와 포이어바흐의 본질적인 차이는 그들 중 하나는 인간의 감성적 활동에서 출발할 수 있고, 다른 하나는 단지 인간의 감성적 직관에서 출발할 수 있다는 사실에 있지 않은가? 철학의 원초적 토대라는 근본적인 문제로 되돌아가지 않을 수 없다.

우리는 실천이 '세상을 바꾸는' 현실적 힘, 즉 물질적인 것을 파괴하는 '물질적 힘'으로, 현존하는 것을 '실제로 반대하고 변화시키는' '현존하는 세계를 혁명화시키는' '실제적'이라는 이중적인 품격을 가지고 있다는 것을 알고 있다. '역사적 필연성'은 인간의 활동 자체에 내재된 필연성에 지나지 않으며, 결코 실천에서 벗어나 추상적으로 존재하고 표징될 수 없다. 역사의 법칙은 인간 자신의 사회 행동의 법칙에 불과하다.[21] 실천을 떠나 역사의 필연성에 관한 어떠한 담론도 따분한 추상이다. 왜냐하면 "추상 그 자체가 현실 역사를 떠나서는 아무런 가치도 없기 때문이다."[22] '현실 역사'는 인간의 실천적 구축 활동에 불과하다. 실천이라는 원초적 토대를 벗어난 '역사적 필연성'은 자연적 필연성식의 순수한 자유과정적 성격으로 전락해 숙명론으로 나아가거나, 헤겔식 역사 위에 군림하는 추상적 논리로 전락해 '술 취한 사변'으로 나아간다. 역사적 필연성 자체도 실천이라는 원점으로 돌아가야 그 내적 근거를 찾을 수 있음을 알 수 있다. 마르크스의 철학적 의미의 '필연성'은 결코 헤겔적 '개념의 필연성'이 아니고[23] 역사 자

---

20 『마르크스 엥겔스 선집』, 제1권, 중국 인민출판사, 1995, 2쪽.
21 『마르크스 엥겔스 선집』, 제3권, 중국 인민출판사, 1995, 634쪽.
22 『마르크스 엥겔스 선집』, 제1권, 중국 인민출판사, 1995, 74쪽.
23 『마르크스 엥겔스 전집』, 제2권, 중국 인민출판사, 1957, 26쪽.

체의 필연성이라는 것은 틀림없는 사실이다. 이러한 필연성과 역사의 내재적 연결은 실천에 의해 제공된다. 이러한 연결은 실천의 사전 설정 없이는 신뢰할 수 있는 기반을 얻을 수 없습니다. 헤겔 역시 필연성을 인정하면서도 그 뿌리에서 사변 철학의 함정에 빠져 실천적 정체성과는 무관하다. 필연적 신념을 가진 헤겔이 철학적으로 보수적 입장에 빠져 비판적이고 혁명적이지 못한 결정을 내린 것이다. 이것이 우연이란 말인가?

제2 인터내셔널의 리더 인물이 그들의 이론을 실천 활동에서 멀어지게 한 중요한 이유는 그들이 철학을 과학화하는 데 주력했기 때문이다. 카우츠키는 "마르크스주의는 철학이 아니라 일종의 경험 과학, 일종의 특수한 사회관"이라고 생각했다.[24] 과학적인 이해는 필연성에 대한 지나친 추앙을 내포하고 있으며, 심지어 인간의 존재 차원에서도 벗어나고 있다. 이것이야말로 실천에서 벗어난 학술적 이론의 원인이다. 이것이 바로 실천에서 유리된 유물론의 결과가 아닌가? 그것은 부정적인 측면에서 그러한 사람의 부재에 대한 사전 설정의 치명적인 결함을 추가로 증명한다. 이 사실은 〈재토론〉 입장을 설명하는 데 도움이 되지 않으며 오히려 부정적인 증거가 된다. 소위 '대극對極' 즉, 제2의 인터내셔널 이론가와 서구 마르크스주의자의 이념적 지향적 대립은 일정한 의미에서 유물론과 유령론의 대립의 표현에 불과하다. 이런 대립을 넘어 실천의 존재론에서 벗어나 기반을 닦는 것은 불가능하다. 어떤 의미에서 서구 마르크스주의는 마르크스와 반대되는 길을 가는 것 같은데, 철학에서 경제학으로 가는 것이 아니라 사회 현실에서 철학으로 가는 것이다. 이는 마르크스의 실천적 존재론에 대한 명백한 괴리인데, 그로 인한 부정적인 결과를 어떻게 실천적 존재론에 맡길 수 있단 말인가?

●
24 카를 카우츠키, 「마르크스와 마흐에 관한 편지」, 『국제 공산당 운동사 연구 자료』, 제3집, 중국 인민출판사, 1981, 251쪽.

〈재토론〉에서는 실천적 존재론이 '실천 철학'을 통해 마르크스 사상의 비판성과 혁명성을 해석한 서구 마르크스주의의 전철을 밟은 것 같다는 점을 시사한다. 우선 역사적 경험을 가지고 문제를 설명하는 것은 설득력이 떨어진다. 역사의 우연한 실패는 여러 가지 원인이 있는데, 이를 이론 유전자의 결함으로 직접 탓할 수는 없다. 따라서 가장 설득력 있는 것은 여전히 이론적인 논증이지만 안타깝게도 〈재토론〉에서는 이 방면에서 부족하다. 루카치는 말년에 자신이 초기에 썼던 글들의 한계를 정확하게 검토하였다. 즉, 혁명의 실천적 개념은 과장된 고조로 표현되었고, …공산주의 좌파에서 유행하던 구세주를 자처하는 유토피아주의에 접근하였다.[25] 문제는 반성적 회고에도 불구하고 '실천'의 개념에 대한 오해와 곡해 탓만 할 뿐 실천의 존재론적 의미를 부정하는 결론을 내리지 못한 채 '진정한 실천'을 옹호하고 있다는 점이다. '실천'을 버리지 않고 '왜곡되고 편협해졌다'는 실천과 '진정한 실천'을 선별했다는 것이다. 그는 "진정한 실천이 바탕이 되지 않고, 그 원초적 형식과 모델로서의 노동이 바탕이 되지 않는다면, 실천 개념을 과도하게 과장하는 것이 그 반대로 갈 수 있다는 것을 깨닫지 못했다"고 솔직하게 시인했다. '왜곡되고 편협해졌다'는 식의 '실천'이 '추상적이고 관념적인 실천 개념'으로 전락할 수 있기 때문이다.[26] 이런 위험을 피할 수 있는 유일한 길은 마르크스의 '실천' 개념의 원래 의미인 '감성적 활동' 혹은 '혁명적·실천적 비판적 활동'을 복원하는 것이다. 어떤 의미에서 루카치의 이론적 한계는 실천적 존재론의 잘못이 아니라 실천적 존재론의 진정한 입장과 괴리된 결과라는 것이다.

〈재토론〉에서는 또 실천 유물론을 레닌이 비판했던 공산주의 운동 중

---

25 루카치 지음, 두장즈 등 옮김, 『역사와 계급 의식-마르크스주의 변증법에 관한 연구』, 중국 상무인서관, 1992, 12쪽.
26 위의 책, 13쪽.

의 좌파 유치병과 연결시켜 전자가 공산주의 운동의 역사적 교훈에 책임을 지도록 함으로써 이를 철저히 부정하려 했다. 내가 보기에 실천 유물론은 '공산주의 운동 속 '좌파' 유치병'의 '병인'이 아니라 오히려 이를 예방하고 교정하는 가장 효과적인 면역제다. '좌파 유치병'을 유물론 실천과 결부시키는 것은 일종의 허망한 연상이고, 유물론 실천의 명성을 더럽히고 '좌파 유치병'의 진짜 원인을 가리는 것이다. 사변적인 비판과 도덕적인 비판 같은 옛 마르크스의 비판 방식이 바로 이런 '유치병'의 위험의 근원이었고, 마르크스가 제공한 실천적 비판 방식은 바로 '유토피아'의 비극에 빠지지 않도록 철학적 보장이었다. 실천 유물론은 인간의 역사 해방을 실천 활동 자체에 호소하는 것을 내재적으로 요구하기 때문이다. '현실적 세계에서 현실적 수단을 사용해야 진정한 해방이 가능하다'는 말이 바로 실천 유물론이라는 제목에서 나오는 말이다. "사람들이 먹고 마시고 입을 수 있는 질과 양이 충분히 보장되지 않을 때 사람들은 해방될 수 없다"는 것을 충분히 의식했기 때문이다. 따라서 실천 유물론은 "'해방'은 일종의 역사 활동이지 사상 활동이 아니며, '해방'은 역사의 관계이며 산업 상황, 상업 상황, 농업 상황, 교류 상황에 의해 촉진된다"고 주장한다.[27] "모든 것은 현실에서 출발한다"는 사상적 노선은 바로 우리의 '현존성이라는 특성'에서 출발하는 것이 아닌가? 이런 '현존재'가 바로 실천의 표징이자 결과가 아닐까? "내가 실천하는 까닭에 존재한다"는 것이 바로 실천 유물론의 요체가 아닐까?

⟨재토론⟩에서는 "청년 마르크스도 실천적 정체론에서 확인됐듯이 이후 어느 시기보다 실천과 비판적 혁명성을 중시하는 것 같다"고 말했다. 사상이 성숙하던 시절의 마르크스가 그 입장을 바꿨다는 뜻이다. 실천의

---

27 『마르크스 엥겔스 선집』, 제1권, 중국 인민출판사, 1995, 74~75쪽.

우선성과 그 안에 담긴 비판적이고 혁명적인 것을 강조하는 것이 청년 마르크스의 선입견인가? 물론 아니다. 마르크스의 사상이 완전히 성숙된 『자본론』 제1권 제2판 발문에서 저자는 "변증법은 어떤 것도 숭배하지 않으며 본질적으로는 비판적이고 혁명적"이라고 말한다. 그러나 아이러니하게도 마르크스가 '사변의 변증법'이라고 불렀던 헤겔 철학은 혁명적인 것이 아니라 프로이센 왕국의 국가 철학으로 전락했다. 왜 같은 변증법적 입장을 가진 헤겔은 보수로 나아가고, 마르크스 철학처럼 혁명으로 나아가지 못했을까? 핵심은 '변증법은 헤겔의 손에 신비화'[28]에 있다. 그래서 이런 신비화를 해소하는 것이 마르크스가 변증법을 구하는 작업이 된다. 변증법을 실천이라는 원초적 기초 위에 세웠기 때문에 마르크스는 일종의 '역전'을 실현하고 사변적 변증법을 실천적 변증법으로 바꾸었다. 따라서 변증법의 존재론적 기반은 근본적으로 재건되었다. 마르크스는 "이론을 신비주의로 이끄는 모든 신비로운 것들은 인간의 실천과 그 실천에 대한 이해에서 합리적으로 해결될 수 있다"고 믿고 있으며,[29] 비판성과 혁명성은 결국 변증법이 아닌 실천에 뿌리를 두고 있음을 알 수 있다. 사변적 변증법이 제공하는 비판성과 혁명성은 하나의 논리적 힘에 불과하며, 이 존재론의 원초적 변증법이 제공하는 것만이 물질적 힘이다. 변증법이 '현존하는 사물에 대한 긍정적 이해에 현존하는 사물에 대한 부정적 이해를 동시에 포함하고……그 일시적인 측면에서 이해하는 이유는[30] 변증법이 실천의 기초 위에 놓여 있기 때문이다. 사변 변증법의 부정성이 현존하는 사물과 무관하기 때문이다. 변증법의 비판성과 혁명성은 결국 실천이라는 원초적 기초에 뿌리를 두고 있으며, 이는 실천에 종속되고 그에 따라 비판

---

28 『마르크스 엥겔스 전집』제23권, 중국 인민출판사, 1972, 24쪽.
29 『마르크스 엥겔스 선집』제1권, 중국 인민출판사, 1995, 60쪽.
30 앞의 책.

의 능력과 힘을 얻게 된다. 실천적 실체론의 기초에 있는 변증법은 인간의 실천적 구조에 대한 반성의 형태에 불과하다고 말하는 것이 낫다. 실천적 존재론은 경험 세계에 대한 사변적 초월(사람의 사고 영역에서만 일어나는 일)이 아니라 경험 세계에 대한 실제적 상태의 '변화'와 역사적 지양으로 변모시켰다. 이러한 실제적인 초월 그 자체가 마르크스가 주장하는 '실천 비판'의 방식이다.

〈재토론〉에서는 '혁명의 이론'이 '혁명의 운동'보다 논리적으로 우선한다고 주장하며, '실천적 관계는 이론적인 관계보다 논리적으로 우선한다'는 실천적 존재론 주장의 입장에 반대한다. 사실 '실천적 관계가 이론적 관계보다 우선한다'는 것은 존재론의 사전 설정일 뿐이다. 우리는 이 특정한 문맥을 벗어나서 문제를 토론해서는 안 된다. 그렇지 않으면 혼란만 초래하고 건설적인 대화로 나아갈 수 없다. 레닌은 혁명의 이론이 없었다면 혁명 운동은 없었을 것이라고 말했다. 그렇다고 선험론의 결론을 끌어내서는 안 된다. 존재론적 사전 설정인 실천적 유물론이 없었다면 논리적 의미에서 이론의 우선권을 인정하면서도 선험론적 함정을 피할 수 없었을 것이다.

〈재토론〉에서는 "역사적 필연성 문제를 해결한 뒤 실천적 문제를 부각시켜야 한다"고 주장했다. 이런 전도가 바로 기계적 유물론에 빠진 원인이 됐다. 나는 실천의 존재론을 설명하면서 역사적 필연성을 부인한 적이 없다. 다만 역사적 필연성은 실천이라는 원초적 기초 위에서만 도출될 수 있다는 점을 강조한 바 있다. '재토론' 자체도 역사적 필연성 문제와 실천적 문제 중 어느 것이 먼저인가 하는 맥락에서 나와 논의한 것인데, 어떻게 갑자기 필봉이 '실천 존재론' '역사적 필연성 취소와 부정'으로 바뀌었을까? 그 속에서의 비약은 상상할 수 없을 정도였다. 도대체 내가 어디서 역사의 필연성을 없애고 부정하는 말을 했는지 구체적으로 밝혀 달라. 실천의 논리적 우선성을 인정하는 것과 역사적 필연성을 인정하는 것 사이에는 모순이 없다. 마르크스가 '신성 가족'에 인용한 '재토론' 구절을 들자면, 마르크스는 분명히 "프롤레타리아는 그 자체의 존재로 인해 역사적으로 어떤 행동을 할 수밖에 없다"고 말하는데, 이는 '프롤레타리아'가 역사적으로 '작위'를 의미하며, '프롤레타리아' 자체의 '존재'에 의해 주어지는 마르크스가 여기서 사용하는 표현은 '통과' 또는 '차용'이 아닌 '통과'를 사용한다는 것을 의미한다. 그 존재 자체가 실천에 의해 만들어질 수밖에 없다. 마르크스는 사람들의 존재는 곧 그들의 실생활 과정이라고 말했고, 사회 생활은 본질적으로 실천적인[31] 것임을 분명히 했기 때문이다. 마르크스는 "프롤레타리아 계급의 목적과 역사적 임무는 이미 자신의 생활 상황과 현대 부르주아 계급 사회의 전체 구조에 의해 가장 분명하게 예시되었다"고 말했다. 이는 '재토론'의 근거를 제시하기 어려울 뿐만 아니라 '재토론'의 관점에 대한 부정적인 증거이기도 하다. 프롤레타리아 계급의 '생활 상황'과 '현대 부르주아 사회의 전체 구조'는 인간의 실천의 역사적 결과일 수 있기 때문이다. 프롤레타리아 계급의 생활 상황과 현대 부르주아 사회의 구조는 의심할 여지 없이 나누어졌지만 "소외를 빌어 실현되는 수단 자체가 실천적"인 것이다.[32] 요컨대 실천 범주의 확립은 반드시 선행되어야만 효과적이고 그리고 나서야 비로소 우리는 필연성 문제를 이야기할 수 있다.

'재토론'에서는 다음과 같이 말한다. "실천이 마르크스 사상의 비판성과 혁명성을 담는 범주로 삼을 수 없는 것은 바로 허중화 선생의 이해에 있는 초시간성에 있다"고 했다. 나는 실천에 대한 이런 선행의 논리적인 전제에서 벗어나서는 진정한 시간적 내적 이유를 댈 수 없다고 대답할 수밖에 없다. 이 논리적 사전 설정 자체는 의심할 여지 없이 시간을 뛰어넘지만 진정한 시간 시작자의 원래 범주에서 존재론의 지위를 확립했다. 다시

---

31 『마르크스 엥겔스 선집』, 제1권, 중국 인민출판, 1995, 72, 60쪽.
32 마르크스, 『1844년 경제학 철학 원고』, 중국 인민출판, 2000, 60쪽.

말해 실천 존재론이나 실천 유물론 자체가 생성론이지만, 이러한 생성론이 합법성의 기초를 얻으려면 기성론을 전제로 하지 않을 수 없다. 따라서 실천 범주는 궁극적인 원초적 규정으로서 시간성을 초월해야 하며 그렇지 않으면 논리적 의미의 제1원인 지위를 획득하지 못하여 존재론의 범주 역할을 할 수 있고, 다른 한편으로는 실천 범주가 이러한 초시간적 사전 설정을 통해 진정한 시간성, 즉 역사적 개시를 위한 철학적 차원의 내적 이유와 개시의 가능성을 제공한다는 이중적 의미를 갖는다. 마르크스 사상의 비판적이고 혁명적인, 이른바 "현존하는 것에 실질적으로 반대한다", 즉 "세상을 변화시킨다"는 것이다. 진정한 시간 또는 역사성은 이러한 실천적 활동에서 탄생하고 특성화되었다. 한마디로 존재론을 확립할 때 실천은 시간을 초월해야 하며, 실천이 존재론의 사전이 되면 진정한 시간성을 내재하고 역사의 개시를 위한 이유를 제공하게 된다. 물론 엥겔스는 "시간 밖의 존재가 공간 밖의 존재처럼 황당한 일"이라고 했다. 그러나 이는 경험 세계에만 적용되며, 초월적 존재론적 시야와는 무관하다. 그것을 가지고 존재론의 사전 설정을 반박하는 것은 완전히 잘못된 것이며 설득력이 부족하다. '재토론'의 "초시간적 실천은 어디서 구해야 하고, 또 어디서 이해해야 하는가"라는 질문에는 경험적 사고(시간이 먼저이지 논리가 먼저가 아니다)와 경험적 존재로 답을 얻을 수 없다는 것이 확실하다. '재토론'이 직면한 갈등의 본질은 경험적 사고를 가지고 과잉 테스트 문제를 이해하는 데 있으며 딜레마는 과잉 테스트 문제 자체가 아니라 경험적 사고의 속박에 있다. 사실 이것도 대다수의 실천적 존재론 반대론자들이 함께 갖고 있는 한계다.

09

'유물과 유심' 간의 논쟁은
초월될 수 있는가?

필자는 엥겔스가 『종말』에서 유물론과 유심론 간의 대립을 언급하였을 때 마르크스의 『요강』과 같이 양자의 초월 문제를 언급하지 않았다고 지적한 바 있다. 이는 적어도 엥겔스가 이 저서에서 마르크스의 '종합' 수준을 달성하지 못하였으며 여전히 지적 논리의 틀에 그쳤음을 의미한다.[1] 이로 인하여 엥겔스가 『종말』에서 포이어바흐를 비판하였을 때 나타났던 사상적 성향과 취지를 통하여 깊이 이해할 수 있다. 여기서 우리는 『종말』을 사례로 유물론과 유심론 간의 대립에 대한 엥겔스의 태도를 고찰하며 마르크스 사상과의 비교를 통하여 그 배후가 담긴 철학적 함의를 분석하고자 한다.

『종말』의 창작 동기는 어떤 정보를 암시하였는가?

엥겔스가 『종말』을 창작하였던 동기는 여러 가지가 있다. 가장 직접적 동기는 슈타르크Johannes Stark의 책, 즉 『루트비히 포이어바흐』에 대한 대답이다. 다른 동기는 신칸트주의와 신헤겔주의가 고전 철학을 부활시키는 사조에 대응하기 위한 도전이다. 가장 중요한 동기는 엥겔스가 주장하였던 마르크스의 미완성품(포이어바흐에 대한 철저한 청산)을 완성하여 이론적 숙원을 이루는 데 있다. 그러나 후자는 진실하지 않다. 그것이 엥겔스의 오해를 바탕으로 한 것이며, 엥겔스 사상과 마르크스 사상 간의 잠재적 거리에서 비롯되었기 때문이다.

엥겔스는 『종말』의 서문에서 "옛 원고(『독일 이데올로기』)가 포이어바흐

---

[1] 허중화, 「마르크스와 엥겔스의 철학 사상 간의 몇 가지 차이에 관한 논의」, 『동악 논총』, 제5호, 2004.

학설 자체에 대한 비판이 부족하다"고 지적하였다.[2] 이 논단은 사실에 분명히 부합하지 않고 엥겔스가 『종말』을 창작하였던 주요 깊은 동인이 되었다. 추궁할 만한 것은 두 가지가 있다. 첫째, 엥겔스는 『독일 이데올로기』가 포이어바흐에 대한 비판이 부족하므로 『종말』을 창작하여 마르크스 작업의 결함을 보완할 필요가 있다고 여겼다는 것이다. 둘째, 엥겔스의 『종말』이 마르크스의 사고방식에 따라 전개되었는가라는 것은 『종말』의 필요성과 합당성에 관련된다는 것이다.

사실 『독일 이데올로기』의 '포이어바흐' 장에서 삭제되었던 한 단락에서 이러한 견해가 있다. 즉, "우리의 이러한 의견들은 바로 포이어바흐를 겨냥한 것이다".[3] 이는 이 장의 맞춤성이 매우 명확하고 저자가 자각한 것이라고 할 수 있다. 마르크스는 그 이후에도 분명히 지적하였다. 즉, 1845년의 봄에 그는 "우리의 견해와 독일 철학의 이데올로기적 견해 간의 대립을 해명하려던 것은 실제로 우리의 이전의 철학적 신앙을 청산하였으며, 이러한 소원은 헤겔 이후의 철학을 비판하는 형식으로 이루어진 것"이다.[4] "헤겔 이후의 철학은 포이어바흐의 철학을 우선적이고 기본적으로 가리켰으며, 이러한 '청산'은 바로 『독일 이데올로기』에서 가장 집중적으로 나타났다. 마르크스는 "우리가 이미 우리의 주요 목적, 즉 문제를 스스로 밝힌다는 것을 달성하였다면 우리는 '쥐의 이'가 원고를 비판하기를 원하였을 것"이라고 하였다.[5] 마르크스는 『독일 이데올로기』가 "문제를 스스로 밝힌다"는 것, 즉 "헤겔 이후의 철학을 비판하는 형식"으로 자기의 '이전의 철학적 신앙'을 '청산한다'는 목적을 달성하였다고 분명히 인정하였

---

2 『마르크스 엥겔스 선집』, 제4권, 중국 인민출판사, 1995, 212쪽.
3 『마르크스 엥겔스 선집』, 제1권, 중국 인민출판사, 1995, 63쪽.
4 『마르크스 엥겔스 선집』, 제2권, 중국 인민출판사, 1995, 34쪽.
5 위의 책, 34쪽.

다. 그러나 이해하지 못하였던 것은 엥겔스는 『종말』의 '서문'에서도 이 말을 인용한 적도 있으나 그것이 자기의 판단과 서로 같지 않다고 인식하지 못하였다는 것이다. 이 시기에 마르크스와 포이어바흐의 철학적 관계에 관하여 마르크스의 평가와 엥겔스의 판단 간에는 현저한 차이가 있다. 마르크스는 포이어바흐를 언제 초월하였을까? 1841년의 헤스의 판단에 따르면 마르크스는 그 당시에 이미 철학에서 포이어바흐를 '초월하였다'고 할 수 있다. 헤스는 친구에게 보냈던 편지에서 "그(마르크스)는 성향과 철학적 사상의 형성에서 슈트라우스뿐만 아니라 포이어바흐도 모두 초월하였다"고 지적하였다.[6] 포이어바흐 철학의 기본적 성향은 구유물론이다. 만약 마르크스는 이 분야에서 포이어바흐와 큰 격차를 벌리지 않았다면 그를 '초월하였다'고 할 수 없었을 것이다. 라자노프Riazanov는 『신성 가족』에서도 마르크스는 여전히 포이어바흐의 계승자라고 할 수 있으나 차라리 그의 학생이라고 한 것이 더 낫다"고 주장하였다.[7] 또한 그는 이미 기본적 원칙에서 포이어바흐의 영향에서 벗어나기 시작하였으며, "그 당시의 마르크스는 포이어바흐를 어떻게 멀리 초월하였는가는 아래와 같은 『신성 가족』에서 나타났던 글로 증명될 수 있기 때문이다. 즉, 설마 비판적 비판은 그것이 역사적 운동에서 자연계에 대한 인간의 이론적 관계와 실천적 관계, 자연 과학과 공업을 제거한다면 막 시작한 역사적 현실에 대한 인식을 실현할 수 있다고 생각하겠지? 설마 비판적 비판은 그것은 어떤 역사 시기의 공업과 생활 자체의 직접적 생산 방식을 인식하지 않는다면 그 역사 시기를 진정하게 인식할 수 있다고 생각하겠지?"[8] 사실 마르크스는 『신

---

6   중국 중공중앙편역국, 『마르크스의 회고』, 중국 인민출판사, 2005, 270쪽.
7   다비드 보리소비치 라자노프 지음, 샤판 옮김, 『라자노프판 「독일 이데올로기・포이어바흐」』, 중국 난징대학교 출판사, 2008, 17쪽.
8   위의 책, 12~13쪽.

성 가족』에서 기본적 입장과 원칙부터 이미 포이어바흐를 초월하였다. 가장 보수적 예측에 따르면 "마르크스는『신성 가족』을 마친 후 포이어바흐 학파가 더 이상 아니었다(철학도 마찬가지다). 그는 포이어바흐에서 비교적으로 쉽게 완전히 벗어났다. 엥겔스는 포이어바흐와 동맹을 여전히 맺으려고 하였으나 마르크스는 엥겔스를 떼어놓았다."[9] 가장 상징적 저서는 『요강』과『독일 이데올로기』의 '포이어바흐' 장으로 꼽힐 수 있다.『종말』의 저자인 엥겔스는 이미 마르크스가 조기에 작성하였던『요강』을 잘 알고 그것을 수정한 후『종말』의 부록으로 삼아 함께 발표하였으며, 심지어 '서언'에서 그것의 사상사적 지위를 긍정하여 그것이 "새로운 세계관이 담긴 천재가 싹트는 첫 번째의 문서"라고 지적하였다.[10]『독일 이데올로기』의 저자 하나인 엥겔스도『독일 이데올로기』'포이어바흐' 장의 내용을 잘 알고 마르크스가 죽은 후 이 장의 끝부분에서 주제의 의미를 지닌 개괄적 문장을 붙였다. 이미 이렇게 된 바에 엥겔스는 왜 사실에 부합하지 않는 상술된 판단을 내렸을까? 이는 도대체 무엇을 의미하는가? 그것은 엥겔스가『요강』과『독일 이데올로기』'포이어바흐' 장의 진정한 함의를 충분히 이해하지 못하였음을 설명할 수밖에 없다.『종말』의 저자인 엥겔스는 상술된 문헌이 적어도 미성숙한 것으로 존재하여 포이어바흐 철학을 청산하는 임무를 완성하지 못하였다고 주장하였다(그렇지 않다면『종말』의 창작은 쓸데없을 것이다). 엥겔스가『요강』을『종말』의 부록으로 삼아 함께 발표하였던 이유는『종말』이 포이어바흐를 "하반부가 유물론자이고 상반부가 유심론자"라는 것으로 찍혔기 때문이다. 엥겔스는『요강』이 바로 역사적 유물론의 '기원'이라고 확정하였다.[11] 이로 인하여 이러한 맹아적 상태에 있는

---

9 앞의 책, 17쪽.
10 『마르크스 엥겔스 선집』, 제4권, 중국 인민출판사, 1995, 213쪽.
11 주: 엥겔스의 이른바 '역사적 유물론'은 협의적이다. 즉, 자연관과 상대적이며, 철학의 총

유물 사관으로 포이어바흐 철학의 결함('상반부' 문제)를 '보완적으로' '교정한다'는 것은 저절로 자연스러운 일이 될 것이다. 엥겔스가 기대한 것은 "역사도 유물론적 해석을 받아야 한다"는 것이다.[12] 이는 엥겔스가 포이어바흐 철학의 잘못된 근원과 정곡을 찾아낸 바 없었으며, 여전히 유물론적 기초에 대한 유한한 이해로 제한하여 인간의 존재를 바탕으로 역사관과 자연관 간의 한계를 타파하지 못하였다.

1926년에 라자노프는 『종말』의 서문에서 "몇 군데의 올바르지 않은 것"을 지적한 바 있다.[13] 그 중에서 이른바 "옛 원고에는 포이어바흐 학설 자체에 대한 비판이 결여된다"는 것을 포함하였다. 그는 "엥겔스는 그가 다시 한번 읽었던 친필 원고(즉, 『독일 이데올로기』)가 포이어바흐의 이론을 비판하지 않았다고 잘못 생각하였다."[14] 사실 이는 바가도리아 G. A. Bagaturija가 언급한 것과 같이 "『독일 이데올로기』에서 가장 우수한 한 장은 바로 포이어바흐와 선을 긋기 위한 것이다."[15] 이러한 견해는 사상사적 사실에 부합하는 것이다. 사실 『독일 이데올로기』의 '포이어바흐' 장은 포이어바흐 철학을 비판적으로 청산하지 않았다는 것이 아니며,[16] 엥겔스의 『종말』이라는 의미에서 비판적으로 청산하지 않았을 뿐이다. 엥겔스의 견해는 그가 『독일 이데올로기』 중의 '포이어바흐' 장의 진정한 의도를 오해한 것으로 밝혀졌을 뿐이다. 『독일 이데올로기』의 저자 하나인 엥겔스

•
체적 성질이 아닌 유의미한 의미만 지닌 명칭이다.
12 『마르크스 엥겔스 선집』, 제4권, 중국 인민출판사, 1995, 228쪽.
13 바실리 바실리예비치 로자노프 지음, 샤판 옮김, 「라자노프판 「독일 이데올로기 · 포이어바흐」」, 중국 난징대학교 출판사, 2008, 4쪽.
14 위의 책, 10쪽.
15 G. A. Bagaturija, 「『포이어바흐에 관한 테제』와 「독일 이데올로기 · 포이어바흐」」, 『마르크스 레닌주의 연구 좌표』, 제3호, 1985, 39쪽.
16 여기서는 이 장과 『요강』의 문자적 · 실속적인 고도의 일치성을 직시하면 충분하다.

는 포이어바흐에 대한 『독일 이데올로기』의 비판을 보이지 못하는 척하였다는 것은 그 당시의 마르크스는 엥겔스가 기대한 의미에서 포이어바흐를 청산한 것이 아닌 것으로 해석될 수밖에 없다. 여기서는 엥겔스가 이 장에서 하였던 역할을 직시해야 한다. 이는 라자노프가 지적한 바와 같다. 즉, "이 친필 원고는 거의 엥겔스의 필기이며, 마르크스의 필기는 단지 수정, 삽입 및 세로 주석뿐이었다. 그러나 이는 저자가 엥겔스라고 대표하지 않았다. 사실은 정반대되는 것이다. 엥겔스는 마르크스가 말로 전수한 내용을 기록하였을 뿐이다. 우리는 『독일 이데올로기』의 친필 원고를 근거로 '두 분의 창작 분업'과 관련된 까다로운 문제에 대답할 수 없다."[17] 이는 바로 유명한 '구술 기록설'이다. 해당 사실에 의거하여 추론한 후 라자노프의 해석이 믿을 만한 것이라고 할 수 있다.

상술한 바는 아마 노년 엥겔스의 철학 사상이 중요한 변화, 심지어 방향성의 변화가 생겼음을 의미하였으나 이 가설은 두 가지의 문제에 직면할 것이다. 하나는 그가 『요강』을 『종말』의 부록으로 삼아 함께 출판하였다는 이유는 세상 사람들에게 이 변화를 표명하였는가라는 것이다. 답은 부정적이다. 이는 『요강』에 대한 『종말』의 서문에서 나타났던 긍정성에서 보일 수 있다. 이와 같은 것은 엥겔스가 마르크스를 오해하였다는 것만 합리적으로 해석하였으며, 또한 이러한 오해는 『독일 이데올로기』를 창작하였던 초기에 이미 시작하였다. 다른 하나는 만약 엥겔스 사상은 확실히 중대한 변화가 생기고 엥겔스도 이러한 변화를 인식하였다면 성실한 사상가로서 침묵을 유지하지 않고 대중들에게 그것을 공개할 책임을 져야 하였을 것이다. 하지만 엥겔스는 세상 사람들에게 이 점을 분명하게 설명해 준 바 없다. 이로 인하여 엥겔스의 사상은 중대한 변화가 확실히 생기지

17　바실리 바실리예비치 로자노프 지음, 샤판 옮김, 『라자노프판「독일 이데올로기·포이어바흐」』, 중국 난징대학교 출판사, 2008, 18쪽.

않았으며, 엥겔스도 마르크스와 사상적 거리가 먼 것을 자발적으로 깨닫지 못하였다.

『종말』에서 나타났던 포이어바흐에 대한 '비판'은 마르크스의 당년의 '비판'보다 더더욱 성숙하고 철저하고 심각하였을까? 답은 부정적이다. 레닌은 포이어바흐 철학에 대한 엥겔스와 마르크스의 일치성을 특별히 강조하였으며, 엥겔스가『종말』에서 "포이어바흐의 철학에 대한 자기와 마르크스의 견해를 서술하였다"고 주장하였다.[18] "플렉카노프Plekhanov도『종말』은 두 분(마르크스와 엥겔스)의 철학적 관점을 집대성하였다"고 하였다.[19] 그러나『종말』은 도대체 마르크스와 엥겔스의 일치성, 아니면 양자 간의 사상적 차이를 더더욱 많이 나타냈는지를 살펴볼 필요가 있다.

플렉카노프는 "유물론의 가장 중요한 특징은 바로 그것이 정신과 물질, 신과 자연이라는 이원론을 제거하였다는 것"이라고 주장하였다.[20] 과연 이러한 것일까? 물질과 정신 간의 관계는 유물론적 언어 환경 속에서 다음과 같이 처리되었다. 한편으로는 물질의 우선적 지위가 확립되어야 하나 물질은 심과 물 간의 대립에서만 정의될 수 있다는 것이다. 다른 한편으로는 정신은 심과 물의 통일에서만 물질로 환원될 수 있다는 것이다. 그러나 전자는 이미 심과 물 간의 이원적 분열을 선행적으로 숨겼으므로 정신의 환원으로 하여금 진정한 난제가 되었다. 이는 바로 유물론이 유심론적 도전에 대응하지 못하였던 난제이다. 유물론이 직면한 문제는 만약 인간의 주관적 세계 외의 세계를 가설한 후[21] 양자의 관계를 토론하려면

---

18 『레닌 선집』, 제2권, 중국 인민출판사, 1995, 420쪽.
19 엥겔스,『루트비히 포이어바흐와 독일 고전 철학의 종말』, 중국 인민출판사, 1972, 61쪽.
20 위의 책, 127~128쪽.
21 『마르크스 엥겔스 선집』, 제3권, 중국 인민출판사, 1995, 374~375쪽;『레닌 전집』, 제18권, 중국 인민출판사, 1988, 110쪽;『레닌 선집』, 제2권, 중국 인민출판사, 1995, 192쪽.

이원론적 틀을 가설해야 한다는 것이다. 또한 주관적 세계보다 먼저 독립적으로 존재하고 대상적이지 않은 규정으로서의 객관적 세계를 가설한다면 인간의 존재와 필연적으로 상관없으므로 인간을 신으로 바꾸어야 한다. 이로 인하여 이는 '신의 눈'으로 취급되어야 가능해질 것이다. 이 자체는 유물론적 신념과 반대되는 매우 기괴한 것을 구성하였다.

엥겔스의 주장에 의하면 헤겔학파가 해체된 후 '유일하게 진정한 열매를 맺은 학파'로서의 마르크스 사상과 '헤겔 철학 간의 분리'는 도대체 무엇을 바탕으로 이루어졌던 것인가? 그는 이러한 분리를 "유물론적 관점으로 돌아간다"는 '결과'로 귀결하였다. 여기[22]의 문제는 아래와 같다. 첫 번째는 만약 '분리'의 원인을 "유물론적 관점으로 돌아간다"는 것으로 이해한다면 포이어바흐식의 구유물론은 왜 "진정한 열매를 맺지 못하였는가"라는 것이다. 두 번째는 "유물론적 관점으로 돌아간다"는 모호한 주장은 마르크스가 반대하였던 그러한 "세계를 해석한다"는 태도와 범주를 초과할 수 있는가라는 것이다. 엥겔스의 이른바 "유물론적 관점으로 돌아간다"는 것은 인간들이 "현실 세계(자연계와 역사)를 이해할 때 그것 자체가 선입관에 사로잡히지 않는 유심론적 이상한 상상으로 그것을 취급하는 인간 앞에서 나타냈던 것에 따라 이해한다"는 것이다, 즉 "환상이 아닌 사물 자체의 관계로 사실을 파악한다"는 것이다."[23] 엥겔스는 이는 바로 '유물론적' 유일한 의미이며, "그 이외에 유물론이 다른 의미가 없다"고 주장하였다.[24] 그 문제는 이는 마르크스의 『요강』이 비판하였던 그러한 "세계를 해석한다"는 태도와 범주를 초과하지 않았다는 것이다. 사실 마르크스가 이룩하였던 '헤겔 철학과의 분리'의 본질은 실제로 결코 엥겔스의 이른바 기존의

•
22 『마르크스 엥겔스 선집』, 제4권, 중국 인민출판사, 1995, 242쪽.
23 위의 책, 242쪽.
24 위의 책, 242쪽.

'유물론적 세계관'을 (적어도 주요한 분야에서) 연구한 모든 지식 분야에서 철저히 운용하지 않았다.[25]

엥겔스는 포이어바흐처럼 헤겔의 주장을 쓸데없는 것으로 삼고 쉽게 버리지 않고 헤겔의 '혁명성, 즉 변증법'을 '받아들여야' 유물론을 살릴 수 있다고 주장하였다.[26] 그러나 마르크스는 헤겔 철학의 '혁명성'을 어떻게 '회복하였을까?' 엥겔스의 해석에 따르면 그것은 바로 "우리는 현실적 사물을 절대적 개념의 어떤 단계의 반응으로 취급하지 않고 우리 머릿속의 개념을 현실적 사물의 반응으로 유물적으로 취급한다"는 것이다.[27] 이로 인하여 변증법은 더 이상 '개념적 자기 운동'이 아닌 "외부 세계와 인간 사유의 운동에 관한 일반적 법칙의 과학"으로 변하게 되었으며,[28] 이로써 헤겔 변증법의 이데올로기는 본말이 전도된다는 것을 해소하였다. 여기서는 해명할 두 가지의 문제가 있다. 하나는 엥겔스가 이미 마르크스의 "존재가 의식을 결정한다"는 것을 '머릿속의 개념'이 '현실적 사물'을 '반응한다'는 관계로 바꾸었다는 것이다. 이로 인하여 '존재'에서 내재적으로 담긴 인간의 현존성 차원이 '현실적 사물'의 비인간적 차원 간의 불상용은 심하게 소홀히 되었다. 다른 하나는 "외부 세계와 인간 사유 운동에 관한 일반적 법칙의 과학"에서 마르크스가 철학의 가장 중요한 원칙으로서 내세운 인간의 감성적 활동의 원초적 지위가 깡그리 사라졌다는 것이다.

어쨌든 엥겔스는 『종말』의 서문에서 『독일 이데올로기』가 포이어바흐를 청산한 것과 그 의미를 과소평가하였던 중요한 이유의 하나는 바로 『독일 이데올로기』가 이후의 『종말』이 취한 방식과 다른 방식으로 마르크스와

---

25 앞의 책, 242쪽.
26 위의 책, 242쪽.
27 『마르크스 엥겔스 선집』, 제4권, 중국 인민출판사, 1995, 243쪽.
28 위의 책, 243쪽.

포이어바흐의 사상적 관계를 종결하였다는 것이다. 이는 엥겔스는 노년의 마르크스의 의도를 충분히 이해하지 못하였을 뿐만 아니라 마르크스의 철학적 의도를 처음부터 진정하게 이해하지도 못하였음을 설명하였다.

포이어바흐의 유물론은 왜 역사 분야에서 효력을 상실하였는가?

마르크스와 엥겔스는 포이어바흐의 유물론의 역사적 실효에 모두 만족하지 않았다는 것이 사실이다. 그들이 변증법적 유물론을 확립하여 철학 사상의 심각한 혁명을 이루어냈다는 이유는 일정한 의미에서 이러한 실효로 인한 것이라고 할 수 있다. 그러나 이러한 실효의 원인에 대한 마르크스와 엥겔스의 분석은 소홀이 안 되는 차별이 존재하고 있다. 이러한 '진단' 간의 격차는 '처방전'이 매우 다른 것도 결정하였다. 마르크스와 엥겔스가 철학적으로 다르다는 중요한 원인의 하나는 바로 이렇게 분석하는 결론이 현저한 차이를 가졌다는 것이다.

엥겔스는 『종말』에서 "구유물론이 역사 분야에서 자기를 배신하였다"고 하였다.[29] 추궁할 만한 것은 이러한 '배신'이 나타난 원인이다. 엥겔스는 "그것이 역사 분야에서 작용하였던 정신적 원동력이 최종적 원인이라고 하며, 이러한 원동력의 배후에 숨겨진 것이 무엇인지, 또한 이러한 원동력의 동력이 무엇인지를 연구하지 않았다"고 여겼다.[30] 사실 문제의 진정한 원인과 정곡은 이상과 다르며, 추궁자가 견지한 입장으로 인하여 추궁의 답을 찾아내지 못하였다는 것이다. '실천'의 '결석'을 바꾸지 않고 물

---

29 『마르크스 엥겔스 선집』, 제4권, 중국 인민출판사, 1995, 248쪽.
30 위의 책, 248쪽.

질과 정신 및 양자 간의 대립보다 더 시원적이고 본연한 특성을 지닌 전제를 찾아내지 못한다면 영원히 이율배반이나 순환적 해석으로 인한 악순환의 제한에서 벗어나지 못하여 모든 가능한 답들이 반정립적 부정을 당할 것이다. 18세기의 프랑스 유물론이 당하였던 곤경은 바로 선례이다. 구유물론은 정신 배후의 원동력을 추궁하였을 뿐만 아니라 이렇게 한 후 '원동력의 동력'에 얽매임에도 직면하였기 때문에 무궁한 순환적 곤경에 빠졌다. 그것이 당면한 근본적 모순은 인과 순환에 있다. 즉, "인간들의 의견은 환경으로 결정되고 환경은 의견으로 결정된다"는 것이다.[31] 이로 인하여 구유물론적 역사관의 치명적 결함은 원동력 배후의 동력이 무엇인지를 추궁한다는 것이 아니며, 추궁하는 과정에서 이러한 순환에 빠졌다는 것이다. 그것이 역사 분야에서 자기를 배신하였던 이유는 정신적 원동력 배후의 원인을 찾아낸다는 것이 아니며, 심과 물 간의 이원적 분열의 틀에 한정되고 마침 이 틀이 역사를 적절하게 해석할 수 없었다는 것이다. 구유물론적 인간은 감성적 활동에서 벗어났기 때문에 사회성에서도 벗어난 인간으로서의 육체적 존재물에 불과하다. 이러한 인간은 정신적 원인으로 삼지 못하고 오히려 정신적 추진으로 제한될 수밖에 없다. 이로 인하여 구유물론은 유심론적 포로로 되거나 역사적 정신 요인을 거부해야 할 것이다. 이러한 문제에 대하여 엥겔스는 여전히 역사적 인과 관계에 대한 규명에 국한되었다. 이러한 규명은 심과 물 간의 관계의 차원으로 깊이 들어간다면 이원론만 초래하게 될 것이다.

엥겔스는 "유물론적 역사관은 변증법으로 이용하여야만 가능하게 될 수 있다"고 주장하였다.[32] 그의 주장에 의하면 포이어바흐가 역사가 유물

---

31 플렉카노프 지음, 바구 옮김,『일원론적 역사관의 발전에 대한 논의』, 중국 생활·독서·신지 삼련서점, 1961, 9쪽.
32 『마르크스 엥겔스 선집』, 제3권, 중국 인민출판사, 1995, 691~692쪽.

론적 해석을 받지 못하게 되었던 이유는 유물론의 일반적 기초가 역사 분야에서 유물론적 입장을 '운용한' 필요충분조건이 아닌 필요조건을 구성하였기 때문이다. 엥겔스는 포이어바흐가 역사 분야에서 유물론을 관철하지 않았다는 것을 주로 변증법적 결여 탓으로 돌렸다. 일반적으로 "유물론과 변증법의 결합을 통해 변증법적 유물론이 되어야 성질이 완전히 새로운 철학이 생길 것"으로 여겨진다.[33] 인간들은 일반적으로 "구유물론 + 유심적 변증법 = 변증법적 유물론(역사적 유물론은 변증법적 유물론적 '보급'이나 '운용')"이라고 여겼다. 이는 사실 매우 빈약하고 기계적 공식이라고 할 수 있다. 그 중에서도 인간의 존재의 입장은 허용되지 못하였을 뿐만 아니라 모든 전통적 철학의 원초적 기초에 대한 마르크스의 '변증법적 유물론'의 혁명적 구축과 심층적인 의미도 전혀 보이지 못하였기 때문이다. 그러므로 그것은 마르크스의 '변증법적 유물론'의 진실한 기초를 진정하게 파악하지 못하였으며, '포이어바흐식의 유물론'은 결코 이러한 기초가 될 수 없다. 마르크스의 새로운 철학은 포이어바흐의 유물론을 바탕으로 하여 헤겔 변증법으로 유물론적인 일반적 원칙을 역사 분야에서 관철하였음을 의미하지 않는다.

일반적으로 말하면 스탈린Stalin은 '보급설'을 제기하였다고 할 수 있다.[34] 사실 그것은 레닌 심지어 엥겔스로 거슬러 올라갈 수 있다. 레닌은 '보급설'[35] 외에 '관철설'[36]과 '응용설'[37]도 제기하였다. 그것들의 실질은 '보급설'과 별다른 차이가 없다. 레닌의 견해에 따르면 마르크스가 이른바 '완

---

33 젬코프 하인리히 외 지음, 이팅전·허우환량 옮김, 『엥겔스 전기』, 중국 생활·독서·신지 삼련서점, 1980, 466쪽.
34 『스탈린 선집』, 하권, 중국 인민출판사, 1979, 424쪽.
35 『레닌 선집』, 제2권, 중국 인민출판사, 1995, 311쪽.
36 위의 책, 227쪽.
37 위의 책, 179쪽.

비된 유물론적 철학'을 이루어냈던 이유는 바로 그가 이 입장을 역사 분야로 '관철·응용'하였거나 '보급하였기 때문이다.' 사실 엥겔스의 '운용설'[38] 이야말로 비로소 '보급설'의 기원이라고 할 수 있다. 엥겔스는 마르크스 이전의 유물론은 유물론적 세계관을 견지하였으나 그것을 '모든 지식 분야'로 '철저히 운용'하지 못하였으며, '자연 분야'에만 국한되어 '역사 분야'에서 여전히 미개척지라고 지적하였다. 바로 이러한 이해로 인하여 엥겔스는 이른바 "하반부는 유물론자이며, 상반부는 유심론자"라는 학설을 창립하였다. 그러므로 포이어바흐가 자연관에서 유물론적 해석이라는 입장을 견지하였을 때 엥겔스는 이미 "역사도 유물론적으로 해석되었다"고 기대하였다. 그는 다음과 같이 지적하였다. 즉, "그러므로 문제는 사회에 관한 과학, 즉 이른바 역사 과학과 철학 과학의 총체가 유물론적 기초와 조화되며, 또한 이러한 기초에서 개조되는 데 있다. 그러나 포이어바흐는 이 점을 해낼 수 없었다. 그는 '기초'가 있으나 여기서 여전히 전통적 유심론적 속박을 받았으며, 이 점을 스스로 인정하였다."[39] 엥겔스는 포이어바흐가 이미 유물론의 일반적 '기초'(즉, '구유물론의 영구한 기초')를 다졌으나 그의 철학적 결함이 이러한 '기초'를 역사관으로 관철하지 않았을 뿐이라고 주장하였다. 그 문제는 바로 엥겔스가 여겼던 문제가 없는 '기초'에 있다. 엥겔스는 포이어바흐 철학의 유물론적 '기초'가 어떤 결함이 있는지를 의심하지 않은 것 같았으며, 포이어바흐가 역사관에서 유심론에 빠졌다는 이유는 '기초' 자체와 상관없고 어떤 순수한 외재적 원인으로 인한 것이라고 주장하였기 때문이다. 이 자체는 마르크스와 달리 엥겔스가 변증법적 유물론의 철학적 입장을 이해하였을 때 존재한 한계성을 깊이 있게 표현하였다. '보급설'은 포이어바흐가 역사 분야에서 유물론을 완성하지 못한 원인

---

38 『마르크스 엥겔스 선집』, 제4권, 중국 인민출판사, 1995, 242쪽.
39 『마르크스 엥겔스 선집』, 제3권, 중국 인민출판사, 1995, 230쪽.

을 충분히 해석할 수 없다는 것이 분명하다.

변증법을 이용한다고 하더라도 여전히 해석학적 순환에서 벗어나 철학적 의미가 있는 시원적 범주를 확립할 수 없었을 것이다. 엥겔스의 견해에 따르면 "원인과 결과라는 두 개의 개념은 개별적 장소에서 응용되어야 적절해질 것이다. 그러나 우리가 이러한 개별적 장소를 그것과 우주의 전반적 관계에서 고찰한다면 이 두 가지의 개념은 연결되어 보편적 상호 작용의 관념에서 사라질 것이다. 또한 원인과 결과는 이러한 상호 작용에서 항상 위치를 바꾼다. 그때나 이곳은 결과이지만 저때나 저곳은 원인이 된다. 그 반면에는 마찬가지다."[40] 이리하여 "상호 작용은 바로 사물의 진정한 궁극적 원인이다. 우리는 이러한 상호 작용의 인식에 대하여 더더욱 멀리 거슬러 올라갈 수 없다. 그 이후 인식할 것도 없기 때문이다."[41] 그러나 이 논리는 존재론의 궁극적인 원초적 기초에 대한 추궁에서 활동된다면 이원론적 함정에 불가피하게 빠질 것이다. 이 경로에 따라 따져보면 논리적 '제1 원인'을 찾아낼 수 없기 때문이다. 그러므로 역사관의 정곡은 인과적 해석을 탐구한다는 것이 아니다. 최종적으로 이러한 해석은 사실 분야에서 '상호 작용'으로만 귀결될 것이기 때문이다. 따라서 변증법은 환경과 인간이 서로 얽매인 것으로 인한 패러독스를 해결하지 못하며, 이는 '상호 작용'의 궁극성을 통해 똑똑히 보일 수 있다.

플렉카노프가 언급하였듯이 "의견과 환경 간에는 상호 작용을 존재한다. 그러나 과학 연구는 이러한 상호 작용을 인정하는 데 그치면 안 된다. 상호 작용은 아직도 우리에게 모든 사회 현상을 해석해 주지 못하였기 때문이다."[42] 그도 "이러한 어리석은 생각을 버리기 위해 우리는 역사적 요

---

40 앞의 책, 361쪽.
41 『마르크스 엥겔스 선집』, 제4권, 중국 인민출판사, 1995, 328쪽.
42 플렉카노프 지음, 바구 옮김, 『일원론적 역사관의 발전에 대한 논의』, 중국 생활·독서·

소, 즉 민족의 도덕적 풍습과 그것의 국가 제도를 만드는 요소를 찾아내야 하며, 이것은 그것들의 상호 작용의 가능성도 만들게 되었다."⁴³ 이는 역사 분야 내의 이율배반을 해결하는 유일하게 가능한 통로이다. '상호 작용'은 가장 추상적이고 공허하고 빈약한 어휘이다. 환경과 인간 간의 상호 작용을 이해하고 그것의 패러독스에서 벗어나려면 그것에 특정한 역사적 함의를 부여하고 그것보다 더 원시적 전제를 찾아내야 한다. 마르크스는 『요강』과 『독일 이데올로기』에서 이미 가장 전형적 제시를 하였다. 전자는 이러한 문제에 대한 18세기 프랑스의 유물론자의 관점을 비판하였으며, "환경의 변화와 인간의 활동이나 자기 변화의 일치는 혁명적 실천으로 취급되고 합리적으로만 이해될 수 있다"고 주장하였다.⁴⁴ 후자는 유물 사관이 "인간이 환경을 만들었으며, 마찬가지로 환경도 인간을 만들고 인간과 환경 간의 상호 작용의 원초적 기초를 '현실적 생산과 생활'로 귀결하였다"고 지적하였다.⁴⁵ 마르크스는 악순환에서 나온 유일한 통로를 실천적 범주의 궁극적 원초성의 확립으로 주장하였다. 이는 뢰비트Karl Löwith가 지적한 바와 같다. 즉 "저속한 마르크스주의는 엥겔스의 범례(유물 사관에 관한 엥겔스의 편지 4통)에 따라 이론과 실천의 변증법적 관계를 간편화하였으며, 그것은 추상적인 물질적 '기초'를 고수하였으나 이러한 '기초'와 이론적 '상부 구조'의 관계가 마침 베버M. Weber가 지적한 것과 같이 쉽게 역전될 수 있다. 반면에 마르크스의 원초적 관점을 고수한다면 헤겔의 '이론'이라도 실천적으로 이해될 수도 있다."⁴⁶ 그러나 엥겔스는 『요강』 『독일 이데올로

- 신지 삼련서점, 1961, 12쪽.
43 앞의 책, 11쪽.
44 『마르크스 엥겔스 선집』, 제1권, 중국 인민출판사, 1995, 55쪽.
45 『마르크스 엥겔스 선집』, 제3권, 중국 인민출판사, 1995, 92쪽.
46 카를 뢰비트 지음, 리추링 옮김, 『헤겔부터 니체로』, 중국 생활·독서·신지 삼련서점, 2006, 127~128쪽.

기』 및 『종말』의 사상적 장력을 인식하지 않은 듯하다. 이는 마르크스 사상에 대한 그의 어떤 소홀히 해서는 안 되는 오해를 한층 인증하였다.

전통적 관점에 의하면 포이어바흐가 헤겔 변증법을 거부한 것으로 여겨졌으나 말리닌과 신카루크의 고증에 따르면 헤겔 변증법에 대한 포이어바흐의 태도는 이렇게 간단한 것이 아니다. 포이어바흐는 『얼랭어 강의』에서 이미 헤겔 변증법을 근대 철학의 필연적 결과로 고찰하였다. 그는 『철학사』에서 "가장 중요한 것은 대립·통일의 법칙과 진정한 합리적 모순과 터무니없는 거짓·모순 간의 차이를 밝혀냈다"고 지적하였다.[47] 사실 마르크스는 『친필 원고』에서 이미 명확히 지적한 바 있다. 즉, "포이어바흐는 헤겔 변증법에 대하여 엄숙하고 비판적 태도를 유일하게 취했던 사람이다. 그야말로 이 분야에서 진정한 발견을 할 수 있다."[48] 물론 포이어바흐는 변증법을 배척하지 않았으나 이러한 방법의 혁명적 의미는 여전히 구유물론적 틀에서 질식되었다. 엥겔스가 추앙하였던 '구유물론의 영구한 기초'에서는 변증법이 있다고 해도 적극적 결론을 내리지 않을 수도 있다. 이리하여 변증법 자체는 전제적 의미를 지니지 않았으나 적극적 결과를 가져오는 것은 적절한 기초에 놓였는가에 완전히 달려 있다. 이는 변증법이 인간의 존재라는 현상학의 내재적 논리와 인간의 적극적 존재가 고유한 규정으로 취급되지 않는다면 생명력이 있는 방법론으로 되지 못할 것을 설명하였다. 이리하여 포이어바흐가 다음과 같은 결론을 내렸던 원인을 쉽게 이해할 수 있다. 즉, "유심론에서 유물론으로 이행하는 것에 따라 포이어바흐의 창작이 결정된 것은 대립적 방법에 불과하다. 이러한 방법의 실질은 각종 대립물, 즉 물질과 정신, 주체와 객체, 자연계와 신 등을

47　선전, 「청년 헤겔학파에 관한 새로운 연구 『헤겔 좌파·비판 및 분석』에 대한 평론」, 『철학 역총』, 제5호, 1987, 49쪽.
48　마르크스, 『1844년 경제학과 철학의 친필 원고』, 중국 인민출판사, 2000, 96쪽.

구별하고 비교하는 원칙을 제1위로 올렸다는 것이다."[49] 이러한 지적 장력 구조는 논리로만 극복할 수 없다는 것이며, 그것 자체도 인간의 존재라는 구조의 역사적 생성과 해소가 변증적으로 표현한 일시적 성질과 규정뿐이기 때문이다. 인간의 실천적 존재라는 원초적 기초를 떠나고 이율배반의 관계에서 벗어나려면 변증법도 어쩔 수 없을 것이다.

포이어바흐는 '상호 작용'과 상호 인과라는 것을 잘 알고 있었다. 예컨대, 그는 "이것은 저것을 전제로 하여 저것은 이것을 전제로 하며, 이것은 저것에 의존하여 저것은 이것에 의존하며, 모든 것은 유한하고 서로 의존하여 생겨난 것"이라고 명확히 지적하였다.[50] 또한 그는 "자연계의 모든 것은 서로 영향을 미치고 상대적이며, 결과인 동시에 원인이기도 하며, 일방적이면서 다양한 것"이라고 언급하였다.[51] "모든 것은 결과인 동시에 원인이기도 한다."[52] 그 문제는 물질적 요소와 정신적 요소가 "서로 일어나게 되"거나 "서로 인과 관계를 이루어낼 때" 어떻게 "해석할 것인가"라는 것이다. 만약 이러한 '상호 발생'에 국한된다면 이는 유물론적 비위에 맞추지 못할 뿐만 아니라 유심론적 환심도 살 수 없으며, 존재론에서 이원론적 비철저성에 빠져 버려 절충주의로 전락할 수밖에 없을 것이다. 이리하여 '상호 작용'은 변증법적인 것이나 포이어바흐가 유물 사관을 구축하였다는 것을 초래하지 않았다. 이는 변증법을 받아들인다고 해도 유물 사관을 이용하면 필연적으로 발전해 나가지 못할 것을 의미한다. 엥겔스는 변증법적 차원에서 포이어바흐가 역사관 분야에서 유심론에 빠졌던 원인을 밝혀

-
49 선전, 「청년 헤겔학파에 관한 새로운 연구: 『헤겔 좌파·비판 및 분석』에 대한 평론」, 『철학 역총』, 제5호, 1987, 49쪽.
50 하권, 롱전화 외 옮김, 『포이어바흐 저서 선집』, 중국 생활·독서·신지 삼련서점, 1962, 595쪽.
51 위의 책, 602쪽.
52 위의 책, 601쪽.

내는 데 번지수가 틀렸다.

엥겔스의 해당 논술에서는 현저한 '반응론'과 '부합론'의 경향이 나타났다. 예컨대, 그는 "유물론적 관점으로 돌아간다는 것"이 모든 사실에 부합하지 않는 유심론적 이상한 생각을 버려야 한다고 결심함으로써 '사실'에 '부합하는' '정확한 인식'을 형성하였음을 의미한다고 하였다.[53] 이러한 '부합론적' 관점의 논리적 전제는 "존재가 의식을 결정한다는 것"에 대한 엥겔스의 '반응론적' 이해, 즉 이른바 "우리는 현실적 사물을 절대적 개념의 어떤 단계의 반응이 아닌 우리 머릿속의 개념을 현실적 사물의 반응으로 취급한다는 것이다."[54] 이러한 해석에 따르면 '존재가 의식을 결정한다는' 것은 '머릿속의 개념'을 '현실적 사물'로 반응한 것으로 이해된다. 이리하여 마르크스 철학인 인간의 존재의 입장은 여과되었으며, 또한 '감성적 활동'이 표현된 차원도 '반응'에서 가려졌다. 이와 같은 '반응론적 관점'과 '부합론적 관점'도 포이어바흐식의 구유물론이 완전히 받아들일 수 있는 것이며, 근본적으로 마르크스가 재삼 비판하였던 감성적·직관적 입장의 한계성에서 벗어날 수 없을 것이다. 변증법을 언급하였을 때 엥겔스는 "개념적 변증법 자체가 현실 세계의 변증 운동의 자각적 반응만"이라고 똑같이 주장하였다.[55] 엥겔스가 주장하였던 변증법은 주체와 객체 간의 이원론적 틀에 국한되어 토론된 것이다. 변증법이 "외부 세계와 인류의 사유 운동의 일반적 법칙 과학"으로 귀결되었을 때 마르크스가 특별히 강조한 인간의 '감성적 활동'과 궁극적 원초성은 이미 사라졌을 것이다.

엥겔스는 포이어바흐가 자연관의 차원에서 유물론적이며 역사관의 차원에서 유심론적이라고 주장하였다. 엥겔스는 『포이어바흐』에서 생략된

---

53 『마르크스 엥겔스 선집』, 제4권, 중국 인민출판사, 1995, 242쪽.
54 『마르크스 엥겔스 선집』, 제3권, 중국 인민출판사, 1995, 374쪽.
55 위의 책, 243쪽.

일부 내용에서 다음과 같이 지적하였다. 즉, "그(포이어바흐)는 여태껏 유심론에서 전혀 벗어나지 못하였다. 그가 자연 분야에 유물론자이나 인류의 [……] 분야에 [……]."⁵⁶ 그러나 양자 간의 인과 관계는 엥겔스에게 소홀히 다뤄졌다. 현재의 문제는 포이어바흐가 역사적 유물론자로 되지 못하였던 원인을 분석하는 데 마르크스와 엥겔스 간의 차별이 도대체 보완되는 관계인가? 아니면 철학적인 원칙적 격차인가라는 것이다. 필자는 전자가 아닌 후자로 기울어졌다. 『독일 이데올로기』의 '포이어바흐' 장에서 나타났던 바에 의하면 "포이어바흐가 유물론자였을 때 역사는 그의 시야 밖에 있었으며, 그는 역사를 탐구하였을 때 유물론자가 아니었다. 그에게는 유물론과 역사가 서로 완전히 동떨어진 것이다."⁵⁷ 이는 적어도 『종말』에서 문자적으로 나타났던 포이어바흐에 관한 말, 즉 "하반부가 유물론자이지만 상반부가 유심론자"라는 것과 비슷하나 양자가 어떤 의미에서 언급되었는가라는 것은 매우 다르다. 『독일 이데올로기』(『요강』도 포함)에서는 포이어바흐 철학의 한계성을 직관성의 탓으로 돌렸으나 『종말』은 그것을 포이어바흐 철학이 지닌 변증이라는 특성의 탓으로 돌렸으며, 양자는 매우 다르다는 것이 분명하다. 『독일 이데올로기』에서는 상술한 논술을 인용한 후 이어서 "이 점은 상술한 바에 따르면 매우 분명한 것"이라고 하였다.⁵⁸ 여기서의 '상술한 바'는 바로 마르크스가 비판하였던 포이어바흐의 철학적 직관성, 즉 '인간'을 '감성적 활동'이 아닌 '감성적 대상'으로 삼는 관찰 방법이다. 마르크스의 주장에 의하면 포이어바흐가 역사 분야에서 유물론을 관철하지 못하였던 이유는 바로 그의 철학적 직관성으로 인한 것임을 알 수 있다. 이러한 직관성은 그의 자연관, 즉 그의 '구유물론의 영구한 기초'

---

56 『마르크스 엥겔스 선집』, 제4권, 중국 인민출판사, 1995, 308쪽.
57 위의 책, 78쪽.
58 위의 책, 78쪽.

에서 이미 선행적으로 은연중에 내포되었다. 이는 바로 마르크스가 모든 철학적 기초를 구축하기로 하였던 원인이며, 그렇지 않았다면 그는 유물사관이라는 결론을 내리지 못하였을 것이다.

상술한 바에 의하면 추궁 방식 자체를 바꾸지 않는다면 구유물론적 한계성을 완전히 극복할 수 없을 것이다. 포이어바흐가 유심론적 도전에 대응하는 데 실패하고 역사관 분야에서 유심론적 절차를 밟았던 이유는 다음과 같다. 즉, 그 근원은 엥겔스가 밝혀낸 '원동력의 동력'에 대한 추궁의 결여와 같지 않거나 변증법적 원칙에 따라 유물론을 개조하지 못한다는 것이 아니고 포이어바흐의 유물론적 기초 자체가 고유한 내재적 결함, 즉 철학의 원초적 기초에서 인간의 감성적 활동과 동떨어져 감성적·직관적으로 잘못된 길에 빠졌다는 데 있기 때문이다.

'양대 진영'에 대한 엥겔스의 강조 및 그 원인

엥겔스는 자기의 철학적 임무를 유물론과 유심론 간의 대립을 초월한다는 것이 아닌 유물론의 전통적 내부의 혁신으로 한결같이 자리매김하였다. 이는 마르크스의 철학적 취지와 선명한 대조로 이루어졌으며, 양자는 간과할 수 없는 격차가 있었다. 이에 대하여 레닌은 다음과 같이 지적하였다. 즉, "마르크스와 완전히 일치하고 마르크스와 밀접하게 협력한 엥겔스는 자기의 모든 철학 저서들과 모든 문제들에서 유물론과 유심론의 노선을 간단하고 분명하게 대립시켰다. 1878년, 1888년 및 1892년에[59] 그는 유물론과 유심론의 '일방적 특성'을 '초월하여' 새로운 노선을 만들기 위해

---

59 엥겔스는 다른 연도에 『반듀링론』, 『종말』 및 『공상에서 과학까지의 사회주의의 발전』의 영문판 서문을 출판하였다.

애썼던 의도를 모두 경시하였다."⁶⁰ 엥겔스가 초월을 반대하였다는 것은 사실이나 "마르크스와 완전히 일치한다"는 것은 정확하지 않은 것 같다. 레닌은 또한 "마르크스의 모든 철학적 언론들이 이 양자(유물론과 유심론)의 근본적 대립을 중심으로 설명한 것"이라고 하였다.⁶¹ 이는 마르크스의 특징이라기보다 엥겔스의 특징이 더 적절하다고 할 수 있다.

여기에는 피할 수 없고 주의해야 할 만한 세 가지의 사상사와 같은 사실이 있다. 첫째, 1883년에 엥겔스가 『독일 이데올로기』의 친필 원고를 정리하였을 때 그 중의 제1권인 '포이어바흐' 장의 끝부분에서 문장 한 줄을 붙였다. 즉, " I 포이어바흐. 유물론적 관점과 유심론적 관점 간의 대립"은 이 장의 주제에 대한 총괄이다. 이 논단은 이 장의 내용과 일치하지 않았다. 둘째, 1884년 7월 엥겔스는 번스타인Leonard Bernstein에게 보냈던 편지에서 유물론과 유심론 간의 대립을 초월하고자 하는 의도가 '진담누설'이라고 주장하였다. 그는 "유물론이 유심론과 같으며, 양자가 모두 일방적 특성을 띠고 더 높은 수준의 통일체로 결합하여야 한다는 견해는 진담누설이기 때문에 신경쓸 필요가 없다"고 썼다.⁶² 이는 그가 가이젤Bu gaizel 의 『지구의 내부 구조』라는 책을 언급하고 비판하였을 때 하였던 말이다. 재미있는 것은 엥겔스는 무신론과 종교 간의 관계를 비교한 후 유물론과 유심론 간의 관계가 무신론과 종교 간의 관계와 유사성을 지니지 않은 듯하다고 여겼다. 그는 "무신은 종교에 대한 부정으로서 영원히 종교와 관련되며, 종교가 없으면 그것 자체도 존재하지 않으므로 그것 자체도 종교라고 주장하였다."⁶³ 다시 말하면 무신론은 종교의 안티테제에 불과하므로

---

60 『레닌 선집』, 제2권, 중국 인민출판사, 1995, 229쪽.
61 위의 책, 229쪽.
62 『마르크스 엥겔스 선집』, 제4권, 중국 인민출판사, 1995, 665쪽.
63 앞의 책, 665쪽.

여전히 극복할 필요가 있는 일방적 특성을 지녔다. 유물론은 그렇지 않았다. 그것은 유심론의 안티테제가 아닌 종합으로서 유심론을 초월하였다. 문제는 엥겔스가 스스로 얘기하였던 유물론과 유심론이라는 '양대 진영'의 '경쟁' 관계에서 우리는 이러한 초월성을 보이지 않았다는 것이다. 셋째, 1886년 초 엥겔스가 『종말』을 창작하여 제2장에서 철학적 '양대 진영설'을 제기하였으며, 유물론과 유심론 간의 대립을 철학의 기본적 문제에 대한 대답 형식으로 확인함으로써 마르크스주의 철학사에서 중요한 전통을 세웠다. 그것의 영향도 매우 심원하고 철학적 현상을 분석하는 근본적 패러다임이 되었다. 1886년 전후의 몇 년 동안 엥겔스는 유물론과 유심론 간의 관계를 견지하였다.

그 문제는 이것은 노년 엥겔스의 주장인가? 아니면 그가 철학적 신앙을 확립하였을 때부터 한결같이 견지하였던 입장인가라는 것이다. 적어도 엥겔스의 일생에 가장 중요한 철학 저서인 『반뒤링론』은 이미 이러한 입장을 나타냈다. 이 대표작은 자연 발생사와 사유의 물질적 기초라는 두 가지의 차원에서 '구유물론의 영구한 기초'를 위해 변호한 것이다.[64] 이에 대하여 엥겔스는 다음과 같이 지적하였다. 즉, "도대체 사유와 의식은 무엇일까? 그것들은 어디서 왔을까? 사실 그것들은 모두 인간의 대뇌의 산물이며, 인간 자체는 자연계의 산물이고 자기의 환경 속에서, 그리고 이 환경과 함께 발전해 온 것이다. 여기서는 더 이상 언급할 필요가 없다. 결국 그것은 자연계의 산물인 인간 대뇌의 산물이기도 하며, 자연계의 기타 관계와 모순되지 않고 서로 적응된 것이다."[65] 또한 그는 '인간과 자연계'는 사유의 '유일하게 진실한 기초'이며, "우리는 사유가 이러한 기초에서

---

64 『마르크스 엥겔스 선집』, 제4권, 중국 인민출판사, 1995, 230쪽.
65 『마르크스 엥겔스 선집』, 제3권, 중국 인민출판사, 1995, 374~375쪽.

생겼다고 여겼다"고 지적하였다.⁶⁶ 그러므로 세계의 통일성은 이러한 전제를 확인한 기초에서 물질성으로 귀결되었다. 이는 이후 엥겔스가 제시하였던 '철학의 기본적 문제'에 대한 '유물론적' 대답이라고 할 수 있다. 엥겔스는 그것과 듀링의 기본적 입장과 대립하였으며, 헤겔과 연결하여 유심론을 규탄하였다. 엥겔스의 기본적 입장은 유물론과 유심론 간의 대립을 강화하는 것을 기본적 성향으로 하는 것이다. 이는 마침 레닌이『반듀링론』을 언급하였을 때 총괄한 것과 같다. 즉 "엥겔스와 듀링의 모든 투쟁은 유물론을 한결같이 철저히 관철하였던 구호하에 진행되었다.『반듀링론』의 매절에서는 모두 이러한 질문을 하였다. 즉, 철저하지 않은 유물론은 바로 유심론적 거짓말과 어리석은 관점이다."⁶⁷ 그는 포이어바흐에 비하여 "엥겔스는 유물론과 유심론 간의 차이를 더더욱 깊이 확정하였다"고 여겼다.⁶⁸ 인정해야 할 것은 레닌이 언급하였던 엥겔스가 "자기의 모든 저서와 모든 문제들에서 유물론과 유심론 간의 노선을 간단하고 분명하게 대립하였다"는 것이⁶⁹ 엥겔스의 실질적 사상에 부합하는 것이다. 여기서 주의해야 할 만한 두 가지 내용이 있다. 하나는 이른바 '철저한 유물론', 즉 전혀 타협하지도 초월하지도 못하는 유심론의 안티테제로서의 유물론이며, 다른 하나는 여기서 나타난 논리가 이분법적인 것이며, 이러한 관계가 반응한 유물론과 유심론 간의 지적 대립에 불과하다는 사실이다. 레닌이 언급하였던 "마르크스의 모든 철학적 언론들은 양자의 근본적 대립을 중심으로 설명하였다"⁷⁰는 것이 사실과 다르다. 물론 엥겔스도 다음

•

66 앞의 책, 375쪽.
67 『레닌 선집』, 제2권, 중국 인민출판사, 1995, 229~230쪽.
68 『레닌 전집』, 제55권, 중국 인민출판사, 1990, 41~42쪽.
69 『레닌 선집』, 제2권, 중국 인민출판사, 1995, 229쪽.
70 위의 책, 229쪽.

과 같이 언급한 바 있다. 즉, "18세기의 과학적 정상은 유물론이며, 기독교의 추상적 주체성을 반대한 투쟁은 18세기의 철학으로 하여금 대립된 일방적 특성으로 발전해 나가게 하였다. 또한 객체성과 주체성, 자연과 정신, 유물론과 유심론, 추상적 보편과 실체 및 추상적 단일은 서로 대립된다."[71] 또한 비록 "18세기의 커다란 대립, 즉 실체와 주체, 자연과 정신, 필연성과 자유 간의 대립은 해결되지 않았으나 18세기에는 대립적 쌍방이 완전히 다르고 충분히 발전되었으며, 이러한 대립의 해소가 불가피한 일이 되었다"고 하였다.[72] 그는 이후에도 인간들이 자기와 자연계의 일체성을 느끼고 인식할수록 "그러한 정신과 물질, 인류와 자연, 영혼과 육체 간의 대립적이고 터무니없는 반자연적 관점은 성립되기 불가능해질 것"이라고 지적하였다.[73] 엥겔스는 물질과 정신, 육체와 영혼 간의 대립 및 이원론적 관점에 대한 해소 문제를 제시하였으나 여전히 실질적 구상에서 유물론적 범주 안에 문제를 해결하려고 하였다. 그러나 유물론은 이러한 대립을 극복하지 못하였다. 그것은 유심론과 함께 이러한 대립을 바탕으로 한 두 가지의 완전히 다른 이데올로기적 수사를 구성하여 이러한 대립의 한 쪽이 되었기 때문이다. 사실 엥겔스는 이러한 이분법을 계속 사용하여 철학적 문제를 분석하고 고찰하였다. 그러므로 엥겔스가 대립을 극복한다고 주장한 바 있기 때문에 물질과 정신, 유물론과 유심론 간의 이원적 대립의 성향을 강화하였다는 것을 무시하면 안 된다.

포이어바흐는 다음과 같이 지적하였다. 즉, "유물론, 유심론, 생리학 및 심리학은 모두 진리가 아니다. 인류학이야말로 진리이고 감성적이고 직관적 관점이야말로 진리이며, 이러한 관점은 나에게 통합성과 개별성을 제

---

71 『마르크스 엥겔스 선집』, 제1권, 중국 인민출판사, 1995, 18~19쪽.
72 위의 책, 19쪽.
73 위의 책, 384쪽.

공하였기 때문이다."⁷⁴ 그러나 포이어바흐는 유물론과 유심론 간의 대립을 실제로 극복하지 못하였다. 메링Franz Mehring이 얘기하였듯이 "1859년에 포이어바흐는 독일의 이원론 앞에 아무런 방법도 없었다."⁷⁵ 그의 철학 자체는 바로 이원론적인 것이며, 자연관인 유물론과 역사관인 유심론은 그에게 모은 것이다. 이와 같이 기괴한 것은 바로 포이어바흐 철학의 입장이 고유한 내재적 결함의 표현이다. 포이어바흐는 여전히 구유물론적 기존 패턴에 국한되어 유심론적 도전에 진정하고 유효하게 대응하지 못하였으며, 이로 인하여 결국 그는 철학적 입장을 감성적 직관에 국한하고 말았다. 엥겔스는 이러한 대립을 해소하는 필요성과 가능성을 실제로 인식하지 못하였고 오히려 강화하였다.『종말』에서 인용된 타인의 저서를 보면 엥겔스는 포이어바흐의『신체와 영혼, 육체와 정신을 반박하는 이원론』을 잘 알았다고 할 수 있다. 예컨대,『종말』은 그 중의 한마디의 말, 즉 "황궁 사람들은 초가집 사람들과 다르게 생각한다는 것"을 인용하였다.⁷⁶ 물론 포이어바흐는 "인간을 몸과 영혼, 감성적이고 이성적으로 분할한 본질이 이론적인 분할에 불과하며, 우리는 실천과 생활에서 이러한 분할을 부정하였다"고 지적하였다.⁷⁷ 문자적으로만 보면 이러한 말은 마르크스와 별다른 실질적 차이가 없는 것 같음을 알 수 있다. 사실 '종합'을 찾아내는 것은 여전히 그 시대의 기본적 추세였다. 현대성이 고유한 내재적 모순(육체와 정신, 유물론과 유심론 간의 충돌)은 그 당시에 이미 비교적으로 충분히 나타났기 때문이다. 그렇다면 출구는 무엇일까? 실러Schiller는『미육

---

74 룡전화 외 옮김,『포이어바흐 철학 저서 선집』상권, 중국 생활·독서·신지 삼련서점, 1959, 205쪽.
75 메링 지음, 지홍 옮김,『마르크스주의에 대한 보위』, 중국 인민출판사, 1982, 275쪽.
76 『마르크스 엥겔스 선집』, 제4권, 중국 인민출판사, 1995, 237쪽.
77 위의 책, 209쪽.

서간美育書簡』에서 이 시대의 문제점을 똑같이 언급하였다. 문제는 종합의 이론적 동기와 자태만 탐구하는 것과 철학적 종합을 실제로 달성하는 것과 다른 것이다. 비록 포이어바흐도 '실천'을 가끔 언급하였으나 유일하게 신뢰하였던 것은 실천이 아닌 여전히 감성적 직관이다. 엥겔스가 『종말』에서 실천을 언급하지 않은 것도 아니다. 예컨대, 그는 다음과 같이 지적하였다. 즉, "이러한 것들과 기타 모든 철학적 역설들에 대하여 가장 믿음직한 반박은 실천, 즉 실험과 공업이다. 우리는 어떤 자연 과정을 만들어 내고 그것의 조건에 따라 생산하였으며, 또한 그것으로 하여금 우리를 위해 봉사하게 함으로써 이러한 과정에 대한 우리의 이해가 올바르다고 증명하였다면 칸트가 주장하였던 짐작할 수 없는 '물질 자체'는 끝났을 것이다."[78] 그러나 지적해야 할 것은 아래와 같다. 첫 번째, 엥겔스가 여기서 '실천'을 인식의 진리성을 검증하는 기준으로만 확인하였으므로 그것은 여전히 협소한 인식론적 범주 안에 국한·토론되고 존재론적 범주로 확대되지 못하였기 때문에 마르크스의 실천 존재론적 함의를 지니지 않았다. 이는 레닌이 실천을 언급하고 실천의 중요성과 전제성, 예컨대 "생활과 실천의 관점이 인식론의 우선적·기본적인 관점이어야 한다는 것"[79]도 강조하였으나 '변증법적 유물론의 인식론적' 의미에서 성립되고 인식의 진리성에 대한 검증 문제를 언급할 때만 제기되었다는 것이다. 둘째, 엥겔스는 실천이 유심론을 반박하는 역할을 하였을 뿐만 아니라 구유물론적 직관성에 대해도 유효한 '해독제'가 되었다. 엥겔스는 구유물론적 약점을 극복하기 위해 노력하지 않았거나 더 정확히 말하면 이러한 약점이 여기에 있다고 여기지 않았다(그는 변증법만 결여된다고 주장하였다). 또한 엥겔스는 "그(포이어바흐)는 자연계와 인간을 꼭 잡았으나 자연계와 인간은 그에게 모두 헛

---

78 『마르크스 엥겔스 선집』, 제4권, 중국 인민출판사, 1995, 225~226쪽.
79 『레닌 선집』, 제2권, 중국 인민출판사, 1995, 103쪽.

소리였으며, 우리에게 현실적 자연계나 인간에 관한 아무런 확정도 제시할 수 없었다"고 지적하였다.[80] 포이어바흐에게 그러한 문제는 확실히 존재하였다. 그러나 이는 도대체 무엇으로 인한 것인가? 엥겔스는 『종말』에서 '인간'이 추상화에서 어떻게 벗어나는가라는 문제만 언급하였으며, 이어서 "포이어바흐의 추상적 인간에서 현실적이고 살아 있는 인간으로 전환하려면 이러한 인간을 역사에서 행동하는 인간으로 고찰하여야 한다"고 지적하였다.[81] 유감스러운 것은 엥겔스가 자연계의 추상적 운명에서 벗어나는 방법을 언급하지 않았다는 것이다. 이 분야에서 그는 분명히 마르크스가 『친필 원고』에서 달성하였던 입장, 즉 인간의 존재와 분리되는 추상적 자연계에 대한 해석을 달성하지 못하였다. 물론 엥겔스는 『자연변증법』에서 이러한 문제를 언급한 바 있으나 "인간 사유의 가장 본질적이고 가까운 기초는 바로 인간이 가져온 자연계의 변화이며, 자연계 자체만이 아니"라고 지적하였다.[82] 그러한 '자연주의적 역사관'은 "자연계가 인간에 작용하여 자연 조건이 여기저기 인간의 역사의 발전을 결정한 것으로만 여겨졌으나 인간도 자연계에 반작용하고 자연을 바꾸고 자기를 위해 새로운 생존 조건을 만드는 것을 잊어버렸다."[83] 여기서도 자연계에 대한 인간 활동의 능동적 역할을 제기하였으나 실천의 존재론적 함의를 인정하였다는 것과 거리가 멀었다. 엥겔스가 단지 인식론적 의미에서만 실천의 중요성을 언급하고 자연계와 인간의 선행적인 가설을 전제로 하여 인간 활동의 중요성을 토론하였기 때문이다. 이는 실천의 궁극적 원초성을 가려 존재론적 표현에 방해가 되었다. 자연계와 인간의 추상화는 같은 사실에서

---

80 『마르크스 엥겔스 선집』, 제4권, 중국 인민출판사, 1995, 240쪽.
81 위의 책, 241쪽.
82 위의 책, 329쪽.
83 위의 책, 329쪽.

비롯되었다. 즉, 그것은 바로 철학 전체가 인간의 감성적 활동에 착안하여 자기 구축을 이루어내지 못하였다는 것이다. 그것들을 분리하여 처리한다는 것 자체는 그것들 간의 내재적 상관성을 자각적으로 깨닫지 못하고 그것들의 해결이 같은 존재론적 가설만을 바탕으로 구축한 동시적 해결이라고도 깨닫지 못하였음을 의미한다.

엥겔스와 달리 마르크스는 유물론과 유심론 간의 대립을 초월하기 위해 계속 노력하였다. 슈미트Wilhelm Schmidt의 주장에 따르면 "마르크스는 포이어바흐와 비판적으로 겨루기 전에 인식론의 경직된 이원론적 입장을 이미 싫어하였다. 이러한 이원론은 데카르트René Descartes부터 근대의 사조를 지배하였으나 독일 철학은 그것을 사변적 기초에서 극복하려고 하였다."[84] 마르크스의 '혐오'는 결국 인간의 존재의 이원적 분열에 대한 불만(이는 심지어 중학교 때의 글쓰기로 거슬러 올라갈 수 있음)에서 비롯되었기 때문이다. 1843년에 마르크스는 이미 "모든 극단은 그것 자체의 다른 극단이 있으며, 추상적 유심론은 추상적 유물론이고 추상적 유물론은 물질의 추상적 유심론"이라고 지적하였다.[85] 유물론과 유심론은 '물극필반物極必反', '양극상통兩極相通'이라고 할 수 있다. 그러므로 그는 자연 과학이 원래 가진 '추상적 물질의 방향'과 '유심론적 방향' 간에 내재적 일치성이 있다고 주장하였다. 이것도 바로 구유물론이 유심론을 극복하지 못하는 근본적 원인이다. 이로 인하여 "유심론은 대립하는 유물론과 같이 사라질 수밖에 없을 것이다."[86] 마르크스는 『친필 원고』에서도 종합을 탐구하는 이론적 자태를 똑같이 표현하였다. 그는 다음과 같이 지적하였다. 즉, "우리는 주

---

84 A. 슈미트 지음, 어우리통·우중팡 옮김, 『마르크스의 자연 개념』, 중국 상무인서관, 1998, 119쪽.
85 『마르크스 엥겔스 전집』, 제1권, 중국 인민출판사, 1956, 355쪽.
86 위의 책, 300쪽.

관주의와 객관주의, 유심론과 유물론, 활동과 수동이 사회적 상태에서만 상호 대립과 이러한 대립으로서의 존재를 상실할 수 있다. 또한 우리는 이론적 대립 자체의 해결이 실천적 방식, 즉 인간의 실천적 힘을 이용해야만 가능하게 될 것을 보일 수 있다. 그러므로 이러한 대립에 대한 해결은 결코 인식만 아니고 현실 생활의 임무라고 할 수 있다."[87] 또한 그는 "철저한 자연주의나 인도주의가 유심론, 유물론과 다르지만 양자를 결합한 진리"라고 지적하였다.[88] 이른바 '철저한 자연주의나 인도주의'는 바로 마르크스가 지적하였던 '완성된 자연주의'나 '완성된 인도주의'이다.[89] 그것들의 등가나 통일은 역사적 결과와 완성으로서 모든 모순의 해결을 상징하였다. 즉, "존재와 본질, 대상화와 자기 확증, 자유와 필연, 개체와 유類 간의 투쟁의 진정한 해결"은 "인간과 자연계, 인간과 인간 간의 모순의 진정한 해결이다."[90] 1846년 12월 28일 마르크스는 안넨코프Yurii Annenkov에게 보냈던 편지에서 프루동Pierre Joseph Proudhon의 이원론을 비판하였으며, "프루동은 영구한 관념, 순수한 이성적 범주를 한쪽에 놓고 인간과 그가 생각하였던 이러한 범주의 활용으로서의 실천 생활을 다른 한쪽에 놓았으므로 처음부터 생활과 관념, 영혼과 육체 간의 이원론, 즉 다양한 형식으로 재삼 표현된 이원론을 지켜왔다"고 지적하였다.[91] 이로 인하여 우리는 마르크스가 이원론을 거절하는 태도를 쉽게 엿볼 수 있다. 구유물론과 유심론은 모두 이원론적 외관을 취하였으나 실질적으로 은폐된 이원론일 뿐이었다. 그것들이 성립된 논리적 전제는 이미 마르크스가 비판하였던 '이

●
87 마르크스, 『1844년 경제학과 철학의 친필 원고』, 중국 인민출판사, 2000, 88쪽.
88 위의 책, 105쪽.
89 위의 책, 81쪽.
90 위의 책, 81쪽.
91 『마르크스 엥겔스 선집』, 제4권, 중국 인민출판사, 1995, 541쪽.

원론적' 틀을 선행적으로 가설하였기 때문이다. 이러한 의미에서 구유물론과 유심론은 모두 이원론적 기초에 대한 반성적 형식에 불과하다고 할 수 있다. 이원론에 대한 마르크스의 강력한 불만은 『요강』 심지어 『독일 이데올로기』의 '포이어바흐' 장의 입문적 원인이 되었음을 의심할 바 없다.

마르크스가 프루동을 비판하였을 때 제시하였던 방법론적 원칙에 따르면 "누가 자기를 위해 나쁜 것을 해소한다는 문제를 제시한다면 변증 운동을 바로 차단할 것"으로 알려진다.[92] 이러한 논리에 따르면 유심론을 일방적으로 '해소'하려는 방법은 변증 운동의 실질에 분명히 어긋났다. 엥겔스와 달리 마르크스가 하였던 것은 유물론의 일반적 원칙에 대한 새로운 보호와 변호가 아니고 유물론이 성립된 학리적 가설과 유물론이 이데올로기로 될 수 있는 역사적 기초에 대한 이중적 초월이다. 즉, 마르크스는 유물론과 유심론을 기존의 사실로 받아들인 후 출구를 찾아내는 것이 아니며, 그것들 및 그 대립이 가능한 역사적 전제와 사회적 기초를 선행적으로 밝혀냈다. 또한 이러한 전제와 기초를 실천의 힘으로 전도함으로써 유물론적 의미와 유심론적 의미를 상실시켜 그것들 간의 대립 자체를 초월하였다. 이러한 근본적 해결책이라는 방법은 바로 마르크스가 추구한 이데올로기적 비판의 기본적 책략과 뚜렷한 특징이다. 그것을 통하여 마르크스가 종사하였던 비판적 활동은 철저성과 혁명성이라는 장점을 실제로 획득하게 하였다. 그것은 문제를 해결하지 않고 해소하였기 때문이다. 이것이 바로 마르크스의 비판이 기존의 비판과 다르고 우수한 점이다.

엥겔스가 여전히 '양대 진영' 간의 대립을 드러냈다는 학문적인 원인은 엥겔스의 존재론적 입장과 전통적 존재론적 범주, 즉 존재를 본질적 차원에서 파악하는 규정에 국한되었기 때문이다. 이리하여 존재는 물질이나

---

92 『마르크스 엥겔스 선집』, 제1권, 중국 인민출판사, 1995, 144쪽.

정신으로 귀결되며, 이와 두 가지의 귀결은 상반된 존재론적 입장으로서 철학에서 가장 전제적 불일치로 이루어졌다. 이와 같은 본질주의적 구상 방식은 인간의 존재와 상관없는 존재론적 가설을 선행적으로 가상해 보아 인간의 '감성적 활동'이라는 '실존적' 차원에서 구축된 현대적 존재론적인 경로를 떠난다는 것이다. 엥겔스와 달리 마르크스는 '유물과 유심' 간의 투쟁에 대하여 반성적 측면에서 논리적 초월을 찾아냈을 뿐만 아니라 실천이 가져온 모든 역사적 운동의 결과적 의미에서 역사적 진리의 입증도 추구하였다. 이것이 바로 마르크스의 이데올로기적 비판의 철저성이다. '유물과 유심' 간의 투쟁은 엥겔스의 언어 환경 속에서 이데올로기적 현상으로 취급되었을까? 답은 부정적이다. 사실 엥겔스는 여전히 주로 사상적 범위 내에서 출구를 탐구하였다. 마르크스 철학의 구상 방식과 사고 성향을 보면 이 역시 핵심을 통쾌하게 찌르지 못하였음을 알 수 있다. 엥겔스와 달리 마르크스가 추구한 것은 새로운 철학적 기초를 다진다는 것이다. 즉, '실천'의 궁극적 원초성이라는 지위를 확립한다는 것이다. 이는 '양날의 칼'과 같은 사명의 완성을 의미한다. 한편으로는 '유물과 유심' 간의 투쟁을 초월하기 위해 논리에서 학문적인 가능성을 제공하였으며, 다른 한편으로는 이러한 대립을 초월하기 위해 실천이 만든 역사적 전개 과정에서 현실적 기초를 다졌다. '의식을 바꾼다'는 것이 현실성에서 '세계를 바꾼다'는 것에만 호소할 수밖에 없기 때문이다.

10

엥겔스는 어떤 의미에서
'철학의 기본적 문제'를 제기하였을까?

주지하는 바와 같이 엥겔스는 『종말』에서 '철학의 기본적 문제', 즉 "모든 철학, 특히 근대 철학의 중대한 기본적 문제는 사유와 존재의 관계라는 것"을 처음으로 제기하였다.[1] 그 이후부터 이러한 '철학의 기본적 문제'가 사람들이 철학과 철학사를 취급하였던 중요한 기준이 되었으며, 또한 모든 가능한 철학적 사상을 구분하여 분류하였으므로 미친 영향은 매우 지대하다. 주의해야 할 것은 엥겔스가 여기서 내렸던 것은 판단의 전체이며, 즉 이러한 '기본적 문제'는 모든 가능한 철학까지 포함하여 최대한의 보편성을 지닌다는 것이다. 그러나 이러한 판단의 한계가 무엇일까? 그것은 이전의 철학만 가리켰을까? 아니면 미래의 철학도 가리켰을까? 이는 엥겔스의 저서인 『종말』의 표제, 즉 '종말'은 무엇을 의미하는가라는 문제와 관련된다. 다시 말하면 그것은 누구의 '종말'인가? 또한 어떤 의미에서의 '종말'인가? 독일 고전 철학의 '종말'인가? 아니면 모든 가능한 철학들의 '종말'인가? '철학'은 무엇 때문에 종결되었는가? '실천'인가? 아니면 '세계관'인가라는 것이다.

'철학의 기본적 문제'는 '과거형'일 뿐인가?

필자는 마르크스와 엥겔스의 사상을 비교하였을 때 한 가지의 관점을 제기하였다. 즉, 필자는 엥겔스가 『종말』에서 '철학의 기본적 문제'에 대하여 유물론과 유심론 간의 대립을 언급한 것은 마르크스가 『요강』에서 양자의 초월 문제를 언급한 것과 다르다고 생각한다. 이는 적어도 엥겔스가 이 저서에서 마르크스가 이루어낸 '종합'에 도달하지 못하는 반면에 여전

---

1 『마르크스 엥겔스 선집』, 제4권, 중국 인민출판사, 1995, 223쪽.

히 지적 논리의 틀에 머물렀음을 의미한다. 만약 어떤 학자들의 주장(이 관점은 엥겔스를 '철학적 종말론자'로 이해한다는 견해와 관련됨)과 같이, 즉 엥겔스가 『종말』에서 제기하였던 '철학의 기본적 문제'는 겨우 이전의 철학사에 대한 총괄이고 이전의 마르크스 철학에만 유효하나 미래에 대한 규범적 의미가 없다면 필자의 그 관점도 성립되지 않을 것이다. '철학적' '종말'은 '철학의 기본적 문제'의 실효를 의미하기도 하며, 이로 구축된 유물론과 유심론 및 양자 간의 대립도 더 이상 존재하지 않고 엥겔스가 초월하지 못한 문제도 존재하지 않기 때문이다. 현재의 문제는 엥겔스가 도대체 어떤 의미에서 '철학의 기본적 문제'를 제기하였는가? 이른바 '철학의 기본적 문제'가 단지 '과거형'인가? 진실한 상황이 도대체 무엇인가라는 것이다.

'종말'은 독일 고전 철학의 '종말'을 가리켰을 뿐만이 아니다. 엥겔스는 1888년에 출판하였던 단행본의 서언에서 『종말』이 그와 마르크스, 헤겔 및 포이어바흐의 사상의 관계를 청산하는 데 목적이 있다고 명확히 지적하였다는 것도 『종말』의 표제에서 직관적으로 볼 수 있다. 그러나 독일 고전 철학은 이전의 모든 철학, 특히 근대 철학의 최고와 최후의 형식이며, 그것의 '종말'은 모든 전통적 철학의 '종말'을 대표하였거나 상징하였다. 포이어바흐는 헤겔을 비롯한 독일 고전 철학을 비판하려고 하였으나 비철저성(즉, 엥겔스가 주장하였던 '하반부는 유물론자이나 상반부는 유심론자'라는 것)으로 인하여 자기를 그것의 일부로 만들어냈다. 이로 인하여 '종결자'의 역을 맡지 못하였으나 스스로 피종결자가 되었다. 따라서 엥겔스가 '종결'하려던 것은 협의적으로 볼 때 독일의 고전 철학이라고 할 수 있으나 광의적으로 볼 때 근대 철학 심지어 모든 전통적 철학을 가리켰다고 할 수 있다.

그렇다면 '종말'은 무엇을 의미하는가? 'Ausgang'의 번역은 매우 다양하며, 기교뿐만 아니라 내용에 대한 이해와도 관련된다. 주광첸은 다음과 같이 지적하였다. 즉, "엥겔스의 경전적 저서인 『종말』은 번역문에서 나타났던 한 글자의 실수 때문이라도 일반인의 오해를 초래할 수 있다. 엥겔스는 이 저서에서 마르크스가 포이어바흐와 헤겔을 비롯한 독일 고전 철학을 비판적으로 계승하여 변증법적 유물론과 역사적 유물론을 구축하였다고 설명하였으나 독일의 고전 철학이 마르크스 시대에 이르러 '종결'되었다고 설명하지 않았다. 원래의 '종말'은 원문에서 Ausgang으로 번역되었다. 이전의 영문, 프랑스어 및 러시아어의 번역본에서는 이 단어가 '종말'로나 '종점'으로 번역되었으므로 중문판도 이렇게 계속 와전되었다."[2] 또한 그는 "Ausgang이 원문에서 '진로'나 '결과'이고 '종말'로 잘못 번역되었기 때문이라고 하였다."[3] 이에 대하여 어떤 학자는 "엥겔스의 원뜻에 따라 이론적이고 철학사적인 사실을 보면『종말』의 제목에 대한 중문 번역본은 옳고 확실하다"고 반박하였다.[4] 이른바 '이론적으로 본다는 것'은 엥겔스가 주장하였던 헤겔 체계의 완성도나 봉쇄성으로 인한 '종말'이다. 즉, "우리가 철학을 위해 제시하였던 임무를 인식한다면 이전의 그러한 의미상의 모든 철학들은 완료될 것이다(ende)."[5] "어쨌든 철학은 헤겔에게 완성되었다(즉, schließt)."[6] 이른바 "철학사적 사실로 본다"는 것은 엥겔스가 언급하였던 "1848년의 혁명은 모든 철학을 가차 없이 내버렸다는 것이 포이어바흐가 헤겔을 내버렸다는 것과 같다는 것이다. 이리하여 포이어바흐 본인도 무대 뒤로 쫓겨났다."[7] 그 뜻은 혁명적 실천이 이론적 철학보다 앞섰다는 것이다. 사실 이 두 가지의 의미는 엥겔스의 이른바 '종결'과 같은 것이 아니며,『종말』의 표제 중의 '종말Ausgang'은 상술한 두 가지의 의미에

●

2 주광첸,『미학적 이삭줍기 문집』, 중국 백화문예출판사, 1980, 43~44쪽.

3 위의 책, 63쪽.

4 펑위,『루트비히 포이어바흐와 독일 고전 철학의 종말』의 제목에 관한 번역법』,『마르크스 · 레닌주의 연구 자료』, 제1호, 1982, 248쪽.

5 『마르크스 엥겔스 선집』, 제4권, 중국 인민출판사, 1995, 219쪽.

6 위의 책, 220쪽.

7 위의 책, 223쪽.

서 사용된 것이 아니고 '전통적 철학'에 대한 '새로운 세계관'의 대체이다. 이러한 대체가 나타났던 이유는 헤겔 철학의 봉쇄성 자체와 이론에 대한 1848년의 유럽 혁명 운동의 "배척"이 아닌 '새로운 세계관'에 대한 구축에만 있다.

이 점은 독일 고전 철학의 '종말'과 『독일 이데올로기』의 '포이어바흐' 장에서 나타났던 이른바 '사변적 종지'를 연결시켜 이해할 수 있다는 것이다. 필자는 그것들이 기본적 정신에서 일치한다고 여긴다. 즉, 독일 사변 철학의 '완성'이나 '종결'을 모두 가리켰다는 것이다. 그러나 그것이 역사적 사명을 완성한 후 역사적 무대에서 퇴장한 이유는 바로 '진정한 실증 과학'의 '시작'이다. 여기서 언급하였던 '종지'는 엥겔스가 언급하였던 '종말'과 같은 단어가 아니지만 문맥과 저서 2부의 기본적 취지로 볼 때 우리는 그것들이 유사하거나 같은 함의를 가졌다고 판단할 수 있다. '종지'와 '종말'은 모두 질적 변화를 의미하며, 엥겔스의 언어 환경 속에서 기계적인 부정적 전단이 아닌 변증법적 부정, 즉 지양이라고 할 수 있다. 그러므로 필자는 '종말'에 대한 주광첸의 해석을 지지하였다('지양'의 의미에서 'ausgang'을 '종말'로 번역해도 된다).

어떤 학자는 "『종말』의 구성을 보면 앞의 3장이 모두 전통적 '철학'을 언급하였으나 제4장은 '철학'과 완전히 다른 '새로운 세계관'에 관한 것"이라고 주장하였다.[8] 여기서는 전통적 철학과 새로운 세계관 간의 전단 관계를 암시하였으며, '유물론과 유심론'에 관한 엥겔스의 구분이 그가 새로운 세계관을 위해 제공하였던 규범이 아닌 이미 초월하였던 전통적 철학에 대한 묘사를 강조하려고 함으로써 엥겔스의 관점을 마르크스 사상이 수용할 수 있는 것으로 해석하고 마르크스와 엥겔스 간의 사상적 이질성

---

8 마웅쿤, 「엥겔스 철학 사상에 관한 3가지의 오해에 대한 논평」, 『마르크스주의 연구』, 제12호, 2006.

를 해소할 것이다. 그러나 이러한 해석은 성립될 수 있을까?

만약 'ausgang'을 '진로'나 '결과'로 해석한다면 그것은 '철학'부터 '세계관'으로 전환된다는 것을 쉽게 이해할 것이다. 엥겔스는 『반뒤링론』에서 이러한 전환의 실질을 명확히 논술하였으며, '철학'과 '세계관'을 구분하였다. 전자는 사변성을 의미하고 후자는 엥겔스가 기대하였던 그러한 '과학적' 실증성을 수용하였다. 엥겔스는 자기가 직면한 이론적 임무가 바로 '철학'과 '세계관'을 구분함으로써 '철학'을 종결하여 '세계관'을 살린다는 것이라고 주장하였다. 엥겔스의 관점에 따르면 '철학'은 '세계관'이 특정한 역사 단계의 특수한 형태에 불과하며, 사변적 연구 방법의 종지에 따라 '세계관'은 '철학'이라는 특수한 역사 형태에서 해방될 것이다. 그러므로 엥겔스는 '현대 유물론'은 "더 이상 철학이 아닌 세계관이라고 하였다." '철학'으로서의 '세계관'은 '세계관'으로서의 '세계관'과 어떤 관계일까? 엥겔스는 그것을 '지양'의 관계로 이해하였다. 즉, "철학은 여기서 '지양되었으며, 다시 말하면 극복되고 보존되었다'. 형식적으로 극복되었으며, 현실적 내용에 의하여 보존되었다."[9] 그것이야말로 엥겔스가 주장하였던 이른바 '종말'의 모든 함의라고 할 수 있다. 그러므로 '종말'은 '지양'으로만 이해될 수 있다. 이러한 '지양'은 두 가지의 측면에서 표현된다. 하나는 형식적으로 극복되었으며('철학'은 '세계관'으로 변하게 되었음), 다른 하나는 내용적으로 보존되었다('구 유물론의 영구성 기초'와 유심론 중의 변증법은 긍정을 다시 받았다). 따라서 모든 전통적 철학의 '종말'은 중단이 아닌 지양뿐이라고 할 수 있다.

엥겔스는 자기의 이론적 임무를 "사회에 관한 과학, 즉 역사 과학·과학 철학의 종합과 유물론적 기초를 조화시키고 이러한 기초에서 개조한다는 것"으로 자리매김하였다.[10] 여기의 '유물론적 기초'는 그가 『반뒤링론』

---

9 『마르크스 엥겔스 선집』 제3권, 중국 인민출판사, 1995, 481쪽.
10 『마르크스 엥겔스 선집』 제4권, 중국 인민출판사, 1995, 230쪽.

에서 언급하였던 '구유물론적 영구성이라는 기초'이다. 엥겔스는 이러한 일반적 유물론적 '기초' 자체를 위반하지도 초월하지도 않으려고 하였다. 그의 주장에 의하여 유물론 자체는 '초월'되지 않고 '철저화'에 도달하였을 뿐이다. 엥겔스는 '현대 유물론'을 통하여 자연은 유물론적 해석을 받았을 뿐만 아니라(이는 적어도 포이어바흐가 해석의 기초를 다졌다는 것) "역사도 유물론적 해석을 받았다"고 주장하였다. 우리는 "구유물론적 영구성이라는 기초"가 여전히 유효하고 보위되고 유지되어야 할 상황에서 유물론이 변하게 될 그러한 '철학의 기본적 문제'가 실효하고 역사적 무대에서 퇴장할 것을 합리적으로 상상할 수 없다.

추궁할 만한 것은 순수한 '세계관', 즉 '철학'으로서의 '세계관'에 대하여 엥겔스의 이른바 '철학의 기본적 문제'가 도대체 형식적으로 유효한가? 아니면 내용적으로 유효한가라는 것이다. 어떤 학자는 "'철학의 기본적 문제'는 이전의 철학에 대한 엥겔스의 총괄이나 종말이며, 이러한 '기본적 문제'는 결국 역사적 유물론의 실천적 관점에서 철저히 지양되고 말았다"고 주장하였다.[11] 사실 '현대 유물론'이 '지양'한 것은 '철학의 기본적 문제'에 대한 두 가지 기존의 대답 방식일 뿐이며, '철학의 기본적 문제' 자체가 아니다. 엥겔스가 스스로 구축하였던 '새로운 세계관'의 명명과 구상은 여전히 '철학의 기본적 문제'의 합법성과 유효성을 은연 중에 내포하였다. 만약 마르크스의 실천관이 '철학의 기본적 문제'를 지양하였다는 것이 사실이라면 이러한 지양은 엥겔스의 주장에서 나타나지 않았다는 것도 사실이다. 바로 이러한 차별이야말로 비로소 마르크스와 엥겔스 간의 사상적 거리를 부분적으로 초래하였다고 할 수 있다. 이리하여 '세계관'은 더 이상 '철학'이 아닌 후 '철학의 기본적 문제' 자체가 지양되었다는 것은 아니고 '철학

---

11 쑨허핑, 「엥겔스가 '철학의 기본적 문제'를 어떻게 지양하였는가에 관한 연구」, 『중국 후저우사범대학교 학보』, 제3호, 2005.

의 기본적 문제'에 대한 대답의 역사적 형식은 지양되었다. 그 결과는 엥겔스가 주장하였던 '과학적' 대답을 받았다는 것이다. 그러므로 '철학의 기본적 문제'는 형식적이지 않은 내용적으로 유효하다. 만약 형식적 '철학'이 사라짐에 따라 '철학의 기본적 문제'도 실효할 것으로 여겨졌다면 문제를 지나치게 형식주의적으로 취급하였다고 할 수 있다.

'철학'은 도대체 어디에서 '종결될 것인가?'

엥겔스는 자기의 사상적 구축을 '현대 유물론'이라고 하였다. 비록 엥겔스는 그것이 가장 완비하고 합리적이고 과학적 형태라고 여겼으나 그것은 일반 유물론의 특수한 역사 형태에 불과하다. 그러므로 '현대 유물론'은 일반 유물론적 규제를 근본적으로 초월할 수 없다. 이리하여 『반듀링론』에서 나타났던 두 가지의 가장 뚜렷한 주제가 유물론과 변증법이라는 원인, 특히 물질에 대한 강조를 쉽게 이해할 수 있다."[12] 엥겔스가 물질적 범주를 특별히 강조하였던 이유는 그가 구축하였던 '현대 유물론'을 위해 원초적 기초를 다지려고 하였기 때문이다. '새로운 세계관'이 '유물론'이라는 명칭을 유지하였다는 것은 일반적 원칙으로서의 '유물론', 즉 '유물론적 영구성이라는 기초'[13]나 '유물론적 기초'[14]가 여전히 결정적 역할을 근본적으로 하였음을 의미한다. 엥겔스의 해명에 따르면 '유물론적'이라는 말의 유일한 함의는 "인간들은 현실 세계(자연계와 역사)를 이해하기로 하였을 때 그것 자체가 선입관에 치우치지 않는 유심론적 사상으로 그것을 취급하

---

12 머천트 테일러스, 「엥겔스의 주요 공헌」, 『마르크스 레닌 연구 자료』, 제2호, 1985, 182쪽.
13 『마르크스 엥겔스 선집』, 제3권, 중국 인민출판사, 1995, 481쪽.
14 『마르크스 엥겔스 선집』, 제4권, 중국 인민출판사, 1995, 230쪽.

였던 인간 앞에서 나타난 것으로 이해된다. 또한 인간들은 사실(환상이 아닌 사실 자체의 관계에서 사실을 파악한 것)에 부합하지 않는 모든 유심론적 사상들을 가차 없이 버리기로 하였다"는 것이다.[15] 엥겔스는 "그 이외에 유물론은 다른 의미가 없다"고 특별히 강조하였다.[16] 다른 견해는 다음과 같다. 즉, "철학자는 그들을 이 질문에 어떻게 대답하였는가(즉, 철학의 기본적 문제)에 따라 양대 진영으로 구분하였다. 자연계에 대하여 정신이 근원이라고 판단하였던 철학자들은 유심론적 진영을 구성하였으며, 자연계가 근원이라고 주장하였던 철학자들은 유물론적 학파를 구성하였다. 그 이외에 유심론과 유물론이라는 두 개의 용어는 원래 아무런 의미도 없었다."[17] 엥겔스는 자기의 언어 환경 속에서 '유물론적' 함의의 유일성을 특별히 강조하였다. 이리하여 엥겔스가 '유물론'이라는 단어로 스스로 구축하였던 '새로운 세계관'이라고 호칭하였을 때 그것은 이러한 함의에 따라야 할 것인가? 만약 논리적으로 일치한다면 답은 바로 긍정적일 것이다. 이러한 함의가 '새로운 세계관'과 연관되어 지속적으로 유효해진다면 '유물론'이라는 함의를 성립시켰던 '철학의 기본적 문제'는 합법성과 유효성을 유지할 수밖에 없을 것이다. 유물론이 자체를 확립하려면 유심론과의 대립에서 벗어나면 안 된다. 엥겔스의 견해에 따르면 유일하게 의미있는 유물론적 정의가 바로 유심론적 사상에 대한 배척과 거절을 통하여 이루어졌기 때문이다. 이러한 대립은 논리적 전제에서 '철학의 기본적 문제'가 그것을 위해 가능한 틀을 제공하였음에 의존하였다. '철학의 기본적 문제'라는 선행적으로 유효한 가설을 인정하지 않는다면 유물론과 유심론이 성립하고 의존한 전제와 기초를 모두 상실할 것이다. 바로 엥겔스야말로 『종말』에서

---

15 『마르크스 엥겔스 선집』, 제4권, 중국 인민출판사, 1995, 242쪽.
16 위의 책, 242쪽.
17 위의 책, 224~225쪽.

'유물론'이 "물질과 정신 간의 관계에 대한 특정한 이해에서 구축된 일반적 세계관"에 불과하다고 주장하였다.[18] 그의 이치에 의하여 '철학의 기본적 문제'에서 벗어난다면 '유물론'을 토론할 의의도 없을 것이다. 엥겔스가 '유물론'이라는 단어로 '새로운 세계관'을 지칭하였기 때문에 '철학의 기본적 문제'는 실효되었거나 시대에 뒤떨어졌음을 의미하지 않고 여전히 '현대 유물론'이 성립될 수 있는 합법적 근거로 형성되었다.

주의해야 할 것은 엥겔스의 언어 환경 속에서도 '세계관'은 '현대 유물론'을 지칭하는 전문 용어가 아니며, 마찬가지로 그것은 엥겔스가 '유심론'으로 지칭하였다는 것이다. 예컨대, '유심론적 세계관'이라는 것은 『자연변증법』의 원고에서 여러 번 나타났다.[19] 그뿐만 아니라 엥겔스는 『종말』에서 한편으로 '철학'이 이미 '종결'되었다고 하였으며, 다른 한편으로 '유물론'과 '유심론'을 '세계관적' 관형어로 사용하였다. 이는 '종결'된 것은 '철학의 기본적 문제' 및 이를 바탕으로 한 모든 가능한 대답 형식이 아니며, '철학의 기본적 문제'에 대한 대답의 여러 결함이 있는 역사적 형식뿐인 것으로 설명된다. 엥겔스가 찾아내려던 것은 '철학의 기본적 문제' 자체에 대한 지양이 아닌 '과학적' 대답이다. 만약 '세계관'이 엥겔스가 지칭하였던 '현대 유물론'의 전문 용어라면 상술한 상황은 나타나지 않을 것이다. 만약 '세계관'은 엥겔스가 '현대 유물론'이 '철학'이 아닌 '세계관'이라고 발표하기 전에 통칭하는 기능을 가졌다면 이른바 '유심론적 세계관'이라는 칭호는 『반듀링론』이 출판된 후[20]에 나타나지 못하였을 것이다. 그러나 이것은 바로 그 이후 엥겔스가 또다시 사용한 것이다. 『반듀링론』은 1876년 5월

---

18 『마르크스 엥겔스 선집』, 제4권, 중국 인민출판사, 1995, 227쪽.
19 위의 책, 306, 381쪽.
20 『반듀링론』의 내용에 의하면 '현대 유물론'은 '세계관'뿐이며, 이로 인하여 그것을 역사상의 '철학'과의 근본적 차이로 삼았다는 것으로 나타났다. 이러한 논리에 따르면 '세계관'이라는 단어가 '전통적 철학'에서 지칭될 수 없을 것이다.

말부터 1878년 7월 초까지 작성되었으나 '유심론적 세계관'이라는 어휘가 나타났던 문헌들은 『유인원부터 인간으로 전환하는 과정에서의 노동의 역할』과 『「포이어바흐」의 삭제와 생략 부분』이다. 해당 고증에 따르면 전자는 1876년 6월에 작성되었고, 『반듀링론』을 작성하기 시작한 시간과 비슷하며, 후자는 1885년 말과 1886년 초에 작성되었다. 이는 엥겔스가 주장하였던 '새로운 세계관'이 '철학'을 대체한 후에도 여전히 '철학의 기본적 문제'의 뒤얽힘에서 벗어날 수 없었으며, 유물론과 유심론이 '철학적' 차원과 관련되었을 뿐만 아니라 '세계관적' 차원과 떼려야 뗄 수 없는 관계도 있을 것으로만 설명된다.

물론 엥겔스는 『종말』에서 '일반적 세계관'과 '세계관'의 '특수한 형식'을 구별하였다. 예컨대, 그는 "포이어바흐는 물질과 정신 간의 관계에 대한 특정한 이해에서 구축된 일반적 세계관이라는 유물론과 이러한 세계관이 특정한 역사 단계, 즉 18세기에 나타났던 특수한 형식을 동일시하였다"고 비판하였다.[21] 엥겔스는 포이어바흐가 유물론의 어떤 특정한 역사 형태와 일반적 유물론적 세계관을 동일시하였다는 것을 반대하였으며, 후자를 이러한 혼동에서 추상화시키려고 하였다. 그러나 '세계관'은 좋은 뜻을 가진 단어가 되었을 때 그것으로 '유심론'이라는 원래 '철학적' 성질을 두드러지게 해야 하는 파벌을 설명하면 이치에 맞지 않았으나 엥겔스는 그렇게 하였다. 이 상황은 '세계관'이 '전통적 철학'과 '세계관'으로서의 '현대 유물론' 간의 '전단'의 절대적 표지로 충당할 수 없을 것으로 나타난다. 엥겔스의 모호한 사용은 '새로운 세계관'과 '전통적 철학관' 간에 사람들이 보통 생각하였던 연속성보다 더 큰 범위의 연속성을 지니고 '철학의 기본적 문제'가 '새로운 세계관'에서 지속적으로 유효하다는 것이 가장 집중적으로 나타난

---

21 『마르크스 엥겔스 선집』, 제4권, 중국 인민출판사, 1995, 227~228쪽.

것으로 설명된다.

엥겔스는 『반듀링론』의 '철학편'에서 우리에게 부정적 부정이라는 그림, "즉 원초적인 자발적 유물론(정) → 유심론(반) → 현대 유물론(합)"을 지적하였다.[22] 적어도 형식적으로 보면 엥겔스는 구축하려고 하였던 '현대 유물론'은 '종합'으로서 성립된 것 같았으나 마르크스의 '실천적 유물론'과 많이 다른 것이다. 즉, 그것이 지양한 것은 '유물론과 유심론' 간의 논쟁이 가능하게 될 그러한 전제, 즉 심과 물 간의 이원적 관계의 구분 자체가 아니며, '유물론적 영구성이라는 기초'와 유심론이 변형되고 발전된 변증법을 유지하였다. 이는 마르크스가 제시하였던 지양·초월과 다르다. 엥겔스가 주장하였던 구유물론과 유심론 간의 대립에 대한 지양은 '현대 유물론적' 수준에 이르렀으므로 '철학'은 '종결'되고 '새로운 세계관'이 생겼다. 이는 단지 '구유물론적 영구성이라는 기초'와 유심론적 변증법이 변증법적 유물론을 이루어냈음을 의미한다. 그것은 존재론적 기초, 즉 궁극적인 원초적 범주 차원의 재구축이 아닌 '전통적 기초+전통적 방식'의 혼합과 절충뿐이다. 이는 마르크스가 철학의 원초적 기초에서 한 것과 동등시할 수 없는 것이다. 비록 우리는 엥겔스가 그러한 논술에서 구유물론과 유심론을 지양한 그림자를 찾아낼 수 있을 것 같으나 이로 인하여 엥겔스와 마르크스가 일치한다는 결론을 내린다면 지나치게 표면화될 것이다.

『종말』에서 나타났던 맨 마지막의 말에 의하면 "독일의 노동자 운동은 독일 고전 철학의 계승자인 것으로 알려진다."[23] 이는 저자가 어떤 의미에서 언급하였던 것인가? 어떤 사람은 이 말은 '철학'이 실천 활동 자체로 종결되었음을 의미한다고 주장하였다.[24] 이러한 이해에 따르면 '철학'뿐

---

22 『마르크스 엥겔스 선집』, 제3권, 중국 인민출판사, 1995, 481쪽.
23 『마르크스 엥겔스 선집』, 제4권, 중국 인민출판사, 1995, 258쪽.
24 앞의 책, 258쪽.

만 아니라 '세계관'도 존재할 필요가 없다. 즉, '종결한' 결과는 실천 자체뿐이라고 할 수 있다. 그러나 이러한 해석이 직면한 가장 큰 어려움은 바로 그것이 엥겔스가 같은 단락의 시작에서 얘기하였던 것, 즉 "독일인의 이론적 흥미는 노동 계급에서만 쇠퇴하지 않고 계속 존재한다는 것"과 어긋났다.[25] 이른바 '이론적 흥미'는 순수한 실천 활동 자체로 환원될 수 없다. 바로 이러한 '흥미'의 존재로 인하여 혁명적 실천과 맹목적 실천, 자재한 계급과 자조적 계급은 구별되었으며, 그 중의 본질적 차별은 말살될 수 없다. 독일 고전 철학에 대한 노동 계급의 '계승'은 사상적 차원, 즉 마르크스와 엥겔스가 일생에 하였던 이론적 일을 우선적으로 거쳤다. 이것을 어찌 못 본 척하였던 것인가? 사실 마르크스가 하였던 것은 철학을 '종결하지' 않고 '실현한다'는 것이며, 실현하기 위한 이론적 조건(마르크스의 사유 노동이 완성된 것)과 실천적 조건(프롤레타리아트의 혁명적 실천에 의존한 것)을 밝혀낸 것이다. 그러므로 『종말』에서 나타났던 맨 마지막의 말은 엥겔스가 주장하였던 '종말'은 모든 이론을 거절한 것으로 증명될 수 없다.

물론 마르크스 사상은 성숙해진 후 긍정적 의미에서 '철학'이라는 칭호를 사용하지 않았다. 이는 마르크스와 자기의 '철학'을 부인하는 사람들이 자기의 관점을 '증명'하였던 '근거'로 취급하였다는 것이다. 사실 마르크스가 '철학'을 사용한 상황은 그가 '소외'의 개념을 사용한 것과 유사하다. 『독일 이데올로기』의 '포이어바흐' 장에서 마르크스가 '소외'라는 단어를 사용하였을 때 이것이 "철학자가 쉽게 이해할 말로 얘기한 것"이라고 해석한 바 있다.[26] '소외'는 사변 철학에서 추상화되었다(그것은 자본주의 경제에 대한 경험적 연구를 통하여 확립된 것이 아니고 주로 사변적인 논리적 추론을 통하여 구축

---

25 쑨허핑, 「엥겔스가 '철학의 기본적 문제'를 어떻게 지양하였는가에 관한 연구」, 『중국 후저우사범대학교 학보』, 제3호, 2005.
26 『마르크스 엥겔스 선집』, 제1권, 중국 인민출판사, 1995, 86쪽.

된 것이기 때문이다). 마르크스가 사변 철학에 마음에 들지 않았던 것은 '소외'라는 단어를 사용한 것이 아니고 "모든 현실적 관계와 개인들이 미리 소외된 것으로 선포되어 이러한 관계와 개인들을 소외에 관한 완전히 추상적인 문장으로 변하게 되었다는 것이다."[27] 마르크스가 주장하였던 '소외'가 필요한 것은 '선포'가 아닌 '증명'이다. 즉, '현실적 관계'와 '현실적 개인'을 '소외된 것으로' 증명한 것이다. 그 당시 마르크스가 하였던 일은 바로 이러한 것이다. 그 이후 마르크스는 '소외' 개념의 기술성과 직관성을 초월하였으며, 그것을 주로 정치 경제학의 성과와 연구를 이용하여 구축된 인간의 존재라는 현상학적 표현으로 심화시키고 전개하였다. 그는 『친필 원고』에서 '소외'와 '실천'을 연결시켜 고찰한 후 후자로 전자를 해석하였다. 또한 그는 다음과 같이 지적하였다. 즉, "인간의 자기 소외는 실천적이고 현실적 세계에서 타인에 대한 실천적이고 현실적 관계를 통하여 표현될 수 있다. 소외가 이루어진 수단 자체는 바로 실천적인 것이다. 그러므로 소외된 노동을 통하여 인간은 반대파와 적대적 대상으로서의 생산 대상과 생산 행위의 관계를 생산하였을 뿐만 아니라 그의 생산·상품과 타인의 관계 및 그와 타인의 관계도 생산하였다. 그도 생산과 상품에 대한 비생산적 인간의 지배도 생산하였다."[28] 인간이 사변적 의미에서 '소외'의 개념을 받아들이지 않기 위해 마르크스는 아예 그것을 주제어로 사용하지 않았다. 그러나 이는 '소외' 사상이 마르크스 철학의 언어 환경 속에서 존재하지 않았음을 의미하지 않는다. 다시 말하면 '소외'의 '시니피앙'은 자주 사용되지 않았으나 '기의'는 새로운 기초에서 보존되고 심화되었다. 올만Ollman이 지적하였듯이 "소외에 관한 3부 저서인 『자본론』, 『잉여 가치론』 및 『친필 원고』의 내용을 살펴보면 몇십 군데에서 '소외' 개념을 언

---

27 『마르크스 엥겔스 선집』, 제3권, 중국 인민출판사, 1995, 316-317쪽.
28 마르크스, 『1844년 경제학과 철학의 친필 원고』, 중국 인민출판사, 2000, 60-61쪽.

급하였음을 알 수 있다. 비록 그것들의 대다수의 함의는 그가 『친필 원고』에서 이 개념을 사용하기 시작하였을 때보다 더더욱 협소해졌으나 그가 관심을 기울였던 핵심적 의사는 여전히 보존되어 있다. 예컨대, 가치를 창조하는 노동은 소외된 노동이며, 이러한 함의는 여태껏 변하지 않았다."[29] 사실 마르크스에게 '철학'이라는 단어는 유사한 상황이 나타났다.

지적해야 할 것은 헤스는 "사회주의를 고전 철학의 최종적 성과로 취급하여야 한다"고 지적하였다는 것이다.[30] 헤스는 포이어바흐에 비하여 엥겔스에게 영향을 우선적으로 미치고 사상적 전환을 촉진하였다. "엥겔스의 사상이 발전하는 실질적 진전은 그가 포이어바흐에게 영향을 직접 받아들이지 않은 것으로 설명된다. 반면에 이 과정에서는 연결의 일환이 결여되었다. 사실 다른 철학자의 지도하에 그는 철학 사회주의의 궤도로 나아갔다. 이 지도자는 바로 모제스 헤스Moses Hess이다."[31] 『종말』에서 나타났던 그 말에 대하여 엥겔스는 새로운 함의를 부여하였다. 독일의 노동자 운동은 실천적 방식뿐만 아니라 이론적 방식으로도 '계승자'의 역을 맡았다. 이러한 이론적 방식은 '철학'이라고 할 수 없으나 틀림없이 반성이며, 엥겔스의 명명에 따르면 이른바 '세계관'이라고 할 수 있다. 독일 고전 철학은 사실 노동자 운동(실천)의 선구자뿐만 아니라 우선적으로 '과학적 사회주의'의 이론적 선구자이기도 한다. 이에 대하여 엥겔스는 명확히 확인하였다. 예컨대, 그는 독일 고전 철학을 '현대 사회주의'의 '조상의 하나'라고 주장한 바 있다.[32] 그리고 "만약 독일 철학, 특히 헤겔 철학이 먼저

---

29 「시장경제, 경제위기와 사회주의적 전망: 버텔 올만 교수에 관한 인터뷰」, 『국외 이론 동태』, 제10호, 2009.
30 A.콘레디, 「독일에 있는 청년 엥겔스」, 『마르크스 레닌 연구 자료』, 제6호, 중국 인민출판사, 1985, 64쪽.
31 위의 책, 63~64쪽.
32 『마르크스 엥겔스 전집』, 제21권, 중국 인민출판사, 1965, 297쪽.

나타나지 않았다면 독일의 과학적 사회주의, 즉 과거에 없었던 유일한 과학적 사회주의는 결코 창립될 수 없었을 것"이라고 하였다.[33] 그뿐만 아니라 그는 "과학적 사회주의는 본질적으로 독일의 산물이며, 고전 철학은 독일, 즉 생기가 넘치게 보존된 자각적 변증법이라는 전통이 있는 나라에서만 나타날 수 있었다"고 하였다.[34] 엥겔스는 "현대 유물론은 과거와 달리 과학적 사회주의의 이론적 종말로 된 것"이라고 지적하였다.[35] 즉, '과학적 사회주의'는 이론적으로 '현대 유물론'의 논리적 종점이나 완성에 불과하다. 따라서 '현대 유물론'은 "변증법을 이용하여야 한다고 할 수 있다."[36] 엥겔스가 주장하였던 자각적 변증법은 바로 독일 고전 철학에서 가장 건설적 공헌이다. 바로 이러한 의미에서 '과학적 사회주의'의 탄생은 결코 독일 고전 철학이라는 사상사의 전제에서 벗어날 수 없다고 할 수 있다. 그 결과는『종말』에서 나타났던 맨 마지막의 그 말은 '철학'이 '실천'에서 종결된 것으로 해석될 수 없다.

엥겔스 자체는 '철학의 기본적 문제'를 초월하였을까?

엥겔스가 제기하였던 '철학의 기본적 문제'는 '과거형'이면서도 '장래형'의 문제인가에 대하여 지난 세기인 1980년대부터 일부 학자가 지적한 바 있다. 즉, "철학의 기본적 문제에 관한 엥겔스의 논술은 주로 이 문제에 대한 유럽의 근대 철학의 연구 상황에 관한 것이다. 그러나 이는 엥겔스

---

33 『마르크스 엥겔스 전집』, 제18권, 중국 인민출판사, 1964, 565쪽.
34 『마르크스 엥겔스 선집』, 제3권, 중국 인민출판사, 1995, 691쪽.
35 『마르크스 엥겔스 전집』, 제20권, 중국 인민출판사, 1971, 673쪽.
36 『마르크스 엥겔스 선집』, 제3권, 중국 인민출판사, 1995, 692쪽.

가 유럽의 근대 철학 문제를 고정해 보편적 철학 방식으로 하였으며, 또한 그 이후의 모든 철학들이 이러한 방식에 따라 연구되어야 하고 모든 철학들의 선택을 결정하였음을 결코 의미하지 않는다."[37] 이러한 관점은 '철학의 기본적 문제'가 기존의 철학, 특히 근대 철학에 대한 총괄이고 미래 철학에 적용되지 않은 것으로 여겨졌다. 최근 몇 년 동안 어떤 학자는 아래와 같이 지적하였다. 즉, "제1 부분(『종말』의 제1장)의 내용은 근대 철학, 특히 헤겔 철학과 포이어바흐 철학에 대한 비판적 분석이며, 그 중에서 제기되었던 논단, 예컨대 철학의 기본적 문제, 유물론적 형식 등은 근대 철학적 범주에 적용될 수 있다. 그러나 우리는 이전에 논의된 범주를 초월하여 그것들을 모든 철학사와 '마르크스 철학' 자체를 해석하고 설명할 수 있는 보편적 이론으로 삼았으며, 이로 인하여 철학사 연구 분야에서 간단화된 방법은 성행되고 마르크스 철학의 실질을 이해하는 데에도 '근대성'에 대한 은폐에 빠져 버렸다."[38] 또한 어떤 학자는 "철학의 기본적 문제는 단지 이전의 철학에 대한 엥겔스의 총괄이나 종말이며 이러한 '기본적 문제'는 최종적으로 역사적 유물론의 실천 과정에서 철저히 지양된 것"이라고 주장하였다. 그러므로 "엥겔스는 『종말』에서 이른바 '철학의 기본적 문제'를 초월하였다."[39]

'철학의 기본적 문제'는 엥겔스가 주장하였던 '양대 진영'이 성립되고 대립되었던 논리적 전제와 내재적 기초이다. 만약 '철학'은 기계적인 부정적 의미에서 '종결된다면' '철학의 기본적 문제'는 언급될 필요도 없을 것이

---

37 우웨이친, 「철학의 기본적 문제와 유럽의 근대 철학: 엥겔스 철학 사상에 대한 연구」, 『마르크스주의 기원의 연구 논총』, 제4호, 중국 상무인서관, 1983, 21쪽.

38 양쉐궁, 「'마르크스 철학'에 대한 엥겔스의 해석과 공헌: 문헌을 바탕으로 한 분석」, 『중국 난징대학교 학보(철학·인문 과학·사회 과학판)』, 제1호, 2005.

39 쑨허핑, 「엥겔스가 '철학의 기본적 문제'를 어떻게 지양하였는가에 관한 연구」, 『중국 후저우사범대학교 학보』, 제3호, 2005.

다. 그러나 상술한 바와 같이 '철학'은 엥겔스에게 '지양되었을 뿐'이며, 이는 바로 엥겔스가 주장하였던 이른바 '종말'의 진정한 함의이다. 그는 이러한 '지양'을 통해 바뀌게 되었던 것이 '내용'이 아닌 '형식'이며, '내용'이 보존되었다고 명확히 지적하였다. 엥겔스가 이러한 의미에서 '철학의 기본적 문제'를 제기하였다는 것이 바로 '현대 유물론'을 위해 기초를 다졌다는 것이다. 그러므로 '철학의 기본적 문제'를 바탕으로 성립된 '유물론'은 여전히 엥겔스에게 '새로운 세계관'에 대한 묘사와 지칭으로 취급되었다. 이는 '새로운 세계관'과 '전통적 철학' 간에 '전단(형식적인 것)' 외에 '연속적(기초적 차원)' 측면도 있는 것을 의미한다. 겉으로 볼 때 '철학의 기본적 문제'는 엥겔스가 이전의 철학을 총괄하고 정리한 틀인 것만 같고 '과거형'이었으며, 엥겔스가 언급하였던 '철학'이 아닌 '세계관'으로서 존재하는 '현대 유물론'에 부합하지 않았다고 할 수 있다. 그러나 실질적으로 볼 때 '철학의 기본적 문제'는 여전히 엥겔스가 좌표를 이루었으며 '새로운 세계관'의 선행적으로 유효한 좌표를 구성하였으며, '새로운 세계관'은 여전히 이러한 기본적 틀에서 자기의 자리를 잡아야 한다고 할 수 있다. 엥겔스의 실질적 사고에 의하여 '새로운 세계관'을 토론하였을 때라도 '철학의 기본적 문제'는 여태껏 시대에 뒤떨어진 적이 없었다.

이 장의 앞에서 토론한 바를 통하여 "'철학의 기본적 문제'에 대한 엥겔스의 실질적 구상은 즉, 철학사를 비판적으로 총괄하고 자기의 사상을 적극적으로 구축한 것"에서 실효되는 반면에 그 중에서 가장 깊은 분석 틀과 기초를 구성한 것을 보일 수 있다. 그러므로 '철학의 기본적 문제'를 '과거형'으로 해석한 이러한 관점은 성립하기 어렵다. '철학의 기본적 문제'는 이전의 '철학'에 대한 엥겔스의 총괄이 물론이지만 일단 제기된다면 역사적 '철학'뿐만 아니라 미래의 '철학(엥겔스는 '세계관'이라고 함)'에도 적용될 수 있다. 이러한 의미에서 우리는 '철학의 기본적 문제'가 '과거형'뿐만 아니라 '미래형'도 된다고 할 수 있다.

어쨌든 아무리 사람들이 '철학적' '종말'을 이해하고 해석한다고 하더라도 엥겔스는 '유물론과 유심론' 간의 이원적 구분이라는 구조를 한결같이 견지하였다. '철학'이 '세계관'으로 변화되어도 '철학의 기본적 문제'는 여전히 실질적으로 유효하다. 이는 엥겔스가 '내용적'이지 않은 '형식적' 의미에서 '철학의 기본적 문제'를 제기한 것을 결정하였다. 그러므로 '철학의 기본적 문제'는 엥겔스의 언어 환경 속에서 '과거형'뿐만 아니라 '미래형'이기도 하며, '철학적' '종말'에 따라 실효되지도 않았을 것이다. 이는 마르크스 사상의 실질에 부합하지 않았으나 엥겔스의 사상적 맥락을 진실하게 반영하였다.

11

잘못된 견해인가, 진실인가?

저우스싱周世興과 양잉楊楹 두 교수가 공동으로 쓴 장문의 〈마르크스 엥겔스 사상관계 연구의 몇 가지 잘못된 견해〉가 『현대철학』 2007년 제6기에 실렸으며, 이하 〈잘못된 견해〉라고 줄여 부르겠다. 졸작 〈마르크스와 엥겔스의 사상적 차이를 어떻게 볼 것인가〉는 『현대철학』 2007년 제3기에 실린 이른바 '잘못된 견해'를 다섯 가지로 요약해 하나하나 반박을 가했다. 인내심을 갖고 읽어본 결과, 의문이 넘치고 설득력 있어 보이는 이 논쟁은 사실 심각한 퇴고를 견디기 힘들다는 것을 알게 되었다. 필자는 항상 마르크스와 엥겔스의 사상적 관계 문제가 매우 중요하며, 그 해결은 두 사상가 각자의 사상적 면모를 적절하게 이해하고 마르크스 철학의 실체를 포괄적이고 정확하게 파악하는 것과 직결될 것이라고 생각한다. 그러나 이런저런 이유로 이 문제는 오랫동안 의도치 않게 방치돼 왔다. 따라서 이 문제를 더 명확히 하는 것은 매우 의미가 있다. 학술 논쟁의 정신과 원칙에 따라 필자는 토론자 및 기타 학자들에게 가르침을 구하기 위해 〈잘못된 견해〉가 제기한 논란에 대해 초보적 대응을 기꺼이 할 것이다.

『신성 가족』에서 마르크스와 엥겔스의 포이어바흐와의 관계

필자와 〈잘못된 견해〉 저자의 의견 차이 중 하나는 마르크스와 엥겔스가 『신성 가족』에서 포이어바흐를 대하는 태도가 일치하지 않는지 여부이다. 마르크스는 새로운 철학적 입장에서 포이어바흐를 원칙적으로 유보했고, 엥겔스는 무조건 포이어바흐를 추앙했다고 본다. 〈잘못된 견해〉는 마르크스와 엥겔스가 포이어바흐를 대하는 태도에 있어서 중요시할 만한 차이가 없다고 본다. 사실은 도대체 어떠한가?

사실 마르크스는 포이어바흐 사상을 처음 접했을 때부터 찬성하는 입장은 아니었다. 한가지 사실을 주목할 만하다. "마르크스가 한때(적어도

1839년 말까지-인용자) 포이어바흐에 대해 부정적인 견해를 가지고 있었다. 이 사실은 그가 포이어바흐가 파월과 함께 출판하려는 종교 비판 잡지의 기고자로 받아들여지길 거부했다는 것으로 증명될 수 있다."[1] 그 증거는 브루노 파월이 1839년 12월 11일 마르크스에게 보낸 편지이다. (필자는 여건의 제한으로 직접적인 증거를 제시할 수 없으며 간접적인 자료만 인용할 수 있다). 포이어바흐에 대한 마르크스의 비판적 유보는 1843년 3월 13일 루거에게 보낸 편지에서도 그대로 나타났다. 멜링의 말처럼 "바로 이 편지에서 마르크스가 포이어바흐에 대해 한 최초의, 동시에 단호한 비판적 의견도 찾을 수 있다."[2] 마르크스는 그런 의미에서 포이어바흐주의자가 아니었다. 마르크스에게 포이어바흐는 어찌 보면 결정적일 정도로 중요했다. 포이어바흐의 계시 없이는 마르크스가 사변 철학의 초월을 완성할 수 있다고 상상하기 어려울 정도로 맥클렐런은 "포이어바흐의 개요가 마르크스가 헤겔 변증법에 대해 특정한 전도를 이루게 했다"고 선언했다.[3] 이는 어느 정도 맞는 얘기이기는 하지만 마르크스와 포이어바흐의 사상적 거리는 인정해야 한다.

일찍이 1843년에 마르크스는 『헤겔 법철학 비판』에서 "본질적으로 진정한 이원론은 없다"고 명확하게 밝힌 바가 있다.[4] 슈미트에 따르면 "마르크스는 포이어바흐와 비판적으로 겨루기 전에 인식론의 경직된 이원론적 입장에 혐오감을 느꼈다. 이런 이원론은 데카르트 이후 근대 사조를 지배하였고, 독일 철학은 이미 사변적 기초에서 그것을 극복하려고 하였다."[5]

---

1 즈 토센, 「마르크스, 포이어바흐, 파월」, 『마르크스 철학 사상 연구 번역 문집』에 실림, 중국 인민출판사, 1983, 239쪽.
2 멜링 지음, 지훙 옮김, 『마르크스주의를 지키다』, 중국 인민출판사, 1982, 283쪽.
3 데이비드 맥클렐런 지음, 왕전 옮김, 『칼 마르크스전』, 중국 인민대학출판사, 2005, 64쪽.
4 『마르크스 엥겔스 전집』 1권, 중국 인민출판사, 1956, 356쪽.
5 슈미트 지음, 어우리통, 우중 옮김, 『마르크스의 자연 개념』, 중국 상무 인서관, 1988, 119쪽.

실천이라는 원초적 범주에서 신테제의 방향을 찾는 것은 『1844년 경제학 철학 원고』에서 이미 단초를 보였고, 가장 명백한 증거는 물론 마르크스의 유명한 구절이다. "우리는 이론의 대립 그 자체(유물주의와 관념주의의 대립을 가리킴 - 인용자)의 해결은 실천 방식을 통해서만 가능하고, 사람의 실천력에 의해서만 가능한 것이다.[6] 나중에 〈포이어바흐에 관한 요강〉이 비판적으로 포이어바흐를 청산할 수 있는 이론적 기조를 마련한 것은 분명하다. 물론 공정하게 말하면 엥겔스는 이원론에 대해서도 불만을 표시한 바 있다. 예를 들어 『신성 가족』 집필에 참여하기 얼마 전 "18세기는 예로부터 역사와 함께 발전해 온 거대한 대립, 즉 실체와 주체, 자연과 정신, 필연성과 자유의 대립을 극복하지 못하고, 이 두 대립을 정점으로 매우 첨예하게 발전시켜 소멸시키는 것이 불가피했다."[7] 그러나 그는 『신성 가족』에서 이 대립을 포이어바흐를 위해 영원히 극복한 것[8]이라고 주장했다. 그렇다면 엥겔스는 이런 대립을 극복하는 것을 자신의 철학적 임무로 삼을 수 없다.

마르크스는 〈헤겔 법철학 비판·머릿말〉에서 '실천파'와 '이론파'의 두 가지 경향을 비판했다. 매크렐런은 이론파가 주로 브루노 파월의 철학적 성향을 가리킨다면 실천파는 어떤 면에서 포이어바흐의 관점을 떠올리게 한다.[9] 브루노비치는 한발 더 나아가 마르크스가 실천파를 비판하면서 주장한 철학에 등을 돌리고 철학을 향해 진부한 말을 몇 마디 중얼거리기만 하면 철학에 대한 부정이 실현된 사람[10]은 의심할 것 없이 포이어바흐를 가리킨 것이다.[11] 마르크스의 논술로 볼 때 이 판단은 그냥 나온 것이 아니

---

6 마르크스, 『1844년 경제학 철학 원고』, 중국 인민출판사, 2000, 88쪽.
7 『마르크스 엥겔스 전집』, 제1권, 중국 인민출판사, 1956, 658쪽.
8 『마르크스 엥겔스 전집』, 제2권, 중국 인민출판사, 1957, 120쪽.
9 데이비드 매클렐런 지음, 왕전 옮김, 『칼 마르크스전』, 중국 인민출판사, 2005, 83쪽.
10 『마르크스 엥겔스 선집』, 제1권, 중국 인민출판사, 1995, 8쪽.
11 L. 브루노비치, 「〈박사 논문〉의 두 부록: 카를 마르크스와 브루노 파월 및 청년 헤겔파

다. 마르크스가 한발 더 나아가 "이 파('실천파'를 지칭 - 인용자)의 안목의 편협성은 철학을 독일의 현실로 귀납하지 않았거나 심지어 독일의 실천과 실천에 봉사하는 이론보다 철학이 낮다고 생각하는 데서 나타난다."[12] 이는 마르크스가 나중에 〈요강〉과 〈형태〉에서 포이어바흐를 비판할 때 취했던 철학적 자세와 정확히 일치한다. 예컨대 〈요강〉 11조에서 말한 "철학자들은 세상을 다른 방식으로 해석할 뿐이고, 문제는 세상을 바꾸는 것"이라고 한 『마르크스 엥겔스 선집』(1권 중국 인민출판사 1995년판 57쪽)이다.[13] 또 〈형태〉에서의 비판도 있다. "이 철학자들 중 누구도 독일 철학과 독일 현실 사이의 연관성, 그들이 하는 비판과 그들 자신의 물질적 환경 사이의 연관성 문제를 제기할 생각을 하지 못했다."[14] 마르크스가 여기서 말하는 '이 철학자들'에는 물론 포이어바흐를 포함한다. 포이어바흐와 마르크스 두 사람은 이후 생활양태에서 확연히 다른 모습을 보인다. 한 사람은 시골에 은거하였다. 메를린에 따르면 포이어바흐는 "사상가로서, 그는 방해받지 않고 자연계-삶과 그 신비의 위대한 근원-에 대해 깊이 생각할 필요가 있다고 느꼈다."[15] 예를 들어 브루노비치의 말처럼 포이어바흐는 "자기 감각, 특히 시각적 증거에 대한 연구를 통해 '광학의 과학'을 재발명하려 했다"[16] 다른 한 사람은 실제 투쟁에 적극 참여함으로써 두 사람의 철학적 신념에 대한 거리와 이견을 더욱 확인시켜 주었다.

마르크스가 1844년 여름과 가을에 쓴 『제임스 밀러 〈정치 경제학의

의 결별에 관한 새로운 견해」, 『마르크스주의 출처 연구 논총』, 제16집, 중국 상무인서관, 1994, 562쪽.
12 『마르크스 엥겔스 선집』, 제1권, 중국 인민출판사, 1995, 8쪽.
13 위의 책, 8쪽.
14 위의 책, 66쪽.
15 퍼 메를린 지음, 판지 옮김, 『마르크스전』, 상권, 중국 인민출판사, 1973, 72쪽.
16 L.브루노비치, 위의 책.

원리〉 요약』에서 인간의 본질에 대한 이해는 포이어바흐의 견해와 실질적인 차이가 있다. 마르크스가 포이어바흐를 비판했다는 직접적인 증거는 없지만, 그들 사이에 인간의 본질적인 문제에 있어서 무시할 수 없는 분열이 있다는 것은 분명하다. 마르크스는 "사람의 본질은 사람의 진정한 사회적 연결이다. 그러므로 사람은 자신의 본질을 적극적으로 실현하는 과정에서 사람의 사회적 연결과 사회적 본질을 창조하고 생산한다"고 썼다.[17] 포이어바흐는 때때로 인간의 사회성을 언급하지만, 인간의 실천과 연관지어 고찰하지는 않는다. 마르크스가 말하는 "인간은 적극적으로 본질을 실현한다" 또는 "인간은 적극적으로 존재를 실현한다"는 것은 실제로 실천적 동인의 본질과 인간 존재 사이의 본연의 연결고리를 건드렸다. 그가 실제로 포이어바흐를 제친 지점이다. 이런 분야는 나중에 쓴 『신성 가족』 책에서 자연스럽게 드러난다. 엥겔스의 훗날 판단에 따라 마르크스는 『신성 가족』서 포이어바흐의 '추상적인 인간에 대한 숭배'를 '현실적인 인간과 그 역사적 발전에 관한 과학'으로 대체하기 시작했다.

일찍이 『1844년 경제학 철학 원고』에서 마르크스는 철학적 의미에서 인간의 현장성 문제를 주목하기 시작했다. 그는 인간의 존재와 추상적이고 고립된(이와 같은 이유는 바로 인간의 존재와 무관하기 때문이다) 자연계도 인간에게 '무'이며, '인간의 노동'을 '소위 세계의 역사'로 '탄생하는 과정'으로 보았다.[18] 또 마르크스는 "나 자신의 존재는 사회의 활동"이라고 강조했다.[19] "나 자신은 사회적 존재물"[20]이라 강조하기도 했다. 이것들이 실천 유물론 사상의 기원이 아니란 말인가? 여기서 실천의 궁극적인 원초적 사

---

17 마르크스, 『1844년 경제학 철학 원고』, 중국 인민출판사, 2000, 170쪽.
18 위의 책, 92쪽.
19 위의 책, 83쪽.
20 위의 책, 84쪽.

상의 싹이 움트고 있는 것은 분명하다.

『엥겔스전』의 저자가 지적한 내용이 있다. "그들(마르크스와 엥겔스를 가리킴 - 인용자))은 『신성 가족』이라는 책에서 포이어바흐를 높이 평가하며 그들의 견해와 포이어바흐의 견해 사이에 큰 차이가 없는 것 같다는 인상을 사람들에게 준다. 사실 이때 마르크스(여기에서 마르크스만을 거론했지 엥겔스는 거론하지 않음 - 인용자)는 포이어바흐 철학의 진정한 결점을 분명하게 보았다. 즉, 포이어바흐가 유물론자였을 때 역사는 그의 시야 밖에 있었고, 그가 역사를 탐구하러 갔을 때 결코 유물론자가 아니었다는 점을 본 것이었다."[21] 포이어바흐가 역사 분야에서 유물론자가 되지 못하는 것은 결국 그가 인간의 '감성적 활동'이라는 원초적 토대를 떠나 '감성의 대상'에 얽매여 있기 때문이다. 한마디로 유물론 실천의 차원에 이르지 못한 탓이다. 『신성 가족』의 저자인 마르크스가 포이어바흐 사상의 한계를 발견할 수 있었던 것은 포이어바흐 철학의 치명적인 결함을 깨달았기 때문이다. 그러나 이 점은 엥겔스의 논술에서는 드러나지 않는다. 사실 마르크스는 〈헤겔 법철학 비판 · 머릿말〉(1843년)에서 "비판의 무기는 당연히 무기의 비판을 대신할 수 없으며 물질적 힘은 물질적 힘으로 파괴할 수밖에 없다"는 명제를 이미 내놓았다.[22] 이는 기본적인 정신 면에서 마르크스가 훗날 『신성 가족』에서 말한 "사상은 아무것도 이룰 수 없다. 사상을 실현하기 위해서는 실천적 힘을 사용하는 사람이 있어야 한다."[23]는 것과 일맥상통하는 것들로는 마르크스가 〈포이어바흐에 관한 요강〉에서 말한 "철학자들은 세상을 다르게 해석하는 데 그치고 문제는 세상을 바꾸는 데 있다"고

---

21 하인리히 구무코프 등 지음, 이팅전, 허우환량 옮김, 『엥겔스전』, 중국 생활 도서 신지 삼련 서점, 1980, 100쪽.
22 『마르크스 엥겔스 선집』, 제1권, 중국 인민출판사, 1995, 9쪽.
23 『마르크스 엥겔스 전집』, 제2권, 중국 인민출판사, 1957, 152쪽.

말한 것[24], 또 마르크스가『독일 이데올로기』에서 말한 "실천하는 유물론자인 공산주의자에게 모든 문제는 현존 세계를 혁명화하고, 현존하는 사물을 실질적으로 반대하고 변화시키는 데 있다."[25] 등이 있는데 이는 취지 면에서 모두 일치한다. 그래서 이런 논술의 기본 주제는 실천의 우선성과 지상성을 강조하는 것에 다름이 아니다.

요컨대 마르크스 사상의 성숙도에 따라 판단하면 마르크스가『신성 가족』에 표현한 사상과 포이어바흐 철학과 이미 원칙적 분리가 존재하고 있었다는 사실은 가능한 일이고 또 순리에도 맞는 일이다.

엥겔스는 명확하게 인정하고 있다. "포이어바흐는 한걸음도 나아가지 않았다. 추상적 인간에 대한 숭배, 즉 포이어바흐의 새로운 종교의 핵심은 반드시 현실의 인간과 그 역사적 발전에 관한 과학으로 대체될 것이다." 포이어바흐를 넘어 포이어바흐의 관점을 더욱 발전시킨 이 작업은 마르크스가 1845년『신성 가족』에서 시작했다.[26] '초월'이든 '발전'이든 '비판'에 바탕을 두지 않고는 상상할 수 없다. 이때도 마르크스가 '포이어바흐에 대한 미신'에 빠져 있었다면 어떻게 그에 대한 '초월'과 '발전'을 '시작'할 수 있었을까? 그래서 엥겔스의 설과 그릇된 견해라는 두 가지 판단이 엇갈렸다. 엥겔스와 〈잘못된 견해〉 작가 사이에서 우리는 과연 누구를 믿어야 할까? '비판'은 아직 '시작'되지 않았고, '초월'과 '발전'은 이미 진행되고 있다고 도저히 생각할 수 없다. 그렇다면 '비판'이란 무엇을 의미하는 것일까? '초월'과 '발전'이 실현될 수 있다는 것은 절대 불가결한 전제가 아닐까?

엥겔스는 마르크스가 포이어바흐에 대해 "여러 가지 비판적 유보적 견해를 갖고 있다"는 사실을 분명히 인정했는데, 이는 "포이어바흐에 대한

---

24 『마르크스 엥겔스 선집』, 제1권, 중국 인민출판사, 1995, 57쪽.
25 위의 책, 75쪽.
26 『마르크스 엥겔스 선집』, 제4권, 중국 인민출판사, 1995, 241쪽.

비판은 『신성 가족』에서 시작되지 않았다"는 '과거'의 기본 판단과 어긋난다. 게다가 〈잘못된 견해〉는 마르크스 엥겔스의 포이어바흐에 대한 미신이나 그의 강한 영향과 전혀 모순되지 않는다는 점까지 있다. 사실 마르크스가 포이어바흐에 대해 '여러 가지 비판적 유보적 의견'을 가지고 있다는 것을 인정하는 것은 당시 마르크스가 포이어바흐 사상의 영향을 강하게 받았다는 것을 반드시 거부하는 것은 아니지만, 마르크스가 여전히 '포이어바흐에 대한 미신'을 유지하고 있다는 것을 인정할 수는 없다. '미신'이란 무엇인가? 맹목적 · 독단적으로 즉 무비판적으로 믿어야 이른바 '미신'이라고 할 수 있다. 한 학설에 대해 여러 가지 비판적 유보적 견해를 갖고 있다면 무조건적인 추앙이 아닌 반성적 태도를 갖고 있다는 의미다. 이걸 미신이라고 할 수 있을까? 물론 마르크스는 1867년 『자본론』(제1권이 출간되던 해) 『신성 가족』을 회고하면서 포이어바흐에 대한 미신이 존재했다고 말했지만, 그것은 마르크스가 사상이 성숙된 후의 감개일 뿐, 사상의 성숙 때문에 마르크스의 초기 포이어바흐 사상에 대한 이탈 정도를 과소평가했을 가능성이 충분히 있다.

『신성 가족』의 주제에 대해 엥겔스는 분명하게 언급한 바가 있다. "이 책은 당시 독일 철학적 관념론의 마지막 표현에 대한 풍자적 성격의 비판이었다."[27] 그러나 이 저작에 다른 내용이 포함될 가능성을 전혀 배제하지 않으며, 당연히 저자가 필요하다고 생각하는 곳에서 포이어바흐의 관점을 다루고 어떤 논평적인 의견을 제시하는 것을 방해하지 않았다. 마르크스는 포이어바흐를 이용했을 수도 있고, 그의 철학에 대해 원칙적인 유보를 했을 수도 있다. 이때 마르크스의 사상이 전환기에 놓여 있는 이상 이러한 모순된 태도는 정상적이고 이해할 만하다. 그러나 이때부터 마르크스

---

27 『마르크스 엥겔스 선집』, 제3권, 중국 인민출판, 1995, 329쪽.

가 포이어바흐의 사상을 비판적으로 의심하기 시작한 것은 의심할 여지가 없다는 점을 확실하게 인정해야만 한다.

꽤나 이해하기 어려운 대목은 〈잘못된 견해〉에 그럴듯 하게 씌어 있는 내용이다. "포이어바흐를 진정으로 철저하고 체계적으로 비판하기 시작한 것은 '신세계관의 천재가 싹트기 위한 첫 문서'인 마르크스의 〈포이어바흐에 관한 요강〉과 뒤이어 마르크스 엥겔스가 공저한『독일 이데올로기』라는 것이다. 필자는 이 구절이 어떤 문제를 설명할 수 있는지 정말 모르겠다. 우선 '진정한 시작'이란 무엇인가?『신성 가족』은 시작처럼 보일 뿐 본격적인 시작은 아니라는 말인가? 둘째, 마르크스가 포이어바흐에 대해 '철저하고 체계적인 비판'을 한 것이 '요강'으로 상징된다는 것을 부인한 적이 없다. 〈잘못된 견해〉의 저자는 오히려 이것을 외면했다. 〈잘못된 견해〉에서 사람들이 알고 있는 이런 사실을 지적한 것은 마르크스가『신성 가족』에서 포이어바흐에 대한 비판을 필자가 시작했다고 확신한 것과 무슨 관계가 있는지 궁금하다. '상대의 그림자와 싸움을 벌이는 것'이 아니라면 또 뭐란 말인가?

〈잘못된 견해〉에서는 "마르크스주의 철학 연구에 있어 문제의 본질은 누가 '제1바이올린을 울렸느냐'가 아니라 이 바이올린 협주곡의 주제와 그 내용이 무엇인지 알아내는 데 있다"고 문제를 제기했다. 이것은 또 일종의 사이비 표현이다. 첫째, 특정 문맥에서의 문제를 마르크스주의 철학을 일반적으로 이해하는 문제로 바꾸어 우리가 논쟁하고 있는 문맥에서 완전히 벗어나 있다. 마르크스와 엥겔스의 관계를 논한다면 이 문제는 회피할 수 있는 것인가? 둘째, '마르크스주의 철학 연구에 있어서도' 이 문제는 결코 없어서는 안 될 것이 아니라 문제의 본질과 관련이 있다. 엥겔스의 위상을 확인하는 방법은 우리가 마르크스주의 철학을 설명하기 위해 엥겔스가 주도하는지 아니면 마르크스가 주도하는지, 심지어 '마르크스주의 철학'의 이름이 적절한지에 직접적인 영향을 미치기 때문이다. 〈잘못된 견해〉는 번번이 문제를 전환했고, 그 결과는 사람들의 시선을 돌리는 것이었다.

〈잘못된 견해〉는 한 측면에서 "포이어바흐에 대한 평가를 포함해서『신성 가족』의 이론적 경향은 모두 엥겔스가 책임지거나 엥겔스와 마르크스가 공동으로 책임져야 한다"고 하면서 또 다른 측면에서는 "『신성 가족』을 마르크스의 독립 저작이라고 보는 것도 엥겔스의 뜻"이라고 하면서 "그렇다면 책에 있는 포이어바흐에 대한 평가는 당연히 마르크스 또는 마르크스와 엥겔스가 공동으로 책임져야 한다"고 말했다. 이는 모순된 말이다.

이 모순에 빠진 것은 마르크스가『신성 가족』에서 포이어바흐와 다르다는 관점도 엥겔스로, 신성 가족에서 포이어바흐를 극구 추앙했다는 엥겔스의 주장도 마르크스로 간주해 이들의 거리를 평정하고 나아가 양자의 일관성을 강조하기 위한 변호를 원했기 때문이다. 물론『신성 가족』은 출판 당시 마르크스와 엥겔스가 공동 서명했지만, 엄밀히 말하면 법적 의미만 있을 뿐 학문적 의미는 없다.

〈잘못된 견해〉는 "마르크스를 무한히 높이고 엥겔스를 폄하한다"는 필자의 말을 비난했다. 졸작의 말이 사실이라면 이런 견해는 문제가 없다. 사실에 어긋나는 의미에서만 이른바 '높임'이나 '폄하'를 말할 수 있고, 만약 사실에 부합한다면 그것은 합당하기 때문에 '높임'이나 '폄하'는 전혀 없다.

마르크스는 '자연변증법'을 인정하고 받아들였나?

〈잘못된 견해〉는 마르크스의 '변증법'에 대한 논술을 인용한 후 다음과 같이 선언했다. "마르크스의 이러한 논평적인 의견은 자연변증법에 대한 그의 태도를 보여주기에 충분하다고 말해야 한다." 필자의 관점에서 이것은 적어도 '변증법'과 '자연변증법'의 차이를 혼동하는 것이다. 사실 〈잘못된 견해〉에서 말하고 싶은 것은 마르크스의 논술이 마르크스가 '자연적 변증법'을 긍정한다는 것을 증명할 수 있다는 것이지만, 유감스럽게도 우리는 이러한 논술에서 〈잘못된 견해〉의 결론을 전혀 얻을 수 없다. 〈잘못된 견해〉가 인용한 몇 단락의 말은 마르크스가 변증법을 쓰려 한다는 소책자와 헤겔의 변증법에 대한 그의 비판에 지나지 않기 때문이다. 이는 마르크스의 '변증법'에 대한 태도만을 설명할 뿐, '자연변증법'에 대한 태도는 조금도 설명할 수 없다. 헤겔의 변증법은 '본말이 전도된 것'이지만 '자연변증법'도 인정하지 않았다. 헤겔은 자연계에 대해 "무엇이든 자연에서 일어나는 변화들은 아무리 다양해도 영원히 돌고 도는 순환을 나타낼 뿐"이라며 "자연계에서는 정말 '태양 아래 새로운 것은 없다'는 것"이라고 말했다. "'정신'의 영역에서의 변화 속에서만 새로운 것이 일어난다."[28] 헤겔의 눈에는 "자연은 이념에서 소외되어 나온 것이지 지적으로 처단된 시체일 뿐이다."[29] 자연 철학의 임무는 단지 "자연과 정신의 분리를 지양하고, 정신으로 하여금 자연 내 자신의 본질을 인식할 수 있게 하는 것일 뿐이다."[30] 이런 입장에서 어떻게 '자연변증법'을 '뒤바꾸어' 낼 수 있는지 이해할 수 없다.

마르크스는 헤겔이 변증법을 '신비화'했다고 비판했다. 이른바 '신비화'는 마르크스의 문맥에 고유한 함축이 있는데, 이는 존재와 의식의 뒤바뀌는 것으로 마르크스 자신의 말로는 이른바 '본말이 전도되는 것'이라는 점에 유의해야 한다. 마르크스가 헤겔의 변증법을 구하는 데 있어서 한 일은 변증법이 사회 의식에서 사회존재로 변화할 수 있는 확실한 기초를 찾는 것이었다. 문제는 마르크스가 헤겔의 사변적 변증법을 자연변증법으로 바꾸려는 것인지, 아니면 실천이라는 원초적 기초 위에 세워진 역사적 변

---

28 헤겔 지음, 왕짜오스 옮김, 『역사 철학』, 중국 생활·독서·신지 삼련서점, 1956, 94쪽.
29 헤겔 지음, 량즈쉬에 등 옮김, 『자연 철학』, 중국 상무인서관, 1980, 21쪽.
30 위의 책, 20쪽.

증법으로 바꾸려는 것인지, 아니면 좀 더 명확하게 말하면 실천적 변증법으로 바꾸려는 것인지 분명하다. 분명히 우리는 〈잘못된 견해〉처럼 엥겔스가 자연변증법을 연구하는 것은 마르크스의 생각에 의해 시간과 에너지가 없는 일을 하는 것이라고 선불리 선언할 수 없다. 필자는 마르크스가 헤겔 철학의 비판적 계승에 대해 크게 두 가지 일을 했다고 제안한 적이 있다. 그 하나는 사변적 변증법을 실천적 변증법으로 변형시키는 것이고, 다른 하나는 절대적 정신의 현상학을 인간의 존재로 변형시키는 현상학이다.[31] 그렇다면 헤겔 변증법에 대한 마르크스의 비판적 계승은 마르크스가 필연적으로 자연변증법을 인정한다는 것을 자명하게 보여주는 것일까? 사실은 정말 〈잘못된 견해〉에서 말하는 것처럼 "마르크스의 이러한 평론 성격의 의견은 자연변증법에 대한 그의 태도를 보여주기에 충분하다고 말할 수 있을까?" 대답은 부정적일 것이다.

일반적으로 자연변증법der Natuerlichen Dialektik이라는 용어를 처음 사용한 것은 칸트로, 그 의미는 인간의 이성적 능력이 본래 가지고 있는 모순과 이율배반 가능성을 말한다.[32] 듀링이 『자연변증법Natürliche Dialektik』을 써서 1865년에 베를린에서 출판하였다. 엥겔스는 자신의 『반듀링론』에서 이 책을 언급한 바가 있다.[33] 관련 학자들의 고증에 따르면, 엥겔스는 단지 "자연변증법Natudialektik"이라는 제목으로 자신의 원고 일부를 명명했을 뿐이고(이 명칭은 오늘날 사람들이 "자연변증법"이라고 부르는 모든 원고를 포괄하지 않는다), 구소련에서 엥겔스가 이 원고를 출판할 때만 'Dialektik der Natur'라는 용어를 사용했기 때문에, 우리는 '자연변증법이라 번역하

---

31 허중화, 「마르크스를 다시 읽기: 가능성과 한계」, 『산둥 사회 과학』, 제11호, 2004.
32 위우진, 「두 가지 다른 자연변증법의 개념인 칸트 철학의 한 이론적 공헌을 논함 - 칸트 철학의 이론적 공헌을 함께 논함」, 『철학 동향』, 제3기, 2003.
33 『마르크스 엥겔스 선집』, 제3권, 중국 인민출판사, 1995, 519쪽.

였다.[34] 말하자면 엥겔스 자신은 'Dialektik der Natur'라는 단어를 쓰지 않았고, 'Natudialektik'이라는 단어만 썼을 뿐 전체 원고의 이름을 붙이지 않았다는 것이다. 그래서 오늘날 우리가 말하는 자연변증법Dialektik der Natur은 엄밀한 의미에서 더 이상 엥겔스가 말하는 자연변증법Natudialektik이 아니다. 그러나 필자는 엥겔스가 자연변증법Dialektik der Natur이라는 이름은 없지만 자연변증법Dialektik der Natur의 내용은 있다고 본다. 이와 관련해 엥겔스가 자연계의 객관적 변증법을 탐구한 원고를 Dialektik der Natur라고 이름 붙인 것은 논리적으로 엥겔스의 본뜻에 어긋나지 않는다. 엥겔스의 원고는 자연계 자체에 내재된 객관적 변증법이라는 것을 논하고 있기 때문이다. 이것은 엥겔스의 문헌에 의해 입증될 수 있는 명백한 사실이다. 이런 점에서 '자연변증법Dialektik der Natur'이라는 이름을 붙여도 엥겔스의 저작 내용을 곡해하지 않는 것이다.

마르크스가 듀링의 '자연의 변증법'에 반대한 것[35]은 그 내용에 반대한 것인가, 아니면 명칭에 반대한 것인가, 또 그것도 아니면 둘 다인 것인가? 마르크스가 동의하지 않은 것이 이 명칭을 포함한다면 엥겔스는 나중에 사람들이 '자연변증법'이라고 부르는 모든 원고를 '자연변증법'이라고 부르지 않았을 것이다. 그러나 엥겔스 원고의 취지에 실질적으로 반하는 것은 아니라는 지적에 주목해야 한다. 마르크스는 엥겔스가 '자연적 변증법'이라는 용어를 사용했다는 것을 알고 있지만, 자신은 긍정적인 의미에서 '자연적 변증법'이라는 용어를 사용한 적이 없다는 점에 주목할 필요가 있다. 마르크스는 프루동에게 보낸 편지(1877년 1월 21일)에서 이렇게 말했다. "트라우베 박사를 만나거든 그에게 진심으로 나의 안부를 전해 주십시오. 아

---

34 저우린둥, 「자연변증법 해독」, 『당대 외국 마르크스주의 평론』, 제2집, 중국 푸단대학교 출판사, 2001, 177쪽.
35 『마르크스 엥겔스 전집』, 제32권, 중국 인민출판사, 1975, 18쪽.

울러 박사가 이미 출판한 저작 목록을 나에게 부쳐달라고 말해 주십시오. 이것은 내 친구 엥겔스에게 매우 중요한데, 엥겔스가 자연 철학에 대한 저작(엥겔스의 『자연변증법』 - 인용자)을 쓰고 있으며, 트라우베의 과학적 업적을 누구보다 많이 지적하려고 합니다."[36]

사실 '자연적 변증법'이라는 용어는 마르크스에 의해 인정되지 않았을 뿐만 아니라 '실천적 변증법'도 마르크스에 의해 사용되지 않았다. 이건 분명한 사실이지만 문제는 우리가 마르크스의 이론적 태도를 판단할 근거가 과연 무엇이어야 하느냐는 점이다. 마르크스의 직접적인 논술 외에 더 중요한 것은 마르크스 사상의 총체적 명분이다. 후자의 기본 좌표에서 벗어나면 우리는 가장 근본적인 판단 기준을 잃게 되어 많은 번거로운 논의와 심지어 일부 모순된 주장 사이에서 어쩔 줄 몰라하며 최소한의 판단력을 잃게 된다. 따라서 '자연변증법'이든 '실천변증법'이든 마르크스는 사용하지 않거나 인정을 표하지는 않았지만, 그 두가지가 마르크스 사상에 대해서는 여전히 무시할 수 없는 차이가 있다. 즉, 마르크스 사상의 내재적 이치에 따라 우리는 어느 것이 마르크스 사상에 수용될 수 있고 어느 것이 마르크스 사상과 상통할 수 있는지 판단할 수 있다. 〈잘못된 견해〉에서는 "아마도 현재 사람들의 입에 오르내리는 '실천적 유물론'의 개념이 마르크스가 인정한 것은 아닐 것이다"라고 했지만, 마르크스는 최소한 '실천적 유물론자'라는 용어를 사용했고, 순수한 형식에 얽매이지 않고 문제를 판단한다면 '실천적 유물론'과 '실천적 유물론자'는 이론적으로 통할 수 있다.

〈잘못된 견해〉의 견해에 따르면 마르크스가 엥겔스의 자연변증법 연구에 긍정적인 반응을 보이지 않는 이유는 마르크스의 엄격함 때문이다. 이것은 아마 성립하기 어려울 것이다. 사실 필자가 보기에 마르크스의 학문

---

36 『마르크스 엥겔스 전집』, 제34권, 중국 인민출판사, 1972, 229쪽.

적 엄격함과는 무관하다. 마르크스가 자연변증법의 세부 사항에 대해 견해를 밝힐 수는 없지만 방향성은 충분한 판단력과 발언권이 있다. 그렇지 않고서야 엥겔스가 마르크스에게 조언을 구하는 것은 상대를 잘못 찾아 무리수를 둔 것 아닌가? 이론적인 분업인 만큼 엥겔스가 이처럼 중대한 한 측면이나 분야를 다루는데 마르크스가 이를 중시하지 않을 이유가 없다. 마르크스는 자연변증법에 대해 연구하지 않았지만(실제로 당시 엥겔스는 구상 단계에 있었다), 구체적인 내용에 대해서는 말할 수 없었지만('엄밀함'에서) 문제를 포착하는 능력이 부족하지 않았다. 만약 자연변증법의 의미가 이렇게 크다면, 마르크스는 왜 그에 걸맞은 적극적인 대응을 하지 못했을까?

〈잘못된 견해〉에서는 다음과 같이 주장한다. "마르크스주의 철학에 있어서 문제의 본질은 마르크스가 자연변증법을 인정하느냐(물론 오늘날 일부 사람들이 인정하느냐)가 아니라 자연변증법의 유무에 있다." 겉으로는 힘이 있는 것처럼 보이지만 치명적인 문제가 있다. 이렇게 되면 마르크스가 자연변증법을 인정하느냐의 문제를 자연변증법 자체가 옳은지 아닌지의 문제로 바꾸게 되기 때문이다. 문제를 직시하기보다는 이전하는 것이다. 마르크스와 엥겔스의 사상적 이동은 옳고 그름에 관한 것이지만 결코 옳고 그름에 관한 것은 아니다. 이 둘을 혼동하는 것은 마르크스와 엥겔스의 관계를 분석하는 데 도움이 되지 않을 뿐만 아니라 이러한 분석을 방해할 수도 있다. 우선 마르크스주의 철학의 첫 번째 창시자조차 인정하지 않는 이론이 있다면 어떻게 마르크스주의 철학으로 귀결될 수 있겠는가? 이것은 논리적으로 넘기 어려운 점이 있다. 따라서 우리는 마르크스가 엥겔스의 연구 성과에 동의하느냐, 그렇지 않느냐가 마르크스주의 철학 연구에 무의미한 가짜 문제라고 무책임하게 생각해선 안 된다. 둘째, 〈잘못된 견해〉는 분명히 '유무'의 문제와 '시비'의 문제를 혼동하고 있으며, 이는 마르크스와 엥겔스 사상의 차이에 대해 논의하는 특정 문맥에서 벗어난다. 옳고 그름의 문제도 중요하지만 마르크스와 엥겔스의 사상을 비교할 때 전제적인 문제는 그들의 차이가 어디에 있는지 알아내는 것이다. 적어도 그런 의미에서 우리는 마르크스와 엥겔스가 자연변증법 문제에서 '차이' 내지 '대립'을 증명하려면 자연변증법의 부재를 증명해 엥겔스의 연구 성과를 뒤집어야 한다고 결코 말할 수 없다. 그렇게 하는 것은 진짜 문제를 가짜 문제로 대체하는 것을 의미하기 때문이다.

엥겔스의 권위가 그 사상에 대한 토론을 거부하는 이유가 될 수 없다

겉으로 보기에 〈잘못된 견해〉는 "서양 학자의 견해에 영향을 받았다"는 것에 대해 혐오감을 갖고 있다. 오랫동안, 특히 일부 사람들에게서 "서양 학자의 관점에 의해 영향을 받는다"는 것은 부정적인 표현이 되었으며, 일단 "서양 학자의 관점에 의해 영향을 받는다"고 선언되면 당신의 관점이나 연구는 필연적으로 터무니없고 틀리고 불명예스러운 것 같아 보이게 된다. 사실 이것은 매우 해로운 당파에 얽매인 편견이다. 우리가 마르크스를 받아들인 것은 그가 서양에서 태어났기 때문이 아니듯이, 우리가 서양 학자들의 관점을 본받은 것도 그것이 서양에서 왔기 때문이 아니라 단지 그것이 일리가 있기 때문이다. 서양 학자들의 관점은 모두 틀리지도 않고 또 그럴 수도 없다. 우리는 과거 '구구절절이 진리'라는 그릇된 논리를 비판한 적이 있지만, '구구절절이 오류'라는 하나의 관점이나 학설도 사실이 아닐지도 모른다. 따라서 우리는 자신감을 충분히 유지하더라도 어떤 면에서 이미 앞서가고 있는 연구와 견해를 차용해 볼 필요가 있다. 하물며 어떤 사람은 남몰래 남의 흉내를 내면서도 그것을 경멸하는 태도를 보이는 사람이 있는데 이는 특히 상식 밖의 일이다.

사실 서양 학자들의 관점은 맹목적으로 숭배하든 맹목적으로 배척하든 모두 해롭다. 〈잘못된 견해〉는 맹목적인 숭배 태도를 비판했지만, 단지 없는 표적에 활을 쏘는 격에 불과하다. 서양 학자의 관점을 인용하는 것이 무조건 맹목적인 숭배를 의미하는 것은 아니며, 우리가 마르크스나 엥겔스의 관점을 인용하는 것이 맹목적인 숭배를 의미하는 것은 아니다. 〈잘못된 견해〉의 지적은 오히려 〈잘못된 견해〉 자체를 맹목적으로 배척하는 태도를 보여 준다. 문제는 이런 태도에 얼마나 많은 근거가 있느냐는 점이다. 〈잘못된 견해〉의 저자는 가짜 노먼 레빈의 결론을 증명하기 위해 얼마나 많은 문헌학과 텍스트 연구를 기반으로 했는가?

〈잘못된 견해〉에서는 다음과 같이 말한다. "엥겔스가 정리하여 출판한 『자본론』제2, 3권은 마르크스가 정리한 것처럼 볼 수 있고 또 봐야 한다. 또 다른 어느 누구도 이 일을 할 수 없다. 사실상 지금까지 이런 작업을 해낼 수 있는 사람은 없다." 이 점을 지적한다고 해서 무슨 문제가 생기는지 의문이다. 엥겔스가 이 일을 '제일 나쁘지 않게' 해도 비판의 여지가 없는 것일까? 『자본론』제2, 3권을 정리하는 일에 있어서 엥겔스와 견줄 만한 사람은 아무도 없다는 것이 엥겔스가 실제 정리작업 과정에서 실질적으로 고치거나 오해하는 것이 존재하는가의 여부는 어떤 필연적인 관계가 있는 것일까? 마르크스의 작품을 정리할 수 있는 가장 자격 있고 능력이 있다고 해서 반드시 어떠한 오해나 실질적인 변화 가능성도 없앨 수 있을까? 이건 참으로 이상한 논리다! 〈잘못된 견해〉는 엥겔스의 자격과 능력을 증명하지만, 그렇다고 해서 엥겔스의 정리가 빈틈없고 무시할 수 없는 변화가 없다는 것을 증명해서는 안 된다. 이것은 완전히 다른 일이다. 『자본론』유고를 정리하는 문제에서 엥겔스에 필적할 만한 사람이 없다는 것을 확인시켜 주는 것은 엥겔스가 정리 과정에서 마르크스의 원래 뜻을 자각하거나 무의식적으로 마르크스의 원래 의도를 바꾸었다는 판단을 내리는 데 조금도 방해가 되지 않는다. 전자는 후자에 대한 위조를 증명해내는 효과가 없다. 오히려 〈잘못된 견해〉가 억지로 이 둘을 엮어 놓았는데,

도대체 무엇을 설명하려는 것일까?

한발 물러나서 설령 마르크스가 엥겔스의 '능력'과 '자격'을 가장 충분히 신뢰한다 하더라도 이는 엥겔스의 작업이 달성한 객관적 효과와 별개이며, 더구나 마르크스는 『자본론』의 정리 문제에서 엥겔스를 포함한 누구라도 이 일에 적합한지에 대해 유보적이었던 것으로 증명된다. 예를 들어 마르크스는 엥겔스에게 보낸 편지(1866년 2월 13일)에서 솔직하고 명확하게 강조하고 있다. "원고는 완성됐지만, 현재 방대한 분량으로 나 외에는 당신을 포함한 그 누구도 편찬·출판할 수 없다."[37] 이것으로 판단해 보자면, 마르크스의 『자본론』 제2, 3권을 엥겔스가 정리·출간한 것은 어쩔 수 없이 뒤로 물러서서 차선책을 강구한 것이라는 판단이다. 사실 엥겔스 자신도 마르크스만이 진정으로 정치 경제학 비판의 임무를 맡을 수 있다는 것을 인정하면서 "마르크스만이 모든 경제 범주의 변증법적 발전을 탐구할 수 있고, 그들의 발전 동인과 이러한 동인을 제약하는 요소를 연결시켜 완전한 경제과학의 이론 빌딩을 세울 수 있다"고 말했다.[38] 아이러니하게도 〈잘못된 견해〉는 마르크스의 위 구절을 인용했지만, 작가 자신에게 불리한 뜻은 조금도 발견하지 못했다. 어떤 선입견을 갖고 있으면 충분한 문헌 자료가 있어도 교정 작용을 상실한다는 판단을 다시 한번 확인시켜 준다.

〈잘못된 견해〉에서는 다음과 같이 주장한다. "마르크스의 미완성 『자본론』의 정리·출판에 대해 그 두 사람 외에는 누구도 그 정리·출판의 내용과 형식에 간섭할 권리가 없으며, 레빈을 포함한 다른 사람들의 비난과 품위를 전혀 필요로 하지 않는다." 엥겔스가 '능력'과 '자격'을 내세우는

---

37 『마르크스 엥겔스 전집』, 제31권, 중국 인민출판사, 1972, 181쪽.
38 폴 라파그 등 지음, 마지 번역, 『마르크스 엥겔스를 회상한다』, 중국 인민출판사, 1973, 26-27쪽.

것 외에는 누구도 입에 담을 수 없다는 뜻이다. 사실 여기서 오류는 엥겔스가 『자본론』을 정리할 수 있는 가장 자격과 능력이 있는지는 별개의 문제이고, 엥겔스의 정리 작업을 논평할 수 있는 후대의 자격과 권리는 또 다른 문제라는 것이다. 흥미로운 점은 마르크스와 엥겔스 이외의 누구도 『자본론』 정리 작업의 '자격'에 대해 논평하는 것을 거부한 뒤 레닌의 평가를 인용하며 자신의 견해를 변호했다는 점이다. 이 사실은 〈잘못된 견해〉의 저자가 사람들의 논평을 진정으로 거부하는 것이 아니라 단지 논평이 자신의 입맛에 맞느냐가 관건임을 보여 준다. 자신에게 유리하면 논평할 수 있고, 자신에게 불리하면 논평할 수 없다는 이런 이중 잣대가 바로 〈잘못된 견해〉의 논리적 일관성을 저해하는 것이다.

연구에서 추론 방법의 합법성과 필요성

〈잘못된 견해〉에서는 "역사는 마르크스-엥겔스 관계에 대해 의심의 여지가 없는 결론을 내렸다"고 선언했다. 필자가 보기에 이는 〈잘못된 견해〉의 저자가 '역사'를 대신해 '결론'을 내린 것에 불과하다. 역사가 토론을 거부한 것일까? 아니면 〈잘못된 견해〉의 저자가 마르크스와 엥겔스 사이의 관계에 대해 토론을 거부한 것일까? 거절 이유는 또 정당한가? 아마 더 검토할 가치가 있을 것이다. 그런 선언으로 남의 입을 막으려는 것은 너무 독단적이다.

〈잘못된 견해〉에서는 마르크스가 엥겔스와의 교신에서 엥겔스의 아낌없는 경제적 지원에 대한 감사의 마음을 여러 차례 표현했다는 증거로 엥겔스의 경제적 도움에 대한 고마움을 참을성 있게 인용했다. 하지만 그게 무슨 설명이 될 수 있겠는가? 마르크스의 엥겔스 의존도가 얼마나 강한지 더욱 입증할 수밖에 없다. 마르크스는 평생 프로메테우스적 구원자이자 순교자 역할을 해왔고, 물질적 유혹과 세속적 행복을 일절 거부했지만, 그로 인해 경제적 의존성과 참을 수 없는 부담을 안게 됐다. 이런 각별한 의존성을 어떻게 그의 거절로 비유할 수 있겠는가? 만약 인간의 사회적 존재가 인간의 사회적 의식을 결정한다는 기본 논리가 마르크스 개인에게 작용하지 않는다면, 이는 마르크스 철학의 기본 계획을 위조했다는 것을 증명한다.

마르크스가 보통 사람의 일면을 가지고 있다는 것을 인정하는 것은 결코 마르크스를 비하하거나 저속하게 만드는 것이 아니라 오히려 마르크스와 그의 사상을 보다 진실하게 이해하기 위한 전제이다. 마르크스를 신격화하는 그런 방법은 정말로 우리가 그 사상을 정확히 파악하고 이해하는 것을 방해한다. 사실 마르크스의 평범함을 직시하는 것은 자신의 정체성과도 부합한다. 마르크스는 딸의 질문에 "사람이 가진 것은 내가 다 갖고 있다." 마르크스가 신이 아니라 결점이 있는 위인이었음을 보여주는 좋은 사례. 소련의 저명한 마르크스 문헌학자 량차노프는 "아무리 한 사람이 주위 사람보다 높더라도 그는 주위 사람과 천 갈래 만 갈래로 연결되어 있다. 사람은 매우 어렵고 심지어 자신을 '평범한 사람'에서 완전히 벗어나게 하는 것은 거의 불가능하다. 마르크스도 이런 운명을 겪지 않을 수 없었다"고 말했다.[39] 량차노프의 이 말이 더 진실하고, 따라서 마르크스의 현실과도 부합한다고 본다. 메를린도 "마르크스는 신도 아니고 반신도 아니며 교황과 같은 무오류도 아니다"라고 말했다. 이것은 마르크스의 처세와 이론 구축에 모두 적용된다. 마르크스를 바라보는 이러한 태도야말로 우리가 마르크스를 개인으로서 인간과 그 사상적 맥락과 사상적 면모를 보다 정확하게 이해하는 데 진정으로 도움이 될 것이다. 반대로 마르크스

---

39 량차노프, 「칼 마르크스의 고백」, 『말레아 저서 편찬 자료』, 제10집, 중국 인민출판사, 1980, 60쪽.

를 신격화하는 태도는 바로 이런 방식의 이해를 방해한다. 마르크스를 지나치게 완벽화하려는 과거의 경향에 대해 냉철하고 객관적인 자세가 필요한 시점이다.

연구 방법의 적절성에 대해 여기서 몇 마디 더 말하지 않을 수 없다.

<잘못된 견해>에서 반복적으로 지적된 '추측' 또는 '추론'은 연구 과정에서 합법성과 필요성이 있는가? 필자는 항상 추측이 연구의 필수 불가결한 수단이라고 생각한다. 그것은 사실의 부족함을 보완할 수 있을 뿐만 아니라, 설령 사실이 충분하더라도 경험적 사실 자체가 결코 해결할 수 없는 어려움, 즉 사실과 증거를 뛰어넘는 연결을 만드는 문제이다. 핵심은 사람들이 추측한 것이 공개된 사실과 일치하는지, 논리적인지, 마르크스 텍스트가 형성한 전체 문맥의 기본 맥락과 일치하는지 여부이다. 마르크스와 엥겔스의 비교 연구에 있어서, 그들 사이의 교제의 모든 세부 사항을 재건하는 것은 불가능하지만 필요하다. 왜냐하면 그것은 우리가 그들의 관계를 적절하게 이해하는 데 없어서는 안 될 조건이기 때문이다. 그러나 안타깝게도 마르크스와 엥겔스 간의 교신은 "이 편지들은 엥겔스가 사망한 이후 가족이나 친구들에게 어려움을 줄 수 있는 어떤 편지(예: 프레데릭 데무트 관련 편지)도 모두 상세한 선별 과정을 거쳤다"는 운명을 맞았다. 그래서 현재 남아 있는 마르크스와 엥겔스 사이의 교신은 둘 사이의 따뜻한 우정을 보여 준다.[40] 하물며 설령 편지가 증거라고 하더라도, 우리는 다른 방면에 근거하여 그것이 표현하는 내용의 진위성과 신빙성을 자세히 분석할 필요가 있다. '추측'을 거부하면 어떻게 가능한 해명을 할 수 있겠는가? 연구에서 '실증'은 '추측'을 대체할 수 없다. 실증의 범위 내에서 '증거가 있는 만큼만 말한다'는 원칙을 견지해야 한다. 그러나 증거가 문제를 해결할

---

40 데이비드 맥클렐런 지음, 왕전 옮김, 『칼 마르크스전』, 중국 인민대학교 출판사, 2005, 252쪽.

수 없을 때 합리적인 추론은 없어서는 안될 필수적인 보충이 된다.

엥겔스는 마르크스의 유작에 대해 어떤 오독誤讀이 있었는가?

〈잘못된 견해〉의 논리에 따르면 제2의 마르크스가 되지 않는 한 마르크스의 사상을 설명하거나 논평할 자격이 없다. 이 논리를 극단으로 치닫게 한다면 마르크스 자신만이 진정으로 마르크스를 말할 자격이 있고, 엥겔스 자신만이 진정으로 엥겔스를 말할 자격이 있는 '고수'도 아닌 우리 같은 어설픈 자들(절대 진실)은 마르크스에 대해서도, 엥겔스에 대해서도 전혀 입에 담지 못할 것이다. 마르크스주의 철학을 타인이 해석하고 연구할 가능성과 합법성을 사실상 없애는 셈이다. 사람들에게 먼저 '마르크스'가 된 다음 '마르크스'에 대해 이야기하라고 요구하는 것은 의심할 여지 없이 지나치고 부당한 가혹한 요구이다. 그것은 해석 활동에서 다른 기대 시야의 합법성 권리인 해석학적 가능성을 무시한다. 우리는 자신이 결코 지혜로운 사람이 아니라는 것을 충분히 알고 있지만, 어리석은 자가 온갖 생각을 해도 하나라도 얻는 것이 있을 수 있다. 그런 소박한 신념에 바탕을 두고 마르크스 철학의 문제를 천박하고 용기 있게 논할 수 있는 것이다. 단지 그럴 뿐이다. 〈잘못된 견해〉의 논리에 따르면 '기껏해야 고수'인 엥겔스가 '천재'인 마르크스의 사상을 권위 있게 설명할 수 있다고 믿을 이유가 있겠는가? 〈잘못된 견해〉의 주장처럼 『자본론』제2, 3권을 정리·출간할 자격과 능력이 있는 사람은 엥겔스뿐"이란 말인가?

〈잘못된 견해〉에서 언급했듯이, 엥겔스는 마르크스의『포이어바흐에 관한 요강』을 자신의 저서『루드비히 포이어바흐와 독일 고전 철학의 종말』의 부록으로 가장 먼저 발표했지만, 이 사실은 반드시 엥겔스가『요강』의 진정한 의도와 기본 방향을 충분히 이해했다는 것을 의미하지는 않으며, 반드시 엥겔스와 마르크스 사이에 사상적 오해가 없다는 것을 의미하지는 않는다. 오히려 엥겔스가 마르크스의 요강을 오해하고 있다는 것을 더 잘 설명할 수밖에 없다. 이는 또 다른 일로 어떤 증거를 얻을 수 있는데, 즉 마르크스 사후 엥겔스가 『독일 이데올로기』의 '포이어바흐' 장에 붙인 제목 '1. 포이어바흐. 유물론 관점과 유심론 관점의 대립'이다.

'MEGA2' 고증에 따르면, 엥겔스의 이 필적은 1883년 이후에 쓴 것이다.[41] 『마르크스 엥겔스 선집』의 중국어본 제2판 해제에서 "이 장은 원고에서 원래 제목은 <1. 포이어바흐>였다. 원고 제1장 끝에는 엥겔스의 필적으로 <1. 포이어바흐. 유물론적 관점과 유심론적 관점의 대립>으로 되어 있다. 이는 엥겔스가 마르크스 사후인 1883년 마르크스의 유고를 정리하고 『독일 이데올로기』 원고를 다시 읽으면서 원래 제목에 대한 구체적인 설명한 것이 분명하다"고 설명했다.[42] 그러나 실질적인 의미는 엥겔스가 유물론적 관점과 유심론적 관점의 대립이라는 제목으로 이 장의 취지를 요약한 것은 앞뒤가 맞지 않는다는 것이다. 그것은 엥겔스가 마르크스 철학의 깊은 의도를 진정으로 이해하지 못했음을 보여 준다. 이 오해는 이미 마르크스의 <요강>에 대한 엥겔스의 오해를 선행적으로 예시하였다. '포이어바흐' 장 전체가 이 원초적 범주의 실천에 기초한 유물론과 유심론의 극복과 초월을 강조하기 때문에, 이와 관련하여 <포이어바흐에 관한 개요>와 기본적 시야와 이론적 취향이 일관된다. 그것은 결코 유물론과 유심론의 대립을 강화하는 것이 아니라, 그것을 해소하고 뛰어넘는 것이다. 엥겔스가 『독일 이데올로기』 <포이어바흐> 장의 기본 취지에 대한 오해는 『루트비히 포이어바흐와 독일 철학의 종말』 1888년 단행본 서문에

●

41 히로마츠 와타루 편주, 펑시 옮김, 『문헌학적 문맥에서의 독일 이데올로기』, 중국 난징대학교 출판사, 2005, 173쪽.
42 『마르크스 엥겔스 선집』, 제1권, 중국 인민출판사, 1995, 789쪽.

서 이 책을 쓰고 출판하게 된 동기를 언급하면서 엥겔스가 『독일 이데올로기』〈포이어바흐〉 장을 언급하면서도 포이어바흐 학설 자체에 대한 비판이 결여돼 있다고 생각하였다.[43] 엥겔스가 마르크스가 죽은 뒤 포이어바흐를 청산하고 책을 한 권 써야 했던 이유 중 하나다. 솔직히 말해서 마르크스가 포이어바흐를 비판하는 임무를 완수하지 못했다고 엥겔스가 판단한 것이다. 문제는 이것이 과연 사실인가 하는 점이다. 대답은 부정적일 것이다. 사실 『독일 이데올로기』의 이 장은 포이어바흐 철학에 대해 매우 비판적이며 적어도 기본 원칙과 많은 주요 측면에서 마르크스와 포이어바흐의 사상적 본질적 차이를 명확히 했습니다.

〈잘못된 견해〉에서는 "엥겔스를 이해하지 않고는 마르크스를 이해할 수 없다"고 말한다. 지극히 제한된 의미에서만 옳은 말이다. 그러나 마르크스와 엥겔스를 혼동해서는 안 된다는 조건 중 하나였다. 따라서 마르크스와 엥겔스의 사상적 차이를 이해하지 못하면 마르크스를 진정으로 이해할 수 없다는 다른 주장도 진실이다. 필자는 마르크스를 엥겔스화하거나 반대로 엥겔스를 마르크스화하면 그 결과는 숨길 수밖에 없고 겉으로 드러나지 않을 것이라고 생각한다. 엥겔스를 마르크스화함으로써 사실상 엥겔스 사상의 독립적 의미와 가치를 해소하고, 따라서 엥겔스 사상의 중개 역할을 없앴는데, 어찌 엥겔스를 통해 마르크스를 이해하겠는가? 마르크스를 엥겔스화한다는 것은 '천재'를 '고수'(엥겔스 자신의 자리매김에 따르면)로 떨어뜨린다는 뜻인데, 인위적으로 가림막을 만드는 것 아닌가? 마르크스와 엥겔스의 사상을 객관적으로 비교·연구한 것은 바로 마르크스와 엥겔스 사이의 상호 참조 관계를 존중하고 직시하기 위함이다. 그들의 사상적 차이와 연관성을 면밀히 분석하고 분별하는 것은 엥겔스로 돌아가 마

---

43 『마르크스 엥겔스 선집』, 제4권, 중국 인민출판사, 1995, 212쪽.

르크스를 이해하는 데 없어서는 안 될 단계였다. 어찌 "엥겔스를 우회하거나 따돌리려 한다"고 할 수 있겠는가? 엥겔스를 이해함으로써 마르크스를 더 깊이 이해하고 엥겔스 사상과 마르크스 사상과의 관계(둘 사이의 차이 내지 차이 포함)를 냉정하고 객관적으로 분석하고 보는 것을 조금도 거부하지 않는다는 것을 알아야 한다. 마르크스와 엥겔스의 사상에는 무시할 수 없는 차이가 없다고 보아야만 엥겔스를 우회하거나 제쳐놓지 않는 것이 아닐까? 만약 그렇다면 적어도 두 가지 위험이 있는데, 하나는 증명해야 할 결론을 전제로 사용하는 것이고, 마르크스와 엥겔스가 사상적으로 이질성이 있는지 여부는 연구의 결과일 뿐 연구의 전제로서 선험적으로 단언할 수 없다는 것이다. 다른 하나는 엥겔스를 떠나거나 떠나서는 안 된다는 조건이 붙으면 연구의 원칙으로서 선행적으로 유효할 자격이 없다는 것이다.

〈잘못된 견해〉에서는 다음가 같이 말한다. "우리가 마르크스 사상으로 엥겔스 사상의 '차이'나 '격차'를 판단한다고 맹세를 하고 있을 때, 어찌 논리의 관점이 완전히 마르크스의 본래의 사상이라고 자신할 수 있겠는가?" 이 질문은 '완전히 마르크스의 본연의 사상'이라고 미리 약속하지 않으면 마르크스 사상에 대한 언급과 다른 사람들의 사상과의 비교의 합법성에 대한 언급이 없다는 것을 암시하는 것 같다. 사실 마르크스 사상에 대한 우리의 어떠한 담론도 하나의 해석일 뿐, 다른 해석 사이의 차이는 단지 고명성 여부에 있을 뿐(이것은 논쟁을 통해서만 사후에 비로소 밝혀질 수 있다), 마르크스의 진정한 사상인지 아닌지에 있지 않다. 이렇게 문제를 제기하는 것은 적절치 않기 때문이다. 마르크스에 비해 모든 후발 주자는 해석자 자격만 있을 뿐, 누구의 해석을 마르크스의 원래 사상이라고 단정할 수 있는 선험적 우월성이나 특권도 없고, 자신의 해석을 마르크스의 원래 사상이라고 장담할 수 있는 사람도 없다. 이에 관한 한 어떤 해석도 평등하다. '자신감'에 대해 말하자면, 적어도 모든 진실한 해석자는 자신이 말하는 것이 마르크스의 본뜻에 부합한다고 믿는다. 그러나 이 역시 '믿음'의 문제일 수밖에 없으며, 특히 사전적으로는 더욱 그렇다.

12

'마르크스와 엥겔스 간의 문제'는
어떻게 취급하여야 할 것인가?

양잉楊楹과 저우스싱周世興은 그들의 논문, 즉 「마르크스 · 엥겔스 사상의 '이질적 격차론'의 실질에 대한 추궁: 허중화의 역비판에 대한 비판」(이하는 모두 「실질」로 약칭됨)에서[1] '마르크스와 엥겔스 간의 문제'에 관한 필자의 관점과 변호를 재반박하였다. 필자는 그 논문을 읽은 후 해당 문제에 대해 재토론을 할 필요가 있다고 생각한다. 우선적으로 성명해야 할 것은 죄를 함부로 덮어씌우기를 좋아하는 그러한 방법은 결코 엄숙한 학술적 토론이 아니며, 동기의 악함을 규탄한 토론도 진실한 비판과 무관하다는 것이다. 이러한 학술 외의 공부는 학술에 확실한 도움이 되지 않기 때문에 끝장에 가도 될 것이다. 진정하게 유익한 토론은 사실에 근거하여 평등한 대화를 바탕으로 하는 것이다. 「실질」이 어떤 학술과 관련된 문제에 연관된 것을 고려하여 필자는 그것에 대답하여 시비를 규명하고자 한다.

'마르크스와 엥겔스 간의 문제'는 도대체 어떤 성질의 문제인가?

'실질'이 「실질」에서 강조된 이상 필자도 이러한 문제를 토론하고자 한다. 필자가 주장하였던 "마르크스 · 엥겔스 사상의 '이질적 격차론'의 실질"은 '마르크스를 재독하는' 과정에서 필연적으로 부닥친 문제라고 생각한다. 즉, '마르크스와 엥겔스 간의 문제'에 관한 이전의 다양한 잘못된 이해를 해명하고 교정함으로써 마르크스와 엥겔스의 것을 마르크스와 엥겔스에 각각 귀속하게 되며, 양자 사상의 본질성을 회복시킨다는 것이다. 이는 '마르크스를 재독하는' 적극적 · 건설적 노력과 시도이다. 이러한 차원의

---

[1] 양잉 · 저우스싱, 「마르크스 · 엥겔스 사상의 '이질적 격차론'의 실질에 대한 추궁: 허중화의 역비판에 대한 비판」, 『장쑤 사회 과학』, 제5호, 2008.

연구는 서양 마르크스주의와 마르크스학의 해당 성과의 영향을 받은 것이 물론이지만 외적 자원과 조건으로서만 작용된다. 그 문제는 본연적으로 존재하고 결코 조작하거나 악의적으로 투기한 결과가 아니며, 인위적으로 만들어낸 근거 없는 가짜 문제도 아니다. 그러므로 그것은 「실질」이 언급한 것, 즉 "변형된 서양 마르크스학의 '마르크스와 엥겔스의 대립론'이나 변종된 기본적 방법은 '실천 존재론'인 '실천적 유물론'을 기준으로 하여 엥겔스를 포이어바흐식으로 시킴으로써 이른바 마르크스 사상과 엥겔스 사상 간의 '실질적 격차'를 마르크스의 '실천적 유물론'과 엥겔스의 '포이어바흐의 구유물론' 간의 본질적 차별과 구분으로 귀결하였다는 것과 다르다. 사실 필자는 마르크스와 엥겔스의 사상이 다르다고 선험적으로 이해한 후 그것들의 이른바 이질성을 선입견으로 판정하지 않았다. 필자는 "마르크스와 엥겔스 간의 사상이 이질성이 있는가라는 것은 연구의 결과뿐이고 연구의 전제로서 선험적으로 단언할 수 없다"고 분명히 지적하였다.[2] 그뿐만 아니라 필자도 이에 대한 고찰과 토론을 선행적으로 한 바 있다.[3] 그러므로 필자는 마르크스와 엥겔스 간의 사상이 이질적 차별을 가졌다고 인정하였을 때 「실질」에서 언급한 것, 즉 추상적 원칙에서 자기의 판단을 내렸다는 것과는 달리 마르크스와 엥겔스의 저서와 표현한 사상의 실제에 따라 결론을 내렸다.

필자는 우리가 토론하였던 '마르크스와 엥겔스 간의 문제'가 「실질」에서 '근거 없는' 문제로 간주되었다는 것이 도저히 성립하기 어렵다고 생각한다. 그것은 적어도 필자가 책을 읽은 경험과 감상에 부합하지 않았기 때문이다. 이러한 문제는 필자에게 근거 없는 문제가 아닌 절실한 문제라고 할 수 있다. 그것의 발생뿐만 아니라 자각적 제기, 탐구 및 사고도 이

---

2   허중화, 「그릇된 견해인가? 진실인가?: 비난에 대한 반응」, 『현대 철학』, 제3호, 2008.
3   허중화, 「마르크스와 엥겔스 간의 사상의 몇 가지 차이」, 『동악 논총』, 제3호, 2004.

와 같다. 필자는 조기에 마르크스와 엥겔스의 저서를 읽었을 때 이러한 의혹을 품었다. 즉, 그들의 사상 간의 관계는 마르크스주의 철학의 원리와 마르크스주의 철학사 교과서가 제시하였던 것과 완전히 일치하지 않는다는 것이다. 문제가 가장 이르게 일어난 것은 필자가 책을 읽은 후의 이해로 인한 것이다. 그 당시 서양 마르크스학과 서양 마르크스주의의 해당 사상을 잘 몰랐다. 사실을 용감하게 직시하여야 경험자마다 유사한 느낌이 있을 것이라고 믿는다. 우리는 '앵무새가 말을 흉내내는 것'과 같이 남의 뒤에서 마르크스 사상은 바로 '실천적 유물론'이고 엥겔스 사상은 바로 '구유물론'이라고 독단적으로 '선포'하지 않았다. 양자가 이질적 격차가 있기 때문이다. 반면에 우리는 마르크스와 엥겔스의 저서 자체가 포함한 다양한 성향과 표현한 사상에 따라 판단을 내렸다. '마르크스와 엥겔스 간의 문제'는 우리에게 이른바 '원인'이 바로 "마르크스를 재독한다는 것"이며, 이른바 '근거'가 마르크스와 엥겔스의 저서라고 할 수 있다. 인정해야 하고 부정할 수 없는 것은 '마르크스와 엥겔스 간의 문제'에 대한 우리의 이해가 서양 마르크스주의와 마르크스학이 제공하였던 사상적 자원에서 다양한 차원의 입증을 받았으며, 우리는 자기의 해당 관점을 형성할 때 그것들의 영향을 다소 받았다는 것이다.

물론 마르크스가 『신성 가족』에서 청산한 직접적 대상은 '브루노 바우어Bruno Bauer와 친구들'을 의심할 바 없다. 이는 그것의 제목에서 분명하게 보일 수 있다. 필자는 마르크스가 이 저서에서 표현한 사상이 포이어바흐 철학과 이미 원칙적으로 불일치하였다고 언급한 적만 있으나 이 저서가 포이어바흐를 겨냥한 것이라고 언급한 적이 없다. 원칙적으로 말하면 바우어 등이 주장하였던 인간의 문제에 대한 마르크스의 비판도 포이어바흐 철학에 적용된다고 할 수 있기 때문이다. 엥겔스가 언급하였던 마르크스가 『신성 가족』에서 '시작한' 이른바 "포이어바흐를 초월하여 그의 관점을 발전시키는 일"은 도대체 포이어바흐의 일(『실질』에서 나타난 것처럼)

을 "계속할 것인가?" 아니면 실질적으로 포이어바흐를 "떠날 것인가?"라는 것이다. 포이어바흐는 가장 대표적 구유물론적 사상가로서 그의 입장에서 어디까지 갈 수 있을까? 다시 말하면 그가 '완성해야 하나 끝내지 못한' 일은 도대체 무엇일까? 지적해야 할 것은 우리가 결코 포이어바흐에게 그의 사상적인 한계성을 초월하는 가혹한 요구를 제기할 수 없다는 것이다. 그러므로 포이어바흐 철학에 대한 마르크스의 지양은 포이어바흐가 '완성해야 할' 임무로 간주할 수 없다. 바로 이러한 의미에서 필자는 포이어바흐에 대한 마르크스의 '초월'이 사상적 '연속'이 아닌 '혁명'이라고 생각한다.

실천을 중요시한다는 것은 기필코 실천적 유물론자를 의미하지 않음

청년 엥겔스가 정치 경제학을 연구하거나 공산주의에 관한 글을 발표한다는 것은 그가 이미 새로운 철학의 원칙을 확립하였음을 의미하지 않는다. 이는 문제의 정곡이다. 청년 마르크스는 자기의 철학을 창립하였을 때 조기의 엥겔스 저서와 사상에서 시사점을 틀림없이 받았으나 이 사실은 전혀 마르크스가 '제1 바이올린 연주자'라는 역할을 맡는 데 방해가 되지 않았다. 영국 학자인 카버Terrell Carver는 "이러한 방법(청년 엥겔스가 『정치 경제학 비판 요강』에서 경험적 사실에 착안한 방법)은 바로 엥겔스가 앞당겨 사용하였던 선결적 조건이라는 마르크스의 '새로운' 유물론, 즉 현실적 개인, 그들의 활동 및 그들의 물질적 생활 조건의 기본적 원리"라고 주장하였다.[4] 카버의 관점에 따르면 엥겔스는 마르크스 '변증법적 유물론'의 특유

---

[4] 테렐 카버 지음, 장하이보·왕구이셴 외 옮김, 『마르크스와 엥겔스: 학술 사상의 관계』, 중국 인민대학교 출판사, 2008, 47쪽.

한 방법을 "앞당겨 사용하였다." 이는 사실(엥겔스는 경제 현상를 관찰하는 데 마르크스보다 앞섰다는 것)에 부합하는지를 따지지 않고 엥겔스는 필경 마르크스처럼 철학에서 인간의 감성적 활동을 '제1 원칙'으로 인정하였으나 확인하지 않았다. 만약 이러한 문제에서 엥겔스가 자발적이라고 한다면 마르크스는 자각적이라고 할 수 있다. 이러한 차별은 카버에게 무시를 당하였기 때문에 그가 이러한 사실, 즉 "엥겔스가 가는 길은 마르크스에게 매우 중요한 방법론적 의미를 지녔으나 이상한 것은 엥겔스가 다시 가는 길이 아니라고 할 수 있다는 것"을[5] 이해하기가 어렵다는 것을 초래하였다. 이는 마침 엥겔스의 자발성으로 해석될 수 있다. 겉으로 볼 때 이는 완전히 분업의 결과로 이해될 수 있다. 그러나 만약 이러한 방법론이 전제적이고 본질적 의미를 지닌다면 아무리 분업하고 어떤 연구 분야에 관련된다고 하더라도 마르크스와 엥겔스가 공동 연구하는 기초로서의 공유한 이러한 방법론적 원칙은 버릴 수 없을 것이다. 카버는 마르크스와 엥겔스 간의 더 전제적 차별에 유의하지 못하였다. 즉, 마르크스는 실천을 궁극적인 원초적 범주로 한 철학적 가설 차원에서 기초를 자각적으로 다졌다는 뛰어나고 원초적 일에 종사하였으나 엥겔스는 이러한 일을 분명히 하지 않았다는 것이다. 카버가 지적하였듯이 "마르크스에게 가장 재미있는 일은 그러한 활동(엥겔스가 영국에서 하였던 실천 활동)"은 신문, 잡지 및 공업 조사뿐만 아니라 이론적 기획, 즉 『국민 경제학 비판 요강』도 포함하였다는 것이다. 그것은 그 당시 마르크스의 성취를 완전히 초월하였던 문학적 지식과 분석 기능을 표현하였다.[6] 엥겔스가 마르크스를 앞세웠다는 것은 도대체 어떤 의미에서 성립되었을까? 필자는 이는 철학의 존재론적 정초가 아닌 구체적 연구 차원에서 성립되었다고 생각한다.

---

5   앞의 책, 47쪽.
6   위의 책, 50쪽.

「실질」에 의하면 '실천적 유물론'을 '실천 존재론'으로 이해한다는 것은 잘못된 것으로 여겨졌다. 이러한 '해석'은 '존재론의 형이상학적 사상'의 산물로 선포되었다. '해석'이라고 한 이상 마르크스와 다른 서술로 전개되어야 한다. 만약 마르크스의 기존 견해를 반복할 수밖에 없다면 해석자는 입을 다물어야 하고 아무런 연구와 해석도 쓸데없어질 것이다. 사실 문제의 관건은 새로운 견해를 사용한 것이 아니고 새로운 견해가 마르크스 사상의 내재적 정신에 부합하는가에 달려 있다.

「실질」에서는 '실천적 유물론자'가 이른바 '사변적이고 이론적 유물론자'로 추측되었다. 전자와 후자는 대칭된 것 같다. 그 근거는 무엇일까? 사실 마르크스는 "실제로 모든 문제들은 실천적 유물론자, 즉 공산주의자에게 현존한 세계를 혁명화시켜 실제로 현존한 사물을 반대하고 바꾸는 데 있다"고 매우 분명하게 지적하였다.[7] 마르크스가 얘기하였던 '실천적 유물론자'는 "현존한 세계를 혁명화시켜 실제로 현존한 사물을 반대하고 바꾸는 데 힘쓴다"는 것을 보면 그가 부정한 것은 바로 그러한 '감성적 세계에 대한 직관'을 특징으로 한 세계를 '감성적 활동'이 아닌 '감성적 대상'으로 이해한 포이어바흐의 구유물론임을 알 수 있다. 바로 이러한 유물론은 "존재한 사실에 대한 정확한 이해를 확립하기만 바랐으나 진정한 공산주의자의 임무는 이렇게 존재한 것을 전복한다는 것이기 때문이다."[8] 이는 마르크스가 『요강』에서 주장하였던 "철학자들은 다양한 방식으로 세계를 해석하였으나 문제는 세계를 바꾼다"는 것과[9] 완전히 일치한다. 만약 이러한 근본적 취지는 존재론적 차원에서 긍정되지 못한다면 포이어바흐의 구유물론적 잘못을 '선포하는데'에 국한될 수밖에 없으며, 그것을 진정하게 반

---

7 『마르크스 엥겔스 선집』, 제1권, 중국 인민출판사, 1995, 75쪽.
8 위의 책, 96~97쪽.
9 위의 책, 57쪽.

박하지도 초월하지도 못할 것이다. 엥겔스가 『종말』에서 헤겔 철학에 대한 청산을 언급하였듯이 "철학을 간단히 선포한 것이 잘못되었으며, 또한 이러한 철학을 제압하지도 못하였다."[10] 「실질」이라도 다음과 같이 인정하였다. 즉, "사실 실천이 마르크스주의 철학에서 차지한 기초적 지위와 역할을 인식하고 세계를 관찰하기 위해 실천적 사유의 확립을 강조하고 마르크스 철학의 실질이 세계를 해석하지 않고 바꾸는 데 있다는 것을 강조한 것은 완전히 올바르다. 이 역시 30년 동안 중국의 마르크스주의 철학 연구가 얻었던 가장 중요한 성과이다." 만약 이러한 '완전히 올바른' 입장은 자각적 철학 원칙으로서 확립되지 못한다면 여전히 개인적 선호 범주와 임의적 성질을 초월할 수 있을 것이다. 실천의 '기초적 지위'를 인정하고 실천적 차원에서 '세계를 관찰하였다면' 철학적 의미에서 실천의 궁극적인 원초적 지위를 존재론적 차원에서 확인하지 않았던 것은 어찌 논리적 보장을 획득할 수 있는가? 실천 존재론적 약속이 없었다면 이른바 실천의 '기초적 지위', 즉 "세계를 관찰하기 위해 실천적 사유를 확립한다는 것", "마르크스 철학의 실질이 세계를 해석하지 않고 바꾼다는 것" 등은 신기루나 공수표로 되지 않았을까? 그렇다면 유심론적 도전에 어떻게 유효하게 대응하고 구유물론의 치명적 결함을 어떻게 효과적으로 극복할 수 있을까? 일정한 의미에서 마르크스의 진정한 공헌은 실천으로 돌아가는 것뿐만 아니라 이 점을 철학의 '제1 원칙'으로 자각적으로 확인하여 존재론적 차원에서 실천의 궁극적인 원초성을 인정하였던 것도 더 심각하다고 할 수 있다.

    심지어 우리는 엥겔스의 초기 저서에서 영국 사회주의자가 실천을 중요시하였다는 많은 논술들을 찾아낼 수 있다. 그러나 이는 영국 사회주의

---

10 『마르크스 엥겔스 선집』, 제4권, 중국 인민출판사, 1995, 223쪽.

자가 바로 실천적 유물론자인 것을 설명하지 못하고 엥겔스가 그들을 인정하였기 때문에 실천적 유물론적 입장을 지녔다는 점도 증명하지 못하였다. 엥겔스는 『런던에서 온 편지』에서 "사회주의자 중 이론가도 있거나 공산주의자라고 불렀던 더 할 나위 없는 무신론자와 같으며, 공산주의자는 실천적 무신론자라고 불렀다"고 언급하였다.[11] 사실 엥겔스는 영국의 사회주의자와 프랑스의 사회주의자 간의 특징을 비교하였을 때 이러한 말을 하였다. 그는 시작하자마자 "영국의 사회주의자가 프랑스의 사회주의자보다 더 원칙적이고 실질적"이라고 지적하였으며,[12] 또한 전자가 "사물을 판단하는 데 방법이 매우 좋고, 즉 그들은 경험과 확실한 사실을 근거로 모든 문제를 판단하였다는 것"이라고 주장하였다.[13] 이른바 '실천적 무신론자'는 바로 이러한 뜻을 가리킨다. "진정한 사실을 입각점으로 하여 신과 기타 종교의 개념과 같은 허황한 것은 전혀 말할 것도 없기 때문이다."[14] 이는 영국 민족이 임무와 실무를 특별히 강조하는 민족과 관련되고 영국의 경험주의적 전통과 관련된다는 것이 사실이다. 그러나 엥겔스가 이 점을 밝혀냈다는 것은 영국 사회주의자가 마르크스의 실천적 유물론과 같은 철학적 입장이 있다고 인정하였음을 의미하지 않았으며, 엥겔스가 실천적 원초성을 바탕으로 성립한 철학적 입장을 자각적으로 이루려는 것도 의미하지 않았다. 엥겔스는 『대륙의 사회 개혁 운동의 진전』에서 "영국의 사회주의자들이 모든 실천과 현대 사회 제도에 관한 실질적 사물의 차원에서 우리를 이미 전폭적으로 초월하였기 때문에 우리는 이 분야에서 할 것은

---

11 『마르크스 엥겔스 선집』, 제1권, 중국 인민출판사, 1956, 567쪽.

12 위의 책, 566쪽.

13 위의 책, 567쪽.

14 위의 책, 567쪽.

많지 않다"고 지적하였다.[15] 이와 같은 지적을 어떻게 이해하면 좋을까? 필자는 상술한 원칙에 따르면 된다고 주장하였기 때문에 여기서 다시 논의하지 않겠다. 엥겔스는 『영국의 상황: 토머스 칼라일Thomas Carlyle의 '과거와 현재'에 대한 논평』에서 아래와 같이 썼다. 즉, "영국의 사회주의자는 순수한 실천가이다. 그들의 철학은 순수한 영국의 회의론 철학이다. 다시 말하면 그들은 이론을 믿지 않고 실천에서 유물론을 따르며, 모든 사회적 강령은 바로 유물론을 바탕으로 한 것이다."[16] '영국의 사회주의자'는 '순수한 실천가'였으나 '실천'을 철학의 존재론적 원칙으로 인정하지 못하였다. 이로 인하여 그는 실천적 유물론자와 다르다. 실천에 종사하고 실천을 중시하면 바로 실천적 유물론자라고 할 수 없으며, 그 관건은 철학적 의미에서 실천을 중요시하는가에 달려 있다. 우리는 사람들이 육체가 있으므로 모두 생리학자라고 할 수 없듯이 사람들이 사상과 관념이 있으므로 모두 유심론자라고 할 수도 없다. 실천을 중요시한다는 것은 자각적 차원에서 '실천'을 철학의 '제1 원칙'으로 확인한다는 것과 전혀 다르다. 엥겔스는 실천을 중요시한다는 이러한 태도를 좋아하였다. 하지만 이 때문에 그가 실천적 유물론자라고 할 수도 없다.

사실 청년 헤겔학파는 현실과 실천을 중요시한다는 것이 매우 일반적 성향이라고 여겼다. 그것이 직면한 임무는 바로 현상을 비판한다는 것이기 때문이다. 데이비드 맥렐란David Mclellan의 지적과 같이 "이 주제(철학의 세속화)는 1838년의 Hitzkovsky의 『실천』에서 1843년의 헤스의 『행동 철학』까지 헤겔 제자들이 주목한 초점이었다. 그들이 이렇게 한 것은 시대적 문제를 꽉 붙잡고 스승이 만들었던 체계를 최대한 타파할 수 있

---

15 위의 책, 592쪽.
16 『마르크스 엥겔스 선집』, 제1권, 중국 인민출판사, 1956, 653쪽.

기 때문이다."[17] 마르크스와 엥겔스는『독일 이데올로기』에서 "헤스가 프랑스 사회주의와 독일 철학을 종합시켜 즉, 생시몽Saint Simon과 셸링F.W.J. Schelling, 푸피에Charles Fourier와 헤겔, 프루동과 포이어바흐의 사상을 종합시켰다"고 지적하였다.[18] 그러나 이러한 방법의 허위성은 그것이 "포이어바흐와 실천을 연결시켜 그의 학설을 사회 생활에 활용시킨다면 현존한 사회에 대한 전반적 비판을 할 수 있을 것으로 잘못 판단되는 데 있다."[19] 그 문제의 정곡은 "실천과 연결되고 사회 생활 속에서 활용되는가"에 달려 있지 않고 학설 자체가 실천의 궁극적 원초성에 대한 자각적 확인을 포함하는가에 있다. '공산주의자', 즉 '실천적 유물론자'는 마르크스의 언어 환경 속에서 결코 맹목적이고 자발적 실천가가 아닌 반면에 철학적 차원에서 '실천'을 '제1 원칙'으로 확립한 자발적 실천가라고 할 수 있다. 이러한 차별은 존재론적 범주의 철학적 구축으로서의 실천에서 벗어난다면 구현될 수 없을 것이다. 이는 마르크스는 '공산주의'가 "역사적 비밀에 대한 대답이고 자기가 바로 이러한 대답도 알고 있다고 지적한 바와 같다."[20] 일반적 의미에서 실천을 중요시한다는 것은 '공산주의자'나 '실천적 유물론자'가 될 자격도 없다고 할 수 있다. 만약 철학의 궁극적 원초성이라는 기초에서 실천의 존재론적 지위를 확인하지 못한다면 마르크스가 추구할 그러한 경지의 수준에 도달할 수 없을 것이다.

「실질」의 내용에 의하여 "마르크스 철학은 '변증법적 유물론'이거나 '실천적 유물론'이라고 불린다면 우선적으로 '유물론'이라고 인정된 후 '실천'

---

17 데이비드 맥렐란 지음, 왕전 옮김,『카를 마르크스 전기』, 중국 인민대학교 출판사, 2005, 83~84쪽.
18 『마르크스 엥겔스 선집』, 제1권, 중국 인민출판사, 1960, 580쪽.
19 위의 책, 580쪽.
20 마르크스,『1844년 경제학과 철학의 친필 원고』, 중국 인민출판사, 2000, 81쪽.

이라고 인정되어야 한다." 또한 지적해야 할 것은 우리가 구유물론과 변증법적 유물론의 관계를 토론할 때 결코 이러한 방법, 즉 그것들 중에서 유사한 것을 고른 후 상이한 것도 고른 방법을 취하여 그것들의 상호 관계를 이해하지 못한다는 것이다. 실천적 유물론과 구유물론 간의 관계는 결코 형식적인 논리라는 분류학적 문제가 아니다. 이 문제를 지적 사유 방식으로 토론하는 결과는 실천적 유물론적 실질과 혁명성의 변혁적 의미를 감출 수밖에 없다. 「실질」에 의하면 "유물론이 없다면 '실천적 유물론'의 '실천적' 근거와 원인은 무엇인가"라는 추궁도 나타날 것으로 알려진다. 실천은 존재론적 범주가 고유한 궁극적 원초성으로서 아무런 타자로 규정될 수 없다. 이러한 의미에서 실천은 환원의 불가능성을 지닌다고 할 수 있다. 「실질」의 이러한 추궁 방식 자체는 바로 실천의 궁극적 원초성이라는 존재론적 범주의 성질에 대한 무시와 해소이다. 마르크스 철학의 언어 환경 속에서 유물론 중의 '물'은 '실천적' 수사뿐이며, 또한 '물질'은 '실천'에 종속되어야 한다.

「실질」에 의하면 '실천적 유물론'을 '실천 존재론'으로 해석한다는 것은 '유물론'이 아닌 '실천론'만 초래할 것으로 나타났다. 사실 문제의 관건은 마르크스가 계속 '유물론'이라는 칭호를 사용하였다는 것을 어떻게 취급하였는가라는 것이다. 그의 '물'은 도대체 무엇을 가리켰을까? 필자는 이전에 작성하였던 글에서 마르크스의 이른바 '물'이 이전의 유물론자가 이해하였던 그러한 '물'이 아닌 실천 자체의 속성만이라고 주장하였다. 즉, 예컨대 『독일 이데올로기』의 '포이어바흐' 장에서 '물질적 실천'이라는 단어가 사용된 바 있으며, 『포이어바흐에 관한 테제』에서도 '감성적 인간의 활동', '인간의 감성적 활동'과 같은 견해도 나타났다. 마르크스는 『친필 원고』에서

"물건이 감성적이라고 할 때 바로 현실적인 것이라고 한다"고 하였다.[21] 이른바 '현실적인 것'은 '인간'이 '자아의식'과 같다는 헤겔의 관점에 대한 것이다. 헤겔의 이러한 관점에 따르면 '인간'은 마르크스의 이른바 '비대상적이고 유심론적 존재물'로 불가피하게 전락하고 말았기 때문이다.[22] '감성적 활동'은 반드시 물질적 속성이나 차원을 지닌다고 할 수 있다. 마르크스가 이러한 의미에서만 '유물론'이라는 칭호를 사용하였다는 것은 존재론적 범주로서의 '실천'을 수식하였을 뿐이다. 그러므로 '실천적 유물론'은 '구유물론의 영구한 기초'와 실천적 지위에 대한 강조를 첨가하였음을 의미한다.

「실질」에 의하면 필자의 주장은 "실천 존재론인 '실천적 유물론'"이라고 불렀으며, 이러한 해석은 잘못된 것으로 나타났다. 그 말에서 숨겼던 뜻은 비실천 존재론인 '실천적 유물론'도 있다는 것이다. 필자는 실천 존재론에서 벗어난 이러한 이른바 '실천적 유물론'이 이원론적 함정에 빠질 위험에 실제로 직면하고 있다고 생각한다. 필자는 실천 존재론이 아닌 '실천적 유물론'을 도대체 어떻게 이해해야 할지를 잘 몰랐으며, 또한「실질」에서도 이러한 질문에 대한 긍정적 대답도 나타났지 않았다. 만약 '실천적 유물론'에서 '구유물론의 영구한 기초'가 보존된다면 결과적으로 반드시 '제1 원칙'으로서의 '실천'은 질식되거나 이러한 '영구한 기초'라는 구조는 해체될 것이다. 양자가 일관성이 있는 논리적 체계에서 서로 수용될 수 없기 때문이다. 필자는 마르크스가 '존재론'이라는 명칭이 없으나 '존재론적' 실질이 있다고 생각한다. 우리는 존재론적 약속에서 벗어나 철학의 원초적 기초에서 '제1 원칙'을 확립한다고 도저히 구상할 수 없다.

「실질」에 의하여 마르크스 철학을 '실천 존재론'으로 해석한다는 것

---

21 앞의 책, 107쪽.
22 앞의 책, 102쪽.

은 "역시 마르크스 철학에 대한 상투적 이해뿐인 것으로 알려진다. 모든 11조의 『요강』이나 『독일 이데올로기』는 이른바 마르크스 철학의 '존재론' 심지어 '실천 존재론'을 위해 아무런 증거적 지지도 제공할 수 없다." 이와 같은 논단은 30년 동안 해당 마르크스주의 철학의 실질에 대한 중국 내 철학계의 토론 진전을 무시하였을 뿐만 아니라 이러한 독단적 신조도 '선포하고' 아무런 '증명'도 제공하지 않았다. "증거가 있는 대로 말을 한다"는 「실질」의 저자는 어찌 이렇게 소홀히 하였을까? 그 문제는 마르크스 철학에 대한 '새로운' 이해가 또한 무엇인가라는 것이다. 유감스럽게도 「실질」은 우리에게 보여 주지 않았다. "마르크스 철학은 '존재론적' '철학'이 아니라고 하였으므로 그것이 '존재론적 문제를 근본적으로 언급하지 않았다'"고 하였다. 이는 존재론적 '철학' 외에 비존재론적 '철학'이 존재하였음을 의미한다. 우리는 '존재론'에서 벗어난 '철학'이 도대체 어떤 것인지를 상상할 수 없다. 우리도 "존재론을 토론한다"는 것이 무엇인지를 잘 몰랐다. 전통적 존재론과 같은 토론이야말로 "존재론을 토론한 셈일까?" 마르크스가 인류 사상사에서 가장 위대한 변혁을 이룩하였다고 인정한다면 마르크스가 초월하였던 전통적 존재론으로 마르크스의 새로운 존재론을 판단하고 평가한다는 것은 마르크스 스스로는 존재론적 사상이 있다는 것을 "밝혀내지 못할 것이다." 마르크스 철학이 결여된 것은 '존재론'이 아닌 '발견' 뿐이다. 그 관건은 해독하는 자가 '발견'의 능력 자체를 갖추었는가에 달려 있다. 만약 판단의 기준이 존재론의 고전적 형태에 놓인다면 이러한 '발견'의 능력은 당연히 갖추어지지 않을 것이다.

포이어바흐 철학의 결함은
구유물론적 범주 안에 극복되지 못할 것

아리스토텔레스는 아래와 같이 지적하였다. "어떤 과학은 '있음' 자체와 '있음'이 지닌 속성을 전문적으로 연구한다. 이 과학은 이른바 특수 과학과 다르다. 기타 과학은 '있음' 자체를 일반적으로 토론하지 않는다. 그것들은 '있음'에서 일부를 나누어 이 부분의 속성을 연구한다. 예컨대, 수학은 바로 이러한 것이다. 현재 우리는 최초의 근원과 최고의 원인을 찾아내자고 한 이상 어떤 물건이 자기의 본성을 빌려 이러한 근원과 원인을 갖춘다는 것은 분명하다."[23] 아리스토텔레스는 이러한 '과학'이 바로 '제1 철학'이며, 즉 존재론이라고 하였다. 이른바 존재론은 논리적 '제1 원인'을 추궁하고 제시하는 학문이며, 형이상학적 차원에서만 가능하다. 존재론적 유무는 철학과 비철학을 구별하는 유일한 판단의 기준이다. 마르크스는 인류 사상사에서 매우 심각한 철학적 혁명을 틀림없이 이룩하였으나 철학을 종결하지 않고 재구축하였다. 만약 마르크스가 이미 존재론을 포기하였다는 이 점을 인정한다면 우리는 비존재론적 '철학'이 존재한다고 도저히 상상할 수 없다.

엥겔스는 현대 유물론은 "이미 근본적으로 철학이 아닌 세계관"이라고 확실히 지적하였다.[24] 그러나 존재론적 약속에서 벗어난 '세계관'은 주관적 임의성으로 불가피하게 전락하고 말았으며, 철학적 필연성이 이루어질 수 없을 것이다. 마르크스는 사물의 원래의 모습에 따라 연구한다고 하였다. 그러나 사물의 본질은 헤겔, 포이어바흐 및 마르크스의 의미론적인 것

---

23 중국 베이징대학교 철학과 서양 철학사 교학 연구실, 『고대 그리스 로마 철학』, 중국 생활·독서·신지 삼련서점, 1957, 234쪽.
24 『마르크스 엥겔스 선집』, 제3권, 중국 인민출판사, 1995, 481쪽.

을 포함하고 있다. 도대체 어떤 것이 가장 적절한 것일까? 이러한 본질성에 대한 판단 기준은 특정한 존재론적 약속에서 벗어나면 찾아내지 못할 것이다. 마르크스가 『헤겔법 철학 비판·서언』에서 지적하였듯이 '이론'은 '철저'해야 인간을 '설득'할 수 있으며, 인간을 '설득'해야 민중을 '지배'할 수 있으며, 민중을 '지배'해야 '물질적 힘'으로 될 수 있다. 이론적 철저성은 결과적으로 '사물의 근본을 붙잡는 데'에 있다. 이는 바로 실천적 유물론적 진리이다. 이른바 '이론적 철저성'은 이론의 존재론적 약속을 확립한다는 것을 포함한다. 그러므로 '세계관적' 차원의 합법성의 획득은 특정한 존재론적 예정과 관련되어야 한다고 할 수 있다.

　　마르크스는 『독일 이데올로기』에서 "철학을 옆에 놓아두어야 하며, 철학적 범주에서 벗어나 일반인으로서 현실을 연구하여야 한다"고 지적하였다.[25] 그러나 지적해야 할 것은 마르크스가 슈미트Wilhelm Schmidt와 이를 비롯한 청년 헤겔학파의 이데올로기를 비판하였을 때 이러한 말을 하였다. 여기의 '철학'은 일반적 철학이 아닌 그러한 사변 철학을 특별히 지칭하였다. "일반인으로서 현실을 연구한다는 것"은 "철학을 옆에 놓아두고" "철학적 범주에서 벗어나고" 이데올로기적 보따리를 내린 후 현실에 직면하여 취하였던 자태뿐이다. 주의해야 할 것은 마르크스는 이로 인하여 공산주의자, 즉 실천적 유물론자가 고유한 반성적 차원을 결코 여과하지 않았다는 것이다. 그가 주장하였듯이 공산주의는 "사상에서 이미 인식되었던 스스로 지양되고 있는 운동"이고 "이해되고 인식되었던 생성의 운동"이라고 하기 때문이다.[26] 어떤 의미에서 사상가나 철학자로서의 마르크스가 하였던 모든 것은 이러한 '인식'이나 '이해'의 목표를 실현하기 위해 노력하였을 뿐이다. 사실 비판적 논리도 논리를 사용해야 한 것처럼 마르크스가

●
25 『마르크스 엥겔스 전집』, 제3권, 중국 인민출판사, 1960, 262쪽.
26 마르크스, 『1844년 경제학과 철학의 친필 원고』, 중국 인민출판사, 2000, 128쪽.

사변 철학을 비판하였을 때도 사변을 떼려야 뗄 수 없었다. 모든 문제들의 관건은 사변 자체가 확립한 원칙은 무엇인가와 적절한 것인가라는 것이다.

「실질」에 의하면 "마르크스와 엥겔스가 『독일 이데올로기』에서 포이어바흐를 철저히 비판하였던 것은 '포이어바흐의 구유물론이 아니고 바로 마르크스와 엥겔스가 마음에 들지 않았던 유심론적 역사관"이라고 공언하였다. 필자는 이러한 견해가 성립될 수 없다고 생각한다. 우선 '유심론적 역사관'은 바로 포이어바흐의 '구유물론' 자체가 고유한 치명적 결함이며, 어찌 양자를 기계적으로 나누었을까? 포이어바흐는 감성적 활동이 아닌 감성적 대상의 차원에서 역사를 취급하였기 때문에 정신적 종속성을 이해하지 못하였다. 그는 주관과 객관 외의 분열보다 더 원초적 기초를 찾아낼 수 없었기 때문이다. 구유물론적 실천의 원초성에서 벗어난 포이어바흐의 입장은 반드시 그의 철학적인 직관성을 초래하였으며, 이로 인하여 포이어바흐는 역사에서 나타났던 물질과 정신이 서로 얽매이는 관계를 해석하지 못하였다. 마르크스는 『독일 이데올로기』에서도 "포이어바흐는 유물론자였을 때 역사가 그의 시야 외에 있으며, 역사를 탐구하였을 때 유물론자가 아니"라고 하였다.[27] 그러나 문맥에 따르면 이는 바로 포이어바흐의 '구유물론'의 치명적 결함 자체에 대한 밝힘과 비판을 쉽게 보일 수 있다. 그 이후 엥겔스는 『종말』에서 포이어바흐가 "철학자로서 도중에 머물렀으며, 하반부가 유물론자이고 상반부가 유심론자"라고 지적하기도 하였다.[28] 그 문제는 이러한 문제에 대한 노년 엥겔스의 이해가 마르크스와 여전히 소홀히 해서 안 되는 격차가 있다는 것이다. 예컨대, 엥겔스는 "그(포이어바흐)는 '기초(유물론적 기초)'가 있으나 여기서(인류 사회와 과학) 여전히 전

---

27 『마르크스 엥겔스 선집』, 제1권, 중국 인민출판사, 1995, 78쪽.
28 위의 책, 241쪽.

통적 유심론적 속박을 받았다"고 지적하였다.[29] 엥겔스는 포이어바흐가 역사관 분야에서 "여전히 전통적 유심론적 속박을 받았다"는 이유는 결국 포이어바흐의 철학이 입각한 '기초' 자체가 내재적으로 고유한 결함에 있다고 이해하지 않았다. 바로 이로 인하여 엥겔스와 달리 마르크스는 포이어바흐를 비롯한 구유물론에 대하여 철저히 실망하여 심지어 절망하였다. 이는 마침 마르크스가 『요강』에서 가장 자각적이고 집중적으로 표현하였던 원초적 기초에서 재구축된 철학의 가장 직접적 계기와 동인을 구성하였다.

「실질」에 의하면 "포이어바흐도 유물론과 유심론 간의 대립을 초월하여 자기의 철학을 '인본주의'로 부르려고 하였으나 초월을 이루어내지 못하였음"을 알 수 있다. 이 말에서 숨긴 뜻은 포이어바흐가 '초월'을 하려고 하였으나 성공하지 못하였으며, 이에 따라 '초월'이라는 소구의 엉터리와 불가능을 선포할 수 있는 것 같다는 것이다. 사실 초월을 하려고 한 것, 초월하였는가, 그리고 초월할 수 있는가는 별개의 것이며, 어찌 그것들을 똑같이 취급할 수 있을까? 이러한 이원적 대립을 초월한다는 것이 마르크스의 발명이 아니다. 사실 헤겔이 '사유'와 '존재' 간의 대립을 해결하고자 하였다는 것은 이미 이러한 철학적 동기를 포함하였다. 포이어바흐는 저서를 전문적으로 작성하였다. 그 제목은 "신체와 영혼, 육체와 정신을 반대하는 이원론"이라고 하였다.[30] 헤스는 『행동 철학』에서도 "추상적 유물론과 유심론은 서로 영향을 미치며, 이원론이 모든 분야, 즉 정신과 사회생활에서 이기지 못한다면 자유는 승리를 거두지 못할 것"[31]이라고 지적

---

29 위의 책, 230쪽.
30 룡전화 외 옮김, 『포이어바흐 철학 저서 선집』, 상권, 중국 생활·독서·신지 삼련서점, 1959, 193~219쪽.
31 황단썬·쟝푸링, 『마르크스주의 철학사 강의 자료 선편』, 상권, 중국 베이징대학교 출판사, 1984, 157쪽.

하였다. 그러나 그들은 이러한 초월을 모두 완성하지 못하였다. 그 문제는 도대체 어떤 기초에서 이러한 '초월'이 가능할 것인가라는 것이다. 어떤 의미에서 마르크스의 독특한 공헌은 그가 이러한 문제를 제기하지 않고 해결하였다는 것이라고 할 수 있다.

"설마 마르크스주의의 창시자와 『독일 이데올로기』 저자로서의 엥겔스가 언급하였던 자연변증법 중의 '자연'은 바로 그러한 인간과 상관없고 '인류 역사보다 먼저 존재한 자연계'를 가리켰을까?"라는 질문은 「실질」에서 나타났다. 그 상황은 도대체 어떤 것인가? 듀링의 '세계 모형론'을 비판하였을 때 엥겔스는 자연계의 변천사와 인간의 사유의 물질적 전제라는 두 차원에서 '구유물론의 영구한 기초'를 위해 변호하였다.[32] 여기서 인류 선사의 자연계와 사유의 기초로서의 물질은 모두 인간들의 비존재라는 규정으로 가설되었다. 엥겔스의 언어 환경 속에서 인간의 존재, 즉 인간의 감성적 활동의 범주를 초월하지 않았다면 그가 보위하려고 하였던 '유물론'은 합법성을 획득할 수 없었을 것이다. 엥겔스는 "세계의 통일성은 그것의 존재에 없고 세계의 진정한 통일성은 그것의 물질성에 있다"고 분명히 지적하였다.[33] 그가 주장하였듯이 이렇게 된 이유는 "우리의 시야 내외에 존재하고 심지어 현안이 되어 있는 문제가 존재하였으며, 물질성은 철학과 자연 과학의 장기적이고 지속적 발전으로 증명된 것이기 때문이다."[34] 그 문제는 사실 '물질'이 '존재'와 같은 곤란에 직면하고 있다는 것이다. 여기의 정곡은 '물질'과 '존재'가 아니고 엥겔스가 '우리의 시야'의 '내외적 구별'을 가설하였다는 것이다. 이러한 것은 엥겔스가 철학적 전제에서 인간의 감성적 활동과 상관없는 분야를 미리 설정하였음을 의미한다. 만약 이러

---

32 『마르크스 엥겔스 선집』, 제3권, 중국 인민출판사, 1995, 374~375쪽.
33 위의 책, 383쪽.
34 위의 책, 383쪽.

한 논리로 '물질'을 평가한다면 우리는 마찬가지로 충분한 이유로 '물질'도 '현안이 되어 있는 문제'라고 선포할 수 있다. 그것은 '존재'에 비하면 아무런 우월성과 면책 특권도 없다. 엥겔스가 주장하였던 이른바 '물질'은 또한 무엇일까? 엥겔스는 『자연변증법』의 친필 원고에서 "물物과 물질은 각종 물의 종합이고 이 개념은 바로 이 종합에서 추상된 것"이라고 지적하였다.[35] 또한 그는 '물질'이라는 단어는 약칭이고 우리는 이러한 약칭으로 공동의 속성에 따라 감각이 감지할 수 있는 여러 가지 다양한 사물을 개괄하였다"고 언급하였다.[36] 우리는 엥겔스가 "감관이 감지할 수 있다"는 차원을 강조하였다는 것을 충분히 알아차려도 '감성적 대상'과 '감성적 활동' 간의 본질적 차이를 부각하지 못하여 구유물론적 직관성과 인간의 존재 자체에 대한 소외에서 근본적으로 벗어날 수 없을 것이다.

「실질」에서 언급된 바와 같이 "설마 마르크스의 '실천적 변증법'은 '외부 자연계의 우선적 지위'를 인정하지 않고 엥겔스의 '자연변증법'은 인간과 자연의 상호 생성을 언급하지 않았을까?" 이리하여 마르크스와 엥겔스의 사상적 차이는 충분히 지워질 수 있을 것 같다. 사실 마르크스는 자연계의 우선성이 실천적 변증법의 '전제'만 구성하였으나 내적 '이유'로 충당될 수 없다고 주장하였다. 마르크스가 언급하였던 자연계의 우선적 지위의 전체적 취지는 바로 인간의 비존재라는 차원을 해소하려던 것이다.[37] 엥겔스도 인간과 자연 간의 상호 작용 관계를 언급한 바 있으나 존재론적이지 않고 인식론적 의미에서 말한 것이다. 이는 전통적 마르크스주의 철학 교과서가 실천의 중요한 역할과 관련되었으나 존재론적이지 않고 인식론적 범주 안에 한정되어 확인된 것과 같다. 그러므로 『실질』에서 나타났

---

35 『마르크스 엥겔스 선집』, 제4권, 중국 인민출판사, 1995, 343쪽.
36 위의 책, 343쪽.
37 허중화, 「마르크스의 실천 존재론: 재변호」, 『학습과 탐색』, 제2호, 2007.

던 질문과 같이 마르크스와 엥겔스 사이에는 여전히 말살할 수 없는 사상적 거리가 있다.

마르크스와 엥겔스의 사상적 비교 연구에 관한 몇 가지 방법론적 문제

「실질」에서 나타났던 질문은 "이질성과 '명목적 회의 방법'은 마르크스와 엥겔스 사상에 대한 연구를 어떤 방향으로 이끌어갈 것인가"라는 것이다. 우선적으로 성명해야 할 것은 이른바 '이질성'이 '방법'이 아니고 마르크스와 엥겔스의 사상을 연구한 후 내릴 결론이라는 것이다. 방법은 선험적으로 유효하지만 결론은 연구의 전제로 되지 못하고 연구가 마무리할 때만 확립될 수 있다. 그러므로 '이질성'과 '명목적 회의'는 모두 '방법'으로서 같이 논술될 때 적절하지 않다. '이질성'이라는 결론은 사실을 존중한다면 '차이에 대한 지나친 강조'와 '차이에 대한 지나친 미련' 등의 문제는 전혀 나타나지 않았을 뿐만 아니라 "동일성을 절대적으로 부정하여 상대주의로 발전해 나간다"는 것을 언급할 필요도 없을 것이다. 『실질』에서 제기되었던 마르크스와 엥겔스의 사상을 "어떤 방향으로 이끌어갈 것인가"라는 질문에 대하여 필자의 대답은 아래와 같다. 첫째, 필자는 지위가 낮고 의견이 주목받지 못하기 때문에 결코 '방향'에 미치지 않을 것이라고 생각한다. 둘째, 필자는 연구에서 무엇에 어떤 영향을 끼칠 것인지를 인식하지도 않았다. 셋째, 어떤 영향(예컨대, 『실질』의 저자는 검토 심지어 비난까지도 초래하였음)이 객관적으로 나타났다고 해도 아마 『실질』의 저자가 무섭게 상상하였던 것과 같지 않을 것이다. 필자는 『실질』에서 나타났던 '목적'이 "마르크스와 엥겔스 사상의 완전성을 해체함으로써 마르크스와 엥겔스 간의 '차별', '차이', '격차' 심지어 '대립' 등을 초래하는 데 있다는 것"은 오히려 '근거도 이유도 없는' '이상한 생각'이라고 생각한다.

또한 「실질」에서는 논쟁의 구체적 문제와 특정한 언어 환경을 피해가고 '이질성'과 '동질성'이 지닌 일방적 특성은 토론하였다. 즉, '마르크스와 엥겔스 간의 문제'는 "인식의 진리성('차이 중의 같음'과 '같음 중의 차이')은 종합에 있을 것이고 '차이성 중의 공통성 뿐만 아니라 공통성 중의 차이성'도 보여야 하며, 어떤 측면을 과대하거나 부인하려는 의도는 오류로 유도될 것뿐"이다. 이러한 추상적 '동이지변'은 마르크스와 엥겔스의 사상적 실질을 완전히 놔둔 후 얻었던 추상적 논리의 연역적 결과이다. 이른바 '종합' 등은 절충뿐이라고 할 수 있다. 레닌은 그 당시 다음과 같이 지적하였다. 즉, "이것도 저것도, 한편도 다른 한편도 바로 절충주의이다. 변증법은 상호 관계의 구체적 발전에서 이러한 관계를 전반적으로 전정하라고 요구하였으며, 동쪽에서 조금 뽑아내고 서쪽에서 조금 뽑아낸다는 것이 아니다."[38] 마르크스와 엥겔스의 사상적 특정한 언어 환경, 그들 각자의 사상과 관계의 구체적 표현 과정에서 벗어나면 차이성과 공통성 간의 관계를 공허하게 토론하고 '동질론'과 '이질론'의 정오를 추상적으로 판별하며 또한 일반적으로 '차이성 중의 공통성'과 '공통성 중의 차이성'이 모두 불가결하다고 하였던 것은 의미도 없고 해로운 것이라고 할 수 있다. 이러한 문제에 대하여 우리가 내릴 수 있는 판단은 선천적인 분석·판단이 아닌 후천적·종합적 판단이며, 그것은 논리적 연역이 아닌 경험적 사실에만 달려 있다.

필자가 "'명목적 회의'로 '실증'을 대체"하였다는 지적은 「실질」의 여러 군데에서 나타났다. 이 지적은 사실에 부합하지 않으며, 오해되거나 왜곡될 것이다. 필자는 "'명목적 회의'로 '실증'을 대체할 수 있다"는 말을 한 적

---

[38] 『레닌 선집』, 제4권, 중국 인민출판사, 1995, 416쪽.

도 없다. 또한 "실증적 범주 안에 '증거가 있는 대로 말한다'는 원칙을 틀림없이 견지해야 하지만 증거가 문제를 해결하지 못할 경우 사리에 맞는 추론은 불가결하고 필요한 보충이 될 것"이라고 언급한 바 있다. 필자가 '명목적 회의' 문제를 제기한 이유는 「실질」의 저자가 앞에서 언급하였던 검토할 만한 글에서 '추측'에 대한 낮은 평가와 거절에 맞추었던 것이다. 마침 엥겔스가 지적하였듯이 "이론적 사유가 없으면 자연계의 두 가지의 일을 확실히 연결하거나 양자 간의 기존 관계를 통찰시키지 못할 것이다."[39] 자연 과학은 이렇다면 「실질」의 저자가 보였던 '과학'과 같은 엄격한 사상사 분야(이른바 '사상사'는 전문적 과학 연구 분야이므로 "근거가 있는 대로 말한다"고 해야 한다는 것)도 이렇게 해야 될 것이다. 논리적 '추측' 능력으로서의 '이론적 사유'는 경험을 초월하고 귀납하는 성질을 지닌다는 것이 사실이다. 이 점을 직시하고 인정한 것은 「실질」에서 나타났던 이른바 그러한 "남의 환심을 사기 위한 마음이 있으나 실사구시적인 뜻이 없다는 허무맹랑한 '명목적 회의'"는 도대체 어떤 관계가 있을까? 팔자는 "'실증'을 사용하지 않아도 된다"고 선포하지 않았으며, 그 글에서 '실증적' 방법이 한계성이 있다고 강조함으로써 필요한 '추측' 방법을 위해 자기의 구역을 보존하였을 뿐이다. 「실질」에 의하면 "모든 문헌적 증거가 마르크스와 엥겔스의 사상적 일치성을 가리킬 때 마르크스와 엥겔스의 사상이 '이질적 격차'가 있다는 이상한 관점을 제기하였던 것은 '실증'하지 않으면서도 이러한 관점을 받아들이지 않은 독자들이 '그것이 거짓임을 증명'하라고 요구한다고 선포하였다". 이 말은 다듬을 만하다. 우선, "모든 문헌적 증거들이 마르크스와 엥겔스의 사상적 일치성을 가리킨다고 한다는 것 자체"는 증명할 필요가 있는 것이 '가설'뿐이다. 우리는 「실질」에서 이에 대하여 근거

---

39 『마르크스 엥겔스 선집』, 제4권, 중국 인민출판사, 1995, 300쪽.

있는 '증명'을 어떻게 제시하였는지를 보이지 않았기 때문이다. 그 다음으로 필자는 「실질」의 저자가 작성하였던 토론할 만한 앞의 글에서 레바인의 관점에 대한 반증을 찾아내지 않았다고 언급한 바 있으나 레바인의 관점이 반증의 가능성을 지니지 않았다고 언급하지 않았다. 카를 포퍼가 주장하였듯이 과학적 진술은 그것의 반증이 아닌 반증의 가능성을 지닌 데만 있다. 한 관점을 반증하지 않는다는 것은 이러한 관점이 반증의 가능성을 지니지 않았다는 것과 다르다. 레바인은 자기의 관점을 제기하였을 때 사상사적 근거가 있었다. 그의 관점을 회의하고 부인한다면 그것을 충분히 반증하는 증거가 없다는 것은 이유가 결여되는 것이다. 이는 설마 지나친 요구일까? 필자는 이것이 '독자를 괴롭히는 것'과 무슨 관계가 있는지를 정말로 이해할 수 없다.

「실질」에서는 '마르크스와 엥겔스 간의 문제'와 "우리가 생각하였던 마르크스와 엥겔스 간의 문제"를 분리함으로써 우리가 밝혀낸 마르크스와 엥겔스의 사상적 이질성을 해독하는 자가 스스로 날조하고 마르크스와 엥겔스의 사상과 관계가 없다는 것으로 시도하였다. 그 문제는 "우리가 생각하였던 마르크스와 엥겔스 간의 문제"와 '마르크스와 엥겔스 간의 문제'가 분리될 수 있는가라는 것이다. 필자의 대답은 부정적이다. 양자 간에는 적어도 해석학적 관계가 존재하기 때문이다. "'우리'는 마르크스와 엥겔스의 사상을 이해하였을 때 생겼던 문제"는 우리의 오독뿐만 아니라 "마르크스와 엥겔스 간의 문제"도 초래될 수 있다. 도대체 어떤 상황은 선험적 판단에 의존하여 해결되지 못하고 '마르크스와 엥겔스 간의 문제'에만 호소되어 추궁·청산될 것인가? 이러한 추궁을 하기 전에 양자의 관계를 인위적으로 분리하였다는 것은 이유가 결여되는 것이다. 「실질」은 두 가지의 효과를 거둘 수 있다. 한편으로는 '이질적 격차'라는 관점을 날조시킬 것을 쉽게 할 수 있으며, 다른 한편으로는 자기의 '동질성'을 위해 변호할 수 있다. 「실질」의 저자가 보인 것에 의하면 마르크스와 엥겔스의 사상을 이질적 격차가 있는 것으로 인정한다면 반드시 "우리가 생각하였던 마르크스와 엥겔스 간의 문제"가 되고 날조의 혐오도 생기는 반면에 이러한 격차의 존재를 부인한다면 반드시 '마르크스와 엥겔스 간의 문제'가 될 것을 알 수 있다. 그러나 이러한 분리로 도전을 도피하려는 방법은 잘못된 것이다. 우리의 해석에서 벗어난 순수하고 객관적인 '마르크스와 엥겔스 간의 문제'는 소박실재론의 내용이다. 이는 철학적 해석학이 이미 나타났던 오늘날에 뒤떨어지고 잘못된 상상이다.

「실질」의 저자는 마르크스가 작성하였던 『포이어바흐에 관한 테제』의 제1조의 한 문장으로 『요강』 저자의 철학적 입장을 분석하였다는 것도 아마 그의 관점을 입증하는 데 도움이 되지 않을 것이다. 필자는 『요강』의 제1조에서 마르크스가 유물론과 유심론을 정립과 반립 간의 관계로 이해하였다고 이미 지적하였다. 마르크스가 언급하였던 "단지(독일어 nur / 영어 only)……부터……를……로 하지 않는다"는 것은 유물론과 유심론의 일방적 특성만 강조하였을 뿐이다. 주의해야 할 것은 철학적 측면에서 볼 때 마르크스가 결코 절충주의자가 아니라는 것이다. 그 이유는 절충주의가 이원론적 결함을 극복하지 못하였기 때문이다. 그러므로 구유물론이 '단지……부터'라고 하였다는 것은 마르크스의 철학적 입장이 이것을 보존한 외에 다른 것도 첨가한다는 것을 의미하지 않았다. 유물론과 유심론은 존재론적 전제에서 전혀 수용되지 못하며, 그렇지 않았다면 양자의 날카로운 대립과 충돌도 없었을 것이다. 이러한 문제에 대한 「실질」의 이해는 엥겔스의 관점에 부합하였으나 마르크스의 사상에 부합하지 않았다. 마르크스는 대립을 '지양하고' 기초를 재구축하려고 하였기 때문이다. 이는 대립의 보존 심지어 강화와 전혀 비교되지 않는 것이다. 사실 마르크스는 이미 분명히 지적하였다. 즉, 구유물론은 "객체적이고 직관적 형식으로만 이해될 수 있었으나" 유심론은 "능동적인 것을 추상적으로 발전시켰을 뿐이다. 그것들은 모두 자체를 통하여 극복되지 못하였던 치명적인 일방적 특성이며, 양자는 모두 '현실적이고 감성적 활동 자체'를 잘 몰랐기 때문이다."[40] 물론 "단지······부터······를······로 하지 않는다"는 문장이 표현한 것은 보완 관계가 아니고 지양의 방식으로 이루어진 초월 관계이다. 이는 『요강』의 제11조에서 나타난 유사한 문장에서 더더욱 뚜렷하게 보일 수 있다. 마르크스는 "철학자들은 다양한 방식으로 세계를 해석하기만 하였으나 문제는 세계를 바꾼다는 것"이라고 하였다.[41] "세계를 해석한다"는 것과 "세계를 바꾼다"는 것은 성질이 다른 두 가지의 철학적 자태를 구현하였으며, "세계를 해석한다"는 것 외나 위에 "세계를 바꾼다"는 것을 첨가함을 의미하지 않는다.

마르크스의 해석에 관한 '평등권' 문제에 대하여 필자는 결코 이유없이 제기하지 않았다. 필자는 마르크스의 후계자들이 마르크스를 해석하는 권리가 평등하다고 주장하였다. 이는 필자에 대한 비판자들이 마르크스에 대한 우리의 평론을 거절하였다는 것에 겨냥한 것이다. 비판자들은 우리가 논의하였던 것이 '마르크스의 진실한 사상'이야말로 마르크스를 해석할 자격이 있음을 미리 보증해야 한다고 암시하였기 때문이다. 또한 그들은 우리가 엥겔스보다 능력이 낮기 때문에 마르크스의 사상과 엥겔스의 해석에 대하여 이러쿵저러쿵 말할 자격도 없다고 암시하였기 때문이다. 이로 인하여 필자가 '평등권' 문제를 언급하였을 때 특정한 언어 환경뿐만 아니라 추가 조건도 있다. 이러한 것들을 무시하고 필자의 '평등권' 주장을 추상적으로 토론하고 반박한 것은 공정하지도 정중하지도 않았다. 엄숙한 토론에 대하여 단장 취의는 무의미하고 쓸데없다고 할 수 있다. 마르크스의 사상에 대한 사람들의 해석 능력과 수준은 대소와 우열이 있으나 권리는 평등한 것이다. 권리와 능력(수준은 능력에만 달려 있음)을 헷갈리게 한 것

---

40 『마르크스 엥겔스 선집』, 제1권, 중국 인민출판사, 1995, 58쪽.
41 앞의 책, 61쪽.

은 문제의 혼란을 불가피하게 초래할 뿐만 아니라 문제의 실질을 감출 수도 있다. 이러한 비판은 목표가 없고 '돈키호테'식의 '전투'라고 할 수 있다. '마르크스와 엥겔스 간의 문제'에 관한 아무런 논의나 도대체 "임의적 것인지, 남의 환심을 산다는 신기한 관점인지, 아니면 가치가 있고 의미가 있는 관점"인지를 판단할 때 도대체 누가 결정권이 있을까? 필자는 그것이 평등한 토론과 대화에 호소되고 이러한 건설적 토론에서 점차 밝혀지고 두드러져야 하며, 결코 편견으로 가득한 어떤 사람의 결재에만 의존해서는 안 된다고 생각한다. 「실질」에서는 마르크스의 해석에 대한 '공공성' 문제도 언급하였다. 필자가 주장하였듯이 진정한 '공공성'은 다양한 해석이 충분한 전개와 상호 대화에서만 이루어질 수 있다. 그러므로 공공성은 독단적 거절과 맹목적 배타가 아닌 관용하는 정신을 의미한다. 관용은 공공성의 적이 아닌 조건이기 때문이다.

13

마르크스 철학 사상사적 전제의 넓은 의미의 이해

과거에 마르크스 철학의 사상사적 자원을 논의할 때 사람들은 종종 그것을 헤겔 변증법과 포이어바흐 유물론에 국한시켰고, 마르크스 철학을 변증법과 유물론으로서 둘의 융합에 불과하다고 여겼다. 마르크스 철학의 구체적인 구성 및 그것이 의존하는 실제 전제에서 볼 때 이러한 이해는 분명히 너무 좁고 단순화 경향이 있어 마르크스 철학의 풍부한 함축에 대한 포괄적이고 깊은 이해와 이해를 방해한다. 따라서 마르크스 철학의 사상사적 전제를 새롭게 이해하고 정립할 필요가 있다. 이 작업은 확장과 심화의 두 가지 측면에 초점을 맞춰야 한다고 생각한다. 우리는 독일 고전 철학의 범위를 넘어 고대 그리스와 그 철학, 낭만주의 사조, 기독교 전통과 마르크스 철학의 사상사적 연결고리를 고찰할 뿐만 아니라 칸트와 헤겔과 마르크스 사이의 사상사적 연결고리의 풍부함도 다시 파헤쳐야 한다. 국내외 학자들이 이에 대해 많은 논의를 하고 많은 진전을 이뤘지만 모든 가능성을 열어두고 있지는 않다. 이를 감안하여 여기에서 가능한 해석을 시도한다.

마르크스 철학의 사상사적 자원의 이해에 관한 한, 이 장은 도론적인 텍스트에 불과하다는 것을 밝혀둘 필요가 있다. 지면과 연구 정도에 그쳐 문제 해결보다는 문제 제기에만 초점이 맞춰져 있기 때문이다.

고대 그리스와 그 철학은 마르크스 초기 사상을 윤택하게 한다

헤겔은 고대 그리스 하면 유럽인은 고향 같은 느낌이 든다고 말한 바가 있다. 하나의 상징으로서, 여기서 집이라는 것은 문화적 이미지일 뿐만 아니라 사상적인 것이다. 마르크스 철학의 형성에 있어서도 고대 그리스는 전방위적인 영향을 미쳤고 대체할 수 없는 역할을 했다.

마르크스의 이상적 사회에 관한 사상 중에서 우리는 고대 그리스의 원형을 발견할 수 있다. 아렌트는 만약 "마르크스가 이상적 사회를 그린 내용을 읽어보면 더욱 놀라운 유사점을 발견할 수 있을 것"이라고 주장했다.[1] 러시아 학자 슬라벤도 "마르크스가 고대 그리스의 도시 국가 민주건제, 도시 국가 권력의 공공성, 시민의 '수준 높은 여가 방식'을 통해 미래 사회의 어떤 역사적 모태를 보았다고 보는 이유가 있다"고 지적했다.[2] 이는 기원이 목표라는 변함없는 논리를 다시 한번 확인시켜 준다. 마르크스는 "그리스인은 정상적인 어린이"라고 주장하지만 "미래 사회는 어린이의 진실을 재현해야 한다."[3] 그는 자신의 궁극적인 철학적 요구를 은유적으로 표현한다. 마르크스는 사상적으로 고대 그리스에 대한 향수를 이로부터 잘 표현하였다. 그는 자신이 생각하는 이상적 사회를 그리면서 "이 필연의 왕국(물질 생산의 영역 - 인용자)의 반대편에서 목적 그 자체로서의 인간 능력의 발전, 진정한 자유의 왕국이 시작된다."[4] 이 '자유 왕국'에서 인간의 능력은 더 이상 어떤 외적인 목적의 수단으로 존재하지 않고 목적 그 자체가 된다. 그러나 '필수적이고 외적인 목적에서 해야 할 노동'이 제공하는 '여유'라는 바탕 위에 있어야 한다. 아리스토텔레스의 '여유에서 지혜가 나온다'는 그림자를 어렵지 않게 읽을 수 있다.

이에 비해 더 깊은 영향은 반성적 측면, 즉 사상적 측면에 있다. 그렇다면 마르크스는 고대 그리스 철학으로부터 무엇을 물려받았을까? 이것은 그의 박사 논문에 가장 집중되어 있다. 청년 마르크스는 데무클리트와 에피쿠로라는 두 전형을 선택해 비교 연구함으로써 어떤 의미에서는 평생

---

1 한나 아렌트 지음, 쑨촨자오 옮김, 『마르크스와 서방 정치사상 전통』, 중국 장쑤인민출판사, 2007, 89쪽.
2 보우 슬라벤 지음, 쑨링치 옮김, 『무지에 의해 모욕당한 사상-마르크스 사회의 이상적인 당대의 해석』, 중국 중앙편역출판사, 2006, 13쪽.
3 『마르크스 엥겔스 선집』, 제2권, 중국 인민출판사, 1995, 29쪽.
4 『마르크스 엥겔스 전집』, 제25권, 중국 인민출판사, 1974, 927쪽.

철학적 사고의 기본 주제와 격조를 다졌다. 마르크스 박사의 논문 해석에 대해서는 '뒤로 생각하라'는 방법이 필요하다. 마르크스 이후의 사상적 변화와 성장에서 비로소 마르크스가 이 시기에 접한 사상사적 자원이 그의 사상 구축에 무엇을 의미하는지 더 잘 이해하고 볼 수 있기 때문이다. 마르크스 철학에서 고대 그리스 철학의 영향은 어디에 나타날까? 그 요인의 선택은 크게 다음과 같은 몇 가지 측면이 있다.

1) 이상주의

마르크스는 박사 논문 머릿말에서 이상주의 청년 마르크스 텍스트의 idealismus(영어 idealism)라는 단어를 이상주의로 번역하는 것이 유심주의로 번역하는 것보다 더 적절하고 정확하다고 말했는데, 당시 마르크스는 정신적 원칙과 육체적 원칙, 응당한 것, 기존의 것, 정신적 본성과 육체적 본성, 영원한 본성과 경험적 본성, 즉 이상과 현실의 충돌과 모순에 시달리고 있었기 때문이었다. 박사 논문 작성을 위한 메모에서 그는 다음과 같이 밝혔다. "경험이라는 악의 실체는 무엇인가? 개인이 자신의 경험적 본성에 얽매여 영원한 본성을 거스르는 것이다."(『마르크스 엥겔스 전집』 40권, 중국 인민출판사, 1982, 81쪽) 따라서 마르크스의 당시 문맥에서 'idealismus'는 유물론에 비해 현실, 기존 또는 실재에 비해 상대적으로 중요했다. 헤겔은 모든 진정한 철학은 이상주의라고 말한다,[5] 바로 같은 구절에서 헤겔은 '이상성'과 '현실성'을 맞췄다. 프 슐레겔도 모든 철학은 이상주의라고 했다.[6] 슐레겔은 여기서 '이상주의idealism'와 '물질주의 materialism'가 아닌 '현실주의realism'를 두고 말하고 있다. 엥겔스가 『루드

---

[5] 헤겔 지음, 허린 옮김, 『소논리』, 중국 상무인서관, 1980, 211쪽.
[6] F. C. Beiser 편역, 『독일 낭만주의 초기 정치 저작물 선택』(영문판), 중국 정법대학교 출판사, 2003, 133쪽.

비히 포이어바흐와 독일 고전 철학의 종말』에서 '유심주의'의 특정 의미를 명확히 한 것은 주목할 만하다. 슈다크가 이상 추구를 유심주의라고도 불렀기 때문에 엥겔스는 이를 유심주의에 대한 오해로 보고 슈다크가 포이어바흐의 유심주의를 찾다가 잘못된 곳을 찾았는데, 왜냐하면 그는 이상적 목적에 대한 추구를 유심주의라고 부른 것은[7] 환상이 아니라 진리이기 때문이라고 지적하였다.[8] 사실 19세의 마르크스는 아버지에게 보낸 편지에서 순이상주의가 자신을 어떤 아주 먼 저편의 것으로 이끈다[9]고 인정했다. 어떤 의미에서 이러한 이상주의의 씨앗은 마르크스 사상의 훗날 발전에서 도덕적 차원과 실천적 비판의 척도를 성취하였다. 베르키는 "마르크스주의에는 가치 설정과 궁극적 목표가 내재된 이상적 요소가 있다. 또한 마르크스주의 안에는 또 하나의 인지적 요소가 있는데, 이것은 세계에 관한 지식이나 이해를 가리킨다. 구체적으로 이것은 역사, 정치 경제학, 사회 계급, 국가, 이데올로기와 혁명에 관한 마르크스의 많은 이론들을 포함한다."[10] 마르크스 사상에는 가치론적 입장과 지식론적 입장이라는 긴장 관계가 있다. 그러나 이는 마르크스 사상의 약점이 아니라 바로 장점이다. 마르크스가 인간의 존재를 드러내는 역사적 전개에 변증법을 제공한 것은 바로 이런 관계였기 때문이다. 그 속의 가치론적 입장은 마르크스의 초기 이상주의 콤플렉스로 거슬러 올라가지 않을 수 없다. "초월적 이상이라는 도덕적이고 정치적인 관념론은, 현대 혁명 학설에 필요한 지식의 전제이다."[11]

---

7 『마르크스 엥겔스 선집』, 제4권, 중국 인민출판사, 1995, 231쪽.
8 『마르크스 엥겔스 전집』, 제40권, 중국 인민출판사, 1982, 187쪽.
9 위의 책, 9쪽.
10 R. N. 버키 지음, 우칭 등 옮김, 『마르크스주의의 기원』, 중국 화동사범대학교 출판사, 2007, 13쪽.
11 위의 책, 14쪽.

마르크스의 이런 이상주의의 피안성은 에피쿠로스 사상에 담긴 초험적 취지에 힘입어 철학사적으로 확실한 지지를 받고 있다. 에피쿠로 철학은 실증적, 경험적 영역의 초월에 대해 마르크스가 훗날 애써 추구한 실천적 비판에 가장 시원적인 척도를 제공하면서 최초의 기초를 다졌다.

2) '자아의식' '자유 의지' '자유'

마르크스가 프로메테우스의 입을 빌려 나는 모든 신을 미워한다고 말한 신이란 인간의 자의식이 최고의 신성을 갖고 있음을 인정하지 않는 모든 하늘과 땅의 신이다.[12] 신에 대한 멸시는 자의식 해방의 필요에서 비롯된 것일 뿐이다. 마르크스는 나중에 자신의 박사 논문 출간을 위해 새로 쓴 서문에서 "이제야 에피쿠로스 학파, 스토아 학파, 회의파 체계가 이해되는 시대가 왔다. 그들은 자의식 철학자이다." 이 짧은 서문은 지금까지의 이 임무가 얼마나 불충분하게 해결되었는지를 나타낼 것이다.[13] 당시 마르크스는 파월 사상의 영향을 받고 있었으니 그럴 만도 하다. 문제는 로벳의 표현대로 사회와 정치의 현실에 따르면 파월의 절대적 자의식은 슈티너의 유일자와 마찬가지로 시민 사회의 원칙에 대한 일종의 이데올로기적 절대화이며 시민 사회의 본질적 계층은 사적 계층이고 그 실질적 원칙은 이기주의라는 것이다.[14] 마르크스는 정치 경제학 연구를 통해 시민 사회를 살펴본 뒤 우연성의 기초를 신뢰하지 않고 외적 필연성을 내적 필연성으로 내화함으로써 인간의 해방과 자유를 실현하려 했다. 다시 말해 마르크스는 인간의 해방과 자유를 우연성에 호소하지 않고, 외적 필

---

12 『마르크스 엥겔스 전집』, 제40권, 중국 인민출판사, 1982, 190쪽.
13 위의 책, 286쪽.
14 카를 로벳 지음, 리치우링 옮김, 『헤겔에서 니체로』, 중국 생활·독서·신지삼련서점, 2006, 469쪽.

연성에서 내적 필연성으로의 전환에 호소했다. 그가 보기에 이것은 우선 역사적 임무이다. 그러나 원자 편향설로 빠져든 마르크스는 결국 어떤 사상적 면역력을 얻었고, 포이어바흐의 구유물주의 인본학의 영향을 받더라도 헤겔의 '주체'가 스피노자의 '실체'를 넘어섰던 것처럼 포이어바흐의 그 수동적인 '자연에 기초한 현실의 인간'을 넘어섰다.

마르크스는 에피쿠로스의 원자 편향설을 추앙했는데, 그 취지는 인간의 자유 의지를 위해 지반을 보존하겠다는 것이었다. 그는 박사 논문 준비를 위한 메모에서 "자신의 존재는 에피쿠로스 철학의 유일하고 직접적인 원칙"이라고 강조하면서[15] "직선을 벗어나면 자유 의지[16]이기 때문에 에피쿠로스는……정신의 절대적 자유를 주장한다"[17]고 했다. 마르크스는 '자유'를 '철학'의 전제적 지위로 높여 확인하면서 "철학 연구의 첫째 바탕은 용감한 자유의 정신"이라고 지적하였다.[18] 자유에 대한 추앙은 일정한 의미에서 후에 마르크스가 인간의 적극적인 존재를 강조하는 사상의 기원으로 볼 수 있다. 어떤 학자는 마르크스의 현대성, 과학, 실증론에 대한 비판, 자본주의 사회 관계의 그릇된 객관성에 대한 개인의 자유와 자의식의 가능성을 무너뜨렸다는 비판 속에서 그리스인이 그의 이성과 감정의 중심을 차지하고 있다고까지 주장한다.[19] 청년 마르크스의 고전학 훈련은 그로 하여금 고대 그리스 철학적 자원으로부터 '자유'의 신념을 얻게 함으로써, 그가 훗날 인간의 소외를 밝히는 역사적 생성과 역사적 소화에 복선을 깔았다. 마르크스 박사 논문이 보여준 자아의식과 자유에 대한 선호는 마

---

15 『마르크스 엥겔스 전집』, 제40권, 중국 인민출판사, 1982, 120쪽.
16 위의 책, 121쪽.
17 위의 책, 46쪽.
18 위의 책, 112쪽.
19 E. 매카시 지음, 왕원양 옮김, 『마르크스와 옛사람』, 중국 화동사범대학교 출판사, 2011, 27쪽.

르크스가 훗날 제시한 인간의 자유 자각적 본질에 대한 사상(『1844년 경제학 철학 원고』), 인간의 자주적 활동 사상(『독일 이데올로기』), 자유인의 연합체 구상(『공산당 선언』), 자유왕국 사상(『자본론』)의 예행연습에 불과했다.

주목할 만한 사실은, 에피쿠로스가 추구한 것은 과학적 해석과 그 정당성이 아니라 철학적 적합성이었다는 사실이다. 에피쿠로스는 물체의 실체를 탐구하는 취미가 없었기 때문이다. 다만 해석하는 주체가 위로가 되는 게 문제라는 것이었다. 철학만이 이런 '위안'(마음의 고요)을 가져다 줄 수 있으니 "그의 해석 방법은 자연의 지식 자체가 아닌 자의식의 평온을 구하는 데 있었다."[20] 에피쿠로스가 자유의 자의식의 기초를 우연성에 호소하자, 불가피한 분야가 나타났다. "데무클리트는 필연성을 중시하고 에피쿠로는 우연성을 중시하였다."[21] 실증적 지식을 추구하는 데무크리트가 "필연성을 현실적 성찰의 형식으로 보지 않을 수 없게 되었기 때문이다."[22] 그리고 "반대되는 모습으로 나타났다."[23] 에피쿠로스는 필연성의 존재를 인정하지 않았다. 우리는 심지어 마르크스의 박사 논문에서도 마르크스가 나중에 『포이어바흐에 관한 개요』에서 엄격하게 구별한 두 가지 구성 철학 방식의 남발을 희미하게 식별했다. '세상을 해석하다'와 '바꾸다'의 차이를 두고 마르크스의 데무클리트와 에피쿠로스 비교에서 그 초창기 갈래를 찾을 수 있기 때문이다.

코르뉴의 주장대로 "그(마르크스—인용자)의 박사 논문에서 그는 이미 데무클리트의 유물론을 비난하며 사람이 자신의 삶을 창조하도록 지도할 능동적 원칙이 들어 있지 않다." 이러한 비난은 포이어바흐 철학에 대한 내

---

20 『마르크스 엥겔스 전집』, 제40권, 중국 인민출판사, 1982, 207쪽.
21 위의 책, 205쪽.
22 위의 책, 203쪽.
23 위의 책, 202쪽.

용도 은연중에 내포되어 있다.[24] 에피쿠로스에 대한 청년 마르크스의 편애는 포이어바흐와의 결별을 미리 예고하는 듯했다. 에피쿠로스는 어떤 의미에서 마르크스가 '있음'에서 '없음'으로 초월한 것을 상징한다. 그것은 의심할 여지 없이 마르크스가 나중에 '없음'에서 '있음'으로 복귀하는 데 필요한 준비를 제공했다. 마르크스는 평생 '있다' → '무' → '있다'는 철학적 구성을 완성했다. 이 특징은 우리로 하여금 마르크스 철학의 총체적 이해에 있어서 반드시 역사의 방식을 채택하도록 강요한다. 마르크스 사상의 전환과 점진적인 성숙의 궤적을 보면 중학교 작문(육체적 원칙과 정신적 원칙을 제시하는 투쟁)이라는 단서가 내포되어 있다. M.뤼베르는 "그(마르크스-인용자)의 이 논문이 나중에 자본론 학설의 기초가 됐다"[25]고까지 주장했다. 인간의 역사적 존재의 의미에서 육체적 원칙과 정신적 원칙의 분열을 봉합하여 인간의 해방과 자유를 실현하려는 시도라고 해도 과언이 아니다. → 박사 논문(정신적 원칙의 지상성) → 파리 원고(양자의 통일 기반을 모색하되 어느 정도 사변적 색채를 띠고 있다) →『포이어바흐에 관한 개요』와『독일 이데올로기』(양자의 통일을 제대로 구축한 것은 원초적 지위를 실천한 자각의 확립이 이러한 통일 실현을 위한 확실한 토대를 제공했기 때문이다).

3) '시간'

마르크스는 에피쿠로스 철학에 관한 메모에서 직선을 벗어날 수 있는 '원자'는 본질적으로 '공간적'이 아니라 '스스로 존재하는' 것이라고 주장했다. "그것은 공간적 법칙이 아니라 다른 법칙에 복종한다."[26] 에피쿠로스

---

24 아우구스트 코르뉴,「마르크스의 '포이어바흐에 관한 개요」,『마르크스 철학 사상 연구 번역 문집』, 중국 인민출판사, 1983, 131쪽.
25 쩡즈성 편선, 정지웨이·쩡즈성 옮김,『뤼베르크스 학문집』, 상권, 중국 베이징사범대학교 출판사, 2009, 53쪽.
26 『마르크스 엥겔스 전집』, 제40권, 중국 인민출판사, 1982, 119쪽.

의 의미인 '원자'의 시간적 법칙을 암시한다. 이것은 적어도 마르크스가 에피쿠로스 철학에 반하게 된 중요한 연유의 하나이다. 시간성과 역사 감각에 내재된 관련 시간성의 본래 의미는 역사성이며, 시간성의 형식적 의미는 단지 시간성에 불과하다. 그런 의미에서 마르크스의 역사 감각의 핵심적 의미는 1841년 에피쿠로스와 데모크리트에 관한 철학 박사 논문에서[27] 처음 나타났다.

어떤 의미에서 시간성에 대한 신뢰 회복은 현상학의 핵심이다. 에피쿠로스는 마르크스의 현상학적 시야를 최초로 부여한 사람이었을지도 모른다. 마르크스는 박사 논문에서 데무클리트와 에피쿠로스의 시간 문제에서의 차이점을 논했다. 그는 물질에서 시간의 성분을 빼야 물질이 영원하고 독립적이기 때문에[28] 시간성 제거 필요성을 지적했다. 이 점에서 데무클리트는 에피쿠로스와 일치한다. 하지만 "시간을 어디에 둘 것인가에 대해서는 다르다"고 했다. 데무클리트가 보기에 시간은 시스템에 아무런 의미도, 필요성도 없다. 시간을 취소하기 위해서라고 설명했다. 이와는 달리 에피쿠로스는 "본질 세계에서 제외된 시간은…" 현상의 절대적인 형태가 된다.… "현상 세계의 이런 순수한 형식은 바로 시간"이라고 주장했다.[29] 에피쿠로스에게 시간은 더 이상 부정적이지 않고 긍정적인 의미를 갖는다. 세계의 '현현'과 내적 관련이 있기 때문이다. 에피쿠로에게 감성은 세계 자체의 반영이며 형체화된 시간이다. 그리하여 에피쿠로스는 "사물의 시간성과 사물의 감각적 발현은 그 자체로 동일한 것으로 설정된다."고 하

---

[27] 카를 로베르트 지음, 리치우링 등 옮김, 『세계의 역사와 구원의 역사』, 중국 생활·독서·신지 삼련서점, 2002, 40쪽.
[28] 『마르크스 엥겔스 전집』, 제40권, 중국 인민출판사, 1982, 229쪽.
[29] 위의 책, 230쪽.

였다.³⁰ 이러한 '동일한' 사상은 의심할 여지 없이 마르크스 철학의 맥락에서 진정한 시간적 '역사'로서의 부활에 최초의 계몽을 제공했다. 에피쿠로스가 의미를 두는 시간을 중시한 것은 마르크스가 철학적으로 시간성에 대한 신뢰를 회복함으로써 고전적 존재론의 본질주의적 전통인 존재Being를 타파하고 뛰어넘는 시간성을 제거하는 데 필요한 이론적 포석이다. '존재'는 '본질적essence' 차원에서만 드러날 수 있고, '실존적existence'인 것과 관련된 '시간'을 신뢰하지 않는다는 전통 때문이다.

마르크스의 '존재론' 전향에 대한 낭만주의 사조의 시사점

마르크스 철학은 현대성 진료학적 방안으로서 낭만주의와 자연 친화성을 가지고 있다. 비록 마르크스는 『1844년 경제학 철학 원고』에서 낭만주의에 대한 비판을 많이 하기는 했다. 예를 들어, 마르크스는 "문화와 문명의 세계 전체에 대한 추상적 부정하는 관점을 조잡한 공산주의"라고 비판하고, 그것이 "가난하고 수요가 적은 사람의 … 비자연적이고 단순한 상태의 후퇴"라고 생각하면서 이런 사람들은 "사유 재산 수준을 넘어서기는커녕 사유 재산 수준에도 도달하지 못했다"고 말했다.³¹ 마르크스는 토지 귀족의 몰락과 금전 귀족의 형성에 대해 낭만주의자들이 흘리는 감상적인 눈물은 우리에게 없다고 비아냥거렸다.³² 그러나 현대성에 대한 그의 면역력, 즉 반성하고 비판하는 능력은 낭만주의가 깨우쳐준 덕분이다.

'낭만주의'는 줄곧 애매한 개념이지만 항상 경험 가능성에 대한 배제

---

30 『마르크스 엥겔스 전집』, 제40권, 중국 인민출판사, 1982, 233쪽.
31 마르크스, 『1844년 경제학 철학 원고』, 중국 인민출판사, 2000, 79~80쪽.
32 위의 책, 44쪽.

의 의미를 담고 있다. "일반적으로 우리가 낭만주의라고 말할 때, 아리스토텔레스의 말처럼, 이 자체는 가능한 것이 아니라 기묘하다."[33] 마르크스의 이상적 사회라는 목표에서 그 의미를 읽을 수 있다. 예를 들어, 『자본론』 제3권에서 '자유 왕국'에 대해 이야기할 때, 그는 분명히 이 차안성此岸性 물질 생산 분야의 '피안'에 배치했는데, 이 '피안'의 규정은 분명히 경험적 가능성으로 귀결될 수 없다. 사실 낭만주의의 비현실성은 '원초적인 것'과 관련이 있을 뿐만 아니라 '미래의 것'과 관련이 있을 수 있다. 19세기 초 존 포스터는 "'낭만적인 것'은 원시적, 환상적, 비정상적 단어와 같다"고 지적한 바 있다.[34] 마르크스는 인류 역사의 원초적 상태에 대한 동경과 인류 사회의 미래 가능성에 대한 그의 전망은 현실 역사라는 유기적인 고리를 거쳐 바로 내적으로 연관되었다. 여기에 낭만주의 정서가 고스란히 담겨 있다.

모제스 헤스는 그 당시 친구에게 보낸 편지에서 이렇게 말했다. "자네 생각해 보게. 루소, 볼테르, 돌바크, 레싱, 하이네, 헤겔이 한 인간에 결합했다고 말일세…그건 바로 자네가 얻게 될 마르크스 박사에 대한 개념라네."[35] 이것은 마르크스의 사상 구축에서 루소의 대체불가한 영향을 방증하였다. 명백한 수준에서 그것은 주로 『반듀링론』에서 엥겔스가 지적한 동질적 관계로 표현된다.[36] 그러나 잠재적 측면에서 루소와 마르크스 사이에는 이상주의와 그에 따른 요구에 대한 공통적인 선호가 더 많이 내포되어 있다. 칸트는 루소의 이상주의를 변호하기 위해 흄이 칸트로 하여금 '독단론의 미몽'을 깨뜨리도록 했다면, 루소는 칸트에게 지식으로부터 독

---

33 오웬 배비트 지음, 쑨이쉐 옮김, 『루소와 낭만주의』, 중국 허베이교육 출판사, 2003, 3쪽.
34 위의 책, 5쪽.
35 중국 공산당 중앙편역국 편, 『마르크스를 추억하다』, 중국 인민출판사, 2005, 271쪽.
36 『마르크스 엥겔스 선집』, 제3권, 중국 인민출판사, 1995, 483쪽.

립된 도덕적 영역을 발견하게 했다. 물론 흄의 '그렇다'와 '그래야 한다'의 경계선이 칸트의 '자연'과 '자유'의 두 영역을 탐구하는 데 시사하는 가치도 무시할 수 없지만, 루소 사상은 칸트가 신앙의 보금자리를 위해 개척한 새로운 방향의 중요한 원천이다. 사색에 약한 이상주의자(루소를 지칭 - 인용자)로서 그는 온갖 종류의 선한 도덕적 감정에 빠져 있고 애매한 표현은 광신이다. 그것이 없었다면 세상의 어떤 위대한 사업도 이룰 수 없었을 것이다.[37] 루소의 도덕주의적 입장은 필연적으로 일종의 당위론적 요구를 내포하고 있다. 칸트의 말처럼 루소의 이론은 기존 사물에 대한 이론이 아니라 있어야 할 사물에 대한 이론, 기성 사물에 대한 묘사가 아니라 적절하게 나타난 사물에 대한 부각, 향수의 애가가 아닌 미래의 예언이다.[38] 이러한 당위성은 또한 마르크스가 현존하는 사물에 대한 "올바른 이해"를 하게 하는 사상적 기원이며, 고대 그리스 철학 외에 마르크스의 비판적 요구와 척도의 사상사적 원천이다. 심리와 물리 세계의 굴레를 넘는 것은 이상주의의 취지다. "이상주의는 좋지만 현실주의는 나쁘다는 관념은 … 낭만주의 운동의 산물"이다.[39] 평생을 '세상을 변화시키는' 것을 힘을 쏟은 마르크스의 기본 취향과 딱 들어맞는다. 물론 훗날 마르크스의 '역사적 사유'가 확립되면서 이러한 당위성과 실제 상황의 긴장이 역사적 해석과 역사적 해결에 호소된 것이 마르크스의 독특한 공헌이다.

마르크스와 낭만주의의 정신적 기질에서의 친화성은 생명 원칙의 두드러짐을 결정한다. 마르크스의 맥락에서 원래 범주의 실천에 내재된 개방성과 생성성은 '생명'을 특성화하는 '추진 원칙'과 '창조 원칙'을 보다 자

---

37 카시르 지음, 리우둥 옮김, 『루소 칸트 괴테』, 중국 생활·독서·신지 삼련서점, 1992, 20쪽에서 재인용.
38 위의 책, 12쪽.
39 이사야 벌린 지음, 뤼량 등 옮김, 『낭만주의의 근원』, 중국 역림(譯林)출판사, 2008, 139쪽.

연스럽게 표현하고 있다. 그것은 형식적이면서도 내용적이다. 이것은 마르크스인의 존재 현상학 또는 실천적 존재론과 낭만주의 사이의 가장 깊은 의미의 일치점이다. 낭만주의가 주장하는 생명의 원칙은 유기성과 창조성의 이중적 성격을 내포하고 있다. 사실 이것도 마르크스의 사상 구축에 깊이 뿌리를 둔 두 가지 성격이다. 베를린의 요약에 따르면 낭만주의는 특히 인간 존재의 자주적 힘과 생성성을 강조한다. "이것이 낭만주의의 본질이다. 의지, 그리고 행동의 동의어로서, 영원히 창조되고 있기 때문에 묘사될 수 없는 인간으로서 말이다."[40] 실러는 살아 있는 이미지 실러에 대해 "사람이 살아 있는 이미지가 되려면 그 이미지가 생명이고 그 생명이 이미지여야 한다"고 지적한[41] 추앙은 낭만주의의 생명체에 대한 직관적인 통찰력을 보여 준다. 사실 이러한 생명 원칙은 마르크스의 구상에도 반영되어 있다. 마르크스는 헤겔의 『정신 현상학』에서 '추동의 원칙과 창조의 원칙으로서의 부정성'이라는 '변증법'의 '위대한 점'을 읽고 이를 사변 철학에서 구했다. 어떤 의미에서는 마르크스가 계승한 낭만주의 생명 원칙에 대한 철학적 수사적 시도로 볼 수 있다. 나중에『자본론』초안에서 마르크스는 '불'을 인간의 '실천'에 비유하며 '노동은 살아 있고 형상화된 불'을 강조한[42] 헤라클레스의 불을 연상시키며 창조를 변증법과 연결시킨다. 벨린의 말대로 "로맨틱리스트에게 살아가려면 해야 할 일이 있고, 해야 할 일이 있다면 자신의 천성을 표현하는 것"이다.[43]

인간의 존재를 '시적 정취의 서식지'로 만들어 시적 정취화하는 것이 낭만주의의 기본 취지다. 버링은 "사실 낭만주의 운동 전체가 하나의 미학

---

40 이사야 버링 지음, 뤼량 등 옮김, 『낭만주의의 근원』, 역림출판사, 2008, 138쪽.
41 실러 지음, 쉬헝춘 옮김, 『미육서간美育書簡』, 중국 문련(文聯)출판사, 1984, 87쪽.
42 『마르크스 엥겔스 전집』, 제46권, 상권, 중국 인민출판사, 1979, 331쪽.
43 이사야 버링 지음, 뤼량 등 옮김, 위의 책, 107쪽.

적 패턴을 실생활에 강요하고 모든 것을 예술의 법칙에 따르도록 하려고 한다"고 지적했다.[44] 그러나 낭만주의의 해결책은 인과관계를 거꾸로 하고, 미적 활동을 그 반대가 아닌 인간의 역사 해방의 원인으로 본다. 마르크스는 진실한 인과관계를 밝히고, 인간의 역사적 해방에 미학을 호소하며, 인간이 진실한 자유를 얻을 때만 그 존재 방식 자체가 미학적 성격을 갖는다고 생각한다. 그러나 마르크스는 낭만주의 미학 모델의 상징성을 비판적으로 벤치마킹한 셈이다. 마르크스가 내린 '사람도 미의 법칙에 따라 창조된다'는 결론을 낭만주의의 상기 취지의 사상사의 메아리로 보는 것은 어렵지 않다. 비젤은 마르크스의 이 사상을 마르크스가 낭만주의자 특히 실러가 무시할 수 없는 사상사적 관계를 가지고 있다는 확실한 증거로 보고 있다.[45] 그는 심지어 마르크스의 "공산주의는 사실『미육서간』에서 실러가 철학에 대해 제기한 문제에 대한 해답이다"라고 주장했다.[46] 공산주의는 절대적인 존재로서 인간의 분열을 지양한 역사적 결과에 불과하기 때문이다.

버링은 "실존주의는 낭만주의의 진정한 계승자"라고 말했다.[47] 그렇다면 낭만주의는 어떻게 실존주의를 열었을까? 낭만주의는 본질주의를 용납하지 않는다. 윌리엄 배럿은 "본질주의는 실재성보다 본질이 먼저 존재한다고 주장하는 것이다. 이에 비해 실존주의는 실존을 본질보다 먼저 주장하는 철학"이라고 생각했다.[48] 확립된 본질은 실존의 우선순위라는 패턴

---

44 이사야 버링 지음, 뤼량 등 옮김, 앞의 책, 144쪽.
45 P. 비젤,「실러와 마르크스의 살아 있는 이미지에 관한 미학」,『미학 번역』, 제1집, 중국사회과학출판사, 1980, 1~3쪽.
46 P. 비젤, 위의 책, 18쪽.
47 이사야 버링 지음, 뤼량 등 옮김, 위의 책, 138쪽.
48 윌리엄 바렛 지음, 돤더즈 옮김,『비이성적인 인간-실존주의 철학 연구』, 중국 상하이역문(譯文)출판사, 1992, 107쪽.

에 대한 선행 도축제가 아니라 일종의 역전을 실현하고 실존을 본질보다 앞선 규정으로 확인한다. 버링의 이런 판단은 그런 의미에서 옳다. 낭만주의는 현대성에 의해 훼손된 '인간'을 일깨우는 데 긍정적이다. 현대적 맥락에서 '인간'은 '사람이 무엇인가'라는 추궁을 통해 '발견'되는 목적격적 의미의 '인간'으로 전락했다. 이런 '인간'은 완성·경직·폐쇄된 무생명의 존재일 수밖에 없다. '인간이 뭐냐'고 따질 때 돌아오는 것은 본질주의적 대답일 뿐이다. 그러나 '인간'은 결코 동전이 아니라 미래를 향한 열린 가능성이다. 따라서 인간의 '실존existence'은 명사가 아닌 동사적이다. 낭만주의는 이성주의 철학에 질식한 이 세상에 대한 생명관적 시야를 되살렸다. 실존주의의 관점에서 실존은 정의되지 않고 객관적으로 인식되지 않는 것이며, 또한 그것은 일종의 생성이다.[49] 여기에 베이스로 존재하는 낭만주의의 취지를 엿볼 수 있다. 마르크스의 '세상을 해석하는 것'에 대한 거절은 바로 이러한 '객관적 인식'의 태도에 대한 초월을 의미하며, 실존주의의 생성성에 대한 강조는 마르크스의 실천의 원초성과 우선성에 대한 확인에서 긍정되어 왔다. 물론 이는 완전히 새로운 토대 위에서 실현되었다. 그러나 낭만주의는 인간 구원의 적절한 방향을 제시하지만 뾰족한 길을 제시하지 못한다. 마르크스의 진정한 공헌은 인간의 해방을 하나의 역사적 활동으로 만드는 데 있지만, 구원의 방향은 의심할 여지 없이 낭만주의를 계승하고 있다.

---

49 장왈 지음, 웡샤오췐 옮김, 『실존 철학』, 중국 생활·독서·신지 삼련서점, 1987, 39, 41쪽.

기독교 전통에 대한 마르크스의 비판과 그 실체

　기독교와 마르크스의 사상사적 관계에 대한 이전의 이해는 지나치게 단순화되었다. 이것은 우리가 마르크스 철학의 실체를 이해하는 데 큰 방해가 되었다. 엥겔스는 만년에 『원시 기독교의 역사에 대하여』에서 기독교와 사회주의에 대해 흥미로운 비유를 하였다. "기독교와 노동자의 사회주의는 모두 장차 노역과 빈곤으로부터 구원받을 것이라고 선전하고 있다. 기독교는 사후의 피안 생활에서 천국에서 이러한 구원을 구하고 사회주의는 현세에서 사회 개조 속에서 구한다."[50] 이 비유는 기독교와 사회주의 사이에 어떤 비교 가능성이 있다는 것을 의미한다. 엥겔스의 눈에는 둘 다 만족을 추구하지만 기독교가 가상의 만족에 그친다면 사회주의는 진실의 만족을 추구한다.

　마르크스는 『헤겔 법철학 비판』의 '서론'에서 종교는 인민의 아편이라는 유명한 비유를 제시했는데, 아편은 당시 유럽에서 진통제일 뿐 아직 부정적인 의미를 띠지 않았다. 청나라 말기에 중국인들이 아편을 부정적인 의미로 취급한 것은 아픈 민족의 기억과 관련이 있다. 진통제로서 아편은 한편으로는 사람들에게 위안을 줄 수 있고, 한편으로는 이러한 위안이 고통의 근원을 제거하는 것이 아니기 때문에 사실이 아니라 가상이다. 이 비유는 마르크스가 발명한 것이 아니며, 이미 18세기 프랑스 무신론 사상가들로부터 비슷한 설이 있었다. 마르크스에게 이 비유는 종교와의 단절을 의미하기도 하고, 또 어떤 연원 관계를 의미하기도 한다. 이 비유는 마르크스가 종교가 주는 만족의 허황성에 반대하면서도 한편으로는 사람들의 마음에 대한 위로의 역할을 인정했음을 보여 준다. 그가 거부한 것은

50　『마르크스 엥겔스 선집』, 제4권, 중국 인민출판사, 1995, 457쪽.

단지 만족의 가상적 성격일 뿐 그 자체가 아니라, 그가 추구하는 것은 진실의 만족일 뿐이기 때문이다. 종교가 주는 만족의 가상성에 대해 마르크스는 "종교는 인간의 본질이 환상 속에서 실현되는 것이며, 인간의 본질은 진정한 현실성을 갖지 않기 때문이다"라고 말했다.[51] 따라서 '종교에 의한 정신적 위안'은 인간의 본질인 '진실의 현실성'에 도달할 수 없다. 종교는 사람을 '허황된 행복'으로 만드는 것이지 '현실적 행복'은 불가능하다. 그런 의미에서 마르크스는 종교를 '사슬에 묶인 허구의 꽃들'로 보고 있다. 마르크스는 "세계를 변화시킨다"를 통해 "지상 천국", 즉 "이 차안此岸세계를 확립하는 진리"를 세우겠다고 다짐했다. 이것이 바로 마르크스가 말하는 "신선한(진실한) 꽃"이라고 하는 은유적인 함의이다. 기독교처럼 사람들에게 무한히 지연된 기대나 약속을 제공하는 것이 아니다. 마르크스가 보기에 기독교가 추구하는 것은 세계 자체를 바꾸는 것이 아니라 세상을 바라보는 방식을 바꾸는 것일 뿐 인간의 진정한 해방으로 이어질 수는 없다. 따라서 그것은 여전히 보수적이고 부정적이며 허위적이고 기만적이다.

인간 존재의 이중화에 대한 마르크스의 자각(철학을 세우는 데 있어 전제적인 의미)은 처음에는 분명히 기독교 관념의 깊은 영향에서 비롯된 것임을 인정해야 한다. 마르크스의 중학교 졸업장에는 "기독교의 교리와 훈계에 대한 이해가 명확하고 논증할 수 있으며 기독교 교회의 역사도 상당히 잘 알고 있다"고 적혀 있다.[52] 하이네의 말처럼 "언젠가 인류가 건강을 완전히 회복하고 육체와 영혼 사이에 평화가 재건되고 육체와 영혼이 다시 원초적 조화 속에 스며든다면 그때 사람들은 아마도 기독교가 육체와 영혼 사이에 일으킨 인위적인 불화를 이해하지 못할 것이다."[53] 영과 육의 충돌

---

51 『마르크스 엥겔스 선집』, 제1권, 중국 인민출판사, 1995, 1~2쪽.
52 『마르크스 엥겔스 전집』, 제40권, 중국 인민출판사, 1982, 828쪽.
53 장위슈 편선, 『하이네 선집』, 중국 인민문학출판사, 1983, 211쪽.

은 기독교가 만들어낸 것이 아니라 인간의 현실적 존재 자체에서 일어나는 실제적인 분열이라 할 수 있지만 기독교는 이데올로기로 그 분열을 굴절시키고 있다. 따라서 소년 마르크스에게서 이러한 분열에 대한 체인은 처음에는 신학적 경로를 통해 이루어졌다. 마르크스는 중학교 시험의 종교 문제를 논하는 작문에서 신학적 담론에 따른 인간의 생존 역설을 밝혔다. 그는 종교적인 시각과 언어로 인간의 타락과 구원의 문제를 논증하였다. 기독교 문제에 대한 성찰과 사고를 통해 마르크스는 인간 존재의 이중화 운명을 더욱 뼈저리게 체험했다. 이 작문의 핵심 문제는 '그리스도와 신도의 일치'다. 신의 불꽃과 욕망의 불길, 죄의 유혹의 소리와 미덕에 대한 열정, 속세의 부귀공명을 탐하는 비열한 시도, 지식욕 진리에 대한 갈망 거짓 달콤한 말 사이의 괴팍함은 마르크스에게 초조함, 허탈함, 심지어 절망감을 안겨주었다. 곧이어 그의 유명한 중학교 작문에서 이러한 충돌은 육체적 원칙과 정신적 원칙의 투쟁이라는 마르크스의 일생 철학적 구상을 관통하는 줄기로 귀결되었다.

분명히 청년 마르크스의 이상주의는 그 신학적 배경이 있다. 그는 "…모든 도덕적 행위는 그리스도에 대한 사랑, 신에 대한 사랑에서 비롯되며, 이 순결의 근원 때문에 도덕은 모든 세속적인 것에서 벗어나 진정한 신적인 것이 된다"고 썼다.[54] 마르크스는 여기서 도덕의 신성의 근원을 밝히고, 도덕의 순수성, 즉 어떤 경험도 포함하지 않는 성분을 보장한다. 그는 그리스도와 그리스도를 통해 하나님과 결합하는 순진무구한 어린이의 마음만이 그것(그리스도와 일치하여 얻은 쾌락 - 인용자)을 맛볼 수 있으며 삶을 더 아름답고 숭고하게 만들 수 있다고 선언한[55] 이 어린이 마음은 20여 년 후의 성숙한 마르크스에 의해 『정치 경제학 비판』의 '서론'에서 인류 역

---

54 『마르크스 엥겔스 전집』, 제40권, 중국 인민출판, 1982, 822쪽.
55 위의 책, 822~823쪽.

사의 표현과 그 완성의 이상적 경지를 은유적으로 부각시킨 이른바 '어린이의 순진함'이다.

버키가 보기에 유대교『구약』이 "초월적 세계로 현존하는 세계를 삼키고 있고", 아니면 '기독교가 … 현존하는' 세계에 대해 매우 결연하고 강하게 거부하고 있다"라고 말한 것은 모두 마르크스주의의 기원과 관련이 있다.[56] 유대교와 기독교 모두 내세를 믿고 추구하며 현세를 거부한다. 이런 경향은 강한 비판성을 띠고 있다. 이러한 비판성 자체에 대해 말하자면, 그것으로부터 마르크스가 영향을 받은 것은 틀림없다. 하지만 마르크스의 현존 세계에 대한 거부는 회피나 도피가 아니라 현실을 직시함으로써 실현되는, 즉 '실제적 반대', 즉 실천적 비판에 호소하는 것이다. 마르크스가 그런 거절을 한 이유는 허황된 것이 아니라 진실한 것이다. 그것은 감성적 활동에 호소하는 데 있다. 유대교와 기독교 사이의 본질적인 차이가 바로 이 점에 있다. 무신론자인 마르크스는 현존하는 것을 '해석'의 대상으로 보기보다는 '변화'의 대상으로 삼았다. 이런 태도는 또 내부적으로 비판의 초월적 지향점을 내포하고 있다. 요컨대 초월이라는 점에서 마르크스는 현실적이었고, 현실성이라는 점에서 마르크스는 초월적이었다.

틸리히는 다음과 같이 말했다. "마르크스의 초기 발전에는 두 가지 결정적인 사상이 있었다. 그의 인간에 대한 개념과 그의 역사에 대한 개념이 그것인데, 두 개념 모두 인간과 역사에 대한 기독교의 해석과 분명한 일관성을 보여 준다. 그러나 이 두 개념은 기독교와의 대립을 보여 준다."[57] 틸리히가 보기에 기독교의 낙원→실낙원→복낙원은 마르크스의 인간→비인간→인간과 동일한 성격을 띤 것이었다. 그러나 마르크스에게서

56　N. 버키 지음, 우칭 등 옮김, 『마르크스주의의 기원』, 중국 화동사범대학교 출판사, 2007, 18쪽, 21쪽.
57　허광후 선편, 『틸리히 선집』 상권, 중국 생활·독서·신지 상하이삼련서점, 1999, 52쪽.

프롤레타리아는 구원자와 피구원자를 아우르는데, "프롤레타리아는 스스로를 해방시킬 수 있고 또 스스로 해방시켜야 한다"고 보았다.[58] 틸리히는 프롤레타리아에게 종말 심판의 면책 특권을 주는 것이라고 생각한다. 사실 반대로 프롤레타리아에게 자긍심을 주는 이유가 아니라 특별한 역사적 책임을 부여한 것이다. 마르크스가 밝히려고 한 것은 프롤레타리아 계급의 자기 구원과 자기 해방이었다. 마르크스는 확실히 벗어나기 어려운 역설을 만났지만, 이는 모든 철학자가 직면해야 할 역설이다. 이것은 말할 수 없다고 말해야 한다는 노자의 철학과 비슷하다. 그래서 마르크스는 자각적 차원에서도, 비자각적 차원에서도 메시아적 역할을 할 생각이 없었고, 구세주를 자처하지 않았다. 역사 해석과 관련해 틸리히는 마르크스의 역사 개념이 기독교와 다른 점은 전자가 역사를 자연스러운 관점으로 이해하는 것이 아니라 역사 속에서 자신이 하는 일을 강조함으로써 인간의 능동성을 과장하는 것이라고 주장했다. 마르크스가 역사적 자족성에 대해 이야기하면서 인간의 숙명적인 면을 결코 잊지 않았다는 점에서 그의 눈에는 그것이 인간의 초월성을 구성하는 선택의 여지가 없는 전제이기 때문이다.

유대교의 '회귀return' 관념과 마르크스의 인간적 복귀와 원초적 상태에 대한 향락 사이에도 어떤 내적 연관성이 있다. 이 관념에 대해 레오 스트라우스는 『진보인가, 복귀인가?』에서 집중적으로 토론했는데, 그는 "유대교는 진보보다는 귀환에 관심이 있다"고 말했다.[59] 마르크스의 역사관이 선형의 '진보론' 역사관과 이질적인 이유 중 하나는 전자가 열린 원의 구조를 내포하고 있기 때문이다. 변증법적 '삼일식三一式'의 요구이기도 하지만 사상사적 배경의 윤택함(무의식적 측면에서의 잠재적 영향 포함)을 떠나서 마르

---

58 『마르크스 엥겔스 전집』, 제2권, 중국 인민출판사, 1957, 45쪽.
59 레오 슈트라우스 지음, 궈전화 등 옮김, 『고전적 정치적 이성주의의 부활-슈트라우스 사상 입문』, 중국 화샤(華夏)출판사, 2011, 299쪽.

크스가 왜 사상적으로 이런 역사 구조를 받아들이는지 상상하기 어렵다. 마르크스에게 '회귀'는 이중적이다. 첫째는 인간성의 복귀인데, 이는 인간의 소외와 그 지양에 관한 사상 속에 집약되어 있고, 둘째는 고대 문명으로의 복귀인데, 이것은 특정한 은유 속에 있을 뿐만 아니라 역사의 서사에도 반영되어 있다.

마르크스와 칸트 사이의 사상사적 연결의 재정립

마르크스와 칸트의 철학적인 관계는 새로운 인식이 필요하다. 필자는 칸트가 "선천적 종합판단이 어떻게 가능하냐"고 질문했다면 마르크스는 "검증 규정을 뛰어넘는 역사적 구성이 어떻게 가능하냐"고 묻고 있다. 마르크스가 제기한 문제의 본질은 실험과 경험의 통일 가능성을 추궁하는 데 있다고 본다.[60] 헤겔은 철학의 최고 목적이 사상과 경험의 화해라고 했다. 추상적인 의미에서는 맞지만 관건은 이런 '화해'가 어떻게 가능하냐는 것이다. 칸트가 문제를 제기했지만 이를 해결하지 못한 것은 결국 이원론의 우려를 피할 수 없다. 마르크스는 칸트의 지식론적 문제를 존재론적 문제로 전환시키고, 이를 해결하기 위한 실행 가능한 아이디어를 제공했다.

규정을 초월하는 것은 결코 신비롭지 않다. 일반적으로 선험성은 유심론과 관련이 있을 뿐이며 심지어 유심론의 다른 말로도 사용된다. 사실, 규정을 초월하는 것은 관념론의 '전매 특허'가 아니라, 오히려 그것을 실천적 유물론으로 해석할 수 있다. 사실 어떤 전칭全稱 판단도 선험성을 갖고

---

60 허중화, 「마르크스를 다시 읽다 - 가능성과 한계」, 『산동 사회 과학』, 제11기, 2004, 7쪽.

있다. 펑요우란馮友蘭 선생의 말이다. "'범凡'이나 '일체一切'는 진정한 철학의 기본 단어다. 왜냐하면 그들이 나타내는 밑바닥은 모두 경험의 밑바닥을 초월하기 때문이다. 어떤 사물이든, 우리가 모든 것을 말하면, 이 '범'이나 또는 '일체'는 경험의 밑바닥을 초월한다."[61] 이것이 바로 경험적 사실에 의해 '증거'될 수 없고 '증거'될 가능성을 영원히 배제할 수 없는 이유이다. 선험적인 신학적 의미와 철학적 의미는 모두 피안성에 있으며, 따라서 모두 본질주의의 한계를 가지고 있다. 마르크스는 실천의 궁극적인 원시적 지위를 확립함으로써 초월성을 환골탈태시켰다. 그는 철학적으로 초월적·역사적 함의를 부여하고 초월적 규정을 혁명적으로 재건하였다. 이 변혁은 마르크스에서 철학이 진정으로 역사 자체의 표현과 그 완성 방식에 대한 반사의 형태로 바뀌어 일반화되었고, 진정한 동인의 존재와 내재적으로 연결되어 있음을 의미한다.

현존하는 세계(경험적 존재)를 끊임없이 초월해 미래로 열어놓는 가능성은 바로 인간 존재의 특유한 성질이며, 그것은 인간과 그 존재의 특질을 나타내고 있다. 이러한 '무한한 악'의 실천적 특징에 대한 직시는 바로 존재론의 구성이 마르크스의 본질적 차원에서 실존적 차원으로의 회귀를 실현했음을 의미한다. 선험적 비본질주의의 파악, 즉 실존적 차원의 파악에 들어가 더 이상 헤겔이 추앙하는 진정한 무한성으로 표현되지 않고 헤겔이 비난한 악의 무한성으로 특징지어지거나 '악의 무한성'이라고 한다. 이 무한한 발전의 의미인 '악의 무한'은 피안성이 끊임없이 생성되는 것을 의미한다. 마르크스는 과거 철학의 호소, 즉 사상에서의 초월을 현존하는 모든 것에 실제로 반대함으로써 실현되는 실존에서의 초월로 바꾸어 놓았다. 이것은 그의 초월적 개념에 대한 근본적인 변혁이라고 할 수 있다. 마

---

61 펑요우란,『삼송당三松堂 전집』, 제5권, 중국 허난인민출판사, 2001, 200쪽.

르크스가 보기에 사상 속의 초월은 아큐식 자기 위안일 뿐이며, 마치 종교가 자신의 마음에 필요한 일종의 가상적 만족에 지나지 않는 것처럼 보인다.

나는 선험성의 두 가지 의미를 구별할 필요가 있다고 생각한다. 그 하나는 철학의 원초적 기초가 되는 범주가 경험적 규정의 적법성보다 우선하는 것이고, 다른 하나는 인간의 실제 역사적 존재에서 선험성의 현실적 표징이다. 물론 이 둘은 내적 관계를 가지고 있다. 전자를 확인하지 않으면 후자를 제시할 수 없기 때문이다. 후자를 이해하지 못하면 전자도 헛허와 공허에 빠지게 되는데, 이것이 바로 마르크스가 비판한 사변 철학의 치명적인 결함이다. 논리가 이전에 마르크스에게 '아들이 아버지를 낳은 것'이라면서 '사변 방법'이라 비판을 받은 바 있는데, 마르크스는 "이 방법에 근거하면 아들이 아버지를 낳게 되어 나중에 태어난 것이 먼저 있었던 것에 영향을 미치는 것"이라고 풍자하였다.[62] 마르크스는 '선험성'을 실천 자체의 현실 부정성, 즉 현존하는 사물을 실제로 반대하고 변화시키는 것으로 바꾸었다. 이러한 '반대'와 '변화'는 '물질의 힘'으로 '물질적인 것'을 파괴하는 것으로, 경험 세계에 대한 현실적 초월을 의미하는 것이 바로 선험적인 역사적 의미이다. 마르크스 문맥에서 선험성은 현실의 역사 속에서 끊임없이 실현되고 있으며, 이는 사변에서 단번에 달성되는 것이 아니라 실제 생성에서 경험의 역사로 특징지어진다. 마르크스에 의해 근본적으로 재건된 '선험성'의 의미는 인간의 현실이 이상으로 이행하는 데 있다. 그것은 실존과 본질을 통일하는 역동적인 표징일 뿐만 아니라 인간으로서의 존재는 모든 비인간적 존재와 다른 특징이며 마르크스가 확립한 궁극적인 원시적 범주로서의 실천에 고유한 규정이다.

마르크스의 실천적 유물론은 일종의 '역사적 사유'로서 실증주의와 결

---

62 『마르크스 엥겔스 전집』 제3권, 중국 인민출판사, 1960, 152쪽.

코 다르다. 경험주의의 실증적 경향은 경험을 인지의 조건으로 삼는 데 그친 반면 마르크스는 경험을 인간의 존재로 보는 역사적 표현 방식으로 '현상'의 '동사적' 이해 때문에 '경험'으로 표현했다. 따라서 마르크스는 평생동안 과도한 실험의 역사적 표현과 그것이 어떻게 완성될 수 있는지에 대한 문제, 즉 경험과의 화해를 모색하는 역사적 가능성 문제를 해결하는 데 전념했다. 이러한 '화해'는 철학에서 인간의 존재에 대한 현상학적 구성을 통해 완성되며, 그것은 공산주의는 철학상의 '절대'로서[63] 반성의 차원에서 확립되고, 실천적 측면에서는 인간의 역사적 존재의 실제적 표현과 그 완성을 통해 실현된다. 또 경험적 측면에서는 인류 역사의 모든 가능성을 충분히 보여주고 인간의 포괄적이고 자유로운 발전을 특징으로 한다. 화르가 실존주의 철학을 언급하면서 밝힌 바와 같이 이런 경험론은 흔히 말하는 경험론과는 완전히 다르다. 그것은 어떤 형이상학의 가능성을 동시에 긍정하는 것이며, 어떤 의미에서는 그 자체가 형이상학'이다.[64] 마르크스가 말하는 '진정한 실증 과학'을 경험주의의 실증성과 비교하거나 혼동할 수 없는 이유다.

비록 일부 논리 실증주의자들은 마르크스를 실증주의 사상의 계보 중 하나로 꼽기까지 했다. 예를 들어 1929년 칼나프 등이 초안하고 서명한 선언문 〈비엔나 학파. 과학적 세계관〉에는 논리 실증주의의 선구자 명단이 실렸는데, 마르크스가 포이어바흐와 함께 그 안에 들어 있기도 했다. 야이엘은 "이 목록은 매우 이해하기 쉬우나, 그 중 다수가 단지 이 저자들의 저서들 중 어떤 특수한 방면의 어떤 문제 때문"이라는 점을 유념해야 한다며 "마르크스가 그의 논리학 때문도 형이상학 때문도 아닌 역사에 대

63　N. 버키 지음, 우칭 등 옮김, 『마르크스주의의 기원』, 중국 화동사범대학교 출판사, 2007, 93쪽.
64　장 화르 지음, 웡샤오쥔 옮김, 『실존 철학』, 중국 생활·독서·신지 삼련서점, 1987, 7쪽.

한 과학적 탐구 때문"이라고 설명했다.[65] 그들은 단지 마르크스 역사 연구의 실증성 때문에 그것에 그들의 '선현 명단'을 아낌없이 넣은 것이다.[66] 사실 마르크스의 실증적 연구는 단지 인간으로서의 존재에 대한 현상학적 서사의 표현 단계일 뿐이고, 단지 속성일 뿐이며, 더 이상 원래의 학문적 의미에서 성립되지 않는다는 것을 전혀 이해하지 못했다. 그들이 마르크스와 포이어바흐를 비교할 때, 이는 실증주의적 선호가 마르크스 철학의 입장에 대한 그들의 총체적 명의를 정확하게 판단하는 데 방해가 된다는 것을 의미한다.

사실 마르크스는 과학적 직관도, 철학적 직관도 반대했다. 그는 포이어바흐를 다른 이론가들과 마찬가지로 실존적 사실에 대한 정확한 이해를 원할 뿐이지만 진정한 공산주의자의 임무는 그런 실존적인 것을 무너뜨리는 데 있다고 비판한다.[67] 과학적 직관은 경험 세계에 대한 긍정밖에 도달하지 못한다. 왜냐하면 마르크스가 거부한 그런 '세상을 해석하는' 태도에 지나지 않기 때문이다. 젊은 헤겔 사상가들은 그들의 비판적 사상이 현존하는 것을 파괴해야 한다고 믿지만[68] 그러나 "의식을 바꾸라는 요구는 존재하는 것을 다른 방식으로 해석하라는 것, 즉 별도의 해석에 의존해 인정하라는 것이다."[69]

마르크스 문맥에는 숙명성과 초월성 사이의 긴장감이 있다. 그 운명의 전제인 우리가 맞닥뜨릴 운명인 세상을 경험적 방법으로 포착하고 파악할 수 있다. 마르크스가 우리가 맞닥뜨린 이 역사적 전제의 전제성을 확인하

●
65　J.아이엘,「논리 실증주의 운동의 역사」,『철학역총哲學譯叢』, 제2호, 1987, 76쪽.
66　왕하오 지음, 쉬잉진 옮김,『분석 철학을 넘어 - 우리가 알고 있는 분야의 본상을 드러낸다』, 중국 저장(浙江)대학교 출판사, 2010, 146쪽.
67　『마르크스 엥겔스 선집』, 제1권, 중국 인민출판사, 1995, 96~97쪽.
68　『마르크스 엥겔스 전집』, 제3권, 중국 인민출판사, 1960, 16쪽.
69　『마르크스 엥겔스 선집』, 제1권, 위의 책, 66쪽.

고 강조한 것은 사변 철학이 현실의 사변의 원죄를 사상을 통해 극복하려 했던 것을 오려낸 데 불과하다. 그러나 마르크스는 자신의 철학을 여기에 국한시키지 않았다. 인간의 초월성은 바로 이러한 선택성 속에서 역사적으로 상징되어 왔으며, 그것은 이 숙명적으로 도래한 세계에 대한 '비판', 이른바 '실제적 반대'로 나타난다. 그 자체가 바로 성인이 '긍정적 존재'로서 가장 본연의 방식임을 증명하는 것이다. 이것은 마르크스가 재건한 의미에서의 이른바 선험성의 진정한 의미이기도 하다. 그래서 인간의 존재 현상학에서는 초월 자체가 사변 활동이 아니라 인간의 역사 창조 활동으로 변모한다. 그것은 더 이상 사상의 '해방'이 아니라 인간 자체의 역사적 해방이다. 인간의 모든 능동성은 결국 이런 실제적인 초월 속에 있으며, 바로 이런 능동적인 초월을 통해 수동성도 그 속에서 사라지게 된다. 인간 존재의 진정한 개방성은 바로 이러한 초월적 과정에서 발생한다.

마르크스에 있어서 '이 차안 세계의 진리를 확립하라'는 요구와 '피안'으로 규정되는 '자유 왕국'의 구축 사이에는 어떤 긴장이 존재하지만, 이원론이 빠졌던 역설로 이어지지 않고 실천에 바탕을 둔 역사의 실제 전개와 초월 속에 소화된다. 이것은 변증법일 뿐만 아니라 동시에 현상학이다. 변증법의 관점에서 그것은 경험과 초월적 실험의 대립에 대한 변증법적 포기를 의미하며, 현상학의 관점에서 그것은 또한 실존에서 본질적인 실제 생성으로 특징지어진다.

현상학은 마르크스와 헤겔의 관계에서 소홀히 취급되는 다른 측면

마르크스와 헤겔을 비교하면서 야스퍼스는 "헤겔에서 역사 발전의 핵심은 그가 말하는 '이념'에 있는 반면 마르크스에서는 동물과 다른 계획적인 노동으로 자신의 생활 수단을 생산하는 사람들의 생산 방식에 있다. 이 두 사람은 헤겔과 마르크스 모두 그들이 생각하는 핵심에서 모든 현상을 끌어낸다."[70] 이 관점은 일리가 있다는 것을 인정해야 한다. 마르크스와 헤겔의 철학적 본질적 차이는 단지 현상학을 다른 원초적 기초 위에 놓았을 뿐이라고 말할 수 있을 정도였다.

마르크스와 헤겔 사이의 사상사적 관계 문제에 있어서 이전의 해석은 명백한 단순화 경향이 있다. 예를 들어 마르크스가 단지 변증법적 측면에서 헤겔을 비판적으로 계승했다고 생각한다. 사실 헤겔은 변증법뿐만 아니라 현상학에서도 마르크스에 깊은 영향을 미쳤다. 필자는 "변증법 문제에서 마르크스가 헤겔의 '두발 뒤꿈치' 변증법을 뒤집어 사변적 변증법을 실천적 변증법으로 바꾸었다면, 현상학 문제에서 마르크스는 헤겔의 절대적 정신의 현상학을 인간의 존재로 개조한 현상학"이라고 보았다.[71] 후자의 한 측면을 떠나서, 우리는 마르크스와 헤겔의 관계를 진실하게 볼 수도 없고, 마르크스 자신의 사상, 예를 들어 그의 철학이 인간으로서 존재하는 현상학의 성격을 깊이 이해할 수도 없다.

헤겔이 논리와 역사의 통합을 철학의 구성 원칙으로 확인했을 때, 본질과 실존의 분열이 통합의 주제에 포함되었다. 이 주제는 변증법과 현상학의 관계가 내재적 의의를 갖게 하였다. 그러나 헤겔에게 이러한 내재성은 신뢰할 수 있는 기반을 얻지 못하게 했다. 그것의 적절한 기초의 확립은 마르크스의 공헌이다. 헤겔 철학의 궁극적인 목적은 '사고'와 '존재'의 분열과 긴장을 조화시키는 데 있다. 로벳의 말처럼 "헤겔의 최초의 체계 미완성품에서부터 그의 논리학과 철학 전서에 이르기까지 그의 조화철학의 진정한 동인은 주체와 객체 사이, 자위적 존재와 자유적 존재 사이, 내

---

70 시옹웨이 주편, 『실존주의 철학 자료 선집』, 상권, 중국 상무인서관, 1997, 731쪽.
71 허중화, 「마르크스 다시 읽기 - 가능성과 그 한계」, 『산동 사회 과학』, 제11기, 2004, 7쪽.

재성과 외재성 사이에서 중심점을 찾아 세워왔다."[72] 문제는 이 '중심점'이 무엇인가? 라는 점에 있다. 헤겔은 '실체는 주체'라는 기초 위에서 변증법을 통해 주체로서의 실체의 전개와 완성에 내재된 근거를 제공하고 현상학을 통해 이러한 전개와 완성에 대한 실현 방식을 제공하려 한다. 그러나 마르크스가 보기에 헤겔의 의미에서의 '주체'는 여전히 추상적이고 사변적인 규정이다. 마르크스는 통일의 원초적 토대, 즉 인간의 존재, 즉 실천으로 되돌아갔다. 이처럼 변증법과 현상학은 마르크스 철학의 맥락에서 완전히 새로운 근거와 의의를 얻었다.

'현상학'이라는 용어는 개방성과 관용성을 가지고 있다. 리콜은 "후설 본인의 해석이라도 현상학은 전체적으로 한 가지 해석에 의해 해석되어지지 않는 것 같다"고 말했다.[73] 이는 현상학과 그 구상 방식을 폭넓게 논할 수 있는 가능성과 용기를 준다. 현상학적 방법의 가장 큰 특징은 '일 그 자체로 돌아가기', 즉 사람이 '직접 존재함'으로써 그 상황에 임하고 일의 생성에 참여하며 일과 친밀하다는 것이다. 이는 지식론의 주-객체 관계 모델과 성격 차이가 있다. 하이데거의 현상학적 취지는 그가 대상적인 관계를 혐오하게 만들고, 주객체 관계를 '불길한 전제'로 인식하게 한다. '예술작품의 기원'에서 하이데거는 "세상은 결코 우리 앞에 서서 우리가 자세히 살펴볼 수 있는 대상이 아니다. 탄생과 죽음, 축복과 모독이 끊임없이 우리를 존재로 몰아넣는 한 세상은 언제나 비대상적인 것이며, 우리는 언제나 그것에 귀속된다."[74] 사실 하이데거보다 먼저 마르크스가 철학의 원초적

•

72 칼 로벳 지음, 리치우링 옮김, 『헤겔에서 니체까지』, 중국 생활·독서·신지 삼련서점, 2006, 8쪽.

73 폴 리콜 지음, 타오위안화 등 옮김, 『해석학과 인문과학』, 중국 허베이인민출판사, 1987, 101쪽.

74 쑨저우싱 선편, 『하이데거선집』, 상권, 중국 생활·독서·신지 상하이삼련서점, 1996, 265쪽.

기초 의미에서 확립한 실천 범주는 이처럼 주·객 이원적 대립을 해소하는 현상학적 의미를 지니고 있다. 사실, "우리는 객관적인 거리를 두고 사물을 아는 것이 아니다. 우리는 항상 세계 속에서 얽힌 방식으로 사물과 마주친다."[75] 마르크스가 역사 속에서 '극작가'이자 '극중인'이라고 말했을 때, 역사 속 존재인 인간들은 이미 선행적으로 이런 '감는 방식'으로 사물에 부딪히는 자기 구축을 하였다. 마르크스가 인간이 없는 자연계를 거부한 것은 결국 현상학적 방법의 요구 때문이었다. 그는 '주관적인 측면에서 이해하지 못하는' 그런 방관자의 자세에 반대했다.

현상학의 역사적 계보를 돌아보자. 레몽 알론의 말이다. "사르트르와 멜로 폰티 모두 학문적 전통을 해석하는 본래 주제를 다시 골랐다며 이 주제는 비코Vico로 거슬러 올라가 헤겔로부터 가장 순수한 표현인 인간은 역사의 세계에 있고 그는 이 세상의 창조자이며 이 세계는 그로 인해 태어났지만 동시에 이 외부 세계는 다시 관찰자의 의식에 도입되고 주입된다."[76] 마르크스는 헤겔 현상학의 새로운 변혁의 길을 열었다. 빙클레어는 다음과 같이 생각했다. 사르트르는 후설로부터 현상학적 방법을 가장 먼저 배웠지만, 자신은 이를 운용할 때 헤겔과 하이데거의 방법에 더 가깝다. 헤겔은 그의 첫 번째 대하 저서 『정신 현상학』에서 그것을 인간의 경험의 가장 광범위한 측면에서 묘사하려고 시도했다. 그는 경험이 전혀 정지된 것이 아니라 현재를 과거에서 미래로 나아가는 운동으로 볼 수밖에 없다는 것을 발견했다. 하이데거와 사르트르 모두 헤겔의 추상적인 사변적 영역에 따라가지 않았지만, 인간의 경험을 미래로 향한 끊임없는 운동으로 보는 데 동의했다. 그러나 그들은 추상적인 인간을 연구하지 않

75　파 오 존슨 지음, 장샹룽 등 옮김, 『하이데거』, 중국 중화서국, 2002, 23쪽.
76　레몽 알론 지음, 펑쉬에쥔 등 옮김, 『논치사論治史-프랑스 아카데미 과정』, 중국 생활·독서·신지 삼련서점, 2003, 45쪽.

고 개인이 실제로 살아온 구체적인 삶을 연구하려고 한다. 하이데거와 사르트르는 과학 지식과 반성력 있는 자기 지각 뒤에 더 기본적인 생활계 Lebenswelt가 있다는 것을 발견했는데, 그것은 우리 인류가 그 안에서 영원히 살아가는 것으로, 우리에게 자신과 주변 세계에 대한 최초의 지각을 주었다.[77] 마르크스 역시 헤겔의 추상적인 사변적 영역에 따라가지 않고 실천을 통해 인간의 존재와 그 역사성으로 되돌아갔으며, 여기서 '현상'이 드러나는 원점을 찾았다. 마르크스가 헤겔을 뛰어넘으면서도 하이데거와 사르트르와는 다른 독특한 길이다. 사실 마르크스야말로 이 전통의 성공적인 계승자이며, 물론 비판적으로 계승한 것은 현상학의 원초적 기초를 근본적으로 재건했기 때문이지만 현상학의 구상 방식은 그대로 남겨져 마르크스가 철학적으로 인간의 존재의 역사적 발현을 완성함으로써 그 본질을 생성하는 방법으로 바뀌었기 때문이다. 아롱에 따르면 사르트르와 멜로 퐁티는 "현상학, 실존주의 철학에서 출발해 마르크스주의의 기본 주제를 다시 찾으려 한다." 그 노력의 의미는 성공 여부가 아니라 그 방향과 경로를 열어주는 데 있다. 마르크스 철학이야말로 헤겔의 현상학적 방법을 확실한 토대 위에서 구하고, 헤겔의 현상학적 '사변의 원죄'를 철학의 원초적 기초 차원에서 극복한 것이기 때문이다. '실천-경험'에는 두 가지 가능한 진로가 있는데, 하나는 지식 구성의 전제로서 지식론적 맥락의 원초적 기초가 되어 지식의 물질적 규정이 되는 것이고, 다른 하나는 존재의 가능성과 표징, 확증을 위한 전제로서 존재론적 현상학적 기초를 구성하는 것이다. 후자야말로 마르크스의 선택이다. 사회적 존재가 사회 의식을 결정하는 것은 마르크스 철학의 기본 원리이며, 이른바 '사회적 존재'는 인간의 교류 활동에 의해 구축되고, 기성품이 아니라 끊임없이 구축되는 생

---

77 빙클레어 지음, 마위엔더 옮김, 『이상적인 충돌-서구 사회에서 변화하는 가치관』, 중국 상무인서관, 1983, 214~215쪽.

성 과정이다. 현상이란 인간의 이런 역사적 활동 그 자체다.

자본론에서 마르크스는 노동력을 인간의 체력과 지력의 총합으로 규정했다.[78] 이것은 노동력의 창조적 성격의 주체적 능동성의 기초를 찾았다. 단순히 실천의 창조성을 발견하는 것은 위대할 것이 없고, 단순히 실천을 발견하는 것은 인간의 존재 방식이며, 추앙할 것도 별로 없다. 인간의 존재-실천-창조를 연결하는 것이 관건이다. 마르크스의 공헌은 철학적으로 그것들을 내면적으로 관통하는 데 있다. 카우츠키가 『자본론』이 우선 역사 저작물이고 바로 역사 측면에서도 그것은 마치 광산인 것 같으며, 아직 개발되지 않은 보물들로 가득 차 있다고까지 말한 것도 당연한 일이다.[79] 이 말을 어떤 의미로 이해해야 적절한 표현인가? 나는 『자본론』이 인간으로서 존재하는 현상학적 역사 서사의 내적 고리라는 의미에서만 진실하고 충분하다고 생각한다.

마르크스의 현상학적 방법의 철저함은 변증법에 대한 마르크스의 시각과 처리 방식에 집중된 자기 운용 능력에 있다. 마르크스 문맥에서 변증법은 대상적 규정으로 간주될 수 없으므로 방관자의 자세를 취할 수 없고 이러한 자세는 변증법과 진정으로 '만날 수 없다'고 할 수 없다. 물론 마르크스는 여러 차례에 걸쳐 변증법을 정면으로 소개하려는 생각을 갖고 있었다. 마르크스는 1858년 1월 엥겔스에게 보낸 편지에서 다음과 같이 말했다. "헤겔의 '논리학'을 다시 한번 훑어보았는데, 이는 재료 가공 방법에 큰 도움이 됐습니다. 나중에 이런 일을 할 여유가 생긴다면 헤겔이 발견하면서도 동시에 신비화시킨 방법 속에 존재하는 합리적인 것들을 두세 장으로 인쇄하여 일반인들이 이해할 수 있도록 하고 싶습니다."[80] 그는

---

78 『마르크스 엥겔스 전집』, 제23권, 중국 인민출판사, 1972, 190쪽.
79 메링 지음, 지훙 옮김, 『마르크스주의 보위』, 중국 인민출판사, 1982, 4쪽.
80 『마르크스 엥겔스 전집』, 제29권, 중국 인민출판사, 1972, 250쪽.

1868년 5월 조 디츠겐에게 보낸 편지에서 이렇게 말했다. "내가 경제적 부담을 떨쳐버리면 변증법을 쓰겠습니다. 변증법의 진정한 법칙은 헤겔에게 이미 존재하며, 자연은 신비한 형식을 가지고 있습니다. 이런 형식에서 해방돼야 합니다."[81] 하지만 변증법을 말하고 싶은 욕구가 있었단 말인가? 여기서 주목해야 할 점은 그가 일생 동안 이런 약속을 지켜본 적이 없다는 점이다. 만약 이 작업이 전제적인 중요성을 갖는다면, 마르크스는 어떤 이유에서든 이 작업에 우선적으로 착수해야 한다는 점이다. 둘째, 그는 대중화를 위해 그렇게 하려고 시도했지만, 이러한 작업은 엄격한 철학적 사고의 내부 구성 요소가 아니다. 방법적 변증법으로서 실제 구상을 통해서만 '모습을 드러낼 수' 있고, 비로소 그 뜻을 이룰 수 있다. 마르크스에서 변증법은 결코 주관적인 주의와 무관하지 않다. 이른바 '주관성'은 객관성과 상대적으로 성립하는 주관성이 아니라 절대적인 주관성, 즉 헤겔이 소위 말하는 '실체 즉 주체'의 의미에서의 주관성이지만, 유일한 차이점은 마르크스의 '주관적 측면에서의 이해'에 의해 구현되는 이러한 주관성이 인간의 존재와 내재적으로 관련되어 있다는 것이다. 절대성은 헤겔의 '실체 즉 주체'와 통하고, 인간의 존재성은 헤겔의 부재적 주체성과는 무관하다. 그 밖의 규정은 토론의 내용으로 대상화되지 않고 실제 사고에서 구현되고 존재하는 방법은 변증법을 담론의 대상으로 만드는 엥겔스와는 다르다. 엥겔스는 이를 객관적인 지식으로 취급하고 처리한다. 사실 마르크스에 있어서 변증법은 생각이 존재로 들어가야만 실제로 표징될 수 있다. 요컨대 변증법은 언설이 아니라 실제의 구상을 통해 '현현'되는 것이다. 그것은 사람들의 입에 오르내리는 대상이 아니라 사람들의 구상 방식 그 자체이다. 즉 변증법을 '담론'할 것이 아니라 '보여주기'를 해야 한다는 것이

---

[81] 『마르크스 엥겔스 전집』, 제32권, 중국 인민출판사, 1974, 535쪽.

다. 마르크스는 엥겔스처럼 변증법을 논한 적이 없으며, 변증법을 대하는 이런 방식 자체가 현상학이다.

14

『형태』 '포이어바흐' 장의 해석에 관한 논의

최근 웨이샤오핑魏小萍 연구원의 『마르크스 탐구 - 〈독일 이데올로기〉 원문 텍스트의 독해와 분석』을 읽었는데, 이 책은 중국 인민출판사에서 2010년 5월 출간했으며, 이하 『탐구』라 부르기로 한다. 이 책을 인용할 때는 쪽 번호만 달았다. 이 책은 마르크스와 엥겔스의 '원문 텍스트'에 입각해 변별하고 해석하는 것이 가장 두드러진 특징이라고 느꼈다. 이는 저자의 상당히 견실한 고증 공력을 나타낼 뿐만 아니라, 저자의 일정한 사변 능력도 보여 준다. 이 성과의 획득은 중국 마르크스주의 철학 연구의 새로운 방향을 어느 정도 예고했다고 할 수 있으며, 과거 우리의 텍스트 고증 방면의 부족을 보충하는 데 긍정적인 의의가 있다. 동시에 중국 마르크스주의 철학 연구 문헌학 패러다임이 나날이 성장하고 성숙해가고 있음을 보여 준다. 그러나 문헌과 그 고증은 결국 해석을 대체할 수 없다. 가능성 면에서 우리는 모든 세부 사항을 명확히 할 수 있지만 그렇다고 해서 텍스트의 모든 함의를 충분히 설명할 수 있는 것은 아니다. 바로 해석에 있어서 『탐구』의 어떤 관점은 너무 대담하기도 하고, 개별적인 결론은 독단적으로 보인다고 생각한다. 마르크스의 철학과 사상에 대한 심도 있는 연구를 촉진하기 위해 『탐구』 저자 및 기타 학자들에게 몇 가지 논의 의견을 제시하도록 하겠다.

'포이어바흐' 장에서의 포이어바흐 철학에 대한 비판을 어떻게 평가할 것인가?

『독일 이데올로기』의 '포이어바흐' 장은 포이어바흐를 기본 전제에서 청산한 것일까? 이것은 포이어바흐 철학에 대한 이 장의 비판을 적절하게 평가하는 방법과 관련이 있다.

『탐구』에서는 『형태』 '포이어바흐' 장에서 "실제로 마르크스와 엥겔스는 어느 정도 분량으로 페르바하를 논한 것이 아니라 역사를 논한다."며 "마르크스와 엥겔스는 사람들의 생활과 생산 활동에서 일반적인 발전 법칙을 도출하는 데 주력하고 있으며 포이어바흐 자신의 사상에 대한 비판은 거의 없다"고 주장했다. 따라서 이 부분의 내용은 성숙되지 않고 완성되지 않는다. 그렇지 않으면 제목과 내용이 실제로 일치하는 면이 있다고 생각했다. 이 장이 "포이어바흐를 별로 논하지 않았다" 하면서 "포이어바흐 본인의 사상에 대한 비판은 거의 없었다"고 한 것은 엥겔스가 『루드비히 포이어바흐와 독일 고전 철학의 종말』 '서문'에서 밝힌 것과 매우 흡사하다. 엥겔스는 "옛 원고에는 포이어바흐 학설 자체에 대한 비판이 빠져 있다"[1]고 여겼다. 『탐구』의 판단이 이런 관점에 영향을 받았는지는 모르겠다. 그러나 어느 쪽이든 사실과 많이 다르다.

『탐구』는 이 점을 반복해서 서술하고 있는데, 이는 분명히 저자가 특히 강조하고 매우 만족스러워하는 대목으로 보인다. 예컨대 『탐구』는 다음과 같이 서술하고 있다. "제1권 제1장은 실제로 마르크스와 엥겔스 신 역사관 이론의 주요 진원지가 됐지만 포이어바흐 이론에 대한 비판은 전개되지 않았다". 『탐구』는 다음과 같이 언급한다. "……그들이 포이어바흐, 브루노, 슈티너를 함께 비판하든, 따로 비판하든, 그들이 가장 관심을 갖는 것은 역시 포이어바흐이기 때문에 포이어바흐를 우선시한다. 그러나 그들은 실제로 당시 다른 주요 독일 철학 학파와의 관계를 청산한 뒤 곧바로 자신들의 관점으로 들어가면서 포이어바흐를 비판하는 데는 신경 쓰지 않았다." 하지만 문제는 사실이 과연 그럴까 하는 점이다.

우선 『탐구』의 판단은 너무 형식적으로 접근했다. '포이어바흐'라는 글자가 나와야 포이어바흐를 겨냥한 것일까? 그렇게 이해한다면 너무 표면

---

1 『마르크스 엥겔스 선집』, 제4권, 중국 인민출판사, 1995, 212쪽.

적이다. 사실 '포이어바흐' 장 전체는 포이어바흐(물론 포이어바흐에 대한 감성적이고 직관적인 입장에 대한 비판 등)를 직접 논함으로써가 아니라 마르크스 자신의 실제 구상을 통해 포이어바흐 철학의 직관성을 사실상 해체함으로써 유물론적 역사관을 실제로 구축한 경우가 많다. 이 장에서 마르크스가 한 일은 포이어바흐가 멈춘 곳에서 전진할 뿐만 아니라 포이어바흐가 멈춘 원인인 철학의 기초인 그곳에서 철저히 재건함으로써 이러한 추진에 가장 전제적이고 신뢰할 수 있는 학리적인 보장을 제공하는 것이다. 이 때문에 엥겔스가 『종말』 '서문'에서 "옛 원고에는 포이어바흐 학설 자체에 대한 비판이 빠져 있다"고 말한 데 대해 "엥겔스는 다시 본 원고에는 포이어바흐에 대한 비판이 없는 것으로 착각했다"며[2] 비판했다.

둘째, 이 책에서는 마르크스의 『포이어바흐에 관한 개요』와 『형태』 '포이어바흐' 장의 사상사적 연관성 문제도 직접적으로 언급하고 있다. 이에 대해 국내외 학계에서 아직 논란이 크다는 점은 인정해야 한다. 독일 학자 타우베트는 포이어바흐' 장이 『신성 가족』에 대한 사람들의 반응에 대한 반응이라고 생각하는 경향이 있으므로 『신성 가족』의 계속으로 간주되어야 하며, 『형태』보다 『신성 가족』과 더 직접적이고 밀접하게 관련되어 있다고 생각한다.[3] 그러나 량차노프와 바카투리아는 『형태』와 『요강』의 내적 연관성을 강조한다. 전자는 "마르크스의 포이어바흐에 관한 유명한 요강은 마침 『독일 이데올로기』가 포이어바흐를 비판하는 제1부에 더 적합한 인용문을 구성하고 있다"[4]고 주장했다. 후자는 꼼꼼한 비교와 고증을

---

2 데이비드 보리소비치 량차노프 지음, 샤판 편역, 『량차노프판<독일 이데올로기 포이어바흐>』, 중국 난징대학교 출판사, 2008, 10쪽.
3 구진핑·차이팡궈 지음, 왕둥·펑쯔이·녜진팡 주편, 『국내외 학자의 『독일 이데올로기』 판본 연구의 새로운 성과』, 『마르크시즘과 세계화 - <독일 이데올로기>의 현대적 해석』, 중국 베이징대학교 출판사, 2003 참조.
4 데이비드 보리소비치 량차노프 지음, 샤판 편역, 위의 책, 17쪽.

거쳐 "마르크스가 『포이어바흐에 관한 개요』에서 달성한 모든 것을 『독일 이데올로기』에 담았다. 『독일 이데올로기』의 가장 좋은 장은 포이어바흐와 선을 긋기 위해 쓰여진 것"이라고 했다.[5] 량차노프와 바가투리아의 견해는 의심할 여지 없이 더 설득력 있는 이유를 가지고 있다.[6] 편견을 갖지 않는 사람이라면 누구나 『요강』과 『형태』의 〈포이어바흐〉장 사이에는 형식(글자)이나 내용(사상)에 있어서 서로 긴밀한 유착 관계가 있음을 인정하지 않을 수 없을 것이다. 포이어바흐를 직접 청산하더라도 후자는 전자의 전개로 볼 수 있다. 포이어바흐를 비판하고 마르크스 자신의 철학적인 포이어바흐와의 관계를 끊는 〈요강〉의 주제는 『형태』〈포이어바흐〉 장에서 『요강』보다 더 깊이 관철되고 포괄적으로 구현되었다. 알뛰세는 "독일 이데올로기는 포이어바흐의 영향과 철학과의 의식적이고 철저한 결별을 알리는 첫 번째 저서"라고 단언하였다.[7]

마르크스의 이전 저작의 혁명적 의미를 과소평가했음에도 불구하고 이 판단은 페르바흐에 대한 『형태』의 초월을 인정하는 데 진정성을 갖는다. 『탐구』는 『요강』의 기본 내용을 완전히 다른 '인식론의 영역'과 '생활의 영역'으로 구분한다. 『요강』에서 마르크스는 직관적 유물론과 관념론에 대한 비판을 통해 자신의 인식 원칙을 형성했다. 즉, 주체에서 출발하고, 현실적 인간의 활동에서 출발하여 대상을 인식한다는 것이다. 『요강』에서 이런 인식 대상은 철학의 영역인 인식론의 영역과 사회 역사관의 영역의 두 가지를 포함한다. 이를 바탕으로 『탐구』는 한걸음 더 나아가 『형태』의 기본 사상은 엄밀한 의미에서 관념론에 대한 비판이든 구유물론에

---

5 A. 바가투리아, 「포이어바흐의 개요에 관하여」와 「독일 이데올로기」, 『마르크스-레닌주의 연구 자료 1집』, 중국 인민출판사, 1984, 58쪽.

6 허중화, 『마르크스 다시 읽기 - 어떤 철학관에 대한 현대적 해석』, 중국 산동인민출판사, 2009, 366-369쪽.

7 루이 알뛰세 지음, 구량 옮김, 『마르크스를 수호하라』, 중국 상무인서관, 2006, 29쪽.

대한 비판이든 『형태』는 순수한 인식론의 영역을 다루지 않는다. 그런 의미에서 『형태』는 『요강』의 연구 아이디어와 연구 프레임워크를 완전히 따르지 않는다. 『탐구』의 저자가 보기에 『형태』는 사회 역사관으로 향하고 있다고 생각한다. 『요강』의 역사관이 엥겔스 조차도 마르크스의 『포이어바흐에 관한『요강』을 역사 유물주의의 기원으로 인정한 것 같다. 예를 들어, 1893년 2월 7일 베르 슈무일로프에게 보낸 편지에서 "역사 유물주의의 기원에 대해서는 내가 보기에…마르크스의 부록(포이어바흐에 관한 개요-인용자)이 사실 그 기원이다."[8] 물론 엥겔스가 말하는 '역사적 유물론'은 좁은 의미라는 점도 지적할 필요가 있다. 이러한 포지셔닝에 근거하여 『탐구』는 "내용의 비교만으로 『형태』는 『요강』의 연구 사상을 따르지 않았다고 말할 수 있다"는 대담한 결론에 도달했다. 흥미롭게도 『탐구』는 시간 순서의 의미에서만 『요강』과 『형태』의 연관성을 긍정하는 것 같다. 『요강』이 『형태』가 저술되기 이전의 상황은 『형태』의 연구 사상이 어느 정도 『요강』이 연속과 발전이 될 수 있음을 보여 준다. 『탐색』의 위의 판단이 성립하는 기본 가설 중 하나는 『요강』이 주로 '순수한 인식론의 영역'을 포함한다는 것이다. 그러나 이는 사상사적 사실과 부합하지 않는다. 왜냐하면 『요강』는 성격상 인식론적 문제를 논의하는 것이 아니라 존재론의 정초 문제를 다루고 있기 때문이며, 마르크스 존재론의 인간 존재의 현상학적 성질 때문에 넓은 의미의 역사관 문제로 이해될 수 있다. 마르크스 철학의 문맥에서 역사관은 넓은 의미이며, 그것은 마르크스의 전체 철학의 일부가 아니라 그 전부이다.

셋째, 역사관 확립과 포이어바흐 청산을 위한 논리 관계 문제도 걸려 있다. 『탐구』는 역사관 구축과 포이어바흐 청산을 분리해 내적 연결고리

---

8   『마르크스 엥겔스 전집』, 제39권, 중국 인민출판사, 1974, 24쪽.

에 충분히 주의를 기울이지 않았다는 지적이다. 『탐구』는 "마르크스와 엥겔스가 포이어바흐에 대한 비판을 완성했다면, 내용적으로 역사에 대한 논술은 '포이어바흐' 편에서 자유로워지고 자신의 관점을 따로 밝히는 장이 될 수밖에 없었을 것이며, 이는 매우 가능성 있는 문장 구조상의 논리적 추측일 뿐"이라고 주장했다. '역사적 담론'과 포이어바흐 청산 사이의 내적 연결을 끊기 때문에 지나치게 대담한 '추측'이다. 포이어바흐 장 전체의 취지는 포이어바흐의 역사적 유심주의를 겨냥한 것이다. 위에서 언급한 바와 같이 마르크스의 시야에 있는 역사적 유물주의는 넓은 의미, 즉 전체 철학의 전부이지 좁은 의미가 아니며, 즉 변증법적 유물주의와 병렬하는 부분이 아니다. 그렇다면 포이어바흐와 결별하려면 역사 그 자체로 돌아가 철학의 역사적 차원을 회복하지 않으면 안 되며, 그 계기와 입수처는 인간의 이재성을 나타내는 실천의 원초성을 스스로 확인하는 데 있다. 마르크스가 포이어바흐 대신 감성적 활동을 내세운 감성적 직관의 진정한 의미와 혁명성이 바로 그것이다. 마르크스는 감성 활동의 진정한 속셈은 인식론이 아니라 광의의 역사관이라고 강조한다. 그래서 마르크스는 포이어바흐가 유물론자였을 때 역사는 그의 시야 밖에 있었고, 그가 역사를 탐구했을 때 그는 유물론자가 아니었다. 그에겐 유물주의와 역사가 서로 완전히 동떨어져 있다.[9] 이런 단절은 무엇을 의미할까? 왜 이런 단절이 발생했을까? 그 이유는 포이어바흐의 유물론이 그 전제 위에서 이미 고유한 내적 결함 때문에 유물론적 역사관을 먼저 배반했기 때문이다.

마지막으로 '포이어바흐'장은 직관적인 인간의 개념을 청산하지 않았는가? 탐구는 "이러한 철학적 문제(헤겔 철학에서의 보편적 개념, 포이어바흐 철학에서의 직관적인 인간의 개념 등을 일컬음 - 인용자)는 마르크스와 엥겔스의 역

---

[9] 마르크스, 엥겔스, 『독일 이데올로기』(발췌본), 중국 인민출판사, 2003, 22쪽.

사 인식에서 근본적으로 해결되지 않았다고 봐야 한다"고 주장했다. 과연 그 판단은 진실일까? 역시 부정적이다. 『형태』 '포이어바흐'장에서는 분명하게 지적하고 있다. "여기서 말하는 개인은 그들 자신이나 남들이 생각하는 그런 개인이 아니라 현실의 개인, 즉 이 개인들은 활동을 하고 물질적 생산을 하기 때문에 일정한 물질적, 그들의 임의적 지배를 받지 않는 한계, 전제 및 조건 속에서 활동한다."[10] 실천 활동을 통해서만 비로소 사람은 현실 속의 사람이 될 수 있다. 여기서 '현실 속의 인간'이란 '현실'이란 감성적 존재물로서의 존재의 대상이 아니라, 인간의 존재와 본질을 적극적으로 실현하는, 직관적이거나 사변적으로 보는 방식으로 파악되는 규정과 성질을 탈피하는 것을 말한다. 따라서 현실의 인간은 헤겔이 설정한 인간=자아의식이 아니다.[11] 또한 포이어바흐가 '인정'한 '감성의 대상'도 아닌 '인간'도 아니다.[12] 왜냐하면 포이어바흐의 이런 입장이 "포이어바흐가 설정한 것은 '현실적 역사적 인간'이 아니라 '인간'을 설정했다"는 사실을 결정했기 때문이다. (여기에서 필적은 마르크스의 것이다)[13] 포이어바흐의 감성적 직관적 시야 속의 '인간'이라는 마르크스가 비판한 '감성의 대상'에 불과한 규정, 그 본질은 '내적, 소리 없이 많은 개인을 자연스럽게 연결시키는 보편성이고,[14] 이러한 의미의 보편성은 바로 추상적인 보편성이다. 그래서 포이어바흐가 가장 구체적인 인간(감성적·직관적 방식으로 포착할 수 있는)에서 출발했음에도 불구하고 그가 얻은 결론은 가장 추상적(즉 마르크스가 비판한 그런 '단일한 인간 고유의 추상물'이다)이었다. 포이어바흐의 인간에 관한

---

10 마르크스, 엥겔스, 『독일 이데올로기』(발췌본), 중국 인민출판사, 2003, 16쪽.
11 마르크스, 『1844년 경제학 철학 원고』, 중국 인민출판사, 2000, 114쪽.
12 마르크스, 엥겔스, 위의 책, 22쪽.
13 마르크스, 엥겔스, 위의 책, 19쪽; 히로바쯔 와타루 편주, 평시 옮김, 『문헌학적 맥락에서의 〈독일 이데올로기〉』, 중국 난징대학교 출판사 2005, 16쪽.
14 『마르크스 엥겔스 선집』 제1권, 중국 인민출판사, 1995, 56쪽.

학설에서 빠질 수 없는 특유의 트릭이다.

'분업을 소멸(지양)하는 것을 어떻게 적절하게 이해할까?

『형태』'포이어바흐' 장의 중요한 내용은 분업과 그 역사적 함의를 논하고 분업을 인간 존재 분열의 역사적 표현 방식으로 넓은 의미로 이해하는 것이다. 이렇게 해서 분업과 지양은 인류학적 존재론의 의미를 얻게 된다. 마르크스 철학의 맥락에서 분업이 본질적으로 중요하다는 것을 알 수 있다. 분업은 인간 존재의 모든 모순과 분열이 역사적으로 일어나는 중요한 중추일 뿐만 아니라 인간 존재의 변증법의 역사적 형식과 원초적 표징이기 때문이다. "분업은 정신 활동과 물질 활동, 향락과 노동, 생산과 소비를 서로 다른 개인이 분담하는 상황을 가능케 할 뿐만 아니라 현실화한다."[15] 내적 근거와 이유 면에서 "분업은 이 모든 모순을 내포하고 있다." 가장 기본적인 범주로서 분업이 '홀로그램 배아'처럼 『형태』에 의해 중점적으로 논의되는 것은 결코 우연이 아니다. 따라서 『형태』의 분업 사상을 고찰하는 것은 마르크스 철학을 이해하는 매우 중요한 관건이다. 이 문제에서 『탐구』의 해석 역시 논란의 여지가 있다.

『형태』의 '포이어바흐' 장은 미래의 이상적인 사회인의 자유롭고 전면적인 발전을 논할 때 다음과 같이 묘사하였다. "공산주의 사회에서는 누구나 특별한 활동 범위 없이 어느 부서에서나 발전할 수 있고, 사회가 전체 생산을 조절하기 때문에, 나로 하여금 자신의 취미에 따라 오늘 이 일을 하게 할 수도 있고, 내일 그 일을 할 수도 있고, 오전에는 사냥을 하고, 오

---

15 마르크스, 엥겔스, 앞의 책, 27쪽.

후에는 고기를 잡고, 저녁에는 목축업을 하고, 저녁식사 후에는 비판에 종사하게 하면, 나로 하여금 항상 사냥꾼이나 어부나 목축업자나 비판자로 남게 하지 않을 것이다."¹⁶ 『탐구』는 "마지막 문장에서 '저녁 식사 후 비판에 종사한다'와 '비판자'는 마르크스의 삽입어"라며 "마르크스와 엥겔스가 진지하든 농담이든 '하고 싶은 대로 한다'는 동경의 야유든 오늘날 우리가 이런 구체적인 어구를 근거로 공산주의 상태에서의 자유로운 활동을 이해하는 것은 무의미하다"고 주장했다. 내가 보기에『탐구』의 이 단언은 너무 독단적이다. 일본 학자 고바야시 마사토의 설명에 따르면 마르크스가 추가한 '비판의 비판자'는 브루노 파월을 지칭하는 것으로, 마르크스는 여기서 보편성을 자처하는 파월의 '순수한 비판'이 결코 배타적 활동영역의 굴레에서 벗어나지 못할 것이라는 비아냥거림이다. 아래에 추가된 '저녁식사 후 비판에 종사하다', '어떤 비판자'는 마르크스가 엥겔스의 논술에 '정신노동'을 추가하기를 희망한 것으로 보인다.¹⁷ 나는 고바야시의 설명이 믿을 만하다고 생각한다. '비판자'는 정신노동의 상징이나 은유에 불과하다. 인간의 포괄적이고 자유로운 발전은 당연히 정신노동이 보여준 잠재력을 포함해야 하고, 공산주의가 육체노동과 정신노동의 차별이 없어지는 것을 의미한다는 마르크스의 사상과도 부합하기 때문이다.

이 단락을 어떻게 이해하고 그것이 구현한 사상을 어떻게 평가할 것인가는 아직 논란의 여지가 있다. 일본 학자 모치즈키 세이지에 따르면 마르크스『뮐러 평론』의 영문본을 옮긴 포드머르는 이 구절을 '악명 높은 한 대목'이라고까지 불렀다.¹⁸ 모치즈키의 해석에 의하면, 이 문장은 마르크

---

16 마르크스, 엥겔스, 『독일 이데올로기』(발췌본), 인민출판사, 2003, 29쪽.
17 고바야시 편주, 평시 옮김, 『문헌학 맥락에서의 〈독일 이데올로기〉』, 중국 난징대학 출판사, 2005, 168쪽.
18 모치즈키 지음, 한리신 옮김, 『마르크스 역사이론 연구』, 중국 베이징사범대학 출판사, 2009, 164쪽.

스가 보충한 내용과 정반대로 대립하고 있으며, 마르크스가 보충한 말은 이 문장에 대한 교정이다. 마르크스는 원고 18쪽에서 "공산주의는 우리에게 확립되어야 할 상황이 아니며 현실에 걸맞은 이상이 아니다. 우리가 공산주의라고 부르는 것은 현존하는 상황을 소멸시키는 그런 현실의 운동이다. 이 운동의 조건은 기존의 전제에서 생겨난 것"이라고 보충했다.[19] 모치즈키와 마찬가지로 『탐구』 저자도 "공산주의 상태에서의 자유 직업자에 대한 엥겔스의 17페이지의 '오전 사냥, 오후 고기잡이'와 같은 묘사에 대한 일종의 교정'이 분명하다"고 보았다. 『탐구』는 "우리는 마르크스의 이 표현에서 공산주의가 분업을 없애려 한다는 관점은 전혀 찾아볼 수 없다"고 단언했다.

과연 그럴까? 대답은 "아니오"이다. '분업 소멸'은 마르크스의 일관된 사상이지 그가 『형태』를 쓰면서 갑자기 제기하거나 우연히 다룬 문제가 아니라는 점을 지적해야 한다. 이 점은 마르크스 전후기의 독립 저서에서 잘 볼 수 있다. 마르크스는 '분업은 소외된 노동 사회성에 관한 국민경제학 용어'이다.[20] 인간의 소외를 추구했던 그의 역사가 인간 본성의 자기 복귀라는 목표를 지양한 이상, '분업의 소멸'은 그의 이론적 선택이 되는 것이 순리이다. 마르크스는 "분업은 사회적 부에 있어서 편리하고 유용한 수단이며 인력의 교묘한 운용이지만, 그것은 모든 개인의 능력을 감소시킨다"고 썼다. 이어 "분업은 개인의 활동을 빈약하게 하고 상실하게 한다"고 했다.[21] 이는 싸이의 말을 되풀이한 것일 뿐 마르크스의 독창적인 견해는 아니었지만, 그는 그런 묘사에 동의한 것은 분명하다. 『밀러 평론』에서 마르크스는 인간의 활동 자체의 상호 보완과 상호 교환은 분업으로 나타

---

19 마르크스, 엥겔스, 앞의 책, 31쪽.
20 마르크스, 『1844년 경제학 철학 원고』, 중국 인민출판사, 2000, 134쪽.
21 마르크스, 위의 책, 139쪽.

나며, 이러한 분업은 사람을 고도의 추상적 존재로 만들고 회전판이 되는 등 정신적 육체적 기형의 인간으로 변하게 한다고 하였다.[22] 프리드리히 리스트의 『정치 경제학적 국민시스템』을 평하면서 그는 또 "인류는 노예로 자신의 능력을 발전시키지 않을 수 없다"고 하였다.[23] 인류가 노예로서 자신의 능력을 발전시킨다는 것은 마르크스가 풍자적으로 지적한 것과 같다. 즉 "현대 제도하에서 허리가 굽어 곱사등이가 되고, 사지가 기형이 되며, 어떤 근육의 단편적인 발전과 강화 등이 당신을 더 생산적으로 만든다(더욱 노동력이 있다)면 당신의 허리가 굽어 곱사등이가 되고, 당신의 사지는 기형이 되며, 당신의 단편적인 근육 운동은 바로 생산력이다. 만약 당신의 정신적 공허함이 당신의 충만한 정신 활동보다 더 생산적인 것이라면, 당신의 정신적 공허함은 일종의 생산력이다. 한 직업의 단조로움이 그 직업에 더 많은 능력을 갖게 한다면 단조로움은 일종의 생산력이다."[24]

사실 마르크스주의자인 마르크스는 분업에 대해 항상 역사주의적 태도를 취했는데, 한편으로는 그것의 역사적 필요성과 합리성을 긍정하고, 다른 한편으로는 그것의 역사적 일시성과 초월적 필연성을 보았다. 1875년에 쓴 『고타 강령 비판』에서도 마르크스는 공산주의 사회의 고급 단계에서 개인의 노예처럼 분업에 복종하도록 강요하는 상황이 사라지면서 정신노동과 육체노동의 대립이 사라진 뒤 노동이 생계 수단일 뿐 아니라 그 자체가 삶의 제1수요가 된 뒤 개인의 전면적인 발전에 따라 그들의 생산력이 증대되고 집단부의 모든 원천이 충분히 솟구친 후에야 비로소 부르주아적 권리의 좁은 시야를 완전히 넘어설 수 있고, 그렇게 되어야 사회가 자신의 깃발에 '각자 할 수 있는 모든 것을 다하고 필요에 따라 분배

---

22 앞의 책, 175쪽.
23 『마르크스 엥겔스 전집』, 제42권, 중국 인민출판사, 1979, 258쪽.
24 위의 책, 261~262쪽.

하라'고 쓸 수 있다고 지적하였다.[25]

긍정적인 의미에서 공산주의 사회의 상황에 대한 어떠한 언급도 반드시 공산주의를 '현실 운동'에서 벗어난 초역사적인 '이상'으로 이해함으로써 공산주의의 '현실 운동'에 어긋나는 것일까? 그렇다면 마르크스가 『공산당 선언』에서 인정한 장래의 '자유인의 연합체', 마르크스가 『자본론』에서 논한 물질 생산이라는 필연적 왕국 너머에 있는 '자유 왕국'을 어떻게 설명할 수 있을까? 마르크스는 일종의 자기 부정을 한 것인가? 마르크스의 미래에 대한 묘사는 '정립해야 할 상황'을 확립하는 것인가? 그렇지 않다. 마르크스에게 이 상황은 현실과 동떨어진 역사 과정의 상상의 산물이 아니라 '현실 운동'의 역사적 결과물이기 때문이다. 마르크스는 결코 보통 '이상'을 거부하는 것이 아니라 역사적 근거가 부족한 '이상'에 반대했을 뿐이다.

『형태』'포이어바흐' 장은 공동체 안에서만 개인이 그 재능을 전면적으로 발전시킬 수 있는 수단, 즉 공동체 안에서만 개인의 자유가 있을 수 있다.[26] 이상적 사회에서 개인은 더 이상 자신의 재능을 일방통행으로 드러내고 발휘하는 것에 얽매이지 않는다는 의미다. 따라서 '분업 소멸'에는 분업의 외적 강제성 제거뿐만 아니라 분업으로 인한 편협성 제거도 분명히 포함된다. '분업 소멸'은 이런 강박성과 편협성이 동시에 초월되는 것을 말한다. 오전에는 사냥하고 오후에는 고기잡이를 한다는 말은 분업의 편협성을 겨냥한 것이다. 사실 앞서 말했듯이 마르크스는 자신의 더 초기 저서에서 분업의 이런 편협성과 그것이 초래한 사람들의 단편화를 폭로하고 비판하기 시작했다.

해석 방법론의 관점에서 우리는 『형태』의 관련 사상을 종합적으로 고

---

25 『마르크스 엥겔스 선집』, 제3권, 중국 인민출판사, 1995, 305-306쪽.
26 마르크스, 엥겔스, 『독일 이데올로기』(발췌본), 중국 인민출판사, 2003, 63쪽.

려해야 분업 사상의 실체를 진정으로 파악할 수 있고 '분업 소멸'의 역사적 의미와 진정한 의미를 적절하게 이해할 수 있다. 『형태』는 분업 구도 속 개인이 '우연한 개인'으로 전락할 수밖에 없는 운명을 보여 준다. "모든 사람이 서로 수단으로써, 개인은 다른 사람을 위해서만 존재하고, 다른 사람도 그를 위해서만 존재한다."[27] 그러나 분업은 바로 사람과 사람 사이를 수단으로 하여 외부 조건에 얽매여 타자의 외지 지배를 받게 하는 규정이 된다. 이런 존재 방식은 '개성 있는 개인'을 불가능하게 만들고, 개인은 '우연한 개인'으로 전락할 수밖에 없다. 이렇게 되면 인간은 누구나 목적으로서의 타자의 도구적 규정이 되어 외적 타율의 지배를 받지 않을 수 없다. 또 사적 이익과 공동 이익의 분열(이는 결국 분업의 역사적 결과)로 인해 개인의 인간은 그 '허황된 공동체'에 얽매이지 않을 수 없으며, 이러한 이기적 규제의 재제는 바로 인간의 소외의 근본 원인이자 '우연한 개인'으로서의 표현이다. '우연한 개인'이란 외적 필연성의 지배를 받아 그 자주성의 존재 상태를 상실하는 개인이기 때문이다. 『형태』 '포이어바흐' 장은 특히 자주적 활동을 강조한다. 어떤 의미에서 '자주 활동'은 마르크스의 『1844년 경제학 철학 원고』에서 인간의 자유 자각에 대한 본질적 사상의 역사적 함의를 심화시키고 전개하는 것이다. 마르크스의 사고는 갈수록 역사의 차원으로 되돌아갔다. 인간의 자유 자각의 본질, 그 역사적 규정과 역사적 형식은 인간의 자주적 활동이다. 그런 점에서 인간의 본질은 실존적 의미로 전개되는 규정이 됐다. 그 경험의 존재는 오직 '분업 소멸'을 역사적 전제로 삼을 수 있다.

『형태』 '포이어바흐' 장의 또 다른 관련 논술을 보자. "철학자들은 더 이상 분업에 굴하지 않는 개인들에게서 그들이 '인간'이라고 부르는 그런

---

27 마르크스, 『1844년 경제학 철학 원고』, 중국 인민출판사, 2000, 134쪽.

이상을 보았고, 우리가 말하는 모든 과정을 '인간'의 발전 과정으로 보고, 지금까지의 역사 단계마다 존재했던 개인들에게 '인간'을 강요하고, 그를 역사의 동력으로 묘사했다. 이처럼 모든 역사적 과정이 '사람'의 자기 소외 과정으로 간주되는 것은 본질적으로 후기의 일반 개인을 전기의 개인에게, 후기의 의식을 전기의 개인에게 강요하기 때문이다. 이런 본말이 전도된 방식, 즉 처음부터 현실의 여건을 떠나 역사 전체를 의식의 발전 과정으로 만들 수 있다."[28] 여기에서 역사적 과정 자체에서 벗어난 추상적인 인간의 이상을 비판한 것은 사실이지만 본말이 전도된 것이지 이상 자체를 부정하는 것은 아니다. 마르크스가 보기에 이것이 바로 유심론적 사관의 비밀의 전부였다. 역사는 결코 '이상'에 따라 재단된 결과가 아니며, 반대로 '이상'은 역사 자체에 뿌리를 내려야 의미가 있다. 마르크스는 결코 '이상' 자체를 거부하지 않았고, 자신이 세운 임무는 '이상'이 실현될 수 있는 '현실적 조건'을 밝히는 데 주력했을 뿐이었다. 마르크스가 "공산주의는 확립해야 할 상황이 아니다" "현실이 그에 걸맞은 이상이 아니다"라고 말한 것도 그런 의미에서다. 이 '현실적 운동'이 '실존적existence'이자 '본질적essence'임을 강조해야 한다. 일종의 역사적 '생성becoming'으로서 '실존'과 '본질'의 동태적 통합에 불과하다. 그래서 마르크스는 『공산당 선언』에서 "공산당은 노동자 계급의 최근 목적과 이익을 위해 싸웠지만, 그들은 현재 운동에서 동시에 운동의 미래를 대표했다"고 말할 수 있었다.[29] '공산주의'는 허무가 아니라 미래지향적이다. 이러한 미래 지향은 의심할 여지 없이 이상적인 규정이다. '공산주의'와 같은 '현실적 운동'은 '분업 소멸'과 같은 구체적이고 역사적 함의를 벗어나면 그 자체도 추상화된다. 이런 점에서 '분업 소멸'은 '현존 상황 근절'이라는 제목에 들어 있는 말이다. 변증법적

---

28 마르크스, 엥겔스, 『독일 이데올로기』(발췌본), 중국 인민출판사, 2003, 74~75쪽.
29 『마르크스 엥겔스 선집』, 제1권, 중국 인민출판사, 1995, 306쪽.

이해를 한다면 기존 또는 실제 차원에 국한되어서는 안 되며, 동시에 적절한 차원을 내재적으로 포함해야 하며, 후자는 바로 미래를 지향하는 차원이다. 마르크스는 사변을 중단하고 그가 주장한 '진정한 실증 과학', 즉 마르크스가 긍정하는 '인류사 발전에 대한 고찰로부터 추상화된 가장 일반적인 결과의 요약'을 대신할 뜻을 세웠다. 분명히 마르크스는 추상을 부정하지 않고, "이 추상들은 그 자체로 현실의 역사를 떠나서는 아무런 가치가 없다"고 생각한다.[30] '분업 소멸'의 역사적 결과로서의 상상 또한 의심할 여지 없이 추상이지만, 마르크스에서는 '현실의 역사'에 기초한 추상이다. 따라서 마르크스의 맥락에서 그것은 의심할 여지 없이 자체의 합법성을 가지고 있다.

정상적인 이해에 따르면, 위에서 인용한 초역사적인 '인간'의 '이상'을 비판하는 논술은 마르크스가 추가한 그 구절과 가장 일치해야 하지만, 바로 이 논술의 앞부분, 바로 그 옆에 있는 구절은 분업과 그 소멸 문제를 논의하는 것이며, 그 본질은 어떻게 사람이 타인의 외적 지배로부터 해방되어 자기 결정의 자주적인 상태로 변화하느냐에 있다. 그 중에는 '어떤 인간 자체의 특별한 개인 직업'이 만들어낸 '우연한 개인'이 '완전한 개인'으로 어떻게 변화하는지 명확히 하는 것이 있다. '분업 소멸'을 추구하는 '이상'과 '공산주의'가 '현실적 운동'이라는 주장 사이에는 모순이 없고 일치한다는 사실을 방증한다.

마르크스와 엥겔스는 당연히 그들이 처한 그 시대의 분업 상황에 입각해 미래 사회의 가능 상태를 상상할 수밖에 없었음을 설명해야 한다. 미래 사회에 대한 전망이 전망하는 사람이 처한 그 '현대 사회'를 절대적으로 뛰어넘을 수는 없다. 구식 분업이 여전한 상황에서 미래 사회 상태에

---

30 마르크스, 엥겔스, 『독일 이데올로기』(발췌본), 중국 인민출판사, 2003, 18쪽.

대한 발상은 시대적 한계를 벗어나지 않을 수 없다. 따라서 우리는 은유적인 의미에서 구식 분업의 굴레와 노예에서 벗어난 이후의 상황에 대한 『형태』의 묘사를 터득할 수 있을 뿐, 이것이 미래에 대한 직관적인 묘사라고는 순진하게 생각할 수 없다. 그러나 이런 은유가 드러낸 말의 정당성을 부정할 수는 없다. 여기서 비유의 구체적인 형식은 역사이지만, 그 안에 담긴 이치는 실질적이다.

『탐구』는 왜 직업이라는 구식 분업의 표현이 미래 사회에서 사라지는 것을 엥겔스만의 사상이라고 하면서도 마르크스의 논술과 대립할 정도로 분업의 소멸과 그 의미를 부인하려 했을까? 그 이유는 아마도 첫째, '분업 소멸'은 상상할 수 없는 것이며, 이는 '현존 상황을 소멸시키는 현실의 운동'을 넘어 마르크스가 거부한 '확립해야 할 상황' 또는 '현실이 그에 상응하는 이상'에 속하기 때문일 것이다. 예를 들어 『탐구』는 "아무리 당시 사라지고 있던 직업들을 비유적으로 이해한다고 해도 그 직업의 다양성으로 공산주의 상태에서의 자유로운 활동을 이해하는 것은 무의미하다"며 "분업의 역사 자체가 역사적 진보의 과정이기 때문"이라고 주장했다. 둘째, 분업으로 생산성을 높이는 것은 인류 사회사의 진보 세력이므로 공산주의에 있어서도 부정되어서는 안 된다. 『탐구』는 "분업은 생산력의 발전과 직접적인 관련이 있다"며 "분업은 생산력의 발전을 촉진하고 생산력의 발전은 추가적인 분업을 가져온다"고 지적했다. 따라서 "분업은 사회 진보와 직결된다. 기술적인 분업 발전이 돌이킬 수 없는 사회 프로세스라면 분업 자체가 소멸될 수는 없다." 사실 이것은 오늘날의 분업 상황과 성격에 기초한 미래에 대한 상상에 불과하다. 추상적인 미래로 현실을 재단하는 것은 잘못이지만 문제는 거꾸로 가는 것, 즉 현실의 경직된 형태로 미래를 예측하는 것이 옳은 일인가 하는 점이다. 『탐구』는 사유 재산과 노동의 대립을 강조하며 '분업과 엄밀히 말하면 직접적인 관련이 없고 간접적인 관련이 있을 뿐 분업이 생산력 향상, 나아가 축적 증가를 촉진하기 때문에 분업의 존재가 교환 행위의 발생을 촉진한다면 우선 교환 행위의 발생은 이미 재산 소속 관념의 존재를 나타낸다'고 하면서 사실상 분업을 인정하여 생산력의 발전을 촉진하고 분업과 사유제 사이의 내적 관계를 인정하는 것은 모순된 문제가 없으며 역사적 변증법에 완전히 부합한다. 역사의 변증법을 무시하거나 이해하지 못하는 사람들만이 그들의 부조화나 불가사의함을 느낄 수 있다. 『형태』'포이어바흐' 장 자체가 사실 분업과 사유제 탐구는 이곳의 사유제Privateigentum를 사유 재산으로 번역한다고 명시하고 있다. 이는 같은 표현 방식인데 같은 사안에 대해서 하나는 활동에 대해서, 다른 하나는 활동의 제품에 대해서 언급하고 있는 것이다.[31]

마르크스의 철학적 맥락에서 '분업의 소멸'은 분업의 역사적 필요성을 거부하는 것을 의미하지 않는다. 일찍이 『밀러 평론』에서 마르크스는 "분업은 문명과 함께 발전했다"고 말한 바 있다.[32] 바로 『형태』가 옛 공산주의 단계에서 '분업과 사유제는 여전히 필요하다'고 인정하였다.[33] 게다가 『형태』'포이어바흐' 장 자체에서 "분업은 지금까지 역사의 주요 힘 중 하나였다"고 분명히 말한 적이 있다.[34] 그러나 『형태』는 동시에 "공산주의 사회는 개인의 독창적이고 자유로운 발전이 더 이상 빈말이 아닌 유일한 사회"라고 하였다.[35] 미적 창조의 경우 "공산주의 사회에는 전문적인 화가 없이 그림을 자신의 다양한 활동 중 하나로만 활동하는 사람들만 있다."[36] 모든 것은 '분업 소멸'의 결과로서만 가능하다. 분업을 긍정적으로 보는 이러한 태도는 마르크스 특유의 구상 방식, 즉 그가 나중에 『자본론』 제1권

---

31 마르크스, 엥겔스, 『독일 이데올로기』(발췌본), 중국 인민출판사, 2003, 28쪽.
32 마르크스, 『1844년 경제학 철학 원고』, 중국 인민출판사, 2000, 175쪽.
33 마르크스, 엥겔스, 위의 책, 108쪽.
34 마르크스, 엥겔스, 위의 책, 43쪽.
35 『마르크스 엥겔스 전집』, 제3권, 인민출판사, 1960, 516쪽.
36 『마르크스 엥겔스 전집』, 위의 책, 460쪽.

제2판에서 총결산한 역사적 변증법의 검토 방법을 뚜렷하게 드러내고 있다. 즉 "변증법은 현존하는 사물에 대한 긍정적 이해와 동시에 현존하는 사물에 대한 부정적 이해, 즉 현존하는 사물의 필연적인 멸망에 대한 이해를 동시에 포함하고 있다. 또한 변증법은 모든 기성 형식은 끊임없는 운동에서 비롯되므로 그 일시적인 측면에서 이해한다."[37] 마르크스는 분업에 대해 의심할 여지 없이 같은 접근법을 취했고, 그것은 정말로 '엄청난 역사 감각'을 구현하고 있다.

『탐구』의 저자는 역사의 변증법을 모르는 듯하다. 역사상의 분업의 출현은 의심할 여지 없이 마르크스가 말하는 '인간의 원초적 풍부성'을 박탈하는 것인데, 이것은 확실히 역사의 '진보'이지만, 모든 소외는 이전의 소외 상태에 비해 일종의 '진보'가 아닐까? 여기서 '진보'는 그 자체가 인간성의 상실을 의미하기도 한다. 인류 역사 자체의 역설은 마르크스가 일시적인 관점에서 현존하는 사물을 바라보는 근본적인 이유 중 하나다. 분업은 확실히 생산력의 발전을 촉진하지만 동시에 인간의 소외를 초래하는데, 이는 역사의 변증법적 성질이다. 그래서 마르크스는 '분업 소멸'을 역사의 자기 부정이나 자기 지양으로 삼았다. 『탐구』는 단순히 분업의 좋은 면이고 긍정적 의미를 강조하지만, 분업의 나쁜 면이고 부정적 의미를 떼어내려는 시도는 역사적 변증법에 부합하지 않는다. 모치즈키도 그렇고 『탐구』의 저자도 그렇고 분업에 대한 변증법적 이해가 분명히 부족하다. 그들이 보기에 분업의 긍정적 의미를 인정하는 것 같아 분업의 부정적 의미를 배척하고, 그 반대도 마찬가지다. 이것 아니면 저것의 사고방식은 마르크스의 역사적 변증법과 전혀 같지 않다. 『탐구』의 저자는 자신의 편협한 이해에 기초하여 '오전에는 사냥하고, 오후에는 고기잡이하는' 식의 야유

---

37 『마르크스 엥겔스 선집』, 제2권, 중국 인민출판사, 1995, 112쪽.

나 농담 같은 것에 불과한 신중하지 못한 대담한 결론을 내렸다.

'자연계의 우선적 지위'는 마르크스 사상의 본래 의도에 부합하나?

『형태』의 '포이어바흐' 장에는 다음과 같은 유명한 말이 있다. "이런 활동, 이런 연속적인 감성 노동과 창조, 이런 생산이 바로 현존하는 감성 세계 전체의 근간이며, 그것이 단 1년이라도 중단되면 포이어바흐는 자연에서 엄청난 변화가 일어날 뿐만 아니라 인류 세계 전체와 그 자신의 직관력, 심지어 그 자신의 존재도 곧 없어질 것을 보게 될 것이다. 물론 이 경우에도 외부 자연계의 우선순위는 유지되며, 이 점 전체가 원시적이고 자연 발생 경로를 통해 생성된 사람들에게는 당연히 적용되지 않는다. 그러나 그 구별은 사람이 자연계와는 다른 무엇으로 간주될 때에만 의미가 있다. 또 인류 역사보다 먼저 존재했던 자연은 포이어바흐가 살았던 자연이 아니라 호주에서 새로 생긴 산호섬을 제외하면 오늘날 어디에도 존재하지 않는 자연이기 때문에 포이어바흐에게도 존재하지 않는 자연이다.[38] 필체로 볼 때, 이 말은 확실히 엥겔스의 손에서 나온 것으로, 엥겔스가 나중에 『형태』 원고 제9쪽과 제10쪽에 보충한 내용이다.[39] 문제는 이 논술이 정신적으로 실질적으로 마르크스의 것이냐, 아니면 엥겔스의 것이냐이다. 그것은 마르크스 사상의 본래 뜻에 부합하는 것일까?

『탐구』는 이 논문이 "엥겔스 본인의 관점을 보여 준다"고 주장했다. 그

---

38 마르크스, 엥겔스, 『독일 이데올로기』(발췌본), 중국 인민출판사, 2003, 21쪽.
39 히로마쯔 와타루 편주, 평시 옮김, 『문헌학적 맥락에서의 〈독일 이데올로기〉』, 중국 난징 대학 출판사, 2005, 19쪽 참조.

근거는 어디에 있는가? '인간의 역사와 자연의 관계에 대한 엥겔스의 보완'이라는 말 외에도 『탐구』 필자의 눈에는 '인간과 자연의 관계에 대해 마르크스와 엥겔스가 강조하는 점이 다르다. 즉, 마르크스는 인간 자신과 그 활동에 입각하여 인간에게 있어 자연계를 강조하고, 엥겔스는 자연계에 입각하여 자연계의 독립과 존재의 우선성을 강조한다. 내가 보기에 일반적으로 마르크스와 엥겔스는 자연계와 그 동인의 관계에 대해 『탐구』에서 말하는 것과 같은 차이가 있다고 말하는 것은 아무런 문제가 없다. 마르크스와 엥겔스가 자연계를 어떻게 보는가에 대한 원칙적 차이가 있음을 인정해야 한다. 사실 몇 년 전에 나도 관련 논문에서 이 문제를 논의한 적이 있다.[40] 물론 『탐구』에서 이런 차별을 철학적인 대립으로까지 끌어올리는 어떤 관점도 모두 무의미하다고 선언한 것은 지나치게 독단적이다. 이런 전제적 의미의 시각과 판단의 차이는 과연 철학관에 실질적인 영향을 미치지 못하는 것일까? 실질적 영향이 있다면 '별 의미가 없다'고 섣불리 판단할 수 없다. 여기서 문제는 마르크스와 엥겔스의 이런 차이가 『형태』 '포이어바흐' 장에 나오는 이 논술에도 적용되느냐 하는 것이다. 다시 말해 이 말이 구현한 사상을 엥겔스의 입장으로 귀결시킬 수 있을까? 『탐구』의 저자와는 반대로 나의 대답은 '아니오'다. 나는 이 구절의 정신적 실질이 마르크스의 당시 사상적 맥락에 부합하고, 따라서 마르크스의 실천적 유물론적 입장과 관점을 구현한다고 생각한다.

『형태』의 저술에서 마르크스와 엥겔스의 위상에 차이가 있음을 인정해야 한다. 전반적으로 마르크스가 상대적으로 지배적인 반면 엥겔스는 종속적인 위치에 있다는 점에서 필자는 히로마츠의 견해에 동의하지 않고 량자노프의 견해에 공감하는 경향이 있다. 이는 『탐구』가 인용한 논술에

---

40 허중화, 「마르크스와 엥겔스의 철학 사상의 몇 가지 차이점에 대하여」, 『동악 논총東岳論叢』, 제3호, 2004.

서도 확인된다. 마르크스는 『1844년 경제학 철학 원고』에서 "인류 역사에서, 즉 인간 사회의 형성 과정에서 생성된 자연계는 인간의 현실적 자연계이고, 인간의 현실적 자연계이다. 따라서 산업을 통해 - 소외의 형식이기는 하지만 - 형성된 자연계는 진정한, 인본학적 자연계이다."[41] 여기서 마르크스는 인간의 존재와 무관한 추상적인 자연계를 거부한다. 이는 '인류사보다 먼저 존재하는 자연계'에 대해 『형태』가 반대하고 있는 것과 정확히 일치한다. 『형태』는 이런 자연이 "포이어바흐에게도 존재하지 않는다"고 지적했다. 마르크스가 『원고』에서 말한 추상적인 자연계도 인간에게는 무無이다. 서로 통하지 않는가?

그밖에 『형태』 '포이어바흐' 장의 이 논술은 포이어바흐의 직관적인 입장을 비판하는 것이 총체적 명분이다. 실천 활동이 '감성 세계의 기초'로 멈추면 "1년만이라도 중단된다"며 "자연에서 엄청난 변화가 일어날 뿐 아니라 인간세계 전체와 그 자신(포이어바흐를 지칭 - 인용자)의 직관력, 심지어 그 자신의 존재도 곧 없어질 것"이라는 점을 분명히 했다. 여기서 비판하는 것이 바로 포이어바흐가 추앙하는 바로 그 직관이라는 것은 분명하다. 마르크스가 『형태』를 쓰기 얼마 전 쓴 『요강』의 주제다. 마르크스는 여기에서 직관자로서의 실천과 직관력의 내적 토대를 제시한다. 따라서 내적 사상적 맥락으로 볼 때 이 말은 마르크스가 구술하고 엥겔스가 기록한 결과일 가능성이 높으며 적어도 마르크스와 무관한 엥겔스 사상에 속한다고 단정할 수는 없다.

사실 『1844년 경제학 철학 원고』에서도 자연계의 전제적 지위는 마르크스의 인정을 받았다. 예를 들어 그는 "자연도, 감각도 없는 외부 세계도 노동자는 아무것도 창조할 수 없다"고 말했다.[42] 이는 물론 조건이나 전제

---

41 마르크스, 『1844년 경제학 철학 원고』, 중국 인민출판사, 2000, 89쪽.
42 위의 책, 53쪽.

의 의미에서 자연계의 우선성을 확인하는 것일 뿐이다. 하지만 『형태』의 '포이어바흐' 장과 관련된 사상은 일치한다. 『원고』에서 마르크스는 자연계가 노동과 노동력을 위한 '생산(생활) 자료'를 제공하는 이중의 의미에서 전제를 구성한다고 생각한다. 한편으로 "노동 없이 가공된 대상에서 노동은 존재할 수 없게 된다. 즉 노동자의 노동은 그 안에서 자신의 만들어내는 제품의 재료를 생산해 내거나 빌어서 생산해 낸다. 또 다른 면에서 생활 재료의 원천으로서의 자연계는 노동자 자신의 육체적 생존 수단을 구성한다." 마르크스가 보기에 자연계는 물론 인간 그 자체도 그 존재는 자명한 문제이기 때문에 추궁할 수도 없고 추궁할 수도 없는 일이었다. 그는 『원고』에서 이렇게 썼다. "누가 나의 아버지를 낳았는가? 누가 그의 할아버지를 낳았는가? 등등" 이로부터 다음의 문제를 촉발했다. "누가 첫 번째 사람과 자연계 전체를 낳았는가?"[43] 그러나 마르크스가 보기에 그것은 바로 대답할 수 없는 거짓 질문이었다. "당신이 자연계와 인간의 창조 문제를 제기했으니, 당신은 인간과 자연계를 추상화했기" 때문이다.[44] 왜 "사람과 자연을 추상화했다"고 했을까? 마르크스가 지적했듯이, "당신은 그것들이 존재하지 않는다"고 설정하지만, 당신은 내가 당신에게 그것들이 존재한다는 것을 증명하기를 원한다. 그래서 마르크스는 비꼬는 말투로 "당신은 모든 것이 존재하지 않도록 설정하면서 자신은 존재하려고 하는 이기주의자"라고 말한다. 자연계와 인간 자체에 대한 발생학적 추궁은 자기 해체의 역설에 빠질 수밖에 없다. 마르크스는 문제 자체에 대한 전복을 통해 시간을 앞세운다는 의미에서 자연계의 우선적 지위와 인간 자체의 존재 우선적 지위는 의심할 여지 없이 인정한다는 의미를 새길 수 있다. 마르크스가 추궁을 거부하고 드러낸 문제의 자명함에서 어렵지 않게 발견할

---

43 앞의 책, 91쪽.
44 위의 책, 92쪽.

수 있기 때문이다. 마르크스의 진짜 관심사는 인간과 자연이 '어떻게 가능한가'의 문제이지 '왜 일어나는가'의 문제가 아니다. 즉 마르크스에게서 진실의 문제는 언제나 가능성 문제이지 발생학의 문제가 아니라는 것이다. 이 특정 문제 영역에서 자연계의 우선성은 의심할 여지 없이 명백한 사실일 뿐이지만 자연계는 가능한 내적 이유를 제시해야 한다. 철학이 주목해야 할 것은 후자뿐인데, 전자는 철학에 있어서 가짜 문제에 지나지 않기 때문이다. 그래서 마르크스는 추상적으로 이해되고, 자업자득이며, 인간과 분리된 것으로 확인된 자연계도 인간에게는 없게 되는 것이다.[45] 이것은 물론 인간을 떠났다고 해서 자연계가 더 이상 존재하지 않는다는 것은 아니다. 여기에서 말하는 '무'는 '아무것도 없다'는 말이 아니고, 인간의 존재를 떠나 자연계에 대해 이야기하는 것을 의미할 뿐이다. 철학적으로 말하자면 아무런 의미가 없는 것이다. 자연계의 근원적인 문제는 마르크스에 의해 해소되었을 뿐만 아니라 인간의 근원적인 문제도 그에 의해 제거되었다. 이는 자연사와 인류사의 연관성을 찾는 엥겔스의 선형 연결고리와 일치하지 않는다. 케델로프는 엥겔스의 『자연변증법』과 마르크스의 『자본론』이 각각 자연사와 인류사의 철학적 서사(적절한 자연관과 역사관)를 구성한다고 주장한다. 그의 말이다. "엥겔스에게 이 책(『자연변증법』 - 인용자)의 주요 목적은 『자본론』과 직접 연결되고 『자본론』과 함께 마르크스주의 학설에 대한 통일되고 완전한 개념과 이 학설을 명확히 하는 저작을 제공하는 것이다. 따라서 『자연변증법』이 끝나는 곳에서 『자본론』의 시작이 되어야 한다."[46] 이렇게 되면 엥겔스의 자연변증법의 정당성을 인정할 뿐만 아니라 마르크스의 『자본론』이라는 인간의 존재에 대한 현상학적 서사를

45　마르크스, 『1844년 경제학 철학 원고』, 중국 인민출판사, 2000, 116쪽.
46　밥 케델로프 지음, 인덩상 등 옮김, 『엥겔스의 〈자연변증법〉 연구』, 중국 생활·독서·신지 삼련서점, 1980, 35-36쪽.

엥겔스의 자연적 변증법적 인간 부재의 '객관적' 해석으로 볼 수 있게 된다. 여기에서 마르크스와 엥겔스의 철학적 구성 시야의 이질성은 분명히 무시되어 마르크스 철학에 고유한 인간의 존재 차원을 숨기게 된다. 마르크스도 물론 자연사와 인류사의 분열에 만족하지 않았지만, 인간의 현실적 존재(실천)에 착안하여 그 분열을 불가능하게 만드는 경향이 있었다.

마르크스와 엥겔스가 각각 수정(첨가)한 내용은 상당 부분 각자의 사상으로 볼 수 있지만 전부가 그렇다고는 할 수 없다. 물론 마르크스의 수정 필적은 상당한 정도에서 마르크스 사상의 구현으로 볼 수 있고, 엥겔스의 수정 필적 역시 상대적으로 엥겔스의 사상 구현으로 볼 수 있다. 그러나 『탐구』의 필자조차 "우리는 상호 교류에서 배제할 수 없으며, 한 사람이 쓴 것이 바로 다른 사람이 말한 것의 경우"라고 인정할 수밖에 없다. 『탐구』는 "우리가 누구의 필체를 수정한 것이 누구의 사상적 표현이라고 볼 수 없는 이유는 두 사람이 협력하는 과정에서 한 사람이 교류하고 논의한 결과에 따라 얼마든지 수정할 수 있기 때문"이라고 지적했다. 왜 자연계의 우선순위 문제와 관련된 이 단락이 반드시 예외가 되어야 한단 말인가?

존재와 의식의 관계를 보여주는 구상 방식은 마르크스의 것이 아닌가?

『탐구』에서는 다음과 같이 언급하고 있다. "『형태』는 의식과 사회적 존재의 관계에 대한 인식 방법이 『요강』과는 다르다. 그것들은 마르크스의 사고 풍격과는 그다지 같아 보이지 않는다. 만약 엥겔스가 훗날 『반듀링론』 『루드비히 포이어바흐와 독일 고전 철학의 종말』에 쓴 내용을 우리가 참조한다면 사회 존재와 사람들의 의식 관계에 대한 서술은 엥겔스의 손에서 나왔다고 할 수 있다." 여기에서 『탐구』의 필자는 『요강』의 관련 논술과 마르크스 초기의 다른 저작의 관련 사상의 실체를 간과하였다. 아울러 『탐구』의 저자는 엥겔스의 후기 저작과 이 사상을 증명하고, 이를 통해 그들 사이의 친화성을 설명하는 방법에는 결함이 있으며, 엥겔스의 후기 저작에 실제로 이 방면의 사상이 있는지 여부는 차치하고 설령 있다 하더라도 마르크스 사상의 영향을 받은 결과일 가능성을 배제할 수 없다. 정말 설득력 있는 것은 엥겔스의 초기 저서에서 필요한 예증을 찾는 것이지만 우리는 그런 증거를 찾기 어렵다.

엥겔스가 실천의 원초성을 떠나 있었기 때문에 사유와 존재의 관계 문제는 그에게서 추상화되었다. 이것은 마르크스의 사상과 크게 다른 것이다.

일찍이 『포이어바흐에 관한 개요』에서 마르크스는 이미 지적한 바가 있다. "사회 생활은 본질적으로 실천적이다. 이론을 신비주의로 이끄는 모든 신비로운 것은 인간의 실천과 이 실천에 대한 이해에서 합리적으로 해결될 수 있다."[47] 바로 『형태』의 '포이어바흐' 장에서 이렇게 쓰고 있다. "의식은 언제나 의식되는 존재일 뿐이며, 사람들의 존재는 그들의 현실적 삶의 과정이다."[48] 또 "의식이 삶을 결정하는 것이 아니라 삶이 의식을 결정한다"고 하였다.[49] 『제 8조』는 이론의 근원을 실천에 의해 만들어진 사회 생활에서 찾아야 한다는 것을 의미한다. 실천이라는 원초적 토대로 돌아가면 이론의 이데올로기적 비밀인 사변 철학과 그 고유의 신비성, 이데올로기의 전형적이고 극단적인 형식인 이데올로기는 더 이상 비밀이 될 수 없을 뿐만 아니라, 이데올로기의 형성의 근원에 대한 실질적인 변혁을 실천함에 따라 모든 이데올로기는 그 존재의 근거를 상실하게 된다. 사실 더 일찍 거슬러 올라가 마르크스는 『1844년 경제학 철학 원고』에서 "우리

---

47 『마르크스 엥겔스 선집』, 제1권, 중국 인민출판사, 1995, 60쪽.
48 마르크스, 엥겔스, 『독일 이데올로기』(발췌본), 중국 인민출판사, 2003, 16쪽.
49 위의 책, 17쪽.

는 이론의 대립 자체의 해결은 오직 실천적 방식을 통해서만 가능하고, 인간의 실천적 힘에 의해서만 가능하다는 것을 보았다"고 말한 바가 있다. '이론의 대립'은 의식 내의 충돌로서 사유와 존재의 분열을 굴절시키고 있으며, 오히려 이러한 분열의 이데올로기적 수사적 형태의 대립이라 할 수 있다. 마르크스가 보기에 그것의 해결 가능성은 오직 실천에 호소하는 데 있다. 사고와 존재의 통합은 실천적 토대 위에서만 가능하다는 것을 보여준다. 마찬가지로, 이러한 의식 내의 대립의 해결은 존재, 즉 인간의 현실 활동에 달려 있다. 그리고 그것은 바로 존재가 의식을 결정하는 중요한 차원이나 함축이다. 따라서 여기에는 이미 존재가 의식을 결정짓는 기본적인 사상이 내재되어 있다고 할 수 있다. 훗날 마르크스가 1859년에 쓴 『정치 경제학 비판』의 '서문'은 마르크스의 생애에서 가장 중요한 저서인 『자본론』의 모태임을 잊지 말아야 한다. 그는 "사람들의 의식이 사람들의 존재를 결정하는 것이 아니라 오히려 사람들의 사회적 존재가 사람들의 의식을 결정하는 것"이라고 명확하게 밝힌 바 있다.[50] 마르크스 입장에서 존재가 의식을 결정하는 것은 의식이 존재에 뿌리를 두고 있을 뿐만 아니라, 의식을 바꾸는 것은 세상을 바꾸는 것에 호소해야만 가능하다는 것을 의미한다. 이것이 마르크스가 평생에 걸쳐 해온 이데올로기 비판 작업의 기본적 구상 또는 사유 풍격이다.

『탐구』에서 중점적으로 언급한 엥겔스의 저서를 예로 들어 엥겔스의 관점과 특징을 살펴보도록 하자. 『반듀링론』의 '철학편'에서 엥겔스는 사유와 존재의 관계 문제를 해결하는데, 이는 자연계의 시간적 우선성과 사유의 물질적 기초를 강조함으로써 달성된다. 예를 들어 그는 "사고와 의식이 무엇이며 어디에서 왔는지를 더 묻는다면, 그것들은 모두 인간의 두뇌의

---

50 『마르크스 엥겔스 선집』, 제2권, 중국 인민출판사, 1995, 32쪽.

산물이고, 인간 자체는 자연계의 산물이며, 자신이 처한 환경에서 그리고 이 환경과 함께 발전해 왔다는 것을 알게 될 것"이라고 했다.[51] 『자연변증법』 '서론'에서 엥겔스는 "유기물의 최고 산물인 인간의 정신"이라고 보다 명확하게 언급했다.[52] 이 모든 측면이 원래 기초의 의미에서 인간의 존재 차원을 다루지 않았음을 쉽게 알 수 있다.

한편 엥겔스는 『반듀링론』 '철학편'에서 세계의 물질적 통일성을 두드러지게 강조하면서 "세계의 진정한 통일성은 그것의 물질성에 있다"고 지적하였다.[53] 엥겔스 입장에서 이 명제는 분명히 초석을 놓는 성격을 가지고 있지만, 동시에 구유물론자들에게도 받아들여질 수 있다. 엥겔스가 말하는 물질적 동인의 존재 자체에는 내재적이고 필연적인 연관성이 없기 때문에 마르크스가 말하는 존재와 의식의 관계에 있는 인간의 존재 차원과는 무관하다.

『루드비히 포이어바흐와 독일 고전 철학의 종말』에 엥겔스가 존재와 의식의 관계에 관한 문제를 다룰 때 우리가 각별하게 주의를 기울일 만한 점들이 몇 가지 있다.

우선 엥겔스는 존재가 의식을 결정하는 것을 그가 주장하는 좁은 의미의 역사적 유물주의 영역에서의 원리로 이해하고 있으며, 그런 의미에서 넓은 의미에서의 물질이 정신을 결정한다(혹은 존재가 사고를 결정한다)는 것은 역사적 영역에서의 하나의 특례에 지나지 않는다. 왜냐하면 엥겔스가 보기에 포이어바흐의 유물론적 한계는 일반적인 의미의 '유물론적 세계관'을 연구된 모든 지식의 영역에 철저하게(적어도 주요 방면에서) 적용하지 못

---

51 『마르크스 엥겔스 선집』, 제3권, 중국 인민출판사, 1995, 374~375쪽.
52 『마르크스 엥겔스 선집』, 제4권, 중국 인민출판사, 1995, 263쪽.
53 위의 책, 제3권, 383쪽.

한 것에 불과하기 때문이다.[54] 이는 마르크스가 '존재(실천)'를 원초어로 취급하는 것과는 전혀 다른 성격과 의미를 지닌다.

둘째, 엥겔스는 '존재가 의식을 결정한다'를 '머릿속의 개념' '현실적인 사물'의 관계 반영으로 치환하였다.[55] 예를 들어, 그는 "우리는 우리의 머릿속에 있는 개념을 절대적인 개념의 어느 한 단계의 반영이 아니라 현실의 반영으로 다시 유물화한다"고 했다. 사실 이 둘은 결코 등가적인 관계가 아니다. '반영'은 '존재가 의식을 결정한다'에서 '결정'의 의미를 충분히 커버할 수 없는 관계입니다.

셋째, 사고와 존재의 관계는 엥겔스가 '정신'과 '자연계', '정신'과 '물질'의 관계로 대체하여 논의하였다. 예를 들어 엥겔스는 "물질은 정신의 산물이 아니라 정신 자체가 물질의 최고 산물일 뿐"이라고 말했다.[56] 여기에서 '물질'은 추상적인 규정으로, 엥겔스에 의해 인간의 존재 자체의 성질이 아니라 인간의 존재와 무관한 외부 세계의 객관적 실재로 해석되고 있다. 이렇게 되면 마르크스가 사유와 존재의 관계 문제를 인간으로 전환시킨 사회 존재와 인간의 사회 의식과의 관계 문제와는 전혀 다른 것으로, 엥겔스는 이 문제를 물질과 정신의 관계 문제로 전환시켰다. 마르크스는 실천적 존재론자가 되고, 엥겔스는 물질적 존재론자가 된다. 그 차이의 본질은 인간의 존재의 차원에 입각하여 사고와 존재 사이의 분열을 해소하는가에 있다. 요컨대 엥겔스의 입장에서의 유물주의는 언제나 물질적 정신적 관계에 대한 특정한 이해에 바탕을 둔 것으로 다른 의미는 없다.[57]

위에서 언급한 바와 같이 마르크스의 텍스트에서 존재와 의식과의 관

---

54 『마르크스 엥겔스 선집』 제4권, 중국 인민출판사, 1995, 242쪽.
55 위의 책, 243쪽.
56 위의 책, 227쪽.
57 위의 책, 227쪽.

계 문제로 나타나는 구상 방식은 인간의 존재성을 내재적으로 내포하고 있음을 알 수 있으며, 이는 마르크스가 자신의 철학의 궁극적인 원초적 범주로서 인간의 존재를 실천하는 현상학에서 필연적으로 요구하는 특징이다. 추상적인 물질을 원초적 기반으로 삼는 엥겔스의 '유물주의'와는 이질적 거리가 뚜렷하다. 이를 무시하는 것은 충분한 텍스트 지원이 부족할 뿐만 아니라 마르크스와 엥겔스 각자의 사고방식에도 부합하지 않는다.

15

실천적 존재론 맥락에서의 역사 부활

마르크스는 자신의 철학적 구성에서 '역사'라는 정초적 작업을 부활시킴으로써 시간성에 대한 불신에서 시간성에 대한 신뢰로 이어지는 의미 있는 전환을 이뤄냈다. 여기에는 마르크스가 평생 공들여온 사업인 이데올로기적 비판의 모든 합법성이 숨어 있다. 진실의 역사는 이데올로기의 생성을 설명하는 열쇠이자, 이데올로기가 제거될 수 있는 현실적 가능성을 제시하는 근거가 되기 때문이다. 역사의 맥락에서 이데올로기의 비밀은 더 이상 '비밀'이 아니라 합리적으로 해석될 수 있고 현실적으로 초월될 수 있는 것으로 바뀐다. 마르크스의 이 사상은 『독일 이데올로기』에서 집중적으로 드러난다. 『독일 이데올로기』는 전체적으로 말해서 마르크스와 엥겔스의 공동 저작이다. 하지만 필자는 구소련 마르크스 문헌학자인 량차노프의 견해에 물론 동의한다. 즉, '포이어바흐'장의 주요 사상이 마르크스에서 비롯된 것이지 엥겔스에서 비롯된 것은 아니라는 것이다. 따라서 우리는 본 장에서 사상을 논의할 때 그것을 일반적으로 마르크스의 공헌이라고 본다.

철학은 단지 인간의 역사 존재에 대한 반성적 파악에 불과하다

마르크스의 언급이다. 우리는 유일한 과학인 역사 과학에 대해 엥겔스가 초기 저서에서 "역사는 우리의 모든 것"이고 "우리는 어떤 철학 학파, 심지어 헤겔보다도 역사를 중시한다"고 언급한 사실을 알고 있다.[1] 역사는 두 가지 측면에서 고찰할 수 있는데, 그것을 자연사와 인류사로 나눌 수 있다. 그러나 이 두 가지는 불가분의 관계이다. 사람이 존재하는 한 자연

---

1 『마르크스 엥겔스 전집』, 제1권, 중국 인민출판사, 1956, 650쪽.

사와 인류사는 서로 제약된다. 자연사, 이른바 자연 과학은 여기에서 다루지 않는다. 우리가 깊이 연구해야 할 것은 인류사이다. 왜냐하면 거의 모든 이데올로기가 인류사를 곡해하거나 아니면 완전히 제쳐놓기 때문이다. 이데올로기 자체는 이 역사의 한 단면일 뿐이다.[2] 자연계와 인류 사회에 대한 '역사적 장소' 조사의 정당성을 회복하는 것은 그 의미가 작지 않다. 이러한 부활의 전제는 자연사와 인류사에 내재된 통일의 토대를 찾는 데 있다. 즉 인간의 현실적 존재는 마르크스의 『1844년 경제학 철학 원고』에서 자연 과학과 인간의 과학이 서로 통일된다는 관점에서 이미 싹을 틔웠다. 마르크스가 보기에 이데올로기는 결국 역사에 종속되는 것이지 그 반대는 아니다. 이런 종속성은 역사로 돌아가야 이데올로기의 본질이 드러나는 것을 의미한다. 이런 종속성을 무시하면 옛 철학처럼 역사 자체를 초역사적 사변 논리로 귀결시킨다. 마르크스는 이데올로기의 종속성을 긍정하기 위해 역사의 종속성을 단호히 거부했다. 파월은 "역사의 임무가 이런 가장 단순한 진리(예를 들어 지구가 태양 주위를 돈다)를 증명하는 것이 아니라면 역사는 무엇을 해야 하는가?"라고 따져 물었다.[3] 브루노에게서 역사는 선험적 원초적 범주에 속할 뿐 그 반대는 아니다. 마르크스는 이런 논리에 따라 "인간은 역사를 위해 존재하지만 역사는 진리를 증명하기 위해 존재한다. 이런 비판의 통속화된 형식 속에서 사변의 고견이 중복된다. 인간과 역사가 존재하는 까닭은 진리가 자의식에 도달하도록 하기 위한 것"이라고 폭로하였다.[4]

엥겔스는 "헤겔의 사유 방식이 다른 모든 철학자와 다른 점은 그의 사유 방식이 엄청난 역사적 감각을 바탕으로 하고 있다는 점"이라고 말했

---

2 『마르크스 엥겔스 선집』, 제1권, 중국 인민출판사, 1995, 66쪽.
3 『마르크스 엥겔스 전집』, 제2권, 중국 인민출판사, 1957, 100쪽에서 재인용.
4 위의 책, 100~101쪽.

다.[5] 그러나 이런 '역사 감각'은 헤겔 철학에 아직 진실성을 갖추지 못한 것이다. 왜냐하면 엥겔스 자신이 말한 것처럼 "헤겔 입장에서 역사는 자신의 논리구조를 점검하는 도구에 불과"하기 때문이다.[6] 마르크스도 이렇게 언급했다. "헤겔은 실증적 관념론을 완성했다. 그가 보기에 물질 세계 전체가 사상 세계로 바뀌었을 뿐 아니라 역사 전체가 사상의 역사로 변했다."[7] 마르크스의 철학적 맥락 안에서만 '거대한 역사감'이 충분하고도 진실한 의미를 갖게 되는 것은 시간성에 대한 신뢰를 확립하는 것을 의미한다. 마르크스의 후기 경제학 연구는 시간성이 인간의 노동과 본질적으로 관련이 있음을 보여주었다. 따라서 '시간'은 더 이상 편협한 경제학의 범주가 아니라 인간의 역사적 존재와 관련된 존재론적 범주가 되었다.

역사의 본성은 사람의 실존 속에서만 '모습을 드러냄'

마르크스에게 역사의 본성은 결코 철학자의 '상상'에서 드러나는 것이 아니라 인간의 실존 속에서 '모습을 드러내는' 것이다. 그래서 마르크스는 "우리가 여기서 역사를 비교적 자세히 이야기하는 것은 독일인들이 '역사'와 '역사적'이라는 단어를 마음대로 상상하는 데 익숙하기 때문이지 현실을 다루지 않기 때문만은 아니다.[8] 이른바 '현실'은 사람들의 실제 생활 그 자체다. '상상' 속의 '역사'는 사변에 의존하거나 감정에 의존하지만, 유독 인간의 현실적 활동이 만들어 내는 역사 존재는 제쳐놓을 수 있다. 이런 '역

---

5 『마르크스 엥겔스 선집』, 제2권, 중국 인민출판사, 1995, 42쪽.
6 『마르크스 엥겔스 전집』, 제1권, 중국 인민출판사, 1956, 650쪽.
7 마르크스, 엥겔스, 『독일 이데올로기』(발췌본), 중국 인민출판사, 2003, 4쪽.
8 『마르크스 엥겔스 선집』, 제1권, 중국 인민출판사, 1995, 78쪽.

사'는 천부적으로 본래 '날조'와 '허구'의 성격을 띠고 있으며, '사변의 원죄 原罪'를 지니고 있다. 그것은 진실의 역사를 사람들에게 드러내기는커녕 오히려 진실을 가리기 마련이다. 따라서 일반적으로 역사로 돌아가는 것만으로는 역부족이며, 어떤 역사로 돌아가는지가 관건이다. 사실 사변 철학이라도 나름대로 역사 방법을 가질 수 있다.[9] 그러나 이 방법이 일반 개념의 전진 운동에 속박될 때[10] 이른바 '역사'란 사변 논리에 종속되거나 각주가 될 수밖에 없다. 인간의 실제 생활에서 출발해야 진정한 진성의 역사로 돌아갈 수 있고, 따라서 모든 이데올로기의 사변 마술을 깨뜨릴 수 있다. 마르크스는 『독일 이데올로기』 '포이어바흐' 장에 쓴 주석을 통해 "인간들이 역사를 가진 것은 그들이 자신의 삶을 생산해야 하기 때문이고, 일정한 방식으로 진행시켜야 하기 때문이다. 이는 그들의 육체적 조직에 의해 제약되고 사람들의 의식도 이렇게 제약을 받는다"고 지적했다.[11] '육체 조직의 제약'이란 여기서 단지 '조건'이나 '전제'로서 기능하는 것이지, '이유'나 '근거'로서 기능하는 것이 아니라는 것을 주목하라. 인간의 요구가 인간의 생산 활동과 실제 생활 자체에 제약 작용을 하는 것과 마찬가지다.

　마르크스는 헤겔의 『역사 철학』 말미의 말을 인용하면서 현실의 역사를 절대정신의 자기 운동 과정으로 현화하려는 헤겔의 입장을 비판했다. 헤겔은 이렇게 말했다. "온갖 광경과 온갖 사건들이 벌어지는 세계 역사는 정신 발전과 실현의 과정으로, 이것이 진정한 분분한 세계사는 정신의 발달과 실현의 과정인 진정한 '변신론辨神論'이다. 변신론 'Theodicy/Theodizee'은 '신정론神正論' 또는 '신의론神義論'으로도 번역되는데(인용자) 역사상 하느님을 진정으로 실증하였다. 이런 인식이 있어야 '정신'과 '세계

9　『마르크스 엥겔스 선집』 제1권, 중국 인민출판사, 1995, 102쪽.
10　위의 책, 101쪽.
11　위의 책, 81쪽.

역사'를 현실과 조화시킬 수 있다. 과거에 발생한 여러 가지 일들과 현재 일어나는 여러 가지 일들은 하느님이 없어서가 아니라 오히려 근본적으로는 하느님 자신의 작품이다."[12] 역사상의 악은 역사가 궁극적으로 하나님을 증명하는 내재적 고리를 마련한다고 그는 주장한다. 그래서 역사는 목적론의 '약속 실행'이 형식으로 변한다. 헤겔의 역사 철학에서 현실의 악과 하느님의 지극한 선을 조화시키는 변호의 형식이었던 신정론은 절대정신(하나님의 다른 표현에 불과)과 역사상의 악이 조화를 이루는 표현으로 탈바꿈했다. 그리하여 신학에서 악의 기원의 문제는 역사 철학에 이르러 역사 영역에서 악을 어떻게 용인할 것인가 하는 문제로 전환된다. 역사상의 악은 과연 외적인 것인가, 아니면 내적인 것인가? 만약 후자라면, 그것이 어떻게 역사의 궁극의 선과 일치할 수 있겠는가? 헤겔은 '사변적 변증법'(마르크스의 말)이라는 관점에서 악의 존재 정당성을 용인하고, 학리적으로 악을 역사로 전개해 자신의 제거할 수 없는 내적 고리를 완성함으로써 역사로서의 완성이라는 지선과의 통일을 이뤄냈다. 엥겔스의 말대로 "헤겔에서 악은 역사 발전 동력의 표현 방식이다."[13] 그래서 『역사 철학』의 마지막에 헤겔은 자신이 진정한 신정론에 도달했다고 선언한다. 그러나 이 모든 것은 선행적 사전 설정을 통해 전제되기 때문에 마르크스가 보기에 사변 철학적인 의미의 '역사' 자체는 종속적인 요소에 지나지 않는다. 마르크스는 자신의 철학과 기독교의 메시아적 관념을 근본적으로 구별해 냈음을 알 수 있다. 마르크스의 역사관이 기독교와 메시아의 관념과 어떤 동질성을 가지고 있다는 주장과 로베르트, 베르가예프, 러셀, 틸리히, 데리다와 같은 사람들은 모두 비슷한 견해를 가지고 있다. 사실 이 둘을 혼동하는 관점은 마르크스 사상이 내포하고 있는 진정한 역사 감각을 직시하지 못

---

12 헤겔 지음, 왕짜오스 옮김, 『역사 철학』, 중국 생활 · 독서 · 신지 삼련서점, 1956, 505쪽.
13 『마르크스 엥겔스 선집』, 제4권, 중국 인민출판사, 1995, 237쪽.

하여 기독교 메시아 관념과 그 선험성을 완전히 뿌리뽑았기 때문이다.

〈헤겔 법철학 비판·머리말〉에서 마르크스는 "진리의 피안 세계가 사라진 이후 역사의 임무는 바로 이 세계의 진리를 확립하는 것"이라고 말했다.[14] '역사적 임무'는 반성의 형식으로서의 철학을 통해 표현되는데, 그것은 바로 역사에 봉사하는 철학의 절박한 임무이다. 즉 '인간의 비신성적 이미지의 자기 소외를 폭로하는 것'으로 표현된다. 마르크스가 보기에 포이어바흐의 종교 비판은 비록 인간의 자아 소외의 신성한 형상, 즉 종교에서의 이기화異己化 운명을 청산했지만 마르크스가 『신성 가족』에서 지적했듯이 포이어바흐는 형이상학적 절대정신을 '자연에 기초한 현실의 인간'으로 귀결함으로써 종교 비판을 완성했다.[15] 그는 사변이 신학의 마지막 버팀목이라는 것을 알았기 때문이다. 그러나 남은 한 걸음은 세속적인 세계에서 이기화된 운명을 청산하는 것이다. 이것은 마르크스가 시도하고 실제로 달성한 철학적 임무를 구성한다. 역사로 돌아가는 것 외에는 이 임무를 완수할 수 없다. 마르크스의 철학과 역사 그 자체의 내적 갈등을 엿볼 수 있는 대목이다.

이미 1943년 9월 마르크스는 루거에게 보낸 편지에서 "우리의 임무는 미래를 추론하고 미래의 어느 때라도 적합한 결정을 발표하는 것이 아니다"라고 분명히 말한 바가 있다.[16] 마르크스에게 있어서, 역사 그 자체를 초월한 '결정'은 사변 규정으로서 도저히 받아들일 수 없는 것이었다. 문제는 이런 사변 규정을 어떻게 잘라낼 수 있느냐는 것이다. 역사로 돌아가야 사변 철학에 대한 충분한 면역력을 얻을 수 있다. 마르크스는 자신의 철학적 임무를 '현존하는 모든 것을 무자비하게 비판해야 하는 것'으로 자

---

14 『마르크스 엥겔스 선집』, 제1권, 중국 인민출판사, 1995, 2쪽.
15 『마르크스 엥겔스 전집』, 제2권, 중국 인민출판사, 1957, 177쪽.
16 『마르크스 엥겔스 전집』, 제1권, 중국 인민출판사, 1956, 416쪽.

리매김했다. 이것이 바로 훗날 『독일 이데올로기』에서 말한 '실천적인 유물론자 즉 공산주의자'의 '임무'라는 것이다. "모든 문제는 현존하는 세계를 혁명화하고, 실제로 현존하는 사물을 반대하고 변화시키는 데 있다."[17]

마르크스는 『신성 가족』에서 브루노 파월을 비판하면서 다음과 같이 지적했다. "자연에 대한 이론적 관계와 실천적 관계를 역사 운동에서 배제하고 자연 과학과 산업을 배제하면 비로소 시작된 역사적 현실에 대한 인식에 도달할 수 있다고 비판적 비판은 생각하는 것인가? 비판적인 비판은 설령 그것이 (예를 들어) 어떤 역사적 시기의 산업과 생활 자체의 직접적인 생산 방식을 인식하지 않고 이 역사적 시기를 진정으로 인식할 수 있다고 생각하는가?"[18] 실천적 관계인 '자연 과학'을 넘어 '이론적 관계'를, '산업'은 '실천적 관계'를 구현한다는 것이다. 역사를 파악하는 것은 불가능하다! 『독일 이데올로기』에서 마르크스는 명확하게 밝혔다. 산업과 생활을 소홀히 했기 때문에 "독일인은…역사에는 세속적 토대를 제공하지 않았다."[19] 이와 달리 "프랑스인과 영국인의 비판은 '감정'과 '사상' 외에 '행동'이 있다." 따라서 그들의 비판은 현존 사회의 생생한 현실에 대한 비판이다.[20] 그래서 독일인에 비해 프랑스인과 영국인은 "결국 역사 편찬학의 유물론적 토대를 마련하려는 초보적인 시도를 했고, 시민 사회사 · 상업사 · 산업사를 처음으로 썼다."[21] 사변 철학에 비해 그들의 장점은 비록 마르크스처럼 의식적인 실천적 유물론자의 높이에 도달하지는 못하더라도 세속적 삶 자체의 역사를 중시한다는 것이다. 산업과 상업, 실생활을 직시해야만 '주

---

17 『마르크스 엥겔스 선집』, 제1권, 중국 인민출판사, 1995, 75쪽.
18 위의 책, 제1권, 191쪽.
19 『마르크스 엥겔스 선집』, 제1권, 중국 인민출판사, 1995, 79쪽.
20 위의 책, 제2권, 195쪽.
21 위의 책, 제1권, 79쪽.

변의 감성 세계가 결코 어떤 천지개벽 이래 직접적으로 존재하고 한결같은 것이 아니라 산업과 사회 상황의 산물이고 역사의 산물이며 대대로 이어진 활동의 결과'라는 자각을 할 수 있다.[22]

마르크스의 비평이다. "포이어바흐가 유물론자였을 때 역사는 그의 시야 밖에 있었고, 그가 역사를 탐구했을 때 그는 유물론자가 아니었다. 그에겐 유물론과 역사가 서로 완전히 동떨어져 있다."[23] 이러한 상호 이탈은 결국 포이어바흐의 철학적 직관적 입장으로 귀결되는데, 포이어바흐는 "감성 세계를 이 세계를 구성하는 개인의 살아 있는 감성적 활동 전체로 이해한 적이 없다"는 이유 때문이다. 사회 생활은 본질적으로 실천이기 때문이다. 포이어바흐가 철학의 원초적 범주로서 실천을 자신의 철학적 시야에 넣지 못했기 때문에, 현실적인 삶의 생산은 어떤 비역사적인 것으로 간주되고, 역사적인 것은 어떤 일상 생활에서 벗어난 것으로 간주되며, 어떤 것은 세계 밖에서 그리고 그 위에 있는 것으로 간주된다. 이렇게 해서 자연계에 대한 인간 관계를 역사에서 배제함으로써 자연과 역사 사이의 대립을 초래하였다.[24] 진정한 역사 회귀를 위해 마르크스는 포이어바흐 철학의 직관적 입장을 극복하고 실천을 철학적 구성의 초기 범주로 삼음으로써 '감성적 활동'의 시야를 선행시켰다. 이것이 바로 실천적 존재론의 실체인 것이다. 그것은 사람들에게 '항상 현실 역사의 기초 위에 서서 관념이 아니라 물질적 실천이 관념의 형성을 설명하는 것'을 요구한다.[25]

---

22 앞의 책, 제1권, 76쪽.
23 위의 책, 78쪽.
24 위의 책, 93쪽.
25 위의 책, 92쪽.

'공산주의'는 사변思辨 활동이 아니라, 역사 활동이다

인간의 존재라는 현상학적 의미에서 공산주의는 결코 사변 활동이나 사변 규정이 아니라 역사 활동과 역사 규정이다. 마르크스가 말했듯이 공산주의는 우리에게 확립되어야 할 상황이 아니며 현실에 맞게 이상적이지 않다. 우리가 공산주의라고 부르는 것은 현존하는 상황을 소멸시키는 그런 현실의 운동이다.[26] 여기에서 논리는 바로, 본질은 생성 과정에서 성취되는 것이며, 그것은 미리 매달려 있는 추상적인 규정이 아니라 실제 생성에서 끊임없이 보여지고 완성되는 실존적 규정이라는 것이다. 마르크스가 이렇게 말한 것은 공산주의의 생성성을 강조하고 그에 대한 예단적인 이해를 피하기 위해서였다. 마르크스의 맥락에서 모든 공산주의의 역사적 준비는 공산주의의 일부(역사적 관점에서)에 불과하기 때문이다. 이러한 터득 방식은 표면적으로는 여전히 헤겔 철학의 그림자를 띠고 있는 것처럼 보이지만, 사실 마르크스 철학의 의미에서의 생성성의 원초적 토대는 철저하게 재건되었다.

실천자로서 현실에 존재하는 인간은 동시에 비판자이기도 하다. 그는 실존적 존재로 존재자의 존재를 현실적으로 가능케 했다. 마르크스가 "실제로, 그리고 실천하는 유물론자인 공산주의자에게 모든 문제는 현존 세계를 혁명화하고 현존하는 사물을 실질적으로 반대하고 변화시키는 데 있다"고 말한 것은 바로 그런 의미이다.[27] '실천적 유물론자'와 '공산주의자'가 마르크스 철학의 맥락에서 동의어가 되는 근본적인 이유다.

마르크스의 말이다. "지배적인 지위를 차지하는 것은 갈수록 추상적인 사상, 즉 갈수록 보편적 형식을 띤 사상이 될 것이다. 왜냐하면 구통치계

---

26 앞의 책, 87쪽.
27 위의 책, 75쪽.

급을 대체하려는 모든 새로운 계급은 자신의 목적을 달성하기 위해 어쩔 수 없이 자신의 이익을 사회 전체 구성원의 공동 이익이라고 말할 것이기 때문이다." 말하자면, 이것은 관념적인 표현일 뿐이다. 자신의 사상에 보편적 형식을 부여하고, 그것들을 이성과 보편적 이익에 부합하는 유일한 사상으로 묘사하는 것이다.[28] '점점 보편성 있는 형식을 띤 사상'으로 표출되는 '갈수록 추상적인 사상'은 이데올로기로서의 그 본질은 추상적 보편성에 의해 성립되는 '공동의 이익'에 의해 결정되는 '허황된 공동체'의 반영에 불과하다. 이데올로기가 항상 보편적 가치를 선언하는 언설의 자세로 일관하는 것은 역사적으로 볼 때, 사상가들의 '음모'가 아니고 그 안에서는 진실한 의미를 배제하지 않는다. 그러나 그것은 어디까지나 '허황된 공동체'와 그것이 구현한 추상적 보편성의 수사다. 이데올로기로서 그것은 의심할 여지 없이 거짓이고, 마찬가지로 이데올로기로서도 이해할 수 있다. 즉, 이러한 '추상적인 사상'과 그 '보편적인 형식'은 그 은폐성에 있어서 거짓이며, 그 파생된 특정한 근원에 있어서 역사 자체의 진실의 산물이다. 역사로 돌아가지 않으면 진실을 밝힐 수 없다. 마르크스가 자각한 비판적 이데올로기의 철학적 사명은 그가 반드시 역사로 돌아가야 한다는 내적 요구와 함께 스스로 청산된 철학적 전제로서 확립되었다.

지배 계급은 왜 항상 자신의 편협한 이익을 사회 구성원 전체의 공동 이익이라고 말하는 것일까? 공동 이익은 외적 특수 이익에 의해 공허해지기 때문에 어떠한 진실한 기반도 상실되고, 지배 계급은 역사적 한계로 인해 자신의 편협한 이익의 질곡을 넘어 공동 이익의 대변자 역할을 할 수 없기 때문에 자신의 특수 이익으로 공동 이익을 사칭할 수밖에 없다. 이러한 사칭은 이념적 수사로서 마르크스가 '공통적 이익의 환상'이라고 부

---

28 『마르크스 엥겔스 선집』, 제1권, 중국 인민출판사, 1995, 100쪽.

르는 것으로 전락할 수밖에 없다.[29]

마르크스 철학의 맥락에서 논리 우선성과 역사감은 어떻게 조화와 통일을 이루는가? 이것은 마르크스를 해석하는 데 있어 피할 수 없는 문제다.

마르크스의 비평이다. "철학자들은 더 이상 분업에 굴종하지 않는 개인들에게서 '인간'이라는 이름의 그런 이상을 보았다. 그들은 우리가 밝힌 모든 발전 과정을 '인간'의 발전 과정으로 보고, 지금까지의 역사 단계마다 존재했던 개인들에게 '인간'을 강요해 역사의 동력으로 묘사했다." 이렇게 하여 모든 역사적 과정이 '인간'의 자기 소외 과정으로 간주되는 것은 본질적으로 후기의 일반 개인을 전기의 개인에게, 후기의 의식을 전기의 개인에게 강요하기 때문이다. 이런 본말이 전도된 방식, 즉 처음부터 현실의 여건을 떠나 역사 전체를 의식의 발전 과정으로 만들 수 있다."[30] 이 논술은 사변 철학의 비역사적 구상 방식과 그 결함을 깊이있게 폭로하고, '인간'에 관한 본질주의적 파악의 이데올로기적 성격과 그 비밀을 분명하게 지적하였다. 그러나 사변 즉, 역사를 초월한 추상적인 인간의 본질을 전제로 하는 것은 마르크스가 나중에 언급한 "선험적인 구조인 것 같다"(서술 방법의 순서)고 했던 것과는 본질적으로 다르다는 점에 유의해야 한다. 마르크스는 『자본론』 제1권 제2판 발문에서 다음과 같이 언급하였다. "형식적으로 서술 방법은 연구 방법과 달라야 한다. 연구는 재료를 충분히 점유하고 다양한 개발 형태를 분석하며 이러한 형태의 내부 연결을 탐구해야 한다. 이 일이 완성된 후에야 비로소 현실적인 운동이 적절하게 서술될 수 있다. 이 점이 일단 실현되면, 재료의 생명이 일단 관념적으로 반영되고, 우리 앞에 나타나는 것은 마치 선험적인 구조인 것 같다."[31] 역사를 '서술'

---

29 앞의 책, 100쪽.
30 위의 책, 130쪽.
31 『마르크스 엥겔스 전집』, 제23권, 중국 인민출판사, 1972, 23~24쪽.

할 때는 반드시 논리가 먼저라는 원칙을 견지해야 하는데, 이는 반성적 파악 방식이기 때문에 '사후'부터 시작하지 않을 수 없다. 예를 들어 마르크스가 『포이어바흐에 관한 요강』에서 의식적으로 확립한 "감성을 실천 활동의 이해하는 유물론"은 그 근거를 인류 사회 또는 사회화된 인류에 두었다. 이것이 바로 마르크스가 나중에 말했던 "인체 해부는 원숭이 해부에 대한 하나의 열쇠"(정치 경제학 비판·머리말)와 "뒤로부터 생각하라"(자본론)는 구상 방식의 필연적 요구였다. 헤겔은 실체를 주체와 동일시하고, 또 주체를 인간의 실존과 동떨어진 객관적 정신으로 이해하고 있기 때문에 '본말이 전도'된 '사변적 구조', 즉 『신성 가족』이 비판하는 이른바 '아들이 아버지를 낳았다'는 논리에 빠질 수밖에 없다. 그러나 선험성은 서술 방법의 내재적 요구 사항이므로 합리적이다. 플레하노프가 오스트로프스키를 비판하면서 지적했던 것과 같다. 득의양양하게 반박한 그는 아버지가 아들 탓이라면 결코 아들의 결과가 될 수 없다. 이 무슨 말이냐! 논리적으로 그는 아들의 결과였다. 왜냐하면 만약 그가 아들이 없었다면, 그는 아버지 엥겔스가 아니었을 것이기 때문이다.[32] 논리의 선행은 초월적 규정의 절대적인 전제이다. 그러나 그것은 서술적 순서라는 의미에서 성립된 것일 뿐, 그렇지 않으면 사변 철학의 함정에 빠져 그 전철을 밟을 위험에 처하게 된다.

---

[32] 『루드비히 포이어바흐와 독일 고전 철학의 종말』, 중국 인민출판사, 1972, 151쪽.

16

역사와 도덕의
이율배반과 초월

청나라 말기 이래 중국 사회가 겪은 곤경부터 말해보고자 한다. '3천 년간 일찍이 없었던 비상사태'의 시기였던 중국이 역사의 충돌과 갈등을 유달리 뚜렷하게 압축하여 보여주고 있기 때문이다.

'작은 것을 통해 큰 것을 보는 것'에 정통한 황런위黃仁宇는 「상하이, Shanghai, インシャ」라는 글에서 두 가지 예를 들었다. 그 하나는 "롼링위阮玲玉가 한편으로 영화배우의 거리낌 없는 생활을 끌어들였고, 다른 한편으로는 전통 도덕의 '무시무시한 소문'을 두려워했다. 그 이유는 상하이라는 큰 도자기 대야에 효소를 내장하여 오랫동안 준비시킨 것으로 시험관 내의 신구요소가 섞여서 서로 작용한 것 같다."[1] 다른 하나는 "시가지를 달리는 전차는 개인 회사가 주관한다. 차량에는 유리틀에 게재된 '규약'이 있는데, 승객은 더럽고 비린내 나는 물건을 들여와서는 안 된다고 하고, 끝에는 '위반자는 엄벌에 처한다'고 하고, 이때부터 중국 관료 체제의 작풍과 구어를 따랐다. 요컨대 앞뒤가 연결되지 않고 상하일체가 된다." 황런위는 옛 상하이를 예로 들어 민국 시대 중국 사회의 이원적 특징을 미시적으로 밝혀냈는데, 우리가 여기서 역사적 진보의 의미에서의 변천과 도덕적 전통 사이의 '몽타주'식의 기이한 조합을 체득하는 것은 어렵지 않다.

황쫑즈黃宗智는 또 다른 각도에서 근대 중국에 존재하는 '패러독스 현상'을 밝혀냈다. 즉, "기존의 규범적 신념에 의해 이와 같이 인정된 대립 현상들이 사실상 동시에 나타난다."[2] 가장 전형적인 것은 "상품화의 폭발적인 발전과 입에 근근히 풀칠하는 수준에 머무는 소농 생산의 두 가지 현상이 동시에 발생하고 있다."[3] 이 밖에도 '분산된 자연 경제와 통합의 시장', '시민권 발전 없는 공공 영역의 확장', '자유주의 없는 규범주의 법제',

---

1 황런위, 『역사의 시야를 넓혀라』, 중국 생활·독서·신지 삼련서점, 2001, 295쪽.
2 황쫑즈, 『장강 삼각주 소농 가정과 농촌 발전』, 중국 중화서국, 2000, 421쪽.
3 위의 책, 423쪽.

'중국 혁명에서의 구조와 선택' 등이 포함되어 있다.[4] 이런 역설적 현상에 대해 황쫑즈가 과거의 역사학 서사의 틀을 무력화시킨 표현으로 해석하려 한 것은 신구시대 교체에 따른 불가피한 모순이라는 사실이 더 진실성이 있을 수 있다.

페이샤오퉁費孝通은 중국 경제의 이원성, 즉 '전통적 경제 배경'과 '새로운 동력' 사이의 긴장을 사회학적 관점에서 부각시켰다. 그는 "중국 경제 생활 변천의 진정한 과정은 서구 사회 제도에서 직접 넘어가는 과정도 아니고 전통적인 균형만 교란되는 것이 아니다. 현재 상황에서 발생하는 문제는 이 두 힘의 상호 작용의 결과이다.… 어느 쪽이든 과소평가하면 진실을 왜곡할 수 있다." 페이샤오퉁은 그가 둘러본 강남의 한 마을을 사례로 들며 우리가 본 이 마을의 경제 문제는 세계 공업의 발달로 생사 가격이 하락하는 한편 전통적인 토지 점유제를 기반으로 한 가계 부업이 가계 경제 예산에서 차지하는 중요성에 대해 두 가지 측면을 고려했을 때 이해할 수 있다고 지적했다.[5]

사회 대변혁의 시대에는 사람들이 필연적으로 패러독스에 시달리는 것이 흔한 현상이다. 장자莊子는 "아침에 잠깐 돋아나는 버섯은 그믐과 초하루를 알지 못하고 쓰르라미와 여치처럼 여름에 사는 벌레는 봄과 가을을 알지 못한다"고 했다.(〈장자·소요유逍遙遊〉) 한 사람의 시대가 변한 것이 없다면 신구新舊가 서로 다른 데서 오는 혼란, 즉 충돌이 있더라도 한 시대의 주제가 될 수 없는 혼란, 분열로 인한 고통이나 불안은 없을 것이다. 그러나 대변혁의 시대에는 이원성에 따른 무력감을 감수해야 했다. 위에서 언급한 다양한 이원적 현상은 사람들의 주관적인 상상이나 부적절한 접근 방식의 결과가 아니라 역사의 진실과 진실의 역사이다. 그렇다면 이

---

4   앞의 책, 430쪽 및 이하 각 쪽 참조.
5   페이샤오퉁. 『강촌경제江村經濟 - 중국 농민의 생활』, 중국 상무인서관, 2001, 20쪽.

들 충돌은 무엇을 의미하는 것일까? 그 이면에는 또 무엇이 숨어 있을까? 겉으로 보기에는 전통과 현대가 서로 바뀌는 과정에서 나타나는 짧은 병존 상태에 불과하지만, 본질은 역사와 도덕 사이의 게임 관계의 직간접적인 표현이다. 물질적 이익, 경제, 과학, 법 등 정신적 가치, 도의, 윤리, 전통 신앙 등 두 가지 측면의 조우, 충돌, 경쟁은 사회 대변혁 시대의 기본 그림을 구성한다.

역사와 도덕의 이중 평가와 그 합법성의 한계

언제든지 사람들은 역사나 자신이 처한 시대의 사회 변화와 진화에 대해 어떤 평가를 내릴 수 있으며, 이러한 평가는 완전히 상이하거나 심지어 충돌할 수 있다. 그 차이는 결국 역사와 도덕적 고려의 구분이 된다. 역사적 평가는 '사실인지 아닌지'와 '할 수 있는지 아닌지'에만 관심이 집중되어 있고, '마땅히 해야 하는지 여부' 문제는 다루지 않는다. 즉, 현실적인 범위와 경험 가능성의 분야에만 국한되어 인과적 필연성에 호소해 밝혀지기 때문에 반드시 이성의 도움으로 가능하다. 역사적 평가와 달리 도덕적 평가는 '마땅히 해야 하는지 여부'의 문제에 국한된 마땅히 그러해야 하는 분야에 속하여 가치 사전 설정을 보여 준다.

서한 환관桓寬이 쓴 〈염철론鹽鐵論〉은 당시에 발생한 역사적 진보와 도덕적 신조를 대변하는 두 세력 간의 대논쟁을 기술하고 있다. 현량賢良科 문학(관리 후보생)의 주장이다. "상인은 속임수에 능하고, 기술자는 속임수를 쓰는 것을 좋아하며, 속이는 것을 부끄러워하지 않고, 결국 돈후한 사람은 각박해지고, 각박한 사람은 사기를 친다. 또 "옛날에 나라가 잘 다스려질 당시에는 백성들은 순박하고 농업을 중시하여 안심하고 유쾌하게 살았고, 요구가 많지 않았다."(〈염철론·역경力耕〉) 그런 까닭에 그들은 '백성들을 덕으로 이끌 것'을 주장하며 '백성들에게 이익을 보여주는 것'을 반대하였다. 또 "옛날에는 덕을 귀하게 여기고 이익을 천하게 여겼고, 의리를 중시하고 재물을 가벼이 여겼다"고 하였다.(《염철론·착폐錯幣》) 이는 분명히 역사의 진보 요구를 무시하고, 복고 퇴보를 주장하면서 이른바 "예의를 숭상하고, 재물과 이익을 물리치고 옛날의 도로 돌아간다"는 것이다.(《염철론·이의利議》) 이른바 "옛날로 되돌아가 인의를 도모해야 한다"는 것이다.(《염철론·국질國疾》) 이 입장은 도덕적인 척도로 사회 변천을 해석하는 것에 착안하여 도덕 지상 원칙에 따라 미래를 규범에 맞도록 하겠다는 입장이다. 이와는 완전히 다르게 상홍양을 대표로 하는 대부와 승상들은 "요임금과 순임금의 덕은 다스리는 데 무익하고. … 농사를 잘 지으려면 때에 맞게 힘써야 하고, 나라를 잘 다스리려면 시세에 순응해야 한다"고 강조하였다.(《염철론·준도遵道》) 그들은 선비는 화려하지만 실속은 없고, 일의 성취에 서툴러 세상을 안정시킬 수 없다고 생각했다. 역사적 잣대의 우선적 고려를 자각하지는 못했지만 정책 주장은 객관적으로 역사의 진보를 가져올 수 있다. 이 같은 두 의견의 충돌 이면에는 여전히 도덕과 역사의 이중적 평가가 깔려 있다.

청나라 말기 이후로 '이원화' 현상이 사람들의 다양한 선택과 선호에 반영되는데, 여기에는 두 가지 전형적인 사례가 있다. 그 하나는 궈쑹타오郭嵩燾와 류시훙劉錫鴻이고, 다른 하나는 장쥔리張君勵와 딩원장丁文江이다.

청나라 정부가 영국 대신 궈쑹타오와 그 부사 류시훙을 시켜 영국 상황에 대한 관찰과 평가를 하게 했는데, 둘 사이에 그 결과가 심각하게 엇갈린 것은 상당히 흥미로운 일이다. 궈쑹타오와 류시훙이 같은 환경과 대상을 놓고 서로 다른 결론을 내린 것이 놀라울 뿐이다. 류시훙은 『영소일기英韶日記』에서 서양의 이른바 전기학, 열학, 천문학, 기학, 광학, 역학, 화학과 같은 학문은 "모두 영국 사람들의 이른바 실학이라 하는 것은 중국 성인의 가르침에 있어서 공염불이라고 생각한 것들이다"면서 "성인의 가르침은 인의일 뿐이다"라고 주장했다. 그러므로 '그 실학은 모두 잡다하고 소소한 기예'라고 하였다.[6] 그가 보기에 이런 종류의 '실학'은 단지 보잘것 없는 재주, 기묘한 재주에 지나지 않았던 것이다. 그는 한걸음 더 나아가 다음과 같이 평하였다. "서양은 부자를 부자로 여기고, 중국은 탐욕스럽지 않은 것을 부자로 여긴다. 서양은 강함을 강하다 여기고, 중국은 다른 사람을 뛰어넘지 않는 것이 강하다고 여긴다.… 속임수를 금하여 난동을 방지하고, 인의를 드러내 근본을 세워나가 도가 오래도록 굳건하여 쉽게 바뀌지 않는다. 저들이 무용하다고 생각하는 것은 오히려 큰 쓰임이 있는 것이다."[7] 류시훙은 중국과 서양 문화의 색다름을 매우 철저하게 본 셈이다. 이런 차이 뒤에는 공리와 도의의 배반과 충돌이 있다. 기술에 대한 비하도 도덕성에 대한 숭상이다. 그는 "농지를 기계로 사용하는 것은 사람의 노동을 절약하고 휴식을 취할 수 있게 하며, 백성들을 부유하게 하고 농사를 짓는 노동력을 줄일 수 있게 하며, 빈민을 위해 먹고 살 돈을 잃게 할 수도 있다"고 말했다. 사람이 한가해지면 욕심이 많아지고 악으로 빠지기 쉽다. 옷을 잃어도 악으로 빠지기 쉽다." 요컨대 "기계의 이용은 놀고 즐기는 것을 가르치고 재물을 탕진하게 된다. 인간의 정신은 여기에 쓰지 않으면 저기에 쓰게 된다. 따라서 성왕은 백성들을 항상 부지런하게 해야 하고, 한가하게 놀게 해서는 안된다"는 것이다.[8] 기술 장치는 물론 인간의 노동력을 줄여줄 수 있다. 하지만 바로 그렇기 때문에 사람들이 한가해지고 노동을 싫어하며, 정신적으로 타락하게 만드는 것은 그 댓가가 도덕적인 것이다. 따라서 도덕 우선성을 추구하는 중국 문화는 기술 발전을 받

---

6   첸종슈 주편, 『궈쑹타오 등 사서기使西記 6종』, 중국 생활 · 독서 · 신지 삼련서점, 1998, 250쪽.
7   위의 책, 252쪽.
8   위의 책, 260쪽.

아들일 수 없는 것이다. 기술이 가져올 필연적인 부정적인 도덕적 결과에 대한 이러한 우려는 현대 중국인들이 서양의 단단한 배를 '기묘한 기교'라고 부르는 중요한 이유다. 우리는 이런 깎아내리는 호칭 속에서『장자』'천지편天地篇'에 있는 기술이 해낸 도덕적인 판단—이른바 '기계機械' '기사機事' '기심機心'에 대한 비아냥거림의 그림자를 우리는 분명히 보았다.

귀쑹타오는 '유럽', 특히 영국에서 무엇을 '발견'했던 것일까? 그의 일기를 대략적으로 살펴보기로 한다. 첫째, 중국의 학문은 헛된 것에 힘을 쓰고 서양의 학문은 실제적인 것에 힘을 쏟는다는 것이다. "중국 학문은 3천여 년 동안 전해져 왔으며, 성인은 입신하여 법도에 맞게 행하고 백성을 다스리며 나라를 다스리는 방법을 책에 구비하였으므로 오늘날까지 숭상하고 있다. 지구 4대륙을 헤아려 학문을 추구하다 보니 유럽 각국을 따를 자가 없었다."[9] 둘째, 서양 기술이 더 효율적이다. "논밭에 기계가 몇 가지냐"고 물어보니 백여 가지나 된다고 답한다. 그리고는 말하길, "영국은 농사에 매우 부지런하다. 예를 들면 쟁기질 한 항목과 같은 기계가 이미 여러 가지나 되었다. 맹자는 심경이라고 하는데, 보통 두 세 자 이상에 이르고 힘은 절약하면서 결과는 좋다. 좋은 방법을 배울 때마다 그것을 제도로 만든다."[10] 셋째, 서양인의 자유다. "영국이 가장 광범위한 입법을 한다."[11] 넷째, 입헌 군주제이다. "원기原其(영국을 가리킴-인용자)가 입국의 본말을 추진하여 오래가고 국세가 점점 강해지니 바리몬 의정원에서 국시를 유지하는 의의를 가지고 있으며, 알치민은 민원에 순종하는 뜻을 가지고 있다. 양자는 군주와 백성의 교제로 이어져 여러 번 홍성하고 쇠퇴했지만, 건국 천여 년은 끝까지 이어졌다.… 중국 진나라와 한나라 이래 2천여 년 동안

●
9   앞의 책, 98쪽.
10   위의 책, 101쪽.
11   위의 책, 120쪽.

그 정반대였으니, 이것을 분별할 수 있는 사람은 드물다!"[12] 다섯째는 서양의 실증 과학이 발달한 것이다." 서양 박물관의 학문은 지극히 추구하기 때문에 정말 쉽게 도달할 수 없다."[13] 여섯째, 서양의 법치가 중국의 덕치보다 우월하다. "성인이 백성을 덕으로써 다스리는데, 덕에는 성쇠가 있어 천하가 이에 따라 다스려지고 어지러워진다. 덕은 자기에게만 전념하는 것이니, 그 책임은 천하가 항상 너그럽다. 서양은 백성을 법으로 다스린다. 법은 남과 자신을 함께 다스린다. 따라서 그 법을 여러 나라에 적용하면 항상 그 책망이 강박된다. 그 법이 날로 고쳐지고, 즉 중국의 수난은 일극으로 거의 자립의 기세에 몰릴 것이다."[14] 위의 조항 중 어느 것도 현대 사회의 특징과 현대성의 외적 표현에 해당하지 않는다. 궈쑹타오는 '부강富强의 토대'를 마련하기 위해 '치국의 핵심'을 모색했고, 결국 '서양의 법'을 모방하는 것으로 정착했다. 서양의 법이란 민족의 차원이 아니라 시대적 차원에서 성립하는 것이다. 궈쑹타오는 도덕적인 고려가 아니라 역사적 변화의 대세에 주목한 것이 분명하다.

류시훙의 관점이 중국 전통 문화의 정통성을 대변한다면, 궈쑹타오의 관점은 의심할 여지 없이 서양 문화의 세례를 받아 형성된 이단에 속한다. 하나는 도덕적 배려에서, 다른 하나는 역사적 요구에서 비롯된다.

1918년 12월, 장쥔리와 딩원장은 량치차오梁啓超를 따라 유럽을 여행했지만, 그들의 관점과 의론은 너무나 달랐고, 두 사람이 각각 몇 년 후 벌어진 그 깊은 '과학과 현학 논전'의 쌍방의 사령탑이 된 것도 매우 흥미있는 일이었다. 장쥔리는 과학의 한계를 보고 "과학이 아무리 발달해도 인생관 문제의 해결은 결코 과학이 할 수 있는 일이 아니다"라고 생각

---

12 앞의 책, 142~143쪽.
13 위의 책, 165쪽.
14 위의 책, 190쪽.

했다.[15] 장쥔리는 "과학이 중요한 것은 그것이 인과율의 필연성에 있다"고 주장했다.[16] 그리고 "진정한 심리는 필연적인 인과가 없다"고도 주장했다.[17] 따라서 "모두 물질 때문은 아니다"라고 했다.[18] 그는 이를 근거로 "인과율로 모든 것을 재단하려고 하면 인생의 여러 현상 가운데 참회나 사랑, 책임감, 희생정신과 같은 도덕 측면의 것들은 해석할 방법이 없다"고 주장했다.[19] 정신적 가치가 중요하다는 것을 강조하기 위해 장쥔리는 관자의 명언을 전도시켜 "예절을 알고 나서야 먹고 입는 것이 족하고, 명예와 치욕을 알고 나서야 창고가 가득 찬다"고 말했다.[20] 이와는 완전히 다르게 딩원장은 상대를 겨누어 다음과 같이 주장했다. "과학적인 방법만이 자연계 안에서 기술을 시험하여 위대한 성과를 거둘 수 있다. 따라서 우리는 그 세력 범위를 넓혀나가 인류에게 종교와도 같은 밝은 등을 만들도록 할 수 있다. 또한 인류가 진리를 구하는 성실함을 갖게 할 뿐 아니라 진리를 구하는 도구도 갖게 하며, 의식적으로 선한 방향으로 나아가게 할 뿐만 아니라 선한 기능도 갖게 해야 한다!"[21] 그래서 그가 강조한 것은 "과학 만능, 과학 보편, 과학 관통"이었다.[22]

겉으로 보기에는 '과학과 현학이 논쟁을 벌이는 것이 과학적 인생관이 가능한가의 문제를 논하는 것처럼 보이지만 실제로는 어떤 시야로 사회와 그 변천을 바라봐야 적절한가 하는 것이다. 즉 역사적인가, 도덕적인가 하

---

15 장쥔리, 딩원장 등, 『과학과 인생관』, 중국 산둥 인민출판사, 1997, 38쪽.
16 위의 책, 90쪽.
17 위의 책, 75쪽.
18 위의 책, 77쪽.
19 위의 책, 93쪽.
20 위의 책, 119쪽.
21 위의 책, 205쪽.
22 위의 책, 53쪽.

는 것이다. 그것은 결국 중국 사회를 위해 어떤 길을 택하느냐로 귀착된다. 이 때문에 딩원장과 장쥔리의 대립은 과학과 현학의 관계를 놓고 역사와 도덕의 충돌을 보여주고 있다. 딩원장의 과학적 독단 입장은 필연적으로 진화론적 역사관을 파생시켜 현대 사회의 건설에 이유를 제공한다. 장쥔리는 인생관을 위해 지반을 남겨둔 채 그것을 도덕 영역으로 귀결시키고 문화 구축에 대한 조회에 호소하여 동양 문화의 독특한 가치를 수호한다. 과학 만능론의 성립은 필연적 논리에 대한 미신에 기초한다. 그것은 역사적 척도의 합법성을 확립하고, 도덕 지상주의의 성립은 도덕적 가치의 우선성의 사전 설정에 의존한다. 그것이 확립하는 것은 도덕적 척도의 합법성이다.

청나라 말기 사회가 형성한 특정 역사적 상황은 문화적 선택일 뿐만 아니라 역사적 선택이기도 하다. 어떤 잣대가 우위에 있고, 어떤 잣대가 사회 발전의 방향을 결정하느냐는 결국 시대의 요구에 달려 있다. 마르크스는 〈아편 무역사〉라는 글에서 다음과 같이 말했다. "반야만인은 도덕적 원칙을 고수하는 반면 문명인은 이기적인 원칙으로 맞서고 있다." "이 결투에서 진부한 세계의 대표자는 의리를 자극하는 반면, 가장 현대적인 사회의 대표자는 싸게 사고 비싸게 팔 수 있는 특권을 얻기 위한 것이다."[23] 1839년 8월 2일, 린쩌쉬林則徐 등은 〈영국 국왕 조서 초안〉에서 다음과 같이 지적했다. "영국이 '통상한 지 오래되어 많은 사람들이 좋은 것과 나쁜 것이 뒤섞여 아편을 들고 중국인들을 유혹하여 각 성의 사람들을 독살했다. 이는 자신의 이로움만을 알고 사람을 해치는 것을 알고 서슴치 않으니 하늘이 용서하지 않는 일이고, 인간이 공분을 일으키는 일이다."[24]

---

23 『마르크스 엥겔스 선집』 제1권, 중국 인민출판사, 1995, 716쪽.
24 주웨이정·롱잉타이 편저, 『유신구몽록維新舊夢錄-무술전 100년의 '자체 개혁' 운동』, 중국 생활·독서·신지 삼련서점, 2000, 88쪽.

"오랑캐는 반드시 해를 끼칠 생각이 없지만, 욕심이 지극하여 사람을 해치는 것을 서슴치 않으니, 하늘의 양심은 어디에 있는가?"[25] 분명히 린쩌쉬는 주로 도덕적 관점에서 중국과 영국의 아편 무역을 고려했다. 민족 의식이든, 국익이든, 민족 감정이든, 이러한 고려가 충분한 정당성을 가지고 있다는 것은 의심의 여지가 없다. 마르크스는 '이러한 무역의 도덕적 측면'을 명확하게 제기하였다.[26] 그러면서 영국인 마틴의 말을 인용해 노예 무역은 아편 무역보다는 인자한 편이라고 했다.[27] 마르크스는 심지어 '극도로 의롭지 못한 전쟁', '해적 스타일의 전쟁', '해적 스타일의 적대 행동', '해적 스타일의 침략'이라는 말을 쓰기도 했다.[28] 이런 말로 영국의 대중 무역을 그려냈다.

그러나 서구의 동양 정복은 역사적 평가의 관점에서 보면 정반대의 결론이 나온다. 서양에서 유입된 진화론적 개념은 중국 현대 사회 변혁의 학술적 근거를 구성한다. 진화론적 논리에 따르면 "산업이 발달한 나라가 산업이 발달하지 않은 나라에 보여주는 것은 후자의 미래 모습일 뿐이다."[29] 이에 중국에서는 루쉰이 말한 상황이 나타났다. 즉 청나라 말기 이후로 중국 사람들이 "중국이 쇠미해가는 것을 보고, 비록 돌 하나, 꽃 한 송이라도 업신여기고 흠을 찾아내어 도려내며 동물학의 이치로써 신룡이라는 것은 없다고 단정지었다."[30] 역사 평가의 입장에서 마르크스는 서방의 자본과 상품의 전쟁 수단을 통한 동방으로의 수출은 객관적으로 "아시아에서 전대미문의 가장 크고, 솔직히 말해서 유일한 사회 혁명을 일으켰

---

25 위의 책, 89쪽.
26 『마르크스 엥겔스 선집』 제1권, 중국 인민출판사, 1995, 713~714쪽.
27 위의 책, 714쪽.
28 위의 책, 704, 740, 744, 755쪽.
29 『마르크스 엥겔스 전집』 제23권, 중국 인민출판사, 1972, 8쪽.
30 『루쉰전집』 제8권, 중국 인민문학출판사, 2005, 32쪽.

다"고 주장한다.[31] 문제는 만약 아시아의 사회 상태에 근본적인 혁명이 없다면 인류가 자신의 운명을 실현할 수 있느냐는 것이다. 만약 그렇지 않다면 영국은 아무리 범죄를 저질러도 영국이 만들어내는 이 혁명은 결국 역사의 무의식적 도구로 충당될 것이다."[32]

현대 사회의 기괴함은 역사와 도덕의 이중 평가에서도 드러난다. 마르크스는 일찍이 『철학의 빈곤』에서 다음과 같이 지적한 바가 있다. "현대 사회에서 개인의 교환을 기반으로 한 산업에서 생산의 무정부 상태는 재앙의 근원이자 진보의 원인이었다."[33] 이 같은 아이러니는 한편으로는 재앙(도덕적 평가)이, 다른 한편으로는 진보(역사적 평가)의 이중 잣대를 내포하고 있다. 마르크스는 훗날 한걸음 더 나아가 이렇게 지적했다. "우리 시대에는 모든 사물에 자신의 이면을 포함하고 있는 것 같다." 예를 들어 "기계에는 인간의 노동을 줄이고 더 생산적으로 만드는 마법의 힘이 있지만 배고픔과 과도한 피로를 유발한다."[34] "한편으로는 인류 역사상 어느 시대에도 상상할 수 없었던 산업과 과학의 힘이 생겨났다. 또 다른 한편으론 퇴폐의 조짐을 보이고 있다."[35] "우리의 모든 발견과 진보는 물질적 힘을 지혜로운 생명으로, 인간의 생명을 우둔한 물질적 힘으로 만드는 결과를 낳는 것 같다." 그래서 마르크스는 다음과 같이 결론을 지었다. "기술의 승리는 도덕적 해이의 대가로 얻어지는 것 같다." 이 모든 것은 사실 현대 사회의 객관적 모순이자 역사와 도덕의 다른 측면에서 평가된 결과다.

자본주의의 원초적 축적의 역사적 내용을 구성하는 영국의 '엔클로저

---

31 『마르크스 엥겔스 선집』 제1권, 중국 인민출판사, 1995, 765쪽.
32 위의 책, 766쪽.
33 『마르크스 엥겔스 전집』 제4권, 중국 인민출판사, 1958, 109쪽.
34 『마르크스 엥겔스 선집』 제1권, 중국 인민출판사, 1995, 775쪽.
35 위의 책, 774쪽.

운동'에 대해서도 마르크스는 이중 평가를 하고 있다. 한 측면에서 '엔클로저 운동'을 "15세기 마지막 30여 년 동안 시작되어 거의 16세기(단, 마지막 수십 년은 제외) 동안 계속된 농업 혁명"이라고 한 것이다.[36] 또 한편으로는 교회의 재산을 약탈하고, 국유지를 기만적으로 양도하며, 공유지를 절도하고, 빼앗는 방법을 사용하며, 잔혹한 공포 수단으로 봉건 재산과 부족의 재산을 현대의 사유 재산으로 바꾸는 것, 이것이 바로 원시적으로 축적된 각종 전원시 스타일의 방법이다.[37]

마르크스가 인간 사회의 발전을 평가할 때 시각과 잣대의 긴장감이 존재하는 것은 무엇보다 학문적인 이유에서다. 로빈슨 부인이 지적했듯이 "마르크스는 특히 자신이 충분한 과학성을 갖고 있다고 생각했고, 도덕적인 정서에 의존하는 공상적 사회주의를 극구 찬성하지 않았다." 그러나 기괴한 것은 "마르크스가 쓴 글자 하나하나에 도덕적 의분이 배어 있고, 원초적 의미의 마르크스주의는 (기독교처럼) 패배자의 이익 호소를 담고 있다"는 것이다.[38] 학문적으로 이 두 방면의 긴장을 어떻게 조화시킬 것인가는 마르크스가 반드시 직면해야 할 문제이다. 마르크스의 '역사적 사유' 구상 방식에 따르면, 이 문제의 진정한 해결은 결국 학문적 이론에 호소할 수 없고, 현실의 역사 그 자체로 돌아갈 수밖에 없다.

전통 사회에서는 도덕적 잣대와 평가가 지배적이었지만 현대 사회에서는 역사적 잣대와 평가가 전체적으로 우선시됐다.

고대 사상가들은 전반적으로 정신의 지고무상성을 견지하는 경향이 있었고, 육체적 존재의 굴레를 넘어 마음의 구원을 이루자고 주장했다. 중국에서 유교, 불교 및 도교는 총체적 취향을 통해 인간의 육체적 존재에

---

36 『마르크스 엥겔스 전집』, 제23권, 중국 인민출판사, 1972, 811쪽.
37 위의 책, 801쪽.
38 촌 로빈슨 지음, 안지아 옮김, 『경제 철학』, 중국 상무인서관, 2011, 47쪽.

대한 초월을 주장함으로써 인간의 정신적 존재를 구한다. 예를 들어 공자는 '살신성인殺身成仁'을 강조했고, 맹자는 '사생취의捨生取義'를, 노자는 "내가 큰 근심을 갖는 까닭은 내가 몸이 있기 때문이다. 내가 몸이 없게 된다면 내게 무슨 근심이 있겠나"(《노자 제13장》)라 하였고, 불가에서는 '해탈'을 제창하였다. 물론 중국 고대에도 향락주의가 있었는데, 양주楊朱학파는 '귀생貴生'과 '자신을 중시한다'고 주장하며 '좋은 집, 아름다운 옷, 맛있는 음식, 아름다운 여인, 이 네 가지가 있는데 왜 밖에서 구하겠는가?' 따라서 "그러니 사람이 살면서 무엇을 하여야 하는가? 무엇을 즐겨야 하는가? 좋은 옷과 맛있는 음식을 취할 뿐이요, 음악과 여색을 즐길 뿐"이라고 하였다. (《열자列子·양주편楊朱篇》) 하지만 그것은 중국 사상사에서 주류를 이루지는 못했다. 서양에서 고대 그리스 철학자 소크라테스는 육체의 굴레에서 벗어나야 진리를 얻을 수 있다고 믿었다. 플라톤의 대화록에 따르면, 소크라테스는 이렇게 말했다. "영혼은 언제 진리를 얻는가? 그것이 신체의 도움으로 무언가를 고찰하려고 할 때마다, 몸은 분명히 그것을 잘못된 길로 인도한다."[39] 그런 의미에서 "우리가 죽고 나서야 비로소 우리 마음에서 얻고 싶은 지혜를 얻을 수 있다."[40] 심지어 그는 지혜 획득을 위해 '죽음'을 갈망하였고, 철학을 배우는 것이 죽음을 '연습'하는 것이라고 믿었다. 형이상학이 득세하던 시대에 사람들은 일반적으로 문화적 지향에서 인간을 초월하는 경험의 존재를 궁극적인 목적과 최고의 요구로 삼기 때문에 정신적 지위의 확립으로 특징지어진다. 물론 고대 그리스의 데모크리투스가 향락주의를 주창했던 주요 대표였고, 에피쿠로스는 향락주의를 더욱 체계화했다. 후자는 인생의 목적은 고난을 피하는 것이며, 인간의 행복이나 최대의 선은 '몸의 고통과 영혼의 혼란이 없는 것'에 있다고 주장했다. 그러

---

[39] 왕샤오차오 옮김, 『플라톤 전집』, 제1권, 중국 인민출판사, 2002, 62쪽.
[40] 위의 책, 64쪽.

나 이 유파가 서양 고대 윤리학의 주류는 아니라고 봐야 한다.

중국 전통 사회는 원래 '농업이 산업의 근간'이고 '덕으로써 나라를 다스리는' 나라로써 덕치와 어진 정치를 강조해 왔다. 농업을 중시하고 상업을 억제하며 근본을 숭상하는 것은 중국 역대 왕조의 기본 국책이었다. 농업과 도덕 사이에는 일종의 발생학적 연관성이 있다. 농경 사회는 사람의 혈연 관계를 강화시키고 혈연 관계의 안정은 다시 농경 사회를 뒷받침하기 때문에 서로 간의 혈연 관계를 조절하는 가장 효과적인 수단이 바로 윤리다. 그래서 중국 전통 사회는 윤리 본위주의적이고 범도덕적 색채가 짙다. 황런위가 명나라 말기를 예로 들며 지적했듯이, "결론적으로 도덕은 최고이며, 그것은 행정을 지도할 뿐만 아니라 행정도 대신할 수 있었다."[41] 심지어 "정치의 요체는, 여전히 추상적인 방침을 위주로 하고, 도덕을 모든 사업의 근간으로 했다."[42] 또한 "결국 기술적 문제는 도덕적 문제와 분리될 수 없었다." 왜냐하면 "기술상의 분쟁은 일단 발전하면 도덕적 문제로 비화될 수 있고, 승자와 패자는 그에 따라 지극히 선하거나 극악하다고 여겨질 수 있기 때문이다."[43] 이런 역사-문화적 맥락에서 가치중립 상태의 가능성은 상상조차 할 수 없다.

황런위가 제기한 이른바 '대역사'관은 중국의 전통적인 도덕사관을 탈피, "기술적 관점에서 역사를 본다 technical interpretation of history"[44]는 것은 사실 현대적 요구의 구현에 불과하다. 이는 '숫자 관리'라는 기술적 관점을 중국 전통 사회에 이식해 조명하고 해석한 결과다. 긍정적인 의미는 중국 사회의 역사적 한계를 부각시키는 것이지만, 중국 사회에 대한 동정

---

41 황런위, 『만력 15년』, 중국 중화서국, 1982, 51쪽.
42 위의 책, 52쪽.
43 위의 책, 67쪽.
44 위의 책, 262쪽.

적인 이해 부족도 존재한다. 이는 시원席文이 '근대 과학 혁명은 왜 중국에서 일어나지 않았는가'라는 문제에 대해 "장삼의 이름은 왜 이사가 아니었나"라고 비유한 것과 같다. 그것은 가짜 문제가 되었다.[45] 중국 사회의 윤리본위주의 전통 자체로서 기술적 관점과 그 구현의 역사적 척도는 외재성外在性을 갖지 않을 수 없다.

이처럼 역사에 대한 기술적 해석과 달리 낭만주의는 일종의 덕성적 안목을 보여 준다. 낭만주의의 이성에 대한 불신은 세계의 물리화와 기계화의 운명에 대한 저항에서 비롯된다. 왜냐하면 이성의 시야에서 '세계'는 대상이 되는 '기성물'에 불과하기 때문에 '죽음'이며 생명을 적대시하기 때문이다. 이런 운명으로부터 벗어나기 위해 낭만주의는 인간의 자유와 영성을 지키겠다는 각오다. 낭만주의 문맥에서 시적 문화 자체는 하나의 이상적인 상태를 명확하게 나타내며, 따라서 목적성과 지고지선을 지향하며, 그것은 본래 도덕적 이상국을 궁극적인 목표로 삼는다. 무한한 갈망은 낭만주의를 기존의 굴레를 넘어 본연의 자세를 추구하게 만든다. 버링은 심지어 칸트가 도덕을 지키기 위해 신앙을 위해 터전을 보존하고 있다고 해서 그를 낭만주의의 아버지라고도 불렀다.[46] 루소와 칸트의 사상사적 연결의 중요한 측면은 전자의 도덕적 우선적 강조가 후자의 도덕적 형이상학의 기초를 다지는 깊은 깨달음을 가져온다는 것을 잊어서는 안 된다. 하이데거가 현대 기술의 구원의 길은 기술의 예술화에 있다고 말할 때 사람들은 자연스럽게 낭만주의를 연상하게 된다. 현대성의 안티테제인 실존주의는 낭만주의와 자연 친화성이 있다. 현대 기술에 대한 하이데거의 비판과 기술의 미래 진로에 대한 예술적 발상은 낭만주의의 취지를 반영한다. 오죽하면 버링이 "존재주의는 낭만주의의 진정한 계승자"라고 했을까?

●
45 「시원 교수가 보낸 한 통의 편지」, 『자연변증법 통신』, 제1기, 1987.
46 버링 지음, 뤼량 등 옮김, 『낭만주의의 근원』, 중국 역림출판사, 2008, 73쪽.

로맨티시즘은 실존주의를 가능하게 하기 때문이다.[47] 뿌리 없는 도덕적 정열을 뿌리는 것은 낭만주의의 장기인 동시에 치명적인 한계이기도 하다. 역사주의의 차원이 부족하기 때문에 마르크스는 낭만주의가 "현대 역사의 과정을 전혀 이해할 수 없다"고 믿었다.[48]

자본주의 체제에 대한 공상사회주의의 도덕적 비난은 극명하지만 '사랑의 잠꼬대'가 아닐 수 없다. 그것이 도덕적 감상주의의 만가가 된 것은 역사 자체의 성숙을 간과했기 때문이고, 도덕적 감상을 초래한 역사적 원인이다. 물론 이 결함은 근본적으로 역사가 초래한 결과이기 때문에 공상적 사회주의자들 자신이 지나치게 책임질 수는 없다. 엥겔스가 공상적 사회주의를 비판하면서 말했듯이 미숙한 이론은 미숙한 자본주의의 생산 상황, 미숙한 계급 상황에 상응한다.[49] 마르크스의 유물사관과 공상적 사회주의의 분열은 이론적인 성숙 여부 외에도 공상적 사회주의는 역사적 조건이 성숙하지 않을 때 도덕적 요구를 실현하려고 시도하지만 유물사관은 도덕적 요구를 역사적 기초 위에 세운다. 이것은 본질적인 의의를 지닌 원칙의 차이이다.

역사와 도덕은 각각 인류 고유의 두 가지 가능한 시야를 구현하기 때문에, 사람들이 그 중 하나를 가지고 자기 주변에서 일어나는 모든 것을 살펴보는 것을 억제할 수 없다. 이 둘은 항상 어떤 긴장을 가지고 있기 때문에, 사람들이 그 중 어떤 시야를 좋아하는지는 종종 전통, 시대, 지식, 신념, 개인의 선호 등의 변수에 달려 있다. 개인적으로 어떤 시야를 갖느냐 하는 것은 자유 선택의 문제이지만, 인간 사회의 진화에는 개인의 선택 이상의 객관적인 규정이 있다. 따라서 역사적 평가와 도덕적 평가를 전적으

---

47 앞의 책, 138쪽.
48 『마르크스 엥겔스 전집』 제4권, 중국 인민출판사, 1958, 492쪽.
49 『마르크스 엥겔스 선집』 제3권, 중국 인민출판사, 1995, 724쪽.

로 상대적인 관계나 상대주의적 문제로 귀결시켜서는 안 된다. 어떤 상황에서 역사 평가의 우선성을, 또 어떤 상황에서 도덕성 평가의 우선성을 고집할 것인가는 아무래도 좋다는 식의 객관적 판단의 결여가 아닐 것이다.

역사적 평가가 도덕적 감상주의의 창백한 무기력과 도덕적 본위주의의 허무함을 교정하는 데 도움이 된다면, 도덕적 평가는 역사적 숙명론적 인간 고난에 대한 냉혹함과 기계적 결정론적 재제하의 무능함을 교정함으로써 인간 고난에 대한 연민과 인간적 염량炎凉에 대한 충분한 민감성을 유지하게 한다. 도덕적 평가는 역사가 진정성을 가질 정도로 성숙할 때 정당하고, 그렇지 않을 때 낭만주의와 공상적 사회주의가 빠졌던 오해를 피하기 어렵다. 역사적 평가도 도덕적 차원을 넘어 순수한 인과적 필연성의 연역이나 경험적 귀납에 기초한 실증적 제시로 전락할 수 없으며, 그렇지 않으면 인류사가 자연사와 구별되는 특질을 부각시킬 수 없어 역사적 숙명론의 늪에 빠질 수 있다. 역사적 평가든 도덕적 평가든 필요한 것은 분명하지만, 문제는 그들이 각자의 필요성과 함께 자신의 맹점을 자각해야 한다는 데 있다. 두 평가 모두 각자의 합법성을 평가하는 것 자체가 역사이지 시대를 초월하고 영원하지 않다. 마르크스의 구상 방식은 역사적 사유를 강조하고, 역사와 도덕의 이중 평가를 고찰하는 문제에서도 이러한 관계의 역사적 조건을 제시하고 파악하도록 요구한다.

요컨대 사회-문화의 역사적 필요성이 사라지지 않았을 때 그에 대한 비판은 정당성이 결여되고, 역사의 도덕적 요구에서 벗어나면 역사적 숙명론에 빠질 위험이 있다는 것이 역사 평가의 합법성 한계다. 도덕적 평가의 적법성 한계는 역사적 조건이 갖춰지지 않았을 때 감정적 의미만 있을 뿐 진실성이 없어 현실적 힘이 부족하고, 도덕적 역사적 요구에서 벗어나면 도덕적 감상주의에 빠질 위험이 있다는 것이다. 이런 점에서 역사적 평가와 도덕적 평가는 서로의 한계 조건을 구성한다.

역사와 도덕의 이중 잣대의 충돌과 그 원인

역사와 도덕의 이중 잣대 사이의 게임, 오류 및 선택이 필연적으로 인류 사회의 서로 다른 역사적 운명을 초래해 왔는데, 이는 천고에 바뀌지 않는 이치다. 사상사에서 보면 사상가들이 인류 사회의 진화에 대해 전혀 다른 평가를 내렸다는 사실을 발견하는 것은 어렵지 않다. 모든 역사적 해석은 오래되고 늘 새로운 논리 앞에서 어떤 뒷받침을 해주거나 그 빛을 잃었다고 할 수 있다.

그렇다면 역사적 잣대와 도덕적 잣대 사이에 긴장과 역설은 어떻게 일어날 수 있을까? 그 근거는 도대체 무엇일까? 더 넓게 말하면 역사와 도덕의 이율배반의 근원은 어디에 있는가? 이런 배반은 또 무엇을 의미하는 것일까? 우리는 먼저 역사적으로 살펴본 뒤 논리적으로 설명해 보기로 하겠다.

청나라 말기 이래 동서양 갈등의 역사와 도덕, 그리고 그 관계 측면에서의 의미를 살펴보도록 하자. 개인 의식이든 족속 의식이든 중국인은 덕성을 자아와 타자의 구별의 마지막이자 가장 높은 표시 또는 기준으로 삼는다. 중화민족의 자기 인식에는 자각적인 도덕적 차원이 있다. 청나라 말기 학자 이나이易鼐는 "오랑캐는 땅을 이용하지 않고 사람을 이용한다. 풍속이 좋지 않고 무례하며 의리가 없다. 그래서 오랑캐라고 부른다. 그러므로 중국은 오랑캐와 유사하면 항복하여 오랑캐가 되고, 오랑캐가 중국에 부합하면 더 발전하여 중국이 된다."[50] 중국인의 관념에서 '민족'은 먼저 도덕적 함의 개념으로 지역학도 인종학도 아닌 도덕 철학이다. 이는 중국인의 자의식의 문화적 유형과 선호를 깊이 반영하고 있다. 『예기禮記』에는 '동이東夷, 서융西戎・남만南蠻・북적北狄'이라는 말이 있을 정도로 도덕적

---

50 『상학신보湘學新報』, 제35권; 왕얼민, 『중국 근대 사상사론』, 중국 사회과학문헌출판사, 2003, 378쪽에서 인용.

자성 콤플렉스를 보여 준다. 이런 자의식의 경향은 중국인들이 문화적으로 도덕적 잣대를 우선시한다는 것을 결정짓는다. 이런 가치 지향과 문화 관념이 만들어낸 역사는 어떤 의미에서 도덕사道德史라고 할 수 있다.

중국 전통 문화의 반성적 성향은 지극히 뚜렷하다. 이 성향은 필연적으로 도덕 의식을 각성시킨다. 맹자의 말이다.

"사람은 반드시 스스로 업신여긴 뒤에 남이 업신여기고, 집안은 반드시 스스로 허물고 난 뒤에 남이 허물며, 나라는 반드시 스스로 치고 난 뒤에 남이 친다."(<맹자·이루상>) 이것은 부정적인 측면에서 말한 것이고, 긍정적인 측면에서 말하자면 '어진 사람은 적이 없다仁者無敵'이다.(<맹자·양혜왕상>) 이에 대해 말하자면 "화와 복은 모두 자신이 불러들인 것이다."(<맹자·공손추상>) '인자무적'이라는 말은 공자에서 비롯되었다. 왜냐하면 공자가 "어진 정치는 많은 수효로도 어찌할 수 없다. 모름지기 임금이 어진 정치를 좋아하면 천하에 대적할 만한 상대가 없게 된다"고 했기 때문이다.(<맹자·진심하>) 그가 보기에 어진 정치를 행하면 "이웃나라 백성들이 그를 부모처럼 우러를 것이고 … 이렇게 되면 천하에 적이 없게 된다. 천하에 적이 없는 것은 하늘이 내린 관리다. 하지만 왕이 되지 않는 자는 아직 없었다." 따라서 "인정을 행하고 왕이 되면 능히 막아낼 자가 없다."(<맹자·공손추상>) '덕성'이 어떻게 '힘'이 되는가? 유가 입장에서 볼 때 "힘으로 남을 이기려 하면 겉으로는 복종하는 체 하지만 진심으로 복종한 것이 아니라 힘이 부족해서요, 덕으로써 남을 복종시키려 하면 마음 속으로 기뻐서 진심으로 복종하게 된다. (앞과 동일) 또 "도를 얻은 사람은 도움이 많고 도를 잃은 사람은 도움이 적다."(<맹자·공손추하>) 따라서 "어진 사람은 천하에 그를 대적할 사람이 없다. 지극히 어진 사람이 지극히 어질지 못한 사람을 쳤는데, 어찌 피가 흘러 방패를 띄울 정도까지 되었겠는가?"(<맹자·진심하>)

예를 들어 한나라 때의 가의賈誼는 『과진론過秦論』에서 진나라가 망한 원인을 총결하면서, 그 원인을 도덕의 빈약함으로 돌리면서 이렇게 말했다. "인의를 베풀지 않고 공격과 수비의 기세가 달랐다." 마찬가지로 고염무顧炎武를 대표로 하는 유학 사상가들은 명나라 멸망의 원인을 도덕 규범을 잃었다는 것에서 찾았다. "그들은 전통적 가설을 껴안고 국내의 혼란 때문에 외적의 침입이 있었다"고 여겼다. 그들은 도덕 타락의 원인을 찾으려 했고, 그들은 도덕이 타락되어 '오랑캐' 침입자들에게 대문을 열어 주었다고 느꼈다.[51] 이런 반성적 성격의 검토 자세 자체는 도덕적 의미를 내포하고 있다. 그것은 문화적 시야에서의 민족성 입장과 도덕적 시야에서의 가치성 입장을 드러내고 있는 것이다. 실패 원인에 대한 이런 검토 가운데 가장 주목을 끄는 것은 두 가지다. 첫째는 반성적 성격의 자세이고, 둘째는 도덕적 관념이다. 그리고 이 양자는 또 다시 연계되어 있다. 이것들은 모두 전통 유학의 일관된 태도를 보여 준다. 그리고 사람들이 자신도 모르게 맹자의 그 유명한 가르침을 떠올리게 한다. "행하여도 얻지 못하거든 자기 자신에게서 잘못을 구할 것이니, 자신의 몸이 바르면 천하가 돌아올 것이다."(《맹자·이루상》) 어떤 의미에서 '경세치용'을 고취하는 실학의 발전은 도덕을 구해내는 이러한 역사적 성격을 띠는 노력이다. 이런 도덕적인 견해는 고홍명辜鴻鳴의 것과 매우 흡사하다는 것을 인정해야 한다. 중국 전통 사회의 덕치 전통은 정치와 도덕의 동질성과 합일로 나타나며, 이는 전체 사회 구조의 기본 논리를 구성한다. 페이정칭과 라이샤오르가 이미 지적했듯이 "민중의 정의로운 분개는 정치의 최종적인 공평한 판단이다."[52] 정치의 합법성은 결국 도덕적 정당성에 달려 있고, 민의는 도덕적 정당성의 근간이다.

•
51 페이정칭·라이샤오르 지음, 천중단 등 옮김, 『중국: 전통과 변혁』, 중국 장쑤인민출판사, 1995, 233쪽.
52 앞의 책, 390쪽.

이런 민족이 청나라 말기에 맞닥뜨린 상황은 어떤 것이었을까? 청나라 말기의 중국은 '실패'했다. 하지만 전통 중국인의 눈으로 보면 '실패'는 열사의 죽음처럼 처절하고 비장했다. 비록 패했지만 영광이었다. 열사가 목숨을 바쳤지만 도덕적 인격으로 증명된 셈이었다. 실력으로 따지면 국민은 참략하지만 도덕적으로 따지면 비장하기 짝이 없다. 전통 문화의 도덕적 눈으로 보면 청나라 말기 중국의 '실패'는 공자가 말하는 '살신성인殺身成仁'과 맹자가 말하는 '사생취의捨生取義'가 아닐 수 없다. 예를 들어 외국의 침략에 대한 의화단의 저항은 실력보다는 지조에 초점을 맞춘 것으로, 이는 도덕적 우선성의 판단('정의는 득을 따지지 않는다'는 동중서의 말)에 의해 결정된다. 따라서 군사적 실패는 단순히 무지몽매한 탓으로 돌릴 수 없으며, 더 심각한 원인은 민족 문화 성격상의 선호에 있다. 중국과 서양의 근대적 만남은 비교가 안 되는 두 척도의 게임이었고, 그 결과 역시 어떤 절대적인 성격을 띠지 않았다는 점이 비극적인 것이다. 엄밀히 말하면 비교가능한 수준의 게임에서만 '실패'라는 표현이 성립되어 의미가 있는 것이다. 가뜩이나 비교가 안 되는 두 힘의 충돌은 결과가 어떻든 승부의 성패를 논할 일이 아니다. 동서양의 문화는 한쪽은 도덕감만으로 뒷받침되는 신념이고, 다른 한쪽은 이성 정신으로 뒷받침되는 압도적 군사력이다. 이것은 마치 이런 두 사람이 만나는데, 하나는 옳고 그름만을 따지면서 성패를 따지지 않고, 다른 하나는 성패만을 따지고 옳고 그름을 따지지 않는 격이다. 상종의 결과는 사실상 이미 정해져 있는 것이다.

그러나 "역사는 단순히 도덕적 감정에 따라 발전하는 것이 아니다."[53] 그런 점에서 황런위의 '대역사'관과 그 대표적인 방법론에는 충분한 정당성이 있다. 청나라 말기의 중국 입장에서 "군함과 방직기는 항상 그들의

---

53 커원 지음, 린퉁치 옮김, 『중국에서 역사를 발견하다 - 미국에서의 중국 중심관의 대두』, 중국 중화서국, 1989, 89쪽.

철학과 함께 들어왔다."[54] 여기에서 다시 말하자면, 문화는 체體와 용用이 둘이 아니고, '중체서용'은 자신 입장에서만 생각하는 것일 뿐이다 문화적으로 서양의 막강한 군사력은 그 자체로 진화론의 산물이며, 이는 차례로 기물의 형태로 진화론의 효력을 더욱 증명하고 사람들이 서양의 현대 문화 관념에 공감할 수 있도록 뒷받침한다. 페레피테르가 이렇게 질문을 던진 것과 마찬가지다. "진보라는 개념(도덕적 우선과 범도덕주의를 추구하는 문화에는 필요 없거나 심지어 불필요하다-인용자)은 당시만 해도 발전이라고 불리지 않았는데, 무력, 모략, 심지어 유혹으로 이로움을 드물게 말하고, 천명에 찬성하고 인仁에 찬성하는 사람들에게 강요하는가? 공자는 애덤 스미스의 책을 읽지 않았다."[55] 분명히 공자는 이기적인 동기 지상의 인격이 어떻게 한 사람, 나아가 한 민족의 생존을 지배할 수 있는지 상상할 수 없었다. 따라서 어떤 의미에서 중국과 서양 문화의 만남은 결국 역사적 잣대와 도덕적 잣대가 충돌하는 표현형식일 뿐이다.

다시 서양의 상황을 보자. 역사적으로 농업과 도덕주의 사이에는 일종의 자연적인 관계가 있었다. 이러한 원죄적 관계는 농업 문명이 혈연 관계를 유지하고 사람들이 필연적으로 윤리적 조절 방법을 선택하게 할 뿐만 아니라 농업에 기울이는 노력이 인간의 돈후하고 도덕적인 수양에도 도움이 되기 때문이다. 피랑에 따르면 "사회 통계학의 관점에서 중세 사회는 본질적으로 농업 사회라는 것은 의심할 여지가 없는 사실"이다.[56] 게츠도 "중세사회는 의심할 여지 없이 농민의 문화였다"고 말했다.[57] 이로부터

---

54 페이정칭 지음, 장리징 옮김, 『미국과 중국』, 중국 세계지식출판사, 2000, 182쪽.
55 페레피테르 지음, 왕궈칭 등 옮김, 『정체된 제국-두 세계의 충돌』, 중국 생활·독서·신지 삼련서점, 1993, 17쪽.
56 앙리 피랑 지음, 러원 옮김, 『중세 유럽 경제 사회사』, 중국 상하이인민출판사, 1964, 53쪽.
57 한스 베르너 게츠 지음, 왕야핑 옮김, 『유럽 중세 생활』, 중국 동방출판사, 2002, 147쪽.

서양 중세에 기독교의 도움을 받아 도덕적 지위의 사회적 토대를 강조한 것으로 해석할 수 있다.

그러나 역사적 잣대로 볼 때 상품 경제는 사회 발전의 뛰어넘을 수 없는 역사적 단계이다. 상품 경제는 근대 서양의 광범위한 사회화로 현대화의 역사적 토대를 마련했다. 따라서 현대 상업 정신과 기독교 전통 사이의 충돌을 야기했다. 피랑은 "상업을 적대시하는 교회는 상업 발전에 반대하는 것"이라고 말했다.[58] 교회의 상업 배척은 종종 이익을 보겠다는 목적이 아니라 상업 활동이 기독교 도덕을 타락시키고 해체하는 것을 우려한다. "당시 교회의 도덕적 기준은 영리 정신(즉 상업 정신)과 양립할 수 없었다"는 이유에서다. 피랑은 이렇게 썼다. "중세 내내 이런 도덕적 모순은 사라지지 않았다. 교회는 처음부터 끝까지 상업적 이윤을 구원의 장애물로 여겼다. 농업 문명에 걸맞은 교회의 금욕 관념은 교회가 사회 변혁을 영원히 의심하게 만들고, 이를 막을 수 없어 복종해야 하지만 교회는 사회 변혁과 공개적으로 타협한 적이 없다. 교회의 이자 금지는 앞으로 몇 세기 동안 경제 생활에 큰 영향을 미칠 것이다. 그것은 상인들이 편안히 부자가 되는 것을 막고 상업 경영과 종교 교칙을 조화시키지 못하게 한다."[59] 이로 인해 상업은 각지에서 도덕적 갈등을 야기했다. 이것은 그 시대가 직면한 문제였다. 토니도 다음과 같이 지적했다. "중세 사상가들의 눈에는 경제적 이익을 얻고자 하는 욕망을 영원하고 중요한 힘으로 여느 자연력과 마찬가지로 불가피하고 자명한 사실로 받아들이는 가설이 사회 과학의 토대가 되고, 인간의 호전성이나 성적 본능과 같은 필연적인 속성의 방종을 사회철학의 전제로 삼는 것처럼 비합리적이고 비도덕적이

---

58 앙리 피랑 지음, 러원 옮김, 앞의 책, 25쪽.
59 위의 책, 26쪽.

다."[60] "기독교 철학의 핵심은 경제적 욕망보다 도덕의 원칙이 우선한다는 것을 확인하는 것이기 때문"이다.[61] 기독교는 "더 많은 부를 추구하는 것은 진취적인 것이 아니라 탐욕이다. 탐욕은 엄청난 죄이다"라고 굳게 믿는다.[62]

현대성에 의한 전통 사회와 그 가치의 전복은 학문적 해체에 더 깊은 영향을 미친다. 자연 논리를 인간의 일에 도입하는 것은 자연 과학 자체의 성숙과 그 확장뿐만 아니라 시민 사회와 '정글의 법칙' 사이의 내적 일관성에 달려 있다. 인간 사회 현상은 자연 과학이 파악한 자연법칙으로 해석하는 데 적합하며 특정 역사적 맥락에서만 발생할 수 있다. 18세기에 이르러 서양 정치학 분야에서 '인간의 사무법칙에 관한 새로운 개념이 도입되었는데, 그것이 바로 자연의 법칙이다. 홉스(Thomas Hobbes)의 기하학적 편향, 흄(David Hume), 하틀리(David Hartley), 케나이와 헬베티우스(Helvetius)의 사회 속 뉴턴의 법칙에 대한 갈망은 은유적일 뿐이다. 그들은 사회에서 만유인력의 법칙이 자연계에 미치는 것과 같은 법칙을 발견하기를 열망했다.[63] 보더 역시 "뉴턴의 만유인력적 관점 안에 있는 이들이 고안해낸 주장은 다양한 이익, 다양한 개인 이기주의에 이끌려 새로운 사회 통합을 낳을 수 있다"고 생각했다.[64] 이기주의에 바탕을 둔 사회 관계는 결국 뉴턴역학과 다윈의 생물학 세계에서 상정된 형식에 불과하다. 자

---

60 토니 지음, 자오위에써 등 옮김, 『종교와 자본주의의 대두』, 중국 상하이번역출판사, 2006, 32~33쪽.

61 위의 책, 172쪽.

62 위의 책, 33쪽.

63 칼 보라니 지음, 평가 등 옮김, 『대전환 : 우리 시대의 정치와 경제의 기원』, 중국 저장 인민출판사, 2007, 98쪽.

64 미셸 보더 지음, 우아이메이 등 옮김, 『자본주의사(1500-1980)』, 중국 동방출판사, 1986, 81쪽.

연 논리의 잣대가 사회 영역에 포함되면 인간 세계의 고유한 도덕적 속성은 객관적이고 중립적인 이성적 균형에 의해 가려질 수밖에 없다. 그러다 보니 모든 것이 '할 수 있느냐 없느냐'가 아니라 '마땅히 해야 하느냐 여부'만 따지는 순수한 기술적 문제로 전락했다. 도덕적 판단은 인간의 시야에서 정당성을 잃고 불필요해지는 것이다.

예를 들어, '빈곤' 현상을 어떻게 볼 것인가? 한 가지 견해는 빈곤을 가난한 사람들의 게으름에 대한 벌로 이해하는 것이다. 따라서 자연스럽고 정상적인 질서의 결과일 뿐이다. 다른 견해는 빈곤을 불합리한 제도 정비의 산물로 이해하는 것이다. 따라서 탈피해야 할 현상이고, 결국 제도 재건의 결론으로 이어진다는 것이다. 전자는 분명히 보수적이며 기존 질서를 변호하는 것으로, 기본 논리는 자연 법칙의 사회학적 적용에서 비롯되며 현상의 정당성을 의심하지 않으며 '현존'을 '합리'와 동일시한다. 도덕적으로는 동정심과 정의감이 결여되어 있고, 학문적으로는 현존하는 질서에 대한 회의력과 비판정신이 결여되어 있으며, 이념적으로는 일종의 기득권자의 요구를 반영하고 있다. 당시 벤담의 논리에 따르면 "빈곤은 사회의 자연 선택Nature surviving이고, 그 육체적 징벌은 배고픔이다."[65] 시민 사회가 국가와 분열되자 "경제 사회는 정치 국가 밖에서 확연히 다른 모습으로 나타났다" "인간의 생물학적 본성은 여기에서 사회의 이미 정해진 기초가 되고 이 사회의 질서는 정치적 성격을 띠지 않는다."[66] 맬서스와 같은 학자들이 대표하는 이론적 지향점을 결정하는 것은 시민 사회가 정치 국가에서 벗어나 어떤 독립성을 얻었다는 역사적 사실이 성찰적 또는 이데올로기적 측면에서 반영된 것일 뿐이다. 흄은 〈비즈니스를 논함〉이라는 글에서 "사람은 항상 남을 희생해야만 자신의 만족을 얻을 수 있다"고 직설

---

65 칼 보라니 지음, 펑가 등 옮김, 앞의 책, 101쪽.
66 위의 책, 100쪽.

적으로 말했다.[67] 이것은 상품 경제의 제로섬 게임 관계를 아주 솔직하게 말한 것이다. 이런 판단은 비록 다윈의 진화론이 탄생하기 전에 나왔지만, 상품 경제의 생물학적 논리를 직시한다면 조만간 비슷한 결론을 내지 않을 수 없다. 헉슬리는 이미 19세기 말에 분명하게 말한 바가 있다. "윤리적으로 가장 좋은 것(즉 선이나 미덕)에 대한 실천은 한 가지 행위의 경로를 포함하며, 이러한 행위의 경로는 모든 면에서 우주 생존 투쟁에서 성공을 이끌어낸 그러한 행위와 대립된다."[68] 그는 심지어 "원숭이와 호랑이의 생존 투쟁 방법"과 "건전한 윤리 원칙"은 "조화 불가"라고 강조했다.[69] 뷰캐넌 교수는 "경제학자들은 시장을 효율로만 평가하려 하고 윤리적인 문제는 무시하는 반면 윤리학자(그리고 규범적인 정치이론가)는 (효율에 대한 근본적인 고려를 한 뒤) 효율성에 대한 고려를 무시하고 시장에 대한 도덕적 평가를 집중시키는 특징이 있다"고 지적했다.[70] 이데올로기적 수사에 비춰볼 때 경제와 윤리의 충돌은 역사와 도덕의 충돌의 한 형태일 뿐이다.

요컨대 동양과 서양의 역사는 역사의 진보가 도덕성을 희생할 정도로 약화된 대가를 치러야 한다는 것을 말해준다. 엥겔스는 『루트비히 포이어바흐와 독일 고전 철학의 종말』이라는 책에서 헤겔의 『법철학의 원리』를 인용하여 그것에 대해 긍정적인 평가를 하면서 "악은 역사 발전의 동력"임을 인정하였다.[71] 역사의 잣대로 볼 때 도덕적으로 용납할 수 없는 '악'은 역사가 자신을 완성하는 데 없어서는 안 될 내적 연결고리이다. 그러나 그것은 역사적으로 필연적으로 도덕과의 첨예한 대립으로 나타났다.

---

67 흄 지음, 천웨이 옮김, 『흄 경제논문선』, 중국 상무인서관, 1984, 6쪽.
68 헉슬리 지음, 본서번역팀 옮김, 『진화론과 윤리학』, 중국 과학 출판사, 1971, 57쪽.
69 위의 책, 37쪽.
70 A. 뷰캐넌 지음, 랴오선바이 등 옮김, 『윤리학, 효율성 및 시장』, 중국 사회과학출판사, 1991, 3쪽.
71 『마르크스 엥겔스 선집』, 제4권, 중국 인민출판사, 1995, 237쪽.

역사적 잣대와 도덕적 잣대의 충돌은 이성과 가치 사이의 이율배반 관계에서 비롯된다. 두 가지 판단 형태 또는 시야로서 이성과 가치 사이에는 상호 배타적이고 맹목적인 관계가 있다. 이성적 판단은 본질적으로는 가치와 무관한 실제 사실 세계에 대한 것이고, 가치 판단은 본질적으로는 사실과 무관한 응당한 이상 세계에 기반을 두고 있다. '그렇다'에서 '마땅히 그래야 한다'를 내세울 수 없고, 그 반대도 마찬가지다. 이성은 '아는 것know'의 문제이고, 가치는 '믿는 것believe'의 문제로 완전히 다른 영역에 속한다. 이 점은 이미 흄에게서 제시된 바 있다. 잘 알려진 대로 흄은 '인성론'에서 '이성의 작용은 참이나 거짓을 발견하는 데 있다'는 '그렇다'와 '마땅히 그래야 한다'의 경전 경계를 명확히 제기하였다. 그는 "이성의 작용은 참 또는 거짓을 발견하는 데 있다"고 하면서[72] "도덕 규칙은 이성으로부터 얻을 수 없다"고 했다. 왜냐하면 "도덕 규칙은 우리의 이성적인 결론이 아니기 때문이다"라고 말했다.[73] "따라서 도덕적 선악의 구별은 이성의 산물이 아니다. 이성은 전혀 활동하지 않으며, 영원히 양심이나 도덕 감각과 같은 하나의 활동원칙의 원천이 될 수 없다."[74] 철학사 계보를 보면, 흄은 칸트의 불가지론적 입장이 칸트의 '독단론적인 미몽'을 깨뜨려 후자의 '코페르니쿠스 혁명'을 야기시켰고, 흄은 '그렇다'와 '마땅히 그래야 한다'의 경계에 대해 칸트의 자연률과 도덕률 구분에 깊은 영향을 주었다.

이성과 가치의 관계는 자연 법칙과 도덕 법칙의 분리에 바탕을 두고 있습니다. 자연률은 인간의 자유의사에 대한 거부감을 도덕적 이유로 내세우지 못하고 오히려 도덕적 근거를 가린다. 필연성의 영역은 도덕적 성격을 가지고 있지 않다. 이성의 독단화는 사람들이 도덕적 책임을 회피할

---

72 흄 지음, 관원원 옮김, 『인성론』, 하권, 중국 상무인서관, 1980, 498쪽.
73 위의 책, 497쪽.
74 위의 책, 498~499쪽.

수 있는 구실을 제공하는 위험이 잠재되어 있다. 책임은 선택을 의미하기 때문에 선택의 자유가 없는 사람은 책임의 주체가 될 수 없다. 자율성을 상실했을 때 한 사람이 한 일에 대해 법적, 도덕적 책임을 묻지 못하는 이유다. 만약 모든 것이 필연이라면, 사람은 어떤 선택의 가능성도 잃게 되고, 따라서 의지는 자유롭게 사라지게 된다. 따라서 결정론은 인간의 의지 자유의 존재와 그 의미를 설명하고 합리적으로 설명할 수 없다. 아리스토텔레스는 『하늘을 논함』에서 브리단의 당나귀와 유사한 예를 언급하며 "매우 굶주리고 갈증의 정도가 비슷한 사람은 음식과 음료와 등거리에 서 있기 때문에 그곳에 멍하니 있게 마련이다."[75] 결정론이 자유로운 선택의 가능성을 상실하게 하고, 인간의 의지를 용납하지 않는 이상 숙명론의 늪에 빠지지 않을 수 없다. 역사적으로 '나치 현상'의 출현과 같은 결과는 끔찍했다. 러셀의 말처럼 "필연성에 대한 지나친 긍정은 오늘날 세계에서 가장 나쁜 많은 것의 근원이며, 이것이 바로 역사의 사색이 우리에게 바로잡아야 할 것이다."[76] 마르쿠제도 같은 입장이었다. "객관적 필연성에 대한 추구에서 양심은 구체화되고 사물의 보편적 필연성에 의해 박탈된다. 이런 보편적인 필연성 속에서 죄책감은 더 이상 지반이 없다."[77] 보퍼도 "일단 '마땅히 그래야 한다'(가치판단)를 '그렇다'(사실판단)로 환원하고 귀결시키면 사람들은 자신의 행위 결과에 대한 도덕적 책임을 하느님에게 떠넘기거나 자연에 떠넘기거나 역사 자체에 떠넘길 수 있다"고 지적했다.[78] 모리스는 사람들이 책임을 회피할 수 있는 세 가지 가능한 핑계, 즉 비이성

-
75 먀오리톈 수편, 먀오리톈 등 옮김, 『아리스토텔레스 전집』, 제2권, 중국 인민대학교 출판사, 1991, 345쪽.
76 러셀, 장원지에 등 편역, 『예술로서의 역사』, 『현대 서양 역사 철학 번역집』, 중국 상하이 번역출판사, 1984, 136쪽.
77 마르쿠제 지음, 쭤샤오스 등 옮김, 『단면인單面人』, 중국 후난인민출판사, 1988, 68쪽.
78 보퍼 지음, 푸지충 등 옮김, 『추측과 반박』, 중국 상하이역문출판사, 1987, 39쪽.

주의, 결정론 및 죄악을 지적했는데, 여기에는 결정론의 신념이 포힘된다. 그는 "결정론적 단편적 진리는 자유 의지라는 어릿광대가 부르는 찬가, 즉 사람은 언제나 그가 하고 싶은 일을 하고 멈출 수 있게 하기에 충분하다"고 말했다.[79] 이 찬가의 종식은 도덕이 성립한다는 전제의 전복을 의미한다.

자연의 법칙은 어길 수 없다. "누군가 규율을 어겨서 벌을 받았다"고 말하면 자연법칙을 위반한 것 같지만 사실 그렇지 않다. 이렇게 말하는 것은 자연의 법칙이 결정한 결과가 사람들의 주관적인 기대에 부합하지 않는다는 것을 의미할 뿐 자연의 법칙을 '위반'했다는 것을 의미하는 것은 아니다. 자연의 법칙과 달리 도덕률은 일정한 의미에서 인간이 만든 규칙과 유사하며 유일한 특징은 위반 가능성이다. 규칙은 바로 사람들이 그것을 어기기 위해 마련된 것이라고 할 수 있다. 칼 포퍼는 인간이 만든 규칙에 대해 "만약 그것이 의미가 있는 것이라면 위반할 수 있고, 만약 그것이 위반할 수 없는 것이라면 그것은 쓸데없고 무의미한 것"이라고 말했다.[80] 흥미롭게도 『노자』에서는 "법령은 훌륭하고 도적은 많다"고 했고, 〈신약·로마서〉는 "율법은 본래 첨가된 것이니 잘못된 것이 많다"고 했다.

상품 경제는 이성의 역사적 뿌리를 구성하며, 물론 질서의 확립으로 이어졌지만 도덕적 의미는 없다. 왜냐하면 그것이 초래한 역사적 맥락은 필연성의 확인과 모든 합법성의 근원을 전제로 하기 때문이다. 발생학의 관점에서 볼 때 필연성을 인정하는 이성 정신의 고유한 과학적 해석적 선호는 상품 경제가 잉태한 역사적·문화적 결과이며 제도적 배열의 성숙한 형태는 '자본주의'이다. 현대 과학이 자본주의의 생산 방식과 내재적으로 일치한다는 사실도 설명할 수 있다. 벤담의 '인간'에 대한 인식은 생물

---

79 모리스 지음, 딩양 옮김, 『열린 자아』, 중국 상하이인민출판사, 1965, 14~15쪽.
80 포퍼 지음, 두루지 등 옮김, 『개방 사회와 그것의 적들』, 중국 산서고교연합출판사, 1989, 61쪽.

학적 시야에 국한되어 있다. 사람은 "그의 눈에는 매우 단순한 생물"이었다.[81] "벤담의 인간 천성에 대한 지식은…완전히 경험주의적이다."[82] 경험적 귀납의 의미에서, 다수의 이기적인 사실은 의심할 여지 없이 공리주의적 가정에 강력한 지지를 제공할 수 있다. 그래서 그는 한 가지 잣대로만 그들을 측정했다. 즉 그들은 사실을 알고, 올바른 공리관념을 받아들이며, 다른 모든 객체를 결합했다. 그래서 "가장 평범한 눈으로 볼 수 있는 모든 것을 제외하고는 그는 인간에게서 거의 아무것도 볼 수 없었다."[83] 엥겔스는 다음과 같이 말했다. "벤담은…실질적으로 이 원칙(즉, 공리주의의 원칙-인용자)의 사회 본성을 더욱 발전시켰고, 그는 당시 전국적인 경향과 일치하여 사적 이익을 공공의 이익의 기초로 삼았다.… 처음에는 공익과 사익을 분리할 수 없다고 했다가 나중에는 노골적인 사익에 대해 단편적으로만 얘기했다."[84] 마르크스는 부르주아가 갖는 동기의 비초월성에 대해 다음과 같이 쓰고 있다. "자산가는 자신의 욕망과 소망을 희생할 때 항상 일정한 실리를 위해 희생한다."[85] 부르주아 계급의 역사적 존재에 상응하는 제도적 배치와 그 이념적 수사 역시 도덕적 초월성이 결여되어 있으며, 사익(계급의 우연적 결정)에 의해 지배되어 필연적으로 반도덕적 또는 비도덕적 성격을 띠게 된다.

마르크스는 현대 사회의 '공리 관계'의 내용, 즉 '제로섬'을 통해 실현되는 '소유'를 밝혀냈다. 그것이 '자신을 이롭게 하는 것'과 '다른 사람에게 손해를 끼치는 것' 사이에 떼려야 뗄 수 없는 상관관계를 갖도록 했다. "이

---

81 존 밀러 지음, 위팅밍 옮김, 『벤담과 콜리지를 논함』, 중국 문학출판사, 2000, 75쪽.
82 위의 책, 69쪽.
83 위의 책, 70쪽.
84 『마르크스 엥겔스 전집』, 제1권, 중국 인민출판사, 1956, 675쪽.
85 『마르크스 엥겔스 전집』, 제3권, 중국 인민출판사, 1960, 290쪽.

런 상황에서 공리 관계는 매우 명확한 의미를 갖게 된다. 즉 나는 다른 사람이 손해를 입도록 하는 방법으로 나 자신을 위해 이득을 취득한다는 것이다exploitation de l'homme par l'homme.[86] 이것이 바로 현대 사회가 도덕적으로 치명적인 결함을 안고 있는 세속의 근원이다. 필연적으로 수반되는 생존 경쟁은 경제학과 진화론 사이의 동일한 속성을 갖는 기초를 구성한다. 엥겔스가 날카롭게 지적했다. "이것이 자연에서 미친듯이 사회로 옮겨온 다윈의 개인 생존 투쟁이다. 동물의 자연 상태는 뜻밖에도 인류 발전의 정점으로 나타난다."[87] 현대 사회는 자본주의 변호사들에 의해 인간 사회 발전의 정점(이른바 최고 성취)이라고 표현되는 반면 그것은 다윈의 생물진화론적 논리재제의 상태, 즉 '정글의 법칙'이 지배하는 세계로 표현된다. 엥겔스는 '상업의 부도덕한 본질'을 "비즈니스는 일종의 합법적 사기"라고 유감없이 폭로했다. 그는 "중세의 강권, 즉 공공연한 길막이가 비즈니스로 변했을 때 이런 종류의 강탈은 좀 더 인간적으로 변했다"고 폭로했다.[88] 비즈니스는 "비도덕적 목적을 달성하기 위한 도덕적 위선적 수단(예: 고객의 환심을 사는 것-인용자)을 남용하는 비즈니스는 무역 자유론이 자랑하는 것이다."[89]

경제 논리와 자연 법칙 사이에는 단절되지 않고 연속적이다. 아리스토텔레스와 뉴턴 두 사람 모두 다 자연에는 군더더기가 없다고 강조했다. 자연은 가장 경제적이다. 예를 들어 계란의 모양이 가장 쉽게 깨지지 않고 벌집의 구조가 가장 적은 재료로 가장 큰 공간을 얻을 수 있다. 따라서 경제학 논리는 인간의 일에 있어서의 자연법의 연속과 운용에 지나지 않

---

86 『마르크스 엥겔스 전집』, 제3권, 중국 인민출판사, 1960, 479쪽.
87 『마르크스 엥겔스 선집』, 제3권, 중국 인민출판사, 1995, 747쪽.
88 『마르크스 엥겔스 전집』, 제1권, 중국 인민출판사, 1956, 601쪽.
89 위의 책, 602쪽.

는다. 또 다윈의 진화론이 맬서스 인구론의 계발이라는 사상사적 사실에 힘입은 바 크다. 또한 경제학은 사회 과학에서 자연 과학에 가장 가까운 학문이며, 그 자체도 위에서 언급한 연관성을 특정 관점에서 보여 준다.

경제 논리와 자연 법칙 사이에는 단절되지 않고 연속적이다. 아리스토텔레스와 뉴턴 두 사람은 모두 다 자연에 군더더기가 없다고 강조했다. 자연은 가장 경제적이다. 예를 들어 계란의 모양이 가장 쉽게 깨지지 않고 벌집의 구조가 가장 적은 재료로 가장 큰 공간을 얻을 수 있다. 따라서 경제학 논리는 인간의 일에 있어서의 자연법의 연속과 운용에 지나지 않는다. 또 다윈의 진화론이 맬서스 인구론의 계발이라는 사상사적 사실에 힘입은 바 크다. 또한 경제학은 사회 과학에서 자연 과학에 가장 가까운 학문이며, 그 자체도 위에서 언급한 연관성을 특정 관점에서 보여 준다.

인류 사회의 이성적 조사의 합법성은 사회 형태 진화의 자연스러움과 유사한 특성에 근거하며, 이러한 특징은 상품 경제 조건에서만 진실성을 갖는다. '진보'와 '과학'의 내재적 연관성에 대해 러셀은 "진보는 우리에게도 매우 현대적인 이상이며, 그것은 과학과 산업주의에 기인한다"고 말했다.[90] 로벳은 콩더孔德가 『실증 철학 강좌』에서 의도적으로 완벽perfectionnement이라는 개념을 발전과 진보로 대체했다며, 발전과 진보는 실증적 과학이라는 개념에서 도덕적 평가를 배제할 수 있다고 주장했다.[91]

나아가 우리는 이성과 가치의 모순을 인간 존재 자체의 가장 원시적인 분열, 즉 인류학적 존재론의 역설까지 거슬러 올라갈 수 있다. 역사와 도덕의 이율배반은 어찌 보면 인간의 존재라는 역설의 전개에 불과하다.

---

90   러셀 지음, 친위에 옮김, 『중국 문제』, 중국 학림출판사, 1996, 154쪽.
91   칼 로벳 지음, 리치우링 등 옮김, 『세계의 역사와 구원의 역사』, 중국 생활·독서·신지 삼련서점, 2002, 84쪽.

인간 존재의 이중화, 즉 육체와 마음의 분열은 역사와 도덕의 이중 잣대를 이루는 가장 깊은 원초적 토대를 이루며 인류학적 존재론의 근거가 된다. 맹자가 말하는 '물고기와 곰의 발바닥을 모두 가질 수 없다'는 것은 이런 딜레마를 잘 보여 준다. 마르크스가 철학을 사변적 구성 활동에서 역사 자체의 전개와 완성 활동으로 바꾸자 역사와 도덕의 이중 잣대 갈등은 형이상학적 의미를 갖게 됐다. 이성이 인간의 육체적 존재에 대한 자기 긍정 방식을 구성한다면, 가치는 인간의 정신적 존재에 대한 자기 긍정 방식을 구성한다. 인간 개체의 역사와 부류의 역사는 궁극적인 의미에서 모두 그들의 충돌을 해소하기 위한 노력일 뿐이다. 인간 사회의 변화에서 이성과 가치의 대립은 역사와 도덕의 이중 잣대와 그 평가의 게임과 충돌로 나타난다. 이러한 대립과 그것을 없애기 위한 시도는 인류 사회의 실제 변천 과정에서 항상 직면하는 하나의 주제이다.

역사와 도덕의 이율배반의 이중 초월

역사와 도덕의 이율배반은 궁극적인 성격이 아니라 뛰어 넘어야 하는 것이다. 이러한 초월에는 논리와 역사의 두 가지 측면이 포함된다. 전자의 경우 마르크스는 이미 철학적으로 이 문제를 해결했고, 그는 공산주의의 절대적 성격에 호소하여 역사와 도덕의 통일을 위한 학문적인 가능성을 제공했으며, 후자의 경우 마르크스는 역사의 한계 조건을 제시했고, 경험 세계의 전개에서 역사 자체의 성숙을 기다려야 했다. 마르크스의 문맥에 역사적 잣대의 위치도 있고 도덕적 잣대의 위치도 있다는 것은 두말할 나위도 없다. 문제는 마르크스에게 이 두 잣대가 또 하나의 일시적 필연성에 불과하고, 대립물로서 논리적이고 역사적으로 지양된다는 점이다. 마르크스의 독특한 공헌은 그러한 지양 자체를 드러내는 데 있을 뿐만 아니라, 그러한 지양이 실현될 수 있는 역사적 조건과 기초를 더 제공했다는 데 있다.

마르크스가 "내 관점은 경제의 사회 형태의 발전을 일종의 자연사적 과정으로 이해하는 것"이라고 말했고,[92] 따라서 "한 사회가 설령 자기 운동의 자연 법칙을 탐구한다 하더라도……그 사회는 자연의 발전 단계를 건너뛰거나 법령으로 없앨 수는 없다"[93]고 했을 때, 그는 사회 발전을 역사적 관점에서 바라본 것이 틀림없다.

그렇다면 현대 사회에 대한 마르크스의 비판에는 도덕적 차원이 있었던 것일까? 이 관점은 마르크스가 자본주의를 도덕적 판단의 의미로 부정하지도, 공산주의를 도덕적 판단의 의미로 긍정하지도 않았다는 주장이다. 우드는 "마르크스는 자본주의 사회 관계 자체를 어떤 식으로든 정의롭지 못하거나 도덕적으로 사악한 것으로 매도하는 것을 시종일관 거부했다"며 "마르크스의 주요 공격 목표인 자본주의 사회 관계는 처음부터 끝까지 비도덕적 토대 위에서 비난을 받았다"고 말했다."[94] 우드는 마르크스가 자본주의의 악을 자본가 개인의 선택의 문제로 보는 것이 아니라 제도 자체의 문제로 본다. 다만 그 의미에서는 그녀의 말이 옳았다. 다만 일반적인 의미에서 마르크스의 도덕적 입장을 부정하지는 못했다. 또 다른 학자는 마르크스가 "공산주의의 필요성을 도덕적 논증으로 입증하지 못했다"고 생각했다.[95] 또 다른 관점에서는 마르크스가 자본주의를 비판하든 공산주의를 긍정하든 제거할 수 없는 도덕적 입장을 가지고 있다고 본다.

---

92 『마르크스 엥겔스 선집』, 제2권, 중국 인민출판사, 1995, 101~102쪽.
93 위의 책, 101쪽.
94 A. 우드 지음, 평룬 등 옮김, 『맹렬한 돌진-칼 마르크스의 심리 과정』, 중국 산시인민출판사, 1992, 188쪽.
95 우언위, 『마르크스의 정치사상』, 중국 상무인서관, 2008, 149쪽.

베르가예프는 "마르크스주의의 모든 도덕적 격정은 이러한 소외와 비인간화에 반대하는 투쟁에 바탕을 두고 있다"고 말한다.[96] 폴도 사회 관계라는 측면에서 착안해 "마르크스가 소외 개념을 사용한 것은 전통적이고 당대의 정치 경제학에서 확인된 자본주의에 대한 여러 가지 부정적인 현상(…)에 대해서 내린 도덕적 평가"라고 말했다.[97] 사실 많은 서양 학자들은 마르크스의 소외관이 마르크스의 도덕적 통찰력을 현대적으로 만들었다"고 생각한다.[98]

도덕은 의심할 여지 없이 마르크스의 이론적 구성과 관련이 있지만, 그것은 마르크스가 자본주의를 비판하고 이론적 구성을 수행하는 원동력(도덕적 열정을 이론적 동기로 사용)으로 사용하는 것인가, 아니면 마르크스의 이론적 구조 자체를 구성하는 일종의 내재적 척도 또는 비전인가? 전자라면 외적인 의미만 있고, 후자라면 또 다른 의미가 있다. 도덕이 마르크스에게 동기의 의미에서만 작용한다면 이는 심리학적 기능이지 논리학적 기능이 아니다. 실제로 마르크스는 도덕의 잣대를 비판의 원칙으로 삼아 어떤 증거로 작용하도록 했다. 도덕적 합법성 요구는 일종의 제도적 장치인 자기 변호나 존재 이유 포기 선언의 일부 근거가 될 수 있기 때문이다.

마르크스가 사회 발전 과정을 들여다보는 데는 의심할 여지 없이 역사와 도덕의 이중 잣대를 사용했지만, 그가 핵심을 찌른 점은 이 두 가지가 동시에 그의 반성의 대상이 된다는 것이다. 마르크스에게 도덕은 비판적 시야와 척도이고, 다른 한편으로는 연구의 대상으로 이중적 역할을 한

---

96 베르가예프 지음,, 레이융성 등 옮김, 『러시아 사상』, 중국 생활·독서·신지 삼련서점 1995, 95쪽.
97 중국 공산당 중앙편역국, 『『1844년 경제학 철학 원고』 연구 문집』, 중국 후난인민출판사, 1983, 133~134쪽.
98 빙클레어 지음, 마위엔더 등 옮김, 『이상적인 충돌 - 서구 사회에서 변화하는 가치관』, 중국 상무인서관, 1983, 101쪽.

다. 그는 『1844년 경제학 철학 원고』에서 프랑스 사회주의가 자신의 사상사적 자원을 구성하고 있음을 인정했다. 공상적 사회주의의 자본주의 체제에 대한 비판은 주로 윤리적 고발과 도덕적 비난이며, 이는 특히 푸리에의 저서에서 나타난다. 마르크스는 『원고』에서 푸리에가 마르크스를 참조했다고 명시했을 뿐만 아니라[99] 1845년 초 엥겔스와 함께 독일에서 출간된 '외국의 걸출한 사회주의자 문총文叢'에도 자본주의 제도에 대한 도덕적 비판을 담은 〈비즈니스를 논함〉 원고가 가득했다. 엥겔스는 이렇게 지적했다. "그(푸리에를 가리킴 - 인용자)는 부르주아 세계의 물질적·도덕적 빈곤을 무자비하게 폭로했다."[100] 뤼벨에 따르면 "로버트 오언과 찰스 푸리에의 영향으로 초기 마르크스는 최근의 정치 운동에 휩말려 공상적 사회주의의 이념적 콤플렉스에서 벗어나지 못했다."[101] 마르크스는 푸리에와 오웬으로부터 유토피아를 물려받았다기보다 그들로부터 도덕적·비판적 입장을 물려받았다는 게 더 적절하다. 그러나 적어도 마르크스가 일찍이 푸리에와 오웬의 영향을 많이 받았다는 점에서는 뤼벨이 옳았다. 비판 방식의 차이야말로 공상적 사회주의와 과학적 사회주의의 원칙적 차이 중 하나임을 인정해야 한다. 전자가 주로 도덕적 비판에 국한됐다면 후자는 실천적 비판이라는 점에서 '실천적 유물론'의 요체다. 그러나 마르크스는 공상적 사회주의의 도덕적 비판 방식을 지양했을 뿐 기계적으로 거부하지는 않았다. 따라서 공상적 사회주의는 과학적 사회주의의 사상적 선구자를 구성한다. 도덕적 비판과 실천적 비판의 관계를 피상적으로 지적인 의미의 대립이 아니라 변증법적 부정적 의미의 통일로 이해해야 한다. 마르

---

99 『1844년 경제학 철학원고』, 중국 인민출판사, 2000, 78쪽.
100 『마르크스 엥겔스 선집』, 제3권, 중국 인민출판사, 1995, 727쪽.
101 쩡즈성 편선, 정지웨이·쩡즈성 옮김, 『뤼베르 마르크스 학문집』, 상권, 중국 베이징사범대학교 출판사, 2009, 54쪽.

크스가 도덕적 비판 방식을 지양한 것은 바로 이러한 비판에 특정한 역사적 기초와 역사적 함의를 부여한 것, 즉 역사의 현재성을 강조하는 데 있었다.

어떤 학자는 "사회와 역사에 대한 젊은 마르크스의 도덕적·비판적 태도는 절대적인 것이 아니라, 마르크스를 창작하게 만든 강력한 동기 중 하나일 뿐이다. 따라서 마르크스의『자본론』을 도덕학의 기초 위에서 생겨난 것 같은 어떤『과학 성서』로 상상하려는 시도보다 더 해로운 것은 없다"고 생각한다.[102] 이것은 분명히 성숙한 시대의 마르크스 사상에서의 도덕적 시야의 위상과 의의를 과소평가한 것이다. 이러한 관점에서 볼 때 윤리학적 입장은 마르크스가 자신의 사상을 형성하는 보조적 요소로 작용할 뿐 마르크스 사상의 논리적 기초에 내재되어 있지 않다. 사실 문제의 본질과 관건은 마르크스가 자신의 연구에서 과연 도덕적 잣대를 관철했느냐가 아니라 역사의 도덕적 시각과 도덕적 평가를 가능하게 해 합법성을 얻을 수 있었던 역사적 조건과 사회적 토대가 무엇이었느냐 하는 데 있다. 마르크스가 핵심을 찌르는 점은 그가 이 점을 밝히고 해석했다는 것이다. 뤼벨의 주장대로 마르크스는『자본론』에서 "최초 그의 지혜를 불러일으킨 도덕적 문제를 저자가 탐구해 온 점을 밝힌다"고 하였다.[103] 이는 마르크스의 비판적 입장이 처음부터 도덕적 차원을 내포하고 있었을 뿐만 아니라, 마르크스가 만년에 이르러서도 그 사상은 이미 일찍이 존재했던 도덕적 시야를 그대로 드러내고 있다는 것을 의미한다.

마르크스의 사상사적 배경을 더 거슬러 올라가면 그 관점 이면에 있는 것을 보다 포괄적이고 깊게 이해할 수 있다. 어떤 의미에서 마르크스

---

102 T. 간린, H.H. 페트렌코,『청년 마르크스의 윤리학 사상』을 평함,『철학역총譯叢』1981, 제4기.
103 쩡즈성 편선, 정지웨이·쩡즈성 옮김, 앞의 책, 53쪽.

의 역사관은 세속성과 신성성 또는 이성과 덕성의 이중적인 품격을 가지고 있으며, 이는 사실 서양 근대 역사 철학의 전통이기도 하다. 이러한 모순된 성격은 그 사상사의 출처와 그 사람의 존재론적 이유, 그리고 그 역사 자체의 성격상의 원인이 있다. 로벳은 다음과 같이 지적한다. "마르크스의 가장 보편적인 원칙은 헤겔의 가장 보편적인 원칙, 즉 이성과 현실의 통일, 보편적 본질과 특수 존재의 통일이다.…(마르크스가 보기에) 헤겔이 지적을 받아야 할 이유는 이론적으로 이성의 현실성을 단언해서가 아니라 실천적으로 이성을 실현하는 데 소홀했기 때문이다."[104] 이 견해가 비교적 공정하다고 봐야 한다. 과거 마르크스 역사관의 철학적 원초적 기초와 원초적 배경에 대한 우리의 인식은 너무 조잡하고 단순했다. 사실 마르크스의 역사관이 내포하고 있는 역사와 도덕의 이중 잣대는 그 자체로 서구의 역사관이 오랫동안 축적된 결과다. 현대 역사관의 반기독교적 성격은 과학화 취향에서 비롯되지만, 과학의 세례는 그것이 부정하는 전통을 종식시키고 끊어내지 않는다. 마르크스는 종교가 인민의 아편이라고 했다. 기독교의 허황성은 현실을 바꾸는 데 힘쓰지 않고 현실을 바라보는 방식을 바꾸는 것으로 표현돼 기독교는 공허하고 사실상 실효성이 없는 도덕적 설교에 그치고 있다.[105] 그러나 마르크스는 만족 그 자체가 아니라 단지 만족의 허황성을 반대하며, 가상의 만족을 넘어 진실의 만족을 추구한다. 말년에 엥겔스는 "기독교와 노동자의 사회주의는 모두 장차 노역과 빈곤으로부터 구원받을 것이고, 기독교는 죽은 뒤 피안의 생활, 천국에서 이런 구원을 찾을 것이다. 또 사회주의는 현세에서 사회 개조 과정에서 찾

---

104 카를 로벳 지음, 리치우잉 등 옮김, 『세계 역사와 구원의 역사』, 중국 생활·독서·신지 삼련서점, 2002, 60쪽.
105 『마르크스 엥겔스 전집』, 제3권, 중국 인민출판사, 1960, 285쪽.

을 것"이라고 하였다.¹⁰⁶ 이것은 의심할 여지 없이 매우 의미심장한 비유이다.

'착취' 문제를 예로 들로 들어본다. 마르크스가 '착취'를 비판한 것은 도덕적 의분에서 비롯된 것일까? 파슨스는 "마르크스에게 착취가 비난받아야 할 이유는 불합리성도, 고용주 개인의 완전한 이기심에도 있지 않고, 고용주가 반드시 그렇게 행동하지 않으면 경쟁적인 투쟁에서 소멸될 수 있는 상황에 놓였기 때문"이라고 주장했다.¹⁰⁷ 물론 마르크스가 거부하려고 했던 것은 인간의 결정 상태, 즉 '불가피함'에 불과했고, 그가 추구했던 목표, 즉 인간의 자유가 이를 결정지었다. 노동자를 고용하든 자본가를 고용하든 '주인과 노예의 관계'의 굴레에서 벗어나지 않는 한 노역과 소외에서 벗어날 수 없다. 따라서 마르크스가 추구하는 해방은 이기적이고 편협한 것이 아니고 단지 개별적인 사람의 해방일 뿐만 아니라 복수적인 사람의 해방이기도 하다. 프롤레타리아 계급의 해방일 뿐만 아니라 '사람' 자체의 해방이기도 하다. 마르크스가 보기에 자본가는 자본의 인격화에 불과하다. 자본가의 존재는 자본가로서의 개인의 도덕적 의미를 갖지 않는다. 그런 의미에서 마르크스가 도덕적 의분을 넘어섰다고 할 수는 있지만 도덕적 입장을 무시하거나 내팽개쳤다고 볼 수는 없다. 도덕적인 고려는 마르크스가 자본주의와 그 착취를 비판하는 동인을 구성한다는 것은 의심의 여지가 없지만, 그의 이러한 비판의 전부가 되는 것은 아니며, 이것이 바로 그가 공상적 사회주의를 넘어선 곳이다.

부캐넌은 '착취'에 대해 "사유제 시장 시스템은 착취적 또는 '자본가가 노동자를 착취한다'는 비난은 이론적인 진술이지, 이론적으로 중립적인 경

---

106 『마르크스 엥겔스 선집』, 제4권, 중국 인민출판사, 1995, 457쪽.
107 파슨스 지음, 장멍더 외 옮김, 『사회 행동의 구조』, 중국 역림출판사, 2008, 484쪽.

험적 판단이 아니다"라고 생각했다.[108] 이 견해는 자본주의 제도를 변호하는 혐의가 있다. '착취'가 사실에 의존하지 않는 가치 술어일 뿐이라면 이미 상대주의의 함정으로 끌려갔기 때문이다. 상대적인 관계에서 어떤 가능한 표현도 가치 선호도를 넘어서는 주관적인 합법성을 갖지 않는다. 따라서 아마도 로머의 주장이 더 설득력 있을 것이다. 그는 마르크스 문맥에서 '착취'의 용법을 해석과 규범의 두 가지 상황으로 구분했다. 그 실증적인 용법에서는 노동자에 대한 착취가 이윤을 위한 것이라고 한다. 그 규범적 용법에서 착취는 노동자가 자본가들로부터 부당한 대우를 받고 있다는 것을 지적하기 위한 것이라고 보는 것이다.[109] '착취'를 언급하는 것이 반드시 도덕적일 필요는 없으며 설명적일 수도 있다. 도덕적 분노가 하나의 사회 제도를 비난하는 이유가 될 수 있음은 두말할 나위도 없지만, 그 자체가 논리와 역사에서 이중으로 초월될 수 있는 가능성 있는 근거가 될 수는 없다. 도덕적 비판은 하나의 제도의 필요성을 부정할 뿐, 이를 부정할 가능성은 주지 못한다는 것이다. 따라서 마르크스에게 있어서 '비판'은 항상 이중, 즉 도덕과 역사였다. 마르크스는 역사와 도덕의 이중적 비판에 힘썼으며, 이러한 비판의 완성 속에서 양자의 모순을 동시에 극복하려 했다. 예를 들어 마르크스의 자본주의 체제에 대한 비판은 도덕적 분노에서 비롯되지만 비판의 완성은 사회사적 과정의 필연성을 드러내는 데 의존해야 한다. 이 둘은 이론적인 측면이나 관념적인 세계에서만 분리될 수 있으며, 현실에서는 실천적인 객체 척도와 주체 척도의 내적 통일성으로 나타난다.

---

108 A. 뷰캐넌 지음, 랴오선바이 등 옮김, 『윤리학, 효율성 및 시장』, 중국 사회과학출판사, 1991, 133쪽.

109 존 E. 로머, 돤중차오 등 옮김, 『자유에서 상실 - 마르크스주의 경제철학도론』, 중국 경제과학출판사, 2003, 59쪽.

엥겔스는『철학의 빈곤』독일어판에 쓴 서문에서 다음과 같이 말했다. "부르주아 경제학의 법칙에 따르면 제품의 대부분은 이러한 제품을 생산하는 노동자의 것이 아니다. 만약 우리가 이것은 불공평하고, 그렇게 하지 말아야 한다고 말한다면, 이 말은 경제학과 직접적인 관계가 없다. 우리는 단지 이러한 경제적 사실이 우리의 도덕 감각과 모순된다고 말할 뿐이다. 그래서 마르크스는 공산주의의 요구를 이런 기초 위에 세운 적이 없고, 자본주의 생산 방식의 필연적인, 우리가 하루보다 더 많은 붕괴를 목격한 것에 기초를 두고 있다. 그는 잉여 가치가 무보수 노동으로 이루어져 있다는 간단한 사실만을 말했다. 그러나 경제학의 형식상 잘못된 것은 세계사에서 옳을 수 있다. 만약 대중의 도덕 의식이 그 당시의 노예제나 부역제와 같은 특정 경제적 사실을 불공정하다고 선언한다면, 이는 이 경제적 사실 자체가 이미 시대에 뒤떨어지고 다른 경제적 사실이 이미 나타났기 때문에 원래의 사실이 이미 참을 수 없게 되었고 유지할 수 없게 되었다는 것을 증명한다. 따라서 경제학 형식의 오류 뒤에는 매우 사실적인 경제 내용이 숨어 있을 수 있다."[110] 엥겔스가 보기에 도덕적 요구는 역사의 진실을 반영하지만 역사의 발전을 직접적으로 결정하지는 않는다. 이는 마르크스의 사고 취향을 한 측면에서 반영할 수 있다. 비판 대상에 대한 마르크스의 청산을 통해 도덕성과 그것의 생성과 작용은 역사적 조건에 달려 있으며 도덕적 평가와 비판은 필요하지만 불충분하다는 그의 기본 관점을 발견하는 것은 어렵지 않다. 마르크스는 슈티너를 비판하면서 개인적으로는 자신의 어떤 특성을 발전시키고 싶은 욕망이 선한 의지에 달려 있지 않다고 지적했다. "의식이 아닌 존재에 의해 결정되고, 생각이 아닌 삶에 의해 결정되며, 개인의 삶의 경험적 발달과 표현에 의해 결정되고,

---

110 『마르크스 엥겔스 전집』, 제21권, 중국 인민출판사, 1965, 209쪽.

이 둘은 사회적 관계에 의해 결정된다. 만약 이 사람의 생활 조건이 그로 하여금 다른 모든 특성을 희생하여 일방적으로 어떤 특성을 발전시킬 수밖에 없게 한다면, 또 만일 생활 조건이 그에게 이 특성을 발전시킬 재료와 시간만을 제공한다면, 이 사람은 일방적이고 기형적인 발전을 넘어설 수 없다. 어떤 도덕 설교도 여기서는 도움이 되지 않는다."[111] 마르크스가 보기에, 인간의 역사 그 자체의 실제적인 해방으로부터 벗어나면, 모든 도덕 설교는 창백하고 무력하여 위선적으로 보일 것이다. 마르크스는 하인첸을 비판하며 '인간의 이성'은 "역사의 영역에서 도덕의 영역으로 도망쳤기 때문에 여기서도 자신의 도덕적 분노의 중포重砲를 모두 발사할 수 있다"고 말했다.[112] 하지만 "재산 문제는…단순한 양심 문제와 형평에 관한 문구로 귀결될 수는 없다."[113] 그렇기 때문에 엥겔스는 "도의적 분노는 아무리 이치에 맞아도 경제과학은 그것을 증거로 간주할 수 없다"고 말했다.[114] 역사의 진보를 무시한 채 도덕적 안목에만 호소하는 하인첸을 비판할 때 마르크스는 "본능적 발육 부진을 정중히 도덕적 완전무결이라고 말할 수 있다. 예를 들어 각국 국민의 종교적 환상은 무죄의 시대와 황금시대를 선사시대(당시는 역사가 전혀 발전하지 않았기 때문에 부정도 배반도 하지 않았다)로 규정하고 역사 전체를 욕했다."[115]

마르크스는 리카도의 학설을 언급하며 다음과 같이 말했다. "자본주의 생산을 고찰할 때 '사람'에 주의를 기울이지 않고 생산력의 발전만 보고, 그 발전이 얼마나 많은 사람과 자본 가치를 희생시키든 간에 그(리카도

---

111 『마르크스 엥겔스 전집』, 제3권, 중국 인민출판사, 1960, 295~296쪽.
112 『마르크스 엥겔스 전집』, 제4권, 중국 인민출판사, 1958, 338~339쪽.
113 위의 책, 334쪽.
114 위의 책, 492쪽.
115 『마르크스 엥겔스 전집』, 제4권, 위의 책, 329쪽.

를 가리킴-인용자)를 비난하는 사람들이 있다."116 마르크스는 이런 비난에 공감하지 않고 "그것이 바로 그의 학설에서 뛰어난 점"이라고 주장했다. 왜냐하면 마르크스가 보기에 "사회적 노동 생산성을 발전시키는 것은 자본의 역사적 과업이자 존재의 이유다. 자본은 이를 통해 무의식적으로 더 고급 생산 형태를 위한 물질적 조건을 만들기 때문이다." 여기에는 역사의 성숙을 위한 준비 조건에 따른 불가피한 인간의 희생에 대한 마르크스의 관용이 깔려 있다. 역사적으로 상업은 전통 사회의 해체자일 뿐만 아니라 현대 사회의 구축자이기도 하다. 그래서 마르크스는 "가부장적인 고대의 (그리고 봉건적) 상태는 상업, 사치, 화폐, 교환 가치의 발달로 몰락했고, 현대 사회는 이런 것들을 따라 발전했다"고 말했다.117

마르크스가 보기에 사유제는 만악의 근원이지만 역사적 필연성과 필요성을 지니고 있다. 마르크스는 사유 재산Privateigentums (사유 제로도 번역할 수 있다 - 인용자)은 생산력 발전의 일정 단계에서 필연적인 교제 형태로 사유 재산이 새로운 생산력의 질곡이 되기 전에는 소멸되지 않으며 직접적인 물질적 생활의 생산에 필수적인 조건이다.118 사유제는 역사의 전개와 완성에 필요한 악이다. 이 점을 인정함으로써 마르크스는 낭만주의와 구별되었다. 악에 대한 이러한 제한적인 관용은 마르크스의 역사주의적 태도와 입장에 의해 결정되었다. 그러나 역사 숙명론과 달리 마르크스는 사유제를 역사의 일시적 현상으로 이해했다. 엥겔스의 지적대로 "마르크스는 고대 노예주, 중세 봉건주 등의 역사적 필연성을 이해하고 있다. 따라서 그들의 역사적 정당성을 이해하고 있으며, 그들이 일정한 역사적 기간 동안 인간 발전의 지렛대임을 인정하고 있다. 따라서 마르크스도 착취,

---

116 『마르크스 엥겔스 선집』, 제2권, 중국 인민출판사, 1995, 466쪽.
117 『마르크스 엥겔스 전집』, 제46권, 상권, 중국 인민출판사, 1979, 104쪽.
118 『마르크스 엥겔스 전집』, 제3권, 중국 인민출판사, 1960, 410~411쪽.

즉 타인의 노동 생산물을 점유하는 일시적인 역사적 정당성을 인정한다. 그러나 동시에 이러한 역사적 정당성은 이제 사라질 뿐만 아니라 어떠한 형태로든 계속 보존되어 사회의 발전을 촉진시키기보다는 점점 더 방해되고 더 격렬한 충돌에 휘말리게 되었다는 것을 증명하고 있다."[119] 왜냐하면 우리는 역사에 필요한 악을 용납하지 않으면 역사의 결과로서 그 선을 얻을 수 없기 때문이다. 기괴해 보이지만 역사의 변증법이 그렇다.

마르크스가 역사 진보의 대가라는 의미에서 '악'을 용인한 것은 이런 역사적·이성적 잣대와 안목에 바탕을 둔 것이다. 그렇지 않고서야 그가 역사의 악을 이렇게 심각하게 볼 수 없었을 것이다. 엥겔스는 마르크스가 이런 결론을 내린 방법을 "완전히 새로운 유물주의의 자연 역사적 방법"이라고 불렀다.[120] 마르크스의 『자본론』 제1권 서문에 따르면 "경제의 사회 형태 발전은 자연사적 과정이다. 그 속에서 나타난 역사를 바라보는 방식은 사회 형태의 변천에 대한 파악이 반드시 필요한 자연사적 방법을 결정한다." 물론 엥겔스가 마르크스의 방법을 전적으로 '객관적인 서술'로 규정해 어떤 윤리적·가치적 고려도 거부하는 것은 편파적이다. 그는 『자본론』에서 "저자의 성향, 주관적 결론 그리고 그가 현대 사회 발전 과정의 마지막 결과를 어떻게 상상하고 표현했는가" 등 "이런 주관적인 환상들은 자신의 객관적인 서술에 의해 반박되었다"고 주장했다.[121] 따라서 엥겔스는 마르크스의 문맥에서 인류사와 자연사 사이의 통약성通約性을 강조하였다. "그(마르크스 - 인용자)는 사회 관계에서 법칙으로 확립하려고 하였으나, 다만 다윈이 자연 역사에서 확립한 것과 같은 점진적인 변혁의 과정일 뿐이다. 이러한 점진적인 변화는 실제로 지금까지도 사회 관계에서 일어

---

119 『마르크스 엥겔스 전집』, 제21권, 중국 인민출판사, 1965, 557~558쪽.
120 『마르크스 엥겔스 전집』, 제16권, 중국 인민출판사, 1964, 254쪽.
121 위의 책, 255쪽.

나고 있으며, 고대부터 중세를 거쳐 현재에 이르고 있다." 분명히 철학을 과학화하는 데 주력한 엥겔스는 자연사와 인류사가 고찰하는 방식의 통약성 측면을 중시했지만 양자가 통약할 수 있는 역사적 조건에는 주의를 기울이지 않았다. 이와 달리 마르크스는 인간의 존재가 동물 상태로 떨어질 때에만 다윈 문학설을 해석의 참고자료로 인용할 수 있다고 강조했다.

마르크스가 역사관 분야의 다원주의자로 이해되었을 때, 도덕은 그 사상 속에 확실히 제자리를 가질 수 없었다. 안타깝게도 엥겔스와 레닌은 일반적으로 마르크스와 다윈 사이의 사상적 유추 관계와 연속성을 강조한다. 엥겔스는 "그(마르크스 - 인용자)가 현대 사회를 경제적으로 고찰하고 새롭고 더 높은 형태를 잉태하고 있음을 증명했을 때, 그는 사회 관계 측면에서 다윈이 자연사적으로 확립한 동일한 점진적 변혁의 과정을 드러냈을 뿐"이라고 말했다.[122] 레닌은 "마르크스를 다윈과 비교하는 것이 적절하다는 것을 이제는 알 수 있다"고 생각했다.[123] 왜냐하면 "마르크스가 공산주의를 문제 삼은 것은 이미 어떤 새로운 생물 변종이 어떻게 생겨나고 어느 방향으로 변했는지 알고 있는 자연 과학자가 그 생물 변종의 발전 문제를 제기한 것과 같은 것"이기 때문이다.[124] 이로부터 레닌이 왜 좀바르트의 의견에 동의하는지 이해하기 어렵지 않다. 레닌은 포퓰리스트 미하일로프스키를 비판하면서 이렇게 말했다. "좀바르트의 단언이 정확하다는 것을 인정하지 않을 수 없다. 그는 '마르크스주의 자체는 처음부터 끝까지 윤리적인 냄새가 나지 않는다' 그 이유는 이론적 측면에 있다. 그것은 '윤리학적 관점'을 '인과적 원칙'에 종속시키고, 실천 측면에서는 윤리학적 관

---

122 『마르크스 엥겔스 전집』, 제31권, 중국 인민출판사, 1972, 410쪽.
123 『레닌 전집』, 제1권, 중국 인민출판사, 1984, 111쪽.
124 『레닌 선집』, 제3권, 중국 인민출판사, 1995, 187쪽.

점을 계급 투쟁에 귀속시키기 때문이다."[125]

낭만주의는 분열의 시대를 마주하고 있다. 실러는 "치명적인 충돌은 인간의 조화로운 힘을 분열시킨다"고 말했다.[126] 그러므로 "절대적인 존재만이 자연의 필연성과 도덕적 필연성을 일치시킨다."[127] 비록 낭만주의는 '종합하는 버릇'을 가지고 있지만[128] 가장 본질적인 요구는 '있어야 할 것'과 '실제로 있는 것'의 종합에 있다. 하지만 낭만주의는 '종합'의 진정한 토대를 찾지 못하고 있다. 헤겔의 시각에서 계몽은 육체적 욕망과 공리적인 계산을 자제하고 정신적 가치를 추구하려는 충동을 결코 이해할 수 없을 것이다. 하지만 그는 그런 이상주의적 초월과 추구가 여전히 단편적인 것이고, 그렇기 때문에 '합목적성'이 아니라고 생각한다. 헤겔이 추구하는 것은 '신테제'이다.[129] 변증법은 그로 하여금 학술적으로 그 궁극적인 규정을 파악할 수 있게 하였다. 하지만 그는 그것을 역사에 호소하는 효과적인 경로를 밝히지 못하였고, 여전히 사상누각에 지나지 않았다. 마르크스가 헤겔을 못마땅하게 여기는 대목이다. 헤겔은 악이 역사의 동력임을 인정하면서도 그것이 역사의 목적이라고는 생각하지 않는 반면 악은 역사의 목적을 완수하는 데 필요한 고리에 불과하다. 헤겔은 변증법 덕분에 개념의 예리함과 침투력을 얻었지만 엥겔스의 말처럼 "역사는 그 나름의 걸음이 있고, 그 과정이 아무리 변증법적이더라도 변증법은 역사를 오래 기다려야 하는 경우가 많다"고 했다. 더 중요한 것은, 여기서 말하는 '역사'는 자발적이 아니라 자업자득이고, 헤겔의 철학적 결핍은 바로 역사의 이러

---

125 『레닌 전집』, 세1권, 앞의 책, 582쪽.
126 실러 지음, 쉬헝춘 옮김, 『미육서간美育書簡』, 중국 문련(文聯)출판사, 1984, 50쪽.
127 위의 책, 42쪽.
128 가비토바 지음, 왕니엔닝 옮김, 『독일 낭만 철학』, 중국 중앙편역출판사, 2007, 224쪽.
129 헤겔, 『정신 현상학』, 「계몽과 미신의 투쟁」절의 관련 논술 참고; 헤겔 지음, 허린·왕지우싱 옮김, 『정신 현상학』 하권, 중국 상무인서관, 1979, 81쪽 이하.

한 자업자득의 근간을 드러내지 못한 데 있다. 헤겔이 멈춘 곳은 마르크스의 시작이었다.

마르크스의 말이다. "원시의 풍요로움에 대한 미련은 우스꽝스럽고, 완전한 공허함 속에 머물러야 한다고 믿는 것도 우스꽝스럽다. 부르주아적 견해는 이러한 낭만주의적 견해와의 대립을 넘어선 적이 없기 때문에, 이러한 낭만주의적 견해는 부르주아적 견해와 함께 합리적인 대립으로 천국에 오를 것이다."[130] 그가 말하는 '낭만주의적 관점'은 전통 사회와 동반되는 반면, '부르주아적 관점'은 현대 사회와 상응한다. 전자는 도덕적 감각이 특징이고 후자는 이성적 입장에 근거하고 필연성을 인정하는 것을 전제로 한다. 이 둘은 서로 대립되는 테제이자 안테테제로서 마르크스가 보기에 동시에 추월되어야 할 것이다. '원초적 풍요'는 도덕적이긴 하지만 전개되지 않은 것이고, '완전한 공허'는 도덕적으로 용납될 수 없지만 역사 발전의 필수적인 단계다. 마르크스는 "고대의 관점은 현대 세계에 비해 훨씬 숭고하다"고 주장했다. "고대의 관점에 따르면 사람은 아무리 편협한 민족적·종교적·정치적 규정에 놓여 있어도 결국 생산의 목적으로 나타난다"며 "현대 사회에서 생산은 인간의 목적으로, 부는 생산의 목적으로 나타난다"고 했기 때문이다. 인간 생산의 목적상 "어린 시절은 비교적 숭고하게 보였다"는 것이다. 여기에서 마르크스는 '숭고함'이라는 도덕적 색채가 짙은 술어를 사용해 흥미롭다. 완전한 공허'는 "부르주아 경제 및 그에 상응하는 생산 기간 동안 인간의 내적 본질이 충분히 발휘되어 완전한 공허로 나타나고, 이러한 보편적인 물리적·화학적 과정은 전면적인 소외로 나타나며, 기존의 모든 일방적 목적의 폐기는 어떤 순수한 외적 목적을 위해 자신을 희생하는 목적 그 자체로 나타난다는 것을 의미한다."[131] 그

---

130 『마르크스 엥겔스 전집』, 제46권, 상권, 중국 인민출판사, 1979, 109쪽.
131 위의 책, 486쪽.

것들은 모두 단편적이기 때문에 논리적이고 역사적으로 초월되어야 한다.

전근대 사회에서는 주요 잣대가 도덕이 우선시되고, 현대 사회에서는 그 잣대가 역사가 우선시되었다면, 마르크스적 의미에서 후현대 사회에서는 도덕과 역사의 통일인 도덕의 실현과 역사의 완성이 될 것이다. 도덕의 실현은 역사의 완성이고, 그 반대도 마찬가지다. 역사의 모든 가능성이 인간의 실천을 통해 창조된 '과거 발전의 모든 재산', 즉 '역사의 모든 운동'인 것이다.[132] 그것이 완성되면 최고의 선이라는 도덕적 경지가 드러나는 것도 현실로 나타난다. 최고의 선 그 자체는 상대적인 선과 상대적인 악의 대립을 넘어선 결과물이다. 마르크스는 "금욕주의 도덕이든 향락 도덕이든 어떤 도덕이든 사형을 선고하는"[133] 역사적 조건을 명시하였다. 선과 악의 대립의 초월을 언급하면서 그는 다음과 같이 말했다. "공산주의자들은 이기주의로 자기 희생을 반대하지 않았고, 또 자기 희생으로 이기주의를 반대하지도 않았다. 이론적으로는 그 감정적 형식이나 과장된 사상적 형식에서 이 대립을 체득하지도 않았고, 이 대립의 물질적 근원을 밝혀내는데 있어서 물질적 근원이 사라지면서 그 대립은 자연스럽게 소멸된다."[134] 그는 또 다음과 같이 말했다. "공산주의 사회에서 개인 간의 상호관계에 대한 개인의 의식도 전혀 별개의 문제이다. 그렇기 때문에 '사랑의 원칙'이나 dévouement(자기 희생정신)도 아니고, 이기주의도 아니다."[135] 공산주의의 조건하에서, 인간의 개체와 부류의 모순이 최종적으로 해결됨에 따라, 거기에 부착되는 두 가지 이데올로기적 수사, 즉 '자기 희생정신'과 '이기주의' 및 그 대립이 동시에 극복된다. 그런 의미에서 도덕의 실현을

---

132 마르크스,『1844년 경제학 철학 원고』, 중국 인민출판사, 2000, 81쪽.
133 『마르크스 엥겔스 전집』, 제3권, 중국 인민출판사, 1960, 490쪽.
134 위의 책, 275쪽.
135 위의 책, 516쪽.

도덕의 상실이라고 하는 편이 낫다. 마르크스에서 역사의 완성과 도덕의 실현은 '분업 소멸', '노동 소멸', '사유제 소멸'에 달려 있으며, 이로써 '자유와 자위自爲 사이, 의식과 자의식 사이, 객체와 주체 사이의 대립'을 지양하는 데에 이르게 된다.[136] 즉, "인간과 자연계 사이, 사람과 사람 사이의 갈등의 진정한 해결은 존재와 본질, 대상화와 자기 확증, 자유와 필연, 개체와 부류 사이의 투쟁의 진정한 해결"이다.[137] 역사와 도덕의 이율배반이 인간의 존재의 이중화에 뿌리를 두고 있는 이상, 이러한 이율배반 관계의 초월은 인간의 존재의 이중화에 의존하지 않을 수 없다. 공산주의의 절대성은 인간의 존재로서의 역설의 해소가 바로 역사와 도덕의 역설적 관계를 초월한 논리적 결과이자 역사적 결과라는 것이다.

엥겔스는 사유의 지상성과 비지상성의 모순을 언급하면서 "이 모순은 무한히 전진하는 과정에서 적어도 우리에게는 사실상 끝이 없는 인간의 세대교체 속에서만 해결될 수 있다"[138]고 말했다. 이 말을 원용하자면, 역사와 도덕의 모순은 인류 사회의 끝없는 발전에서만 해결된다고 할 수 있다. 이러한 발전의 최종 결과로서 공산주의는 역사의 최고 성취이자 도덕의 최고 경지였다. 역사와 도덕의 마지막 통일로서 공산주의는 최고 선의 도래를 의미한다. 아마도 누군가는 공허한 사변思辨에 불과하다고 생각할지 모르지만 문제는 역사적 잣대와 도덕적 잣대의 이율배반적 초월을 생각할 때 우리의 상상력이 현대적 차원에서 공산주의의 가능 상태를 상상하는 데 결코 얽매여서는 안 된다는 점이다. 이 문제에 있어서 마르크스와 엥겔스는 우리에게 모범을 보여 주었다. 이들은 『공산당 선언』에 다음과 같이 썼다. "사유제가 소멸되면 모든 활동이 중단되고 게으름의 바람

---

136 마르크스, 『1844년 경제학 철학 원고』, 앞의 책, 99쪽.
137 마르크스, 『1844년 경제학 철학 원고』, 중국 인민출판사, 2000, 81쪽.
138 『마르크스 엥겔스 선집』, 제3권, 중국 인민출판사, 1995, 427쪽.

이 일어난다는 반론이 있다."[139] 사유제 조건하에서 '소유'를 기본으로 하는 사람들의 이기심과 편협함을 벗어나지 못한 독일의 속물 정치 경제학자 프리드리히 리스트는 다음과 같이 말한 바가 있다. "정치 경제학의 본질은 다음과 같이 요약된다. 즉 부는 교환 가치가 있는 물건에 대한 소유이다." 그리고 "개인의 이익은 노동과 절약에 가장 효과적인 자극이다."[140] 즉, '부르주아 권리의 좁은 시각'이다.[141] 결국, 이것은 '각주구검'식의 뒤늦은 상상에 불과하다. 노동이 이미 생계 수단일 뿐 아니라 그 자체가 삶의 제1수요가 된 뒤[142] 노동은 더 이상 부담이 아니라 즐거움이며 '게으름의 풍조'가 어디서부터 시작되는지를 전혀 이해하지 못하는 것이다. 역사와 도덕의 대립을 초월하는 것을 이해하고 깨닫는 동시에 우리에게 질곡으로 작용하는 이런 편협한 상상의 덫은 피해야 한다.

요컨대 마르크스는 역사와 도덕의 이중 잣대 대립의 초월을 목표로 하고 있으며, 그 경로는 역사 자체의 성숙, 즉 그 실현에 필요한 토대를 마련하고 충분한 준비를 갖추기 위한 전제이다. 이러한 성숙은 이론적으로 실현의 역사적 한계 조건인 도덕적 소구와 역사적 소구의 통일-필연성을 내적 근거로 하는 이성주의와 당연성을 내적 근거로 하는 이상주의(실증주의와 낭만주의가 각각 그들 각자의 사상사적 자원을 구성한다)의 논리적 '화해'를 밝히고 실천적으로 역사적 전제를 준비하는 전제의 조성은 마찬가지로 실천자 자신의 도덕 의식 자각과 역사의식 자각의 이중 자위성의 확립과 실천자체가 구현한 현실적(실존)과 당연(본질적)이라는 이중 차원 사이에 생성의 현실적 통일과정으로 작용한다.

---

139 『마르크스 엥겔스 선집』, 제1권, 중국 인민출판사, 1995, 288쪽.
140 지타오다 주편, 『부르주아 속물 정치 경제학 선집』, 중국 상무인서관, 1963, 316쪽.
141 『마르크스 엥겔스 선집』, 제3권, 중국 인민출판사, 1995, 306쪽.
142 위의 책, 305쪽.

17

마르크스 사상이 지닌 거대한 '역사성'

마르크스가 파벨 안넨코프에게 보냈던 편지(1846년 12월 28일)는 "프루동의 저서에 대한 최초의 반응으로서[1]" 마르크스가 이후 작성하였던 『철학의 빈곤』이라는 책의 사상적 전신으로 이루어졌다. 또한 이 책은 "역사적 유물론에 대한 첫 번째의 공개적 발표와 해석이다."[2] 마르크스는 『정치경제학의 비판·서언』에서 "우리의 견해 중에 결정적 의미가 있는 논점은 1847년에 출판하였던 프루동을 반대하기 위한 저서인 『철학의 빈곤』에서 처음으로 과학적이고 논쟁하는 약술을 하였다"고 돌이켜 본 바 있다.[3] 특히 중요시할 만한 것은 『철학의 빈곤』이 경제학에 대한 마르크스의 종합적 논술이며, 또한 그가 이 책을 『공산당 선언』과 함께 『자본론』의 서문으로 삼는다고 건의하였다는 것이다.[4] 마르크스는 노년 때 "이 책(『철학의 빈곤』)에서 아직 맹아적 상태에 있는 것은 20년의 연구 기간을 거친 후 이론으로 변하게 되었으며, '자본론'에 크게 기여하였다"고 인정하였다.[5] 따라서 이 편지는 마르크스 사상의 형성사에서 매우 중요한 위치와 의미를 지녔다고 할 수 있다. 필자는 이 편지를 재독한 후에 프루동에 대한 비판을 통하여 나타났던 '역사적 사유'라는 구상 방식이 이 편지의 가장 중요한 가치라고 뚜렷하게 느꼈다. 이 장에서는 재해석을 통하여 마르크스의 특유한 구상 방식이 지닌 특징을 인식하고 이해하고자 한다.

---

1 데이비드 맬렐란 지음, 정이밍·천시구이 옮김, 『마르크스 사상 개론』, 중국 인민대학교 출판사, 2008, 33쪽.
2 위의 책, 39쪽.
3 『마르크스 엥겔스 선집』, 제2권, 중국 인민출판사, 1995, 34쪽.
4 데이비드 맬렐란 지음, 정이밍·천시구이 옮김, 『마르크스 사상 개론』, 중국 인민대학교 출판사, 2008, 40쪽.
5 『마르크스 엥겔스 전집』, 제19권, 중국 인민출판사, 1963, 248쪽.

마르크스의 '역사적 사유'의 논리적 보장의 획득

전제적 문제는 마르크스의 '역사적 사유'의 논리적 보장이 어찌 획득되었는가? 하는 것이다. 즉, 마르크스는 어떤 방법으로 '역사적 사유'가 철학의 필연적 호소로 변하게 되었거나 '역사적 사유'의 학리적인 근거는 도대체 어디에 있었는가라는 것이다.

마르크스는 편지에서 프루동의 『빈곤의 철학』을 부정적이고 종합적으로 평가하였으며, "그것이 전반적으로 보면 나쁜 책이며, 심지어 아주 나쁜 책이라고 할 수 있다"고 지적하였다.[6] 이는 그 책에 대한 마르크스의 기본적 판단이다. 마르크스는 "프루동이 우리에게 정치 경제학에 대한 잘못된 비판을 제공하였던 이유는 그가 우스운 철학을 가졌기 때문이 아니며, 또한 우리에게 우스운 철학을 제공하였던 이유는 그가 현대 사회 제도와 상관관계에 있는 현대 사회 제도를 잘 이해하지 못하였기 때문"이라고 언급하였다. 그는 프루동의 오류의 가장 깊은 근원을 밝혔다. 즉, '우스운 철학'이 아닌 '현대 사회 제도'에 대한 무지로 인한 것이다. 마르크스는 이러한 무지가 프루동의 철학적 전제성, 즉 사상을 현실과 전도하였다는 것에 달려 있다고 생각하였다. 현실에 관심을 기울이지 못하였다는 역사는 바로 프루동 철학의 치명적 결함이다.

마르크스는 프루동이 신과 보편적 이성에서 진리를 밝혔던 이유와 헤겔을 이용하여 헤겔 철학의 단점을 장점으로 삼았다는 이유는 무엇인지를 질문하였다. 이에 대하여 프란츠 메링은 다음과 같이 지적하였다. 즉, "사람들은 항상 프루동이 독일 사람의 머리, 심지어 혼란한 머리를 가졌다

---

6   이 장에서는 인용한 안넨코프에 대한 마르크스의 편지(1846년 12월 28일)을 모두 출처를 표시하지 않고 『마르크 엥겔스 선집』, 제4권, 중국 인민출판사, 1995, 530~542쪽)을 참조하기 바란다.

고 책망하였다. 어쨌든 프루동의 정신적 자각이 깨어나자마자 독일 철학을 기대하기 시작하였다."[7] 이는 『빈곤의 철학』에서 전형적으로 나타났다. 프루동은 이 책에서 "우리가 서술해야 할 것은 시간적 순서가 아닌 관념적 순서에 부합하는 역사"라고 선명하게 제시하였다.[8] 이와 같이 프루동은 논리가 역사보다 우선적이라고 주장하였다. 이로 인하여 그는 필연적으로 역사를 관념으로 편집하였다. 따라서 우리는 헤겔의 그림자를 쉽게 볼 수 있다. 즉, 현실적 역사가 논리적 범주에 종속된다는 것이다. 엥겔스는 "역사가 헤겔의 논리적 구조를 검증하는 도구에 불과하다"고 하였다.[9] 비록 마르크스 철학의 구축도 논리와 역사의 통일이라는 원칙을 지켰으나 헤겔의 원칙과 본질적 차이가 있다. 헤겔은 논리가 역사적 통일이라고 주장하였으나 마르크스는 역사가 논리적 통일이라고 주장하였기 때문이다. 프루동은 역사를 초월하는 추상적인 '고정적 관념', 즉 평등을 위해 '허구'로 분업, 신용 대출, 기계 등 일련의 범주를 상상하였다. 그러나 이러한 범주는 평등과의 모순에 빠지게 되었다. 마르크스는 이러한 모순이 역사 자체의 현실적 모순이 아니고 프루동의 '발명·상상'과 현실적 역사 간의 모순이므로 진실하지 않았다고 지적하였다.

마르크스는 프루동이 '거룩한 역사'로 '세속적 역사'를 대신하고 '관념적 역사'로 '인류의 역사'를 대신하였다는 잘못을 밝혔다. 프루동의 논리에 따르면 '역사의 실질적 진전'은 은둔으로만 나갈 것이다. 마르크스와 프루동의 입각점은 완전히 다르며, 전자는 인류 역사에 입각하였으나 후자는 관념적 역사에 입각하였다. 마르크스는 프루동의 이러한 입장이 '헤겔식의 폐물'일 뿐이라고 지적하였다. 마르크스는 "그의 주장에 의하면 인간은 관

---

7   프란츠 메링 지음, 판지 옮김, 『마르크스전』, 상권, 중국 인민출판사, 1973, 157쪽.
8   프루동 지음, 위수퉁·왕쉐화 옮김, 『빈곤의 철학』, 상권, 중국 상무인서관, 1998, 156쪽.
9   『마르크스 엥겔스 전집』, 제1권, 중국 인민출판사, 1956, 650쪽.

넘이나 영원한 이성이 각자의 발전을 위해 사용하였던 도구에 불과하다"고 비판하였다. 이리하여 그 내재적 논리는 실재적 역사가 관념적인 것에 종속되므로 헤겔의 사변 철학의 절차를 불가피하게 밟아야 할 것이다. '역사의 실질적 진전'에서 벗어난다면 프루동의 '변증법'[10]은 역사에 대한 진실성을 필연적으로 상실하고 '역설이자 변증의 역설로서의 역설로' 전락하게 될 것이다. 변증법의 진실성은 실재적 역사를 바탕으로 하여 가능해지며, 또한 실천의 원초적 위치가 철학에서 확인되어야 실재적 역사는 반성적 방식으로 파악되고 재현될 수 있다.

프루동의 잘못된 본질을 밝히기 위해 마르크스는 생산력이 생산 관계를 결정한다는 유물 사관의 기본적 원리를 긍정적으로 해석하였다. 또한 "사람들은 생산력을 발전시킬 때, 즉 생활할 때 일정한 상호 관계를 발전시키며, 이러한 관계의 성질은 반드시 생산력의 변화와 발전에 따라 변하게 된다"고 지적하였다. 프루동은 이러한 결론도 내리지 못하였으며, 마르크스는 "그 원인이 주로 역사적 지식이 부족하다는 점에 있다"고 주장하였다. 마르크스는 『독일 이데올로기』에서 "사람들은 헤겔처럼 처음으로 온 역사와 현대 세계를 위해 전면적 구조를 구축한다면 넓은 실증적 지식과 경험적 역사에 관한 탐구, 왕성한 정력과 넓은 안목이 없으면 불가능하다"고 지적하였다.[11] 헤겔과 비교하면 프루동은 많이 빈약한 편이다. 그의 역사적 지식이 부족한 이유는 결과적으로 그의 구상 방식이 역사에 대한 중시와 이해를 근본적으로 제한하였다는 것과 관련된다.

마르크스는 생산력의 기초와 전제를 거슬러 올라간 후 최종적으로 같

●

10 프루동은 헤겔을 이용하였으나 마르크스처럼 그의 변증법을 역사적 변증법(또는 실천적 변증법)으로 바꾸지 못하고 절충주의적 수사로 변하게 되었다. 이는 헤겔을 바탕으로 한 발전이 아닌 후퇴라고 할 수 있다.
11 『마르크스 엥겔스 전집』, 제3권, 중국 인민출판사, 1960, 190쪽.

은 의미의 반복이라는 것을 얻었다. 이러한 자아의 동등은 생산력이 더 이상 추궁할 수 없는 원초적 기초로 나타난다. 그는 "생산력이 모두 기존의 힘이자 기존 활동의 산물"이라고 언급하였다. 그러나 '기존의 활동' 자체도 생산력이 응용된 결과이다. 또한 "이러한 능력 자체는 인간들이 처해 있는 조건과 이미 선행적으로 얻은 생산력에 달려 있다." 해석학적 순환이 여기서 분명히 나타났다. 생산력이 지닌 결정적 역할에 대한 마르크스의 직시는 역사적 전제의 선택적 불가능성을 나타냈다. 즉, 인간의 존재의 숙명적 일면이다. 그는 "인간들은 자기의 생산력을 자유롭게 선택할 수 없고 즉, 이는 그들의 모든 역사적 기초이며, 모든 생산력은 기존의 힘이자 기존 활동의 산물이기 때문"이라고 지적하였다. 이 말은 그 함의가 매우 풍부하다. 우선, 이는 인간의 모든 역사가 결과적으로 인간 활동의 산물이라고 인정하였음을 의미한다. 마르크스는 1844년에 이 점을 이미 제시하였다. 즉, "이른바 세계 역사는 인간이 인간의 노동을 통하여 생겨난 과정에 불과하다."[12] 사실 이러한 판단은 존재론적 허가를 은연중에 내포하였다. 즉, 인간의 실천은 역사 전체의 원초적 기초를 세웠다는 것이다. 이는 우리가 역사에 다시 가까이 하여 사변적 범주 안에 국한된 헤겔의 철학과 변종, 예컨대 프루동식의 입장에서 벗어나기 위해 학리적인 보장을 선행적으로 제공하였다. 그 다음으로 역사적 전제의 선택적 불가능성은 우리로 하여금 역사의 현실적 조건에 입각하여 역사 자체를 반성하게 되었다. 인간의 존재는 모든 세대의 차원에서 수동적이고 숙명적인 일면을 불가피하게 지녔으나 인간의 역사는 유적 차원에서 인간이 '존재한' 것이자 인간 활동의 산물이므로 능동적이고 초월적인 일면도 지녔다고 할 수 있다. 매우 이상해 보인 것은 '자유롭게 선택할 수 없는' 그 전제는 바로 "기존의

---

12 마르크스, 『1844년 경제학과 철학의 친필 원고』, 중국 인민출판사, 2000, 92쪽.

활동 산물"이다.

마르크스는 사회 관계 중의 '물질적 관계'가 기타 모든 관계들의 '기초'이며, '물질적 관계'가 또한 개체로서의 인간의 '활동'이 이루어진 '필연적 형식'에 불과하다고 주장하였다. 따라서 이러한 '물질적 관계'는 결국 인간의 '활동'에서 내재적으로 파생되어야 한다고 할 수 있다. 생산력(인간과 자연 간의 관계)과 생산 관계(인간과 인간 간의 관계)의 원초적 근거는 모두 인간의 실천 자체에서 비롯되었다. 일정한 의미에서 생산력은 인간의 실천 능력이라고 할 수 있다. 마르크스가 인간의 '개체'[13]를 특별히 강조하였던 이유는 추상적 규정, 사변적 규정과 맞설 수 있기 때문이다. 그는 인간의 '개체적 발전의 역사'를 매우 중요시하였으며, "인간의 사회사가 언제나 그들의 개체적 발전의 역사일 뿐이라는 것은 그들이 이 점을 인식하였는가와 상관없다"고 지적하였다. 인간의 개체적인 역사적 존재에 대한 확인은 인간의 역사적 존재 자체를 현학으로 시키고 '인류의 신체 없는 이성'을 상상한다는 것을 면하는 보장을 제공할 수 있다. 사실 마르크스가 인간이 직면한 역사적 전제의 선택적 불가능성을 강조하였던 의도는 바로 여기에 있다. 인간의 존재의 숙명적 일면을 직시하면 인간이 역사 앞에서 역사적 전제를 마음대로 놔두는 초역사적 환상을 제거할 수 있기 때문이다.

마르크스가 편지에서 개체적 인간 및 그 현실적 존재를 매우 뚜렷하게 강조하였던 깊은 의도는 인간의 현존성을 나타내고 철학이 현실 생활과 역사 자체로 되돌아가기 위해 원초적 기초를 제공하는 데 있다. 또한 이것도 프루동의 추상적인 보편성 규정으로서의 초역사적 인성적 관념을 해석하기 위한 것이다. 프루동은 다음과 같이 지적하였다. 즉, "역사에서 지

---

[13] 마르크스는 『독일 이데올로기』에서 인류 역사의 첫 번째 전제는 생명력이 있는 인간의 존재가 사실이라고 지적하였다(『마르크스 엥겔스 선집』, 제1권, 중국 인민출판사, 1995, 67쪽).

금까지 인성의 가변적 가설에 관한 예증뿐만 아니라 흔적도 찾아낼 수 없다. 그것은 그것을 변호하기 위한 인간도 이해할 수 없는 환상이자 진보에 대한 반동과 경제과학에서 가장 믿음직한 법칙에 대한 부정에 불과하다". [14] 마르크스는 『독일 이데올로기』에서 인간의 추상적 본질로 역사를 판단한 관점을 비판하였으며, 그것의 근원도 밝혀냈다. 즉, "이리하여 역사적 과정은 '인간'의 자기 소외의 과정으로 간주되었으며, 실제로 이는 그들이 항상 이후 단계의 일반인을 이전 단계의 개인에게 강요하고 이후의 의식으로 이전의 개인에게 강요하였기 때문이다. 이러한 본말을 전도하는 방법은 처음부터 현실적 조건을 놔두었기 때문에 역사 전체를 의식의 발전 과정으로 변하게 만들었다."[15] 마르크스는 『철학의 빈곤』에서 프루동을 비판하였을 때 그의 추상적 인성적 관념을 똑같이 반대하였으며, "역사 전체가 인류 본성의 끊임없는 변화에 불과하다"고 지적하였다.[16]

프루동이 사상을 해석하였을 때 '실질적 상황'과 '현대적 생산'이라는 진실한 기초를 버렸으므로 마르크스는 그를 '공론가'라 불렀다. 푸르동은 "현대 세계의 역사적 운동을 변혁한다는 것(실천을 통해야 가능해질 것)"을 "두 가지 부르주아지 사상의 정확하고 균형적이고 종합적인 문제"로 변하게 하였다. 이로 인해 실천 문제를 이론의 내부적 문제로 바꾸기가 불가피하다. 이로 인하여 사상은 '실질적 상황'과 '현대적 생산'에서 고립되고 '머릿속의 기묘한 운동'으로 '위대한 역사적 운동'을 대체하고 말았다. 그 결과는 역사가 '학자'가 만든 산물로 전락되었으며, 인간의 실천이 되지 못하였다는 것이다. 마르크스는 이는 실질적 역사를 틀림없이 왜곡하고 오해한 것이라고 주장하였다. 철학의 원초적 기초에 대하여 마르크스는 전

---

14 프루동 지음, 위수퉁·왕쉐화 옮김, 『빈곤의 철학』, 상권, 중국 상무인서관, 1998, 194쪽.
15 『마르크스 엥겔스 선집』, 제1권, 중국 인민출판사, 1995, 130쪽.
16 위의 책, 172쪽.

혀 타협하지 않았다. 그는 "의식이 생활을 결정하지 못하고 생활이 의식을 결정한다"고 재삼 지적하였다.[17] 또한 마르크스는『정치 경제학의 비판』의 '서언'에서 "인간의 의식은 인간의 존재를 결정하지 않고 인간의 사회적 존재가 인간의 의식을 결정한다"고 하였다.[18] 또한 "인간의 존재는 바로 그들의 현실적 생활 과정이다."[19] 마르크스가 주장하였듯이 인간의 현실적 생활은 존재론적 함의를 분명히 갖추게 된다. 이와 같은 기초를 다지는 의미가 매우 중대하다. 마르크스의 커다란 공헌은 바로 '철학'을 일반화시키고 또한 사변적 이론의 구축 활동을 역사 자체의 해방 활동으로 변하게 하는 데 있다. 역사적 발견은 마르크스의 언어 환경 속에서 바로 이데올로기적 비판이며, 철학적 전제는 바로 실천을 궁극적인 원초적 범주로 확인한다는 것이다. 이로부터 마르크스의 존재론은 진실한 역사성을 얻게 되고 풍부한 함의를 갖추게 되었다.

마르크스가 이 편지에서 사용하였던 키워드는 '실질적 삶', '현대 생산', '현실적 관계', '현실적 운동' 및 '실천적 생활'이다. 역사적 사유의 구상 방식은 실천이라는 원초적 기초에서 가능해질 것이다. 그러나 프루동은 인간의 감성적 활동이라는 원초적 기초로 돌아갈 수 없었으며, '노동'이 '논리의 외재적 형식'이라고 강조하였을 뿐이다.[20] 이로 인하여 마르크스는 "프루동이 사상과 사물을 헛갈렸다"고 지적하였다. 프루동은 본말이 전도된 기초에서 모든 현실적 사물과 실재적 역사를 모두 철학 자체의 목적을 실현하기 위한 수단과 도구로 불가피하게 귀결하였다. 예컨대, 그는 "철학이 관념적 정상에 이르기 위해 모든 사물들에서 각종의 규범을 똑같이 적용

---

17 앞의 책, 73쪽.
18 『마르크스 엥겔스 선집』, 제1권, 중국 인민출판사, 1995, 32쪽.
19 위의 책, 72쪽.
20 프루동 지음, 위수퉁·왕쉐화 옮김,『빈곤의 철학』, 상권, 중국 상무인서관, 1998, 149쪽.

시키게 된다"고 언급하였다.[21] 프루동은 이러한 철학의 목적론적 해석 틀에서 완전히 사변 철학의 궁지에 빠져 버렸다. 이로 인하여 근본적인 전도가 필연적으로 나타나게 되었다. 즉, 추상적 관념을 이유로 하여 사물을 판단하고 현실을 비판한다는 것이다. 그는 "사실이 무형적 관념의 유형적 표현이므로 사실이 증명한 것은 그것이 대표하는 그 범주 안의 관념에 불과하다"고 지적하였다.[22] 프루동의 견해에 따른 생활이 의식을 결정한다는 논리와 완전히 달리 의식은 생활을 결정한다는 것으로 나타났다. 이로 인하여 그는 "인류의 사실이 인류 관념의 화신"이라고 하였다.[23]

'역사적 사유'는 '추상적 사유'에 비하는 것이다. 그렇다면 '추상적 사유'는 도대체 무엇 때문에 일어났을까? 또한 어떻게 피하게 되었을까? 마르크스는 이 질문을 대답하려면 실천적 범주에서 존재론적 지위의 최종적 확립에 의존해야 한다고 주장하였다.

'역사적 사유'는 논의 대상이 아닌 구상 방식이다

'역사적 사유' 자체는 마르크스가 논의하였던 대상이 아니고 스스로의 실질적 구상에서 나타났던 것이다. 마르크스 사상에 대한 인식을 통하여야 그것은 실제로 '나타날 수 있다.' 그렇다면 마르크스는 프루동을 비판하는 과정에서 이러한 독특한 구상 방식을 어떻게 표현하였을까?

마르크스는 프루동의 한계성을 경제 발전에 대한 생소함으로 귀결지었다. 즉 프루동이 '인류 역사의 발전을 이해하지 못한 이유가' 결과적으로

21　앞의 책, 145쪽.
22　위의 책, 147쪽.
23　위의 책, 147쪽.

'경제 발전을 이해하지 못하는 데 있으며', 사회와 사회 형식에 대한 무지로 구체적으로 나타났다고 주장하였다. 이는 사회적 역사를 부정적 측면에서 이해하는 관건, 즉, 경제 발전을 부각시켰다. 마르크스는 역사와 현실을 소홀히 하는 프루동의 잘못과 교훈에서 '역사로 돌아간다'는 극단적 중요성을 파생시켰다. 그는 유물 사관의 기본적 입장과 구상 방식을 긍정적으로 해석하였으며, '인류 역사의 발전'과 '경제 발전' 자체로 돌아간다고 주장하였다. 마르크스가 밝혀낸 역사적 구조는 생산력 → 교환·소비 형식 → 사회 제도, 해당 가족, 등급이나 계급 조직(시민 사회) → 정치 국가이다. 마르크스는 "이것이 프루동이 영원히 이해하지 못한 것"이라고 지적하였다. 사회가 인간의 교환 활동의 산물이라면 인간의 특정한 '교환·소비 형식'은 특정한 '사회 형식'을 필연적으로 결정한다. 교환·소비 형식을 취하는 방법은 인간이 자유롭게 선택할 수 있는 것도 아니며, 그것은 결국 '인간의 생산력 발전의 상황'에 달려 있다. 여기서 마르크스는 사실 이미 유물 사관의 기본적 원칙과 방법론적 규정을 제시한 동시에 인간의 경제 활동이 인간의 교류 활동에서 차지하는 기초적 지위와 지닌 결정적 의미도 명확히 밝혀냈다.

마르크스는 프루동을 비판하였을 때 '사회 형식'의 가변성과 역사성이라는 문제를 제시하였다. 그는 "인간이 영원히 이미 얻은 것을 포기하지 않겠으나 얻은 일정한 생산력이라는 사회 형식을 영원히 포기하지 않을 것이라고 의미하지 않는다"고 주장하였다. 인간은 기득권자로서 이미 얻은 것을 확실히 포기하지 않겠으나 사회 형식이 이러한 얻은 것을 인정하지 않고 박탈할 때 사회 형식을 바꾸게 될 것이다. 이는 기득 이익을 지키는 조건이다. 그러므로 인간이 이미 얻은 것을 포기하지 않겠다는 것을 통하여 사회 형식을 바꾸지 않는다는 결론을 내릴 수 없다.

그뿐만 아니라 마르크스는 '교류'의 개념도 제시하였다. 이 편지의 작성 시간은 『독일 이데올로기』와 거의 비슷하고 후자는 '교류'의 개념을 주로 해석하였으며 그것을 키워드로 하였기 때문이다. 그것은 광의적이며, 인간과 인간이 왕래하는 방식이자 상호 주관적인 실천적 활동이다. 그것은 상품의 교환 활동과 전쟁을 포함한다. 사회적 교류 방식은 이후에 마르크스의 언어 환경 속에서 점차 생산 관계의 개념으로 변형되었다. 생산력은 인간과 자연 간의 관계를 의미하였으며, 생산 관계는 인간과 인간 간의 관계를 의미하였다.

프루동이 경제적 범주를 위해 정리한 계보는 '분업' → '기계' → '경쟁' → '독점' → '세수' → '경찰' → '무역 수지의 균형' → '신용 대출' → '소유제'이다. 이는 바로 프루동의 이른바 "영원히 이성적인 일련의 경제 진화"라는 사슬이다. 마르크스는 프루동의 '경제 진화'라는 사슬에 따라 비판하였으며, 첫 번째 범주인 '분업'부터 시작하였다. 마르크스는 "분업이 프루동에게 매우 간단한 일"이라고 언급하였다. 그 이유는 무엇일까? 프루동은 분업의 역사적 형식을 놔두었기 때문이다. 마르크스는 봉건제와 자본주의 사회에서 나타났던 분업의 각종 형식을 돌이켜 본 후 '등급 제도', '조합 제도', '공장 수공업', '현대 대공업' 등의 조건에 따라 분업이 다르다고 지적하였다. 프루동과 달리 마르크스는 분업이 간단하지 않고 역사 전체를 집약하였다고 주장하였다.[24]

프루동은 분업의 역사적 기원과 역사적 형식 및 그 변천을 잘 알지 못하였기 때문에 분업을 추상적이고 초역사적으로 논의할 수밖에 없었으며, 그 결과 분업을 역사와 관련없는 항구한 규정으로만 간주하였다. 반면에 마르크스는 분업의 역사적 형식에 착안하였다. 그는 '세계 시장'이라는 역

---

24 마르크스는 『독일 이데올로기』에서 "분업을 통해 다양한 개인들이 정신적 활동과 물질적 활동, 향락과 노동, 생산과 소비를 분담한다는 것은 현실이 되었으며, 분업은 이와 같은 모든 모순도 포함한다"고 언급하였다(『마르크스 엥겔스 선집』, 제1권, 중국 인민출판사, 1995, 83쪽).

사적 좌표를 도입하여 식민지가 분업의 역사적 형식에 미치는 결정적 영향을 강조하였다. 마르크스는 인류 역사에서 "역사가 세계 역사로 전환된다"는 것이 존재하며, 그 배후의 경제적 기초는 바로 '세계 시장'의 개척이라고 하였다. 그러므로 이러한 역사적 언어 환경을 벗어나 분업을 토론한다면 역사성이 결여되어 추상에 불가피하게 빠지게 될 것이다. 분업의 역사적 차별이 소홀된다면 반드시 프루동식의 초역사적 토론으로 될 것이다.

그 이외에 마르크스는 '다양한 민족의 온 내부 조직, 그들의 모든 국제적 관계', 즉 민족적 내외부 관계를 언급하였다. 그는 이러한 관계가 '어떤 분업의 표현'에 불과하므로 그것들은 "반드시 분업의 변화에 따라 변화할 것"이라고 주장하였다. 여기서 우리가 보는 것은 여전히 분업에 대한 역사적 형식에 대한 분석이다. 마르크스가 이렇게 한 이유는 분업을 고찰할 때 역사 자체로 실제로 돌아감으로써 프루동의 추상적 방법으로 인한 한계성에서 벗어나기 위한 것이다.

분업을 분석하였을 때 마르크스는 "9~12세기의 독일에서 나타났던 도시와 농촌 간의 분리"도 언급하였다. 마르크스는 『독일 이데올로기』에서 분업의 역사적 맥락을 지적하였다. 즉, 성별의 분업 → 자발적이거나 자연적으로 나타난 분업 → 진실한 분업(공상업과 농업, 도시와 농촌, 상업과 공업의 분리)이다. 마르크스는 "분업의 단계가 그 당시의 생산력 발전 수준에 달려 있다"고 지적하였다.[25] 반면에 분업이 발달한 정도는 생산력의 발전 상황을 의미한다. 그러므로 "한 민족의 생산력 발전 수준은 이 민족의 분업 발전 수준에서 가장 뚜렷하게 나타났다고 할 수 있다."[26] 유물 사관은 생산력의 발전을 사회와 역사가 발전하는 결정적 힘으로 삼았기 때문에 역사가 생산력을 바탕으로 한 전개 과정으로 파생될 수 있으며, 그것은 분업의

---

25 『마르크스 엥겔스 선집』, 제1권, 중국 인민출판사, 1995, 135쪽.
26 위의 책, 68쪽.

발생, 발전 및 끊임없는 심화 과정으로 표현되어 있다. 이러한 의미에서 분업은 역사 발전의 지시기라고 할 수 있다. 역사가 인간의 존재의 전개 과정에 불과하며, 분업은 인간의 존재라는 존재론의 역설적인 역사적 형식이기 때문이다. 그러나 어긋난 것은 분업 또한 이러한 역설이 역사적으로 지양된 사회적 조건을 초래한 기초이다. 마르크스의 관점에 의하면 "분업은 최초로 성행위적 분업뿐이었으며, 이후 소질(예컨대 체력), 수요, 우연성 등으로 인하여 자발적이거나 '자연적으로 형성된' 것이다. 또한 분업은 물질적 노동과 정신적 노동이 분리될 때부터 진정하게 나타난 것"으로 알려진다.[27] "한 민족의 내부적 분업은 공상업과 농업 간의 노동 분리를 우선적으로 초래하여 도·농 간의 분리와 이익의 대립(주: '상인'과 '시민'의 역사적 일치성)도 초래하였다. 또한 분업의 발전은 상업과 공업 간의 노동 분리(주: 생산과 유통 분야의 분리)를 초래하였다."[28]

    프루동은 도·농 분리의 역사적 조건을 이해하지 못하였기 때문에 이러한 분리를 극복하는 역사적 필연성도 이해할 수 없었다. 이러한 역사적 조건을 이해하지 못하였다면 도·농 분리를 무조건적이고 절대적인 것으로 간주하지 못하였기 때문에 조건적이고 상대적이고 초월할 수 있는 현상으로 간주하지 못하였을 것이다. 한마디로 말하면 그것을 역사적 현상으로 간주할 수 없었다. 이로 인하여 그것의 종말과 종말의 역사적 조건도 밝혀질 수 없었을 것이다. 마침 마르크스가 지적하였듯이 "이리하여 프루동은 이러한 분리가 반드시 항구한 법칙으로 될 것이라고 여겼다. 그는 이러한 분리의 기원과 발전을 잘 몰랐기 때문이다. 그는 그의 책에서 모두 이렇게 논술하였으며, 일정한 생산 방식의 산물이 지구의 종말까지 줄곧 존재할 것 같았다." 이로 인하여 프루동은 역사적 결과로서의 특정한

---

27 『마르크스 엥겔스 선집』, 제1권, 중국 인민출판사, 1995, 82쪽.
28 위의 책, 68쪽.

생산 방식을 초역사적이고 항구한 규정으로 간주하였다는 잘못에 빠지게 되었으며, 이는 바로 그의 구상 방식의 치명적 결함이다.

마르크스는 프루동이 고찰하였던 두 번째의 범주, 즉 '기계'에 대해 치밀하게 비판하고 분석하였으며, "기계의 출현을 일반적 분업의 결과로 삼았다"는 것이 우습다고 여겼다. 그는 『철학의 빈곤』에서 프루동이 분업과 기계의 발생학적 순서를 뒤바꿨다고 지적하였다. 프루동과 달리 마르크스는 분업이 기계를 결정하는 반면에 기계가 분업을 결정한다고 주장하였다. 기계는 생산력의 범주에 속하게 되나 분업은 생산 관계의 범주에 속하게 되기 때문이다. 마르크스가 주장하였던 생산력이 생산 관계를 결정한다는 원리에 따르면 여기의 순서는 기계가 분업을 결정한다는 것이다. 또한 마르크스는 다음과 같이 지적하였다. 즉, "노동에 대한 조직과 구분은 가진 도구에 따라 달라졌다. 손으로 맷돌을 간다는 것과 증기로 맷돌을 간다는 것이 결정한 분업은 각각 다르다. 이로 인하여 일반적 분업부터 시작한 후 분업에서 특수한 생산 도구, 즉 기계를 얻은 것은 역사에 대한 모욕이라고 할 수 있다."[29]

마르크스는 자본주의의 실질적 역사 과정을 보면 기계의 출현은 실제로 기계 배후의 다양한 추진력에 달려 있다고 주장하였다. 즉, 첫째는 소비의 자극이다. 1825년에 보편적 경제위기가 유럽에서 나타나기 전에 기계의 사용이 주로 "소비의 수요가 일반적으로 생산의 증가보다 빠르기 때문에 기계의 발전은 시장 수요의 필연적 결과라고 할 수 있다." 둘째는 노사 간의 상호 경쟁이다. "1825년부터 기계의 발명과 운용은 고용주와 노동자가 투쟁한 결과이다." 노동자들은 8시간의 근무일이라는 목표를 실현하기 위해 자본가와 투쟁하였으며, 그 결과는 자본가가 기계의 개선과 효

---

29 『마르크스 엥겔스 선집』, 제1권, 중국 인민출판사, 1995, 161쪽.

율의 향상으로 노동자의 근무 시간의 단축으로 인한 손실을 메웠기 때문이다. 셋째는 시장 경쟁의 수요이다. 경쟁의 실질은 효율의 경쟁이다. 따라서 효율성을 향상시키기 위해 기계를 사용하고 개선한다는 것이 필연적 선택이 되었다. 넷째는 노동력의 부족이다. 마르크스는 북아메리카의 사례로 노동력의 부족과 공업의 수요 간의 비협조도 기계의 광범위한 응용을 객관적으로 추진하였음을 설명하였다.

마르크스는 "기계가 경제적 범주에 속하지 않는다"는 관점을 제시하였으며, '기계'가 사회적 속성에서 중립성을 지녔다고 강조하였다. 이는 결과적으로 기술의 가치적 중립성으로서의 기계 자체가 결정하였다는 것이다. 마르크스는 '기계'의 '사용 방식'과 '기계' 자체의 차이성을 분석하였다. 그는 "화약은 사람을 해치든지 치료하든지 간에 결과적으로 여전히 화약"이라고 비유하였다. 그 이후 마르크스는 "자본은 물건이 아니고 사회적이고 일정한 역사적·사회적 형태에 속한 생산 관계이며, 또한 물건으로서 나타나고 그 물건에 특유한 사회성도 부여하였다"고 지적한 바 있다.[30] 방직 기계를 언급하였을 때 그는 "흑인은 바로 흑인이고 일정한 관계에서만 노예가 될 수 있으며, 방직 기계는 면화를 직조하는 기계이고 일정한 관계에서만 자본이 될 수 있다"고 주장하였다.[31] 화폐와 물질 담당자(금은)의 관계에 관하여 마르크스는 "금은은 자연의 화폐가 아니지만 화폐는 자연의 금은"이라고 하였다.[32] 이와 같은 논술들은 모두 한 사실을 설명하였다. 즉, 기계는 어떤 특정한 사회 관계의 속성을 필연적으로 지니지 않았으며, 특정한 사회 관계에 포함되고 이러한 관계의 지배하에 있어야 특정한 역사적 함의를 얻게 되고 자본의 물적 형식이 될 수 있다. 그러므로 마르

---

30 『마르크스 엥겔스 선집』, 제2권, 중국 인민출판사, 1995, 577쪽.
31 위의 책, 344쪽.
32 위의 책, 145쪽.

크스는 다음과 같이 지적하였다. 즉, "기계는 마침 쟁기를 끄는 소와 같이 경제적 범주가 아니고 생산력일 뿐이다. 기계의 응용을 바탕으로 한 현대 공장은 비로소 사회적 생산 관계이자 경제적 범주이다."[33] 마르크스는 영국의 사례로 프루동이 경제적 범주의 순서를 뒤바꿨다는 것을 밝혔으며, 신용 대출이 기계가 발명되기 전인 18세기 초에 이미 발전되었다고 지적하였다. 따라서 마르크스는 모든 경제적 범주 배후의 역사적 내용과 기초를 밝히기 위해 노력하였거나 모든 경제적 범주 배후의 역사적 내용과 기초를 보였다고 할 수 있다. 이는 그의 독특한 사유 성향을 다시 현저하게 나타냈다.

마르크스는 프루동의 이른바 '독점'이라는 범주를 사례로 분석하였다. 프루동의 관점에 의하면 독점과 경쟁은 경제적 범주로서 '신'의 두 가지의 '항구한 사상'에서 기원하였으며, 상호 보완과 제한에서 상대방의 소극적인 것을 극복하고 적극적인 것을 보존한 것으로 여겨진다. 이러한 '종합적' 결과는 바로 양자의 '좋은 면'을 보존하는 것이다. 이리하여 모든 것은 만사형통인 것 같다. 프루동은 발견자의 신분을 자처하였다. 이에 대하여 마르크스는 프루동이 모순을 해결하는 방법은 변증법적이지 않은 것이며, 역사 자체의 변증법이 아닌 프루동식의 절충주의라고 주장하였다. 마르크스는 프루동과 팽팽히 맞서 '현실로 돌아간다는' 것을 제시하였다. 인간은 현대 경제 생활에서 무엇을 보일 수 있을까? 이에 대하여 마르크스는 아래와 같이 지적하였다. 첫째, 경쟁과 독점의 종합은 '공식이 아닌 운동'이었다. 둘째, 경쟁과 독점의 관계 자체가 실효되는 역사적 조건을 초월하여야 그것들이 초래한 소극적 결과를 피할 수 있을 것이다. 경쟁과 독점의 관계 범주 안에 빈곤을 해소하고 그것들의 각자의 결함을 극복하기가 불

---

33 『마르크스 엥겔스 선집』, 제1권, 중국 인민출판사, 1995, 161쪽.

가능하기 때문이다. 여기서는 현실적 비판에 호소된 혁명적 요구와 결론을 내재적으로 내포하였다.

프루동의 경제적 범주라는 계보에는 '소유제'가 최후의 일환이다. 프루동은 "소유권으로 평등을 구축한다는 것이 신용, 독점, 경쟁이나 기타 경제적 범주로 평등을 구축한다는 것과 같이 공상"이라고 주장하였다.[34] 소유제는 프루동의 언어 환경 속에서 결과일 뿐이라면 소유제의 변화로 평등을 실현하지 못하였을 것이다. 이러한 입장 자체는 본말을 전도한다는 프루동의 주장을 드러냈다. 마르크스의 주장에 의하면 프루동이 소유제를 결과로 확인하였으나 그 상황은 "현실적 세계에서 상반된 것으로 나타났다. 즉, 프루동의 분업은 기타 모든 범주와 사회 관계이며, 이러한 관계의 총계는 현재 소유제라는 것을 구성하였다." 그러므로 사회 관계에서 벗어나 소유제를 토론하였다면 '형이상학적 환상'으로 전락하고 말았을 것이다. 또한 마르크스는 프루동이 잘못된 방법론적 근원, 즉 "소유제를 독립된 관계로 규정하여 일정한 시대에 생산이 갖춘 다양한 형식의 역사적이고 일시적 성질을 잘 몰랐다는 것"을 밝혀냈다. 마르크스는 생산 형식의 역사적 일시성을 재삼 강조하였다. 프루동이 취하였던 비판 방식은 역사적이지 않고 추상적이고 외재적이고 역사 외에 동떨어진 비판이다. 프루동은 "다양한 현대 사회 제도가 역사적 산물로 보이지 못하고 그것들의 기원과 발전도 잘 이해하지 못하므로 교조적으로 비판할 수만 있었기 때문이다." 이는 마르크스의 비판 방식과 많이 다르다.

마르크스는 프루동이 직면한 모순, 즉 경제적 범주의 항구성과 역사의 발전성이 서로 다르고 경제적 범주의 항구성과 프루동의 급진적 비판 자태는 일치하지 않는다는 것을 한걸음에 밝혀냈다. 프루동은 이것이 일련

---

34 프루동, 『빈곤의 철학』, 하권, 위수퉁·왕쉐화 옮김, 중국 상무인서관, 1998, 585쪽.

의 '대항'으로 결정된 것이라고 여겼으나 마르크스는 프루동의 "심각한 지력의 경련"이라고 주장하였다. 역사의 실질적 발전에 대하여 이러한 모순은 진정한 의미를 지니지 않았다.

마르크스는 '직접 노예제'가 없으면 '현대 공업'도 없다고 주장하였다. 역사에 대하여 직접 노예제는 바로 필연적 악이라고 할 수 있다. 역사적 인과 사슬은 흑인 노예제 → 식민지 → 세계 무역 → 대기계 공업이기 때문이다. 이러한 역사에 직면하여 마르크스는 프루동이 절충주의적 균형, 즉 자유와 노예제의 종합을 강구하며, 다시 말하면 "중용지도, 즉 노예제와 자유의 균형"을 강구한다고 가설을 세웠다. 그러나 절충주의는 결코 역사적 진실한 통일이 아니며, 역사적 지양과 초월을 실현할 수 없다. 그것은 역사적 통일을 위해 논리적 가능성을 제공할 수 없기 때문이다. 이는 프루동의 논리적으로 철저하지 않은 곳이며, 방법론적 원칙의 치명적 결함이다. 프루동이 모순을 표면적으로 해결하려는 것은 실질적으로 갈렸던 방법이기 때문에 현실을 비판하지 않고 보수적 태도만 초래하였다. 이로 인하여 마르크스는 프루동의 저속한 변증법을 비판하였다. 또한 자유와 노예제 간의 대항, 노예제 자체의 '좋은 면'과 '나쁜 면' 간의 대립을 해결하려면 프루동이 이른바 양자의 '종합'이나 '균형'에 의존하였다는 것과 달라져야 한다고 주장하였다. 이러한 '종합'이나 '균형'은 역사성이 결여된 절충주의적 타협에 불과하며, 모순을 해결하지 않고 피했던 것이다. 올바른 태도는 두 가지가 있다. 하나는 노예제의 역사적인 진보적 역할, 즉 현대 공업의 출현을 가져왔다는 것을 보여야 한다는 것이다. "노예제가 없었다면 면화도 없었을 것이며, 면화가 없었다면 현대 공업도 없었을 것이다. 또한 노예제 때문에 식민지의 가치는 생기게 되었고, 식민지는 세계 무역을 가져왔으며, 세계 무역은 대기계 공업의 필요 불가결한 조건이었기 때문이다." 역사주의적 안목은 마르크스로 하여금 역사에서 나타났던 모든 필연적 악을 수용하게 하였다. 이는 바로 마르크스주의가 낭만주의, 공상적 사회주의 및 나로드니키보다 더 깊고 뛰어난 것이다. 다른 하나는 노예제의 역사적 일시성과 소멸될 역사적 필연성을 보여야 한다는 것이다. 그러나 프루동은 잘잘못, 선악 간의 역사적 변증법을 잘 이해하지 못하고 헤겔의 깊은 수준에 이르기가 힘들었다. 프루동은 필요한 악을 수용하지 못하였기 때문에 추상적 '사랑'을 갈구해야 하며, 심지어 그것을 역사를 창조하였던 전제로 바꾸게 하였다. 프루동은 역사에 대하여 과감한 가설을 세웠다. 즉, "남을 사랑한다는 것이 자기를 사랑한다는 것과 같으면 사회는 완벽해지며, 군주와 양치기, 부자와 가난한 사람, 학자와 어리석은 사람 간의 모든 차별은 사라지고 인류의 이해 충돌도 모두 사라져 버리며, 또한 여러분의 삶은 노동의 쾌락을 가득히 채우고 미래를 걱정할 필요도 없을 것이다."[35] 이와 같은 역사적 기초가 결여된 공헌하고 빈약한 '사랑'은 마르크스와 엥겔스가 비판하였던 '사랑의 헛소리'로 전락하고 말았다.

마르크스는 '생산'에 대한 프루동의 이해가 직관적 한계성을 지녔다고 하였다. 이 역시 저속한 정치 경제학이 보편적으로 가졌던 공동의 결함이다. 마르크스는 "프루동은 사람들이 나사, 삼베 및 비단을 생산한다고 잘 알고 있으며, 이만큼의 것을 이해하였다는 것은 정말로 큰 공로"라고 풍자적으로 지적하였다. 사실 직관적 물질 상품의 제조 외에 생산은 인간의 사회 관계와 관념적 구축 활동으로 나타났다. 마르크스의 주장에 의하면 '생산'은 언제나 다중적이고 광의적이며, 물질 자료의 생산뿐만 아니라 사회 관계 자체의 생산, 관념과 범주의 생산도 포함하였다. 이러한 다차원적 생산은 결국 생산력으로 결정되고 제약되고 말았다. 생산력의 지속적 발전은 사회 관계와 관념의 역사적 일시성을 결정하였다. 프루동은 그 중의 내재적 관계를 보이지 않았으나 추상·범주 자체와 인간의 물질 활동과

---

35 앞의 책, 342쪽.

의 인과 관계를 분리하였다. 이로 인하여 그는 추상과 범주를 '단순한 이성적 존재'로 이해하고 '영원하고 불변하고 고정된 것'으로 간주할 수밖에 없게 되었다. "이리하여 범주로 보인 경제 관계는 프루동에게 기원도 발전도 없는 영구한 공식이라고 할 수 있다." 이것이 바로 프루동의 잘못된 관점의 실질이다.

마르크스는 부르주아지가 "경쟁이 있으나 경쟁이 없는 비참한 결과를 모두 바랐다"고 지적하였다. 그들은 경쟁 자체와 맞부딪치지 않고 경쟁이 가져올 필연적 결과를 피하고 싶어하였다. 그러므로 "그들은 모두 한 가지의 불가능한 일을 바랐다. 즉 부르주아지의 생활 조건을 바랐으나 이러한 조건으로 인한 필연적 결과를 바라지 않았다"는 것이다. 그들이 이렇게 사고한 이유는 "그들은 모두 부르주아지의 생산 방식이 봉건제와 같이 역사적이고 일시적 방식이라는 것을 잘 몰랐기 때문이다." 그들은 자본주의 제도를 역사적 최고 성과로 삼았기 때문에 이러한 '비참한 결과'를 원인적 의미에서 해소한다는 것을 상상할 수 없었다. 마르크스가 지적하였듯이 "그들이 이렇게 잘못하였던 이유는 자산 소유자가 사회에서 유일하게 가능한 기초이며, 그러한 사회 제도, 즉 인간이 자산을 더 이상 소유하지 않는다는 것을 상상하지 못하였기 때문이다." 자산 소유자가 없는 사회는 이러한 부르주아지의 학자들의 상상력을 초월하였다는 것이 사실이다. 그들은 소속된 역사적 조건이 가능한 범위 내에 상상할 수 있었기 때문이다. 부르주아지들은 이러한 상상력과 한도에 이르기에 그쳤다. 이로 인하여 우리는 그들의 비판이 공유된 근본적 한계를 쉽게 찾아낼 수 있다. 즉, 그들은 결과만 상상하였으며, 이 결과를 초래한 원인을 언급하지도 위반하지도 않았다는 것이다. 이는 바로 부르주아지 및 그 학자들이 천박한 것이다.

마르크스는 프루동이 '모순을 화해시키고' 이러한 모순이 존재하는 '기초'를 전복하는 데 힘쓰지 않았으며, 절충주의적 방법을 취하였다고 주장하였다. 또한 마르크스는 '모순'이 존재하는 역사적 조건 자체를 해소해야 한다고 주장하였다. 프루동의 절충주의적이고 타협적 입장은 모순 자체와 맞부딪치지 않고 모순이 존재하는 전제하에 타협과 균형을 이루려던 것이다. 그는 모든 모순, 예컨대 '국왕', '중의원', '귀족원' 등을 '항구한 범주'로 삼았기 때문이다. 프루동의 절충주의적 방안과 달리 마르크스는 "진정한 균형이 모든 사회 관계, 즉 이러한 봉건주의 체제와 자본주의 체제 간의 대항적 기초를 전복하였다"고 견지하고 혁명이라는 결론도 내리게 되었다. 그러므로 '모순'이 존재하는 역사적 조건을 해소하는 것은 마르크스가 꾸준히 실현하려던 목표이다.

마르크스는 방법론적 차원에서 프루동의 이원론적 입장을 비판하였다. 우리는 여기서 이원론에 대한 마르크스의 혐오감, 즉 그는 이원론의 논리적 비철저성에 만족하지 않았다는 것을 알 수 있다. 프루동은 『빈곤의 철학』에서 다음과 같이 지적하였다. 즉, "만약 어떤 관점이 철학자들의 토론을 통해 결과적으로 일치된다면 그것은 지혜와 필연성, 사유 주체와 사유 객체, 자기와 비자기, 통속적으로 말하면 정신과 물질의 차이이다. 나는 이러한 개념들이 진실하고 현실화한 것을 모두 표현하지 못하고 그 중에서도 한 개념이 절대적 존재의 한 측면을 가리킬 수 있으며, 절대적 존재이야말로 실질적이고 현실적인 것이다. 이러한 개념들을 분리한다면 그것들은 모순을 똑같이 포함할 것이다. 하지만 인정해야 할 것은 절대적 존재가 우리가 전혀 닿을 수 없는 것이며, 우리의 경험이 이해된 그것의 대립적 개념을 통하여야만 그것을 인식할 수 있다는 것이다. 또한 만약 우리의 사유가 일원론만 믿으면 이원론은 과학의 우선적 조건이 될 것이다." 이로 인하여 프루동은 다음과 같이 지적하였다. "누가 사유하고 있을까? 사유의 대상은 무엇일까? 영혼과 육체는 무엇일까? 나는 이러한 문제들이 모두 이원론적 범주에서 빠져 나갈 수 없다고 생각한다."[36]

마르크스는 프루동이 이원론에 빠지게 되었던 중요한 원인의 하나는 바로 그가 범주와 생활 간의 관계를 분리하고 이렇게 관련된 기초를 찾아내지 못하였다는 것이라고 주장하였으며, 또한 다음과 같이 지적하였다. 즉, "프루동이 영구한 관념, 단순한 이성적 범주를 한쪽에 놔두고 인간과 그가 보인 범주적 운용의 실천 생활을 다른 쪽에 놔뒀다. 이로 인하여 그는 처음부터 생활과 관념 간, 영혼과 육체 간의 이원론, 즉 많은 형식들로 재삼 표현하였던 이원론을 지켜왔다." 마르크스는 프루동의 이원론이 진실성이 없고 그의 무지로 인한 것이라고 지적하였다. "이러한 대항은 프루동이 신격화한 각종 범주의 세속적 기원과 평범한 역사를 이해하지 못한 것으로만 나타났다." 프루동은 '범주'의 '세속적 기원'과 '평범한 역사'를 이해하지 않았으며, 이러한 기초에서 벗어난 범주는 근거 없는 추상적 규정과 사변적 부호로 전락하고 말았다.

따라서 우리는 '유물론과 유심론' 간의 논쟁 문제를 연상하게 되었다. 이러한 대립이 유효한 전제하에 유심론의 소극적 결과를 해소하고자 하는 것은 불가능하다. 그것을 극복하려면 이러한 대립 자체를 초월하여 유물론과 유심론 간의 대립이 성립될 수 있는 논리적 조건과 역사적 조건에 대한 탈구축에 최종적으로 호소해야 한다. 이는 바로 마르크스의 한결같은 생각이다. 역사 자체를 기초로 한 초월적 경향은 프루동에 대한 마르크스의 비판에서도 똑같이 나타났다. 그는 "현대 경제 관계가 존재하는 기초를 바꾸고 현대 생산 방식을 제거한다면 경쟁, 독점 및 그것들의 대항뿐만 아니라 그것들의 통일, 종합, 즉 경쟁과 독점으로 하여금 진정한 균형으로 이루어진 운동도 제거할 것이다." 이는 '근본적 해결책'과 같은 해결

---

36 앞의 책, 14쪽.

이다. 마르크스는 그것들(경쟁과 독점 현상)을 초월하는 역사적 기초를 실질적으로 찾아냈다. 마르크스는 또한 유물론과 유심론 간의 대립적 초월에 대하여 역사 자체의 발전에 호소하여, 즉 정치 국가와 시민 사회 및 양자의 대립을 지양함으로써 유물론과 유심론이 대립하는 현실적 기초를 역사적으로 극복하고 실현하였다고 주장하였다.

'역사적 사유'의 고유한 비판적·혁명적 호소

마르크스가 프루동을 비판하였을 때 주장하였던 '역사적 사유'는 혁명적이고 비판적인 결론이라는 실천적 유물론자, 즉 공산주의자의 역사적 사명을 파생하였다. 그는 프루동의 보수적 입장의 계급적 근원을 밝히기도 하였으며, 이러한 폭로는 '역사적 사유'의 요구이자 구상 방식 자체의 표현이다.

마르크스는 프루동이 '보이지 않았던' 두 가지의 내용을 지적하였다. 하나는 생산력이 생산 관계를 결정한다는 것이며, 다른 하나는 현실적 관계가 경제적 범주를 결정한다는 것이다. 이로 인하여 프루동은 부르주아지의 경제학자들의 모든 한계성을 피할 수 없었다. 이러한 한계성은 마르크스의 이른바 '역사적 규정을 항구한 법칙으로' 하여 '흑백을 신비롭게 전도하는 형식에 빠진 것으로 집중적으로 나타났다.' '경제적 범주'의 진실성은 그것이 파악된 '현실적 관계'의 역사적 존재에 달려 있다. 마르크스는 '영구한 법칙'과 '역사적 법칙'을 구별하였다.

그가 보였듯이 부르주아지의 변호사들, 즉 '부르주아지의 경제학자'들은 현실적 역사에서 벗어나 문제를 취급하였기 때문에 계급적 입장의 한계성으로 인한 사물의 역사적 일시성을 보이지 못하였을 뿐만 아니라 초역사적 취급 방식으로 인하여 보수적 태도에도 빠지게 되었다. 즉, '역사적 법칙'을 '영구한 법칙'으로 잘못 생각하게 되었다.

마르크스는 다음과 같이 비평하였다. 즉, "프루동은 정치 경제학의 범주를 실재적·일시적·역사적 사회 관계의 추상으로 간주하지 않고 흑백을 신비롭게 전도하여 실재적 관계를 추상적 표현으로만 간주하였다. 이러한 추상 자체는 세계가 생겼을 때부터 신의 품에서 편안하게 잠자는 공식이었다."

프루동의 잘못은 마르크스의 결론, 즉 "추상 자체가 현실적 역사에서 벗어나면 아무런 가치도 없다는 것"을 다시 검증하였다.[37]

이를 바탕으로 마르크스는 중요한 결론, 즉 "인간들이 사용한 생산, 소비 및 교환의 형식은 일시적이고 역사적 형식이라는 것"도 내리게 되었다. 이러한 일시적이고 역사적 기초는 바로 생산력의 발전이다. 마르크스는 "새로운 생산력의 출현에 따라 인간들은 생산 방식을 바꾸게 되며, 생산 방식의 변화에 따라 이러한 특정한 생산 방식과 필연적으로 연관되는 경제 관계를 바꾸게 된다"고 강조하였다. 마르크스는 『자본론』 제1권 제2판의 발문에서 변증법을 논의하였을 때 제시하였던 "일시적 차원에서 사물을 취급하였다"[38]는 사유 방식은 여기서 그것의 특정한 역사적 함의를 얻게 되었다. 그것은 추상적 판단이 아니고 내재적인 역사적 기초와 특정한 역사적 내용이 있다는 것이다. 마르크스가 여기서 제시하였던 인과 사슬은 '생산력 → 생산 방식 → 경제 방식이다.' 그러므로 마르크스는 항상 역사적 일시성의 차원에서 '사회 형식'과 '경제 형식'을 취급하였다. 주의해야 할 것은 이러한 가변성이 선택적 불가능성과 모순되지 않았다는 것이다. 마르크스는 사회 형식의 가변성과 일시성을 인정하였다. 그는 "이미 거둔 성과와 문명적 열매를 잃어버리지 않기 위해 인간들은 거래 방식이 기

---

37 『마르크스 엥겔스 선집』, 제1권, 중국 인민출판사, 1995, 74쪽.
38 『마르크스 엥겔스 선집』, 제2권, 중국 인민출판사, 1995, 112쪽.

존의 생산력에 적응되지 않을 때 계승한 모든 사회 형식을 변화시켜야 할 것"이라고 하였다.

마르크스가 프루동을 유일하게 인정하였던 것은 '사회주의적 온정에 대한 그의 혐오'였으나 이러한 긍정도 한계성을 지닌 것이다. 마르크스는 프루동이 소부르주아의 입장에서 사회주의적 온정을 부정하였다는 것에 동의하지 않았기 때문이다. 마르크스는 "프루동은 그의 소부르주아의 온정(가족 생활과 부부 사랑에 관한 허론 및 모든 세속적 토론)으로 사회주의적 온정을 반대하였다"고 주장하였다. 이는 마르크스가 프루동 사상의 계급적 본질과 근원을 밝힌 것으로 나타났다. 또한 그는 "프루동이 철저한 소부르주아지의 철학자와 경제학자"라고 지적하였다. 마르크스는 소부르주아의 특징을 분석한 후 "소부르주아는 이미 발전된 사회에서 자기의 지위로 인하여 사회주의자가 되면서도 경제학자가 되어야 하며, 다시 말하면 대부르주아지의 사치에 빠지면서도 인민의 고난을 동정하였으므로 자본가이자 인민"이라고 주장하였다. '사회주의자'는 프롤레타리아트의 대표이며, '경제학자'는 부르주아지의 대표이다.[39] 소부르주아지의 학자들은 양자 간에 동요하였다. 그는 '대부르주아지의 사치에 빠졌을 때' '경제학자'가 되었으며, '인민의 고난을 동정하였을 때' '사회주의자'가 되었다. 소부르주아의 양면성으로 인하여 소부르주아의 이익을 대표한 프루동은 필연적으로 양극 간에 동요하게 되었다.

그러므로 프루동은 "논리학적 관점에 착안하면 우리는 사회주의자의 의견을 반대하였을 뿐만 아니라 경제학자의 견해도 반대하였다. 우리는 노동이 자발적으로 조직하고 있다고 인정하였으며, 조직해야(프루동이 사회주의자의 선호로 간주하였음) 하고 이미 조직하였다(프루동이 이를 경제학자의

---

39 『마르크스 엥겔스 선집』, 제1권, 중국 인민출판사, 1995, 155쪽.

견해로 간주하였음)고 하지 않았다"고 언급하였다.[40] '조직해야 한다'는 것은 '사회주의자'의 논리학적 요구를 의미하기 때문에 진실하지 않으며 '이미 조직하였다'는 것은 현존한 제도에 대한 '경제학자'의 변호를 의미하였다. 즉, 현존한 질서를 초월하지 않고 이미 완벽한 규정으로 하였다는 것이다. 다시 말하면 프루동은 "경제학자들은 존재해야 할 사물이 이미 존재하고 있다고 틀림없이 여겼으며, 사회주의자들은 존재해야 할 사물이 아직도 존재하지 않았다고 여겼다"고 주장하였다.[41] 그는 경제학자들이 지나치게 '보수적이고' 사회주의자들이 지나치게 '급진적이므로' 모두 중용지도에서 벗어났다고 지적하였다. 프루동은 양자 간에 왔다갔다 하였으며, 현황을 인정하지도 않고 미래를 기대하지도 않았다. 겉으로 볼 때 이 입장은 가장 전면적이라고 할 수 있으나 실제로 절충주의라고 할 수 있다. 계급적 근원을 볼 때 그것은 소부르주아의 본질적 반응일 뿐이라고 할 수 있다. 마르크스는 이러한 동요성의 이론적 결과가 바로 '중용지도', 즉 모순을 해결하지도 극복하지도 않고 신격화한 것이라고 생각하였다. 이러한 의미에서 프루동의 절충주의적 입장과 방법은 결국 그의 계급적 성격의 반응에 불과하다고 할 수 있다.

프루동은 개인 소유제를 바탕으로 하여 모든 인간들이 호조·협동으로 이루어진 사회를 구축하려고 하였으며, 마음속의 이상적 사회를 인간의 유기체로 비유하였다. 그러므로 이상적 사회에 대한 프루동의 기대는 소부르주아들이 가진 협소한 상상력을 초월하지 않았다. 엥겔스는 "모든 프루동주의는 반동성이 스며들어 있었다, 즉 공업 혁명을 혐오하였기 때문에 현대 공업, 증기 기관, 방직 기계 및 기타 모든 나쁜 물건들을 모두 버리고 이전의 수공 노동으로 돌아가기를 가끔 공개적이면서도 은폐적으

---

40 프루동 지음, 위수퉁·왕쉐화 옮김, 『빈곤의 철학』, 상권, 중국 상무인서관, 1998, 90쪽.
41 앞의 책, 41쪽.

로 바랐다"고 비판하였다.[42]

프루동이 "모든 정치적 운동을 강력하게 적대하였던 이유는 범주가 원동력이므로 바뀌어야 하고 현실적 생활은 바꿀 필요가 없으며, 범주가 바뀌어야 하면, 그 결과는 현존한 사회가 바뀌어야 될 것"이기 때문이다. 이로 인하여 "현대의 여러 문제들은 사회적 행동으로 해결된 것이 아니며, 그의 머릿속의 변증법적 회전 운동으로 해결된 것이다." 이러한 철학적 입장은 개량주의를 불가피하게 초래하였다. 그것은 문제의 해결이 범주 자체의 변화에만 달려 있을 것으로 천진하게 믿어졌기 때문이다. 이는 본질에서 다른 범주로 현실을 다시 인정한 것에 불과하다. 프루동은 여기서 청년 헤겔학파와 같은 실수를 하였다. 마르크스는 『독일 이데올로기』에서 청년 헤겔학파가 "의식을 바꾸는 요구는 바로 다른 방식으로 존재한 것을 해석하라고 요구한다는 것, 즉 다른 해석으로 그것을 인정한다는 것[43]"이라고 지적하였다. '세계를 바꾼다는 것'과 '의식을 바꾼다는 것'을 벗어난 요구는 자기도 남도 속이는 사변적 게임으로 전락하고 말았다.

마르크스는 프루동이 부르주아지 사회를 위해 객관적으로 변호한 방식을 밝혔다. 즉, 그는 "부르주아지의 생활이 항구한 진리를 직접적으로 인정하지 않고" 간접적으로 인정하였다는 것이다. 프루동은 실질적 부르주아지의 생활을 변호하는 것으로 '부르주아지의 생활'을 인정하지 않았으며, "관념적 형식으로 부르주아지 관계의 범주를 표현한다는 것을 신격화함으로써" 이 점을 이루었기 때문이다. 이러한 의미에서 마르크스는 "그는 부르주아지의 시야를 초월하지 않았다"고 주장하였다. 이러한 변호 자체는 부르주아지의 특징을 나타냈기 때문이다. 역사적이고 일시적 규정으로 영구화시키고 일시적 필연성을 영구한 필요성으로 취급하였다는 것은 바

---

42 『마르크스 엥겔스 선집』, 제3권, 중국 인민출판사, 1995, 151쪽.
43 『마르크스 엥겔스 선집』, 제1권, 중국 인민출판사, 1995, 66쪽.

로 부르주의지들이 자주 사용하는 변호 수단이다.

마르크스는 공산주의 이전의 단계에 인간들이 개인으로서 자기의 역사적 활동이 무엇을 의미하는지를 깨닫지 못하였으며, 사회 발전도 개인적 발전과 상관없는 것 같다고 지적하였다. 마르크스는 "그는 이러한 사실을 설명하지 못하였기 때문에 보편적 이성이 스스로 표현한다는 가설을 하였다"고 지적하였다. 마르크스가 지적하였듯이 이는 이론적으로 약삭빠른 행동에 불과하다. 마르크스는 여기서 프루동의 잘못된 사회적 근원, 즉 역사 자체가 성숙하지 않은 표현을 제시하였다. 역사는 바로 "이성적이고 교활한 계략이다." 이는 프루동의 잘못이 주관적 고의가 아닌 역사적 한계성으로 인한 이론적 표현이라는 것을 의미한다. 엥겔스가 언급한 것처럼 "이데올로기는 이른바 사상가가 가설적 의식을 통하여 이루어졌던 과정이다. 그는 추진하는 원동력을 처음부터 끝까지 몰랐다. 그렇지 않았다면 이데올로기적 과정이 아니었을 것이다."[44] 따라서 프루동의 이론적 결함에 대한 마르크스의 분석 자체도 '역사적 사유' 방식을 똑같이 취하였다고 할 수 있다.

어쨌든 우리는 마르크스가 안넨코프에게 보냈던 편지(1846년 12월 28일)를 재독한 후에 가장 큰 시사점, 즉 마르크스의 '역사적 사유'라는 구상 방식을 얻게 되었다. 이는 마르크스의 언어 환경 속에서 역사가 부여된 것이며, 부여자는 바로 인간의 실천 자체인 것으로 나타났다. 이러한 '역사적 사유'의 존재론적 정초는 실천의 궁극적인 원초적 지위를 확립하는 데 있다. 이는 결과적으로 실천적 유물론의 구축에 의존하게 되었다. 마르크스가 지적하였듯이 철학은 철학자 머릿속의 사변적 게임과 서재에서 창작하는 활동이 아니고 인간의 역사적 활동 자체이다. 이로 인하여 철학은

---

44 『마르크스 엥겔스 선집』, 제4권, 중국 인민출판사, 1995, 726쪽.

사변에서 실제로 해방되어 역사적 표현 방식으로 변하게 되었다. 마르크스의 실질적 구상을 볼 때 '역사적 사유'를 아래와 같은 몇 가지로 대략적으로 요약할 수 있다. 첫째, 모든 범주와 관계를 역사적 문제로 변하게 함으로써 역사적이고 일시적 규정성을 얻게 되며, 이는 마르크스의 비판적 입장이 세속적 기초를 찾아냈음을 의미한다. 둘째, 역사적 서술은 모두 철학적 함의를 지녔으나 마르크스 철학이 스스로 표현하는 반성의 일환에 불과하므로 인간의 존재라는 현상학적 차원에서 이해하여야 깊고 풍부한 함의를 철저하게 파헤칠 수 있다. 셋째, 논리는 결과적으로 역사로 귀결되며, 역사는 동사로서 인간의 존재 자체를 이해하는 것에 불과하다.

18

역사적 차원에서
철학적 범주로서의 가치를 살펴보다

최근 몇 십년 동안 중국 학술계는 철학적 범주로서의 가치를 이미 상당히 많이 해석하였으며, 마르크스주의 철학 연구의 새로운 차원을 개척하였다. 그러나 기존 성과들은 대부분 정역학적이나 정태적 고찰, 즉 가치적 범주를 역사적 구속을 당하지 않는 영구한 추상적 규정으로서 확인하여 특정한 역사적 조건에서 벗어난 후 문제를 제시하고 해결하였다는 것이다. 필자는 이러한 연구 방식이 마르크스의 구상 특징에 부합하지 않고 상당한 수준에서 가치의 역사적 표현도를 가림으로써 진실성을 밝히는 데 방해가 되었다고 생각한다.

가치적 범주에 관한 적절한 문제 제기는 무엇일까?

마르크스는 『정치 경제학의 비판 · 서언』에서 '노동'을 사례로 지적한 바 있다. 즉 "비록 가장 추상적 범주라도 바로 그것들의 추상 때문에 모든 시대에 적용되었으나 이러한 추상적 규정성 자체 역시 역사 관계의 산물이며, 이러한 관계 내에 있어야 충분한 의미가 있다."[1] 이와 같은 지적은 깊이 새겨 볼 만하며, 그 중에서 가장 중요한 것은 마르크스가 구상의 방법론적 원칙, 즉 "추상적 규정 자체도 '역사 관계의 산물'이며, 특정한 역사적 조건에서 진실성을 얻을 수 있다는 것"을 제시하였다는 것이다. 그러므로 마르크스는 "추상 자체가 현실적 역사에서 벗어나면 아무런 가치도 없다"고 주장하였다.[2] 그렇다면 우리도 가치적 범주를 '역사 관계의 산물'로 간주하여야 하며, 그것도 "이러한 관계 내에서 충분한 의미가 있다." 마르

---

[1] 『마르크스 엥겔스 선집』, 제46권, 상권, 중국 인민출판사, 1979, 43쪽.
[2] 『마르크스 엥겔스 선집』, 제1권, 상권, 중국 인민출판사, 1995, 74쪽.

크스의 '역사적 사유'라는 구상 방식에 따르면 철학적 범주로서의 가치를 역사적 규정으로 추궁해야 적절해질 것이며, 문제를 비역사적이거나 초역사적으로 제시한 것은 모두 부적절한 것이다.

인간들은 '가치'의 '속성설', '실체설', '관계설' 등을 제기하였으나 그것들이 어떤 의미에서 진리가 될 수 있는지, 즉 그것들이 진실성을 갖추게 되는 역사적 조건이 무엇인지를 실제로 이해하지 못하였다. 우리는 어떤 해석 방식이 적절한 것인지, 어떤 해석 방식이 비적절한 것인지를 추상적으로 애기할 수 없다. 그 문제는 각종 해석 방식에 부합한 역사적 조건과 어떤 해석의 역사적 이유를 제시하여야 한다는 것이다. 문제를 이렇게 제시하여야 진실하고 의미가 있을 것이다. 역사적 차원에서 가치의 범주를 해석하여야 그것의 진실성이라는 함의를 회복시킬 수 있다. 마르크스의 '역사적 사유'는 우리가 역사적 차원에서 철학적 범주로서의 가치를 살펴보아야 한다고 요구하였다.

존재론적으로 보면 이는 마침 폴 틸리히Paul Tillich가 언급한 것과 같이 "가치가 존재에서 나타난 '존재being'의 기본적 구조에서만 도출될 수 있음을 알 수 있다."[3] 존재론적 기초, 즉 '존재'가 무엇인지를 추궁하는 것은 도대체 '본질' 아니면 '실존'에 따라 전개된 논쟁인가? 설마 이는 인간의 추상적 사유 능력에만 달려 있다는 것이 아니겠지? 그 문제는 인간의 이러한 추상적 사유 능력 자체가 또한 어디에서 기원되었는가라는 것이다. 인간의 '현존재'는 마르크스의 언어 환경 속에서 인간의 실천적 구축 활동 자체에 불과하다는 것은 만든 역사에서 벗어나면 이러한 문제들은 적당한 답을 얻을 수 없으며, 이로 인하여 역사적 차원으로 돌아간다는 것은 존재론적 재구축 계기가 된 것으로 결정된다. '본질'과 '실존' 간의 차이는 존재

---

3 매슬로 지음, 후완푸 외 옮김, 『인류 가치의 새로운 이론』, 중국 허베이인민출판사, 1988, 192쪽.

론적 의미에서 '존재'의 다양한 차원의 차이가 되었으며, 인본주의 의미에서 인간의 존재 자체 차원의 차이가 되었다. 존재론적 구조는 인본주의 구조가 지닌 반성적 특성에 대한 파악에 불과하며, 철학은 일정한 의미에서 인간이 자기의 존재를 위해 입법하였던 것이라고 할 수 있다. 그러나 그것이 생성되자마자 근원을 은폐하였기 때문에 인간은 그것과 인간의 역사적 존재 간의 탯줄과 같은 본연적 연계를 잊게 되었다. 인간의 존재의 차원에서 '본질'과 '실존' 간의 분열은 우선적으로 역사적 사실이다. 그것은 인간의 소외의 역사적 생성을 의미한다. 이성('이다)은 '실존'과 대응된다면 가치('당연하다)는 '본질'과 대응될 것이다. 절대적 형식으로서의 가치는 추상적 보편성의 수사이므로 공허해지고 당연한 규정으로 나타난다. 상대적 형식으로서의 이성은 인간의 경험적 존재를 바탕으로 실연적 세계를 파악하는 형식이다. 더 원시적 의미에서 볼 때 인간의 존재의 이러한 차이 및 이로 인한 결과는 최종적으로 인간의 실천적 구조, 즉 보편적 성품과 직접적·현실적 성품 간의 내재적 모순에 뿌리박혔다고 할 수 있다. 실천을 바탕으로 한 인간의 본질과 실존 간의 분열은 인간의 개체와 유, 시민 사회와 정치 국가, '세속'과 '천국', 개인적 이익과 보편적 이익 등의 모순으로 나타난다. 이는 비로소 가치 문제가 역사적으로 나타난 좌표이다. 논리적으로 볼 때 그것들은 인간의 존재라는 존재론적 역설이 표현한 형식에 불과하며, 이성과 가치가 분열된 역사적 근원과 학리적인 근거를 구성하였다고 할 수 있다.

이성과 가치 간의 관계의 역사적 차원

일반적으로 말하면 데이비드 흄David Hume은 서양 철학사에서 단어 '이다'와 단어 '당연하다'에 대하여 자각적이고 명확한 구분을 최우선으로 하였던 사람이라고 할 수 있다. 흄은 "이성의 역할이 진위를 밝혀내는 데 있다"고 주장하였다.[4] 진위의 판단은 반드시 사실적 판단이다. 흄이 주장하였듯이 도덕적 규범은 "이성에서 받을 수 없으며, 그것은 우리의 이성적 결론이 아니기 때문이다."[5] 그러므로 그는 "도덕적 선악의 구별은 이성적 산물이 아니며, 이성은 전혀 활동적이지도 않고 양심이나 도덕감처럼 활동적 원칙의 원천으로 영원히 될 수 없다"고 여겼다.[6] 진위의 판단과 달리 선악의 문제는 가치적 판단이다. 흄은 실제로 '이성'과 '가치'라는 양자가 서로 소속되지 못하고 통약도 불가능한 범주를 구별하였다. 왜 흄이야말로 비로소 '이다'와 '당연하다'의 자각적 구분을 제기하였을까? 이는 당연히 우연적인 것이 아니다. 어떤 의미에서 그것은 역사 자체가 충분한 수준으로 성숙해진 이데올로기적 표징에 불과하다고 할 수 있다. 근대에 이르러야만 순수한 이성[7]은 비로소 진실하게 확립되었다. 이에 대응하여 가치도 반성을 통해 파악된 자각적 형식이 되었다.

마르크스가 제시하였던 '역사적 사유'라는 구상 방식은 우리가 '이다'와 '당연하다'의 구분 자체가 특정한 역사적 언어 환경에 의존하고 있으며, 또한 우리가 도대체 무엇을 얘기하고 있는지, 얘기한 것도 무엇을 의미하는지를 자각적으로 인식해야 한다고 요구한다. 이는 심도 있는 자기 이해이며, 진실한 철학적 사유이자 존재론적 반성의 능력이다. 이렇게 하여야 문제의 실질을 실제로 건드릴 수 있다. 고대 그리스의 이성주의적 여과를 통하여 유대교는 기독교로 변하게 되었으며, 기독교의 '하나님'은 '로고스'

---

[4] 데이비드 흄 지음, 관원원 옮김, 『인성론』, 하권, 중국 상무인서관, 1980, 498쪽.
[5] 위의 책, 497쪽.
[6] 위의 책, 498~499쪽.
[7] 여기서 이른바 "순수함"은 아무런 경험적 성분도 신앙이나 가치적 성분도 포함하지 않았다.

의 신격화일 뿐이었다. 이러한 원시적 융합은 현대적·역사적 언어 환경 속에서 드디어 해체되고 종결되었다. 그러므로 근본적으로 보면 가치와 이성 간의 분열은 역사적 현상이나 사실뿐이었으며, 본질적으로 현대적 차원에 소속되었다고 할 수 있다. 사실 '가치'가 자각적 문제로 제기되었을 때 가치와 이성 간의 분열 및 그 대립은 이미 역사적 기초의 차원에서 실제로 발생하였음을 의미한다. 가치의 반성에 대한 파악 자체는 이러한 역사적 사실의 이데올로기적 수사를 이루었다.

이성적 세계는 현대성을 지닌 역사적 언어 환경 속에서 아무런 가치적 담당도 없고 생명을 적대하는 영역으로 점차 물화되었으나 가치적 세계는 모든 실존에서 벗어나 고립적으로 존재한 공허한 형식으로 영화되어 심지어 허위적 장식물로 변화되었다. 이는 바로 현대 사회에서 나타났던 특유한 분열된 역사적 현상이다. 그러므로 종교라는 가치적 상징물은 인간이 허위적 만족에 몰두하여 진실한 만족을 받게 될 수 없다. 이는 어떤 의미에서 마르크스가 종교를 비판하였던 이유가 되었다고 할 수 있다. 마르크스가 잘 지적하였듯이 "종교는 인간의 본질이 환상에서 이루어진 것이며, 인간의 본질은 진실한 현실성을 갖추지 않았다."[8] 종교적 소외에 있는 인간의 본질은 '진정한 현실성'을 지니지 않았다. 여기서 이른바 '현실성'은 헤겔의 주장에 따라 이해되어야 한다. 마르크스가 지적하였듯이 본질과 실존 간의 분열로 인하여 소외된 인간의 본질은 현실성을 지니지 않았다.

마르크스는 종교의 역사적 근원도 밝혀냈다. 그는 "정치 국가의 구성원들이 종교를 믿었던 이유는 인간이 자기의 현실적 개성 피안에 처해 있는 국가의 생활을 그의 진실한 생활로 삼았기 때문이다."[9] 그러므로 '피안

●

8 『마르크스 엥겔스 선집』, 제1권, 상권, 중국 인민출판사, 1995, 1~2쪽.
9 위의 책, 434쪽.

세계에서 나타난 이론'은 바로 '종교'이다.[10] 그러나 기독교의 차원에서 자유라는 절대적 가치는 요원한 공약이 되었다. 마르크스가 언급한 바와 같이 자유에 대한 갈망은 "기독교의 통치로 인하여 천국의 환상에서 사라졌다."[11] "시민 사회에서 인간은 세속적 존재물이지만 그 반면에 국가에서 그는 실재적 개인 생활을 잃고 실재적이지 않은 보편성을 가득 채웠다."[12] 이른바 '실재적이지 않은 보편성'은 특수성을 끊고 특수성을 중개로 한 추상적 보편성이며, 인간의 '천국의 생활'을 규정하였다. 이러한 의미에서 종교는 시민 사회와 분열되고 시민 사회 이외의 정치 국가 구성원의 영화된 형식에 불과하다고 할 수 있다. 그것은 가치의 가능한 매개체를 이루었으나 '천국의 환상'으로 전락하고 말았다. 칸트는 종교를 도덕적 기초로 하여 하느님, 영생 및 적극적 자유가 도덕이 존재한 세 가지의 가정을 구성하였다고 주장하였다. 이는 바로 '가치'가 역사에서 뚜렷하게 드러나고 인간이 자각적으로 파악하였던 비밀이다.

도덕은 가치의 인문적 형태의 하나로서 어떻게 역사에서 배척을 당하고 독립적 존재로 전락하였을까? 이는 반드시 이러한 국면을 초래한 세속적 기초, 즉 상품 경제, 시민 사회 및 자본주의로 돌아가야 한다. 이 3자는 역사에서 도대체 어떤 관계를 지녔을까? 대략적으로 말하면 그것은 3가지의 차원으로 귀결될 수 있다. 첫째, 그것들은 간단한 등가 관계가 아니다. 상품 경제가 나타나도 시민 사회는 반드시 나타나지 않았으며, 시민 사회가 나타나도 자본주의가 반드시 나타나지 않았다. 둘째, 그것들은 발생학적 관계가 있다. 즉, 상품 경제가 매우 성숙한 수준으로 발전해 나갈 때 시민 사회는 반드시 배태되었다. 이처럼 시민 사회가 매우 성숙한 수준으

---

10 앞의 책, 59쪽.
11 『마르크스 엥겔스 전집』, 제1권, 상권, 중국 인민출판사, 1956, 409쪽.
12 위의 책, 428쪽.

로 발전해 나갈 때 자본주의의 제도적 안배도 배태되었다. 셋째, 자본주의는 상품 경제의 가장 높은 역사 단계와 가장 완비된 형태를 이루었다.

도덕에 대한 상품 경제의 거절과 배척은 이성과 가치가 분열하는 깊은 역사적 근원을 구성하였다. 상품 경제는 이성적 정신을 위해 세속적 기초를 제공하였으며, 양자는 가장 내재적이고 원죄적인 관계가 있다. 이는 주로 아래와 같이 나타났다. 우선 상품 경제가 가장 발달하고 전형적이고 충분한 형태로서의 자본주의 생산[13]은 "자연 과학이 공예에서 응용된다는 것"으로 변하게 되었다.[14] 과학은 이성적 정신의 가장 전형적 인문 형태이므로 마르크스가 얘기하였던 '지식 형태상의 생산력'으로 되었다. 그 다음으로 상품 경제 자체는 바로 인간의 이성적 정신과 능력을 육성하는 토양이다. 마크르스가 주장하였듯이 상품 교환이 이루어진 가치와 사용 가치의 분리는 실제로 "다양한 노동을 차별 없고 똑같고 간단한 노동으로 변하게 되었을 뿐이다." 즉, 질적으로 같고 양적 차별만 있는 노동으로 되었다.[15] "상품의 교환 관계가 지닌 현저한 특징은 바로 상품의 사용 가치를 제거한 것이기 때문이다."[16] 상품 교환은 사용 가치라는 특수적 규정을 '여과하였다'. 이로 인하여 상품의 교환 과정은 통약 가능한 기초[17]로 이루어진 과정이며, '간략화된 사실'이다. "이러한 간략화는 추상인 것 같으나 사회적 생산 과정에서 매일 진행된 추상이다."[18] 인간의 존재 방식은 결국 인간의 사유 방식을 낳았다. 발생학적 의미에서 인간의 추상적 사유라는 이성적 능력은 인간의 존재 방식 자체의 실질적 추상의 내재화라고 할 수

---

13 『마르크스 엥겔스 전집』 제24권, 중국 인민출판사, 1972, 40쪽.
14 『마르크스 엥겔스 전집』 제46권, 하권, 중국 인민출판사, 1980, 212쪽.
15 『마르크스 엥겔스 전집』 제13권, 중국 인민출판사, 1962, 18쪽.
16 『마르크스 엥겔스 전집』 제23권, 중국 인민출판사, 1972, 50쪽.
17 마르크스는 그것을 "통약 가능한 양"과 "본질적 동등성"이라고 불렀다(위의 책, 74쪽).
18 『마르크스 엥겔스 전집』 제13권, 중국 인민출판사, 1962, 19쪽.

있다. 이성은 추상적 사유 능력을 바탕으로 하여야 가능해질 것이다. 그 이외에 상품 경제가 선행적으로 설정된 필요한 인격은 스미스가 이른바 '경제인'이며, 그것은 이익의 최대화를 추구하고 이해득실의 능력을 따져 보는 주체이다. 이해득실을 따져 보는 능력은 바로 '계산할 줄 안다'는 자체의 이성적 표현이다. 그러므로 황런위黃仁宇는 상품 경제가 가장 발달한 자본주의를 '숫자에서 관리할 수 있는 사회'라고 불렀다.

도덕에 대한 시민 사회의 탈구축은 근대 이래 이성과 가치가 긴장된 중요한 역사적 원인이자 이러한 긴장감이 뚜렷한 역사적 표현이다. 시민 사회의 구성원이 얻은 '시민권'은 무엇을 의미하는가? 그것은 결과적으로 상품 경제의 전제로서의 자유에 불과하다. 이러한 자유에 관하여 마르크스는 "자유라는 인권의 실질적 응용이 바로 사유 재산이라는 인권"이라고 정곡을 찔렀다.[19] 마르크스의 관점에 따르면 '재산이 존재한 이유'는 "나의 의지가 재산에서 나타났다는 것이 아니다. 오히려 나의 의지가 존재한 이유는 "그것이 재산에서 나타났기 때문이다."[20] 즉, 사유 재산은 인간의 의지적 자유를 결정하였으나 의지적 자유는 사유 재산을 결정하지 않았다는 것이다. 그러므로 마르크스는 다음과 같이 지적하였다. 즉, "사유 재산이 의지의 주체로 되고 의지는 사유 재산의 간단한 술어가 되었다. 여기서 사유 재산은 이미 임의적 특정한 객체가 있고 임의는 오히려 사유 재산의 특정한 술어이다."[21] 시민 권리로서의 자유는 사유 재산이라는 객관적 소유 관계가 지배한 주관적 임의에 불과하다. '사유 재산의 진정한 기초'는 '자유'이기 때문이다. "사유 재산의 권리는 물건을 제멋대로 처리하는 권리

---

19 『마르크스 엥겔스 전집』, 제1권, 중국 인민출판사, 1956, 438쪽.
20 위의 책, 371쪽.
21 위의 책, 370쪽.

이다."²² 또한 마르크스는 다음과 같이 밝혀냈다. 즉, "사유 재산이라는 인권은 바로 제멋대로이고 남과 상관없으며, 사회적으로 속박되지 않게 자기의 재산을 사용하고 처리하는 권리이다. 이 권리는 바로 이기적인 권리이다. 이러한 개인의 자유와 이러한 자유에 대한 향유는 시민 사회의 기초를 세웠다."²³ 시민 사회 구성원의 의지적 자유는 마르크스의 이른바 '개인적 임의'에 불과하다.²⁴ 이는 시민 사회의 반도덕적 성질을 요약하였다. 도덕적 법칙에 따라야 필연성을 얻을 수 있다. 인간이 인간이 되었던 당연한 이치, 본질적인 성질 및 당연한 법칙에 대한 배치로서의 임의는 외재적 규정에 국한된 표현에 불과하고 우연으로 지배된 결과가 되었다. 이에 대하여 헤겔은 이미 철저히 밝혔다. 그가 지적하였듯이 "나는 이렇게 저렇게 자기를 규정할 수 있다. 즉, 나는 선택할 수 있다면 바로 임의를 지닐 것이라고 할 수 있다. 이 점은 바로 인간들이 보통 불렀던 자유이다."²⁵ 자유에 대한 인간들의 일반적 견해는 임의적 범주를 초과하지 않았다. 그러나 임의는 무엇을 의미하는가? "임의적 함의는 나의 의지의 본성이 아닌 우연성을 통하여 나의 것으로 규정된다는 것을 가리켰다."²⁶ 진정한 자유는 외재적 타자가 아닌 내재적 필연성으로 규정된 것이다. 타자로 규정된 물건은 우연적인 것일 뿐이다. 헤겔이 언급하였듯이 "일반적으로 우연성은 한 사물이 존재하는 근거가 자기가 아닌 다른 대상을 가리킨다."²⁷ "임의적 내용은 외부가 주어진 것이었으며, 의지 자체를 바탕으로 하지 않고 외재적 환경을 근거로 인식하게 되었다. 이렇게 주어진 내용에 대하여 자

---

22 앞의 책, 382쪽.
23 위의 책, 438쪽.
24 위의 책, 439쪽.
25 헤겔 지음, 판양·쾅치타이 옮김, 『법철학의 원리』, 중국 상무인서관, 1961, 26쪽.
26 위의 책, 27쪽.
27 헤겔, 『소논리』, 허린 옮김, 중국 상무인서관, 1980, 301쪽.

유는 선택의 형식에만 존재하였으며, 이러한 표면적 선택은 단지 형식적 자유뿐이므로 주관적 가상의 자유라고 볼 수 있다."[28] 외재적 타자로 결정된다는 상황은 바로 상품 경제가 만든 인간의 존재 방식의 전형적 특징이다. 겉으로 볼 때 고객의 선호에 대한 상품 생산자의 영합이며, 깊은 차원에서 볼 때 인간의 육체적 존재[29]에 대한 상품 경제의 인정은 이러한 특징의 표현이라고 할 수 있다. 그러므로 시민 사회는 "자연의 필연성과 임의적 혼합체에 불과하며, 그는 시민 사회의 원칙 하나이다".[30] 이로 인하여 우리는 임의의 세속적 기초를 상품 경제의 근원으로 한 시민 사회에서 찾아내야 한다. 진정한 의지의 자유는 임의로 대신된다면 도덕적 법치와 그 기초 위의 내재적 필연성으로 성립된 자유를 불가피하게 위반하여 헤겔이 비판하였던 '형식적 자유'나 '주관적 가상의 자유'로 전락하고 말았다. 이러한 이른바 '자유'는 허위 자유뿐이었다. 마르크스의 견해에 따르면 시민 사회의 구성원은 '우연한 개인'뿐이며,[31] 이러한 '우연히 존재하는 인간'은 필연적으로 '임의'로 나타났다.

그 외에도 시민 사회는 이기주의자를 육성하였다. 헤겔은 "시민 사회가 개인적 이익의 전쟁터이자 모든 인간들이 인간들을 반대하는 전쟁터"라고 지적하였다.[32] "인간들은 시민 사회에서 모두 자기를 위해 살고 다른 모든 것이 허무라고 생각하였으나 남과 관계가 없었다면 그의 모든 목적을 달성할 수 없었을 것이다. 그러므로 남은 특수한 인간들이 목적을 달성하기 위한 수단이 되었다."[33] 시민 사회에 대한 비판적 분석에 있어서

---

28 앞의 책, 302쪽.
29 헤겔 지음, 판양・쟝치타이 옮김,『법철학의 원리』, 중국 상무인서관, 1961, 197쪽.
30 위의 책, 122쪽.
31 『마르크스 엥겔스 전집』, 제1권, 중국 인민출판사, 1956, 122쪽.
32 헤겔 지음, 판양・쟝치타이 옮김,『법철학의 원리』, 중국 상무인서관, 1961, 309쪽.
33 위의 책, 197쪽.

마르크스는 헤겔의 해당 사상을 계승하였다는 것이 사실이다. 또한 그는 "시민 사회의 구성원은 바로 이기주의적 인간이며,[34] 실질적 수요와 이기주의는 바로 시민 사회의 원칙"이라고 지적하였다.[35] 시민 사회는 "인간의 모든 유대적 관계를 찢어 버리고 이기주의와 이기적 수요로 대신하여 인간의 세계를 서로 끊어지고 적대화하는 개인적 세계로 변하게 되었다."[36] 그것은 인간의 원자화와 고립화라는 운명을 불가피하게 초래하였다. 이러한 '세계'에서 도덕은 의지하는 기초와 근거지를 필연적으로 상실할 것이다. 물론 마르크스와 헤겔의 불일치는 시민 사회라는 조건하의 개인적 이익과 보편적 이익 간의 분열·대립을 밝힌다는 것이 아니며 대립적 근원을 해석하고 대립을 초월하고 지양할 가능한 경로에 있다. 헤겔과 달리 마르크스는 초역사적 상상이 아닌 실천으로 구축된 역사 자체의 성숙에 호소하였다.

자본주의 제도가 안배하고 배태하였던 현대성은 도덕을 배척하는 성질을 지녔다. 자본주의적 맹아는 중세기 말기부터 이미 잉태되기 시작하였다. 자본주의의 역사가 일어난 전제적 조건은 바로 자유방임이다. 자본주의적 맹아는 바로 통제의 공백 지역에서 자랐다. 심지어 앙리 피렌느 Henry Pirenne는 "자유는 시민의 제1 수요이며, 자유는 시민 계급의 합법적 신분"이라고 하였다.[37] 사실 시민 계급에 대하여 자유는 형이상학적 함의를 지니지 않았다. "시민 계급이 가장 필요한 것은 바로 개인의 자유이나 그들이 자유를 요구한 이유는 자유를 지닌 후의 이익 때문이다.[38] 그

---

34 『마르크스 엥겔스 전집』, 제1권, 중국 인민출판사, 1956, 442쪽.
35 위의 책, 448쪽.
36 위의 책, 450쪽.
37 앙리 피렌느 지음, 러원 옮김, 『중세기의 유럽 경제 사회가』, 중국 상하이인민출판사, 1964, 47쪽.
38 위의 책, 46쪽.

러나 사실은 권리로 되어야 한다." 11세기 전후의 유럽 사회에서 신흥 시민 계급은 심지어 봉건지주와 귀족의 이익을 보호한 법적 낡은 질서를 버리고 다른 것을 꾸몄으며, 이는 한편으로 그들의 자조 조직의 능력(이는 자치 전통의 발생학적 근거를 이루었음)을 나타냈으며, 다른 한편으로 시민 계급을 통하여 정치 국가와 독립된 영역이 탄생하였다고 상징하였다.[39] 애덤 스미스는 "자본과 노동의 자유적 운용을 가장 거룩한 인권"이라고 주장하였다.[40] 엥겔스가 밝혔던 것과 같이 "자유 경쟁은 아무런 제한과 국가의 감독도 참지 못하며, 자유 경쟁에 대하여 국가 전체는 짐이고 아무런 국가 제도도 없는 것이 가장 좋으며, 이를 통해 모든 인간들이 남을 마음대로 착취할 수 있다."[41] 그러므로 엥겔스는 "상품 생산의 확대에 따라 특히 자본주의 생산 방식의 출현에 따라 낡은 속박은 이미 느슨해지고 낡은 장벽은 이미 깨졌으며, 생산자도 독립하고 흩어질 상품 생산자로 되었다"고 총괄하였다.[42] 아롱 R.C.F. Aron이 얘기하였듯이 "잉여 가치는 주인과 노예, 영주와 농노 간의 구분이 필요없으나 노동자의 법적 자유와 계약적 자유가 필요하다. 시장의 법치에 따르면 생산 수단의 소유자는 잉여 가치를 소유한다."[43] 이러한 의미에서 우리는 자유가 자본주의 발전의 중요한 역사적 조건이라고 근거 있게 할 수 있다. 또한 이러한 자유는 분석될 만하다. 이러한 자유가 최초로 나타난 것은 인간으로 하여금 그것이 도대체 무엇을 의미하는지를 보여 주었다. 이로 인하여 그것이 도덕에 대한 탈구

●

39　밀턴 프리드먼 지음, 장루이위 옮김, 『자본주의와 자유』, 중국 상무인서관, 1986, 16쪽.
40　애덤 스미스 지음, 궈다리·왕야난 옮김, 『국민 재부의 성질과 원인의 연구』, 하권, 중국 상무인서관, 1974, 153쪽.
41　『마르크스 엥겔스 전집』, 제2권, 중국 인민출판사, 1957, 566쪽.
42　『마르크스 엥겔스 선집』, 제3권, 중국 인민출판사, 1995, 746쪽.
43　레이몽 아롱 지음, 장즈후이 옮김, 『상상한 마르크스주의』, 중국 상하이역문출판사, 2007, 119~120쪽.

축의 힘으로 되었던 이유도 쉽게 이해될 수 있다. 프리드먼Milton Friedman 은 "19세기 중엽 이전에 영국, 미국 및 작은 범위 내의 유럽 대륙의 인간들은 아무런 정부나 비슷한 정부 당국의 허락도 받지 않고 그들이 희망하는 아무 업계나 직업에도 종사할 수 있었다"고 지적하였다.[44] 19세기에 이르러 이미 바른지 아닌지, 합리적인지 아닌지를 구분하지 않고 자유에 대한 속박을 모두 거절하였다. '직업의 허가'의 발급조차도 거절을 당하였다. 이로 인하여 자본주의의 이데올로기적 자유의 실질을 쉽게 보일 수 있다. 마르크스 베버의 견해에 따르면 "현대 자본주의가 존재하는 가장 기본적이고 선결적 조건"의 하나는 바로 "그것은 시장의 자유, 즉 시장에서 무역에 대한 아무런 비합리적 제한도 없다는 것이 필요하다."[45] 바로 이러한 '자유'를 조건으로 하여 인간의 욕망은 제멋대로 표현되고 유달리 표출되었으며, 인간의 육체적 존재에 대한 전통 사회의 논리적 규범의 속박도 점차 해제되었다. 이는 바로 도덕이 실효되고 부식된 중요한 역사적 요소이다. 일정한 의미에서 인간의 탐욕을 방임하였다는 것은 바로 자본주의적 비밀이라고 할 수 있다. 바로 이 점은 베버의 『경제 통사』에서 자본주의의 제도가 구축된 6가지 기본적 조건의 하나라고 한 것이다.

마르크스는 현대 사회에서 나타났던 이상하고 불합리한 여러 현상들을 깊이 밝혔으며, "우리의 시대에는 모든 사물들이 자기의 반면이 있는 것 같고 기술적 승리는 도덕적 타락을 대가로 바꾼 결과인 것 같다"고 지적하였다.[46] 현대 기술은 이미 마르크스가 지적하였던 자본주의 생산은 과학이 생산 과정에서 응용된 물화적 형태로 전락하고 말았다. 그뿐만 아

---

44 밀턴 프리드먼 지음, 쾅루이위 옮김, 『자본주의와 자유』, 중국 상무인서관, 1986, 16쪽.
45 마르크스 베버 지음, 야오쩡이 옮김, 『경제 통사』, 중국 생활·독서·신지 삼련서점, 2006, 174쪽.
46 『마르크스 엥겔스 선집』, 제1권, 중국 인민출판사, 1995, 775쪽.

니라 이성도 경제 과정으로도 스며들었다. 슘페터Schumpeter는 "자본주의 실천은 화폐 단위를 합리적 원가, 즉 이익 계산의 도구로 전환하여 계산의 최고 업적은 바로 복식 부기"라고 지적하였다.[47] 이러한 '계산'은 배후의 공리적 동기를 반응하였을 뿐만 아니라 '계산' 자체의 가치적 중립성도 도덕의 정당성을 배척하였다. 정치 경제학은 일정한 의미에서 자본주의의 제도의 이데올로기적 수사라고 할 수 있다. 이는 마르크스가 지적한 것과 같이 '경제학자는 부르주아지의 학술적 대표이다'.[48] 엥겔스도 정치 경제학이 '부자가 되는 과학'이라고 풍자적으로 지적하였다.[49] 경제학은 결국 자연 논리가 세속에서 응용된 것뿐이라고 할 수 있다. 대자연은 쓸데없는 것이 없으므로 가장 절약되는 것이며, 경제적 본의는 바로 절약이다. 따라서 자연의 논리는 경제학의 법칙에 가장 적합하다고 할 수 있다. 이로 인하여 맬더스Malthus의 인구론은 다윈Darwin이 생물학적 법칙을 제시하는 데 시사점을 제공해 주었다는 과학사의 사실을 쉽게 이해할 수 있다. 경제학은 반드시 도덕을 배척한다는 것이다. 엥겔스는 스미스의 "자유 무역 학설이 위선적이고 모순되고 비도덕적인 것"이라고 비판하였으며, 그것이 "자유로운 인성과 대립된다"고 지적하였다.[50] 심지어 그는 "경제학자의 비도덕성이 이미 극단에 이르렀다"고 말하였다.[51]

하여튼 상품 경제, 시민 사회 및 자본주의는 한편으로 역사에서 이성적 정신을 잉태·강화하고 과학 혁명, 기술 혁명, 산업 혁명 및 사회 혁명의 연속적 발생을 촉진시켰다. 이러한 변혁은 내재적 인과 관계를 지니

---

47 슘페터 지음, 우량젠 옮김, 『자본주의, 사회주의 및 민주』, 중국 상무인서관, 1986, 16쪽.
48 『마르크스 엥겔스 선집』, 제1권, 중국 인민출판사, 1995, 155쪽.
49 『마르크스 엥겔스 전집』, 제1권, 중국 인민출판사, 1956, 596쪽.
50 위의 책, 598쪽.
51 위의 책, 618쪽.

고 뚜렷한 이성적 실마리로 관통되기도 한다. 다른 한편으로 이는 역사에서 종교와 도덕을 분리시켜 인간의 세속적 세계와 날로 동떨어지게 되는 유심론의 추상적 형식이 되었다. 이는 바로 이성과 가치가 분열된 특정한 역사적 언어 환경이다. 가치적 범주에 대한 이해와 파악은 이러한 기초로 돌아가야 한다. 이렇게 하여야 '역사적 사유'라고 할 수 있다.

역사적 차원에서 볼 때 가치적 이상은 '양날의 칼'이라고 할 수 있음

장기간의 인류 역사를 보면 가치를 궁극적 목표로 가설하였던 이상주의는 항상 비극적 결과를 초래하였을까? 이는 깊이 생각하고 피할 수 없는 문제이다. 추상적인 가치적 목표는 역사적 조건에서 벗어난다면 재난을 초래할 확률이 크다. 가치 자체는 인간이 의식을 통하여 자각적으로 파악한 이상의 목표의 규정으로서의 '양날의 칼'이다.

마르크스의 관점에 따르면 가치적 이상의 확립은 역사적 근거가 있으며, 그것의 실현도 역사 자체의 성숙에 의존한다. 공상적 사회주의와 과학적 사회주의의 본질적 차이는 바로 전자가 역사적 조건이 성숙하지 않은 산물이며, 후자는 실질적 역사가 창립자를 위해 필연적 조건을 마련하였던 산물이다. 마르크스도 이상적 사회를 논의하였으며, 즉 그것은 가치적 목표로서의 규범적 의미가 주로 아래와 같이 두 가지의 측면에서 나타났다. 하나는 그것은 '실천적 유물론자, 즉 공산주의자'가 '실제로 현존한 사물을 반대하고 바꾸기 위해'[52] 비판적 척도를 제공함으로써 인간들이 실천

---

52 『마르크스 엥겔스 선집』, 제1권, 중국 인민출판사, 1995, 75쪽.

을 통하여 현존한 모든 것을 끊임없이 초월한다고 이끌어 나간다는 것이다. 다른 하나는 그것이 인류 사회의 발전을 살펴볼 때 반드시 '후부터 사고해야 한다'고 요구하며, 이는 마르크스가 제시하였던 '변증법적 유물론적 입각점', 즉 '인류 사회나 사회적 인류'로 나타났다.[53] 이른바 '사회적 인류'는 바로 '인성에 부합하는 인간'이다.[54] 마르크스가 비판하였던 구유물론은 시민 사회에 입각한다는 것과 달리 실천적 유물론은 이상적이고, 즉 인성의 복귀가 이루어진 사회에 입각하였다.

이상주의와 공산주의는 모두 가치적 목표를 추구하며, 양자의 차이는 단지 인간의 실천을 바탕으로 한 역사 자체의 발전에 호소하였다는 것이다. 역사적 기초에서 벗어난다면 가치적 목표는 '유토피아적' 위험에 빠질 것이다. 마르크스가 주장하였듯이 가치적 목표로서의 인간의 해방은 결국 사상이 아닌 역사 분야의 문제이자 이론적 문제가 아닌 실천적 문제이다. 마르크스는 인간들에게 "현실적 세계에서 현실적 수단을 써야 진정한 해방을 할 수 있다"고 지적하였다. "인간들은 먹고 마시고 주거하고 입는다는 것이 질적이고 양적으로 충분한 보장을 받지 못하였을 때 근본적으로 해방되지 못하였기 때문이다."[55] 그러므로 "'해방'은 사상적 활동이 아닌 역사적 활동이며, '해방'은 역사 관계, 즉 공업 상황, 상업 상황, 농업 상황 및 거래 상황으로 이루어진 것이다."[56] 인간의 해방은 최고의 가치적 이상으로서 역사 자체의 현실적 존재가 되어야 충분한 의미와 진실성을 얻을 수 있다. 그것은 인간의 본질과 실존, 이성과 가치, 역사와 도덕 간의 통일한 목표의 실현과 완성을 의미한다.

---

53 앞의 책, 57쪽.
54 마르크스, 『1844년 경제학와 철학의 친필 원고』, 중국 인민출판사, 2000, 81쪽.
55 위의 책, 1995, 74쪽.
56 위의 책, 74~75쪽.

'화폐의 폐지'를 사례로 하여 마르크스는 다음과 같이 지적하였다. 즉, "화폐를 폐지한다면 인간들은 아마 생산 수준이 낮은 단계(물물교환은 이 단계에 대응되는 부대적 역할을 하였음)으로 후퇴하거나 더 높은 단계로 발전해 나갈 것이다. 이 단계에는 교환 가치가 이미 상품의 우선적 규정이 아니며, 교환 가치를 대표로 하는 일반적 노동은 공통성을 간접적으로 취득하였던 개인적 노동으로 변화되지 않기 때문이다."[57] '화폐의 폐지'는 당연히 가치적 이상의 요구이며, 화폐가 대표한 상품 경제 제도는 초월될 단계이므로 이 단계를 넘지 않았다면 마르크스의 이른바 '공산주의'로 이행하지 못하였을 것이기 때문이다. '화폐의 폐지'에 대하여 마르크스는 두 가지의 가능성을 제시하였다. 즉, 하나는 역사적인 '폐지'이며, 다른 하나는 인위적인 '폐지'이다. 전자는 역사 자체의 논리와 성숙을 바탕으로 한 것이며, '자기가 자기를 구성한다'는 인류 역사의 운동이며, 후자는 역사 자체의 리듬에 어긋나고 역사 자체의 성숙도 무시하고 화폐에 대한 기계적인 부정적 태도를 취하였다. 이는 마르크스가 이미 비판하였던 '초라한 공산주의'이다. 마르크스는 "만약 우리가 이러한 사회에서 계급없는 사회가 필요한 물질적 생산 조건에 적응된 거래 관계가 은밀하게 존재하였다는 것을 밝혀내지 못한다면 모든 폭파된 시도는 돈키호테식의 터무니없는 행위가 될 것"이라고 주장하였다.[58] 사회주의 실천의 경험과 교훈을 보면 이 역시 깊이 반성할 만한 곳이라고 할 수 있다. 마르크스는 '돈키호테식'의 부정을 단호히 거부하였다. 그가 주장하였듯이 "모든 문화와 문명의 세계를 추상적으로 부정하였으며, 또한 빈곤에 겨냥하고 수요가 많지 않은 인간들, 즉 사유 재산의 수준을 초월하지 못하였을 뿐만 아니라 심지어 사유 재산의 수준에도 도달하지 않았던 인간들로 비자연적이고 간단한 상태로

---

57 『마르크스 엥겔스 전집』, 제46권, 상권, 중국 인민출판사, 1979, 165쪽.
58 위의 책, 106쪽.

후퇴한다는 것은 바로 사유 재산의 지양이 결코 진정한 소유가 아니라고 증명하였기 때문이다."[59] 이른바 '추상적 부정'은 바로 자체에 대한 아무런 긍정도 포함하지 않고 긍정을 자체의 내재적 목적으로 삼는 부정이 아닌 기계적 부정이다. 왜 이러한 부정은 "빈곤에 겨냥하고 수요가 많지 않은 인간들이 비자연적이고 간단한 상태로 후퇴하였다고 하였을까? 역사가 인류의 진정한 자연사"이기 때문이다.[60] 역사적 진보를 무시하였던 모든 부정은 반드시 '인류의 진정한 자연사'에 어긋나고 '비자연적인 것이다'. 그러므로 비록 그것이 추상적인 가치적 목표의 요구에 맞았으나 마르크스는 이전의 사유 재산 수준에서 사유 재산을 부정하였던 방법을 반대하였다.

이로 인하여 마르크스는 공산주의가 '사유 재산, 즉 인간의 자기 소외의 적극적 지양'과 '자기와 사회로의 인간의 복귀, 즉 인성에 부합하는 인간의 복귀'로서 '기존의 전부 재부의 범위 내에만' 생성될 수 있다고 특별히 강조하였다. 이는 '역사적 모든 운동'이 바로 '그것의 현실적 생성 활동, 즉 그것의 경험적 존재의 생성 활동'을 의미하였다. 마르크스는 역사적 기초에서 벗어나고 공헌한 가치적 목표에 만족하는 성향이 매우 해로운 것으로 지적하였다. 그것은 사기성을 가졌을 뿐만 아니라 역사의 진정한 발전에도 장애가 되었다. "사상적 사유 재산이 도덕적 사상에서 지양된다는 것은 현실에서 자기의 대상을 건드리지 않았으나 자기의 대상을 실제로 극복한 것으로 여겨졌기 때문이다."[61] 사실 이러한 도덕적 이상만을 토대로 이루어진 환상적 초월은 "인간에 대하여 어떤 현실적인 것으로서의 인간의 본질의 현실적 생성을 진정하게 실현할 수 없으며, 비자연적이고 발달하지 않은 간단한 상태인 빈곤 상태"에 빠질 수밖에 없을 것이다.

●

59 마르크스, 『1844년 경제학와 철학의 친필 원고』, 중국 인민출판사, 2000, 79~80쪽.
60 위의 책, 107쪽.
61 위의 책, 111쪽.

마르크스의 역사관에 따르면 가치의 '유토피아적' 비극을 피하려면 우리는 역사의 발전 과정에서 필요한 '악'을 참아야 한다. "자본은 세상에 나타난 후 머리부터 발까지의 모든 모공에 피와 더러운 것을 채웠으나" 그것의 역사적 해방이라는 역할은 여전히 인정되어야 한다. "부르주아지가 100년 넘지 않은 기간 동안 만들어낸 생산력은 과거의 모든 세대들이 만들어낸 생산력 전부보다 더 많고 큰 것이다."[62] 생산력의 축적은 바로 인간의 역사적 해방을 위해 필요한 조건을 제공하였다. 엥겔스도 문명 사회의 도덕적 대가를 밝혔으며, "자연적으로 이루어진 공동체는 고대 씨족 사회의 순수한 도덕적 정상을 떠났던 타락적 세력으로 타파되었다"고 지적하였다. 또한 그는 "가장 낮은 이익, 즉 염치없는 탐욕, 광폭한 명리적 욕망 및 공공 재산에 대한 이기적인 약탈은 새롭고 문명한 계급 사회를 열게 되었으며, 가장 비열한 수단, 즉 도둑질, 강제, 사기 및 배신은 오래되고 계급없는 씨족 사회를 파괴하고 붕괴한 결과를 초래하였다. 이 신사회 자체는 2천 5백여 년 동안 소수자가 약탈과 압박을 당한 대다수자를 희생함으로써 발전하고자 한 그림일 뿐이었다. 현재의 이러한 경우는 옛날보다 더욱 심해졌다."[63] 이 때문에 마르크스는 '악'이 역사적 원동력이라는 헤겔의 명제에 동의하였다.

마르크스는 상품의 교환을 언급하였을 때 "사는 사람과 파는 사람의 경제적 부르주아지 신분을 인간의 개성이 영구한 사회 형식으로 이해하였다는 것은 터무니없으며, 그들을 개성적 소멸로 슬퍼해 하게 된다는 것도 잘못된 것"이라고 지적하였다.[64] 초월과 가치적 이상의 인도가 없고 현실 자체를 이상화시키지 않았다면 보수주의적 입장을 초해하였을 뿐이다. 이

---

62 앞의 책, 113쪽.
63 『마르크스 엥겔스 선집』, 제4권, 중국 인민출판사, 1995, 97쪽.
64 『마르크스 엥겔스 전집』, 제14권, 중국 인민출판사, 1962, 85쪽.

는 모든 고전적 정치 경제학과 저속한 정치 경제학이 공유한 치명적 결함이다. 그러나 이는 역사적 기초에서 벗어난 초월은 올바름을 의미하지 않았다. 낭만주의적 한계는 바로 역사적 기초에서 벗어나고 역사와 상관없는 이상을 탐구하는 데 있으며, 그 결과는 도덕적 감상주의로 나갈 수밖에 없을 것이다. 이러한 두 가지의 극단적 입장에 대하여 마르크스는 모두 부정하였다. 그 중에서 우리는 철학적인 가치적 범주에 대하여 마르크스가 지녔던 역사주의적 태도를 쉽게 보일 수 있다.

실질적인 역사적 경험을 보면 도덕의 순수성에 대한 추구는 역사적 기초에서 벗어난다면 상반된 국면, 즉 도덕적 반면을 초래할 것이다. 시드니 훅Robert Hooke은 다음과 같이 주장하였다. 즉, "전제주의적 문화는 부르주아지 민주의 죄악이 잘못된 역사에서 합법적으로 계승된 것으로 여겨졌으며 지속적이지 못할 전통적 도덕상의 합법적 반동인 것으로도 여겨졌다. 이러한 문화는 인간의 심령에 대한 칭찬받을 만한 배려로 표현하였으나 잘못된 구세의 길로 나갔다."[65] 이 점은 역사에 대한 이상주의적 태도 및 그것의 필요성과 정당성에 대한 변호를 충분히 나타냈다.

일정한 의미에서 이성과 가치의 관계는 '이해'와 '믿음'의 관계로 전환될 수 있다. '이해'와 '믿음'의 관계 자체는 역사적 좌표로 놓어야 철저히 이해될 수 있다. 그러나 서양 사상사에서는 잘못된 인식이 존재하였으며, 즉 '믿음'의 문제가 '이해'의 문제로 처리된다는 것이다. 왜 이러한 방법은 잘못된 것일까? 그것은 역사 자체의 성숙을 바탕으로 한 통일이 아닌 역사적 기초를 무시한 착각이기 때문이다. 서양 철학의 변천사를 보면 많은 문제들이 얽매이게 된 중요한 이유의 하나는 바로 양자의 차이를 초역사적으로 헷갈렸다는 것이다. 우리는 '이해'와 '믿음'의 통일이 도대체 어떤

65　시드니 훅 지음, 진커·쉬충원 옮김, 『이성, 사회 신화 및 민주』, 중국 상하이인민출판사, 1965, 91쪽.

의미에서 논리적 문제가 되었는지, 어떤 의미에서 역사적 문제가 되었는지를 자세히 선별해야 한다. 칸트가 이러한 문제를 방치한 이유는, 즉 필연과 자유의 배반, 자연적 법치와 도덕적 법칙의 배반에 빠졌다는 이유는 그것을 역사적 문제 제기로 삼아 해석하지 않았기 때문이다.

마르크스가 『친필 원고』에서 제시하였던 '자연주의'와 '인도주의'의 통일은 이러한 문제의 실질을 언급하였다. 이러한 통일은 마르크스의 언어 환경 속에서 역사적 규정이 되고 역사적 전개와 완성에서만 이루어질 수 있다. 현상학적 의미에서 볼 때 그것은 끊임없이 생성되고 표현된 과정으로 나타났으며, 완성의 의미에서 볼 때 기존의 모든 역사적 부를 축적하였던 최종적 결과로 나타났다고 할 수 있다. 마르크스는 "이러한 공산주의가 완성된 자연주의로서 인도주의와 같으며, 완성된 인도주의로서 자연주의와 같다"고 지적하였다.[66] '역사적 모든 운동'의 결과이야말로 가능해질 것이다. 어휘적 차원에서 포이어바흐 철학의 어떤 흔적이 남아 있으나 이때의 마르크스는 포이어바흐 철학을 초월하였던 새로운 기초를 틀림없이 다졌다. 마르크스의 관점에서 볼 때 이성과 가치를 추상적으로 대립시키고 고립적으로 논술하였던 방법과 입장은 매우 협소했다고 할 수 있다.

---

66 마르크스, 『1844년 경제학과 철학의 친필 원고』, 중국 인민출판사, 2000, 81쪽.

19

'평등' 문제의
역사적 규정 및 그 초월

마르크스의 『고타 강령 비판』은 가장 직접적 의미에서 라살 학파의 관점을 비판하고 청산함으로써 이러한 기회주의적 사조가 독일 노동자 운동에 미치는 소극적 영향을 해소하기 위해 작성되었으나 그 의미는 결코 여기에 그치지 않았다. 즉, 그것은 더 광범위하고 깊은 철학적 함의를 가졌으며, 특히 구상 방식을 위해 본보기를 제공하였다. 이러한 측면까지 깊이 연구해야 우리의 해독은 마르크스의 저서가 내포된 의미적 가능성을 충분히 표현할 수 있다.

『고타 강령 비판』에 관한 마르크스의 '평등' 사상과 구상 방식은 우리가 오늘날의 현실을 깊이 통찰하고 반성하는 데 중요한 시사점을 제공하였다. 그러나 이 장에서는 이것을 언급하지 않고 마르크스의 저서를 재독하려고 함으로써 '역사적 사유'의 특징을 깊이 이해하고 마르크스 철학의 진리를 더더욱 절실하게 파악하며, 또한 우리가 마르크스의 독특한 구상 방식을 습득하기 위해 가능한 경로를 찾아내는 데 목적이 있다.

'평등' 문제는 '부르주아지 권리의 협소한 시야'를 초월하지 않았음

자본주의 역사의 언어 환경 속에서는 '평등'의 가장 원초적 기초가 등가 교환이다. 엥겔스는 "평등의 관념 자체가 역사적 산물이며, 이러한 관념의 형성은 모든 이전의 역사가 필요하므로 예로부터 진리로서 존재한 것이 아니"라고 적절하게 지적하였다.[1] 따라서 "평등의 관념은 부르주아지의 형식이든 프롤레타리아트의 형식이든 나타난다고 해도 모두 역사적 산

---

1 『마르크스 엥겔스 전집』, 제20권, 중국 인민출판사, 1971, 671쪽.

물이라고 할 수 있다. 또한 이러한 관념의 형성은 일정한 역사 관계가 필요하며, 이러한 역사 관계 자체는 오랜 세월로서의 이전 역사를 전제로 한 것이다."[2] 역사로 돌아가지 않았다면 '평등' 문제의 비밀은 밝혀질 수 없었을 것이다.

부르주아지의 변호사들은 항상 '평등'을 초역사적인 추상적 척도로 삼았으며, 그것으로 인류 역사를 판단하였다. 그 결과는 항상 형식적 평등이 사실의 불평등을 덮어씌운 후 기만과 왜곡이 나타나 강렬한 이데올로기적 성질을 가지게 되었다. 사실 '평등' 관념 자체는 본질에서 부르주아지의 이데올로기적 수사라고 할 수 있다.

우리가 역사의 언어 환경으로 돌아간다면 '평등' 문제의 진상은 캄캄하지 않을 것이다. 마르크스는 『유대인 문제에 관한 논의』에서 "사유 재산이라는 인권은 제멋대로이고 남과 상관없으며, 사회적 제약을 받지 않고 자기 재산을 사용·처리하는 권리이며, 바로 이기적인 권리"라고 지적하였다.[3] 그렇다면 '평등'은 무엇일까? 마르크스는 "비정치적 의미에서 평등이 상술한 자유의 평등이며, 즉 사람마다 똑같이 고독한 단원으로 간주할 수 있다"고 하였다.[4] 이러한 의미에서 자유는 상품 경제가 등가 교환 권리를 표현하는 것뿐이라고 할 수 있다. 상품 경제와 자유 교환의 실질은 사유 재산이라는 내재적 기초이기 때문이다. 그것에서 벗어나면 상품 경제와 자유 교환은 반드시 자체의 근원을 상실할 것이다. 그러므로 마르크스는 『정치 경제학 비판』의 원고에서 아래와 같이 밝혔다. 즉, "만약 경제 형식, 즉 교환이 주체 간의 전면적 평등을 확립하였다면 내용, 즉 인간들의 교환을 촉진하는 개인 서류와 물질 자료는 자유를 확립하였을 것이다. 그러므

2　앞의 책, 117쪽.
3　『마르크스 엥겔스 전집』 제1권, 중국 인민출판사, 1956, 438쪽.
4　위의 책, 439쪽.

로 평등과 자유는 교환 가치를 바탕으로 한 교환에서 존중을 받았을 뿐만 아니라 교환 가치의 교환도 모든 평등과 자유의 생산적·현실적 기초이다. 순수한 관념으로서의 평등과 자유는 교환 가치가 교환하는 이상적 표현뿐이다. 평등과 자유는 법적·정치적·사회적 관계에서 발전해 온 것으로서 다른 측면의 기초에 불과하다. 이러한 상황은 역사적으로도 입증되었다."[5] 또한 그는 『자본론』의 제1권에서 '상품이 타고난 평등파'라고 하였다.[6]

상품 생산의 최고 역사적 형식은 자본주의 생산이며, 후자는 필연적으로 농축된 형식으로 전자가 고유한 평등 호소를 충분하고 전형적으로 나타냈다. 그렇다면 자본주의 사회의 평등은 또한 무엇으로 표현되었을까? 마르크스는 『자본론』의 제1권에서 "그들은 서로 상품 소유자로서만 관계되어 등가물로 등가물을 교환한다"고 지적하였다.[7] 이러한 경제 기초의 법적 표현은 바로 부르주아지의 인권 관념이다. 마르크스와 엥겔스가 주장하였듯이 '인권'은 '권리의 가장 일반적 형식'에 불과하다.[8] 이는 바로 마르크스가 언급하였던 "법적 관계가 경제 관계에서 나타났다[9]"는 논리이다. 마르크스는 시민 사회가 국가를 결정하며 이와 마찬가지로 경제 관계가 결과적으로 법권 관계를 결정한다고 주장하였다. 자본주의적 평등은 경제적 평등에서 파생된 정치적 평등과 법적 평등이다. 마르크스는 "노동력을 평등하게 착취하였던 것이 자본의 우선적 인권"이라고 밝혔다.[10] 또한 그는 "자본은 타고난 평등파이며, 즉 모든 생산 분야에서 노동을 착취하는

---

5 『마르크스 엥겔스 전집』, 제46권, 상권, 중국 인민출판사, 1979, 197쪽.
6 『마르크스 엥겔스 전집』, 제23권, 중국 인민출판사, 1972, 103쪽.
7 위의 책, 199쪽.
8 『마르크스 엥겔스 전집』, 제3권, 중국 인민출판사, 1960, 228쪽.
9 위의 책, 1995, 302쪽.
10 『마르크스 엥겔스 전집』, 제23권, 중국 인민출판사, 1972, 324쪽.

조건이 모두 평등한 것이고 그것을 자기의 천부인권으로 요구한다"고 지적하였다.[11] 이 말은 대략적으로 앞의 말에 대한 해석이나 전개로 취급될 수 있다.

이로 인하여 마르크스는 『독일 이데올로기』의 '포이어바흐' 장에서 '자유'와 '평등'이 '부르주아지의 통치 시기에 통치 위치를 차지하였던 개념'으로서 "통치 계급 자체는 스스로 만든 '환상'에 불과하다는 이유"를 쉽게 이해할 수 있다.[12] 상품 생산이 고유한 '평등' 주제와 관념은 자본주의 단계에 이르러야 가장 대표적 상징을 획득하였으므로 '평등'은 '부르주아지의 권리'로서 나타났다. 또한 마르크스는 『고타 강령 비판』에서 '평등'의 진정한 역사적 함의와 '부르주아지의 권리'의 허위성을 밝혀냈다. 그는 평등의 척도가 노동이라고 지적하였다. "생산자의 권리는 그들이 제공한 노동과 비례되며, 평등은 바로 같은 척도인 노동으로 계산된 것이기 때문이다."[13] 엥겔스도 "평등의 관념은 상품 생산에서 인간의 노동의 평등에서 나타났다"고 지적하였다.

마르크스가 주장하였던 이른바 '부르주아지 권리의 협소한 시야'의 역사적 기초는 무엇일까? 노동을 생계 수단으로만 삼았던 시대에 인간의 부 관념이 노동 시간에 대한 점유를 역사적 함의로 삼았으므로 모든 평등은 노동 간의 태환성을 초월할 수 없다. 이 점은 자본주의 시대에만 진실성을 지녔다. 그 이외에 마르크스는 '부르주아 권리의 협소한 시야'의 계급적 근원, 즉 '부르주아지가 영원히 보존하려는 자본주의적 성질'을 밝혔다. 그것의 이데올로기적 수사는 바로 이러한 '부르주아지 권리의 협소한 시야'에 부합하는 그러한 특정한 '평등' 관념이다.

•

11 앞의 책, 436쪽.
12 『마르크스 엥겔스 선집』, 제1권, 중국 인민출판사, 1995, 100쪽.
13 『마르크스 엥겔스 선집』, 제3권, 중국 인민출판사, 1995, 304쪽.

그렇다면 이러한 '부르주아지 권리의 협소한 시야'는 사물을 어떻게 취급하였을까? 마르크스와 엥겔스의 저서는 이에 대하여 모두 언급한 바 있다. 예컨대, 마르크스와 엥겔스는 『공산당 선언』에서 "어떤 사람은 사유제가 소멸되자마자 모든 활동은 정지되고 게으른 풍조도 일어날 것이라고 반박하였다"고 밝혔다.[14] 부르주아지 학자의 이러한 질문은 '부르주아지 권리의 협소한 시야'를 초월할 수 없었다. 그것은 노동이 부담이 아닌 '생활의 제1 수요'로 된 후 게으른 풍조도 사라질 것이라고 상상할 수 없기 때문이다. 또한 자본주의적 수호자들은 항상 상품 경제와 시장 논리를 이른바 '최고의 역사적 성취'[15]로 취급하였으며, 이는 엥겔스가 "그들이 의외로 동물의 자연 상태를 인류 발전의 정상으로 표현하였다"고 풍자적으로 지적하였다.[16] 이러한 비역사적 상상은 마찬가지로 '부르주아지 권리의 협소한 시야'의 표현이다. 그뿐만 아니라 마르크스가 밝혀냈던 그러한 "자유 경쟁을 인간 자유의 궁극적 발전으로 취급하였으며, 자유 경쟁을 부정한 것이 개인 자유를 부정하고 개인 자유를 바탕으로 한 사회적 생산을 부정한 것과 같다"는 '터무니없는 견해'[17]도 '부르주아지 권리의 협소한 시야'가 지닌 특유한 한계성을 나타냈다. 이러한 '협소한 시야'에서 출발한 역사에 대한 잘못된 상상의 실질은 역사의 '일시적 필연성'을 '항구한 필연성'으로 왜곡하였다. 이로 인하여 그것은 "기성의 형식마다 끊임없는 운동, 즉 일시성의 측면에서 이해할 수 없으며, 다시 말하면 현존 사물에 대한 긍정적이고 부정적인 이해, 즉 현존 사물의 필연적 멸망에 대한 이해을 할 수 없

---

14 『마르크스 엥겔스 선집』, 제1권, 중국 인민출판사, 1995, 288쪽.
15 『마르크스 엥겔스 선집』, 제4권, 중국 인민출판사, 1995, 275쪽.
16 『마르크스 엥겔스 선집』, 제3권, 중국 인민출판사, 1995, 624쪽.
17 『마르크스 엥겔스 전집』, 제46권, 하권, 중국 인민출판사, 1980, 160~161쪽.

다."[18] 만약 사물의 긍정적 형식에서 사물의 부정성을 보이지 못한다면 여러 역사적 태도도 야기할 수 있을 것이다.

그러므로 청년 엥겔스는 공산주의적 철저성이라는 입장에 따라 '부르주아지 권리의 협소한 시야'라는 범위 내에 성립된 새로운 평등 형식, 즉 '노동에 따른 배분'에 대하여 거절한 바 있다. 그는 공상적 사회주의 생시몽 학파의 "경제 학설은 흠잡을 데가 전혀 없다는 것이 아니며, 그들의 코뮌의 구성원마다 분배받은 상품은 먼저 그의 작업량, 그 다음으로 그의 재능에 달려 있다"고 작성하였다.[19] 생시몽 학파의 이러한 구상은 바로 '노동에 따른 분배'라는 원칙의 표현이다. 그러나 엥겔스는 즉시 아래와 같이 지적하였다. 즉, "독일 공화주의자인 보르네Ludwig Borne는 이 점을 정확히 반박하였다. 그는 재능에 대한 보수를 발급해 주지 않고 타고난 우수한 조건으로 취급하여야 하며 이에 따라 평등을 회복하기 위해 재능이 있는 사람들이 분배받은 상품의 일부를 빼야 한다고 주장하였다."[20]

'평등' 문제는 공산주의 사회의 첫 단계에서 여전히 의의가 있음

『고타 강령 비판』에서 나타났던 마르크스의 관점에 따르면 평등은 공산주의 사회의 첫 단계에 실현한 방식이나 역사적 표현 형식은 '노동에 따른 배분'이다. 마르크스는 '노동에 따른 배분'이 공산주의 사회의 첫 단계에 실시되어야 할 배분 제도로서 부르주아지 권리의 범주에 속한다고 주

---

18 『마르크스 엥겔스 전집』, 제23권, 중국 인민출판사, 1972, 24쪽.
19 『마르크스 엥겔스 전집』, 제1권, 중국 인민출판사, 1956, 577쪽.
20 위의 책, 577쪽.

장하였다. 상술한 바와 같이 '평등'은 부에 대한 소유 관계에 달려 있었으며, 부는 이때 노동 시간이라는 척도에 달려 있었기 때문이다.

'노동에 따른 배분'이 부르주아지 권리의 범주에 속한다면 마르크스는 『자본론』에서 공산주의 사회를 언급하였을 때 왜 긍정적 의미에서 '노동에 따른 배분' 방식을 확인하였을까? 예컨대, 그는 『자본론』의 제1권에서 '자유인 연합체'에서 "우리는 생산자마다 생활 자료에서 분배받은 배당이 그의 노동 시간으로 결정된 것이라고 가설한다면[21] 노동 시간은 생산자 개인이 공동 노동에서 차지한 배당을 계산하는 척도이므로 생산자 개인이 공동 상품의 개인 소비 부분에서 차지한 배당을 계산하는 척도"라고 지적하였다.[22] 지적해야 할 것은 우선 자본주의 사회의 고용 노동 제도에 비하여 노동에 따른 배분이 역사적 진보라는 것이다. 마르크스도 여기서 '상품 생산과의 대비만 위하여'[23] 이러한 '가설'을 하였다고 명확히 성명하였다. 그 다음으로 마르크스도 일반적 의미에서 '자유인 연합체'는 취하였던 "배분 방식이 사회적 생산 유기체 자체의 특수한 방식과 생산자의 해당 역사 발전 수준에 따라 변하게 된다"고 지적하였다.[24] 물론 마르크스는 고정 불변한 관점으로 가설하지 않았으며, 끊임없는 변화와 완비된 차원에서 공산주의적 배분 방식을 취급하였다. 그는 역사적 조건 자체의 성숙에 따라 '노동에 따른 배분'의 '가설'은 결국 초월될 것이라고 암시하였다. 마르크스는 『독일 이데올로기』에서 '노동에 따른 배분' 방식에 대하여 부정적 평가를 한 바 있다. 즉, "공산주의의 가장 중요하고 사회주의와 다른 모든 반동적 원칙 중의 하나가 바로 인간의 본성에 관한 연구를 바탕으로 한 이

---

21 『마르크스 엥겔스 전집』, 제23권, 중국 인민출판사, 1972, 95~96쪽.
22 위의 책, 96쪽.
23 위의 책, 95쪽.
24 위의 책, 95쪽.

러한 실질적 신념, 즉 인간의 두뇌와 지력 간의 차이는 위장과 육체가 필요한 차이를 근본적으로 일으키면 안 된다는 것이다. 이리하여 '능력에 따라 보수를 계산한다'는 것은 우리의 현행 제도를 바탕으로 한 올바르지 않은 원리(이 원리는 협의적 소비에 관한 것)은 '수요에 따라 배분한다'는 원리로 변해야 한다. 다시 말하면 활동의 차이와 노동의 차이는 소유와 소비 차원의 불평등과 특권을 일으키지 않을 것이다."[25] 여기서 마르크스는 사실 이미 '노동에 따라 배분한다'는 부르주아지 권리의 성질을 지적하였다. '노동에 따른 배분'은 이미 형식적으로 부르주아지의 배분 제도의 범주를 초월하였으나 더 깊은 본질에서 여전히 '부르주아지의 틀'에 국한되었다. 바로 이러한 한계성으로 인하여 마르크스는 그것과 '노동에 따라 배분한다'는 공산주의적 배분 원칙을 대립시켰다. 『자본론』에서 자본주의 사회의 배분 원칙에 대한 '노동에 따른 배분'이 지닌 진보적 성질에 착안하여야 마르크스는 공산주의적 배분 제도를 언급하였을 때 그것을 미래 가능한 배분 방식의 '가설'로 삼았다. 겉으로 볼 때 이 두 가지의 측면은 서로 다른 것 같지만 실제로 역사 자체의 생생한 변증적 성질을 표현하였다고 할 수 있다.

마르크스는 자본주의적 '평등'의 허위성은 형식적 평등과 내용적 불평등이 서로 모순되는 데 있으며, 공산주의 사회의 첫 단계에 이르러 형식적 평등과 내용적 평등은 모순되지 않겠으나 여전히 사실적 불평등을 감출 것이며, 공산주의 사회의 고급 단계에 이르러야 노동 및 그 보수를 지표로 한 '평등'은 실제로 초월할 수 있다고 주장하였다. 마르크스는 결과적으로 '평등'의 모든 가능한 역사적 형식에 대한 초월을 추구하였으나 이러한 초월은 역사 자체의 충분한 발전을 전제로 하여 가능해질 것이다.

●
25 『마르크스 엥겔스 전집』, 제3권, 중국 인민출판사, 1960, 637~638쪽.

마르크스는 자본주의 사회에서 '평등'의 내용과 형식이 서로 모순된 것이라고 지적하였다. 마르크스가 주장하였듯이 "등가물의 교환은 상품 교환에서 평균적으로 존재하고 있다. 개별적 장소에서 존재하지 않았기 때문이다."[26] 이는 등가 교환이 가격의 대등에 불과하고 가치의 대등으로 직접적으로 표현하지 않았으며, 가치 법칙의 실현은 가격과 가치 간의 배치라는 현상을 통하여 완성되었기 때문이다. 등가물 교환의 자본주의적 표현은 바로 노동력이 상품으로 된다는 것이다. "노동력 소유자와 화폐 소유자는 시장에서 만난 후 서로 신분이 평등한 상품 소유자로서 연관되며, 하나가 매수자이고 하나가 매도인이므로 쌍방은 법적으로 평등한 인간이다."[27] 그러나 살아가기 위해 노동력을 팔아먹어야 한다는 것 자체는 강요된다는 것이다. 이는 형식적 평등이 사실적 불평등을 감추었다는 것이다. 이도 마르크스가 자본주의 제도를 '현대 노예제'라고 불렀던 중요한 원인이다. 물론 "고대 세계의 기초는 직접적 강제 노동이었으며, 그 당시의 공동체는 바로 이러한 강제 노동이라는 기초에서 구축된 것이다. 중세기의 기초로서의 노동 자체는 바로 특권이고 일반 교환 가치를 생산한 노동이 아닌 고립되고 분산된 상태에 처했던 노동이었다. 자본주의 사회의 노동은 강제 노동도 중세기의 최고 기구로서의 공동 조직이 하라는 대로 하는 노동도 아니었다."[28] 이러한 의미에서 자본주의적 '평등'은 역사적 진보라고 할 수 있다. 그것은 "부르주아 제도 자체의 위대성"을 나타냈으며, '필연성'이기도 한다.[29] 마르크스의 현명은 그가 '부르주아 제도의 위대성'을 충분히 인정하였으나 이러한 제도의 '일시적으로 존재한 필연성'을 인식하

---

26 『마르크스 엥겔스 선집』, 제3권, 중국 인민출판사, 1995, 304쪽.
27 『마르크스 엥겔스 전집』, 제23권, 중국 인민출판사, 1972, 190쪽.
28 『마르크스 엥겔스 전집』, 제46권, 상권, 중국 인민출판사, 1979, 197쪽.
29 『마르크스 엥겔스 전집』, 제28권, 중국 인민출판사, 1973, 509쪽.

였다는 것이다. 이로 인하여 마르크스는 한편으로 부르주아 제도에 대한 공상적 사회주의, 낭만주의, 나로드니키의 '위대한' 무시를 초월하였으며, 다른 한편으로 부르주아의 '숙명론적 경제학자'[30]도 초월하여 자본주의 제도를 영원하고 필연적 관점으로 간주하였다.

자본주의를 지양한 결과인 공산주의 사회의 첫 단계의 '평등'의 "원칙과 실천은 서로 모순되지 않을 것이다."[31] 이 단계에 이르러 착취, 즉 타인의 노동을 무상으로 점유한다는 것은 더 이상 존재하지 않고 '노동에 따른 배분'은 가능해지며, "생산자의 권리는 그들이 제공하는 노동과 비례할 것이다."[32] 이는 평등의 원칙이 실천의 원칙과 일치함을 결정하였다. 『고타 강령 비판』에서 나타났던 마르크스의 구상에 따르면 공산주의의 첫 단계의 개인 소비품은 여전히 상품 교환의 형식으로 배치될 것이다. 이 단계의 '평등'은 여전히 "같은 척도, 즉 노동으로 계산될 것이다. 이러한 평등한 권리는 여전히 부르주아지의 틀에 국한될 것이다."[33]

마르크스가 주장하였듯이 '부르주아지의 권리'는 공산주의 사회의 첫 단계에 여전히 불가피성을 지닌다. 마르크스는 두 가지의 차원에서 이 점을 제시하였다. 첫째, "우리가 여기서 언급한 이러한 공산주의 사회는 그것 자체를 바탕으로 발전된 것이 아니며, 반면에 자본주의 사회에서 막 생겨난 것이다. 그러므로 그것은 다양한 차원, 예컨대 경제, 도덕, 정신 등 차원에서 여전히 변형된 그 구사회의 흔적을 남기고 있었다."[34] 그러므로 부르주아지의 권리가 고유한 폐단은 "오랜 진통을 겪고 자본주의 사회에

---

30 『마르크스 엥겔스 선집』, 제1권, 중국 인민출판사, 1995, 153쪽.
31 『마르크스 엥겔스 선집』, 제3권, 중국 인민출판사, 1995, 304쪽.
32 위의 책, 304쪽.
33 위의 책, 304쪽.
34 위의 책, 304쪽.

서 막 생겨난 공산주의 사회의 첫 단계까지 불가피한 것이다."[35] 이는 주로 낡은 사회 형태가 미친 영향을 언급한 것이다. 둘째, "권리는 결코 경제 구조 및 그것으로 제약된 문화 발전을 초월할 수 없다."[36] 이는 또한 부르주아지의 권리에 대한 역사적 초월이 경제 기초 자체의 성숙에 의존해야 함을 의미한다. 공산주의 첫 단계에 부합하는 경제 기초는 부르주아지의 권리가 역사적 무대에서 퇴장하는 데 역시 부족하다. 그러므로 마르크스는 『고타 강령 비판』에서 이를 이어서 부르주아지의 권리를 초월할 수 있는 역사적 조건을 밝혀냈다.

'평등' 문제가 시대에 뒤떨어졌는가는 특정한 역사적 조건에 달려 있음

'평등한 권리'는 '부르주아지의 권리'로서 마르크스가 주장하였던 이른바 "어떤 시기에 의미가 있었으나 현재 이미 진담누설이라는 견해에 소속되었음에 불과하다."[37] 그러므로 '평등' 및 그 관념에 대하여 우리는 그것을 특정한 역사적 좌표에 두고 자리매김하여야 한다. 이렇게 해야만 우리는 역사적 함의를 적절하게 파악할 수 있다. 반면에 그것들을 초역사적이고 영구한 필연성과 추상적 소구로 간주한다면 부르주아지의 이데올로기적 함정에 무의식적으로 빠져 버릴 것이다.

역사적으로 볼 때 '평등'의 소구는 단지 노동의 소외라는 성질과만 관계된다고 할 수 있다. 마르크스는 『친필 원고』에서 "노동이 국민 경제학에

---

35 앞의 책, 305쪽.
36 위의 책, 305쪽.
37 위의 책, 306쪽.

서 생계 수단의 형식으로만 나타난다"고 언급하였다.[38] 노동은 국민 경제학의 언어 환경 속에서 부르주아지의 경제학자들이 그것을 생계 수단으로 간주하였던 상상을 초월하지 못하였다. 이는 결과적으로 노동이 자본주의 시대가 고유한 소외라는 성질로 결정되기 때문이다. 마르크스는 『제임스 밀James Mill의『정치 경제학 원리』의 요약』에서 생계 수단으로서의 노동을 언급한 바 있다. 그는 아래와 같이 작성하였다. "생계를 위한 노동은 다음과 같은 네 가지를 포함한다. 즉, (1) 노동의 주체에 대한 노동의 소외와 우연적 관계 (2) 노동의 대상에 대한 노동의 소외와 우연적 관계 (3) 노동자의 사명은 사회적 수요를 결정하지만 사회적 수요는 그에게 반대파이자 강제적인 것이다. 그는 이기적 수요와 빈곤 때문에 이러한 강제에 복종해야 하며, 또한 그에 대하여 사회적 수요의 의미는 그것이 그의 직접적 수요를 만족시키는 데 원천뿐이다. 이와 마찬가지로 사회에 대하여 그의 의미는 사회가 필요한 노예뿐이라고 할 수 있다. (4) 노동자 개인의 생존 유지는 그의 활동의 목적으로 표현되고 그의 현실적 행동은 수단적 의미만 지녔으며, 그가 살아 있는 것은 생활 물자만 도모하는 것이다."[39] 이는 사실 마르크스가 『친필 원고』에서 언급하였던 소외된 노동의 네 가지 규정과 유사하다. 생계 수단으로서의 노동은 실질적으로 소외된 노동이기도 한다. 이러한 의미상의 노동은 육체적 차원에서 인간의 존재를 인정하였으나 인간의 본질과 적대적이다. 이리하여 불가피한 결과는 아래와 초래되었다. 즉, "노동이 노동자에게 외재적인 것이며, 즉 그의 본질이 아닌 것이다. 그러므로 그는 노동에서 자기를 인정하지 않고 부정하였으며 행복해하지 않고 불행해하였으며, 자기의 체력과 지력을 자유롭게 발휘하는 반면에 육체를 괴롭히고 정신을 학대하였다. 이로 인하여 그의 노동은

---

38 마르크스,『1844년 경제학과 철학의 친필 원고』, 중국 인민출판사, 2000, 14쪽.
39 위의 책, 175쪽.

자원한 것이 아니고 강요를 당한 강제적 노동이다. 따라서 이러한 노동은 수요를 만족시키는 것이 아니고 노동 외의 그러한 수요를 만족시키는 수단뿐이라고 할 수 있다. 또한 그의 활동은 남에 속하지 않고 그 자신의 상실이라고 할 수 있다."[40]

생계 수단으로서의 노동은 인간의 소외와 내재적이고 떼려야 뗄 수 없는 관계가 있다. 인간의 소외에 대한 역사적 지양은 생계 수단으로서의 노동이 역사적으로 초월되었음을 의미하기도 한다. 마르크스는『고타 강령 비판』에서 "노동은 이미 생계의 수단만이 아니"라고 하였다. 이는 생계 수단으로서의 노동의 의미가 경험적 측면에서 결코 초월될 수 없음을 설명하였다. 이 때문에 마르크스는 노동이 "인류 생활의 영구한 자연 조건이기 때문에 인류 생활의 모든 형식에 따라 변하지 않을 것"이라고 하였다.[41] 사실 이는 공산주의의 이상적 목표가 지닌 초월성을 특별히 나타냈다.

마르크스는 "설마 경제 관계는 법적 관념으로 조절된 것인가? 법적 관계는 경제 관계에서 파생된 것이 아닌가?"라고 질문하였다.[42] 이는 사법권적 관념이 시대에 뒤떨어졌음을 의미하며, 결과적으로 그것이 의존한 경제 기초가 존재하는가에 달려 있다. 공산주의 사회의 '평등' 문제가 초월할 수 있는 역사적 조건에 대하여 마르크스는 아래와 같은 세 가지의 측면에서 제시하였다. 즉, "공산주의 사회의 고급 단계에 개인이 노예처럼 분업에 복종하는 상황은 사라지고 정신 노동과 육체 노동 간의 대립도 따라서 사라질 것이며, 노동은 생계의 수단뿐만 아니라 자체도 생활의 제1 수요가 될 것이며, 개인의 전면적 발전에 따라 그들의 생산력도 향상되어 집단 재부의 모든 원천도 충분히 나타날 때, 그럴 때에 이르러야 부르주아지 권

---

40 앞의 책, 54~55쪽.
41 『마르크스 엥겔스 전집』, 제23권, 중국 인민출판사, 1972, 208쪽.
42 『마르크스 엥겔스 선집』, 제3권, 중국 인민출판사, 1995, 302쪽.

리의 협소한 시야를 완전히 초월하고 사회적 깃발에서 '각자의 능력에 따라 일하고 수요에 따라 배분한다'는 것을 기입할 수 있다."[43] 이는 생산 관계, 노동의 성질 및 생산력 등 측면에서 모든 '평등' 관념을 포함한 '부르주아지의 권리'의 역사적 조건을 역사적으로 초월하고 변증법적으로 지양한 것으로 밝혀졌다. 이것도 "권리가 사회의 경제 구조와 경제 구조로 제약된 사회의 문화 발전을 결코 초월하지 못하였던 이유"를 설명하였다.[44] 노동의 성질과 변천을 보면 공산주의적 조건으로서의 노동은 노동자에게 더 이상 부담이 아닌 즐김이 되었음을 알 수 있다. 이는 엥겔스가 지적한 바와 같이 공산주의적 조건으로서의 "생산 노동은 모든 인간들에게 전면적 발전과 자기의 전부, 즉 체력적인 능력과 지력의 표현 기회를 제공함으로써 인간을 혹사히 부리지 않고 해방하는 수단이 되었으므로 부담에서 쾌락으로 변하게 될 것이다."[45] 공산주의 이전의 사회에서 노동과 향락은 대립되었으며, 향락은 반드시 노동에서 도피하거나 벗어버린다는 것을 전제로 하고 안락과 여유를 의미하였다. 예컨대, 노예 사회에서 "노동은 자유인에게 치욕이라고 할 수 있었다."[46] "공산주의자가 주장하였듯이 노동과 향락이 대립하는 기초가 사라졌다면"[47] 부르주아지 학자들의 상상, 즉 일단 사유제가 없어진다면 인간들은 보편적 게으름에 불가피하게 빠져 버린다는 것은 아무런 역사적 근거도 없었을 것이다. 이는 마르크스가 언급한 바와 같이 "즐거운 게으름'도 가장 저속한 부르주아지의 관점이라는 것이다."[48]

●

43 앞의 책, 305~306쪽.
44 위의 책, 305쪽.
45 『마르크스 엥겔스 전집』, 제20권, 중국 인민출판사, 1971, 318쪽.
46 엥겔스 지음, 정이리 옮김, 『자연변증법』, 중국 생활·독서·신지 삼련서점, 1950, 374쪽.
47 『마르크스 엥겔스 전집』, 제3권, 중국 인민출판사, 1960, 239쪽.
48 위의 책, 239쪽.

마르크스가 구상하였던 '집단적이고 생산 수단의 공유를 바탕으로 한 사회'[49], 즉 '그것은 자유로운 연합 노동의 형식'이며[50], 이는 '자유인의 연합체'의 또 다른 견해, 즉 '진정한 공동체'에 불과하다. 다시 말하면 보편적 이익과 특수한 이익 간의 관계의 외재성은 이미 역사적으로 극복되고 개인 노동과 사회 노동 간의 전환은 상품 교환의 형식이라는 매개 부분을 통하여 이루어질 필요도 없고 "생산자가 자기의 상품을 교환하지 않고 제품을 생산하는 노동도 여기서 이러한 제품의 가치와 이러한 제품이 가진 어떤 물적 속성으로 표현되지 않기 때문이다. 그 이유는 이때 개인 노동은 자본주의 사회와 달리 우여곡절을 겪을 필요도 없고 노동 전체의 구성 부분으로서 존재할 것이다."[51] 다시 말하면 "개인 노동은 처음부터 사회적 노동이었다."[52] 이때 사회 구성원은 "공공 생산재로 노동하고 수많은 개인 노동력을 사회적 노동력으로 자각적으로 이용하게 하였기 때문이다."[53] 그 역사적 결과는 '노동 소득'이라는 용어 자체가 그것의 역사적 적절성을 상실하기 때문에 '모든 의미도 없어질 것이다'.[54] 이미 이렇게 된 바에야 '노동에 따른 배분'은 이미 현실성과 합리성을 가지지 않고 구현된 '평등' 소구도 의미가 없을 것이다.

마르크스의 구상에 따라 성숙한 공산주의적 조건하에 '재부'의 상징은 더 이상 노동 시간이 아닌 여유 시간의 다과이다. 그러므로 현재의 공산주의 사회에서 공산주의 사회의 고급 단계로 넘어간 후 '재부'의 척도도 이에 따라 역사적으로 변하게 될 것이다. 즉, 노동 시간의 다과에서 자유롭

---

49 앞의 책, 303쪽.
50 위의 책, 101쪽.
51 위의 책, 303쪽.
52 『마르크스 엥겔스 전집』, 제46권, 상권, 중국 인민출판사, 1979, 119쪽.
53 『마르크스 엥겔스 전집』, 제23권, 중국 인민출판사, 1972, 95쪽.
54 『마르크스 엥겔스 선집』, 제3권, 중국 인민출판사, 1995, 303~304쪽.

게 지배된 시간의 다과로 전환될 것이다. 예를 들면 마르크스는 "그때 재부의 척도는 결코 노동 시간이 아니고 자유롭게 지배될 수 있는 시간"이라고 언급한 바 있다.[55] 그러므로 역사적 비교 대상의 전환에 따라, 즉『포이어바흐』에서 나타났던 마르크스의 이른바 "변증법적 유물론적 입각점이 인류 사회나 사회적 인류이며," 이는 구유물론적 입각점이 시민 사회라는 것과 다르다는 것, 즉 부르주아지 권리의 협소한 상상은 바로 시민 사회라는 비교 대상에 입각한 결과이고 '재부'의 낡은 개념도 따라서 초월되었다. 이로 인하여 시대에 뒤떨어진 재부관과 재부의 배분 방식을 바탕으로 나타난 '평등' 문제도 의미를 상실하였다. 그러므로 공산주의라는 이상적 사회에 대하여 '평등'과 '권리'는 모두 시대에 뒤떨어진 범주이다. 따라서 마르크스의 언어 환경 속에서 '평등' 관념이 역사적 규정뿐이며, 영구한 의미를 지니지 않았다. 이 점을 실현할 수 있는 역사적 조건은 바로 마르크스가『자본론』의 제3권에서 밝혔던 "노동 시간의 축소가 근본적 조건"이라는 것이다.[56] 이는 결국 생산력의 향상에 달려 있다.

'평등'은 본질에서 공산주의 이전의 개념뿐이며, 생계 수단으로서의 노동과 노동 시간을 척도로 한 '재부'는 공산주의 이전의 언어 환경 속에서만 상상될 수 있듯이 '평등'과 '불평등' 및 양자의 관계로 하여금 문제가 된다는 문제 영역 자체는 바로 역사적 규정이며, 초시대적 영구한 의미를 지니지 않았음을 알 수 있다. 공산주의 사회의 고급 단계에 대하여 '평등'은 시대에 뒤떨어진 개념이고 '평등' 문제는 의미가 상실되는 문제라고 할 수 있다. 성숙한 공산주의적 조건하에 '평등' 문제와 이른바 '불평등' 문제는 모두 존재하지 않고 양자 및 그 대립이 유효한 역사적 언어 환경 자체를 근본적으로 초월하였다.

•
55 『마르크스 엥겔스 전집』, 제46권, 하권, 중국 인민출판사, 1980, 222쪽.
56 『마르크스 엥겔스 전집』, 제25권, 중국 인민출판사, 1974, 927쪽.

마르크스는 '화폐의 폐지'를 언급하였을 때 아래와 같이 지적하였다. "화폐가 폐지된다면 인간들은 아마 생산 수준이 가장 낮은 단계로 후퇴되거나 더 높은 단계로 발전해 나갈 것이다. 이러한 단계의 교환 가치는 더 이상 상품의 가장 중요한 규정이 아니었다. 교환 가치를 비롯한 일반적 노동은 공통성을 간접적으로 획득하는 개인 노동으로만 표현하지 않을 것이기 때문이다."[57] 후자의 가능성은 도대체 어떻게 이루어질 것인가, 즉 "더 높은 단계로 발전해 나간다"는 것은 결국 생산력의 발전과 이로 결정된 역사의 성숙 수준에 달려 있다. 사회주의 실천의 경험과 교훈을 반성하면 우리가 역사 단계를 초월하는 근거 없는 발전을 추구한 것은 초래한 역사적 결과가 부정적이고 심지어 파국적이라고 쉽게 밝혀낼 수 있다. 이론적 편차는 그것으로 인한 실천적 반응 때문에 확대되거나 강화될 것이다. 우리는 '노동에 따른 배분'과 '평등' 소구의 초월 문제에 대하여 역사적 경험을 살펴보아야 한다.

'평등' 문제에 대한 마르크스의 구상 방식 및 그 시사점

마르크스는 『고타 강령 비판』에서 '노동'과 '사회'를 초역사적이고 추상적으로 논의하였던 방법을 단호히 반대하였다. 그는 "'노동'과 '사회'를 대략적으로 논의하면 안 되며 여기서 현재의 자본주의 사회가 최종적으로 물질적이고 다른 조건을 어떻게 만듦으로써 노동자들이 이러한 역사적 재난을 해소해야 할 수 있는지를 분명히 증명하여야 한다"고 특별히 지적하

---

[57] 『마르크스 엥겔스 전집』, 제46권, 상권, 중국 인민출판사, 1979~165쪽.

였다.[58] 여기서 우리는 마르크스가 자기의 실질적 구상에서 구현한 그러한 거대한 역사성을 쉽게 이해할 수 있다. '평등' 문제에 대한 마르크스의 '역사적 사유'는 마찬가지로 '거대한 역사성'을 표현하였다.

이전의 사람의 사상에 비하여 마르크스의 구상 방식이 가장 뚜렷한 특징은 바로 '역사적 사유'이다. '평등'에 대한 마르크스의 사고를 통하여 우리는 이러한 구상 방식이 역사성, 초월성 및 철저성이라는 특징을 지녔음을 알아차릴 수 있다.

첫째, 마르크스는 항상 문제 자체가 성립된 인간의 존재론적 근원을 탐구하였다. 마르크스는 모든 이데올로기 자체에 관한 자족적 설명과 해석을 하지 않고 세속적 기초를 밝힘으로써 그것을 역사적 문제로 귀결하였다. 이는 마르크스의 '역사적 사유'의 근본적 전제를 구성하였다.

둘째, 마르크스는 항상 역사적 초월에서 미래의 가능성을 파악하였다. 즉, 미래를 예기할 때 '부르주아지의 틀'[59]에 국한되지 않고 '부르주아지 권리의 협소한 시야'[60]를 초월하였다고 할 수 있다. 더더욱 솔직히 말하면 마르크스는 '평등'이 공산주의 사회의 고급 단계에 이루어지지 않고 시대에 뒤떨어질 것이라고 주장하였다. 여기서 함축된 비교 대상은 그러한 현존 상황을 바탕으로 확립된 척도가 아닌 미래를 향한 활짝 여는 가능성이다.

마르크스의 구상 방식이 구현된 '역사성'은 헤겔의 사유 방식과 다르다. 그것은 인간의 현존성을 바탕으로 구축된 것이고 인간의 감성적 활동 자체라는 원초적 기초가 고유한 진실한 시간성으로 파생된 것이며, 본연지성과 원시적 특성을 지녔기 때문이다. '변증법적 유물론적 입각점'은 '인

---

58 『마르크스 엥겔스 선집』 제3권, 중국 인민출판사, 1995, 300쪽.
59 위의 책, 304쪽.
60 위의 책, 306쪽.

류 사회나 사회적 인류인 이상'[61] 마르크스가 주장하였던 실천적 유물론은 반드시 '후부터의 사고'이고 우리는 이러한 '후부터의 사고'라는 방법론적 함의를 자세히 이해해야 한다. 이와 완전히 달리는 포이어바흐의 직관적 유물론이 '시민 사회'의 차원에 착안하여 현존 사물에 대한 '올바른 해석'에 국한되었듯이 그러한 구상의 비교 대상을 "부르주아지 권리의 협소한 시야"에 얽매인 관점은 초연한 자태로 '평등' 문제를 취급할 수 없다.

『고타 강령 비판』에 대한 마르크스의 비판은 우리에게 도리를 알려 주었다. 즉, 현황을 바꾸지 않고 모든 현존 상태를 비교 대상으로 한 상상과 제기되었던 평등 소구는 모두 헛소리가 될 것이며, 심지어 부르주아지에 이로운 위선적 구호로 전락하고 말 것이다. 마르크스의 주장에 따르면 우리는 '평등' 문제를 반성할 때 문제가 유효한 역사적 언어 환경을 초월하고 미래의 가능성을 고려해야 하며, 기존의 언어 환경에 국한되어 '각주구검' 식으로 미래를 상상하고 예측하면 안 될 것이다.

셋째, 마르크스의 비판은 문제를 해결하지 않고 해소하는 맥락에 따라 사고되었다. 즉, 그는 문제가 성립되는 조건 자체를 해석하고 전복하는 데 힘썼으므로 발본색원식의 해결 방식이다. 이러한 조건은 논리적이고 역사적인 것이다. 논리적 조건은 마르크스가 철학에서 밝혔던 것이며, 역사적 조건은 인간의 실천 활동을 통하여 실제로 해석하였던 것이다. 이러한 탈구축은 결국 사변적 활동이 아닌 철학적 자각을 통하여 인간의 실천 자체에 호소하였던 힘이다. 어쨌든 탈구축 자체는 바로 역사적 활동이며, 의식과 관념적 활동이 아니다. 이는 바로 마르크스의 비판적 철저성이다.

'평등' 문제에 착안하였던 마르크스의 철저성은 '평등' 문제를 해결하지 않고 '평등' 문제를 파생시킨 그러한 역사적 조건 자체조차도 모두 역사적

---

61 『마르크스 엥겔스 선집』, 제1권, 중국 인민출판사, 1995, 57쪽.

으로 초월하였다는 것이다. 마르크스는 "각 계급의 평등이 아니며, 즉 이 것은 황당한 논리이고 실제로 해낼 수 없으나 계급을 소멸하는 것은 프롤레타리아트 운동의 진정한 비밀"이라고 지적하였다.[62] 계급이 존재하는 조건은 바로 불평등이다. 계급이 존재하는 전제하에 계급 간의 평등을 추구한다는 것은 나무에 올라 물고기를 구하는 것과 다름없다. 그러므로 마르크스는 계급의 소멸 자체, 즉 계급이 존재하는 그러한 역사적 조건을 소멸하기 위해 애써 왔다.

프롤레타리아트의 역사적 임무는 결코 평등을 추구하고 불평등을 거절한 것으로 천박하게 이해될 수 없다. 그렇지 않다면 그 당시 마르크스가 비판하였던 프루동의 실수, 즉 경제적 범주에 대하여 "해결해야 할 문제는 좋은 것을 보존하고 나쁜 것을 제거한다는 것"을 할 것이다.[63] 프루동은 "좋은 것과 최고의 행복의 진정한 목적은 바로 평등"이라고 주장하였다.[64] 그러나 이는 마르크스와 지적한 바와 같이 "서로 모순된 두 가지의 공존, 투쟁 및 융합으로 이루어진 새로운 범주는 바로 변증법적 운동이다. 누가 나쁜 것을 제거한다는 문제를 제시하면 변증법적 운동을 바로 차단할 것이다."[65] 평등과 불평등 간의 관계 및 그 선택에서도 이와 같은 문제가 존재하지 않을까? 우리는 도대체 진정한 변증법적 운동을 고수해야 할 것일까? 아니면 프루동식의 허위 변증법적 절차를 밟아야 할 것일까? 마르크스의 변증법은 실천을 원초적 기초로 하는 역사적 변증법이므로 결코 한 사물의 운명을 선험적으로 단언하지 않고 이러한 사물이 자신의 합법성을 상실한 역사적 한계 조건을 밝혀내는 데에 착안하였다는 것이다. 평

---

62 『마르크스 엥겔스 전집』, 제16권, 중국 인민출판사, 1964, 394쪽.
63 『마르크스 엥겔스 선집』, 제1권, 중국 인민출판사, 1995, 143쪽.
64 위의 책, 149쪽.
65 위의 책, 144쪽.

등과 불평등 및 양자 간의 모순에 대하여 마르크스는 이러한 입장, 즉 평등과 불평등 간의 공동 극복과 초월을 추구하는 것을 똑같이 견지하였다. 이로 인하여 마르크스는 "계급 차별의 소멸에 따라 이러한 차별로 인한 모든 사회적·정치적 불평등도 스스로 사라질 것"이라고 하였다.[66] 이러한 불평등의 '자동적 소실'은 평등 자체가 의미를 지닌 그러한 역사적 조건이 초월되었음을 의미한다. 엥겔스가 정확히 지적하였듯이 "평등이 불평등과의 대립에서만 존재하고 정의가 비정의와의 대립에서만 존재하였으므로 그것들은 이전 역사와의 대립에서 벗어나지 못하였다. 즉, 그것들은 구사회 자체에서 벗어나지 못하였다."[67] 이는 불평등을 극복하려면 평등과 불평등 간의 대립 자체를 극복해야 하며, 전제성을 지닌 것은 이러한 관계가 성립하는 유효한 특정한 역사적 언어 환경을 초월하여야 한다는 것이다. 계급 관계를 사례로 하여 예컨대 프롤레타리아트의 역사적 해방을 언급하였을 때 마르크스는 "프롤레타리아트가 승리한 후 아무리 해도 사회의 절대적 역량이 될 수 없으며, 자기와 적대 세력을 소멸하여야 승리할 수 있기 때문"이라고 명확히 지적한 바 있다.[68] 이처럼 프롤레타리아트의 역사적 해방은 결코 복수 행위와 '주인과 노예의 관계'의 뒤바꿈이 아니다. 만약 그렇다면 프롤레타리아트는 바로 협소한 계급일 것이다. 반면에 프롤레타리아트가 역사적 협소성을 초월하였던 이유는 바로 그것의 해방이 온 인류의 해방을 절대적인 전제로 한 것이며, 또한 자체를 포함한 모든 계급이 성립하는 조건 자체를 극복하였던 것이다.

이처럼 엥겔스도 『고타 강령』에서 나타났던 '평등' 소구를 비판하였으며, 『아우구스트 베벨에게의 편지』(1875년 3월 18~28일)에서 "모든 사회적·

---

66 앞의 책, 311쪽.
67 『마르크스 엥겔스 전집』, 제20권, 중국 인민출판사, 1971, 670쪽.
68 『마르크스 엥겔스 전집』, 제2권, 중국 인민출판사, 1957, 44쪽.

정치적 불평등을 해소하는 것'으로 '모든 계급적 차별을 소멸하는 것'을 대체한다는 것도 문제가 된다"고 지적하였다.[69] 그가 주장하였듯이 탈자본주의 사회에서 '평등'은 시대에 뒤떨어진 구호라기 때문이다. "사회주의 사회를 평등한 왕국으로 취급한다는 것은 '자유, 평등, 박애'라는 낡은 구호를 근거로 한 일방적인 프랑스인의 견해이다. 이러한 견해는 그때 그 지역의 일정한 발전 단계의 것으로서 옳은 것이었으나 이전의 각 사회주의 학파의 일방적 특성과 같이 현재도 극복되어야 하며, 이는 사상적 혼란만 초래하고 이러한 문제를 해석하는 더 정확한 방법도 이미 나타났기 때문이다."[70] 엥겔스의 이러한 판단은 『고타 강령 비판』에서 나타난 마르크스의 관점과 분명히 일치한다.

따라서 '역사적 사유'라는 구상 방식에서 논리적 완비성은 역사적 변증법이나 실천적 변증법으로만 귀결될 것이라고 할 수 있다. 이것도 마침 마르크스의 독특한 구상 방식이 우리에게 제시하였던 가장 중요한 시사점이다.

---

69 『마르크스 엥겔스 선집』, 제3권, 중국 인민출판사, 1995, 325쪽.
70 위의 책, 325쪽.

20

**마르크스 문맥에서의
'자주 활동'**

마르크스철학의 중요한 범주로서 자주 활동은 일정한 의미에서 '홀로그램'과 같으며, 마르크스철학의 모든 비밀리에 '자주 활동'이라는 범주가 마르크스 철학에서 중요한 위치와 의의를 무시하는 것은 유해한 것이다. 왜냐하면 그것은 우리가 마르크스의 자유관의 역사적 함축, 마르크스인의 역사 해방사상 및 마르크스철학의 궁극적인 역사적 목표를 심각하고 전면적으로 파악하는 것을 방해하기 때문이다. 중국 학계의 최근 30년간 '자주 활동' 문제에 관한 연구 성과 중 가장 주목할 만한 것은 황커지엔黃克劍의 〈'개인의 자주 활동'과 마르크스 역사관〉(『중국사회 과학』 제5기, 1988)과 장이빙張一兵의 『마르크스 역사 변증법의 주체 향도向度』(중국 허난인민출판사 1995년판)에서의 '자주 활동'으로, 주체적 지위를 측정하는 새로운 과학적 척도'라고 하였다. 마르크스에 있어서 자주 활동은 의심할 여지없이 역사의 범주이며, 일종의 역사 규정이다, 그것을 특정한 역사적 문맥(마르크스 사상의 진화사를 포함, 인류 사회 자체의 발전사를 포함)에 놓아야만, 그것에 대한 해석은 충분하고 구체적이며, 그래야 진실한 것이다. 다른 문제들을 분석하고 고찰하는 것과 마찬가지로 마르크스의 인간의 자주적 활동에 대한 탐구는 그 특유의 '역사적 사유'의 구상 방식을 보여 준다.

마르크스 '자주 활동' 범주의 사상사적 맥락

어떤 의미에서 사상 구축 과정에서의 한 범주의 내력을 명확히 하는 것은 그 함의를 이해하는 것이기도 하다. 자주적인 활동을 마르크스 사상의 생성 과정에 되돌려 터득하는 것은 그 규정성을 파악하는 데 필요한 길이다. 마르크스의 평생 사상적 진화 맥락을 돌아보면 정신적 원칙과 육체적 원칙의 투쟁(중학교 시절)→기존과의 대립(대학 시절)→인간의 소외→본질과 존재의 분열(『1844년 경제학 철학 원고』)→우연한 개인과 개성의 개인과의 차이(『독일 이데올로기』)→특수 이익과 보편적 이익의 모순을 지양하는 자유인 연합체(<공산당 선언>)→인간의 자유로운 개성을 특징짓는 사회형태(『1857~1858년 경제학 원고』)→자유 왕국(『자본론』)이라는 단서를 찾을 수 있다. 논리적으로 말하면 정신적 원칙과 육체적 원칙의 통일 또는 기존과의 통일이 있어야 한다는 것은 자주 활동의 사변에 지나지 않는다는 것인데, 자주 활동은 이러한 통일로 전개된 규정으로, 그것은 개인의 자유와 부류의 자유 사이의 대립을 역사적으로 지양하는 것을 의미하며, 이러한 지양의 실천적 특징이다.

『독일 이데올로기』 '포이어바흐' 장에서 마르크스는 'Selbstbet tigung'[1]에 대해 비교적 많이 조사하고 밝혀냈다. 실제로 마르크스의 『1844년 경제학 철학원고』는 5곳에서 비슷한 표현을 썼다. ('자주 활동'으로 번역됨. 『1844년 경제학 철학 원고』 리우피쿤劉조坤) 번역본(중국 인민출판사 1979)과 『마르크스 엥겔스 전집』 제42권 중국어본 제1판에 수록된 『원고』 모두 '자아 활동'으로 번역하였다. 지위샹紀玉祥은 『<1844년 경제학-철학 원고』 일부 번역문 검토>에서 다음과 같이 주장하였다. "당시 마르크스의 미래 시대 사람들의 활동에 대한 이상은 모든 강제성, 노예성, 단순한 생계 고려에서 벗어나 자유롭고 의식적인 활동이라고 생각했다. 그래서 Selbstt tigkeit을 '자아 활동'이나 '자기 활동'이라고 번역하는 것도 마르크스의 이런 이상을 대변하기엔 부족하다. 마르크스의 당시 사상을 연계해 자주적 활동으로 번역해야 할 것 같다."[2] 이 의견이 옳은 것이다. 1980년대 이후 중국어 번역본은 모두 '자주 활동'으로 개역됐다. 예를 들어, 『1844년 경제학 철학

---

1 '자주 활동', 궈모뤄郭沫若의 번역본에 '자아 활동'이라 함. 데이비드 보리소비치 량차노프 주편, 샤판 편역, 『량차노프판 <독일 이데올로기 페르바하>』, 중국 난징대학교 출판사, 2008, 175, 176쪽 참조. 영역 self-activity.
2 『역사 유물주의 연구』, 제2집, 중국 사회과학문헌출판사, 1987, 235~236쪽.

원고』, 중국 인민출판사, 1985, 2000, 『마르크스 엥겔스 선집』, 제1권, 중국 인민출판사, 1995, 『마르크스 엥겔스 전집』, 제3권, 중국어 제2판, 『마르크스 엥겔스 문집』, 제1권, 중국 인민출판사, 2009 등이고, 영역英譯은 spontaneous activity이다. 『형태』는 의심할 여지 없이 『원고』의 주제를 전개하고 심화시켰으며, 이는 공산주의가 반드시 실천에 호소해야 한다는 비판의 단면을 전형적으로 보여 준다. 만약 『원고』에서의 '공산주의'가 주로 철학으로서의 형이상학적 규정으로 확인된다면, 그럼 『형태』에서 '공산주의자'는 '실천적 유물론자'와 동일시되고, 그 사명은 마르크스가 현존 세계를 혁명화시켜 현존하는 것을 실질적으로 반대하고 변화시키는 것으로 해석된다.[3] 이것은 두 텍스트 사이에 "직접적인 내적 관계가 있다"는 것을 나타낸다.[4] 또한, 하나의 분명한 연결고리는 '자주 활동'의 범주 및 관련 사상에 있다. 마르크스는 『원고』에서 인간 소외의 역사적 생성과 역사적 해소에 대해 『형태』가 자주 활동에 대한 설명을 전개하는데 중요한 기초를 마련하였고, 『형태』의 자주 활동에 대한 천명은 『원고』의 관련 관점을 이치에 맞게 풍부하게 하고 심화시킨 것이다.

『원고』에서 마르크스는 종교가 만든 '인간 심령의 자주 활동'의 허위성을 폭로했는데, 이런 표면적인 자주 활동은 인간 이기화異己化의 관념적 차원에 불과하기 때문이었다. 포이어바흐는 "종교 소외 속에서 인간의 본질은 인간의 존재와 서로 분리된다"고 밝힌 바 있는데,[5] 그렇다면 마르크스는 이를 바탕으로 인간의 이러한 분열의 세속적 측면에서의 특징과 종교적 소외에 대한 근원성을 밝혀냈다. 마르크스가 『포이어바흐에 관한 개

---

3   마르크스, 엥겔스, 『독일 이데올로기(발췌본)』, 중국 인민출판사, 2003, 19쪽.
4   치 량쓰후터, J.P. 마이어, 「마르크스 초기 저작이 마르크스 학설의 새로운 이해에 대한 의미」, 『1844년 경제학 철학 원고 연구(문집)』, 중국 후난인민출판사, 1983, 285쪽.
5   조너던 울프, 돤종차오 옮김, 『오늘날 왜 마르크스를 공부해야 하는가』, 중국 고등교육출판사, 2006, 22쪽.

요』에서 말했듯이 "포이어바흐는 종교 세계를 세속적 기반으로 돌리는 일을 한다. 그는 이 일을 다 한 후에, 주요한 일은 아직 하지 않았다는 것을 알아차리지 못했다. 왜냐하면 세속 기반이 자신을 자신으로부터 분리시키고 구름 속에서 하나의 독립 왕국으로 고착시킨다는 이 사실은 이 세속 기반의 자기 분열과 자기 갈등으로만 설명될 수밖에 없기 때문이다."[6] 마르크스의 독특한 공헌은 유추를 통해 도출된 '노동자 활동'의 분석, 즉 '노동자의 활동'은 그의 자주적인 활동이 아니다. 그의 활동은 다른 사람의 것이며, 이러한 활동은 그 자신의 상실이다.[7] 강요된 강제 노동에서 노동자의 활동은 기껏해야 자율적인 활동의 허울뿐인 경우가 많기 때문이다. 노동이 일단 타율 상태로 전락하면 마르크스의 이른바 '이기적異己的 활동'일 뿐이다. 마르크스는 『원고』에서 '자주적 활동'과 '이기적 활동'을 대칭적으로 표현했다.[8] 마르크스는 이로부터 종교 비판으로부터 사회 비판이라는 '격식의 탑'으로 변모하였다. 그리고 그 중의 중요한 점은 마르크스가 포이어바흐가 '인간의 자기 소외의 신성한 형상' 폭로라는 종교 비판 임무를 완수하고, 나아가 "비신성적 형상을 지닌 [인간의] 자기 소외 폭로"라는 "역사에 봉사하는 철학의 절실한 임무"를 완성하였다는 것이다.[9]

마르크스는 『원고』에서 이미 지적한 바가 있다. "여기에서(시민 사회를 가리킴 - 인용자) 어떤 개인도 여러 가지 필요의 총체이며, 또한 모든 사람이 서로 수단으로써 개인은 남을 위해서만 존재하며, 다른 사람도 그를 위해서만 존재한다."[10] 사람과 사람 사이에 서로 다른 사람과 도구가 되는 이

---

6 『마르크스 엥겔스 선집』, 제1권, 중국 인민출판사, 1995, 59쪽.
7 마르크스, 『1844년 경제학 철학 원고』, 중국 인민출판사, 2000, 55쪽.
8 위의 책, 55쪽 참조.
9 『마르크스 엥겔스 선집』, 제1권, 중국 인민출판사, 1995, 2쪽.
10 마르크스, 위의 책, 134쪽.

러한 관계의 가장 큰 특징은 바로 외재성外在性과 이기성異己性에 있다. 개인으로서의 자율성을 상실케 하는 역사적 전제다. 이 전제 자체의 생성은 두 가지 요인에 달려 있는데, 하나는 사실로서 분업과 발전의 결과이고, 다른 하나는 현상으로서 인간의 개인과 유형의 분열이라는 논리적 근거의 표현이다. 사람의 소외 상태는 사람의 자주적인 활동을 일종의 허상으로 전락시킨다. 이에 대해 마르크스는 다음과 같이 지적했다. "우리는 이미 노동을 통해 자연을 점유하는 노동자들에 대해서 소유는 소외로, 자주 활동은 타인을 대신하는 활동과 타인을 나타내는 활동으로, 생명의 활약은 생명의 희생으로, 대상의 생산은 대상의 상실로, 이기적異己的인 힘과 이기적인 사람의 소유로 전락하는 것을 보았다."[11] 이런 자주와 비자주의 갈등은 바로 소외에 본래부터 내재된 기괴함이다. 모든 소외는 두 가지 규정이 서로 긴장하고 비뚤어지며 배반적인 방식으로 특징지어지는 '소외alienation'는 라틴어에서 유래한 것으로 본래 소외, 소원의 의미를 담고 있다. 사변적 의미에서 이러한 소외나 소원은 결국 인간의 실존과 본질의 분열에 있다. 마르크스는 "노동자가 더 많이 생산할수록 소비할 수 있는 것은 줄어들고, 그가 가치를 창출할수록 그 자신은 더 무가치하고 천박하며, 노동자의 제품이 완벽할수록 노동자 자신이 기형적이고, 노동자가 창조한 대상이 문명화될수록 노동자 자신이 더 야만적이며, 노동이 더 힘이 있을수록 노동자는 더 무기력해지고, 노동이 더 기회적일수록 노동자는 더 우둔해지고, 자연계의 노예가 된다"고 폭로했다.[12] 훗날 그가 지적했듯이 "우리 시대에는 모든 사물에 자신의 이면이 있는 것 같다."[13]

마르크스는 『원고』에서 "소외를 빌어 실현하는 수단 자체가 실천"이라

---

11 마르크스, 앞의 책, 64쪽.
12 위의 책, 53쪽.
13 『마르크스 엥겔스 선집』, 제1권, 중국 인민출판사, 1995, 775쪽.

고 썼다.[14] 소외는 노동자를 고용하는 실천을 통해 자주적 활동의 상실을 초래하며, 이 소외의 의미에서의 실천도 의식과 의지의 형태를 취하지만, 추상적이고 공허하며 진실한 내용이 배제된 허황된 형태이다. 엥겔스가 『영국 노동자 계급의 상황』에서 지적한 것처럼 말이다. "프롤레타리아는 법적으로나 사실적인 면에서 부르주아 계급의 노예이며 부르주아 계급이 그들의 생사여탈권을 쥐고 있다. 그것은 그들에게 생활 수단을 주지만 '등가물', 즉 그들의 노동을 되찾는다. 그것은 심지어 그들이 자기 의지에 따라 행동하는 것처럼, 마치 자주적인 인간으로서 자유롭고 어떠한 강제도 받지 않고 부르주아 계급과 계약을 체결하는 것처럼 착각하게 만든다. 정말 자유다! 프롤레타리아는 부르주아 계급이 그들에게 제시한 조건을 받아들이거나 굶어죽고, 얼어죽고, 벌거벗은 채 숲 속의 짐승에게 은신처를 찾는 것 외에는 더 이상 선택의 여지가 없다."[15] 그것은 자율적이고 자유로운 형태일 뿐이며 본질적으로 강요를 당하고 강제적을 띤다. 따라서 형식적인 자주와 실질적인 노역의 기묘한 결합은 소외된 의미의 인간 실천 활동의 전형적인 특징이 된다. 학문적으로 말하면, 이것은 결국 인간의 본질과 실존의 분열에 의해 결정되는 것이다. 인간의 실존은 자기 부정이다. 또 그렇기 때문에 본질은 실제 내용과 초역사적인 것을 결핍한 추상적인 주장으로 전락하고 마는 것이다.

마르크스의 견해에 따르면 "자유롭고 의식적인 활동은 바로 인간의 부류 특성"이다.[16] 인간의 이런 '부류 특성'은 '소외 노동' 때문에 상실되거나 가려진다. 마르크스는 인간을 '부류 존재물'로서 '의식적인 존재물', 즉 '그 자신의 삶이 그에게 대상'이라고 보고 '그의 활동이야말로 자유로운 활동'

---

14 마르크스, 『1844년 경제학 철학 원고』, 중국 인민출판사, 2000, 60쪽.
15 『마르크스 엥겔스 전집』, 제2권, 중국 인민출판사, 1957, 360쪽.
16 마르크스, 위의 책, 57쪽.

이라고 결정했다. 그러나 "소외 노동은 이러한 관계를 거꾸로 하여 사람은 의식적인 존재이기 때문에 자신의 생명 활동을 하고, 자신의 본질을 단지 자신의 생존만을 위한 수단으로 변화시킨다." 이것을 전도시키는 것은 사람이 의식적인 존재로서 갖는 의식이 더 이상 자신의 본질을 긍정하는 것이 아니라 오히려 자신의 본질을 생계 수단으로 만드는 것을 의미한다. 그래서 마르크스는 "소외 노동은 자주적 활동과 자유적 활동을 수단으로 폄하하고, 인간의 인간생활을 인간의 육체적 생존을 위한 수단으로 만든다"고 말했다.[17] 개인의 자유 실현 및 확증으로서 자율 활동은 인간의 자유 자각적 '부류 특징'의 실제 증거 또는 표징이다. 마르크스가 『원고』에서 밝힌 인간의 '부류 특징'은 근본적으로는 역사의 규정으로, 역사의 실제 전개 속에서만 터득하는 것이 적절하다. 인간은 동물계에서 태어나는 순간부터, 즉 인간이 탄생한 이래로 이러한 '부류 특징'을 가지고 있는 것이 아니다. 오히려 그것은 인간의 역사적 존재의 발현 속에서 점차 생성된다. 본질과 실존이 통일되기 전에 인간의 소외 상태, 즉 본질과 실존의 분열과 대립을 경험하게 된다. 그래서 마르크스의 맥락에서 인간의 소외 운명을 파헤치는 척도가 되는 것이다. 자주적 활동만이 인간의 자유 자각의 본질을 충분히 반영한다. 다시 말해 인간의 자유 자각의 본질은 자주적 활동에서만 충분하고 전형적 특징을 얻을 수 있다.

『원고』에서 마르크스는 공산주의를 이 모순의 완전한 해결로 이해했기 때문에 이미 인간의 개체와 부류의 모순을 제시했다. 이는 이 모순이 구 공산주의 사회의 내재적 근거로서 인간의 이기화된 역사적 운명을 규정하고 있음을 시사한다. 그러나 이때 마르크스는 그 역사적 함의를 충분히 드러내지 않았다. 마르크스는 일찍이 『헤겔 법철학 비판』과 『유대인 문제

---

17 마르크스, 앞의 책, 58쪽.

를 논함』에서 이 모순의 현상학적 의미인 정치 국가와 시민 사회의 대립을 묘사하였다. 마르크스는『유대인 문제를 논함』에서 시민 사회와 정치 국가의 분열(상호 외재화)이 드러내는 보편적 이익과 사적 이익이라는 이 충돌은 사상과 현실에서 모두 이중의 삶인 천국의 삶과 속세의 삶을 살게 한다고 폭로했다.[18]『헤겔 법철학 비판』에서는 시민 사회와 정치 국가의 분열이 개인의 인격적 긴장인 '공민'과 '시민'의 성호 분리를 초래했고, 이는 사람이 '본질적으로 이중화'되는 것을 의미한다고 생각했다. 이런 시민 사회와 정치 국가의 이원론(앞의 책, 340, 347쪽 참조)은 본질적으로 인간의 개체와 부류의 분열에 대한 현상학적 서사에 불과하다. 나중에『형태』에 이르러 이 모순은 마르크스에 의해 인간의 특수 이익과 보편적 이익의 분열과 충돌이라는 보다 깊은 실체로 귀결되었다. 그것이 중요한 이유는 그 것이 마르크스가 인간 자주 활동의 논리를 고찰하는 틀이자 역사적인 좌표를 구성하기 때문이다. 그러나 마르크스는『원고』에서 '자주 활동'의 범주에 대해 깊이 있게 논하지 않았다. 단지『형태』'포이어바흐'장에 와서야 비교적 많은 논의를 했다.

'자주적 활동'의 범주는 마르크스의 '역사적 사유'의 산물

근원을 추적하는 사상사적 의미의 관점에서 볼 때 '자주적 활동'의 범주는 젊은 마르크스 초기 사상에서 능동적 원칙의 일종인 '역사적 사유'의 산물이다. 헤겔이 스피노자의 실체를 주체(절대적 의미)로 개조했듯 마르크스는 포이어바흐 인본학의 '감성직관'적 인간을 '감성 활동'적 인간으로 개

---

18 『마르크스 엥겔스 전집』, 제1권, 중국 인민출판사, 1956, 428~429쪽 참조.

조해 인간의 존재를 동사적 규정(세상은 나에 의해 존재)으로 만들고, 그 결과 '능동적 원칙'이 수립되었다. '자주적 활동'은 이런 맥락에서 만들어진 범주이다. 그것은 능동적인 인간의 존재성을 추상적이고 초역사적인 능동적 규정에 대한 순수한 사변적 긍정 대신 특정한 역사적 함의를 가진 문제로 만들었다. 여기에서 강조해야 할 것은 마르크스는 유심주의자들처럼 인간의 능동적인 측면을 추상적으로 발전시키지 않고 역사의 귀결인 진실된 공동체에 호소했다는 점이다. 이런 공동체에서 인간끼리의 상호 주체성intersubjectivity 관계 구축은 인간의 주체성을 역사적으로 지양하는 것을 의미한다. 마르크스의 문맥에서 주체성은 더 이상 좁은 의미의 인식론적 범주가 아니라 인간의 존재에 대한 현상학적 범주이다. 그것의 확립은 인간의 대상성에 의존하는 관계의 역사적 생성이다. 능동과 수동 및 대립이 해소되고 나면 주체와 객체의 관계 자체가 역사적으로 초월되고 그 역사적 결과는 '자유인 연합체'가 세워지는 것이다. 그런 의미에서 마르크스가 생각하는 '자유인 연합체'는 인간의 주체성이 지양된 역사의 형식에 불과하다. 이런 '진정한 공동체'의 범위 안에서만 인간의 자율적 활동이 충분한 의미와 진솔한 함의를 얻을 수 있다.

마르크스는 『형태』 '포이어바흐' 장에서 신비와 사변의 색채를 띤 상상 속의 개인을 현실 속의 개인과 구분했다. 이러한 구분을 하는 것은 분명히 사변 철학의 시야에서 '개인'관을 이해함과 동시에 자신의 철학의 원초적 기초를 확립하기 위한 것이다. '현실의 개인' 즉 경험의 세계에 있는 개인은 '일정한 방식으로 생산 활동을 하는 일정한 개인'으로 '경험의 관찰'을 통해 발견할 수 있다. 현실의 개인, 즉 이 개인들은 활동적이고 물질적 생산을 하기 때문에 일정한 물질적, 그들의 자의적 지배를 받지 않는 한계와 전제, 조건 속에서 활동한다."[19] 그런 개인은 경험의 존재일 뿐이다. 바로 이런 '현실적이고, 경험으로 관찰할 수 있으며, 일정한 조건에서 발전하는 과정에 있는 인간'이 마르크스 철학의 출발점이다. 왜냐하면 마르크스가 설명하길, "우리의 출발점은 실제 활동을 하는 사람들이지 어떤 무리를 떠나서 홀로 쓸쓸히 살아가는 비현실적이고 고정불변의 상태에 있는 사람들이 아니다"라고 했기 때문이다.[20] 이런 '출발점'의 초석은 사람들이 현실 비판에 호소하는 것이 왜 우선적인 의미를 갖는지 성찰의 차원에서 자각하도록 보장할 수 있다. 그러나 지적해야 할 점은 물질적 조건(사회 관계 포함)에 의한 제한과 제약은 인간의 자주적 활동의 부정을 구성하지 않으며, 자주적 활동을 부정하는 힘은 인간의 소외 상태에 의해 초래된 역사적 결과일 뿐이라는 사실이다.

역사적 관점에서 볼 때 자주 활동은 의심할 여지 없이 끊임없이 생성되고 발전하는 과정이 있다. 인간의 활동이라고 해서 항상 자율적으로 움직이는 것은 아니다. 이것은 인간의 특징이 자유롭고 자각적인 활동이라는 것이 인간이라면 반드시 그 특징을 갖추고 표현하는 것은 아니라는 것과 같다. 이글턴의 말처럼 "마르크스가 보기에 아이러니하게도 자주적 능력은 인간의 본질적 특징이지만 역사상 절대 다수가 이를 행사하지 못했다. 그들은 완전한 인간이 될 수 있는 여건이 전혀 없다."[21] 이런 상황이 벌어진 것은 바로 소외로 인한 인간의 본질 박탈과 은폐의 결과였다. 인류 역사 자체의 기괴함은 우리가 자주적 활동에 대해 일종의 역사적 이해를 해야 옳다는 것을 의미한다.

---

19 마르크스 엥겔스, 『독일 이데올로기(발췌본)』, 중국 인민출판사, 2003, 16쪽.
20 마르크스, 엥겔스, 앞의 책, 17쪽.
21 테리 이글턴 지음, 리양·런원커·정이 옮김, 『왜 마르크스가 옳았는가?』, 중국 신성新星출판사, 2011, 141쪽.

노동은 원래 인간의 자아 긍정과 자아 실현의 방식이었다. 하지만 현대 사유제 조건에서 노동은 이렇게 변했다. "노동자에게 있어서 노동은 외재적인 것, 말하자면, 그의 본질에 속하지 않는 것이다. 따라서 그는 자신의 노동에서 자신을 긍정하는 것이 아니라 자신을 부정하고, 행복을 느끼는 것이 아니라 불행을 느끼고, 자신의 체력과 지성을 자유롭게 발휘하는 것이 아니라, 자신의 육체를 괴롭히고, 정신을 파괴하는 것이다."[22] 그렇다 보니 "노동의 현실화가 결국 비현실적인 것으로 나타나고 만다."[23] 이런 상황에서 노동자의 주체성은 어쩔 수 없이 내어주게 되고, '타인의 주체성(자본의 주체성)'으로 변해 일종의 수동적 존재물로 전락해 버린다. 자본이 무상으로 점유하는 잉여 가치의 구체적 형태로서 "지배적 역할을 하는 주체와 타인 노동의 소유자로 표현된다."[24] 이를 바탕으로 마르크스는 다음과 같이 폭로한다. "노동은 그 자체의 현실성을 자업자득의 존재로 만드는 것이 아니라 단순히 그를 위한 존재로 만드는 것이며, 따라서 단순한 그, 즉 자신과 대립하는 다른 것의 존재로 만드는 것이다."[25] 이러한 노동의 자발성과 현실성의 상실은 바로 자율 활동의 박탈과 부정을 나타낸다.

마르크스가 '자주 활동'이라고 부르는 것을 보면 우리는 마르크스가 추구하는 적극적 자유(자기 결정)에 대한 주장을 볼 수 있다. 왜냐하면 마르크스가 사용한 Selbstbetätigung나 Selbsttätigkeit은 모두 자기 결정 즉 자주성을 의미하고 있기 때문이다. 그러나 그 의미는 자주적 활동이 본질적으로 상실되면서 철저히 가려졌다. 앞에서 이미 지적한 바와 같이 인간의 소외 상태는 인간의 활동이 자율 활동의 외관을 가질 뿐 자율 활동의 본

---

22 마르크스, 『1844년 경제학 철학 원고』, 중국 인민출판사, 2000, 54쪽.
23 위의 책, 52쪽.
24 『마르크스 엥겔스 전집』, 제46권, 상권, 중국 인민출판사, 1979, 470쪽.
25 위의 책, 450쪽.

질은 갖지 못하게 한다. 현대 사유제 조건에서 자주 활동은 한편으로는 "물리적 삶은 일반적으로 목적으로 표현된다."[26] 그것은 마르크스가 훗날 『1857-1858년 경제학 원고』에서 말한 '사물 의존성에 기초한 사회'에 의해 규정되는 반면, '자주 활동의 유일한 가능한 형식'은 '물질 생활의 생산은 노동'이지만, '자주 활동의 부정적 형식이다'.[27] 왜냐하면 그것은 마르크스가 말한 '필연의 왕국', 즉 자연의 법칙에 의해 지배되는 물질 생산의 영역에 속하고, 그 속에 있는 인간의 사회적 관계도 '사물'의 형태를 취함으로써 자연적인 것처럼 외재적이고 이기적異己的으로 인간 자신을 지배하고 있기 때문이다. 여기에서 '자주'라고 하는 것은 어떤 외재 형식의 의미만을 가지고 있다. 이런 자주적 활동의 부정적 형식은 마르크스가 말하는 우연한 개인의 존재 방식을 구성한다. 사변적으로 말하면, 인간의 이기화는 인간의 외적 지배, 즉 인간의 본질과 실존의 통일이 파괴된 역사적 상태를 규정하며, 그 인격 형식은 '우연한 개인'이다. 이런 '우연한 개인'은 특수 이익과 공동 이익의 분열의 산물이다. 특수 이익과 공동 이익이 더 이상 상호 중개 관계가 아닌 상호 외형화되면, 공동 이익은 구체적인 보편성에서 추상적 보편성으로 전락하여, 외적으로 특수 이익과 개인을 지배하는 이기적인 힘으로 변한다. 이기적 타자의 외재적 결정은 바로 우연성을 띤 개념이다.

이렇게 되면 인간의 노동은 허황된 자주 활동으로 나타날 수밖에 없다. 이 같은 의미의 '자주'란 "일정한 조건하에서 우연성을 이용하려는 권리에 불과하기 때문이다."[28] 이런 '권리'는 사실 헤겔이 말하는 '형식의 자유'의 구현이다. 마르크스가 말한 현대 사회에서 '개인의 자유'는 결코 인

---

26 마르크스 엥겔스, 『독일 이데올로기(발췌본)』 중국 인민출판사, 2003, 73쪽.
27 위의 책, 73쪽.
28 위의 책, 66쪽.

간의 '자주적 활동'을 가져올 수 없다. 왜냐하면 그 자유는 우연성에 의해 지배되는 우연한 개인의 자유일 뿐 실제로는 진정한 자유라기보다는 형식적인 자유일 뿐 실질적인 자유는 아니기 때문이다. 따라서 개인의 자유는 제멋대로이다. 제멋대로인 것은 아직 필연적인 단계에 이르지 못하고 우연적인 단계에 있는 자유이다. 그것이 타자의 외재적 지배성에서 벗어나지 못한 것이 바로 소외의 본질적 특징이었다. "프롤레타리아들에게 그들 자신의 생활 조건, 노동, 그리고 현대 사회의 모든 생존 조건은 우연한 것으로 변했다."[29] '우연한 것'은 외적인 규정으로, 이질적인 것의 힘이 사람의 자아를 지배하는 상태를 만들어낸다. "주체는 사물이고, 술어는 오히려 인간이다. 의지는 재산의 재산이 되었다."[30] 물질적 의존관계가 특징인 사회에서 인간의 존재방식은 사물화되는 운명에 의해 통제될 수밖에 없다. 그렇다면 개인은 자본주의 조건하에서 전보다 좀 더 자유로울까? 아니면 그렇지 못할까? 마르크스는 이렇게 말했다. "각 개인은 부르주아 계급의 통치하에서 전보다 더 자유로워졌다고 생각하게 된다. 왜냐하면 그들의 생활 조건이 그들에게는 우연이기 때문이다. 사실상 그들은 당연히도 더 자유스럽지 못하게 되었다. 왜냐하면 그들은 사물의 힘에 더 굴종적이 되었기 때문이다."[31]

인간 활동의 자주성을 상실하도록 만든 역사적 조건은 결국 마르크스가 폭로한 공동체와 개인의 분열에 있다. 이런 분열은 우연한 개인을 낳고, 그 개인은 자주적 활동의 주체 역할을 할 수 없기 때문이다. 자율적 활동의 주체는 '개성 있는 개인'일 수밖에 없다. '자주'란 개인의 내면적 자기결정력이고, 그 능력이 만들어 내는 인격은 사람의 개성을 드러내기 때

---

29 마르크스, 엥겔스, 앞의 책, 64쪽.
30 『마르크스 엥겔스 전집』 제1권, 중국 인민출판사, 1956, 378쪽.
31 마르크스, 엥겔스, 앞의 책, 64쪽.

문이다. 따라서 자주적 활동을 현실로 만드는 역사적 조건은 공동체와 개인의 재통합에 있다. 이런 통일의 도래는 개성 있는 개인과 그 고유의 자주성이 만들어낸 절대적 역사적 전제다.

마르크스가 보기에 인간의 역사 해방의 조건은 결국 '분업 소멸'에 있다. 왜냐하면 "관계의 개인에 대한 독립화, 개성의 우연성에 대한 굴종, 개인의 사적 관계에 대한 공통 계급 관계에 대한 굴종 등은 결국 분업의 소멸에 달려 있기 때문이다." 그것은 일종의 역사적 전도를 의미한다. 즉, 관계와 우연성 대신 우연성과 관계에 대한 개인의 지배라는 역사적 전도를 의미한다.[32] 마르크스는 뒤바뀐 것을 다시 뒤돌리는 데 주력했다. 이 작업은 그가 행한 이데올로기 비판과 내적으로 일치한다. 그는 현대에는 사물의 관계가 개인의 지배를, 우연성이 개성에 대한 억압이 가장 날카롭고 보편적인 형태를 띠고 있어 기존의 개인에게 매우 명확한 임무를 부여하고 있다고 생각했다. 이러한 상황은 그들에게 우연성과 관계에 대한 개인의 지배를 확립하고, 관계와 우연성의 개인에 대한 지배를 대신하는 임무를 부여한다.[33] 이런 '개인의 우연성과 관계에 대한 지배'는 '개인의 전면적인 발전과 그들이 공유하는 사회적 생산 능력이 그들의 사회적 부가 된다는 데 바탕을 둔 자유로운 개성에 기초하게 된다는 것을 의미한다.[34] 마르크스는 안티테제를 모색하는 것 같지만 사실은 그렇지 않다. 이러한 전도는 인간의 개체와 부류를 초월한 외재적 대립을 전제로 하기 때문이다.

---

32 마르크스, 엥겔스, 앞의 책, 99쪽.
33 『마르크스 엥겔스 전집』, 제3권, 중국 인민출판사, 1960, 515쪽.
34 『마르크스 엥겔스 전집』, 제46권, 상권, 중국 인민출판사, 1979, 104쪽.

'자주 활동'의 의미는 역사의 모든 풍부함 속에서만 드러날 수 있다

마르크스의 문맥에서 '자주 활동'의 역사적 함의를 파악하려면 마르크스가 『포이어바흐에 관한 개요』에서 한 유명한 논단에 특별한 주의를 기울여야 한다. "신유물주의의 입장은 바로 인류 사회 또는 사회화된 인류이다."35 주광첸朱光潛 선생의 고증에 따르면 "원문 '사회화된 인간die geellschaftliche Menschheit'에는 '화化'의 의미가 없다. '사회적 인간'으로 번역해야 하며, 앞의 인류 사회 원문은 die menschliche Gesellshsft으로 이 또한 '인성적 사회'로 번역해야 한다."36 분명히 신유물주의의 발판은 인간성에 부합하고 인간의 사회성이 충분히 실현된 사회, 즉 마르크스가 생각하는 이상적인 사회여야 한다. 이는 마르크스가 제시한 '뒤로부터 사색하라'는 구상 방식과도 부합한다. 따라서 자주 활동은 근본적으로 시민 사회의 조건하에서 인간의 활동의 성격과 특성을 지칭하거나 부각시키는 것이 아니라 이상적인 상태의 인간활동의 성격과 특성을 지칭하는 것이다.

마르크스는 '공산주의 혁명'이 '활동의 기존 성격'에 반대했음을 강조했다. 그는 다음과 같이 썼다. "지금까지의 모든 혁명은 처음부터 끝까지 활동의 성격을 건드리지 않았는데, 이는 다른 방식으로 그런 활동을 분배하는 것에 불과하며, 다른 사람들 사이에 노동을 새롭게 분배하는 것에 불과한 반면, 공산주의 혁명은 활동이 지금까지 지녔던 성격을 겨냥해 노동을 소멸시키고, 어떤 계급의 지배와 이들 계급 자체를 소멸시킨다."37 그렇다면 마르크스가 언급한 바 '활동이 지금까지 지녔던 성질'이란 어디까지나

---

35 『마르크스 엥겔스 선집』, 제1권, 중국 인민출판사, 1995, 61쪽.
36 주광첸, 『미학습수집美學拾穗集』, 중국 백화문예출판사, 1980, 72쪽.
37 마르크스, 엥겔스, 『독일 이데올로기(발췌본)』, 중국 인민출판사, 2003, 34~35쪽.

활동의 이기화 성질을 말하는 것으로 사유 재산으로 인한 노동의 소외, 노동은 단지 생계를 위한 수단으로만 사용된다든지, 구식 분업에 내재된 외재적 강박성 같은 것들을 포함한다.

'자유인 연합체'를 구성하는 '자유인'은 '자주 활동'의 주체이다. 이른바 '자유인의 연합체'란 마르크스가 『형태』에서 말하는 허황된 공동체가 지양하면서 도달한 진정한 공동체다. 추상적 보편성만을 구현한 공동체, 즉 시민 사회와 외재적으로 존재하는 그런 정치 국가를 마르크스는 '사칭한 공동체', '거짓된 공동체', 또는 '허황된 공동체'라고 불렀다. 개개인이 갖는 이기異己의 힘으로서 그것은 개인 밖에 있고, 또한 개인과 서로 대립한다. '자유인 연합체'에 대해 마르크스는 『자본론』에서 다음과 같이 쓰고 있다. "한 자유인 연합체가 있다고 해보자. 그들은 공공의 생산 수단으로 노동을 하고 그들 개인의 수많은 노동력을 하나의 사회적 노동력으로 하여 의식적으로 사용한다. … 이 연합체의 전체 생산품은 사회의 생산품이다."[38] 이 연합체와 관련해 엥겔스도 지적한 바가 있다. "미래의 연합체는 후자의 깨어 있는(자본주의 사회를 가리킴. 엥겔스가 자본주의 상업사회만이 완전 깨어 있고 실용적이지만 속물적이라고 생각했기 때문이다 - 인용자) 공동 사회복지에 대한 고대 연합체의 관심과 결합해 자신의 목적을 달성하게 될 것이다."[39] 엥겔스가 보기에 미래 이상 사회의 연합체로서 역사의 테제이자 안티테제인 초기사회와 현대 사회의 대립을 지양하고 달성한 신테제였다. 우리는 그 안에서 그것이 포함하고 있는 역사적 함의를 어렵지 않게 짐작할 수 있다.

마르크스는 프롤레타리아만이 '자유인 연합체'를 탄생시킨 산파라는 역사적 역할을 할 자격이 있다고 생각했다. 왜냐하면 "자주 활동 전체를 완전히 잃은 현대 프롤레타리아만이 자신의 충분하고 더 이상 제한받지 않

---

38 『마르크스 엥겔스 전집』, 제23권, 중국 인민출판사, 1972, 95쪽.
39 『마르크스 엥겔스 전집』, 제21권, 중국 인민출판사, 1965, 447쪽.

는 자주 활동을 실현할 수 있으며, 이러한 자주 활동은 생산력의 총합과 그에 따른 재능의 총합에 대한 발휘"이기 때문이었다.[40] 그렇다면 현대 프롤레타리아가 이 사명을 이루기 위한 역사적 조건은 무엇일까? 마르크스는 사유제를 기반으로 한 사회에서 노동 도구는 사유 재산에 불과하고, 사회적 점유 형식을 가질 수 없어 자유인 연합체가 요구하는 역사적 조건에 도달할 수 없다는 역사적 점유 형식의 한계를 고민했다. 그래서 마르크스는 이렇게 말했다. "이 단계(즉 공산주의 단계 - 인용자)에서만 자주 활동은 물질적 삶과 일치하며, 이는 각 개인의 완전한 개인으로의 발전 및 모든 자발적 제거에 상응한다. 마찬가지로 노동의 자주적 활동으로의 전환, 과거의 제약된 교제에서 개인 자신의 교제로의 전환도 상호 적응되는 것이다."[41]

인간의 개체와 부류의 모순은 인간의 자주적 활동이 역사적으로 박탈되고 부정되는 학문적 원인이며 인간의 실존과 본질 사이의 모순은 또한 인간의 개체와 부류의 모순의 본질이다. 그것의 해결은 공산주의 혁명의 본질로서 인간의 자주적 활동이 진정성을 얻는 역사적 토대를 이룬다. 마르크스가 훗날 '자유인 연합체'라고 부른 것은 『형태』에서 말하는 '진정한 공동체'로, 인간의 개체와 부류의 모순을 역사적으로 지양한 '허황된 공동체'의 결과였다. 자유인 연합체에서 인간의 개체와 부류는 더 이상 서로 외적인 관계가 아니라 서로 중개하는 관계이다. 그것은 개체의 자유와 부류의 자유의 상호 조건으로 특징지어진다. 한편 공동체 안에서만 개인이 그 재능을 전면적으로 발전시킬 수 있는 수단, 즉 공동체 안에서만 개인의 자유가 있을 수 있다는 것, 즉 진정한 공동체의 조건하에서 각 개인이 자신의 연합 속에서 이러한 연합을 통해 자신의 자유를 얻을 수 있다는 것

---

40 마르크스, 엥겔스, 『독일 이데올로기(발췌본)』, 중국 인민출판사, 2003, 73쪽.
41 위의 책, 74쪽.

이다.[42] 한편, 개인의 자유는 역설적으로 모든 공동체 구성원의 자유의 조건, 즉 자유인 공동체에서 "모든 사람의 자유 발전은 모든 사람의 자유 발전의 조건"이다.[43] 따라서 인간 개체의 자유와 부류의 자유의 상호 중개 관계는 인간 개체와 부류의 모순을 지양하고 해결하는 표현에 불과하다고 할 수 있다. 그것은 외적 필연성을 내적 필연성으로 바꾸는데, 이 내적 필연성은 바로 인간의 진정한 자유의 본질이다.

마르크스는 『자본론』 원고에서 언급한 바 "개인의 전면적인 발전과 그들이 공유하는 사회적 생산 능력이 그들의 사회적 재산이 된다는 데 바탕을 둔 자유로운 개성에 기초한 것"[44]은 인류 사회 발전의 세 번째 단계이다. 인간 사회의 세 번째 형태인 인간은 자율적인 활동의 주체로서, 그는 '자유로운 개성'을 가진 인격, 즉 『형태』에서 말하는 '개성 있는 개인'으로 표현된다. 이 형태로 들어가면서 부를 가늠하는 잣대가 노동 시간에서 자유가 지배하는 시간으로 역사적으로 바뀌었다. 마르크스가 말했듯이 "그때 부의 척도는 결코 노동 시간이 아니라 자유롭게 지배할 수 있는 시간이다."[45] 부의 척도가 노동 시간이라면 노동은 아직 생계 수단이라는 역사적 단계에 있다는 뜻이다. 따라서 노동은 노동자에게 자기 확인이 아닌 부담이자 노예이다. 이때의 노동은 사람에게 있어서 아직 이기화異己化 상태에 있다. 인간의 생계 수단인 노동은 인간의 부담으로 외재적이고 이기적 성격을 띠기 때문에 소외 노동에 속한다. 이것이야말로 마르크스가 구식 분업을 없애야 한다고 주장하는 이유다.

자주 활동은 인간의 자유로운 역사 형식이자 역사의 진화를 판단하는

---

42 『마르크스 엥겔스 선집』, 제1권, 중국 인민출판사, 1995, 119쪽.
43 위의 책, 294쪽.
44 『마르크스 엥겔스 전집』, 제46권, 상권, 중국 인민출판사, 1979, 104쪽.
45 『마르크스 엥겔스 전집』, 제46권, 하권, 중국 인민출판사, 1980, 222쪽.

척도다. 인간의 자주적 활동의 역사적 진실성 부활은 인간의 역사적 해방과 내적 관련이 있다. 어떤 의미에서 인간의 자주적 활동의 진정한 확립은 인간의 역사 해방의 상징일 뿐만 아니라 인간의 역사 해방의 실현이라고도 할 수 있다. 따라서 인간의 자주적 활동은 반드시 인간의 역사 해방 차원에서 체득해야 한다. 마르크스의 관점에서 볼 때 인간의 '해방'은 일종의 역사적 활동이지 사상적 활동이 아니며 '해방'은 역사의 관계이고 산업 상황, 상업 상황, 농업 상황, 교류 상황에 의해 촉진되는 것이다.[46] 사변철학은 인간의 '해방'을 '사상 활동'으로 규정하는데, 이런 의미에서 종교와 비슷한 함정에 빠질 수밖에 없다. 마르크스는 일찍이 『형태』에서 공산주의 사회가 자유인 연합체로서 갖는 경제적 성격을 지적해 왔다. 자유인 연합체가 '경제적 성격'을 갖는 것은 본질적으로 '모든 자발적 형성의 전제'가 '연합된 개인의 지배'를 받게 한다는 것을 의미하기 때문이다. 이러한 전제에는 기존의 생산력뿐만 아니라 기존의 생산 관계도 포함되며, 전제적인 것은 생산력이기 때문이다. 그래서 마르크스는 특히 '연합된 개인의 전체 생산성 점유'를 강조하였다.[47] 이 사상은 훗날 『자본론』 제1권에서 재확인되었다. 그는 '자유인 연합체'는 "자각적으로 … 수많은 개인 노동력을 하나의 사회적 노동력으로 사용하는 것"을 의미한다고 말했다.[48] 그러나 마르크스는 바로 인간의 자주적인 활동과 이러한 점유 방식을 연결시켰다. "이러한 자주적인 활동은 바로 생산력의 총합에 대한 점유와 그에 따른 재능의 총합에 대한 발휘이다." 그것은 "각 개인이 반드시 점유해야 하는 현존하는 생산력의 총합"을 의미한다. 따라서 "현대 프롤레타리아는 자신의 충분하고 더 이상 제한받지 않는 자주적 활동을 실현할 수 있

---

46 마르크스, 엥겔스, 『독일 이데올로기(발췌본)』, 중국 인민출판사, 2003, 19쪽.
47 위의 책, 66, 74쪽.
48 『마르크스 엥겔스 전집』, 제23권, 중국 인민출판사, 1972, 95쪽.

게 된다."⁴⁹

　마르크스 사상 자체의 펼쳐지는 것을 보고 있자면 우리는 자주 활동의 주체가 '개성 있는 개인'이거나 '자유로운 개성'을 특징으로 하는 사람, 즉 '자유인 연합체'의 '자유인'임을 쉽게 알 수 있게 된다. 어떤 의미에서는 '인간'의 역사적 운명과 그 비밀을 이해했다고 할 수 있고, 자주 활동 범주의 역사적 함의를 모두 이해했다고 할 수 있으며, 그 반대도 마찬가지이다.

49　마르크스, 엥겔스, 『독일 이데올로기(발췌본)』, 중국 인민출판사, 2003, 73쪽.

21

**시민 사회의 구조 및
그 현대성**

고 천러민陳樂民이 이러한 상황을 묘사한 바 있다. 그는 프랑스의 어떤 읍을 방문하였을 때 읍장에게 다음과 같이 얘기하였다. 즉, "나는 운하를 가리키면서 그에게 이 운하가 다른 도시를 거쳐 어떻게 관리되는지를 물었다. 그는 도시 사이에 협의가 있기 때문에 공사할 때 운하가 거쳐가는 지방 정부의 협조가 필요하다고 알려 주었다. 이는 중국과 아주 다른 것이다. 중국에서 마을 몇 개를 거쳐가는 공사가 있다면 통일적 상급 행정 기관이 반드시 주도할 것이며, 마을과 마을 주민들은 모두 발언권이 없을 것이다."[1] 이로 인하여 필자는 그전에 읽었던 리다자오李大釗가 5·4 시기 작성하였던 짧은 글, 즉「종적 조직에서 횡적 조직으로」를 연상하였다. 그 중에서 "이전의 사회 조직은 종적 조직이었으며, 현재의 사회 조직은 횡적 조직이다. 이전의 사회 조직은 상하 계급을 구분한 수직적 계통의 조직이었으며, 현재의 사회 조직은 상하 계급을 타파하여 평등하게 연합된 조직이다."[2] 사실 5·4 시기의 리다자오는 자각적 차원에서 마르크스주의를 주장하였으나 계몽적 정신은 그 시대의 주제인 것이 사실이다. 리다자오는 이 글에서 우리에게 전통 사회와 현재 사회의 각각 특징 간의 비교 모습을 진화론적으로 묘사하였을 뿐이며, 이는 세심하지 않았으나 그것들의 가장 선명한 규정을 사로잡았다. 그 중에서 함축된 가설이 마르크스주의라기보다는 계몽이라는 것이 더 적절하다고 할 수 있다. 이에 대하여 '횡적 조직'을 갖추었던 사회에 대한 리다자오의 묘사는 시민 사회 구조의 현대성이라는 특징을 나타냈다고 할 수 있다.

---

1 천러민·프레드 E. 슈레이더,「계몽 정신·시민 사회(Ⅰ)」,『만상』, 제2호, 2006.
2 『리다자오 선집』, 중국 인민출판사, 1959, 303쪽.

시민 사회 문제의 쟁론과 표현된 각종 언어 환경

어떤 의미에서 '5·4'라는 급진주의적 책략은 서양 시민 사회의 이데올로기적 범례를 모방함으로써 중국의 사회 상황을 평가하고 판단하였을 뿐이라고 할 수 있다. 종횡적 사회 조직에 대한 리다자오의 분석은 마르크스주의의 이론적 틀로 표방되었으나 자기도 모르게 깊은 시대적 바람을 함축하였다. 사실 이것도 5·4 정신의 보편적 특징이다. 한편으로는 '과학'과 '민주'이며, 또 다른 한편으로는 '마르크스주의'이다. 즉, 현대성과 포스트모더니즘이 중국이라는 독특한 역사 환경 속에서 신기하게 얽매여 5·4 시기의 독특한 문화 경관을 공동으로 이루게 되었다는 것이다.

전반적으로 비교할 때 우리는 중국 전통 사회의 구조가 종적이고, 서양 사회의 구조는 횡적임을 쉽게 알 수 있다. 중국 사회에 관한 관리 문제는 주로 지방 정부 간의 대화, 협상 및 게임이 아닌 더 높은 권위를 가진 정부의 하향식 판단으로 해결된 것이다. 이로 인하여 중국의 전통 사회에서는 자치적 습관과 능력이 부족하고 자치적 공간도 없었다. 이는 전통적 중국에서 국가와 가정 간의 동일화된 관계로 인하여 국가가 가정의 확대에 불과하며, 가장의 권위에 대한 인정이 국가 권위에 대한 보호를 함축하였기 때문이며, 근본적으로 전통적 지상주의에 대한 보호의 절차가 국가 관리에 비친 것이다.

시민 사회 문제의 복잡성은 사람들이 유럽 역사에서 전형적 시민 사회 모델을 찾아낼 수 없는 것 같다는 것이다. 시민 사회에 관한 우리의 서술들은 모두 특정한 역사 환경 속에서 어떤 사례에 한정되었다. 그러므로 시민 사회 문제에 대한 논쟁은 사람들이 마음속에 상상하였던 보편성의 구상이 구체적 사실과 일치하지 않거나 한 사례의 특수한 상황으로 다른 유형에 적용시켜 실패를 당한 그 시민 사회의 이미지에서 주로 비롯되었다. 일본의 어떤 학자는 마르크스의 저서에서 나타났던 현상을 주의하였다. 즉, 마르크스는 『헤겔 법철학 비판』 등의 저서에서 자주 '시민 사회'란 단어를 사용하였으나 그 이후의 『원고』에서 이러한 단어를 사용하지 않았다. 그 이유는 무엇일까? 모치즈키 세이지Mochizuki Seiji는 마르크스가 파리에 온 이후 "여기저기 살롱의 냉소, 원망 및 비난을 가득한 용어 'bourgeois'를 자주 들었으며, 또한 프랑스 사회주의자들과의 토론 및 독일어 시민에서 프랑스어 시민으로 전환되어 일어난 불편한 우스운 느낌이 마르크스로 하여금 헤매게 하였다"고 지적하였다.[3] 또한 그는 이 두 개의 단어의 역사적 함의의 차이와 거리도 주의하였다. 그 문제는 우리는 마르크스가 말하였던 "정치 경제학에서 시민 사회에 대한 분석을 찾아내야 한다"는 것을 잊으면 안 된다는 것이다.[4] 사실 "'시민 사회'라는 단어가 『경제학과 철학의 원고』와 『밀의 평론과 주석』에서 거의 완전히 사라졌거나 결여되었던 이유"는[5] 마르크스가 '시민 사회'라는 단어를 계속 사용하지 않은 것은 아니고 단지 마르크스가 시민 사회를 '분석'하기 위해 문제를 구체화하였을 뿐이기 때문이다. 즉, '정치 경제학'의 분야로 깊이 들어갔다는 것이다. 사실 "시민 사회와 대응한 것은 자치시 주민의 출현이다. 다시 말하면 자치시의 주민들이 시민 사회를 만들었다고 할 수 있다. 이러한 사람들은 이후에 부르주아의 전신으로 발전되었다."[6] 모치즈키 세이지가 헤겔의 '시민 사회' 개념의 독일 배경을 강조하였으며, 헤겔의 이른바 '시민 사회'가 프로이센의 시민 사회에 불과하다고 주장하였다. 그는 "헤겔의 '시

●

[3] 모치즈키 세이지 지음, 한리신 옮김, 『마르크스 역사 이론의 연구』, 중국 베이징사범대학교 출판사, 2009, 35쪽.
[4] 『마르크스 엥겔스 선집』, 제2권, 중국 인민출판사, 1995, 32쪽.
[5] 모치즈키 세이지 지음, 한리신 옮김, 『마르크스 역사 이론의 연구』, 중국 베이징사범대학교 출판사, 2009, 37쪽.
[6] 스위안캉, 『중국의 문화에서 현대성으로: 모델의 변천』, 중국 생활·독서·신지 삼련서점, 2000, 170쪽.

민 사회'가 여전히 독일식의 시민 사회이며, 여기의 문제를 보면 이는 그가 '동업 조합'에 대한 특수한 집착과 이 개념에 주는 중요한 이론적 의미를 나타냈다"고 지적하였다. "마르크스의 '시민 사회' 개념은 헤겔과의 논쟁에서 배웠다는 것이다." "헤겔의 '시민 사회'가 프로이센의 경향을 불가피하게 지녔으므로" "독일어의 '시민 사회'라는 단어가 영어와 프랑스어로 정확히 번역되는 것 자체 역시 문제이다." 이로 인하여 모치즈키 세이지는 "이때 그(마르크스)의 머릿속에 떠오른 '시민 사회'의 표상이 도대체 프로이센식, 즉 헤겔식의 '시민'인지? 프랑스 소시민식의 시민 사회인지? 아니면 영국, 즉 스미스식의 시민 사회인지"를 단정하기도 어렵다. 또한 모치즈키 세이지의 주장과 같이 '시민 사회'를 "관념적 폭력으로 결합한 영국의 논리, 프로이센의 역사와 현실의 산물로 빚어낸 것"은[7] 마르크스가 직면한 문제이다. 그러나 사실 이는 마르크스가 완수해야 할 임무가 아니며, 하이데거가 이미 마무리하였던 것이다. 우리는 이러한 사실을 잊으면 안 된다. 즉, 프레드 E. 슈레이더Fred E. Schrader가 지적하였듯이 "시민 사회에 관한 헤겔의 이론적 자료는 스코틀랜드에서 기원하였다."[8] 사실 마르크스는 이미 분명히 설명하였다. 즉, "이러한 물질적 생활 관계의 총체에 대하여 헤겔은 18세기의 영국인과 프랑스인의 선례에 따라 '시민 사회'로 요약하였다."[9] 따라서 헤겔의 시민 사회의 개념은 모치즈키 세이지가 언급하였던 것과 같이 협소하지 않다고 할 수 있다. 즉, 그것은 결코 프로이센의 사회 구조의 반응만이 아니고 더 넓은 사상사의 출처가 있다. 테일러가 언급하였듯이 "헤겔은 그의 시민 사회 개념에서 로크 학파와 몽테스키외 학파를

---

7 모치즈키 세이지 지음, 한리신 옮김, 『마르크스 역사 이론의 연구』, 중국 베이징사범대학교 출판사, 2009, 11, 13, 17, 19쪽.
8 천러민·프레드 E. 슈레이더, 『계몽 정신·시민 사회(Ⅰ)』, 『만상』, 제2호, 2006.
9 『마르크스 엥겔스 선집』, 제2권, 중국 인민출판사, 1995, 32쪽.

결합하였다."[10]

'횡적 조직'은 시민 사회 구조가 지닌 현대성이라는 특징이다

시민 사회가 지닌 현대성이라는 특징의 하나는 바로 횡적 사회 구조이다. 메인Maine은 『고대법』에서 "모든 진보적 사회의 운동은 한 점에서 일치하며, 즉 '가족'의 각종 권리와 의무에서 비롯한 상호 관계를 점진적으로 대체한 형식은 바로 '계약'"이라고 지적하였다. 한마디로 요약하면 "모든 진보적 사회 운동은 신분에서 계약으로의 운동이라고 할 수 있다."[11] 마르크스와 엥겔스는 이 관점을 조건적으로 인정하였다. 클라이드Krader는 마르크스가 노년 때 『헨리 섬너 메인 「고대법제사 강연록」에 관한 강요』에서 달아 놓았던 한 평어와 주해는[12] 그가 메인의 '신분에서 계약으로'의 공식에 동의하였음을 표명하였다.[13] 엥겔스는 『가정, 사유제 및 국가의 기원』에서도 "영국의 법학가인 헨리 섬너 메인은 이전의 각 시대에 비하면 우리의 모든 진보가 신분에서 계약으로, 과거로부터 전해져 온 상태에서 자유 계약이 규정된 상태로 나아 간다는 것에 있다고 지적하였다. 그는 자기의 이러한 견해가 위대한 발견이라고 스스로 생각하였다. 사실 이

---

10 찰스 테일러, 「시민 사회의 모델」, 덩정라이·제프리 알렉산더, 『시민 사회의 모델』, 『국가와 시민 사회: 사회 이론의 연구 방법』, 중국 중앙편역출판사, 2002, 27쪽.
11 메인 지음, 선징이 옮김, 『고대법』, 중국 상무인서관, 1959, 96, 97쪽.
12 『마르크스 엥겔스 전집』, 제45권, 중국 인민출판사, 1985, 594~595쪽.
13 로렌스 클라이드, 『마르크스의 인류학적 필기』의 '서언'을 참조하였다. 쉬뤄무, 「『메인 저서 필기』에 대한 마르크스의 일반적 해석」, 『마르크스주의 기원의 연구 논총』, 제16호, 중국 상무인서관, 1994, 527쪽.

점의 정확성은 이미 『공산당 선언』에서 언급되었다."[14]

횡적 게임 관계가 발달하고 성숙하며, 이는 계약 사회의 기초와 특징을 이루었다. 신분적 사회는 종적 지배 관계를 축으로 구축한 종법제 사회로서 혈연 관계를 내재적 기초로 하며, 계약적 사회는 횡적 게임 관계를 축으로 구축한 현대 사회로서 이익 관계를 내재적 기초로 한다. 계약적 관계 중의 계약 쌍방 지위의 동등성은 계약적 관계의 횡적 구조를 결정한다. 피라미드식의 계층 관계에는 진실한 계약이 존재하지 않으며, 이는 관계 쌍방 지위의 동등성을 갖추지 않는다. 사적인 이익 분야로서의 시민 사회에서 정치 국가와 이루어진 관계는 게임 관계이다. 이는 종적 구조의 유지 통로를 막고 국가에 대한 개인의 전반적 의존과 개인 생활에 대한 국가의 직접적 개입으로 나타나지 않는다. 그러나 중국의 전통 사회에서 공사는 서양식의 분열이 없고 심지어 차별도 없었다. 이는 그것의 종적 구조로 결정되었으며, 횡적 확장으로 인한 사회 구조야말로 공사가 분열될 수 있기 때문이다. 이는 보편적 이익과 특수한 이익 간의 상호 외재화를 의미한다.

시민 사회의 횡적 사회 구조는 결국 그것의 자조적 특징에 달려 있다. 에드워드 실스Edward Shils는 다음과 같이 지적하였다. 즉, "시민 사회란 사회의 일부를 가리킨다. 이 부분의 사회는 자체의 생명을 갖추고 국가와 현저한 차이가 있으며, 국가와 상대적 자주성을 거의 갖추었다."[15] 이러한 자주성을 이해하려면 시민 사회의 기초로서의 상품 경제로 거슬러 올라가야 한다. 시민 사회는 사적 이익의 영역이며, 이는 물질적 거래 활동을 우선적으로 표현하였다. 상품 교환은 시민 사회의 구성원들이 물질적

---

14 『마르크스 엥겔스 선집』 제4권, 중국 인민출판사, 1995, 78쪽.
15 찰스 테일러, 「시민 사회의 모델」, 덩정라이·제프리 알렉산더, 『시민 사회의 미덕』, 『국가와 시민 사회: 사회 이론의 연구 방법』, 중국 중앙편역출판사, 2002, 33쪽.

으로 거래하는 데 가장 전형적 형식이다. 그러므로 마르크스는 다음과 같이 언급하였다. 즉, "시민 사회에서 인간은 세속적 존재물이다. 또한 물질 생활이란 사적 생활의 모든 전제는 시민 사회의 특성으로서 국가 범주 외에 계속 존재하고 시민 사회에 존재하였다." 이러한 물질 생활의 영역은 시민 사회의 실질적 내용을 구성하였으며, 이는 "인간이 개인으로서 활동하고 남을 도구로 간주하고 자기도 도구로 내리게 되며, 타력이 함부로 지배하는 노리개로 되었다."[16] 이러한 상황은 상품의 교환 관계만 의미한다. 인간은 상품의 교환에서 서로 도구가 되고 도구적 규정으로 전락하고 말았기 때문이다.

엥겔스는 "시민은 먼저 상품 생산자와 상인뿐"이라고 하였다. 앙리 피렌느도 "시민 계층 자체는 바로 산업 부흥의 산물이며, 최초의 상인과 시민이라는 두 개의 명사는 바로 동의어"라고 지적하였다.[17] 제도적 안배로서의 상품 경제는 나타났을 때부터 자발적 특징을 저절로 지니고 자조적 조직의 성질도 갖추었으며, 이는 배태된 원칙이 자치적인 것으로 정해졌다. 사실 애덤 스미스의 '보이지 않는 손'이라는 은유부터 하이에크Hayek의 '자발적인 질서'라는 묘사까지는 모두 이 점을 표현하였다. 칼 폴라니Karl Polanyi가 잘 얘기하였듯이 "시장 경제는 여러 시장으로 이루어진 자발적인 조절 체계를 의미한다. 외부의 도움이나 개입이 없는 경우 전반적 경제 생활을 조직하는 시스템이 당연히 자발적 조절이라고 불릴 만하다."[18] 상품의 교환 관계는 횡적 계약 관계가 구축할 수 있는 가장 원초적인 세속적 기초이다. 자기의 결정과 담당을 특징으로 한 인간의 자주성

---

16 『마르크스 엥겔스 선집』 제1권, 중국 인민출판사, 1956, 428쪽.
17 앙리 피렌느 지음, 러윈 옮김, 『중세기의 유럽 경제 사회사』, 중국 상하이인민출판사, 1964, 45쪽.
18 칼 폴라니 지음, 펑강·류양 옮김, 『대전환: 우리 시대의 정치와 경제 기원』, 중국 저장인민출판사, 2007, 37쪽.

은 상품 경제 조건하의 사회 구성원의 기본적 인격 성향을 이루었으며, 그것의 이데올로기적 수사는 개인주의이고 그것의 철학적 표현은 주체 의식의 자각이다. 그러므로 상품 경제의 상당한 수준의 발전과 성숙은 근대 주체성 철학의 사회적 토양과 역사적 기초를 세웠다. 어쨌든 자치적 논리는 결국 상업 거래에서 자발적으로 생성된 질서와 규칙에서 기원하였다. 페르낭 브로델Fernand Braudel이 언급하였듯이 "상인의 사업이 성공할수록 상호부조와 관계는 많아질 것이다."[19] 시민 사회의 내재적 유전자는 자족이 이루어진 미시적 단위와 자치가 이루어진 기초를 함축하였으며, 이에 따라 자치적 사회 구조는 구축되었다.

중세기 때 조합의 발전은 업계의 자치 능력이 제도적 안배 차원상의 보장을 획득하였음을 의미한다. 물론 마르크스는 『자본론』에서 자본주의에 대한 봉건 사회의 업계의 장애를 여러 번 언급하였다. 예컨대, 그는 "중세기의 조합은 강제적인 방법으로 수공업 숙련공이 자본가로 되는 것을 방지하려고 시도하였으며, 한 명의 숙련공이 고용할 수 있는 노동자의 수는 극소 최고의 한도에 한정되었다"고 언급하였다. 또한 "조합의 규정은 한 업계의 숙련공이 고용할 일꾼의 인원수를 엄격히 제한하였으며, 이는 업계 숙련공이 자본가로 전환하는 것을 계획적으로 가로막았다"고 지적하였다.[20] 그러나 이러한 장애는 자본주의 사회의 자치적 구조에 대한 조합의 선도적 역할을 더 깊은 차원에서 방해하지 않았다. 이는 마침 중세기의 신학이 근대의 과학과 직접적 충돌이 존재하였으나 더 깊은 차원에서 근대 자연 과학에 대한 배태에 미치지 않았던 것과 같다.

---

19 페르낭 브로델 지음, 구량 옮김, 『15세기부터 18세기의 물질 문명, 경제와 자본주의』 제2권, 중국 생활·독서·신지 삼련서점, 1993, 141쪽.
20 『마르크스 엥겔스 문집』 제5권, 중국 인민출판사, 2009, 357~415쪽.

시민 사회 구조가 지닌 현대성의 역사적 기초

시민 사회는 마르크스의 언어 환경 속에서 "인간의 결합과 개인이 존재하기 위해 의존하는 공동체로서 국가와 분리되었거나 정치 국가 시민 사회에서 벗어난 한 추상이다." 이는 아래와 같은 내용을 의미한다. (1) 시민 사회와 정치 국가 간의 상호 외재적 관계는 시민 사회 자체의 자족성을 나타냈으며, 이는 자치의 전제이다. 일정한 의미에서 '시민 사회와 정치 국가의 이원론'은 시민 사회의 자족성의 조건이자 표현이라고 할 수 있다. (2)시민 사회는 '개인이 존재하기 위해 의존하는 공동체'로서 특수한 이익을 체현한 인격, 즉 독립적 개인 간의 거래를 통하여 이루어졌다.

상품 교환의 게임 성질은 평등 관계의 구축을 결정하였으며, 평등 관계는 제삼자가 교환 쌍방을 능가한 권위의 가능성을 피하였음을 의미한다. 사실 교환 쌍방은 상호 주관성이라는 관계의 증명서뿐이다. 물론 마르크스가 주장하였듯이 이러한 관계는 여전히 형식적인 의미를 지녔으며, 그가 '부르주아지'를 비판하였던 이유이다. 어떤 의미에서 상업은 시민 사회의 구성원을 성취하였다고 할 수 있다. 상업이 저절로 구축하였던 횡적 게임 관계는 시민 계층의 자치 습관과 능력을 부각시키고 육성시켰다. 그들에게는 자치가 거래 비용이 가장 낮은 거래 방식이기 때문이다. 결국 이러한 시민 사회의 소질과 호소는 『인권 선언』에서 축적되었던 몇 백 년 동안의 근대 역사적 함의의 키워드, 즉 자유와 평등으로 뒤엉겼다.

논리적으로 말하면 자유는 틀림없이 자치의 전제이지만 사실적 측면에서 자치 자체는 자유의 표현이자 경험적 기초라고 할 수 있다. '자유'의 이중적 함의, 즉 'liberty'와 'free-dom'은 모두 역사에서 시민 사회의 발전과 관련된다. 후이루胡以魯가 「논역명」이라는 글에서 지적한 것처럼 liberty는 '자유의 뜻'이고 free-dom은 '해방의 뜻'이다. 전자는 "아마 로마인이 잔혹하고 인색한 정복자와 항쟁한 후 3대 권리의 하나로 표시된 시민권을 획득하였으며, 이는 영국인이 귀족과 대지주의 속박에서 벗어난 것과 다른 것이다."[21] 엥겔스는 "로마법이 바로 상품 생산자의 사회적 법률"이라고 하였다.[22] "고대 로마법은 거의 완벽하게 마르크스가 불렀던 상품 생산의 경제 발전 단계의 법적 관계에 반응하였기 때문이다." 일정한 의미에서 로마법은 시민권의 법적 표현이며, 상품 경제와의 내재적 관계는 의미심장하다고 할 수 있다. 앙리 피렌느는 시민 사회의 형성사를 보면 최초의 자치가 사법적 자치였으나 "사법적 자치에 따라서 나타난 것은 행정적 자치"라고 하였다.[23] 다양한 형식의 자치는 시민 계층이 봉건 귀족의 통치와 속박에서 벗어나는 반항적 방식이다. 그것들의 출현으로 인하여 자유의 역사적 함의가 이루어지게 되었다. 앙리 피렌느는 다음과 같이 지적하였다. 즉, "시민 계층이 가장 필요한 수요는 바로 개인의 자유이다. 자유가 없다는 것은 행동, 영업 및 화물 판매의 권리가 없음을 의미하며, 이는 노예가 누릴 수 없는 권리이다. 자유가 없다면 무역할 수 없을 것이다. 그들이 자유를 요구했던 이유는 자유를 받은 후의 이익 때문이다." 그러므로 한편으로 "자유는 시민 계층의 합법적 신분으로 되었으며, 다른 한편으로 자유는 시민의 제1 수요이다."[24] 블랑퀴L.A Blanqui도 다음과 같이 지적하였다. 시민 계층은 "그들의 독립과 자주를 이룩하려고 하였다. 그들은 재산을 자유롭게 지배하고 재산과 관련된 특권을 획득하기 바랐다. 그때 무릇 특권이 없었다면 노예 취급을 당한 명확한 증거라고 여겼을 것이다."[25] 자유에서 생겨난 어떤 질서의 원천은 반드시 내재적·자족적이며,

---

21 젠지보,『국학 벌녹』상권, 중국 광시사범대학교 출판사, 2010, 94쪽.
22 『마르크스 엥겔스 전집』제21권, 중국 인민출판사, 1965, 550쪽.
23 앙리 피렌느 지음, 러원 옮김,『중세기의 유럽 경제 사회사』, 중국 상하이인민출판사, 1964, 48쪽.
24 위의 책, 46, 47쪽.
25 우바오싼,『유럽 중세기의 경제 사상 자료 선집』, 중국 상무인서관, 1959, 135쪽.

타율적·외생적이 아니다. 이러한 질서는 횡적 게임 관계에서만 기원한 것이다. 이는 바로 상품 교환 행위의 가장 본질적 요구와 특징이다. 자본주의는 바로 봉건주의 사회의 틈에서 최초의 자유 공간을 얻었다.

평등 관계와 평등 관념은 전통 사회의 피라미드식의 종적 구조를 해석하였다. 마르크스는 '상품이 타고난 평등파'라고 여겼다.[26] 엥겔스도 "경쟁이란, 즉 자유 상품 생산자의 기본적 거래 형식은 평등화의 가장 큰 창조자이므로 법적 평등은 부르주아지의 결전 구호가 되었다"고 똑같이 지적하였다.[27] 평등 관계와 평등 관념의 확립은 시민 사회 및 그 역사적 기초, 즉 상품 경제가 파생된 중요한 결과이다.

어떤 의미에서 전통 사회와 현대 사회의 구분은 시간적인 것이 아니라고 할 수 있다. 따라서 기계적이고 경직된 이해를 피해야 한다. 현대성의 인자는 현대화 운동이 역사에서 나타났던 시기보다 더 이른 시기로 거슬러 올라갈 수 있다. 이는 서양의 상업적 전통과 관련된다. 예컨대, 계약 정신, 주체적 권리의 관념, 자주성, 자치 등의 키워드들의 배후에 있는 역사적·문화적 함의는 틀림없이 상품 경제의 침투, 형상화 및 배태의 덕분이다. 따라서 현대화는 서양 문명의 유구한 전통의 역사적 결과에 불과하다고 할 수 있다. 심지어 타일러Tyler는 서양의 '주체적 권리'라는 법적 관념을 봉건 사회의 봉토 제도로 거슬러 올라갔다고 하였다. 그는 다음과 같이 지적하였다. 즉, "봉토 관계는 준계약식의 관계로 여겨졌다. 신하와 같이 영주도 의무를 띠었으며, 이러한 의무에 어긋났다면 똑같이 중죄가 성립되었을 것이다. 그러므로 신하들이 이러한 의무의 수익자, 즉 재산으로 노렸던 특권으로 여겨졌다. 이는 바로 서양 주체적 권리 관념의 연

---

26 『마르크스 엥겔스 전집』 제23권, 중국 인민출판사, 1972, 103쪽.
27 위의 책, 103쪽.

원이다."²⁸ 타일러는 상품 경제가 이러한 표면적 현상 배후의 역할을 언급하지 않았기 때문에 서양이 아닌 배경하의 봉토 제도는 이러한 전통적 사실이 부족하다는 것을 무시하였다. 잊으면 안 될 것은 봉토 제도가 서양의 산물이 아니고 세계적인 보편적 현상이다. 그러나 인간의 주체적 권리의 관념은 보편적인 문화 현상이 아니다. 쿠노Wilhelm Cuno가 얘기하였듯이 "우리는 봉토 제도가 세계에서 널리 퍼진 바 있으며, 로마 제국을 본보기로 삼는 지역과 민족이라도 이러한 제도를 시행하였다." 그러므로 "봉토 제도는 특수한 게르만 제도가 아니며, 아무 곳이나 일정한 경제 발전의 단계에서 보일 수 있다는 것이다. 북아프리카의 오스만 제국, 인도와 말레이 제도, 러시아 슬라브족과 타타르 사람, 중국인과 일본인, 심지어 멕시코인 (일부)은 모두 봉토 제도를 실시하였다."²⁹ 그러므로 만약 상품 경제의 전통이라는 더 깊은 배경에서 벗어났다면 단순한 봉토 제도 요소는 주체적 권리 관념이 일어난 필연적 해석을 제공하지 못하였을 것이다.

오닐O'Neill은 다음과 같이 언급한 바 있다. 즉, "역사적으로 보면 자치에 대한 사람들의 견해는 조금 협소하다고 할 수 있다. '자치'라는 단어는 고대 그리스인이 최초로 발명하였던 것으로서 '스스로의 입법'을 뜻하며, 법리학적이나 헌법적 용어이다. '자치적 도시'는 법률을 스스로 제정한 도시이다. 예컨대, 아테네 도시 등이다. 이는 식민지 도시와 대조되었으며, 식민지 도시의 법률은 대도시로 제정되었던 것이다. '자치'란 용법은 19세기까지 매우 흔하다. 그 이후 특히 제2차 세계 대전 직전에 우리는 사람들이 '개인적 자치'를 토론하기 시작하였던 사람들이 많아졌다고 관찰하였

---

28 찰스 테일러, 「시민 사회의 모델」, 덩정라이·제프리 알렉산더, 『시민 사회의 모델』, 『국가와 시민 사회: 사회 이론의 연구 방법』, 중국 중앙편역출판사, 2002, 12쪽.
29 하인리히 쿠노 지음, 원안즈잉 옮김, 『마르크스의 역사, 사회 및 국가 이론: 마르크스 사회학의 기본적 요점』, 중국 상하이역문출판사, 2006, 576~577쪽.

다. 칸트는 자치를 이렇게 사용하지 않았다. 그는 '자치'로 '인간의 특징'이 아닌 어떤 원칙과 소원의 특징을 묘사하였다."[30] 이는 시민 사회의 현대성이라는 특징이 고전적 기원이 있음을 의미하였을까? 답은 긍정적이다. 장기적으로 보면 현대성은 기나긴 역사가 발전해 온 결과에 불과하며, 그 싹이 이미 그것의 문화적 인자 속에 숨겨지고 시간적 차원의 제한을 초월하였다고 할 수 있다.

---

30 첸샤오쥐, 「세계와 소통하려고 노력한 철학자: 케임브리지 철학자 오노라 오닐에 대한 인터뷰」, 『세계 철학』, 제5호, 2010.

22

'미'에 대한 마르크스의
역사적 이해

비록 마르크스가 하이데거보다 시간적으로 보면 먼저 등장하였으나 그의 사상은 논리적으로 보면 하이데거보다 더더욱 깊고 성숙하다고 할 수 있다. 사실 이러한 현상은 철학사에서 정상적인 것이며, 레닌이 언급한 것과 같이 "철학사의 '동그라미'는 반드시 인물의 출현 연도를 순위로 해야 할까? 아니다."[1] 하이데거도 "마르크스가 소외를 깨달았을 때 역사적 본질성에 이미 깊이 들어갔으므로 역사에 관한 마르크스주의의 관점은 다른 역사학보다 우월하다"고 인정하였다.[2] 시간성의 회복은 철학적인 주관적 호소뿐만 아니라 전제성을 지닌 것은 사상적 필연성이다. 하이데거가 '존재'와 '시간'을 연결하였다는 것은 그의 커다란 공헌이었으나 이러한 연결이 전자에만 이르고 후자에 이르지 못하였다. 그러나 마르크스 철학은 전자를 초월하고 후자에 이르렀다. 이는 '미'에 대한 마르크스의 역사적 해석에서도 충분히 나타났다.

마르크스 미학 사상의 역사성

마르크스는 "우리가 유일한 과학, 즉 역사 과학만 알고 있다"고 강조하였다.[3] 마르크스 철학의 가장 기본적 취지는 역사 자체로 돌아간다는 것이다. 마르크스는 철학을 인간의 존재 역사의 표현 방식과 완성의 반성적 방식으로 취급하였다. 이러한 의미에서 역사의 '완성'도 철학의 '종말'이라고 할 수 있다. 이와 같이 예술에 대한 이해에서도 그는 심미와 인간의 존재 방식을 내재적으로 연결함으로써 이해하고 고찰하였을 뿐만 아니라 심

---

1 레닌, 『철학 필기』, 중국 인민출판사, 1974, 411쪽.
2 쑨저우싱, 『헤겔 선집』, 상권, 중국 생활 · 독서 · 신지 삼련서점, 2000, 170쪽.
3 『마르크스 엥겔스 선집』, 제1권, 중국 인민출판사, 1995, 66쪽.

미와 인간의 역사적 존재와 내재적으로 연결함으로써 심미를 인간의 역사적 해방이 추구할 "세속에서 시적으로 은거한다"는 경지로 간주하였다. 마르크스의 이러한 거시적이고 원대한 시야는 '미'에 대한 인식론적 범주로 한 협소한 관점을 근본적으로 초월하였을 뿐만 아니라 '미'를 '존재'로 한 하이데거의 '밝고 깨끗하다'는[4] 관점도 초월하였다.[5] 엥겔스가 '정치 경제학'을 언급하였을 때 하였던 말로 하면 미학은 마르크스의 언어 환경 속에서 본질적으로 '역사 과학'이라고 할 수 있다. '역사 과학'으로서의 '미학'은 '미'가 무엇인지를 해석하고자 하지 않고 '미'가 역사에서 왜 일어났는지, 그것의 역사적 전제와 사회적 기초가 무엇인지 등에 착안한다. 어떤 의미에서 '미'가 나타난 역사적 조건과 표징 자체를 이해한다면 '미'의 본질도 이해하게 될 것이라고 할 수 있다.

마르크스 미학 사상의 역사적 성질을 이해하려면 인식론적이고 미학적 차원의 차이를 먼저 명확하게 해야 한다. 사실 마르크스는 『친필 원고』에서 이 두 가지의 차원을 이미 구분하였다. 그는 다음과 같이 지적하였다. 즉, "동물은 단지 그가 소속된 종의 기준과 수요에 따라 구축되었으며, 인간은 아무런 종의 기준에 따라 생산하고 여기저기 내재적 척도를 대상으로 운용한다는 것을 알고 있다. 그러므로 인간도 미적 규칙에 따라 구축되었던 것이다."[6] 이러한 논술은 세 가지의 뜻을 포함하였다. 첫째, 동물은 소속된 종이 부여한 생물학적 본능의 한도 내에 활동함으로써 아무 초월성도 존재하지 않았다는 것이다. 예컨대, 꿀벌, 해리 및 개미는 소굴이나 거주지를 스스로 조성한다는 것 등이다. 둘째, 인간이 동물보다 똑똑한

---

4 쑨저우싱, 『헤겔 선집』, 상권, 중국 생활·독서·신지 삼련서점, 1996, 276쪽.
5 '미'의 지식론적 해석, 존재론적 해석 및 평론은 허중화, 「'미'에 대한 해석: 지식론에서 존재론까지」, 『중국 옌타이대학교 학보(철학·사회 과학판)』, 제1호, 2008을 참조하기 바란다.
6 마르크스, 『1844년 경제학과 철학의 원고』, 중국 인민출판사, 2000, 58쪽.

것은 우선 인간이 모든 종 자체가 고유한 논리에 따라 생산할 수 있다는 것이다. 예컨대, 자연법칙에 따라 자동차, 기선, 비행기 등 인조물을 만들 수 있다는 것이다. 그러나 동물보다 인간의 초월성은 여전히 실제로 나타나지 않았다. 이러한 의미에서 인간의 행위는 여전히 공리적 관계에 속박되고 자연법칙으로 지배되고 있기 때문이라고 할 수 있다. 셋째, 인간은 본질적으로 동물을 초월한 것이 자체가 고유한 내재적 척도로 생산하는 데 있다. 즉, 이러한 척도를 대상 분야에 운용시켜 인간의 성질을 부여하였다는 것이다. 이는 미감의 진정한 탄생지이다.

마르크스는 그 당시 포이어바흐의 철학적 경향의 술어로 자기의 사상을 표현하였다. 그의 견해에 의하면 '인간'은 '유적 존재물'로서 존재할 때만 진정한 '인간'이나 "소외된 노동은 인간에게 그의 유적 생활을 강제로 빼앗았다."[7] 그러므로 소외된 노동의 노예로서의 인간은 진정한 '인간'이 아니다. "한마디로 말하면 이는 진정한 유적 존재물이 아니라고 할 수 있다."[8] 그러나 이러한 경우의 인간은 "모든 종의 척도에 따라 생산할 수 있다고 알고 있었다." 이는 한 가지의 질문을 제기하였다. 즉, 마르크스가 여기에서 제시하였던 인간과 동물의 구분은 도대체 어떤 의미에서 성립되었을까? 사실 마르크스는 여기서 한결같이 이상적이고 필연적인 의미에서 '인간'의 성질을 토론하였으며, 이러한 의미에서 인간과 동물의 구별도 논의하였다. 그러므로 추궁해야 할 것은 마르크스의 이른바 "인간도 미적 법칙에 따라 구축된다"는 것이 도대체 실연적 차원이나 필연적인 차원에서 논의되었는가라는 것이다.

마르크스는 동물보다 한편으로 "인간이 모든 종의 기준에 따라 생산한다고 안다"고 하였다. 이는 인간의 인식론적 의미에서 나타난 자유의 표징

---

7 앞의 책, 58쪽.
8 『마르크스 엥겔스 선집』 제1권, 중국 인민출판사, 1956, 434쪽.

이다. 엥겔스가 지적하였듯이 "자유는 자연계의 필연성에 대한 인식에 따라 우리와 외부 자연을 지배한다는 것이다."[9] "자연계에 대한 우리의 모든 지배적 역량은 우리가 다른 모든 생물보다 강하고 자연법칙을 인식하고 정확히 운용할 수 있다는 것이다."[10] 마르크스가 이른바 "모든 종의 기준에 따라 생산한다"는 것은 인식론적 차원에서 보장된 것이 분명하다. 다른 한편으로 인간이 "여기저기 내재적 척도를 대상으로 운용시킨다는 것을 알고 있다"[11]는 것은 미학적 문제이다. 마르쿠제Marcuse가 적절하게 지적하였듯이 "마르크스는 '미적 법칙'에 따라 대상을 형상화시킨다는 것을 자유 인간의 실천적 특징으로 삼았다. 이는 함부로 얘기한 것이 아니고 실속이 없는 설교도 아니다."[12] 마르크스의 이러한 말은 인류 역사의 모든 함의를 확실히 집약하고 축적하였으며, 역사적 전제가 아닌 결과에 불과하다. 이른바 "여기저기 내재적 척도를 대상으로 운용시킨다"는 것은 "물이 인간의 방식에 따라 인간과 상관된다"는 것을 의미한다. 다시 말하면 인간은 "인간의 방식에 따라 물과 상관된다"는 것이다. 이에 마르크스가 언급하였던 "인간도 미적 법칙에 따라 구축된다"는 것은 특정한 역사적 함의가 있다. 이는 인류 역사에서 한결같이 존재한 일반적 상태가 아닌 이상적 사회의 특수한 상태만 가리킨다.

 그 이후 마르크스는 『정치 경제학 비판·서언』에서 공산주의 사회 이전의 인류 역사가 여전히 "인류 사회의 사전 시기"에 속한다고 지적하였

---

9 앞의 책, 456쪽.
10 위의 책, 384쪽.
11 여기서 마르크스의 이른바 '내재적 척도'의 주어는 도대체 무엇인가라는 문제에 대하여 학술계에는 다양한 견해가 있다. 하나는 그것이 물건 종류 자체가 고유한 척도라고 하며, 다른 하나는 그것이 인간이 소속되고, 즉 인간의 의도적 척도라고 한다. 마르크스의 이러한 논술의 의리와 기타 해당 논술에 착안하여 필자는 후자의 해석에 동의하였다.
12 헤르베르트 마르쿠제, 「자연과 혁명」, 『서양 학자론 「1844년 경제학 : 철학 친필 원고」』, 중국 푸단대학교 출판사, 1983, 159쪽.

다.[13] 이는 '공산주의'가 나타나야 '인간'의 역사가 시작될 수 있음을 의미한다. 그러므로 이러한 차원에서 마르크스는 『원고』에서 인간과 동물의 구분을 광의적으로 이해해야 한다고 하였다. 즉, '인류 역사의 선사 시대'의 '인간'은 여전히 동물 상태로 정해졌다. 이에 따라 이른바 "인간도 미적 법칙에 따라 구축된다"는 것도 세계에서 인류가 나타나기만 하면 시작된다는 상태가 아닌 인류 역사가 해방된 후에만 나타난 상태를 가리킨다.

1980년대 중국 내의 미학 토론 중 '미'를 인간의 본질적 힘의 대상화로 해석한다는 것은 대표적 관점이다. 이러한 해석의 치명적 결함은 넉넉한 역사성이 부족하다는 것이다. 그것은 초역사적이고 추상적으로 미적 본질을 고찰하였을 뿐이므로 아래와 같은 문제를 잊어버렸다. 즉, 인간의 본질적 힘의 대상화와 그것의 산물은 외재적·배타적·적대적인 규정으로서 인간의 존재와 부정적이고 박탈당한 소외된 관계로 이루어냈을 때 '미적' 발생은 불가능하다는 것이다. 인간의 본질적 힘의 '외재화적' 방식은 다양한 역사적 조건하에 매우 다른 특징을 갖추었다. 사유제 조건으로서의 이러한 '외화'는 '소외'된 성질을 불가피하게 지녔다. 이렇게 소홀히 하면 안 된다는 차별은 역사적 차원과 좌표에서 벗어나면 표시될 수 없다. 모호한 '대상화' 관계하에 일반적 '외화'와 특수한 '외화'(즉 '소외') 간의 차별은 마땅히 직시될 수 없을 것이다. 그러므로 이러한 '미적' 본질에 대한 설명은 마르크스 미학 사상의 역사성을 표현할 수 없을 것이다.

---

13 헤르베르트 마르쿠제, 『1844년 경제학와 철학의 원고』, 중국 인민출판사, 2000, 86쪽.

심미적 관계에 대한 인간 소외의 은폐와 박탈

사유제가 현대 사회의 내재적 기초로서 인간 소외의 가장 깊은 근원을 구성하였다. 엥겔스는 『공산주의적 원리』에서 다음과 같이 지적하였다. 즉, "사유제가 원래 존재한 것이 아니다. 중세기 말기 때 공장 수공업과 같은 새로운 생산 방식이 나타났다. 이러한 새로운 생산 방식이 그 당시 봉건과 조합 사유제의 범주를 초월하였으므로 새로운 소유제 형식, 즉 사유제가 낡은 소유제 관계를 이미 초월하였던 공장 수공업에서 나타났다."[14] 사유제를 통하여 인간의 소유는 소유의 성질을 실제로 지니게 되었다. 다시 말하면 사유제와 같은 소유이야말로 인간과 자연계 간에는 진정한 주체와 객체 간의 대상이라는 관계를 이루게 될 수 있다. 이것의 역사적·문화적 결과는 마르크스가 『원고』에서 언급한 것과 같이 "사유제로 인하여 우리는 어리석어지게 되었으며, 한 대상을 실제로 가졌을 때, 즉 그것은 자본으로서 존재하고 있거나 직접적으로 소유되었거나 먹고 마시고 입고 거주하게 되었을 때, 요컨대 사용되었을 때 우리의 것이다."[15] 이러한 '소유'의 상태로 인하여 인간의 존재는 단면적이고 비좁은 것이다. 이 역시 인간이 물질화된 근본적 요인이다. "마르크스는 『원고』에서 소외된 노동 환경하에 동사로서의 '소유'가 '존재'를 대체하여 사회 관계의 중심이 되었다고 지적하였다."[16] 이러한 경우에는 공리적 관계가 주도적이며, 인간의 존재로 하여금 동물적 존재로 정의하였다. 공리적 관계는 '인간'에게 여전히 외재적 관계였다. 그것은 '인간'의 내재적 척도를 제공할 수 없

---

14 『마르크스 엥겔스 선집』, 제1권, 중국 인민출판사, 1956, 238쪽.
15 마르크스, 『1844년 경제학와 철학의 친필 원고』, 중국 인민출판사, 2000, 85쪽.
16 J. Kaufer, 「마르크스주의와 정신」, 위커펑, 『글로벌 시대의 마르크스주의』, 중국 중앙편역출판사, 1998, 133쪽.

었다. 심미적 관계는 공리적 관계의 통치로 인하여 존재한 기초를 상실하였다. 사유제가 빈약한 인간의 감각과 발전의 단일화를 초래하였다. "모든 육체적·정신적 감각은 감각의 단순한 소외, 즉 가지게 된 감각으로 대체되었기 때문이다."[17] 인간의 감각의 풍부성과 전면성은 사유제로 인하여 점유 관계로 지배된 이기주의적인 공리적 관계로 축소되었으며, 따라서 인간의 감각은 어둔해지고 빈약해지게 되었다.

마르크스가 지적하였듯이 사회적 분업[18]과 이로 인한 소외 때문에 예술은 협소하고 유한한 영역으로 압축되고 생계 수단으로 변하게 되었으며, 그 자체도 불가피하게 공리화되어 버렸다. 또한 인간의 존재는 전반적으로 '시적' 성질을 상실하였다. 이는 '심미'가 역사적인 필연적 운명임을 뜻한다. 마침 마르크스가 지적한 바와 같이 "분업으로 인하여 예술적 재능은 극소수의 사람에게만 집중되고 수많은 민중들의 예술적 재능은 억제되었다."[19] 구식 분업으로 인하여 "예술가는 지역과 민족의 한계성에 굴복하였을 뿐만 아니라" "개인도 어떤 예술 분야에 한정되어 화가, 조각가 등으로서 활동하였으므로 그의 활동의 한 호칭만 직업 발전의 한계성을 표현하는 데 충분하다."[20] 인간의 소외 상태하에 인간 존재의 시적 정취 자체는 소수인(예술가)의 생계 수단과 '특권'으로 전락하고 말았다. 인간의 소외는 한편으로 '수요'를 "만들었으며(인간 존재의 시적 정취의 상실 및 이로 인한 결여는 예술 창작이 협소한 분업 본문의 직업 활동의 산물로 되어 보상과 만족을 얻을 필요가 있음)", 다른 한편으로 '공급'을 "이루어냈다(예술 작품은 협소한 분업 부문이 만들어낸 제품으로서 심미가 부족한 사람들에게 소비나 레저를 제공하였다). 결

17　마르크스, 『1844년 경제학와 철학의 친필 원고』, 중국 인민출판사, 2000, 85쪽.
18　『마르크스 엥겔스 선집』, 제1권, 중국 인민출판사, 1995, 84쪽.
19　『마르크스 엥겔스 전집』, 제3권, 중국 인민출판사, 1960, 460쪽.
20　위의 책, 460쪽.

국 '예술 활동'은 직업적 '제조', 즉 '예술가'가 도구적 규정으로서 등장하였으며, 아마추어의 '소비', 즉 비예술가로서의 대중이 도구적 규정으로서 나타났다." 예술가와 대중은 모두 인간의 존재의 원래의 모습에 멀리 떨어졌다. 역사적 발생의 차원에서 보면 직업의 출현으로서의 '예술'과 전문 종사자의 등장으로서의 '예술가'는 진선미가 분화된 산물임을 알 수 있다. 그것 자체는 바로 인간의 소외 상태의 역사적 형식이다. 따라서 심미적 활동은 존재적이지 않고 도구적인 것이다. 심미는 창조자에게 영리와 생계의 수단으로 전락하고 말았으며, 소비자에게 오락과 현실에서 도피하는 가상적인 자족적 도구로 되었다. 현대인에게는 '세상에서 시적으로 은거한다'는 것이 틀림없이 사치라고 할 수 있다. 그것은 인간 자체의 존재로 달성된 것이 아니고 예술품의 직업적 '제조'나 아마추어식의 '감상'이 이루어진 가상적 발산과 방출로 달성된 것이다.

마르크스는 "부르주아지는 줄곧 존경과 경외를 받는 모든 직업의 거룩한 아우라를 지워 버렸으며, 의사, 변호사, 선교사, 시인과 학자는 돈으로 고용된 임금 노동자가 되었다"고 언급하였다.[21] 이로 인하여 예술은 생계의 수단으로 되었으며, 예술 창작은 예술가의 직업 행위로 되었다. 부르주아지에게는 예술이 협소한 이익과 개인 욕망의 발산 경로 및 생활의 조미료로 되어 버렸다. 이로 인하여 예술은 인간의 존재 방식 자체가 아니고 개인의 어떤 선호를 만족시키는 수단과 도구로 되었다. 이러한 역사적 운명으로 인하여 예술은 불가피하게 타락에 빠져 버렸다. 현대 사회에서 중시되었던 것은 예술의 '심미성'이 아닌 '생산성'이다. 설령 '심미'가 관련된다고 해도 '생산'의 수단과 종속적 규정으로서만 나타날 것이다. 마르크스는 "작가가 생산적 노동자인 이유는 관념을 생산한 것이 아니고 그의 저

---

21 『마르크스 엥겔스 선집』, 제1권, 중국 인민출판사, 1995, 275쪽.

서를 출판한 도서 출판업자들이 돈을 벌게 되었기 때문이다. 즉 그가 어떤 부르주아지의 임금 노동자일 경우에만 생산적"이라고 밝혔다.[22] 또한 마르크스는 다음과 같이 지적하였다. 즉, "스스로 노래하여 돈을 버는 여가수는 비생산적 노동자이다. 그러나 같은 여가수가 극장의 주인으로 고용되면 주인을 위해 노래를 부르고 돈을 벌 때 바로 생산적 노동자이다. 그 이유는 자본을 생산하기 때문이다."[23] 이는 현대 사회에서 나타난 예술 창작의 상업적 운명과 소외감을 밝혀냈다. 자본주의적 생산 방식이라는 조건하에 "배우는 대중들에게 예술가나 기업주에게 생산적 노동자라고 할 수 있다."[24] 이는 바로 예술의 자본주의화된 운명이다. 이는 상품 경제 조건하에 예술가가 '생산적 노동자'이고 예술은 생계의 수단에 불과함을 의미한다.

그러므로 마르크스는 "자본주의 생산이 어떤 정신적 생산 부문, 예컨대 예술, 시와 적대된다"고 지적하였다.[25] 마르크스는 자본주의 생산이 상품 경제가 가장 발달하고 성숙하고 전형적인 형태라고 주장하였다. 엥겔스는 '상품 경제의 최고 형식이 바로 자본주의 생산'이라고 명확히 언급한 바 있다.[26] 상업과 예술 간의 적대적 관계에 대하여 낭만주의적 사상가인 실러는 다음과 같이 지적하였다. 즉, "예술은 현실에서 벗어나고 배가의 용기로 수요를 초월해야 한다. 예술은 자유의 딸로서 물질적 욕구가 아닌 정신적 필연성부터 지시를 받아들일 수 있기 때문이다. 그러나 욕구는 현대 사회에서 통치적 지위를 차지하였으며 타락된 인간의 본성을 그것의

---

22 『마르크스 엥겔스 전집』, 제26권, 중국 인민출판사, 1972, 149쪽.
23 위의 책, 432쪽.
24 위의 책, 443쪽.
25 위의 책, 296쪽.
26 『마르크스 엥겔스 선집』, 제3권, 중국 인민출판사, 1995, 663쪽.

전제 질곡하에 놓았다. 이익이 그 시대의 위대한 우상이 되었으므로 모든 역량은 그것을 섬기고 모든 천재들은 그것의 발 밑에 엎드려 절하였다. 이러한 졸렬한 저울에서는 예술의 정신적 공헌이 전혀 무게가 없고 아무런 격려도 받지 못하였으므로 이 세기의 번잡한 시장에서 사라져 버렸다"고 지적하였다.[27] 물론 마르크스와 낭만주의자 간의 가장 큰 차이는 전자가 심미를 역사적 결과로 보였으나 후자는 역사적 전제로 보였다는 것이다. 독일의 근대 계몽주의 사상가인 멘델스존Moses Mendelssohn은 심미적 태도와 소유 태도 간의 분열을 밝혔다. 즉, "미적 독특한 상징은 설령 우리가 그것을 소유하지 않더라도 심지어 소유할 욕망도 전혀 없더라도 여전히 차분한 기쁨으로 그것을 깊이 생각하여 쾌감을 느낄 수 있을 것이다. 우리는 미와 우리의 관계를 고려할 때만, 즉 그것을 소유한다는 것이 유리하다고 생각할 때만 소유욕을 불러 일으킬 수 있다."[28] 마르크스는 이러한 소유욕에 대한 초월이 '역사적' 개념이고 인간의 역사적 해방과 내재적으로 연관된다고 생각하였다. 이는 로댕이 지적한 바와 같다. 즉, "우리의 시대는 기술자와 공장주의 시대이며, 결코 예술가의 시대가 아니다. 현대 생활에서 추구하고 있는 것은 공리이다. 사람들은 물질적 생활을 개선하려고 한다. 즉, 과학은 인류의 의식주를 위해 매일 새로운 방법을 발명하고 저렴한 저질품을 만들고 대부분 민중들이 순수하지 않은 쾌락을 받게 되고 있다. 그럼에도 불구하고 과학은 많은 완비된 물건을 가져오고 우리의 여러 수요를 만족시켰다는 것이 사실이다. 그러나 영혼, 사상 및 아름다운 꿈은 더 이상 언급되지 않았다. 예술은 죽어 버렸다. 예술은 이른바 조용하고 묵묵하게 관찰한다는 것이자 자연에 깊이 들어가고 그것과

---

27 실러 지음, 쉬헝춘 옮김, 『미육서간』, 중국 문연출판공사, 1984, 37쪽.
28 에른스트 카시러 지음, 구웨이밍 외 옮김, 『계몽 철학』, 중국 산둥인민출판사, 1988, 123쪽에서 인용하였다.

동화된 영혼의 쾌락이며, 지혜의 기쁨이다. 즉, 양심을 받아 세계를 똑똑히 보이고 세계를 재현한 지혜로운 기쁨이다. 예술은 인류의 가장 고상한 사명이다. 예술은 인간으로 하여금 세계를 스스로 이해하게 되고 남으로 하여금 세계를 이해하도록 하기 때문이다. 그러나 현대 사람들은 예술이 없어도 되고 묵묵한 관찰과 이상도 더 이상 필요없으며, 육체적 향락만 원하였다. 각종 심오한 진리는 그들과 아무상관도 없고 그들의 육체적인 향락적 욕망에 만족하기만 된다. 현대의 인류가 야수적이므로 예술가는 필요없는 것이다. 오늘날의 예술은 일상 생활 밖으로 버려지게 되었다. 어떤 사람은 실용적 물건이 미를 요구할 필요가 없다고 하였다. 모든 것은 추하고 우둔한 기계로 서둘러 아무런 미감없이 만든 것이다. 예술가는 원수가 되어 버렸다."[29]

공리적 태도가 사람들의 심미적 체험과 이해에 방해가 된다는 것은 필연적이다. 주체와 객체 간의 공리, 즉 소유 관계는 인간과 세계의 관계의 심미적 성질을 가렸으며, 이는 인간의 탐욕과 소유욕이 인간의 미감을 빼앗고 세계의 시적인 맛에 대한 인간의 이해와 심미적 체험에 방해가 되었기 때문이다. 이는 미적 무공리성이라는 본질에도 위반되었기 때문이다. 소유 관계의 제도적 안배인 상업은 사람들의 심미적 능력을 희생시키고 인간의 존재 방식의 심미적 차원에 대하여 구조를 분석하였다. 상품 경제와 시장 논리는 '가난한 사람'과 '부자'를 함께 만들었다. 이 양자는 세계에 대한 심미적 느낌의 능력과 기회를 모두 상실하였다. '미'에 대한 공리적 관계의 은폐에 대하여 마르크스는 "걱정이 태산이고 가난한 사람들은 가장 아름다운 경치에 아무런 느낌도 없었으며, 광물업을 운영하는 상인들은 광물의 미와 독특성을 보지 않고 상업적 가치만 보았다"고 지적하

---

29 A. 로댕 지음, 선치 옮김, 『로댕 예술론』, 중국 인민미술출판사, 1987, 8쪽.

였다.[30] 가난한 사람과 부자는 모두 공리적 관계로 지배되고 속박되었으므로 자기와 세계 간의 대상성이라는 관계의 규제에서 벗어날 수 없었으며, 또한 이러한 관계를 실제로 초월하여 무공리적 자유의 경지에 이를 수 없었다. 바로 이렇듯 그들은 세계의 미를 맛볼 수 없다. 공리적 관계가 인간의 존재의 지배자가 될 때 심미적 차원은 존재론적 차원에서 나타날 수 없다.

마르크스는 물적 의존성을 특징으로 한 사회에서 존재한 분열을 심각하게 밝혔다. 즉, 한편으로 역사적 한계로 인하여 '소외 범주 안에 활동하였던 사람들'은 '초라한 실질적 수요'와 만족스러운 분야인 '공업의 역사와 이미 생성된 공업의 대상성의 존재'를 '인간의 본질적 힘이라는 책 한 권을 펴서 우리 앞에 감성적으로 놓은 인간의 심리학'으로 이해할 수 없었으며, '항상 왜재적 유용성이라는 관계로 이해하였다.' 다른 한편으로 사람들은 "인간의 보편적 존재, 종교나 추상적인 보편적 본질을 갖춘 역사, 예컨대 정치, 예술 및 문학 등을 인간의 본질적 힘의 현실성과 인간의 유적 활동으로 이해하였다."[31] 사실 '예술'과 '문학'이 대표한 심미적 활동 및 그 산물은 실존적 차원의 현실적 기초에서 벗어났으며, 보편적 본질의 추상적 가상 형식을 취했을 뿐이기 때문이다. 이러한 분열은 결국 인간의 실존과 본질이 분열된 상징이다. 따라서 우리는 마르크스가 이른바 "오관 감각의 형성은 지금까지 온 세계 역사의 산물"이라는 말의 역사적 함의를 이해하기가 쉽다. 마르크스는 "굶주린 인간에게는 인간의 먹을거리 형식이 존재하지 않고 먹을거리의 추상으로서만 존재한다"고 언급하였다.[32] 이는 실제로 인간이 스스로의 '내재적 척도'에 의하여 세계를 상대하지 않을 때 인

---

30 마르크스, 『1844년 경제학와 철학의 친필 원고』, 중국 인민출판사, 2000, 87쪽.
31 앞의 책, 88쪽.
32 위의 책, 87쪽.

간의 수요와 만족이라는 공리적 활동은 심미적 성질을 갖출 수 없음을 의미한다. 인간은 배고픔만 해결하기 위해 식사할 때 "이러한 식사 활동이 동물과 별다른 차이가 있을까?"라고 할 수 없다.[33] 이른바 '인간의 식사 형식'은 다만 '인간의 방식'에 따라 인간과 관계가 있는 '식물'뿐이라고 할 수 있다.

마르크스는 사유제의 존재로 인하여 인간이 '인간'으로 될 수 없다고 하였다. 그러므로 그는 공산주의 이전의 시대를 '인류 사회의 사전 시기'라고 불렀다. 현대 사유제의 가장 전형적 제도적 안배는 바로 시민 사회이며, 시민 사회의 생활은 '모든 인간들이 모든 인간들을 반대하는 전쟁'에 불과하고 생물학적 논리에 적용된다. 이에 대하여 홉스M.Hobbes부터 헤겔까지는 모두 이러한 유사한 견해를 가지게 되었다. 마르크스는 이러한 견해를 거듭 천명하였을 뿐만 아니라 다윈의 학설과 인류 사회의 특정한 단계의 논리 간의 내재적 관계를 밝혀냈다. 그는 이러한 뜻을 여러 번 밝혔다. 즉, "영국 사회[34]의 생존 투쟁, 즉 보편적 경쟁, 모든 인간들이 모든 인간들을 반대하는 전쟁으로 인하여 다윈은 잔혹한 생존 투쟁이 '동물계'[35]와 식물계의 기본적 법칙이라고 발견하게 되었다".[36] 이 점은 논리적 의미에서 성립될 뿐만 아니라 사상사적 사실에서도 똑같이 성립된다. 풍자적인 것은 다윈이 진화론을 구축하는 데 중요한 한 계기는 바로 맬더스 인구론에서 받은 시사점이다. 이 점도 다윈이 스스로 솔직히 시인한 것이다. 또한 맬더스의 인구론은 시민 사회 조건하의 인간 생존 패턴의 이론적 표

---

33 앞의 책, 87쪽.
34 당시의 영국 사회는 자본주의 사회에서 가장 발달한 전형적 형태이다.
35 마르크스가 '동물'이라는 단어에 인용표를 넣은 이유는 그가 여기서 주장하였던 이른바 '동물'은 "인류" 자체도 포함하였으나 인간의 육체적 존재, 즉 자연계 일부가 아닌 인류 사회의 특정한 발전 단계의 논리와 동물계 논리의 동일성을 논의하였던 것이기 때문이다.
36 『마르크스 엥겔스 선집』, 제32권, 중국 인민출판사, 1974, 580쪽.

현에 불과하다.

심미와 인간의 역사적 해방

상술한 바에 의하면 심미적 문제는 인간의 역사적 해방 문제가 되어 버렸다. 마르크스는 '심미'가 인간의 역사적 해방과 등가의 범주라고 지적 하였다. 마르크스의 언어 환경에 의하면 '심미'는 개체로서의 인간의 협소한 향락에서 전체 '유적' 보편적 감각과 존재 방식으로 변하게 되었다. 또한 이러한 '변화'는 인간의 역사적 해방을 통하여 이루어지고 완성되었다. 이는 마르크스 미학관의 본질이다. 그것의 가장 큰 특징은 '심미'가 인간의 역사적 해방과 내재적으로 연관되었다는 것이다. 마르크스는 '심미'를 주체와 객체 간의 대상성이라는 관계의 지양, 즉 인간과 자연 간의 적대적 관계의 해제에 호소하였다. 그는 이러한 지양과 해제가 논리적 완성뿐만 아니라 역사 자체의 완성이라고도 주장하였다. 그러므로 마르크스는 이러한 지양을 인류의 실천과 만든 역사 자체의 표현 방식에도 호소하였다. 마르크스는 미학 사상상의 '미'의 공리성을 초월하였던 관점을 틀림없이 계승하였을 뿐만 아니라 깊은 역사적 함의도 부여하여 그것을 인간의 역사적 해방이 이루어진 존재 방식 자체의 고유한 성질로 이해하였다.

'미'의 탄생이 이루어진 역사적 조건은 '사유 재산에 대한 적극적 지양'에 있다. 이렇게 하여야 이 점은 이루어질 수 있기 때문이다. 즉, "인간은 전면적 방식으로 자기의 전면적 본질을 소유한다는 것이다."[37] 이러한 경우에만 인간은 진정한 '인간'이 되고 '인간'의 방식에 따라 물건과 관계가

---

37 마르크스, 『1844년 경제학와 철학의 친필 원고』, 중국 인민출판사, 2000, 85쪽.

있다. 그러므로 마르크스는 다음과 같이 언급하였다. 즉, '물건'이 인간의 방식에 따라 인간과 관계가 있을 때만 나는 실천에서 인간의 방식에 따라 물건과 관계가 있을 것이다. 그 결과는 수요와 향락이 자체의 이기주의적 성질을 상실하였으며 자연계도 순수한 유용성을 잃어버렸다. 효용은 인간의 효용이 되었기 때문이다.[38] 이러한 관계가 구축된 후 미감은 나타날 수 있다. 그러나 이러한 관계의 구축은 온 세계사가 전개된 결과로서 가능해질 것이다. 사유 재산을 지양의 방식으로 초월하여야 인간은 진정한 '인간'이 될 수 있고 '인간'의 방식으로 세계를 '만날' 수 있다. 이럴 때 '미'는 발생할 수 있다. 바로 이러한 의미에서 마르크스는 "사유 재산에 대한 지양이 인간의 모든 감각과 특성의 철저한 해방이나 이러한 제약이 해방된 이유는 바로 이러한 감각과 특성은 주체와 객체에서 모두 인간적인 것"이라고 지적하였다.[39] 인간이 역사적으로 현대 사유제를 바탕으로 한 소유 관계를 초월한다는 것은, 즉 인간의 이러한 역사적 해방의 결과는 인간이 '세계에서 시적으로 은유하였음'을 의미한다. 그러므로 마르크스는 심미가 역사적 활동뿐만 아니라 역사적 해방 활동이라고도 주장하였다. 그것은 인간이 있으면 존재한 것이 아니며, 인간이 역사적 해방을 이룩한 이후, 즉 인간이 인간의 역사에 실제로 들어간 후 활동하기 시작한 것이다. 이럴 때야말로 인간은 소유자가 아닌 모습으로 세계를 '만나고' '세계에서 시적으로 은유하였다는 것'도 인간의 '유적' 존재 방식 차원의 진실이 될 수 있다. 미에 대한 마르크스의 역사적 이해는 인간의 존재 방식 자체와 연관되었다고 할 수 있다. 장자莊子의 이른바 '천지유대미이불언天地有大美而不言'과 하이데거가 거듭 설명한 횔덜린Hölderlin, 즉 '시적으로 세계를 은유하였다는 것'은 모두 마르크스의 이른바 '인간도 미적 법치에 따라 구조된

-
38 앞의 책, 86쪽.
39 위의 책, 85~86쪽.

다는 것'과 통한다. 다른 것은 마르크스가 이러한 경지가 철학에서 현실성을 얻은 역사적 조건과 사회적 기초만 제공하였다. 마르크스의 언어 환경 속에서 '미적 법칙에 따라 구축된다는 것'도 인간의 존재 자체의 심미화, 예술화 및 시적 의미를 의미한다. 그것은 인간의 자연화와 자연의 인간화가 모두 마무리된 후에야 실제로 가능해질 것이다.

마르크스는 "동물은 직접적인 육체적 수요의 지배하에만 생산하였으나 인간은 심지어 육체적 수요의 영향을 받지 않아도 생산할 수 있으며, 또한 이러한 수요의 영향을 받지 않을 때만 진정한 생산을 할 수 있다"고 주장하였다.[40] 그렇다면 '진정한 생산'은 무엇일까? 그것은 바로 마르크스가 언급하였던 '미적 법칙에 따라 생산한다'는 활동이다. 그것은 인류가 '육체적 수요'의 지배에서 벗어나야 가능해질 것이다. 인류가 동물계에서 두각을 나타냈다는 것은 '직접적인 육체적 수요'에 대한 구속을 어느 정도 초월하였으나 공산주의 이전의 단계, 즉 마르크스의 이른바 '인류 사회의 사전 시기'에 있으면 '병적인 욕망'이라는 '역사적으로 형성된 수요'에 대한 근본적 구속에서 벗어날 수 없었다. 이러한 수요는 사유제가 재인정하고 확대한 '직접적인 육체적 수요'에 불과하다. 이 때문에 마르크스는 인류의 공산주의 이전의 단계를 '인류 사회의 시기'라고 불렀다. 그러므로 앞에서 지적한 바와 같이 우리는 마르크스가 제시하였던 '인간도 미적 법칙에 따라 구축된다'는 관점을 역사적으로 이해해야 한다. 그것은 결코 인간과 인간 사회가 나타나기만 하면 '미적 법칙에 따라 구축된다'는 진전을 시작하였다는 것이 아니다. 반면에 이러한 '구축'은 인간이 육체적 수요에 대한 구속에서 벗어난 후 시작하였던 '진정한 생산' 활동에서만 존재한다. 이러한 역사적 이해 방식은 마르크스의 명제에 부합하는 진실한 함의이다.

---

40 앞의 책, 58쪽.

마르크스가 이데올로기적 비판을 통하여 역사 자체의 진상을 규명하였다는 것은 인간과 세계 간의 관계의 대상성이 초월되고 적대적 관계가 극복되었으며, 그 중에서도 공리적 관계가 해제되고 이와 상응된 인식론적 태도도 지양됨으로써 인간의 존재 자체가 심미적 차원, 예컨대 장자가 언급하였던 '천지유대미이불언天地有大美而不言'[41]에 이르게 되었음을 의미한다. '대미'는 절대적 미, 즉 가장 아름다운 것이다. 이렇게 가장 아름다운 경지에서 인간은 어떤 특정한 존재자를 심미적 대상으로 삼지 않고 모든 존재자들의 존재가 미를 이해하는 방식이 되었다. 이럴 때 현존재로서의 인간의 존재 자체는 심미적이고 시적이다. 그것은 인간과 자연, 인간 간의 분열(분열은 마침 인식론적 태도와 공리적 태도 및 소외의 존재를 나타냄)이 아물었음을 의미 한다.

인류 역사가 해방될 때 심미적 창작 활동은 더 이상 예술가의 '특허'와 직업적 기교가 아니며, 모든 인류 구성원들의 생존 환경 속에서 '희석되고 널리 퍼지게 됨으로써' 인류의 광의적 존재 방식으로 될 것이다. 그럴 때 인간은 '세계에서 시적으로 진정하게 은유할 수 있다.' 공산주의적 조건하에 소외가 역사적으로 지양되고 논리적으로 초월되었기 때문에 예술은 구식 분업의 한 유한한 분야로서 더 이상 존재하지 않고 '유적' 존재의 인간 존재 방식 자체로 변하게 될 것이다.[42] 이럴 때 인간들은 "인간이 세계에

---

[41] '천지유대미이불언'식의 예술은 루소가 비판한 인간의 영혼을 부식시키고 파괴하는 그러한 '예술'이 아니다. 후자는 예술화된 인간의 존재가 아니고 생계 수단으로서의 장인의 직업적인 기법뿐이다. 플라톤의 대화록, 즉 『변론편』의 기록에 의하면, 소크라테스는 "시인들은 시를 지을 줄 알기 때문에 다른 분야에서도 남보다 지력이 뛰어나 우수한 인물이 될 수 있을 것 같은데 사실은 그렇지 않았다"고 언급하였다(플라톤 지음, 옌췬 옮김, 『유수프 · 소크라 테스의 변론 · 클레톤』, 중국 상무인서관, 1983, 56쪽). 루소는 『과학과 예술에 대한 논의』에서 『변론편』의 논술을 인용하였다. 그 중에서도 이러한 말이 포함되었으며, 그 목적은 직업으로서의 예술의 협소성을 부각하는데 있다(루소 지음, 허자오우 옮김, 『과학과 예술에 대한 논의』, 중국 상무인서관, 1959, 11~12쪽에서 인용하였다).

[42] 까뮈가 『반역자』에서 얘기하였듯이 조화로운 사회에는 예술이 없다. 미는 겪게 되고 상

서 시적으로 은유한다"고 부끄럽지 않게 얘기할 수 있다. 마르크스는 "공산주의 사회에는 단순한 화가가 없고 회화를 다양한 활동 중의 하나로 삼는 인간만 있다"고 언급하였다.[43] 마르크스가 주장하였듯이 공산주의 사회에는 예술(심미적 창작)은 구식 분업의 협소한 부문이 아니고 인간의 보편적 능력과 존재 방식으로 변하게 될 것이다. 그것은 인간의 역사적 해방의 표현과 결과이다. 마르크스는 인류의 자유 왕국에서 "모든 인간들에게 시간을 비우고 수단을 만들었으므로 개인은 예술, 과학 등 분야에서 발전해 나갈 수 있다"고 지적하였다.[44] 반면에 구식 분업이 여전히 존재하였을 때 "개인은 분업의 지배를 받게 되며, 또한 분업으로 인하여 단면적 인간이 되고 비정상적으로 발전해 가고 제한을 받게 되었을 것이다."[45] 마르크스의 구상에 의하면 "공산주의 사회에서 모든 인간들은 특수한 활동 범주가 없으나 모든 부문에서 발전해 나갈 수 있고 사회는 모든 생산을 조절할 것이다. 자기의 흥미에 따라 오늘은 이 일을 하고 내일은 저 일을 하며, 오전에는 사냥하고 오후에는 물고기를 잡고 저녁에는 목축업에 종사하고 저녁 식사 후에는 비판을 함으로써 늘 사냥꾼, 어부, 목자나 비판자가 아닐 것이다."[46] 마르크스가 구상하였던 공산주의 사회에서 심미적 창작은 더 이상 직업, 어떤 인간의 전공이나 특허도 아니며, 모든 '자유인 연합체'의 구성원들이 존재하는 방식 자체의 보편적 성질로 변하게 될 것이다. 이를 통하여 심미는 협소한 구식 분업의 구속에서 철저히 해방될 것이다.

- 상되지 않을 것이다(누샤오젠 · 구자젠 옮김, 『고난과 햇빛 사이에 있었다: 기뷔산 문집』, 중국 생활 · 독서 · 신지 삼련서점, 1997, 106쪽).
- 43 『마르크스 엥겔스 전집』, 제3권, 중국 인민출판사, 1960, 460쪽.
- 44 『마르크스 엥겔스 전집』, 제46권, 하권, 중국 인민출판사, 1980, 219쪽.
- 45 위의 책, 514쪽.
- 46 『마르크스 엥겔스 선집』, 제1권, 중국 인민출판사, 1995, 85쪽.

만약 인간 소외의 역사적 생성이 인간 존재의 시적 상실을 의미한다면 인간 소외의 역사적 해소는 인간 존재의 시적인 재획득을 의미한다. 엥겔스는 다음과 같이 언급한 바 있다. 즉, "우리는 루소에게서 이미 마르크스의 『자본론』에 따른 똑같은 사상의 발전을 보일 수 있을 뿐만 아니라 그의 상세한 서술에서 마르크스와 사용된 똑같은 모든 변증법적 견해도 보일 수 있다. 본성론에 의하면 이는 대항적이고 모순을 포함한 과정이며, 하나의 극단이 그것의 반면으로 전환된 것이다. 마지막으로 온 과정의 핵심으로서의 부정적 부정이다."[47] 이는 엥겔스가 마르크스의 『자본론』의 사상적 발전이 내포된 '삼일식三一式' 구조를 이미 선행적으로 인정하였음을 의미한다. 엥겔스의 이러한 판단은 올바른 것이다. 심미에 대하여 마르크스는 인류의 조기 예술적 창조가 '고전의 형식'으로서 '닿을 수 없는 교본'의 의미를 지녔으나 '현대'의 도래에 따라 고대의 '가요, 전설 및 시신 뮤즈'는 '반드시 사라질 것'이라고 여겼다.[48] 그 이유는 다음과 같다. 즉, "어떤 예술 형식, 예컨대 서사시에 대해 예술적 생산이 예술적 생산으로서 나타난다면 그것들은 더 이상 세계사에서 획기적이고 고전적 형식으로 창조될 수 없다고 심지어 누구나 인정할 수 있다. 그러므로 예술 자체의 분야 내에 어떤 중대한 의미를 지닌 예술적 형식은 예술의 발전 수준이 발달하지 않은 단계에만 가능해질 것이다."[49] 이는 마르크스가 '그리스 예술'과 '현대 예술'을 비교한 후 얻은 결과이다. 그것은 공리적 관계가 구축되기 전인 예술적 원래의 모습을 충분히 나타냈으며, 반면에 현대성과 공리적 관계가 예술적 본질성을 박탈하고 손상하였다는 것도 밝혔다. 진정한 난제는 마르크스가 제시한 명제에 있다. 즉, '그리스 예술과 서사시'는 그리스 예

---

47 『마르크스 엥겔스 선집』, 제3권, 중국 인민출판사, 1995, 483쪽.
48 『마르크스 엥겔스 선집』, 제2권, 중국 인민출판사, 1995, 29쪽.
49 위의 책, 28쪽.

술과 현대성 간의 장력에서 "우리에게 어떻게 여전히 예술적 즐김을 줄 수 있는가? 또한 어떤 분야에서 규범과 닿을 수 없는 교본이 될 수 있는가?"라는 것이다.[50] 그 답은 바로 마르크스가 제시하였던 은유이다. 즉, "성인은 아동으로 다시 될 수 없으며, 그렇지 않다면 유치해질 것이다. 그러나 아동의 순진함은 성인이 유쾌하게 느끼게 되지 않을까? 그는 스스로 노력하여 더 높은 단계에서 아동의 진실할 수는 없을까?"[51] 이 말은 내포된 논리는 현대성의 최종적 귀결점은 바로 자기의 긍정성이 부정적 일환으로서 예술의 고전적 형식으로 복귀하는 기초를 제공하였으나 궁극적인 지향은 여전히 원초적 상태인 '근원을 밝힌다'는 것을 피할 수 없는 데 있다. 그것의 실현은 진정한 예술과 공산주의의 도래를 의미한다. 이렇게 될 바에야 차라리 양자가 원래 같다고 하는 것이 낫다고 할 수 있다.

•
50 앞의 책, 29쪽.
51 위의 책, 29쪽.

지은이

허중화 何中華

현재 중국 산둥山東대학교 철학·사회 발전 학부 교수로 재직 중이며, 중국 변증법적 유물론 연구회 상무이사, 마르크스주의 철학사 학회 이사 등으로 재임 중이다. 중국 교육부의 '신세기 우수 인재', '전국 모범 교사', 홍보부의 '문화 명가', 조직부의 '만명 계획', 철학·사회 과학의 선구자 등 칭호를 얻었으며, 국무원에서 특수 보조금도 받았다. 주요 연구 분야는 마르크스주의 철학과 사회 발전 이론이다. 논저는 『사회 발전과 현대성에 대한 비판』, 『마르크스를 재독한다』, 「철학적 개념으로서의 가치에 대한 연구」, 「마르크스 철학과 낭만주의」 등을 비롯해 300여 편이 있다.

옮긴이

최계련 崔桂蓮

한국학중앙연구원에서 석박사 학위를 받았으며, 현재 중국 제노齊魯공업대학교(산둥성과학원) 경제·경영학부 부교수로 재직 중이다. 연구 관심 분야는 한·중 농촌 발전과 인적 자원이며, 주요 성과로는 「도·농 간 균형성장을 위한 중국 신농촌건설과 1970년대 한국 농촌새마을운동의 비교 연구」, 「CiteSpace로 분석된 중국 내의 새마을운동 연구: 향촌진흥을 위한 시사점을 중심으로」, 『중국 농촌 고령화 배경하의 신농촌건설 방향의 전환 연구』 등이 있다.

신진호 申振浩

연세대학교 중어중문학과 및 동 대학원 졸업(문학박사)
연세대학교 인문학연구원 전문연구원
명지대학교 방목기초교육대학 객원교수
역서: 『마테오리치의 중국선교사』, 『곽말약의 역사인물 이야기』 등
저서: 『중국현대문학사』, 『중국문학사의 이해』 등
논문: 「21세기 중국의 문화대국 전략에 관한 고찰」, 「중국 문화의 세계화 전략」 등

중국학총서
12

마르크스 철학에 대한 새로운 해석
역사적 사유

초판 1쇄 발행 2024년 4월 10일

지은이 허중화何中華
옮긴이 최계련崔桂蓮·신진호申振浩
펴낸이 홍종화

주간 조승연
편집·디자인 오경희·조정화·오성현·신나래
　　　　　　박선주·정성희
관리 박정대

펴낸곳 민속원
창업 홍기원
출판등록 제1990-000045호
주소 서울시 마포구 토정로25길 41(대흥동 337-25)
전화 02) 804-3320, 805-3320, 806-3320(代)
팩스 02) 802-3346
이메일 minsok1@chollian.net, minsokwon@naver.com
홈페이지 www.minsokwon.com

ISBN 978-89-285-1971-2　94820
S E T 978-89-285-1595-0

ⓒ 최계련·신진호, 2024
ⓒ 민속원, 2024, Printed in Seoul, Korea

이 책은 저작권법에 따라 보호를 받는 저작물이므로 무단전재와 복제를 금지하며,
이 책의 전부 또는 일부를 이용하려면 반드시 저작권자와 출판사의 서면동의를 받아야 합니다.